中村裕一著

大業雜記の研究

汲古書院

目次　3

第二節　『大業雑記』と『河南志』
　一　はじめに ………………………………………………………… 88
　二　『大業雑記』について ………………………………………… 92
　三　『大業雑記』の移録と関連史料 …………………………… 100
　四　まとめ ………………………………………………………… 102
　三　『大業雑記』と『河南志』 …………………………………… 102
　二　『河南志』の依拠史料 ………………………………………… 103
　撰者の杜宝について ……………………………………………… 106

　1　東京営建　　　2　通済渠　　　3　東都大城　　　4　端門街（天津街）
　5　端門　　　　　6　天津橋　　　7　東都里坊　　　8　建国門
　9　白虎門・先帝廟堂　10　長夏門　11　宣仁門街・朝集使邸　12　左掖門・左候衛府
　13　翻経道場　14　道術坊　15　宣仁門街・朝集使邸　16　則天門
　17　泰和門・右蔵・左蔵　18　東城・含嘉城　19　円壁城・曜儀城　20　諸王宅
　21　西朝堂南街　22　東朝堂南街　23　東太陽門街　24　紫微観
　25　乾陽殿　26　大業殿　27　文成殿　28　左延福門
　29　武安殿　30　明福門街　31　内宮諸殿　32　会昌門
　33　門下内省　34　光政門　35　内史内省　36　道場・玄壇
　37　玄靖殿・修文殿　38　仰観台　39　儀鸞殿　40　宝城門・方諸門
　41　青城宮　42　西苑　43　西苑一六院　44　龍鱗渠・逍遙亭

第三節 『大業雑記』の逸文

一 はじめに
二 『資治通鑑考異』所引の『大業雑記』
　1 文帝崩御之日
　2 裴文安
　3 皇甫儀
　4 江都行幸
　5 龍舟
　6 元徳太子薨
　7 永済渠
　8 六合城

四 まとめ

観文殿 45 西苑種蔬植果
89 区宇図志 46 春遊之曲
85 五香飲 47 蓬萊山
81 胡牀・交牀 48 曲水殿
77 永済渠 49 清夜遊
73 一二衛府 50 築宮城
69 部京戸 51 河南郡県解
65 城皋関 52 大同市・通遠市
61 江都宮造営 53 豊都市
57 亭子宮・華林園 54 龍舟及楼船
53 豊都市 55 景華宮・含景殿
49 清夜遊 56 甘泉宮
45 西苑種蔬植果 57 江都宮造営
　　　　　　　 58 長洲玉鏡
86 江南河 59 江都行幸
82 四時飲 60 車駕至江都
78 清冷泉 61 江都宮造営
74 工藝戸 62 江都宮成象殿
70 崇徳殿 63 汾陽宮
66 長洲玉鏡 64 車駕至江都
62 江都宮成象殿 65 城皋関
58 龍舟及楼船 66 長洲玉鏡
54 亭子宮・華林園 67 汾陽宮
50 築宮城 68 不死之薬
46 春遊之曲 69 一二衛府

87 臨渝宮
83 楊素造宅
79 扶芳樹
75 改州為郡
71 車駕西巡
67 汾陽宮
63 臨江宮
59 江都行幸
55 景華宮・含景殿
51 河南郡県解
47 蓬萊山

88 蔡王楊智積
84 隴川宮
80 五色飲
76 天経宮・仙都宮
72 観風行殿
68 不死之薬
64 車駕至江都
60 東都漕渠
56 甘泉宮
52 大同市・通遠市
48 曲水殿

目次

三　『重較説郛』所引の『大業雑記』逸文

9　建国門盗賊
10　銭英・孟金叉
11　宇文述特赦
12　涿郡行幸
13　宇文述復官
14　懐州司功書佐
15　衛文昇援東都
16　衛文昇敗北
17　骨儀
18　王世充貪
19　宇文述為元帥
20　孔雀為鸞
21　北巡
22　李密
23　東都包囲
24　討李密
25　王世充大敗 …… 326

四　『呉郡図経続記』所引の『大業雑記』

1　汾陽宮
2　呉郡離宮
3　丹陽宮 …… 339

五　『呉郡志』所引の『大業雑記』

1　江南河
2　扶芳樹
3　菰菜羹
4　白魚種子
5　鮧魚乾膾
6　海蝦子
7　鮧魚含肚
8　鱸魚乾膾
9　蜜蟹
10　鯉腴鮓
11　朱燮管崇作乱 …… 345

六　『釈氏稽古略』所引の『大業雑記』江南河 …… 353

七　『類説』所引の『大業雑記』

1　船脚
2　沈香堂
3　水飾図経
4　四時飲 …… 354

（続き・中央列）

1　陸摺
2　徐孝穎
3　白魚種子
4　鮧魚乾膾
5　鮧魚含肚
6　海蝦子
7　鯉腴鮓
8　蜜蟹

9　扶芳樹

（右列）

5　鮧魚含肚
6　海蝦子
7　鮧魚含肚
8　鱸魚乾膾

9　蜜蟹
10　鯉腴鮓

5　五色飲　6　五香飲　7　芝草

八　『紺珠集』所引の『大業雑記』…… 356

1　五色飲　2　五香飲　3　四時飲　4　楼闕芝

5　水飾図経

九　『禹貢説断』所引の『大業雑記』同穴鳥鼠…… 358

一〇　『禹貢論』所引の『大業雑記』同穴鳥鼠…… 360

一一　『演繁露』所引の『大業雑記』朱絲網絡…… 361

一二　『愛日斎叢抄』所引の『大業雑記』朱絲網絡…… 361

一三　『避暑録話』所引の『大業雑記』白魚種子…… 361

一四　『事物起原』所引の『大業雑記』鐘車・鼓車…… 362

一五　『玉海』所引の『大業雑記』行漏車・鍾鼓車…… 364

一六　『広川書跋』所引の『大業雑記』幸博陵…… 364

一七　『王荆文公詩』所引の『大業雑記』鈎陳…… 365

一八　『何氏語林』所引の『大業雑記』劉子翼…… 366

一九　『大事記続編』所引の『大業雑記』…… 367

1　築西苑　2　作輿服儀衛　3　太子昭薨　4　築長城

5　営汾陽宮　6　楊玄感趣潼関

二〇　まとめ…… 371

第二章のまとめ……371

第三章 『大業雑記』の別名書に引用する逸文……373

第一節 『大業拾遺録』所引の逸文……374

一 はじめに……374

二 『太平御覧』所引の『大業拾遺録』……374

1 留仇国 2 太原郡献禾 3 楊恭仁 4 鮸魚乾膾
5 清冷淵 6 鱸魚乾膾 7 蜜蟹 8 桂蠹
9 南方三郡 10 翻経道場 11 汾陽宮 12 都念子
13 儀鸞殿 14 仲思棗 15 百葉桃樹 16 徐孝頴
17 胡牀・交牀 18 籌禅師 19 征林邑国 20 楊素造宅
21 楼闕芝

三 『重較説郛』所引の『大業拾遺録』……394

1 都念子 2 需支 3 玉薤 4 弄潮
5 曲阿 6 合浦郡牛 7 九飣牙盤

四 『事類賦』所引の『大業拾遺録』……402

1 鱸魚乾膾 2 仲思棗

五 『古今合璧事類備要』所引の『大業拾遺録』桂蠹……403

第二節 『大業拾遺記』所引の逸文

一 はじめに

二 『太平御覧』所引の『大業拾遺記』附子

三 『太平広記』所引の『大業拾遺記』

1 法喜法師　2 耿詢　3 水飾図経　4 観文殿
5 海鰾乾鱠　6 海蝦子　7 鮑魚含肚　8 鱸魚乾鱠
9 蜜蟹　10 蕭吉　11 釣台石　12 楼闕芝
13 蔡王楊智積　14 瑞鳥

四 『嘉泰会稽志』所引の『大業拾遺記』含肚

五 『爾雅翼』所引の『大業拾遺記』清冷淵

六 『猗覚寮雜記』所引の『大業拾遺記』都念子

七 『能改斎漫録』所引の『大業拾遺記』「儂」字

八 『東坡先生志林集』所引の『大業拾遺記』蛾緑螺

九 『錦繡萬花谷』所引の『大業拾遺記』蛾緑螺

一〇 『古今合璧事類備要』所引の『大業拾遺記』蛾緑螺

一一 『韻府群玉』所引の『大業拾遺記』蛾緑螺

六 『新編古今事文類聚』所引の『大業拾遺録』桂蠹

七 まとめ

一二　『江南通志』所引の『大業拾遺記』　文選楼……432
一三　まとめ……432
第三節　『大業拾遺』所引の逸文……433
一　はじめに……433
二　『太平御覧』所引の『大業拾遺』……434
1　区宇図志　2　飛白書　3　太湖鯉魚
三　『太平広記』所引の『大業拾遺』……437
1　分盃　2　煬帝　3　仲思棗
四　『玉海』所引の『大業拾遺』　区宇図志……442
五　『新編古今事文類聚』所引の『大業拾遺』　区宇図志……443
六　『永楽大典』所引の『大業拾遺』　煬帝……444
七　『記纂淵海』所引の『大業拾遺』　文章総集……445
八　『新編分門古今類事』所引の『大業拾遺』　耿詢……446
九　『北戸録』所引の『大業拾遺』　都念子……447
一〇　『野客叢書』所引の『大業拾遺』　麻胡……447
一一　『遯斎間覧』所引の『大業拾遺』　麻胡……451
一二　『墨史』所引の『大業拾遺』　蛾緑螺……452
一三　『仇池筆記』所引の『大業拾遺』　蛾緑螺……452

一四　『佩觿』所引の『大業拾遺』析字……453
一五　まとめ……454
第四節　『大業記』所引の逸文……455
一　はじめに……455
二　『資治通鑑考異』所引の『大業記』巡会稽……456
三　『太平御覧』所引の『大業記』……456
1　白魚種子　2　安公子
四　『北戸録』所引の『大業記』……457
1　左行草　2　胡牀・交牀　3　仙人草
五　『海録砕事』所引の『大業記』……459
1　分盃　2　胡牀　3　切玉
六　『事類賦』所引の『大業記』……461
1　龍舟　2　儀鸞殿
七　『事物起原』所引の『大業記』水飾……461
八　『書小史』所引の『大業記』飛白書……462
九　『通鑑問疑』所引の『大業記』弑文帝……463
一〇　『記纂淵海』所引の『大業記』析字……464
一一　まとめ……464

一二　第三章のまとめ……465
一三　『大業雑記』記事の対応一覧表……470
第四章　『南部烟花記』と『隋遺録』の偽書説……475
第一節　『南部烟花記』について……476
一　はじめに……476
二　『南部烟花記』の偽書説……478
三　『南部烟花記』の出典が判明する記事……485
1　桂宮　2　緑綺窓　3　帳中香　4　金螭屏風
5　響玉　6　琵琶　7　宮燭　8　沈香履箱
9　跋扈将軍　10　北苑妝　11　金剛舞・夜叉歌　12　迷楼
13　烏銅屏　14　色如桃花　15　隄柳　16　錦帆
17　一六院　18　湖上曲　19　夾道宿　20　繍裙
四　『南部烟花記』所引の『大業雑記』に関連する記事……501
1　『類説』所収の『南部烟花記』……502
甲　字讖（析字）　乙　留儂　丙　金韲玉膾　丁　閃電窓　戊　文章総集
己　分盃法
2　『重較説郛』所収の『南部烟花記』……505

甲　金甕玉膾　乙　閃電窓　丙　五方香床　丁　螺子黛（蛾緑螺）
3　『紺珠集』所収の『南部烟花記』蛾緑螺 …… 506
4　『錦繡萬花谷』所引の『南部烟花記』蛾緑螺 …… 507
5　『新編古今事文類聚』所引の『南部烟花記』 …… 507
甲　金甕玉膾　乙　析字
6　『雲仙雑記』所引の『南部烟花記』金甕玉膾 …… 508
7　『記纂淵海』所引の『南部烟花記』 …… 508
甲　文章総集　乙　金甕玉膾
8　『新編分門古今類事』所引の『南部烟花記』析字 …… 511
9　『示児編』所引の『南部烟花記』析字 …… 511
五　まとめ …… 512
第二節　『隋遺録』について …… 513
一　はじめに …… 513
二　南宋の『南部烟花記』と『隋遺録』 …… 514
三　『隋遺録』所引の『大業雑記』に関連する記事 …… 516
1　飛白書　2　麻胡　3　蛾緑螺　4　「儂」字
5　析字
四　まとめ …… 519

凡　例

（1）本書に引用する『大業雑記』は「粤雅堂叢書」第三編「続談助」巻四所収本を用いる。

（2）「続談助」本『大業雑記』に付した題名は、史料整理のための便宜的なものである。

（3）第二章第三節「大業雑記の逸文」においても、史料整理のため便宜的に題名を付して示す。

（4）第三章と第四章に引用する史料に付した題名も、史料整理のための便宜的なものである。

（5）便宜的な題名の下に付した数字は、史料整理のための便宜的なものである。

（6）本書の漢字は常用漢字を使用するが、「龍」「藝」「萬」「餘」「闕」は旧漢字を使用した。

（7）［　］内の字は筆者が意をもって補足したものであり、（　）内の字は（　）の上字の補正を示す。この時は九ポイントを使用する。

（8）原典史料以外の漢数字は、原則として「十」「百」字を脱して示す。例えば、「二十一」は「二一」、「二百三十」は「二三〇」のように示し、「千」字はそのままとする。

（9）訓読は歴史的かなづかいを用いる。

（10）本書において使用する文献の版本に関しては、巻末の「引用文献一覧」に示す。

大業雑記の研究

緒　言

隋王朝が中国を支配したのは、六世紀後半から七世紀初頭（五八一～六一七）の四〇年ほどの期間である。短期間の支配であるが、隋王朝は南北朝と唐王朝の分岐点に位置し、唐王朝の中国支配の基礎を準備したという点において、極めて重要な位置と意義を持つ王朝である。隋王朝の中国統一は東亜の国際秩序にも、大きな変動をもたらし、唐王朝的国際秩序の基礎を準備したという点において看過できないものがある。その具体的事例の一端は、隋王朝と朝鮮三国や日本との緊張した関係を想起すれば充分であろう。

この隋王朝史の研究において、前途に立ちはだかる難問は、史料が少ないということである。唐代も有り餘る史料があるわけではないが、隋代は極端に史料が少ない。隋史の基本的文献である『隋書』を除いて、別集や制度史に関する文献はなく、また既発見の敦煌文献においても、隋代に関する史料は少ない。また、隋王朝が西域の吐魯番を支配していないことによって、隋王朝に関する吐魯番文献の出現は、今後も望めそうもない。隋史に関しては、少ない唐代文献から類推し、『隋書』の記事を補強する方法しか、残されていないのが現状である。

中国史上に占める隋史の重要性に比較して、隋史研究は史料的に極めて制約された条件下にある。この隋史研究を推進する方法としては、石刻史料の出現に期待し、石刻史料を研究史料として活用する方法がある。加えて、現存する隋代文献にも細心の注意を向けることも必要なことである。

本書は『大業雑記』逸文の収集を主題とするが、東都洛陽城内に設置された河南県と洛陽県の境界と城内の郷里制に関する問題と、逸文の収集から派生する『南部烟火記』と『隋遺録』の信憑性に関する問題にも論究する。

第一章「隋唐の東都城内の河南県と洛陽県」は東都洛陽に関係する墓誌銘を扱う。これは『大業雑記』の記事に註を付けるために、東都洛陽に関係する墓誌銘を閲覧していて、気が付いたことを纏めたものであり、『大業雑記』の逸文収集の副産物というべきものである。

第二章と第三章では、『大業雑記』と関連する文献を扱っている。『大業雑記』は、史料の残存が極めて少ない隋代にあって、煬帝の治世である大業年間（六〇五～六一六）と唐初に限定されるが、隋と唐初の史実を伝え、『隋書』の闕を補足する文献として極めて重要な史書である。

第四章は『大業雑記』の逸文から派生する『南部烟火記』と『隋遺録』の信憑性に関する問題にも論究し、両書が偽書であることを指摘する。

隋史研究が低調であったことにも原因するが、『大業雑記』は従来においては、餘り重要視されず、隋史研究に活用されていない。また、『大業雑記』の史料的価値に関して、基礎的な文献学的考察もない。本書は諸文献にみえる『大業雑記』の逸文を集め、『大業雑記』をより容易に閲覧することができるように意図したものである。

『大業雑記』の史料的価値は、『資治通鑑考異』巻八隋紀に引用する大業年間（六〇五～六一六）の記事をみれば明らかであろう。『資治通鑑』隋紀四以下の大業年間の記述は、『大業雑記』が史料源の一として採用されているのである。『資治通鑑』は唐紀と五代紀の部分が史料的価値の高いとされている。『資治通鑑考異』巻八隋紀をみれば、現在ではみることのできない史料を参照して、『資治通鑑』隋紀四以下の大業年間の記事で構成されていることがわかる。『資治通鑑』の大業年間の記事は、『隋書』の記事の引き写しではなく、『資治通鑑』の唐紀と五代紀と共に、信頼性のある史料と評価するべきであろう。

『河南志』の「隋城闕古蹟」と「唐城闕古蹟」に引用されている文献には、唐の『両京新記』や『大唐六典』の書名がみえる。これらの書が『河南志』の「隋唐城闕」と「唐城闕古蹟」の史料源になっていることは確かであるが、『河南志』の隋洛陽城の皇城や宮城に関する記事は、『大業雑記』の記事と一致する部分がある。『大業雑記』も『河南志』の「隋城闕古蹟」部分の、重要な史料源であったことを認識するべきである。清代の徐松を初めとする隋唐都城研究の諸家が、『大業雑記』所載の皇城や宮城に関する記事に言及しないのは不思議なことである。

『大業雑記』の完本は現存しない。逸文を収集したものが「続談助」等に伝わっている。『大業雑記』の逸文は『資治通鑑考異』にもある。また『大業雑記』は、宋代では『大業拾遺録』『大業拾遺記』『大業拾遺』『大業記』という書名を有し、これらの書名で逸文が諸書に引用されている。これらの逸文を収集して『大業雑記』の逸文収集は完成するのであり、「続談助」本『大業雑記』のみが『大業雑記』ではない。本書はこれらの逸文を収集して、『大業雑記』逸文収集の完成をめざし、『大業雑記』の記事の信憑性を検討し、隋史研究の史料として利用できること証明しようとしたものである。

『大業雑記』には、もう一つの問題がある。それは顔師古の著書といわれる『南部烟花記』、もしくは『隋遺録』という書があり、この書は別名として『大業拾遺録』『大業拾遺記』『大業拾遺』『大業記』という『大業雑記』と同じ書名を有することである。同一書名のゆえに、『大業雑記』と『南部烟花記』『隋遺録』の記事が混同され、『大業雑記』の理解を混乱させる原因となっている。第四章では『南部烟花記』『隋遺録』に論究し、その実体を明らかにする。これによって、『大業雑記』の実態がより明確になるであろう。

『大業雑記』に関連する『南部烟花記』（『隋遺録』）には大きな疑問がある。それは『大業雑記』の記事が『南部烟花記』と『隋遺録』に存在することである。『南部烟花記』（『隋遺録』）は顔師古の撰述になると伝え、『大業雑記』と撰者が異なる。撰者が異なれば、記事は異なるはずであり、同じ記事が『大業雑記』と『南部烟花記』（『隋遺録』）に存在するはずがない。『南部烟花記』（『隋遺録』）は成立が明確でない書であり、顔師古の撰述になるというのも疑問視される書である。このような事情を有する書に『大業雑記』の記事が存在することは、『南部烟花記』（『隋遺録』）は偽書である可能性を窺わせるものである。『南部烟花記』（『隋遺録』）の偽書説は南宋期から提起されているが、その根拠は充分なものではない。本書は『南部烟花記』（『隋遺録』）偽書説を『大業雑記』の記事を検討するという観点から論究する。『隋遺録』は南宋の左圭の編纂した『百川学海』庚集に所収され、『唐詩紀事』に引用されているから、南宋期には偽書でないと評価されていた。『百川学海』と『唐詩紀事』の評価は妥当なものであろうか。

「付録」の「隋唐軍府索引」は、隋唐の墓誌銘が公刊され、墓誌銘に唐代の折衝府名を多く見受けるようになった。この折衝府名が、労経原の「唐折衝府考」等に著録されているか否かを簡便に知るためのものである。「唐折衝府考」等は索引がなく、墓誌銘にみえる折衝府名を労経原等が著録しているかどうか、調べるのに時間がかかるのを解消するため連合索引を作成したものである。

第一章　隋唐の東都城内の河南県と洛陽県

隋唐の長安城は中央に、東西または左右を分ける朱雀大街が南北に通り、左右対称の整然とした形状である。長安城内に設置された長安県と萬年県は朱雀大街（南面して右が長安県、左が萬年県）によって区分され、城内両県の県境はまことに明確である。東都洛陽城は宮城と皇城が都城の西北に偏在し、都城としては変則的形状をしている。

隋唐の洛陽城には、河南県と洛陽県の二県が設置された。洛陽城の中央の東西には洛水が流れ、洛水によって、洛陽城は南北に分断され、洛水の北側には、宮城・皇城と一般の里坊があり、諸里坊の一角に洛陽県治があり、洛水の南側には河南県治があった。私は洛陽県治は洛水の北側にあるから、洛陽県は洛水以北にある諸里坊を管轄し、河南県治は洛水の南にあるから、河南県は洛水以南の諸里坊を管轄しているのであろうと、従来より漠然と理解していた。この漠然と理解は私個人だけではなく、他の研究者の理解でもあったと思う。なぜなら、隋唐の河南県と洛陽県の県境に言及した研究が、過去に皆無であるからである。

既存の地理志等の文献には、東都城内の河南県や洛陽県に関する情報はあるが、その下部に属するの郷里については情報がなく、城内の河南県や洛陽県の郷里の構造や範囲は不明であった。『千唐誌斎蔵誌』等の洛陽に関する墓誌銘が公刊され、隋唐の東都洛陽城に関する情報量が増大した。洛陽城直北に位置する邙山出土の墓誌銘には、「河南県某郷某坊」「河南県某坊」や「洛陽県某郷某坊」「洛陽県某坊」と明記するものがあり、隋唐の河南県や洛陽県の構成に新知見を提供し、地理志等の既存の文献の闕を補完する。本章は墓誌銘を利用し、隋唐の東都城内の河南・洛陽両県の範囲、洛陽城内に設置された永昌県と来庭県の範囲、また東都城内の郷里制を考察する。

なお、唐代の洛陽城に関しては、すでに趙超氏の「唐代洛陽城坊補考」（「考古」一九八七第九期）があり、また辛徳勇氏の『隋唐両京叢考』（三秦出版社　一九九一）一四二頁以下に論究がある。まことに迂闊なことであり、弁解になるが、趙氏や辛氏の研究があることを知ったのは、墓誌銘をほぼ検索し終わり、東都城内の河南・洛陽両県の範囲に関して、両氏と同じような考えが固まったころであった。大きく落胆したが、膨大な時間を費やして収集した史料を廃棄するのは返す返すも残念である。両氏とは別の事も論究している。また辛氏の所論の隋代部分に関しては、付け加える史料もあり、また両氏の論考の唐代部分は「河南県某坊」「洛陽県某坊」と明記する墓誌銘をすべて提示しての行論ではない。両氏の所論と同じ関心をもつ研究者が将来出てくれれば、史料の点検を一から開始しなければならない。その手間を省くため、私の収集した史料を提示する次第である。

墓誌銘を利用した東都洛陽城近郊の研究に、愛宕元氏の『唐代地域社会史研究』（同朋舎　一九九七）がある。特に第一章第三節の「東京洛陽」は、墓誌銘を精査して東都洛陽城近郊の隋唐の地名を復元したものである。愛宕氏の研究に、大きな示唆と裨益を受けている。

唐代の洛陽に関する墓誌銘の検索において、「河南県某坊」「洛陽県某坊」とする史料を引用した。その際には手元にある史料集の書名を引用した。同じ史料は他の史料集にもある。そのことをいちいち注記していない。あとになって、注記するべきであったと思い、再度注記する作業が必要と思いはじめていた時、気賀沢保規氏から『新版　唐代墓誌所在総合目録』（汲古書院　二〇〇四）の寄贈をうけた。この目録によって、墓誌銘の所在が容易に検索できるようになり、墓誌銘の所在をいちいち注記していないという闕点も解消された。

第一節　隋代の東都城内の河南県と洛陽県

一　はじめに

唐初の杜宝が著作した『大業雑記』の記事に関連して、『漢魏南北朝墓誌集釈』（中華書局　一九五六）を閲覧する機会があった。そのうち「宮人李氏墓誌」（図版五三二）は、「宮人李氏は大業五年八月某日、河南県清化里において死亡し、河南県千金郷の邙山に埋葬した」とある。清化里の位置を城坊図によって確認すると、洛水の北にあり、東城の東門である宣仁門に隣接する里坊である。洛水の北は洛陽県の管轄であると考えていたから、洛陽県清化里とあるべきと思い、奇異に感じた。加えて、「河南県千金郷の邙山」という表現も、釈然としないものがあった。邙山は洛水の北に位置する山地であるから、「洛陽県千金郷の邙山」というべきと考えたのである。

『唐両京城坊考』によって、徐松はどのように述べているかを調べた。徐松は唐代東都の里坊を説明し、某坊には隋唐の某人の居宅があることを述べ、時代によって里坊の名称に変化があったことは述べるが、里坊名が洛水の南北で移動したとはいっていない。隋も唐と基本的には、里坊名は同じであるという見解に立っている。『唐両京城坊考』は城内の里坊を研究したものであり、城外の里坊には言及しないから、「河南県千金郷の邙山」の是非は『唐両京城坊考』からは明らかとならない。

そこで、『漢魏南北朝墓誌集釈』に所収する墓誌銘を検討し、清化里は河南県に所属とする史料を「宮人李氏墓誌」

以外に三例を見いだした。こうなると、「宮人李氏墓誌」に記載される「河南県清化里」は、碑文作成者や刻石者の思い違いではない。私の洛水以北は洛陽県であるという漠然とした理解は、修正しなければならないことになった。そこから、『漢魏南北朝墓誌集釈』の点検が始まり、『芒洛冢墓遺文』や『千唐誌斎蔵誌』等の点検に及んだ。その結果、私の河南県と洛陽県の県境に関する漠然とした考えは訂正しなければならないことが明らかとなった。以下には隋代の洛陽に関する墓誌を点検した結果を示す。

二　隋代の河南県と洛陽県の治所

隋代の河南県と洛陽県は、煬帝の大業元年（六〇五）の東京建設に端を発し、新都の東京に洛陽県と河南県が設置されたのであるから、大業元年以降の河南県と洛陽県を指す。大業元年、洛州は豫州と改称され、煬帝の第二子の斉王・楊暕が豫州牧に叙任された。大業三年、州が郡と改称されるにともない、豫州は河南郡と改称された。

1　河南郡廨（河南郡治）

河南郡廨（豫州河南郡治）は、城内の河南県宣範里に置かれた。

河南郡在宣範里西北、去宮城七里。（「続談助」本『大業雑記』）

河南郡は宣範里の西北に在り、宮城を去ること七里なり。

『河南志』にも、『大業雑記』と同じことを伝え、宣範里に河南郡治があったとする。

次北宣範坊。隋唐、半坊為河南府廨、西北去宮城七里。（巻一京城門坊街隅古蹟・定鼎門東第三街）

次北は宣範坊。隋唐、半坊は河南府廨と為す、西北して宮城を去ること七里なり。

宣範坊（宣範里）は、建国門（唐代では定鼎門という）大街東第三縦列の里坊のうち、南より第四番目にある。

2　河南県廨（河南県治）

河南県廨は政化里にあったと伝える(1)。

河南県在政化里、去宮城八里、在天津街西。（「続談助」本『大業雑記』）

河南県は政化里に在り、宮城を去ること八里、天津街の西に在り。

『元和郡県図志』は寛政坊にあったという。

仁寿四年、遷都。移県於東都城内寛政坊、即今県是也。（巻五河南府河南県）

仁寿四年（六〇四）、都を遷す。県を東都城内の寛政坊に移す、即ち今の県是れなり。

『太平寰宇記』も『元和郡県図志』と同様に、寛政坊にあったという。

隋大業二年、又移於今洛城内寛政坊。即今理所也。（巻三河南府河南県）

隋大業二年（六〇六）、又今の洛城内の寛政坊に移す。即ち今の理所なり。

また、『河南志』も寛政坊にあったとする。

定鼎門街之西第一街、凡六坊。従南第一曰寧人坊。本曰寧民、避唐太宗諱改訂。其後多曰寧仁。……（中略）……。次北寛政坊。隋有于仲文宅、隋唐河南県治於此坊。（巻一京城門坊街隅古蹟）

定鼎門街の西第一街、凡そ六坊。南より第一を寧人坊と曰ふ。本は寧民と曰ふ、唐の太宗の諱を避け改訂す。其の後は多く寧仁と曰ふ。……（中略）……。次北は寛政坊なり。隋に于仲文の宅有り、隋唐の河南県は此の坊に治す。

『元和郡県図志』等の記事を信頼すれば、河南県治は隋唐時代一貫して寛政坊（寛政里）に置かれたのであり、『大業雑記』がいう政化里は、寛政坊（寛政里）の隋代の里坊名であることになる。寛政坊（寛政里）は、洛水の南、建国門大街西第一街、南より第二番目の坊であり、端門大（建国門大街）街に面していた。

3　洛陽県廨（洛陽県治）

隋の洛陽県廨（洛陽県治）は徳茂里に置かれた(2)。

洛陽県在徳茂里、宣仁門道北西、去宮城六里。（「続談助」本『大業雑記』）

洛陽県は徳茂里に在り、宣仁門道の北西、宮城を去ること六里なり。

隋の洛陽県徳茂里が何処に在ったかは、『隋書』等の文献によって、明らかにし難い。
『太平寰宇記』には、洛陽県に関して次のようにある。

隋煬帝、遷都、移於今徳懋坊西南隅。（巻三河南府洛陽県）

隋の煬帝、遷都し、今の徳懋坊の西南隅に移す。

この記事によって、徳茂里は唐代の徳懋坊に当ることが判明する。『河南志』も右と同じことをいう。

東城之東、第五南北街、凡五坊。従南第一曰教業坊。……（中略）……。次北毓材坊。其地乃広。徳懋坊之南、半坊之地。隋洛陽県廨居此。西去宮城八里。次北徳懋坊。（巻一京城門坊街隅古蹟）

東城の東、第五南北街、凡そ五坊。南より第一は教業坊と曰ふ。……（中略）……。次北は毓材坊。其の地乃ち広し。徳懋坊の南、半坊の地、隋の洛陽県廨、此に居す。西のかた宮城を去ること八里なり。次北は徳懋坊なり。

『太平寰宇記』と『河南志』によって、隋の洛陽県廨は徳茂里（唐の徳懋坊）の南半分を占めていたことが判る。徳懋坊は洛水の北の城内にあり、上東門から数えて第二縦列の里坊列にある。

三　東都城内の河南・洛陽両県の範囲を示す史料

隋代の東都城内の河南県と洛陽県の境界を示す史料は、通常の隋唐文献にはない。この問題を解決するには、墓誌銘が有効な史料となる。以下には、『漢魏南北朝墓誌集釈』等によって、東都城内の「河南県某里」「洛陽県某里」と明記する墓誌銘を提示する。『漢魏南北朝墓誌集釈』所収の大業年間の墓誌銘において、居所を単に「清化里」や「感徳郷従善里」（『漢魏南北朝墓誌集釈』図版四九六「張志相妻潘善利墓誌」大業一一年）のように、里名や郷里名のみ記しているものは、県境の問題を解決する史料にならない。「河南県某里」「洛陽県某里」と明示しているものを示すと次のようである。年号は被葬者の卒年を示す。なお、『芒洛冢墓遺文』五編は、吉岡真氏が「福大史学」七六・七七合併号に発表されたもので、北京図書館所蔵の羅振玉の遺稿である。

1　河南県に所属する里

河南県殖業郷顕義里（『漢魏南北朝墓誌集釈』図版四三三「郭王墓誌」大業四年）唐代では明義里（明義坊）という。

河南県　清化里（『漢魏南北朝墓誌集釈』図版五三一「宮人元氏墓誌」大業五年）

河南県　清化里（『漢魏南北朝墓誌集釈』図版五三二「宮人李氏墓誌」大業五年）

河南県　崇業里（『漢魏南北朝墓誌集釈』図版四四六「劉則暨妻高氏墓誌」大業七年）

河南県　崇業里（『芒洛冢墓遺文』五編四二「劉則墓誌」大業六年）

河南県　清化里（『芒洛冢墓遺文』五編四三「宮人陳氏六品墓誌」大業七年）

河南県　清化里（『漢魏南北朝墓誌集釈』図版五三五「宮人馮氏墓誌」大業六年）

河南県　敦行里（『漢魏南北朝墓誌集釈』図版四四七「郭達暨妻侯氏墓誌」大業八年）

河南県勧進郷恭安里（『漢魏南北朝墓誌集釈』図版四六八「趙郎暨孫氏墓誌」大業九年）

（『芒洛冢墓遺文』五編六八「平正常景墓誌」大業元年）

河南県安衆郷安衆里（『漢魏南北朝墓誌集釈』図版四八六「白仵貴墓誌」大業一〇年）

河南県　思順里（『漢魏南北朝墓誌集釈』図版六〇九「陳叔明墓誌」大業一一年）

河南県楽和郷楽和里（『漢魏南北朝墓誌集釈』図版四七五「□夫人王光墓誌」大業一〇年）

河南県　隆化里（『漢魏南北朝墓誌集釈』図版四九五「蕭浜墓誌」大業一一年）

河南県　永豊里（『漢魏南北朝墓誌集釈』図版五〇二「范安貴墓誌」大業一一年）

2　洛陽県に所属する里

洛陽県維新郷懐仁里（『北京図書館蔵中国歴代石刻拓本滙編』一〇冊誌四九七〇「斉開府行参軍故董君墓誌銘」大業二年）

洛陽県　鄰徳里（『千唐誌斎蔵誌』六「隋故朝散大夫歴陽太守元禕墓誌銘」大業二年）鄰徳里は臨徳里に同じ。

洛陽県　懐仁里（『漢魏南北朝墓誌集釈』図版四四四「段模墓誌」大業六年）

洛陽県　静仁里（『漢魏南北朝墓誌集釈』図版四五一「高緊墓誌」大業八年）

洛陽県　尊賢里（『漢魏南北朝墓誌集釈』図版四七一「陳常墓誌」大業九年）

洛陽県
通閏郷嘉慶里（『漢魏南北朝墓誌集釈』図版四五三「田光山妻李氏墓誌」大業八年）

洛陽県　嘉善里（『漢魏南北朝墓誌集釈』図版四七七「崔上師妻封依徳墓誌」大業一〇年）
洛陽県　嘉善里（『漢魏南北朝墓誌集釈』図版四九四「張波墓誌」大業一一年）
洛陽県崇業郷嘉善里（『漢魏南北朝墓誌集釈』図版四八四「翟突娑墓誌」大業一一年）
　感徳郷従善里（『漢魏南北朝墓誌集釈』図版四九六「張志相妻潘善利墓誌」大業一一年）
洛陽県　章善里（『漢魏南北朝墓誌集釈』図版五一三「張濬墓誌」大業一二年）
洛陽県　弘藝里（『漢魏南北朝墓誌集釈』図版五二四「王成墓誌」大業一二年）

通閏郷嘉慶里は右の墓誌では所属県が不明である。「張達墓誌」（『漢魏南北朝墓誌集釈』図版四七八）には、「東都洛陽県通閏郷」とあり、通閏郷は洛陽県に所属する郷と判明するから、嘉慶里は洛陽県通閏郷嘉慶里であることになる。

『隋唐両京叢考』（三秦出版社　一九九一）一四二頁以下には、河南県と洛陽県に属する里を列挙する。右の一覧には『隋唐両京叢考』に列挙する里坊に、更に次の七里坊を加えることができた。

（1）河南県殖業郷顕義里　（2）河南県楽和郷楽和里　（3）河南県安衆郷安衆里　（4）河南県勧進郷恭安里
（5）通閏郷嘉慶里　（6）洛陽県感徳郷従善里　（7）洛陽県維新郷懐仁里

このうち、洛陽県懐仁里は、すでに『隋唐両京叢考』が指摘するところであるが、「洛陽県維新郷懐仁里」と郷名を伴う懐仁里を検出することができたのは、東都城内の郷里制を考える上において新しい収穫である。

四　隋代の坊と里

隋の東都洛陽城の沿革に関して、『隋書』巻三〇地理志・河南郡に次のようにいう。

河南郡、旧置洛州。大業元年、移都、改曰豫州。東面三門、北曰上春、中曰建陽、南曰永通。南面二門、東曰長夏、正南［曰］建国。里一百三、市三。

河南郡、旧は洛州を置く。大業元年、都を移し、改めて豫州と曰ふ。東面三門、北は上春と曰ひ、中は建陽と曰ひ、南は永通と曰ふ。南面二門、東は長夏と曰ひ、正南は建国と曰ふ。里は一〇三、市は三なり。

前掲史料では、豫州と改称した時期を大業元年（六〇五）とするが、より詳細には大業元年正月朔日である。

大業元年春正月壬辰朔、大赦改元。立妃蕭氏為皇后。改豫州為溱州、洛州為豫州、廃諸州総管府。……（中略）……。己亥、以豫章王暕為豫州牧。（『隋書』巻三煬帝紀）

大業元年春正月壬辰朔、大赦し改元す。妃の蕭氏を立て皇后と為す。豫州を改め溱州と為し、洛州を豫州と為し、諸州総管府を廃す。……（中略）……。己亥、豫章王の暕を以て豫州牧と為す。

河南郡と改称したのは、『隋書』巻三煬帝紀大業三年四月の条に「壬辰、改州為郡」とあるように、大業三年四月、全国の州を郡と改称したのと軌を一にし、大業三年四月に河南郡となった。

隋代の坊と里に関して、『隋書』巻二八百官志に、次のようにある。

京都諸坊、改為里、皆省除里司、官以主其事。（『隋書』巻二八百官志）

京都の諸坊、改めて里と為し、皆里司を省除し、官以て其の事を主る。

隋王朝は京師・長安と東京・洛陽の城内一般居住区域の名称を、坊から里に改め、里の行政を河南県や洛陽県の直轄とした。「皆省除里司、官以主其事」とあるのは、隋代の都城の行政を考える上で重要である。

この百官志の記事は、煬帝治世の制度を述べた箇所に位置し、大業年間のことと考えられるが、その時期に関しては明確にはできない。「郭王墓誌」（『漢魏南北朝墓誌集釈』図版四三三）に、

以隋之大業三年二月廿九日、卒於河南県殖業郷顕義里。

隋の大業三年二月二九日を以て、河南県殖業郷顕義里に於て卒す。

とあるが、この年号は卒年であって、墓誌は大業四年一一月に作製されているから、大業四年一一月には、坊を里といっていたことが判る。同じく『漢魏南北朝墓誌集釈』図版四二八「劉淵墓誌」には、

卒於崇政郷敦行里。

崇政郷敦行里に於て卒す。

とある。卒年は不明であるが、この墓誌は大業三年一一月に作製されているから、大業三年一一月には里といっていたことが判明し、大業三年後半期には里と改称していた。「斉開府行参軍故董君墓銘」（『北京図書館蔵中国歴代石刻拓本滙編』一〇冊誌四九七〇所収）には、次のようにある。

以大隋大業二年三月廿六日、卒於洛陽県維新郷懐仁里第。即以其年歳次丙辰、四月乙酉朔、一日乙酉、□□窆於芒山之翟村東南一里。

大隋大業二年三月二六日を以て、洛陽県維新郷懐仁里の第に於て卒す。即ち其の年歳次丙辰《ほしはへいしんにやどる》、四月乙酉朔、一日乙酉を以て、□□芒山の翟村東南一里に窆《うづ》む。

懐仁里は東都城内にある里であるから、東都城内の坊を里に名称変更した時期は、大業二年（六〇六）の東京城が落成した時に求めることができよう。[3]

五　東都城内の河南県と洛陽県の県境

従来は、洛水を境界として、洛水以北が洛陽県と考えていた。隋唐の洛陽出土の墓誌銘の記載を検討することによって、洛水以北が洛陽県とする見解は誤りであることが判明した。すなわち、前項に示した結果を東都城坊図に載せてみると、図版1のようになる。

辛徳勇氏は、洛水以南の長夏門街の東側にある諸里が洛陽県に所属するとする。[5] したがうべき見解である。洛水以北の諸里のうち、宣仁門からみて縦列第二列の諸里、すなわち、進徳・履順・思恭・帰義（隋代にこの里坊を帰義里といったかどうかは明らかではない）玉鶏の各里を、明確な根拠もないのに、辛氏が河南県所属と推定するのは、この縦列の諸里は唐代前半期において、河南県に所属していた事実があるからであろう。これもしたがうべき見解である。隋代の洛陽城内の河南県と洛陽県の県境に関して、辛氏の見解に異論はない。

六　東都城内の郷里制

次に問題となるのは、城内の郷と里である。前掲した墓誌銘に東都城内の里は「河南県某里」「洛陽県某里」と表記されるものがあり、東都城内の里は県に直属し、東都城内には郷がなかったような感じをうける。従来の理解においても、城内の里は「河南県某里」「洛陽県某里」とされ、県の下に里があったとされてきたように思う。東都城内には郷が設置されなかったと理解して正解であろうか。

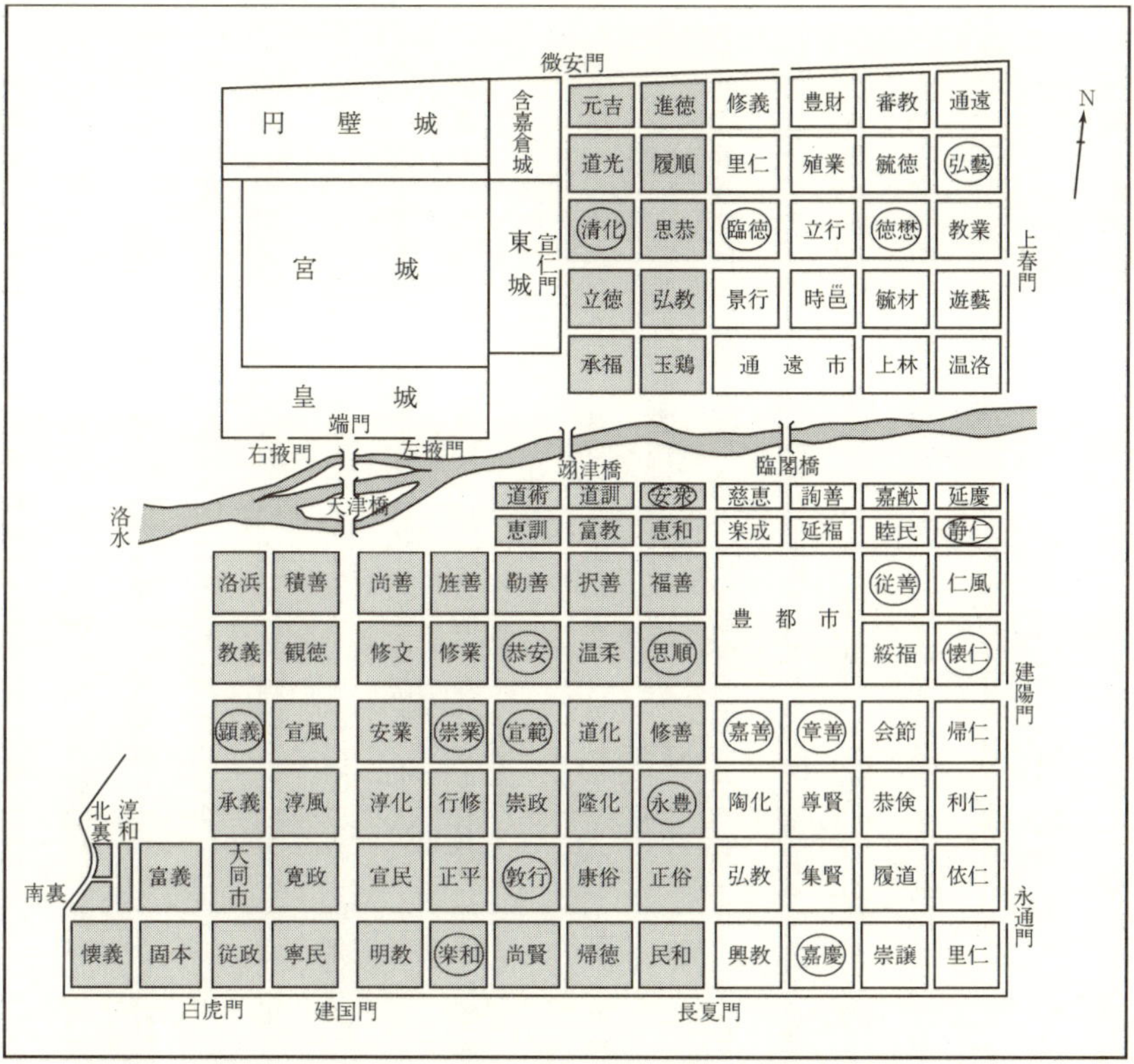

図版1　隋東都図（網掛部分が河南県に属する里坊、◯は墓誌銘に見える里坊）

城外の行政組織に関しては、「任軌墓誌」（『北京図書館蔵中国歴代石刻拓本滙編』一〇冊所収の誌四六四）には、

以今四季歳次戊辰、二月甲戌朔、九日壬午、厝於洛陽県常平郷遊仙里。

今四季歳次戊辰《ほしはぼしんにやどる》、二月甲戌朔、九日壬午を以て、洛陽県常平郷遊仙里に厝《お》く。

とあり、「大隋故滎陽郡新鄭県令蕭明府墓誌銘并序」（『漢魏南北朝墓誌集釈』図版四七三）に、

以其季十二月庚午朔、廿八日丁酉、葬於河南県霊淵郷安川里北邙山。

其の季一二月庚午朔、二八日丁酉を以て、河南県霊淵郷安川里の北の邙山に於て葬る。

とあり、同書図版五二六「韋匡伯墓誌」に、

以開明二年七月廿□［日］、権殯于洛陽県鳳台郷穀陽里陵谷。

開明二年七月二□日を以て、権に洛陽県鳳台郷穀陽里の陵谷に殯《もがり》す。（「開明」は隋末の王世充の年号）

とあるから、城外においては県・郷・里の行政組織があったことが確認できる。

大業八年の「田光山妻李氏墓誌」（『漢魏南北朝墓誌集釈』図版四五三）には、

即以十月丁未朔、十四日庚申、権殯於洛陽県常平郷張村西北二里。礼也。

即ち一〇月丁未朔、一四日庚申を以て、権《かり》に洛陽県常平郷張村の西北二里に於て殯《もがり》す。礼なり。

とあり、「唐直墓誌」（『漢魏南北朝墓誌集釈』図版五一七）に、

大業十一季八月五日、薨於斉郡之公廨。春秋六十有餘。即以其季歳次丙子、十月甲申朔、二十六日己酉、権窆於河南郡河南県霊淵郷翟村西南二里。

大業一一季八月五日、斉郡の公廨に薨ず。春秋六十有餘。即ち其の季歳次丙子《ほしはへいしにやどる》、一〇月甲申朔、二六日己酉を以て、権に河南郡河南県霊淵郷翟村西南二里に於て窆《うづ》む。

とあり、城外の行政組織は県・郷・村の場合もあった。

「隋故秘書監左光禄大夫陶丘簡侯蕭君墓誌銘并序」（『漢魏南北朝墓誌集釈』図版四五〇）に、

以八年太歳壬申、八月戊申朔、十三日庚申、永窆于河南郡河南県千金郷霊淵里之塋。

八年太歳壬申、八月戊申朔、一三日庚申を以て、永く河南郡河南県千金郷霊淵里の塋に窆《うづ》む。

とあり、「麻君妻龐畏娘墓誌」（『北京図書館蔵中国歴代石刻拓本滙編』一〇冊所収）に、

以大業八年歳次壬申、十一月丁丑朔、九日乙酉、権座河南郡河南県千金郷華邑里千金原。礼也。

大業八年歳次壬申、一一月丁丑朔、九日乙酉を以て、権《かり》に河南郡河南県千金郷華邑里千金原に座す。礼なり。

とあり、千金郷には霊淵里と華邑里とがあるから、一般の郷の下には、いくつかの里や村が付属していたであろうと想定される。このことは敦煌や吐魯番出土の唐代文献からも類推するに難くない。

東都洛陽城内の里は「河南県某里」「洛陽県某里」と表記する墓誌銘があり、県に里が直属していたと理解できる。しかし、「感徳郷従善里」（『漢魏南北朝墓誌集釈』図版四九六「張志相妻潘善利墓誌」大業一一年）と表記される場合もあり、城外と同じように郷があって、その下に里があったと理解できるものもある。

『漢魏南北朝墓誌集釈』等により、城内において県郷里を明記するものを示せば次のようである。

河南県殖業郷顕義里（図版四三三「郭王墓誌」）
河南県崇政郷敦行里（図版四四七「郭達暨妻侯氏墓誌」）
河南県安衆郷安衆里（図版四八六「白仵貴墓誌」）
河南県楽和郷楽和里（図版四七五「□夫人王光墓誌」）
洛陽県維新郷懐仁里（『北京図書館蔵中国歴代石刻拓本滙編』一〇冊所収「斉開府行参軍故董君墓誌銘」）
洛陽県通閏郷嘉慶里（図版四五三「田光山妻李氏墓誌」）
洛陽県崇業郷嘉善里（図版四八四「翟突娑墓誌」）
　　感徳郷従善里（図版四九六「張志相妻潘善利墓誌」）

これらの墓誌銘によって、東都城内の里の上部には郷という行政区画があり、郷里制であって、全国一律の郷里制の原則下にあったと想定できる。「河南県某里」「洛陽県某里」と表記する墓誌銘は、里の上にある郷名を省略して表記していると判断しなければならない。

通常の郷はいくつかの里が所属するものであるが、東都城内の郷がいくつかの里の上にあったかどうかは、右の史料からは判断できない。安衆郷安衆里や楽和郷楽和里から推定すれば、一郷一里であるような感じを受ける。崇政郷敦行里とある例から推定すれば、敦行里の隣に崇政里があるから、崇政里は崇政郷崇政里であり、隣にある敦行里は同じ郷に属し、崇政郷敦行里というと思われ、一郷数里制であるとも理解できる。右に示した墓誌銘の史料だけでは、東都城内の郷里の構成に関しては、これ以上のことはいえない。

しかし、東都城内は一郷一里制でなかった。このことは愛宕元氏の研究によって断言できる。愛宕氏は唐代の河南県が管轄する郷数が四〇程度であり、洛陽県が管轄する郷数も三〇程度であると指摘されている。[6] この郷数は隋代においても大きく変わるものではないだろう。東都城内には約一〇〇里あり、一郷一里制とすれば東都城内だけで、約一〇〇郷があったことになる。河南県と洛陽県は城外に管轄する郷を有するから、一〇〇郷以上を管轄したことになる。これは唐代の両県で七〇郷を管轄した数と大きく異なる結果となる。したがって、河南県と洛陽県で七〇郷程度という実数から、一郷一里制は非現実的であり、一郷は複数の里から構成されていたと考えられる。

七　まとめ

以上、隋代の東都城内の里に関して考察した。墓誌銘によれば、隋代の東都城内は「河南県某里」「洛陽県某里」と表記され、県里制であったような感じをうける。しかし、注意深く墓誌銘を検討すると、県里制ではなく、隋代に普遍的に施行された県郷里制が施行されていたことが判明する。

東都城内の里は約一〇〇里ある。河南県と洛陽県は城外の郷を合わせても七〇郷程度であることを考えると、一郷一里制でないことは明らかであり、一郷数里から構成されていたと推定される。

墓誌銘に「河南県某里」「洛陽県某里」と居所が表記されるのは、郷名の表記が省略されていると考えられる。東都城内の里は河南県と洛陽県に直属するような形を採るが、行政的には県と里が直属しているのではない。郷里制を採用する以上、行政的に県は里に対して直接に指揮命令することはできない。官文書的には、県は符によって郷に命令し、郷は符によって里に命令する形式であり、県の命令を伝達するために郷を里の上に置いておく必要があった。

東都には河南県と洛陽県が置かれた。両県の範囲は洛水の南北に広がり、洛水以北が洛陽県、洛水以南が河南県の管轄ではない。東都城内の両県の県境に関しては、すでに辛徳勇氏の考察がある。辛氏の考察のうち、洛水以南の両県の県境は是認してよい。洛水以北の河南県の範囲に関しては問題がないわけではない。辛氏の見解として参考にするべきであろう。

註

（1）隋代の政化里を唐代では寛政坊という。辛徳勇『隋唐両京叢考』（三秦出版社　一九九一）一三〇頁以下に指摘がある。

（2）隋代の徳茂里を唐代では徳懋坊という。辛徳勇『隋唐両京叢考』（三秦出版社　一九九一）一三三頁以下に指摘がある。

（3）「志修塔記」（『北京図書館蔵中国歴代石刻拓本滙編』一〇冊所収　大業八年刻）には、「□年、円寂揚州江陽県道化坊九華院。享齢三十有二」とあり、大業八年から遠くない年に俗姓・鄭という僧侶は、揚州江陽県道化坊において卒したとある。この道化坊は江陽県の郭下にあった坊に相違ないが、この史料によって、揚州江陽県では郭下の里を坊といっていたとすることはできない。里とあったものを「坊」と言い換えている可能性もある。

（4）辛徳勇『隋唐両京叢考』（三秦出版社　一九九一）の付図一三の「隋河南・洛陽両県界分図」を利用した。このうち、「修行里」は「行修里」と改訂して示した。

（5）辛徳勇『隋唐両京叢考』（三秦出版社　一九九一）一四二頁以下を参照。

（6）愛宕元『唐代地域社会史研究』（同朋舎　一九九七）五二頁以下を参照。

第二節　唐代の東都城内の河南県と洛陽県

一　はじめに

本節は、唐代の東都城内の河南県と洛陽両県の県境、また東都城内の郷里制を時代を唐代に変えて検討する。加えて、永昌県と来庭県を墓誌銘から拾い出し、その県域を考察する。隋代の東都は史料が少なく、明確な結論を出すことができない。その点、唐代は隋代に比較して史料が多いから、隋代よりは明確となる。

隋唐都城研究の第一人者である徐松は、都城の各坊（各里）に存在した官人の居宅・官府・寺観に関しては、可能な限りの調査結果を残しているが、東都城内の河南県と洛陽県の県境に関しては一言も言及しない。また、東都城内の里坊は、県郷里制の行政組織であったこともいわない。東都城内の河南県と洛陽県の県境を確定し、東都城内の郷里制を論じることは、隋唐東都研究の基礎的作業として重要なことであろう。

二　唐代の河南県と洛陽県の概略

1　河南県の概略

唐代の東都洛陽は河南府に属し、洛陽城の内外には河南県と洛陽県が置かれた。城内には二県に加えて、永昌県・来庭県が増置された時期もある。永昌県は河南県と洛陽県に属する里坊を割いて一時期設置した県であり、のちには洛陽県を改称して永昌県といった時期がある。来庭県は洛陽県を分割して一時期、設置された県である。

河南県に関して、『旧唐書』巻三八地理志一河南府・河南県の条に次のようにある。

> 河南、隋旧。武徳四年、権治司隷台、貞観元年、移治所於大理寺、貞観二年、徙理金墉城、六年、移治都内之毓徳坊。垂拱四年、分河南洛陽置永昌県、治於都内之道徳坊。永昌元年、改河南為合宮県。神龍元年、復為河南県、廃永昌県。三年、復為合宮県。景龍元年、復為河南県。

> 河南、隋の旧なり。武徳四年（六二一）、権《かり》に司隷台に治し、貞観元年（六二七）、治所を大理寺に移し、貞観二年、理を金墉城に徙し、六年、治を都内の毓徳坊に移す。垂拱四年（六八八）、河南・洛陽を分ち永昌県を置き、都内の道徳坊に治す。永昌元年（六八九）、河南を改め合宮県と為す。神龍元年（七〇五）、復河南県と為し、永昌県を廃す。三年（七〇七、二年の誤り）、復合宮県と為す。景龍元年（七〇七）、復河南県と為す。

右の史料において三点の疑問点ある。まず第一点は、貞観六年に都内洛水の北にある毓徳坊に理所を移したとするが、唐代を通じて河南県の理所は毓徳坊としてよいかという疑問である。第二点は、「神龍三年」という記年は正しいかという点であり、第三点は、「景龍元年」という記年は正確であるかという点である。

第一点に関して、『元和郡県図志』巻五河南府には次のようにある。

> 河南県、赤。郭下。本漢旧県、……（中略）……。隋仁寿四年、遷都、移県於東都城内寛政坊。即今県是也。永昌

元年、以明堂初成、改為合宮県、神龍初復旧。二年復為合宮、景雲初、復旧。

河南県、赤。郭下にあり。本《もと》漢の旧県、……（中略）……。隋の仁寿四年（六〇四）、都を遷し、県を東都城内の寛政坊に移す。即ち今の県是れなり。永昌元年（六八九）、明堂初めて成るを以て、改めて合宮県と為し、神龍の初め旧《もと》に復す。二年（七〇六）復《また》合宮と為し、景雲の初め（元年は七一〇）、旧に復す。

また『太平寰宇記』巻三河南府・河南県の条にも同様のことをいう。

河南県。……。隋大業二年、又移於今洛城内寛政坊、即今理所也。尋又改洛州為豫州。三年、罷州為河南郡、県属不改。唐永昌元年、改為合宮県、至神龍元年、復旧。二年十一月、又改為合宮県。景隆元年、仍旧為河南県。

河南県。……。隋の大業二年（六〇五）、又《また》今の洛城の寛政坊に移す。即ち今の理所なり。尋いで又《また》洛州を改め豫州と為す。三年、州を罷め河南郡と為すも、県属改めず。唐の永昌元年、改めて合宮県と為し、神龍元年（七〇五）に至り、旧《もと》に復す。二年一一月、又《また》改めて合宮県と為し、景隆元年（唐隆元年）、旧《もと》に仍《よ》り河南県と為す。

河南県の理所は寛政坊にあったのであり、唐初に司隷台・大理寺・金墉城・毓徳坊に理所を移動させたのは、唐初の混乱期の権宜の措置である。

このことは『旧唐書』巻三八地理志一河南府・洛陽県の条の次の記事によって明白である。

洛陽、隋旧。武徳四年、権治大理寺。貞観元年、徙治金墉城。六年、移治都内之毓徳坊。

洛陽、隋の旧なり。武徳四年（六二一）、権《かり》に大理寺に治し、貞観元年（六二八）、徙して金墉城に治し、六年、移して都内の毓徳坊に治す。

すなわち、唐初の時期、河南県と洛陽県は治所を同じくしていたのである。このことは、唐初の混乱期の便宜的措置以外の何者でもないことを物語るものである。

第二点の『旧唐書』にいう「神龍二年」という記年に関して、前掲した『元和郡県図志』と『太平寰宇記』はともに神龍二年とする。次に示す『旧唐書』巻七中宗紀神龍二年一一月の記事も、『元和郡県図志』と『太平寰宇記』の記事と一致するから、『旧唐書』地理志の誤記とするべきである。

乙巳、大赦天下、行従文武官賜勲一転。改河南為合宮、洛陽為永昌、嵩陽為登封、陽城為告成。

乙巳、天下に大赦し、行従する文武官は勲一転を賜ふ。河南を改め合宮と為し、洛陽を永昌と為し、嵩陽を登封と為し、陽城を告成と為す。

第三点の「景龍元年」という記年は信頼できるかという問題であるが、同じことを伝えて『元和郡県図志』には「景雲初年」といい、『太平寰宇記』には「景隆元年」という。「景隆元年」は実在しない年号であるから問題外である。『唐会要』巻七〇州県改置上・河南道には次のようにある。

河南府河南県、永昌元年、改為合宮県、以薛充構為県令。神龍元年正月、卻為河南県、二年十一月五日、又改為合宮県、以蘇頲為県令。……（中略）……。唐隆元年七月八日、復改為河南県。

河南府河南県、永昌元年、改めて合宮県と為し、薛充構を以て県令と為す。神龍元年（七〇五）正月、卻《かへ》りて河南県と為し、二年一一月五日、又《また》改めて合宮県と為し、蘇頲を以て県令と為す。唐隆元年（七一〇）七月八日、復《また》改めて河南県と為す。

河南県という県名に復したのは唐隆元年七月八日とする。『旧唐書』巻七睿宗紀景龍四年七月の条（景龍四年六月に唐隆元年と改元されているから景龍四年七月は存在しない）には、『唐会要』と同じことを伝える。

丁巳、河南洛陽華州並依旧名。

丁巳、河南・洛陽・華州並びに旧名に依る。

また後掲する『旧唐書』巻三八地理志一河南府・洛陽県の条にも、永昌県から洛陽県に県名が変更されたのは唐隆元年（七一〇）とあるから、唐隆元年が正解なのである。唐隆元年は同年七月に景雲元年と改元されたから、『元和郡県図志』に景雲初年とあるのも、あながち誤りとすることはできない。

以上によって、河南県は河南県→合宮県（永昌元年）→河南県（神龍元年）→合宮県（神龍二年）→河南県（唐隆元年）と県名が変更され、さらに垂拱四年（六八八）、河南県の一部を分割して永昌県（治道徳坊、長安二年廃県）を置かれた。

2　洛陽県の概略

洛陽県の沿革は『旧唐書』巻三八地理志一河南府・洛陽県の条に略述されている。

洛陽、隋旧。武徳四年、権治大理寺。貞観元年、徙治金墉城。六年、移治都内之毓徳坊。垂拱四年、分置永昌県。天授三年、又分置来廷県（来庭県）、治於都内之従善坊。龍朔元年、廃来廷県（来庭県）。神龍二年十一月、改洛陽為永昌県、唐隆元年七月、復為洛陽。

洛陽、隋の旧なり。武徳四年（六二一）、権《かり》に大理寺に治す。貞観元年（六二七）、徙りて金墉城に治し、六年、治を都内の毓徳坊に移す。垂拱四年（六八八）、分ちて永昌県を置く。天授三年（六九二）、又《また》分ちて来庭県を置き、都内の従善坊に治す。龍朔元年（六六一）、来庭県を廃す。神龍二年（七〇五）一一月、洛陽を改め永昌県と為し、唐隆元年（七一〇）七月、復《また》洛陽と為す。

洛陽県の沿革も河南県と同様であるが、異なる点は来庭県が洛陽県内に設置されたことである。右の記事において疑問となるのは「龍朔元年」の記年である。天授三年に設置された来庭県が、龍朔元年に廃止されるはずはない。記年の誤写である。『元和郡県図志』には洛陽県の沿革に関して、特に目新しい記事はない。

『太平寰宇記』巻三河南府・洛陽県には、永昌県の廃止時期を長安二年六月とする。

隋煬帝遷都、移於今徳懋坊西南隅。今県東三十里、有故城存。唐垂拱四年七月、析置永昌県、長安二年六月、廃永昌。神龍二年冬、改洛陽為永昌県。景隆元年、復為洛陽県。

隋の煬帝都を遷し、［県治を］今の徳懋坊の西南隅に移す。今、県の東三〇里に、故城存する有り。唐の垂拱四年（六八八）七月、永昌県を析置し、長安二年（七〇二）六月、永昌を廃す。神龍二年（七〇六）冬、洛陽を改め永昌県と為し、景隆（唐隆）元年、復《また》洛陽県と為す。

前掲した『旧唐書』の河南県の条では、永昌県の廃止は神龍元年（七〇五）とあったが、一体どちらが正しいのであろうか。『新唐書』巻三八地理志二河南郡・河南県の条は、永昌県の廃止を長安二年とする。

河南、赤。垂拱四年、析河南洛陽、置永昌県。永昌元年、更河南曰合宮。長安二年、省永昌。神龍元年、復曰河南、二年又曰合宮。唐隆元年、復故名。

河南、赤。垂拱四年、河南の洛陽を析《さ》き、永昌県を置く。永昌元年（六八九）、河南を更へ合宮と曰ふ。長安二年、永昌を省く。神龍元年、復河南にと曰ひ、二年又《また》合宮と曰ふ。唐隆元年（七一〇）故名に復す。

『唐会要』巻七〇州県改置上・河南道には、永昌県の廃止時期に関して、『新唐書』地理志と同じことを伝える。

永昌県。長安二年六月二日廃。神龍二年十一月二日、改洛陽為永昌県、以王晙為県令。唐隆元年七月八日、又改為洛陽県。

永昌県。長安二年六月二日廃す。神龍二年一一月二日、洛陽を改め永昌県と為し、王晙を以て県令と為す。唐隆元年七月八日、又《また》改め洛陽県と為す。

同じことを多くいう史料を是とするわけではないが、永昌県が廃止されたのは「長安二年」とするべきであろう。

来庭県の廃止に関して、前掲の『旧唐書』地理志では「龍朔元年」とするが、これは明らかに誤りである。『新唐書』巻三八地理志二河南府河南郡・洛陽県の条には長安二年とする。

洛陽、赤。天授三年、析洛陽永昌、置来庭県、長安二年省。神龍二年、更洛陽曰永昌、唐隆元年、復故名。

洛陽、赤。天授三年（六九二）、洛陽の永昌を析ち、来庭県を置き、長安二年（七〇二）省く。神龍二年（七〇五）、「洛陽」を更《か》へ「永昌」と曰ひ、唐隆元年（七一〇）、故名に復す。

『唐会要』も『新唐書』地理志と同じ見解を示すから、来庭県が廃止されたのは、長安二年としてよい。

来庭県。天授三年三月九日置、以陸宝績為県令。長安二年六月二日廃。（巻七〇州県改置上・河南道）

来庭県。天授三年（六九二）三月九日置き、陸宝績を以て県令と為す。長安二年六月二日廃す。

開元七年（七一九）一〇月に、来庭県が存在したと『旧唐書』玄宗紀は伝える。

於東都来庭県廨、置義宗廟。（巻八玄宗紀開元七年一〇月）

東都来庭県廨に、義宗廟を置く。（義宗は高宗皇帝の第五子・李弘＝孝敬皇帝の廟号である）

『旧唐書』は正史であり、最も信頼に足る唐代史書であるが、以上に述べた来庭県の沿革から、『旧唐書』玄宗紀の記事はそのままは信じがたい。多分、「於東都旧来庭県廨」とあったものが、「旧」字を脱落し、「於東都来庭県廨」となったものであろうと解釈される。

以上の結果、洛陽県は洛陽県→永昌県（神龍二年）→洛陽県（唐隆元年）と名称が変遷し、唐末に至ることになる。垂拱四年（六八八）、河南・洛陽両県から析置された永昌県は、長安二年に廃止され、また洛陽県から析置された来庭県（治従善坊）も、長安二年に廃止されたのである。

三　唐代の河南・洛陽両県の範囲を示す史料

唐代に関する既存文献によって、洛陽城内の里坊の所属が判明する場合は意外に少ない。したがって、里坊の所属を確定する場合は、新出の墓誌銘等の石刻史料に依存することが多くなる。その場合、「洛陽道徳里」「洛陽勧善坊」とある場合、この洛陽は洛陽県を意味する場合と、東都洛陽（洛州・河南郡）全体を意味する場合があり、十分な注意が必要である。道徳里は初期の永昌県治の置かれた里であり、河南県に所属する里であることは周知されているから、「洛陽道徳里」の洛陽は、東都洛陽地域の洛陽という意味である。「洛州洛陽章善里」とある場合の「洛陽」は、上にある「洛州」が全体の地域を示しているから「洛陽県」の意味である。「河南某坊」と表記する場合は、洛陽地域全体を示す語としてではなく、相対的には河南県を意味する場合が多いという特徴がある。

1　河南県に所属する里坊

河南県に所属する里坊のうち、『太平寰宇記』巻三河南府・河南県の条によって所属が判明するものは、洛水の南にある旌善坊・福善坊・恭安坊がある。

唐明宗五廟在県西北六里福善坊。晋朝五廟在県西北八里恭安坊、天福八年置。漢朝七廟在県西北八里旌善坊。

唐の明宗の五廟、県の西北六里の福善坊に在り。晋朝の五廟、県の西北八里の恭安坊に在り、天福八年（九四三）置く。漢朝の七廟は県の西北八里の旌善坊に在り。

右にみえる里坊を河南県の箇所に記載するのは、右の各里坊が河南県に所属するためであると理解してよい。

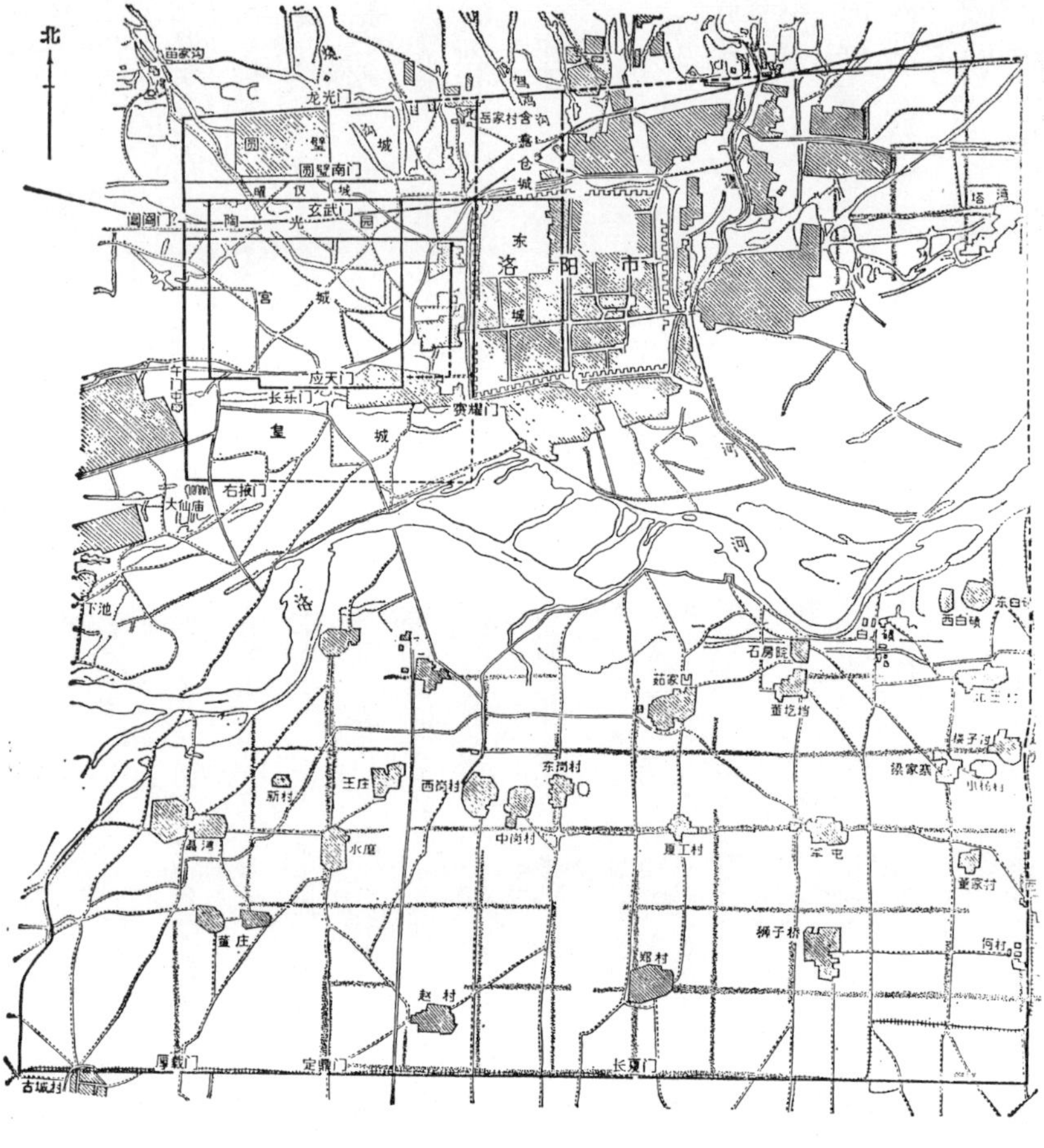

図版 2　唐代の東都洛陽城実測図（「考古」1961年第 3 期所載）

図をみると、洛水の両岸は洪水の被害を受けている。洛水両岸の里坊の復元は不可能であり、推定で復元する以外にはない。『旧唐書』巻一一代宗紀永泰二年七月の条に「自六月大雨、洛水泛溢、漂溺居人廬舎二十坊、河南諸州水（六月より大雨、洛水泛溢し、居人廬舎二〇坊を漂溺し、河南諸州水あり）」とあり、洛水の両岸は低く、洪水の被害を受けることが唐代よりあった。

『旧唐書』巻三七「五行志」に、洪水の被害を受けた里坊の記事があり、河南県立徳坊・河南県弘敬坊（弘教坊）、洛陽県景行坊の名がみえる。

　　永淳元年、洛水大漲、漂損河南立徳弘敬洛陽景行等坊二百餘家。

　永淳元年（六八二）、洛水大いに漲り、河南の立徳・弘敬、洛陽の景行等の坊の二百餘家を漂損す。

右の記事は『旧唐書』巻五高宗紀永淳元年五月の条にもあり、高宗紀では「弘敬」を「弘教」とする。右の各坊は洛水北岸に位置する里坊であり、西から順に立徳・弘敬（弘教）・景行とあったものと想定できる。

　以下には編纂文献と墓誌銘によって判明する、河南県に属する里坊を示す。『千唐誌斎蔵誌』（文物出版社　一九八三）は『千唐誌』、『北京図書館蔵中国歴代石刻拓本滙編』（中州古籍出版社　一九八九）は『中国歴代石刻拓本滙編』、『唐代墓誌銘彙編附考』（中央研究院歴史語言研究所）は『唐代墓誌銘彙編』と略記する。『芒洛冢墓遺文』五編は北京図書館所蔵の羅振玉の遺稿である。吉岡真氏が「福大史学」七六・七七合併号において、全文を紹介されている。所属する里坊は目認した石刻史料集を摘記したものであり、同じ墓誌銘が他の石刻史料集の何処に所載されているかは注記していない。この点は、気賀沢保規氏の『新版　唐代墓誌所在総合目録』（汲古書院　二〇〇四）が解決してくれる。

甲　洛水以北の河南県に属する里坊

洛水以北の東都城内において、墓誌銘に「河南県」と所属県を明記する里坊を示す。東城と含嘉倉城側からみて、宣仁門大街の東第一縦列にある里坊のうち、所属県を「河南県」とする墓誌銘は次のものである。

　立徳坊

河南県立徳坊（『中国歴代石刻拓本滙編』一三冊誌一〇〇二「唐故会稽県丞李府君夫人韓氏墓誌銘并序」　顕慶五年）

河南県王城郷立徳旧里（『隋唐五代墓誌滙編』洛陽巻一三冊六頁「李良妻任氏墓誌」）
合宮県立徳坊（『唐代墓誌銘彙編』一四冊一三七三「大周故壮武将軍行右鷹揚衛翊府右郎将王君墓誌銘并序」）

清化里

河南県清化里（『唐代墓誌銘彙編』一冊八八「大唐故処士霍君墓誌銘并序」　貞観一八年）
（『千唐誌』七五五「大唐皇甫賓亡妻楊氏墓誌銘并序」）
（『千唐誌』一〇六二「唐故鉅鹿魏府君墓誌銘」）
（『千唐誌』一一七三「唐正義大夫検校太子詹事上柱国魏府君中山張氏夫人墓誌銘并序」）

「唐故李君墓誌銘并序」（『唐代墓誌銘彙編』五冊四六四）に「洛州河南清化里」とある。この「洛州河南清化里」のうち、「河南」は右に示した諸例から河南県という意味に理解してよいだろう。

道光里

河南県道光里（『中国歴代石刻拓本滙編』二八冊誌六一九一「唐故太子司議郎盧府君墓誌銘并序」）
河南県界道光里（『千唐誌』八一四「大唐故太中大夫邕府都督陸府君故夫人河南元氏墓誌銘」）
河南県道光坊（『中国歴代石刻拓本滙編』二八冊誌二七二九「唐呂公墓誌銘并序」）
河南県洛水之汭道光里坊（『隋唐五代墓誌滙編』洛陽巻一二冊一八頁「任金墓誌」）
合宮県道光坊（『唐代墓誌銘彙編』一五冊一四三二「大唐故胡国公嫡孫許州鄢陵県丞秦府君墓誌」）

道政里

河南県道政里（『千唐誌』五九六「大唐故右衛左中侯上柱国任府君墓誌」）

河南県道政坊（『千唐誌』七六四「大唐故吏部常選楊府君墓誌銘并序」）

宣仁門の東第二縦列の里坊において、所属県を「河南県」とする墓誌銘は思恭里と履順里である。

思恭里

河南県思恭之里第（『千唐誌』二四「大唐故張君之墓銘」　貞観一三年）

河南県思恭坊（『千唐誌』二二六「大唐驍騎尉故馮君墓誌銘并序」　麟徳二年）

履順里

河南県履順坊（『唐代墓誌銘彙編』七冊六〇二「故隋奉誠尉許君墓誌銘并序」　乾封元年）

唐初の記録では「河南県思恭里」「河南県履順坊」とあるが、開元以降では「洛陽県思恭里」「洛陽県履順里」とする墓誌銘があるから、思恭里と履順里は八世紀初頭と、それ以降では所属県に変更があった可能性がある。思恭里と履順里だけが所属変更したのではなく、同じ縦列にある帰義里と進徳里も、唐初においては河南県に属していた可能性がある。前掲した『唐代墓誌銘彙編』一七冊一六〇五によれば、思恭里は開元六年（七一八）には、洛陽県の管轄にあったことになるから、履順里も同じく、開元六年には洛陽県の管轄下にあったと想定してよいであろう。

乙　洛水以南の河南県に属する里坊

洛水以南の東都城内にある里坊で、墓誌銘に「河南県」と所属県を明記する里坊を示す。定鼎門大街の西第二縦列の里坊で、墓誌銘に「河南県某里」とあるのは顕義里である。

顕義里（明義里）

河南県之顕義里（『唐代墓誌彙編』四冊三三六「大唐故輔国大将軍荊州都督虢国公張公墓誌銘并序」）

定鼎門大街の西第一縦列の里坊において、所属県を「河南県」とする墓誌銘は次のものである。

寛政里

河南県寛□（政）坊（『唐代墓誌銘彙編』八冊七五〇「唐故司成孫公（孫処約）墓誌銘并序」）

宣風里

河南県□□郷宣風里（『唐代墓誌銘彙編』六冊五二〇「唐斛斯処士張夫人墓誌并序」）

観徳里

合宮県観徳坊（『千唐誌』四一三「大周故司宮台内給事蘇君墓誌銘并序」）

定鼎門大街の東第二縦列の里坊において、所属県を「河南県」とする墓誌銘は次のものである。

行修里

河南県永泰郷行脩里（『千唐誌』二〇九「房仁愻墓誌銘」）

行修里（『千唐誌』一八六「唐大節之女墓誌銘」）

（『千唐誌』一一〇三「故京兆韋氏夫人墓誌銘」）

（『千唐誌』一一九六「唐剣南東川節度副使……支訢妻滎陽鄭氏墓誌銘并序」）

（『中国歴代石刻拓本滙編』一七冊誌一五〇七「唐故処士樊君墓誌銘并序」）

右に示した史料以外に、「□曼□誌」（『唐代墓誌銘彙編』六冊五〇二）に「[卒]於行脩坊之里第」とあり、「葦項妻張氏墓誌」（『隋唐五代墓誌滙編』洛陽巻一五冊所収）にも「東都行修里之私第」とあり、「故京兆韋氏夫人墓誌銘」（『千唐誌斎蔵誌』一一〇三）にも「以大中二年十月十四日、終于東都行修里之私第」とある。

徐松は『唐両京城坊考』巻五東都・修行坊の条において、修行坊には張易之宅があるという。これは『唐会要』の次の記事に依拠しているに相違ない。

奉国寺　修行坊。本張易之宅、未成而易之敗、後賜太平公主乳母奉国夫人、尋奏為寺。（巻四八寺）

奉国寺　修行坊にあり。本《もと》張易之の宅、未だ成らずして易之敗れ、のち太平公主の乳母・奉国夫人に賜ひ、尋《つ》いで奏して寺と為す。

そして、「陳玄奘塔銘」にいう「行修里」は「修行里」の誤りとする。右に例示した墓誌銘に「河南県行修里」とあることによって、「行修里」が正しいとしなければならない。むしろ、『唐会要』の記事が誤っているのである。「修行里」が正しいとするなら、「修行里」は東都城外にあった里坊ということになる。従来の東都城坊図は例外なく、すべて徐松の研究にしたがい「修行里」とするが、「行修里」に改訂するべきである。

「唐故鄭氏嫡長殤墓記」（『千唐誌』一〇〇七）には、「修行里」の名がみえる。

唐元和十有一年、歳次景申、三月丁卯朔、廿四日庚寅、鄭氏之嫡長、殤夭於修行里私第。嗚呼享年一十有七。粤以其年四月景申朔、権葬于萬年県寧安郷義善里西、従宜也。又以其年八月甲午朔、廿七日庚申、帰祔河南県梓択郷続村先塋。礼也。

唐の元和十有一年、歳次景申、二月丁卯朔、廿四日庚寅、鄭氏の嫡長、修行里の私第に於て殤夭す。嗚呼享年一十有七なり。粤《ここ》に其の年四月景申朔を以て、権《かり》に萬年県寧安郷義善里の西に葬る、宜に従ふなり。又其の年八月甲午朔、二七日庚申を以て、河南県梓択郷続村の先塋に帰祔す。礼なり。

この修行里は明らかに、長安の萬年県に属する修行里であり、洛陽城内に修行里があったのではない。『長安志』に、

次南修行坊、本名修華。武太后時避諱、改修行坊。景雲元年、復旧、後又改之。（巻八）

次南は修行坊、本《もと》は修華と名づく。武太后の時に避諱し、修行坊と改む。景雲元年、旧に復し、後又之を改む。

とあり、『白氏文集』巻四一「有唐善人墓碑」にも修行里の名はみえる。(2)

唐有善人曰李公。公名建、字杓直、隴西人。魏将軍申公発、公十五代祖也。周柱国楊平公遠、六代祖也。綏州刺史明、高祖也。太子中允進徳、曾祖也。緜州昌明令珍玉、大父也。雅州別駕贈礼部尚書震、考也。贈博陵郡太君崔氏、妣也。陳許節度礼部尚書遜、兄也。渭源県君房氏、妻也。容管招討使済、外舅也。長慶元年二月二十三日夜、無疾即世于長安修行里第。是歳五月二十五日、帰祔于鳳翔某県某郷某原之先塋。春秋五十八。

唐に善人有り李公と曰ふ。公の名は建、字は杓直、隴西の人なり。魏の将軍・申公の発は、公の一五代の祖なり。周の柱国・楊平公の遠は、六代の祖なり。綏州刺史の明は、高祖なり。太子中允の進徳は、曾祖なり。緜州昌明令の珍玉は、大父なり。雅州別駕・贈礼部尚書の震は、考なり。贈博陵郡太君の崔氏は、妣なり。陳許節度・礼部尚書の遜は、兄なり。渭源県君の房氏は、妻なり。容管招討使の済は、外舅なり。長慶元年二月二三日夜、疾

無く長安修行里の第に于て即世す。是の歳五月二五日、鳳翔の某県某郷某原の先塋に帰祔す。春秋五八。

崇業里
合宮県崇業里（『中国歴代石刻拓本滙編』一九冊誌一七四三「大周故通直郎行杭州司士参軍事上騎都尉趙府君墓誌銘并序」）

修業里
河南県修業里（『張説之文集』巻二一「鄎国長公主神道碑」、『文苑英華』巻九三三「鄎国長公主神道碑」）

旌善里
河南県旌善里（『千唐誌』一一一四「唐故東畿汝防禦使都押衙兼都虞候正議大夫検校太子賓客上柱国南陽張府君墓誌銘并序」）
河南　旌善里（『唐代墓誌銘彙編』五冊四七五「大唐衛州共城県故董夫人墓誌銘」）

定鼎門大街の東第三縦列にある里坊で、所属県を「河南県」とする墓誌銘は次のものである。

敦行里
河南県敦行里（『隋唐五代墓誌彙編』洛陽巻一三冊五五頁「席君夫人楊雲墓誌」）

「下殤崔氏墓誌銘并序」（『千唐誌』八四八）は「河南敦行里」とする。これは河南県敦行里とも理解できるし、一般的な地名の「河南府の敦行里」とも理解できる。「唐故承奉郎汝州臨汝県令博陵崔府君墓誌銘并序」（『千唐誌』一一八八）には「洛陽敦行里」とある。敦行里は河南県に所属するから、「洛陽敦行里」は一般的な地名の洛陽である。

崇政里

洛陽県崇政里之私第（『両京城坊考補』河南人民出版社　一九九二）七四八頁

洛陽県崇政里は大いに疑問がある。定鼎門大街の東第三街にある里坊は、終始一貫して河南県の県域であり、洛陽県崇政里は墓誌銘の誤記と断定できる。『両京城坊考補』七四八頁に引用する「洛陽県崇政里」とする墓誌銘を、筆者は図版によって確認していない。

宣範里

合宮県宣範里（『千唐誌』四七八「周故□君墓誌」）

恭安里

河南県恭安里（『千唐誌』一〇一三「前河南府福昌県丞隴西李君故夫人広平劉氏墓誌銘并序」）

（『隋唐五代墓誌滙編』洛陽巻一三冊三九頁「李孔明妻劉媛墓誌」）

河南県恭安之里第（『中国歴代石刻拓本滙編』二〇冊誌一九二一「唐故荆府兵曹参軍弘農劉府君墓誌銘并序」）

勧善坊

河南県勧善坊（『千唐誌』六二三「大唐故朝議郎行将作監中校署丞上柱国趙府君墓誌銘」）

長夏門大街の西第一縦列にある里坊で、所属県を「河南県」とする墓誌銘は次のものである。

帰徳里

河南　帰徳之私第（『芒洛冢墓遺文』補遺「李韜崔夫人合祔墓誌銘」）

康俗里

河南県康俗里（『千唐誌』七一六「大唐故鄭州刺史源公故夫人鄭氏墓誌銘」）

敦化坊

河南県敦化坊（『芒洛冢墓遺文』巻中「大唐故左威衛倉曹参軍廬江郡何府君墓誌銘并序」）

道化里

河南県道化里（『千唐誌』七五一「仙州別駕張府君墓誌銘并序」）

楊鴻年氏は『隋唐両京坊里譜』（上海古籍出版社　一九九九）三六一頁において「道化一作遵化」とする。遵化里は墓誌銘には、

洛陽県遵化里（『千唐誌』三八〇「大周唐故儒林郎行魏州館陶県主簿皇甫君墓誌并序」）

洛陽県遵化里（『唐代墓誌銘彙編』五冊四三三「大唐故□□朱君墓銘」　顕慶六年）

とあり、道化里は洛陽県に属する。これでは「河南県道化里」と齟齬することになる。したがって、道化里と遵化里は同じではない。遵化里は城外の里坊である。

択善里

河南県択善里（『千唐誌』六一四「唐故晋州霍邑県令楊府君墓誌銘并序」）

道徳里

合宮県道徳里（『唐代墓誌銘彙編』一五冊一四二四「唐故戸部侍郎贈懐州刺史臨都公韋府君夫人河東郡夫人裴氏墓誌銘并序」）

長夏門大街の東第一縦列にある里坊で、所属県を「河南県」とする墓誌銘は次のものである。

正俗里

河南県正俗里（『千唐誌』七五六「唐故金明県令上柱国張府君墓誌銘并序」）

河南県正俗里之私第（『両京城坊考補』（河南人民出版社　一九九二・七八三頁）

合宮県正俗坊（『唐代墓誌銘彙編』一三冊一二四〇「大周故相州鄴県尉王君墓誌銘并序」）

永豊坊

河南県永豊坊（『千唐誌』一一三〇「大唐故臨清県令瑯琊王君妻李氏墓誌銘并序」）

思順里

河南県思順坊（『唐代墓誌銘彙編』四冊三七六「大唐王君墓誌」）

河南　思順之里（『千唐誌』一二二「唐故汴州封丘県令張君墓誌銘并序」）

河南　思順里（『千唐誌』七三六「大唐将帥挙文武及第前振武副尉守右武衛蒲州永安府左果毅都尉崔沢夫人張氏墓誌銘并序」）

福善里

河南県福善里（『千唐誌』一八二「大唐故周君墓誌銘并序」）

（『千唐誌』五六四「大唐故少府監織染署令太原王府君妻張氏墓誌銘并序」）

（『千唐誌』一〇二三「唐故朝散大夫試光禄寺丞譙郡能府君墓誌銘并序」）

（『芒洛冢墓遺文』三編「大唐故史氏趙夫人墓誌銘并序」）

河南　福善里（『千唐誌』三二八「大唐故冀州南宮県尉武騎尉邢府君墓誌銘并序」）

河南県福善坊（『芒洛冢墓遺文』続編巻下「大唐故游撃将軍上柱国蕭府君墓誌銘并序」）

永昌県福善里（『芒洛冢墓遺文』巻上「大唐故瀛州東城鄭明府君墓誌銘并序」）

永昌県福善坊（『千唐誌』四一五「大周北海唐夫人墓誌銘并序」　長寿二年）

永昌県は河南県と洛陽県から分置された県であるから、永昌県福善里と永昌県福善坊は存在してもよい県里である。

長夏門大街の東第二縦列にある里坊、所属県を「河南県」とする墓誌銘は次のものである。

興敬里（興教里）

河南県興敬里（『唐代墓誌銘彙編』一七冊一六一五「唐故正議大夫龍州刺史上柱国許君墓誌銘」　開元七年）

宣教里

河南県宣教里（『芒洛冢墓遺文』四編巻五「大唐故忠王府文学上柱国琅琊王府君墓誌銘並序」　開元二六年）

陶化里

合宮県陶化坊（『唐代墓誌銘彙編』一四冊一三五二「唐故上柱国吏部常選王君墓誌銘并序」　永淳二年）

嘉善里

河南県嘉善里（『千唐誌』一一九五「唐故通議大夫……（中略）……上柱国博陵崔府君墓誌銘并序」　乾符三年）

河南県嘉善坊（『隋唐五代墓誌滙編』洛陽巻一二冊一七二頁「張氏墓誌銘并序」　貞元一八年）

永昌県嘉善里（『千唐誌』四三六「周故上柱国陳府君墓誌銘并序」　萬歳通天二年）

合宮県之嘉善里（『中国歴代石刻拓本滙編』一八冊誌六一五三「大周故雲騎尉隴西郡牛府君墓誌銘并序」　聖暦二年）

通利里

河南県通利坊（『千唐誌』一〇一七「広平郡宋氏夫人墓誌」　元和年間）

永昌県通利坊（『千唐誌』三八九「大周故雍州美原県扈府君之墓誌銘并序」　天授二年）

楽城里

河南県楽城里（『千唐誌』八〇四「唐故隴西李君墓誌銘并序」　天宝元年）

（『千唐誌』一〇六八「大唐清河張府君隴西李氏夫人合祔誌銘并序」開成三年）

河南　楽城里（『千唐誌』七二〇「大唐静塞軍司馬杜府君墓誌銘并序」開元二〇年）

合宮県楽城坊（『中国歴代石刻拓本滙編』二〇冊誌一八六三「河南独孤氏墓誌」景龍二年）

辛徳勇氏の『隋唐両京叢考』（三秦出版社　一九九一）に付録された、唐代洛陽城の復元里坊図に楽城里の位置が記載されているだけで、他の復元里坊図には楽城里はない。「河南県楽城里」とあっても、洛陽城外も河南県であるから、楽城里は城内にあったことにはならない。しかし、楽城里がたびたび墓誌銘に登場するのは洛陽城内にあった里であることを暗示するものであろうし、「神都楽城私第」とあれば、やはり楽城里は城内にあった里坊と考えるべきであろう。ここでは、辛徳勇氏の見解によって、通利坊付近にあった里坊としておく。(3)

2　洛陽県に所属する里坊

通常の文献によって、洛陽県に所属する里坊と判明するものは、利仁里・履順坊・修義坊がある。

蘇秦宅、郡国志云、在利仁里。後為魏尚書高顕業宅、後造為寺。……（中略）……。九龍祠在履順坊。按東都記、後魏孝文遷都洛陽、修千金堨、渠成而水不流。常（嘗）見有龍扼之、水不得下。為是祭之、龍退而水行。王戎墓在殖業坊、高四丈。故老伝云、隋大業遷都之始、人為酒窖、得銘。云、晋司徒尚書令安豊元年王君之墓銘。裴楷墓在修義坊十字街北、有碑存。（『太平寰宇記』巻三河南府・洛陽県）

蘇秦の宅、「郡国志」に云ふ、「利仁里に在り」と。のち魏の尚書・高顕業の宅と為り、のち寺と為すに造《いた》る。……（中略）……。九龍祠は履順坊に在り。「東都記」を按ずるに、後魏の孝文は洛陽に遷都し、千金堨《げつ》を修め、渠成りて水流れず。嘗て龍有り之を扼《おさ》え、水下るを得ざるを見、是れがために之を祭るに、龍退きて水行く。王戎の墓は殖業坊に在り、高さ四丈。故老伝へて云ふ、「隋の大業遷都の始め、人、酒窖を為るに、銘を得る。云はく、『晋司徒尚書令安豊元年王君之墓銘』」と。裴楷の墓は修義坊十字街の北に在り、碑有り存す。

右の記事にみえる里坊は、洛陽県に所属するが故に、洛陽県の条に記載されていると考えるのが自然であろう。洛水以北の坊は洛陽県所属と考えることは無理のないところであるが、洛水の南にある利仁里が、洛陽県に所属することは、意外であるが、以下に示す墓誌銘によって明らかとなるであろう。

以下には墓誌銘によって判明する、洛陽県に属する里坊を示す。所属する里坊は目認した石刻史料集を摘記したものであり、同じ墓誌銘が他の石刻史料集の何処に所載されているかは注記していない。この点は、気賀沢保規氏の『新版　唐代墓誌所在総合目録』（汲古書院　二〇〇四）が解決してくれる。

甲　洛水以北の洛陽県に属する里坊

洛水以北の東都城内において、墓誌銘に「洛陽県」と所属県を明記する里坊を、上東門側から示す。

第一縦列にある里坊において、所属県を「洛陽県」とする墓誌銘は次のものである。

温洛里

洛陽県温洛之私第（『千唐誌』九九三「前試左衛兵曹参軍裴孝仙墓誌銘」）

積徳里

洛陽　積徳里（『唐代墓誌銘彙編』九冊八一八「袁□仁誌」）

教業里

洛陽県教業里（『千唐誌』四四四「大周故朝議大夫上柱国行隆州西水県宰董府君墓誌銘并序」）

（『中国歴代石刻拓本滙編』一七冊誌一四九四「大唐故郢州司馬上軽車郭君墓誌銘并序」）

（『中国歴代石刻拓本滙編』二三冊誌二二一〇「大唐故太廟斎郎吏部常選郭子墓誌銘并序」）

（『隋唐五代墓誌滙編』洛陽巻一二冊九頁「崔君夫人王氏墓誌」）

（『隋唐五代墓誌滙編』洛陽巻一〇冊三九頁「王韶墓誌」）

洛陽県教業之里（『千唐誌』七一二「大唐故萬州司法参軍王君墓誌銘」）

「大唐故千牛岐州司戸参軍事楊君墓誌銘并序」（『唐代墓誌銘彙編』九冊八〇六）に、「□於洛陽教業里」とある「洛陽」は、教業里が洛陽県にあることによって洛陽県を指すと理解できる。

興藝里

洛陽県興藝里（『千唐誌』六二六「大唐河南府河南県丞上柱国龐夷遠妻李氏墓誌銘并序」）

通遠里

洛陽県通遠里（『千唐誌』六四五「唐故荘州都督李府君墓誌銘并序」）

（『千唐誌』七三七「唐同州河西主簿李君故夫人蘇氏墓誌銘并序」）

（『千唐誌』八四一「唐故延王府戸曹丁府君墓誌銘并序」）

洛陽県通遠坊（『芒洛冢墓遺文』続編巻下「大唐故右監門衛中郎将高府君墓誌銘并序」）

洛陽　通遠里（『唐代墓誌銘彙編』一七冊一六四四「□唐故楚州司馬桓君墓誌銘并序」）
洛陽県餘慶郷通遠里（『唐代墓誌銘彙編』四冊三四一「唐故趙君墓誌銘并序」　顕慶二年）

上東門側からみて第二縦列にある里坊において、所属県を「洛陽県」とする墓誌銘は次のものである。

毓財里
洛陽県界毓財里（『千唐誌』六三三「大唐前益州成都県尉朱守臣故夫人高氏墓誌文」）
洛陽県毓財里（『千唐誌』一〇〇〇「唐故辺夫人墓記」）
（『千唐誌』一一七〇「唐故朝請大夫慈州刺史柱国賜緋魚袋謝観墓誌銘并序」）
（『千唐誌』一一七二「唐秘書省欧陽正字故夫人陳郡謝氏墓誌銘并序」）
洛陽県毓財坊（『中国歴代石刻拓本滙編』一四冊誌一一四九「唐故周夫人墓誌銘并序」）
（『中国歴代石刻拓本滙編』一七冊誌一四七五「唐孟君夫人李氏墓誌銘并序」）
洛陽県上東郷毓財里（『唐代墓誌銘彙編』一〇冊九五八「大唐故王府君墓誌銘并序」）

徳懋里
洛陽県徳懋里（『千唐誌』四九八「周故朝議大夫行兗州龔丘県令上柱国程府君墓誌銘并序」）
（『千唐誌』九〇三「范陽盧氏女子歿後記」）
（『中国歴代石刻拓本滙編』一五冊誌一一七九「唐故陳君墓誌銘并序」）
洛陽之徳懋里（『唐代墓誌銘彙編』一五冊一四一五「右豹韜衛大将軍贈益州大都督汝陽公独孤公燕郡夫人李氏墓誌銘」）

洛陽　徳懋里（『千唐誌』六五四「大唐太原王府君墓誌銘并序」）

毓徳里

洛陽県毓徳里（『千唐誌』九一三「大燕故朝議郎前行大理寺丞司馬府君墓誌銘并序」）

（『千唐誌』一一六五「唐守河南府陽翟県尉崔君故夫人滎陽鄭氏墓誌銘并序」）

（『中国歴代石刻拓本滙編』二三冊裱一三四〇「大唐侍御史歙州司馬許公故趙郡李氏墓誌銘并序」）

（『隋唐五代墓誌滙編』洛陽巻一一冊五三頁「崔公夫人豆盧娍墓誌」）

審教里

洛陽県審教里（『千唐誌』七一七「大唐故益州都督府戸曹参軍姚君墓誌銘并序」）

（『隋唐五代墓誌滙編』洛陽巻一三冊一六三頁「陳宣魯墓誌」）

洛陽県審教里之第（『両京城坊考補』（河南人民出版社　一九九二）一〇九二頁

洛陽　審教里（『唐代墓誌銘彙編』一八冊一七〇五「大唐故前郷貢明経上谷寇君墓誌銘并序」）

上東門側からみて第三縦列に属する里坊で、所属県「洛陽県」とする墓誌銘は次のものである。

時邕里

洛陽県時邕里（『千唐誌』三四〇「唐故文林郎柱国張君墓誌銘并序」）

（『唐代墓誌銘彙編』四冊三一五「大唐故張君墓誌之銘并序」）

洛陽県時邕坊（『千唐誌』八四六「唐安定郡参軍陸豊妻胡夫人墓誌銘并序」）
洛陽　時邕坊（『芒洛冢墓遺文』五編一二〇「趙嘉及夫人郭氏墓誌」）

立行里

洛陽県立行里（『千唐誌』八五「唐故隋左龍驤驃騎王公墓誌并序」）
（『唐代墓誌銘彙編』三冊二一七「唐故隋左龍驤驃騎王公墓誌銘并序」　永徽四年）
（『千唐誌』一一七七「唐前中州刺史崔君故側室上党樊氏墓誌并序」）
（『唐代墓誌銘彙編』一四冊一三六五「大周宣徳郎李符妻摯墓誌銘」）

「唐故杜君墓誌銘并序」（『唐代墓誌銘彙編』七冊六四一）に、

今寄貫洛陽県餘慶郷焉。……（中略）……。越以乾封二年閏十二月九日、終於立行坊私第
今、貫を洛陽県餘慶郷に寄す。…（中略）…。越《ここ》に乾封二年閏一二月九日を以て、立行坊の私第に於て終る。

とあるのは、洛陽県餘慶郷と立行坊は無関係ではなく、本籍を洛陽県餘慶郷立行坊に移し、本籍のある立行坊において他界したという意味に相違ないから、立行坊は洛陽県餘慶郷に属した里坊ということになる。

殖業里

洛陽県殖業里（『千唐誌』一〇七一「唐隴州防禦判官殿中侍御史内供奉崔撰母林氏墓誌銘并序」）
（『千唐誌』一一九一「唐故隴西李氏墓誌文并序」）
（『隋唐五代墓誌滙編』洛陽巻一三冊一六五頁「崔撰母林氏墓誌」）

洛陽県殖業坊（『千唐誌』五〇九「大周故処士董君墓誌銘并序」）

（『千唐誌』五六六「大唐故散騎常侍華容県開国公綿州刺史孫何師墓誌」）

（『唐代墓誌銘彙編』一二冊一一一〇「大周故文林郎上柱国董君墓誌銘并序」）

（『唐代墓誌銘彙編』一六冊一五一七「唐故游騎将軍隰州隰川府左果毅都尉陳君夫人張氏墓誌銘」）

洛陽県之殖業里（『唐代墓誌銘彙編』一〇冊九二七「唐故秘書省校書郎趙郡李君墓誌銘并序」）

豊財里

洛陽県豊財里（『千唐誌』一六九「唐故処士□君墓誌銘并序」）

（『千唐誌』一九四「大唐揚州大都督府戸曹太夫人墓誌銘并序」）

（『千唐誌』八二三「唐故朝議郎行洪府法曹参軍滎陽鄭府君故夫人河南萬俟氏墓誌銘并序」）

（『千唐誌』八三六「唐故上柱国処士段君墓誌銘并序」）

（『千唐誌』九九六「亡妣尊夫人銘序」）

（『中国歴代石刻拓本滙編』二三冊誌二二五〇「唐故定州唐県丞柳府君墓誌銘并序」）

（『中国歴代石刻拓本滙編』二九冊誌二八一二「苗君妻楊氏墓誌」）

洛陽之豊財里（『唐代墓誌銘彙編』一〇冊九八五「大唐故中書令薛震墓誌銘并序」）

洛陽県豊財坊（『中国歴代石刻拓本滙編』一四冊誌一〇二七「唐故処士王君墓誌銘并序」）

上東門側からみて第四縦列に属する里坊において、所属県を「洛陽県」とする墓誌銘は次のものである。

景行里

洛陽県景行里（『唐代墓誌銘彙編』七冊六三二「大唐黄府君夫人孫氏墓誌銘并序」）

洛陽県景行坊（『唐代墓誌銘彙編』八冊七八四「大唐故黄府君墓誌銘」）

北市里

洛陽県北市里（『中国歴代石刻拓本滙編』二九冊誌二八九一「唐故処士高平郡曹府君墓誌銘并序」　元和一五年）

洛陽　北市之里（『千唐誌』一〇五八「唐故田府君墓誌銘并序」　大和八年）

洛陽　北市里（『千唐誌』一〇六七「唐故衛公夫人渤海高氏墓誌銘并序」　開成三年）

「洛陽北市之里」の「洛陽」は、洛陽県の意味で使用されていることは『中国歴代石刻拓本滙編』二九冊誌二八九一「唐故処士高平郡曹府君墓誌銘并序」から明らかである。右の三史料は市場としての北市の意味で使用されているのではない。北市は後半期には廃市となり（廃止時期は不明）、廃市となった「北市」の名が、北市のあった所の里坊に命名され「北市里」とあるのである。元和一五年（八二〇）の墓誌銘（『中国歴代石刻拓本滙編』二九冊誌二八九一）に北市里とあるから、北市が廃止されたのは元和一五年以前ということになろう。

敦厚里

洛陽県敦厚里（『千唐誌』一二二三「唐故張夫人墓誌銘并序」）

（『千唐誌』八二六「大唐故杜府君墓誌銘并序」）

（『中国歴代石刻拓本滙編』一五冊誌四八二三「唐故清河郡張大生墓誌銘并序」）

洛陽県敦厚坊（『中国歴代石刻拓本滙編』一五冊誌一二〇二「張彦墓誌銘」）

洛陽県敦厚坊（『中国歴代石刻拓本滙編』一五冊誌一二一九「范彦墓誌銘」）

（『隋唐五代墓誌滙編』洛陽巻一三冊一八五頁「賈政墓誌」）

（『中国歴代石刻拓本滙編』三〇冊誌二九一五「故太常寺奉礼郎隴西董府君墓誌文」）

（『隋唐五代墓誌滙編』洛陽巻一四冊六三頁「賈従贇墓誌」）

（『唐代墓誌銘彙編』九冊八三〇「大唐故右驍翊衛翟君墓誌銘并序」）

洛陽県敦厚坊（『千唐誌』二四三「唐故南和県令□君墓誌銘」）

洛陽県敦厚之里第（『唐代墓誌銘彙編』一冊八二「隋毘陵郡無錫県令姚君墓誌銘」　貞観一二年）

修義里

洛陽県修義里（『中国歴代石刻拓本滙編』二三冊誌四八〇八「唐故左衛伊川府長史太原王府君墓誌銘并序」）

洛陽　修義里（『唐代墓誌銘彙編』一四冊一三三三「大周賈府君墓誌銘一首并序」）

上東門側からみて第五縦列に属する里坊において、所属県を「洛陽県」とする墓誌銘は次のものである。

帰義里

洛陽県帰義里（『唐代墓誌銘彙編』一七冊一六九二「大唐故太子僕寺丞王府君夫人隴西李氏墓誌銘」　開元一一年）

洛陽　帰義里（『千唐誌』六三九「大唐前徐州録事参軍太原王君故夫人博陵崔氏墓誌銘并序」　開元一二年）

河南　帰義里（『千唐誌』五九五「唐故贈遊撃将軍董公墓誌銘并序」　神龍元年）

帰義里は唐初から帰義里であるとするには、少々の躊躇がある。唐初は弘教里といい、途中から帰義里に名称変更になったのではないかと考えられる。神龍元年（七〇五）に帰義里とあるから、名称変更の時期は神龍元年以前ということになる。「河南帰義里」は河南県帰義里という意味ではなく、河南府の帰義里という意味である。

思恭里

洛陽県思恭里（『千唐誌』一〇六五「唐故富春孫府君夫人広平郡程氏墓誌銘并序」開成元年）

洛陽県思恭坊（『唐代墓誌銘彙編』一七冊一六〇五「朝議郎行睦州建徳県令柱国王君墓誌」開元六年）

履順里

洛陽県履順里（『千唐誌』八五六「大唐故汝州刺史李府君夫人鄧国夫人韋氏墓誌銘并序」天宝九載）

洛陽県履順坊（『隋唐五代墓誌滙編』洛陽巻一三冊三七頁「李悦墓誌」元和一二年）

思恭里と履順里の所属県に関する問題点は、本書二五頁の河南県履順里の項に述べた。

乙　洛水以南の洛陽県に属する里坊

長夏門大街東第二縦列に属する里坊のうち、所属県を「洛陽県」とする墓誌銘は次のものである。

陶化里

洛陽県陶化里（『唐代墓誌銘彙編』九冊八三〇「大唐故右驍翊衛翟君墓誌銘并序」高宗上元三年）

洛陽之陶化里（『唐代墓誌銘彙編』一七冊一六〇一「故太僕卿上柱国華容県男王府君墓誌銘并序」開元六年）

嘉善里

洛陽県嘉善里（『芒洛冢墓遺文』続編巻中「薄氏墓誌銘」　貞観一五年）

河南洛陽嘉善里（『千唐誌』七六「唐故遊撃将軍呉君墓誌并序」　永徽三年）

洛陽之嘉善里（『唐代墓誌銘彙編』六冊五一〇「唐故蜀王府隊正安君墓誌銘」　顕慶二年　夫人　龍朔三年）

洛州洛陽県上東郷嘉善里（『唐代墓誌銘彙編』六冊五八三「大唐故王君墓誌銘」　麟徳二年）

洛陽界嘉善之私第（『千唐誌』三二五「唐故何君墓誌銘并序」　調露二年）

洛陽県都会郷嘉善里（『唐代墓誌銘彙編』一〇冊九七四「唐故将仕郎呂君墓誌之銘并序」　光宅元年）

「大唐故左翊衛斛斯府君墓誌銘」（『唐代墓誌銘彙編』五冊四五〇　龍朔元年）に「君諱師徳、字仲鋭、河南洛陽人也。……（中略）……。以貞観廿四年十一月廿三日、春秋五十有四、終於嘉善里第」とある。本籍が「河南洛陽」ということは河南府洛陽県に本籍があり、嘉善里において卒したことは、洛陽県嘉善里に卒したと理解できる。

永昌県嘉善里（『千唐誌』四三六「周故上柱国陳府君墓誌銘并序」　萬歳通天二年）

永昌県は河南県と洛陽県から分置された県であるから、永昌県嘉善里は存在してもよい県里である。

通利里

洛陽県通利坊（『唐代墓誌銘彙編』七冊六〇八「唐故処士陳君墓誌銘并序」　乾封二年）

永昌県通利坊（『千唐誌』三八九「大周故雍州美原県扈府君之墓誌銘并序」　天授二年）

永昌県は河南県と洛陽県から分置された県であるから、永昌県通利坊はありえる県と坊である。

楽城里

洛陽県楽城里（『唐代墓誌銘彙編』一七冊一六七二「大唐故朝議郎行河南陸渾県令上柱国李府君墓誌銘并序」開元一〇年）

「大唐隴西王府侯司馬故妻竇夫人之銘并序」（『唐代墓誌銘彙編』五冊四七四　龍朔二年）に、「夫人竇氏、洛州洛陽県人也。……（中略）……。龍朔二年五月十二日、卒于楽城之里、春秋三十有八」とある。竇氏は洛州洛陽県に本籍を有し楽城里において卒したという意味であろうから、楽城里は洛陽県に所属すると考えてよいだろう。

楽城里は東都城坊図においては存在しない里坊となっているが、辛徳勇氏の『隋唐両京叢考』（三秦出版社　一九九一）の付図二四と二五にしたがい、慈恵里と通利里の間にあった里坊とする。

慈恵坊

洛陽県慈恵坊（『千唐誌』三一九「大唐故右千牛府鎧曹参軍□□墓誌銘并序」調露元年）

長夏門大街東第三縦列の里坊において、所属県を「洛陽県」とする墓誌銘は次のものである。

集賢里

洛陽県集賢坊（『千唐誌』一一〇〇「唐故東都留守検校尚書左僕射贈司空博陵崔公小女墓誌銘并序」）

尊賢里

洛陽県尊賢里（『唐代墓誌銘彙編』一六冊一五九七「唐故栄州長史薛府君夫人河東郡君柳墓誌銘并序」）

（『中国歴代石刻拓本滙編』二五冊誌二四七三「大唐故前済陽郡盧県令王府君并夫人裴氏墓誌銘并序」）

章善里

洛陽県章善里（『唐代墓誌銘彙編』三冊二〇三「唐故顔君墓誌銘并序」）

（『唐代墓誌銘彙編』三冊二一五「唐故将仕郎劉君墓誌銘」）

（『唐代墓誌銘彙編』五冊四〇六「大唐尚書都事故息顔子之銘」）

（『中国歴代石刻拓本滙編』一二冊誌八一二「唐故将仕郎劉君墓誌」）

（『中国歴代石刻拓本滙編』一六冊誌一四二七「大唐故武騎尉李君墓誌并序」）

洛陽県章善坊（『唐代墓誌銘彙編』七冊六八二「大唐故勲官飛騎尉蘭君墓誌」）

（『中国歴代石刻拓本滙編』一五冊誌一二三二「大唐故勲官飛騎尉蘭君墓誌」）

永昌県章善坊（『芒洛冢墓遺文』四編巻五「大唐中興成王府参□楊府君墓誌銘并序」）

「唐故顔君墓誌銘并序」（『千唐誌』八一）に「洛州洛陽章善里」とあり、「唐故夫人張氏墓誌銘并序」（『唐代墓誌銘彙編』三冊二九七）に「洛陽彰善坊私第」とある。この場合の「洛陽」は「洛陽県章善里」の事例から、洛陽県の意味で使用されていると理解してよい。

永泰里

洛陽県永泰里（『千唐誌』一〇七六「唐故試太子通事舎人趙府君夫人南陽張氏玄堂記」）

（『金石萃編』巻一〇三「張敬詵墓誌銘」）

来庭県永泰坊（『千唐誌』四二五「大周朝請郎行戎州南渓県丞上護軍太原王恩恵妻清河孟夫人墓誌銘并序」）

来庭県は洛陽県の一部を分割して設置した県であるから、来庭県永泰坊は存在してもよい県坊である。

臨闤里

洛陽県臨闤里（『千唐誌』一一六八「唐故譙郡姜夫人墓誌銘并序」）

（『隋唐五代墓誌滙編』洛陽巻一四冊一二二頁「繆逵妻姜氏墓誌」）

延福里

洛陽県延福里（『唐代墓誌銘彙編』九冊八一四「大唐故并州晋陽県令李君羨夫人彭城劉氏墓誌銘并序」）

洛陽県子来郷延福里（『唐代墓誌銘彙編』一〇冊九七四「唐故将仕郎呂府君墓誌之銘并序」）

富教里

洛陽県富教里（『隋唐五代墓誌滙編』洛陽巻一二冊二〇七頁「崔倚墓誌」）

「大唐故河南府鞏洛府折衝騎都尉呉郡張府君墓誌銘并序」（『千唐誌』一一四五）には「河南県富教里」とあり、富教里は河南県に属するとする。富教里の置かれた地域は、唐代では常に洛陽県の県域であり、「河南県富教里」はありえない。唐人が書き、後世の手が加わることなく現在に伝わった墓誌銘であるが、これは墓誌銘を書いた人の思い違いであり、誤りであると考える。辛徳勇氏は「河南県富教里」の記載を信頼されるようである。(3)

長夏門大街東第四縦列の里坊において、所属県を「洛陽県」とする墓誌銘は次のものがある。

履道里

洛陽県履道坊（『千唐誌』一一四九「唐隴西李氏長女墓誌銘并序」）

履信里

洛陽県履信里坊（『千唐誌』一〇五一「大唐北平田氏第二女墓誌」）

（『千唐誌』一〇五五「渤海厳氏墓誌」）

洛陽県履信之私第（『中国歴代石刻拓本滙編』二〇冊繆二一八二「大唐故右衛翊衛吏部常選甯府君墓誌并序」）

会節里

洛陽県会節里（『千唐誌』五四七「大唐故雍州美原県丞王君墓誌銘并序」）

洛陽　会節里（『唐代墓誌銘彙編』一三冊一二一四「唐故白州龍豪県令呼延府君墓誌銘并序」）

来庭県会節坊（『中国歴代石刻拓本滙編』一九冊誌一七五六「大周故遊撃将軍上柱国南陽趙府君墓誌銘并序」）

綏福里

来庭県綏福里（『千唐誌』四八七「大周故府君栢善徳夫人仵氏墓誌銘并序」）

（『千唐誌』一〇五八「唐故太原王氏夫人墓誌銘并序」）

洛陽県綏福里（『千唐誌』一〇八八「唐故登仕郎前守左金吾衛兵曹参軍胡府君墓誌銘并序」）

従善里

洛陽県之従善里（『千唐誌』一五二「唐故鄜州直羅県丞張府君墓誌銘并序」）

洛陽県従善之□（『唐代墓誌銘彙編』一五冊一四〇九「大唐故右金吾衛守翊府中郎将上柱国黒歯府君墓誌銘并序」）

洛陽県之従善坊（『千唐誌』三七六「周右豹韜衛倉曹参軍裴公夫人王氏墓誌銘并序」）

秩満還里洛川、終於水南従善私第。（『千唐誌』八二八「大唐故汝陽郡汝陽県令裴府君之墓誌銘并序」）

嘉猷里

東京洛陽県之嘉猷里（『両京城坊考補』（河南人民出版社　一九九二）九一六頁

長夏門大街東第五縦列の里坊において、所属県を「洛陽県」とする墓誌銘は次のものがある。

利仁里

洛陽県利仁里（『千唐誌』八四〇「唐故処士河東裴府君夫人祖氏墓誌銘并序」）

帰仁里

洛陽県帰仁里（『中国歴代石刻拓本滙編』二三冊誌二二〇二「唐故朝請郎行黄州司法参軍奉勅検校上陽宮内作判官房君墓誌銘并序」）

貫　州洛陽県上東郷帰仁里（『唐代墓誌銘彙編』五冊四一二「大唐武昌監丞韓行故夫人解氏墓誌」）

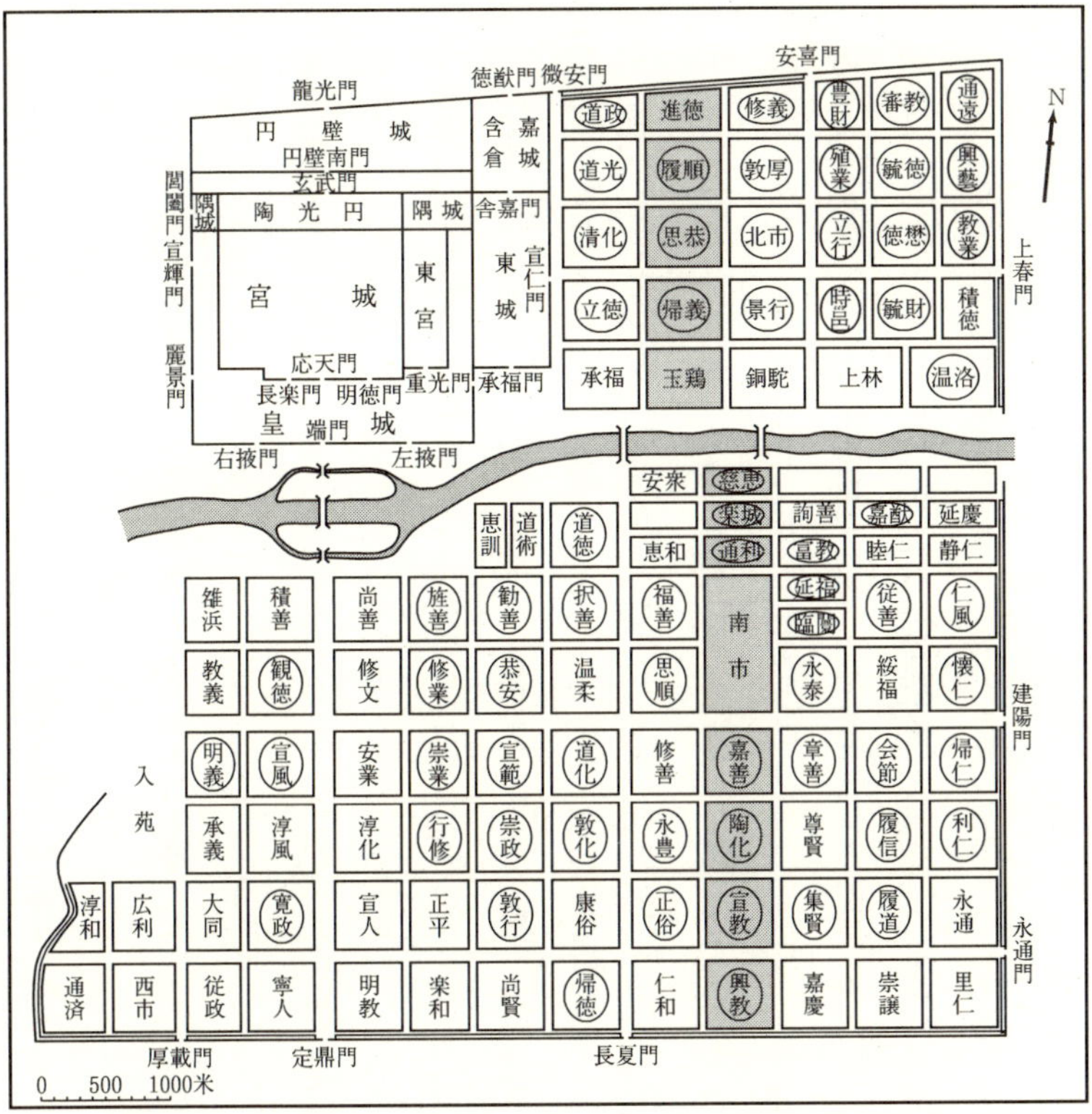

図版 3　唐洛陽城図（網掛部分の里坊が河南県と洛陽県に属する里坊、網掛部分より左側が河南県。右側が洛陽県）

「唐故趙夫人墓誌銘并序」（『唐代墓誌銘彙編』七冊六九九）に、「洛陽県人也。……（中略）……。粤以咸亨元年閏九月十三日、卒於帰仁坊私第」とある。趙氏は洛陽県に本籍を有し、帰仁坊の私第において卒したのであるから、帰仁坊は洛陽県に属すると想定してよいであろう。

懐仁里

洛陽懐風里之私第（『千唐誌』六七四「大唐故汾州崇徳府折衝滎陽鄭府君墓誌銘并序」）

仁風里

洛陽県仁風里（『千唐誌』一〇五七「唐故清河郡崔府君墓誌銘并序」）

四　東都城内の河南県と洛陽県の県境

以上に列挙した史料によって、洛水の北に河南県に属する里坊があり、洛水の南に洛陽県に属する里坊があるから、河南県は洛水の南のみに設置された県ではなく、また、洛陽県は洛水の北にのみ展開した県ではないことは理解できよう。墓誌銘にみえる里坊を、東都の城坊図上に置けば、図版3のようである[4]。

図版3において、奇妙に感じるのは定鼎門大街東の第三縦列にある崇政里の所属である。崇政里は洛陽県に属するとする墓誌銘がある。崇政里がある縦列の里坊は常に河南県に属し、河南県の領域であるから、崇政里が洛陽県所属の里坊であるはずがない。「裴粛墓誌」(『中国歴代石刻拓本滙編』二三冊誌二二五一)には「河南崇政里」とある。この「河南」が河南県を指すとは断言できないが、崇政里が河南県に属することを示唆する史料である。ともかく、「洛陽県崇政里」は墓誌銘にみえる河南県の大勢からみて誤りとしなければならない。

同じことは長夏門大街の東第三縦列にある富教里に関してもいえる。富教里は河南県所属とする墓誌銘がある。富教里がある縦列の里坊は、常に洛陽県に所属し、洛陽県の領域のまっただ中にあるから、富教里が河南県所属の里坊であるはずがない。河南県の所属の里坊とする墓誌銘の記載は誤りとしなければならない。

図版3から明らかなように、東都城内の河南県と洛陽県の県境は、洛水以北においては、東城と含嘉倉城側からの第一縦列の里坊は河南県に属し、第二縦列の里坊は洛陽県に属する。東都城内の洛水以北における県境は、東城と含嘉倉城側からみた第一縦列と第二縦列の里坊の間にあると考えてよい。洛水以南における東都城内の県境は、長夏門大街東第二縦列と第三縦列の間にある。趙超氏が東城側からの第一縦列と第二縦列の里坊は河南県に属し、第三縦列

から第六縦列の里坊は洛陽県に属し、洛水以南においては、長夏門東第三街が河南県と洛陽県の境界線と指摘するのは、正解であるが、境界線の変更前の県境であり、隋代と唐代初期の境界線である。[5]

次に問題となるのは、東城と含嘉倉城からみた第二縦列の里坊である思恭里と履順里である。思恭里と履順里は洛陽県に属するとする墓誌銘と、河南県に属するとする墓誌銘がある。河南県に属するとする墓誌銘は唐初のものであり、洛陽県に属するとする墓誌銘は八世紀以降のものである。辛徳勇氏は第二縦列の里坊が洛陽県の所属となったのは六八〇年ころと推定されている。この推定が妥当かどうかは更に検証する必要があるが、八世紀初頭に所属変更があったことは認めてよい。

であれば、履順里の南にある帰義里も、もとは河南県に属していたことになろう。帰義里が河南県に属していたとする墓誌銘はない。今後もそのような墓誌銘は出土しないであろう。というのは、帰義里は最初から存在した里坊ではなく、第二縦列の里坊が洛陽県の所属となってから登場する里坊と考えられるからである。

『旧唐書』巻五高宗紀永淳元年五月の条に、弘教里（弘敬里）の名がみえる。

五月壬寅、置東都苑総監。自丙午連日澍雨、洛水溢、壊天津及中橋立徳弘教景行諸坊、溺居民千餘家。

五月壬寅、東都苑総監を置く。丙午より連日澍雨、洛水溢れ、天津及び中橋・立徳・弘教・景行の諸坊を壊し、居民を溺れさすこと千餘家なり。

この弘教里（弘敬里）は、前掲した「五行志」では、河南県に属するとあった。

永淳元年、洛水大漲、漂捐河南立徳弘敬洛陽景行等坊二百餘家。（『旧唐書』巻三七）

弘教里（弘敬里）は河南県立徳里に近接する里であり、東に洛陽県景行里があるから、立徳里と景行里の間にあった里坊と想定される。高宗皇帝の第五子・李弘が皇太子となり、早逝したため孝敬皇帝と謚され、廟号を義宗といったことに原因して、弘教里（弘敬里）は「弘」字が避諱され、帰義里と改称された可能性があり、本来は弘教里（弘敬里）といっていたのではないかと思われる。

『旧唐書』巻八六高宗中宗諸子。孝敬皇帝弘伝には次のようにある。

其年、葬於緱氏県景山之恭陵。制度一準天子之礼、百官従権制三十六日降服。高宗親為製叡徳紀、并自書之於石、樹於陵側。初将営築恭陵、功費鉅億、萬姓厭役、呼嗟満道、遂乱投磚瓦而散。太子無子、長寿中、制令楚王諱継其後。中宗践祚、制祔于太廟、号曰義宗。又追贈妃裴氏為哀皇后。景雲元年、中書令姚元之吏部尚書宋璟奏言、準礼、大行皇帝山陵事終、即合祔廟。其太廟第七室、先祔皇昆義宗孝敬皇帝哀皇后裴氏神主。伏以義宗未登大位、崩後追尊、至神龍之初、乃特令升祔。春秋之義、国君即位未踰年者、不合列昭穆。又古者祖宗各別立廟。孝敬皇帝恭陵既在洛州、望於東都別立義宗之廟、遷祔孝敬皇帝哀皇后神主、命有司以時享祭、則不違先旨。又協古訓、人神允穆、進退得宜。在此神主、望入夾室安置。伏願陛下以礼断恩。詔従之。開元六年、有司上言、孝敬皇帝今別廟将建、享祔有期。準礼、不合更以義宗為廟号、請以本謚孝敬為廟称。於是始停義宗之号。

其年（上元二年・六七五）、緱氏県景山の恭陵に葬る。制度は一に天子の礼に準じ、百官は権制に従ひ三六日降服す。高宗親ら為に叡徳紀を製り、并せて自ら之を石に書し、陵側に樹つ。初め将に恭陵を営築せんとするに、功費鉅億にして、萬姓役を厭ひ、呼嗟道に満ち、遂に磚瓦を乱投して散ず。太子子無く、長寿中（六九二～六九四）、制《みことのり》して楚王の諱をして其の後を継がしむ。中宗践祚し、制《みことのり》して太廟に祔し、号して義宗と曰ふ。又妃裴氏を追贈し哀皇后と為す。景雲元年（七一〇）、中書令の姚元之・吏部尚書の宋璟奏言す、「礼に準じ、大行皇帝山陵の事終り、即ち合に祔廟すべし。其れ太廟の第七室、皇昆の義宗孝敬皇帝・哀皇后裴氏の神主を先祔せん。伏して以《おも》ふに義宗未だ大位に登らず、崩後追尊し、神龍の初に至り、乃ち特に升祔せしむ。春秋の義、国君即位して未だ踰年せざる者、合に昭穆に列すべからず。又古は祖宗各《おの》おの別に廟を立つ。孝敬皇帝の恭陵既に洛州に在り、望むらくは東都に別に義宗の廟を立て、遷して孝敬皇帝・哀皇后神主を祔し、有司に命じて時を以て享祭せば、則ち先旨に違はず。又古の訓に協《かな》ひ、人神允穆し、進退宜しきを得。此の神主に在りては、望むらくは夾室に入れ安置せん。伏して願はくば陛下礼を以て恩を断たれんことを」と。詔して之に従ふ。開元六年（七一八）、有司上言す、「孝敬皇帝、今別廟将に建てんとするに、享祔に期有り。礼に準じ、合に更に義宗を以て廟号と為すべからず、本諡の「孝敬」を以て廟称と為さんことを請ふ。是に於て始めて義宗の号を停む。

義宗という廟号は中宗の踐祚の時であるから、「弘」字を避諱し、「帰義里」としたのは神龍元年（七〇五）以降ではないかと考えられる。

「大唐故右監門衛大将軍父李公呉興郡太夫人何氏墓誌銘并序」（『中国歴代石刻拓本滙編』一八冊誌二一一九）には、

公春秋六十有三、以天冊萬歳二年四月十七日、亡於帰義里之私第也。夫人春秋七十有五、以開元五年六月十四日、卒於帰義里之私第也。

公は春秋六十有三、天冊萬歳二年（六九六）四月一七日を以て、帰義里の私第に於て亡なるなり。夫人は春秋七十有五、開元五年（七一七）六月一四日を以て、帰義里の私第に於て卒するなり。

とあり、天冊萬歳二年に帰義里があったとする。しかし、これは開元五年の時点からみての帰義里であり、開元五年の帰義里を天冊萬歳二年に帰義里といっていたとする史料にはならない。

弘教里（弘敬里）に関する墓誌銘には次のものがある。

以永徽四年四月七日、終於弘敬里私第。（『唐代墓誌銘彙編』三冊「唐故上開府上大将軍安府君墓誌銘并序」）

以□章□年正月三日、卒於弘敬□□□。（『千唐誌』二五二「大唐故王夫人墓誌銘」）

以上元二年二月、寝疾終於洛陽弘教里之私第。（『千唐誌』二九二「大唐故滄州東光県令許君墓誌銘并序」）

垂拱二年四月十二日、終於□都弘教里第。（『芒洛冢墓遺文』巻上「□唐故襄州長史司馬府君墓誌銘并序」）

以大足元年三月一日、卒於神都弘敬里之私第。（『千唐誌』四八五「大周遊騎将軍……（中略）……夫人故成都県君竹氏墓誌銘」）

弘教里は七世紀に存在した里坊であり、八世紀初頭に帰義里と改称され、洛陽県の所属となったと想定される。

洛水以南の県境は長夏門大街東第二縦列と第三縦列の間にあると述べたが、長夏門大街東第二縦列の里坊は河南県に属する時期と洛陽県に属する時期がある。辛徳勇氏は唐代前半期は洛陽県、後半期は河南県に属するとし、次のような概念図を提示する。[6] そして、後半期の最初の時期を六八〇年ころと想定するようである。

概念図1

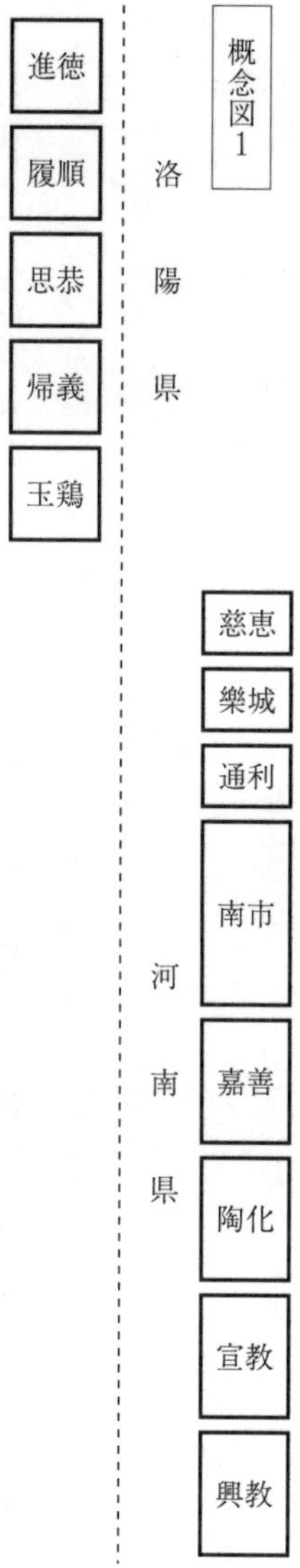

概念図2

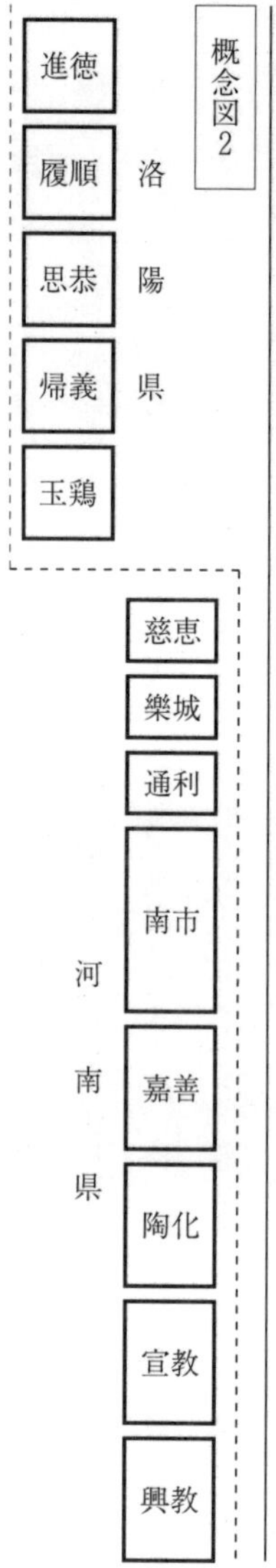

洛南の長夏門大街の東第二縦列の洛陽県から河南県への所属変更時期は、前掲した里坊の所属を示す史料を検討しても辛氏の見解でよいかと考える。六八〇年ころと変更時期を限定し、六八〇年ころに変更があったという見解を、全面的に是認するためには次の二史料の解決が課題となる。

洛陽之陶化里（『唐代墓誌銘彙編』一七冊一六〇一「故太僕卿上柱国華容県男王府君墓誌銘并序」開元六年）

洛陽県楽城里（『唐代墓誌銘彙編』一七冊一六七二「大唐故朝議郎行河南陸渾県令上柱国李府君墓誌銘并序」開元一〇年）

陶化里の史料において、「洛陽之陶化里」の洛陽を、洛陽県の意味ではなく、「洛陽地方の陶化里」と解釈すれば、六八〇年に所属変更があったとする辛氏の見解は成立する。しかし、楽城里の場合は開元一〇年（七二二）洛陽県楽城里であるから、この史料を否定しなければ辛氏の見解は成立しないことになる。楽城里は長夏門大街東第二縦列の里坊になかったとすれば、問題は解決するが、楽城里は県境に位置する里坊であるから、河南県域や洛陽県域に簡単に移動させることはできないのである。したがって、長夏門大街東第二縦列の里坊は所属変更があったことは認めらるが、その時期に関して六八〇年ころとするのは、もう少し検討を要するといわなければならない。

五　永昌県と来庭県の範囲

1　永昌県の範囲

永昌県の沿革は前述の「洛陽県の概略」において述べた。永昌県は垂拱四年（六八八）に、河南県と洛陽県に属する里坊のいくつかを分析して置かれ、長安二年（七〇二）に廃止された。神龍二年（七〇六）一一月、洛陽県が永昌県と改称され、唐隆元年（七一〇）七月まで続き、また再び洛陽県と改称された。この神龍二年一一月以降、唐隆元年七月までの永昌県は、洛陽県の別称であり、洛陽県の範囲と同じであるから、別段問題とするに足りない。問題となるのは、垂拱四年から長安二年まで設置されていた永昌県の範囲である。

永昌県の位置に関して、前掲した『旧唐書』巻三八地理志一河南府河南県には次のようにある。

垂拱四年、分河南洛陽置永昌県、治於都内之道徳坊。

垂拱四年（六八八）、河南・洛陽を分ち永昌県を置き、都内の道徳坊に治す。

永昌県治は河南県道徳坊に置かれたから、道徳坊を中心に展開する県である。前掲した墓誌銘に「永昌県」と明記するのは次のような里坊である。

（1）永昌県福善里（『芒洛冢墓遺文』巻上「大唐故瀛州東城鄭明府君墓誌銘并序」永昌元年・六八九）
　　永昌県福善坊（『千唐誌』四一五「大周北海唐夫人墓誌銘并序」長寿二年・六九三）
（2）永昌県嘉善里（『千唐誌』四三六「周故上柱国陳府君墓誌銘并序」萬歳通天二年・六九七）
（3）永昌県通利坊（『千唐誌』三八九「大周故雍州美原県扈府君之墓誌銘并序」天授二年・六九一）

永昌県福善里は河南県福善里ともいわれたから、本来は河南県に属する里坊である。「河南県福善里」とする墓誌銘には次の諸例がある。

河南県福善里（『千唐誌』一八二「大唐故周君墓誌銘并序」）
（『千唐誌』五六四「大唐故少府監織染署令太原王府君妻張氏墓誌銘并序」）
（『千唐誌』一〇二三「唐故朝散大夫試光禄寺丞譙郡能府君墓誌銘并序」）
（『芒洛冢墓遺文』三編「大唐故史氏趙夫人墓誌銘并序」）

（『芒洛冢墓遺文』続編巻下「大唐故游撃将軍上柱国蕭府君墓誌銘并序」）

河南　福善里（『千唐誌』三二八「大唐故冀州南宮県尉武騎尉邢府君墓誌銘并序」）

永昌県福善坊は永昌元年（六八九）と長寿二年（六九三）に書かれた墓誌銘にみえる名称であり、永昌元年と長寿二年は、永昌県が設置された垂拱四年（六八八）から長安二年（七〇二）の期間中の年号であるから、この永昌県は河南・洛陽両県を分析して置かれた永昌県と断定でき、永昌県は福善里を県域に有していたことが判明する。

永昌県嘉善里は洛陽県嘉善里ともいわれたから、本来は洛陽県に属する里坊であり、「洛陽県嘉善里」とする墓誌銘には次の諸例がある。

洛陽県嘉善里（『芒洛冢墓遺文』続編巻中「薄夫人銘」）

洛陽界嘉善之私第（『千唐誌』三二五「唐故何君墓誌銘并序」）

洛陽県都会郷嘉善里（『唐代墓誌銘彙編』一〇冊九七四「唐故将仕郎呂君墓誌之銘并序」）

永昌県嘉善里は萬歳通天二年（六九七）に書かれた墓誌銘にみえる名称であり、萬歳通天二年は永昌県が設置された垂拱四年から長安二年の期間中の年号であるから、この永昌県は河南・洛陽両県を分析して置かれた永昌県と断定でき、永昌県は嘉善里を県域に有していたことが判明する。

永昌県通利坊は河南県通利坊や洛陽県通利坊ともいわれたから、河南県と洛陽県の県境に位置し、時期によって所属が河南県や洛陽県に変更された里坊である。「河南県通利坊」「洛陽県通利坊」とする墓誌銘には次の例がある。

洛陽県通利坊（『唐代墓誌銘彙編』七冊六〇八「唐故処士陳君墓誌銘并序」　乾封二年）

河南県通利坊（『千唐誌』一〇一七「広平郡宋氏夫人墓誌」　元和年間）

永昌県通利坊は天授二年（六九一）に書かれた墓誌銘にみえる名称であり、天授二年は永昌県が設置された垂拱四年

（六八八）から長安二年（七〇二）の期間中の年号であるから、この永昌県は河南・洛陽両県を分析して置かれた永昌県と断定でき、永昌県は通利坊を県域に有していたことが判明する。

永昌県に関しては「永昌県章善里」とする墓誌銘がある。

永昌県章善坊（『芒洛冢墓遺文』四編巻五「大唐中興成王府参□楊府君墓誌銘并序」　神龍三年）

永昌県章善里は洛陽県章善里ともいわれたから、本来は洛陽県に属する里坊であり、「洛陽県章善里」とする墓誌銘には次の諸例がある。

洛陽県章善里（『唐代墓誌銘彙編』三冊二一五「唐故将仕郎劉君墓誌銘」）
（『唐代墓誌銘彙編』五冊四〇六「大唐尚書都事故息顔子之銘」）
（『中国歴代石刻拓本滙編』一二冊誌八一二「唐故将仕郎劉君墓誌」）
（『中国歴代石刻拓本滙編』一六冊誌一四二七「大唐故武騎尉李君墓誌并序」）
洛陽県章善坊（『唐代墓誌銘彙編』七冊六八二「大唐故勲官飛騎尉蘭君墓誌」）
（『中国歴代石刻拓本滙編』一五冊誌一二三二「大唐故勲官飛騎尉蘭君墓誌」）
洛州洛陽章善里（『千唐誌』八一「唐故顔君墓誌銘并序」）

右の「永昌県章善里」は神龍三年（七〇七）に書かれた墓誌銘にみえる名称であり、神龍三年は河南・洛陽両県を分析して置かれた永昌県が廃止された長安二年以降の年号であるから、この永昌県は河南・洛陽両県を分析して置いた永昌県ではない。従来の洛陽県の別名としての永昌県であるから、「大唐中興成王府参□楊府君墓誌銘并序」（『芒洛冢墓遺文』四編巻五）の「永昌県章善坊」から、長安二年以前の永昌県の県域に章善坊を加えることはできない。

2　来庭県の範囲

来庭県は天授三年（六九二）、洛陽県の従善坊を治所として置かれ、長安二年（七〇二）に廃止された。墓誌銘に来庭県所属とみえるのは次の里坊である。

（1）来庭県会節坊（『中国歴代石刻拓本滙編』一九冊誌一七五六「大周故遊撃将軍上柱国南陽趙府君墓誌銘并序」）

（2）来庭県綏福里（『千唐誌』四八七「大周故府君栢善徳夫人仵氏墓誌銘并序」）
（『千唐誌』一〇五六「唐故太原王氏夫人墓誌銘并序」）
（『千唐誌』一〇八八「唐故登仕郎前守左金吾衛兵曹参軍胡府君墓誌銘并序」）

（3）来庭県永泰坊（『千唐誌』四二五「大周朝請郎行戎州南渓県丞上護軍太原王恩恵妻清河孟夫人墓誌銘并序」）

会節坊・綏福里・永泰坊は三里坊とも、本来は洛陽県に属する里坊であり、洛陽県の一部を析置して来庭県としたとする文献の説明は墓誌銘にみえる結果と矛盾しない。

来庭県は従善里を治所として置かれ、会節里・綏福里・永泰里等を管轄下に置く県であることが判明する。来庭県は従善里を治所とし、洛陽県内の里を管轄下に置く県であり、飛び地の里坊を管轄下に置くとは考えられないから、従善里・会節里・綏福里・永泰里の近隣を管轄下に置く県であったと推定できる。来庭県の県域の確定にはさらなる墓誌銘の公開と検索が必要であり、今後の課題である。

六　東都城内の郷里

1　里坊の場合

従来、東都城内の行政組織に言及した研究はなく、東都城内の行政組織の詳細は不明というのが現状である。唐代墓誌銘には、先に列挙したように「河南県某里」「洛陽県某里」と、東都の居所を表記するから、東都城内は県の直下の行政組織として里があるような感じを受ける。しかし、前節の隋代において述べたように、「河南県某里」や「洛陽県某里」は略記であり、東都城内の里坊は、「県郷里」の「里」と同じ行政単位であろうと想定される。

でなければ、唐代の行政組織上、県は里坊に直接指揮命令を出すことはできない。王朝の意志は地方に対しては、尚書省から「符」という文書によって下達される。符によって中央（尚書都省）から州（府・都督府・都護府も同じ）に伝達し、州から県に伝達し、県から郷に伝達する形を採る。これが唐代の王朝の意志を下達する基本である。東都城内の里が「州県郷里」の里と同じ行政単位であるなら、「河南県某里」「洛陽県某里」という表記は、郷が略記されていることになり、唐代の行政制度として、東都の里坊の上部行政組織には郷が存在しなければならないことになる。

これは東都城内のみが郷里制であったのではなく、上都・長安城内も同じであったと考えられる。「唐故朝請大夫董君夫人戴氏墓誌銘」（『唐代墓誌銘彙編』四冊三七一）には次のようにある。

粤以大唐顕慶四年歳次己未、二月戊申朔、廿五日壬申、歿於長安県弘安郷嘉会坊私第、春秋六十有二。即以其年四月丁未十四日、葬於城西龍首原上。礼也。

粤《ここ》に大唐顕慶四年歳次己未、二月戊申朔、二五日壬申を以て、長安県弘安郷嘉会坊の私第に於て歿す、春秋六十有二。即ち其の年四月丁未一四日を以て、城西の龍首原上に葬る。礼なり。

右の戴氏の死亡した嘉会坊は、どうみても長安城内の長安県嘉会坊であり、嘉会坊は正式な行政組織として長安県弘安郷嘉会坊というと理解される。

この長安の例を参考にして、洛陽の墓誌銘をみていけば、城内の里坊は「某郷某里」と表記するものがある。

以麟徳二年二月十二日、遘病終于洛州河南県永泰郷行脩里之第。春秋卌有六。即以其年二月五五日、殯於邙山之原河南県平楽郷之□。礼。（『千唐誌』二〇九「房仁愻墓誌銘」）

麟徳二年二月一二日を以て、病に遘《あ》ひ洛州河南県永泰郷行脩里の第に于て終る。春秋四十有六。即ち其の年二月五五日を以て、邙山の原・河南県平楽郷の□に殯す。礼なり。

房仁愻は永泰郷行脩里において卒し、洛陽城外の河南県平楽郷に埋葬されたのであるから、永泰郷行脩里は洛陽城内にあると想定でき、河南県行脩里のことであろう。洛陽城内の「河南県行脩里」は、正式には「河南県永泰郷行脩里」というのであり、行脩里の「里」は「県郷里」制の「里」と、同じ性格の里であるとしてよい。

「河南県永泰郷行脩里」と同じ表記をする墓誌銘には次のようなものがある。

河南県王城郷立徳旧里
洛陽県餘慶郷通遠里
洛陽県上東郷毓財里
洛陽県子来郷延福里
洛陽県都会郷嘉善里

河南県王城郷立徳旧里（立徳里）に関して、「李良妻任氏墓誌」（『隋唐五代墓誌滙編』洛陽巻一三冊六頁）には、

元和五年□□十六日、奄然沈□於河南県王城郷立徳旧里。□年七十有□。……（中略）……。就洛陽県□□□□□里建塋。礼也。

元和五年□□一六日、奄然として河南県王城郷立徳の旧里に於て沈□す。□年七十有□なり。……（中略）……。洛陽県□□□□□里に就いて塋を建つ。礼なり。

とあり、洛陽県餘慶郷通遠里に関して、「唐故趙君墓誌銘并序」（『唐代墓誌銘彙編』四冊三四一）には、

粤以大唐顕慶二年太歳丁巳、十二月乙卯朔、九日癸亥、終於洛州洛陽県餘慶郷通遠里。即以其月十九日、葬於北邙之嶺。

粤《ここ》に大唐顕慶二年太歳丁巳、一二月乙卯朔、九日癸亥を以て、洛州洛陽県餘慶郷通遠里に於て終る。即ち其の月一九日を以て、北邙の嶺に葬る。

とあり、洛陽県上東郷毓財里に関して、「大唐故王府君墓誌銘并序」（『中国歴代石刻拓本滙編』一七冊誌一四六二）には、

以嗣聖元年歳次甲申、正月甲申朔、廿一日甲辰、遘病終于洛陽県上東郷毓財里私第、春秋八十。即其年三月癸丑朔九日壬辰、窆之洛陽県邙山。礼也。

嗣聖元年歳次甲申、正月甲申朔、二一日甲辰を以て、病に遘ひ洛陽県上東郷毓財里の私第に於て終る。春秋八〇。即ち其の年三月癸丑朔、九日壬辰、之を洛陽県の邙山に窆《うづ》む。礼なり。

とあり、洛陽県子来郷延福里と洛陽県都会郷嘉善里に関して、「唐故将仕郎呂府君墓誌之銘」には、

以乾封二年十月廿日、遘病終於洛陽県子来郷延福里之私第。春秋卌有三。嗚呼哀哉。嗚呼哀哉。夫人程氏、雍州盩厔尉香政之次女、調露二年正月廿九日、終於洛陽県都会郷嘉善里之私第。春秋五十有一。以光宅元年十月廿四

日、遷合葬於洛陽県平陰郷之界、礼也。（『唐代墓誌銘彙編』一〇冊九七四）

乾封二年一〇月二〇日を以て、病に遘ひ洛陽県子来郷延福里の私第に於て終る。春秋四十有三なり。嗚呼哀しい哉、嗚呼哀しい哉。夫人の程氏、雍州盩厔尉の香政の次女、調露二年正月二九日、洛陽県都会郷嘉善里の私第に於て終る。春秋五十有一なり。光宅元年一〇月二四日を以て、遷して洛陽県平陰郷の界に於て合葬す。礼なり。

とある。右の人々はすべて某里において死亡し、城外に埋葬されたのであるから、死亡した里坊は洛陽城内にあり、東都城坊図にみえる里坊であり、城外に同名の里坊があったのではないと判断される。したがって、これらの史料によって、東都城内の里は「県郷里」の里と、同じ行政単位の里であることは疑う餘地はないと思う。

「洛陽県都会郷嘉善里　光宅元年」に関連しては、「洛陽県上東郷嘉善里」とある墓誌銘がある。

洛州洛陽県上東郷嘉善里（『唐代墓誌銘彙編』六冊五八三「大唐故王君墓誌銘」麟徳二年）

右の史料によって、嘉善里は、(1)洛陽県都会郷嘉善里と洛陽県上東郷嘉善里があった。(2)郷名をいずれかの墓誌銘作者が誤記した。(3)嘉善里の郷名に変更があった。この三つのうちの何れかということになる。(1)であれば、墓誌銘は「洛陽県嘉善里」と表記するから、この表記では都会郷嘉善里と上東郷嘉善里は識別できないことになる。同じ洛陽県内に嘉善里が二つも存在するものであろうか。(2)の説は軽々に採用するべきではない。とすれば、洛陽県都会郷嘉善里と洛陽県上東郷嘉善里の解釈に関しては、(3)の可能性が高いことになる。

上東郷と関連しては、前掲した墓誌銘に「洛陽県上東郷毓財坊」がある。毓財坊と嘉善里は洛水を隔てて存在し、近接しない里坊である。「洛陽県上東郷嘉善里」とする墓誌銘は、麟徳二年（六六五）に製作された墓誌銘である。麟徳二年ころの上東郷毓財坊に関しては、乾封二年（六六七）の「唐故処士許君墓誌銘并序」がある。

今貫洛陽上東郷焉。…（中略）…。終毓財坊私第。（『唐代墓誌銘彙編』七冊六三六）

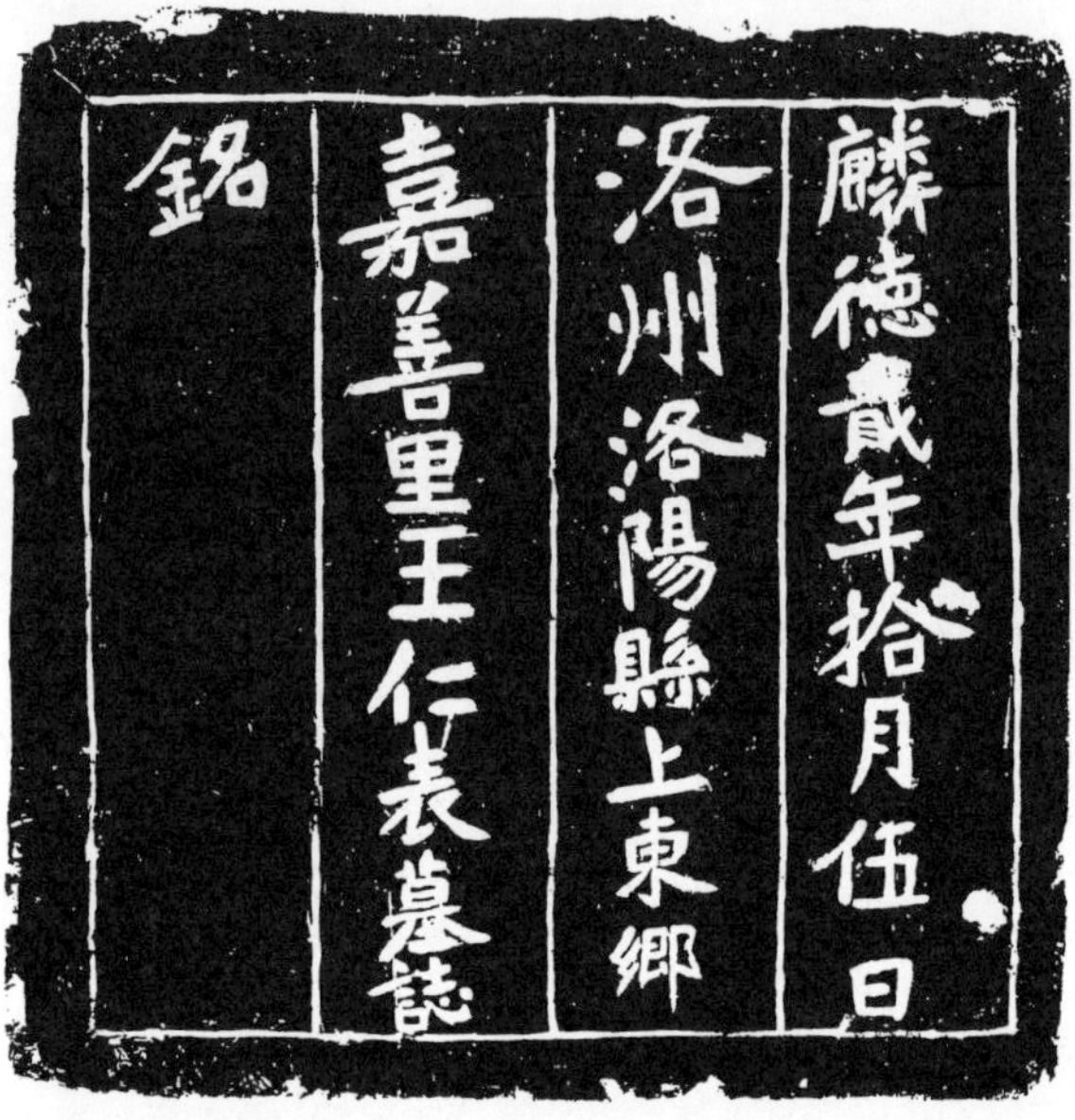

図版４　大唐故王君墓誌銘『唐代墓誌銘彙編』６冊583

右の史料は、処士の許君は唐初に上東郷に本籍を有し、乾封二年、毓財坊において卒したという意味であり、乾封二年ころ毓財坊は上東郷毓財坊といわれていた。

「洛陽県上東郷毓財坊」と記す「大唐故王府君墓誌銘并序」は、嗣聖元年（六八四）に製作された墓誌銘であり、「洛陽県都会郷嘉善里」とするのは、光宅元年（六八四）に製作された墓誌銘である。都会郷嘉善里といっていたころ、毓財坊は従来通り上東郷毓財坊といっていたのである。これによって、唐初は洛陽県上東郷は洛水の北の毓財坊から洛水の南の嘉善里を含む地域に広がる郷であったが、光宅元年以前のある時期に、嘉善里は「都会郷」となり、上東郷の範囲が狭められたと想定すれば、「洛陽県上東郷嘉善里」と「洛陽県都会郷嘉善里」の問題は解決する。第一節において述べたように、隋代の嘉善里は崇業郷嘉善里といっていたから、郷名は不変不動ではなく、時代によって変更があったようである。

なお、都会郷に関連しては、「大唐故游撃将軍上柱国蕭府君墓誌銘并序」（『唐代墓誌銘彙編』一六冊一五二五）には、

粤以延和元年歳次壬子、七月戊辰朔、十八日乙酉、権殯于河南県都会郷王趙村原。之礼也。

とあって、城外に展開する河南県にも都会郷があったことがわかる。以上によって、東都城内の里の上部行政組織に郷があったことは理解できたであろう。

城内の郷里制は一郷数里からなるのではないかと考えられる。愛宕元氏は『唐代地域社会史研究』（同朋舎　一九九七）において、河南県と洛陽県の郷数は『太平寰宇記』によって七〇郷程度とされている。(7) 洛陽城内に約一〇〇里あるから、一郷一里であれば、城内だけで一〇〇郷となってしまう。一郷一里はありえない。

洛陽城内が一郷数里制であることを示す墓誌銘は次のものである。

洛陽県上東郷帰仁里。（『唐代墓誌銘彙編』五冊四一二「大唐武昌監丞韓行故夫人解氏墓誌」）

この墓誌銘は顕慶五年（六六〇）に製作されたものであり、「洛陽県上東郷嘉善里」とする墓誌銘とほぼ同時期のものである。同時期において、嘉善里と帰仁里が上東郷に属することは、一郷一里でなかったことを示すものであり、東都城内は数里一郷制であったと想定できる。

上東郷嘉善里と上東郷帰仁里を、図版3の東都城坊図でみると、共通点があることに気がつく。両里は洛水以南にある洛陽県の里で、長夏門大街以東において南から横列の第四列に属する里であるから、この横列・第四列において洛陽県に属する他の里（会節里・章善里）は上東郷に属していた可能性がある。河南県に関しても同様のことがいえ、大街によって区切られる横列のうち、同列にある里は同じ郷名を有していたのではないかと想定できる。

洛水以北において河南県に属するのは、承福里・立徳里・清化里・道光里・道政里の縦列の五里である。このうち、立徳里は前掲した墓誌銘に「王城郷立徳里」とあるから、この五里は「河南県王城郷」に属した可能性がある。愛宕氏の「洛陽城近郊復元図」によれば、王城郷は東都宮城の裏側の円壁城の北に展開する郷であり、

合宮県王城郷敦信里（『唐代墓誌銘彙編』一二冊一一八四「大周劉君夫人清源県太君郭氏墓記銘并序」）

とある敦信里は城内にない里坊であるから、円壁城の北にあった里坊と想定できる。

「今貫洛陽上東郷焉。…（中略）…。終毓財坊私第」とある墓誌銘を「上東郷毓財坊に本籍を有し、上東郷毓財坊の私第において卒した」と理解したのは、乾封二年（六六七）に製作された次の墓誌銘があることによる。

今寄貫洛陽県餘慶焉。…（中略）…。終於立行坊私第。（『唐代墓誌銘彙編』七冊六四一「唐故杜君墓誌銘并序」）

この墓誌銘は「餘慶郷に本籍を有し、乾封二年、立行坊の私第において卒した」という意味ではなく、「餘慶郷に本籍を有し、乾封二年、本籍のある餘慶郷立行坊の私第において卒した」という意味に相違ないのである。餘慶郷は前掲した墓誌銘に餘慶郷通遠里とあるから、東都城内の東北隅の里坊である。立行坊の解釈を右に述べたようにすることによって、餘慶郷は通遠里に限定される郷ではないことになり、東都城内は一郷数里制からなる傍証史料にもなる。餘慶郷は立行坊（立行里）を含んだ東都城内の東北隅九里の郷名ということになる。通遠里に隣接する城外の地域に餘慶郷が広がっていた可能性がある。

東都城内は一郷数里からなることを是とするなら、

洛州洛陽県餘慶人也。（『唐代墓誌銘彙編』七冊六六六「大唐故并州文水県尉唐君墓誌」）

洛陽県餘慶郷里第。（『唐代墓誌銘彙編』一冊五四「大唐□□陳公故夫人劉氏墓誌之銘」）

とあるのは、通遠里のみを指すものではないことになる。加えて、

卒於神都洛陽県都会郷之私第。（『芒洛冢墓遺文』続編巻中「大唐故崔使君之墓誌」垂拱二年）

洛陽都会郷人也。（『唐代墓誌銘彙編』九冊八五七「唐故司馬処士墓誌銘并序」）

因家河南県永泰郷焉。（『唐代墓誌銘彙編』七冊六九八「唐故斉州歴城県令庫狄君墓誌銘并序」）

上東郷之第。（『中国歴代石刻拓本滙編』一七冊誌一四七七「大唐故将仕郎孟公墓誌銘并序」垂拱元年）

とあるのは、都会郷嘉善里・永泰郷行修里・上東郷毓財里・上東郷嘉善里・上東郷帰仁里のみを示すものではないことになろう。

2　南北市の場合

東都の南市が郷に所属したとする墓誌銘は検出していない。「唐故斎君墓誌銘并序」には次のようにある。

　大周証聖元年臘月廿一日、終于南市之第（『唐代墓誌銘彙編』一二冊一一六七）

右の墓誌銘に「南市里」「南市坊」とないから、南市は「里」や「坊」を付さず、単に「南市」と呼ぶようであり、商場だけでなく一般の居宅もあったことが窺われる。「終于某里之第」という墓誌銘の一般的表現からすれば、右の南市は里坊に相当し、郷に所属していたと考えられなくもない。

ところが、「大唐故処士陳君墓誌銘并序」には次のようにある。

　復以神龍二年十二月七日、終於南市旗亭里第。春秋七十二。（『唐代墓誌銘彙編』一五冊一四二二）

右の史料は「南市の旗亭里の第」と解釈できる。この解釈では、南市の下部行政組織として旗亭里があることになる。里坊の上には郷があるから、里坊の上に南市があっては、郷里の原則から外れることになってしまう。

考えてみれば、市には市場を管理する太府寺の官吏が派遣されており、この官吏が市場と居宅・住人を管理すれば、郷をわざわざ置かなくてよいことになるから、南市は郷の性格を兼ね備えた独自の行政組織ではないかと考える。

北市に関しては、『河南志』巻一京城門坊街隅古蹟に次のようにあり、もとは臨徳坊（鄰徳坊に同じ）といっていたが、顕慶年間に北市となり、後に廃市となったが市名が里名になったという。

　次北北市坊。本臨徳坊。唐顕慶中、立為北市。後廃市、因以名坊。

次北は北市坊。本は臨徳坊。唐の顕慶中、立てて北市と為す。のち市を廃し、因りて以て坊に名づく。

『唐会要』巻八六「市」に、

顕慶二年十二月十九日、洛州置北市、隷太府寺。

とあり、北市は顕慶二年（六五七）に開設された市であるといい、『河南志』の所伝と一致する。『唐会要』巻八六「市」に「開元十一年六月二十三日、又廃、其（「其」は西市を指す）口馬移入北市」とあるから、開元一一年（七二三）に北市は存在した。北市に関して、辛徳勇氏は「大唐故王君墓誌銘」（『千唐誌』一七二）に、「以龍朔元年、終於鄰徳里之私第」とある史料を以て、北市は龍朔元年（六六一）以降に開設された市とする。この鄰徳里は以前の里名をそのまま使用している可能性もあり、『河南志』や『唐会要』巻八六・市に所載する史料を覆す決定的根拠にはならない。

北市に関して墓誌銘には次のようにある。

洛陽県北市里（『中国歴代石刻拓本滙編』二九冊誌二八九一「唐故処士高平郡曹府君墓誌銘并序」元和一五年）

洛陽　北市之里（『千唐誌』一〇五八「唐故田府君墓誌銘并序」大和八年）

洛陽　北市里之私第（『千唐誌』一〇六七「唐故衛公夫人渤海高氏墓誌銘并序」開成三年）

右の三史料から北市には、南市と同様に市場とともに居住する里坊があったように想定することができるかもしれない。しかし、三史料は唐代後半期のものであることに留意する必要がある。後半期のある時期、北市は廃止され、「北市里」となったから、「北市里」と表現されるのである。右に示した三史料によって、北市は元和一五年（八二〇）には廃止されていたことが判明する。

北市が廃止され、北市里となったのであるから、北市がある時期には北市里は存在しなかった。南市の場合は南市の中に旗亭里が附属していたのとは異なることになり、北市と南市は同じ市場でありながら、異なる行政構造であったことになる。南北市に関しては史料が少なく、これ以上の推論は無益である。ただ、南市は郷に属さない特別行政区であったのではないかという問題提起をしておきたい。

七　まとめ

以上、墓誌銘を通して唐代東都城内の県境、垂拱四年（六八八）から長安二年（七〇二）まで設置された永昌県の県域、洛陽県を分割して設置された来庭県の県域、東都城内の郷里制、南北市と郷の関係を検討した。

東都洛陽に関係する墓誌銘から所属県を明記する里坊を拾い出し、それを東都城坊図に置いていった結果、洛水以北の城内にも河南県が設置され、洛水以南の城内にも洛陽県があったことが判明した。洛水以北の城内における河南県は宣仁門街からみて第一と第二縦列の里坊である。洛水以南の城内において洛陽県に所属するのは、長夏門大街東側の第二・第三・第四縦列の里坊である。

東都城内の県境は時代によって変更があった。洛水以北の城内における県境の変更は、宣仁門街からみて第二縦列の里坊（進徳・履順・思恭・帰義・玉鶏の各里坊）が河南県から洛陽県に所属変更となり、洛水以南の城内においては長夏門大街東側の第二縦列の里坊（慈恵・通利・楽城・南市・嘉善・陶化・宣教・興藝の各里坊）が洛陽県から河南県へ所属変更となった。その変更時期に関して、辛徳勇氏は唐代前半期・後半期という曖昧な表現をする。長夏門大街東側の第二縦列の里坊が、六八〇年ころに所属変更があったするならば、開元六年（七一八）、陶化里は洛陽県に所属し、楽城里が開元一〇年に洛陽県に所属していたとする墓誌銘があるから、この二史料の理解を巡って、さらなる考察が必要である。宣仁門街からみて第二縦列の里坊の河南県から洛陽県への所属変更時期は、八世紀初頭であり、長夏門大街東側の第二縦列の里坊の所属変更時期と同時ではないであろう。

永昌県福善里、永昌県嘉善里、永昌県通利坊と明記する墓誌銘があり、永昌県の県域は南市の西側を中心とする里坊であったことが判明する。また来庭県会節坊、来庭県綏福里、来庭県永泰坊と明記する墓誌銘があり、来庭県の県域は南市の東側の里坊であることが判明する。

東都城内の郷里制に関しては、河南県王城郷立徳旧里、洛陽県餘慶郷通遠里、洛陽県上東郷毓財里、洛陽県子来郷延福里、洛陽県都会郷嘉善里と明記する墓誌銘によって、東都城内の里坊も郷に所属し、県郷里という行政組織の原則が貫徹していたことを明らかにした。東都城内の郷里制と同じことは、一例しか史料を提示できなかったが、長安城内の里坊にもいえるであろう。同じ城内の南北市に関しては、市は郷に属さず、独立した行政区であり、市に付属する里坊は南市旗亭里と表記されたであろうことを推定した。唐代前半期に設置された北市に関しては史料がないため、詳細は不明である。

「唐王君及妻楊氏墓誌銘」（『唐代墓誌銘彙編』三冊二八〇）に「景行坊積善里」とある。「坊」は里と同じ行政単位であるから、「景行坊積善里」は理解不能な表記となる。しかし、この「坊」を郷という意味に理解すれば、「積善里」は「景行郷」に所属する里であったことになる。はたして、「景行坊積善里」の「坊」をこのように理解してよいかは、多くの類例を指摘しなければならない。これは今後の課題となる。

東都の問題を扱ってみて感じたことは、隋唐東都の解明は、まだ緒に就いたばかりの段階にあるということである。正確な東都の城坊図も復元されていない。徐松の研究に頼っているというのが現状である。これは史料が少ないことにも原因がある。東都洛陽に関する墓誌銘が多く公刊された。気賀沢氏によって墓誌銘の連合索引も完成した。今後は東都洛陽に関する墓誌銘を丹念に検討し、一層の解明が期待される。

註

(1) 右の史料にいう「金墉城」とは『通典』巻一七七州郡典七河南に「洛陽。古成周之地、亦謂之周南。……(中略)……。其金墉城在故城西北角、魏明帝築也」とあるもので、漢魏洛陽故城の西北にあった城名である。

(2) 長安・修行里の名は『旧唐書』にも名がみえる。

○広徳中、拝驃騎大将軍毗沙府都督于闐王、令還国。勝固請留宿衛、加開府儀同三司、封武都王、実封百戸。勝請以本国王授曜、詔従之。勝乃於京師修行里盛飾林亭、以待賓客、好事者多訪之。(巻一四四尉遅勝伝)

広徳中(七六三~七六四)、驃騎大将軍・毗沙府都督・于闐王を拝し、国に還らしむ。勝固く宿衛に留まらんことを請ひ、開府儀同三司を加へ、武都王に封じ、実封百戸なり。勝本国王を以て曜に授けんことを請ひ、詔して之に従ふ。勝乃ち於京師修行里に於て林亭盛飾し、以て賓客を待し、好事者多く之を訪ぬ。

○[長慶]二年、検校兵部尚書広州刺史充嶺南節度使。大和二年、以疾上表求還京師。是歳十月卒于嶺南、時年七十一、廃朝一日、贈左僕射。広州有海舶之利、貨貝狎至。証善蓄積、務華侈、厚自奉養、童奴数百。於京城脩行里起第、連亘閭巷。嶺表奇貨、道途不絶、京邑推為富家。(巻一六三胡証伝)

長慶二年(八二二)、検校兵部尚書広州刺史嶺南節度使に充てらる。大和二年(八二三)、疾を以て上表し京師に還らんことを求む。是歳一〇月嶺南に卒し、時年七一、廃朝一日、贈左僕射。広州に海舶の利有り、貨貝狎至す。証蓄積を善くし、華侈に務め、厚く自らを奉養し、童奴数百。京城脩行里に第を起《おこ》し、閭巷に連亘す。嶺表の奇貨、道途に絶えず、京邑推して富家と為す。

趙超も「唐代洛陽城坊補考」(「考古」一九八七第九期)八三七頁以下において、徐松の「修行里」に疑問を呈しているが、「行修里」に訂正するべきとはいわない。

(3) 辛徳勇『隋唐両京叢考』(三秦出版社　一九九一)の付図二三「隋河南・洛陽両県界分図」による。

(4) 唐代東都城坊図は、「考古」一九七八年第六期所載の「唐洛陽東都坊里復元示意図」を基本に、一部を改訂した図である。「修行坊」は「行修坊」に訂正して示した。

(5) 趙超「唐代洛陽城坊補考」(「考古」一九八七第九期)八四〇頁。

(6) 辛徳勇『隋唐両京叢考』(三秦出版社　一九九一)の付図「二四」と「二五」を参照。

(7) 愛宕元『唐代地域社会史研究』(同朋舎　一九九七)五一頁。

(8) 「大周故武騎尉張府君段夫人墓誌銘并序」(『唐代墓誌銘彙編』一三冊一二八四)に「去垂拱二年七月十二日、卒於旗亭里私第」とある旗亭里は南市にある里坊ということになる。

(9) 辛徳勇『隋唐両京叢考』(三秦出版社　一九九一)一三七頁以下を参照。

第二章　『大業雑記』の研究

本章においては、『大業雑記』の史書としての重要性を明らかにする。

まず、第一節においては、『大業雑記』と『河南志』を対比し、『河南志』の記事が『大業雑記』の記事と符合し、また類似する記事があることを指摘する。『大業雑記』の洛陽城に関する記事は、隋代洛陽城に関する基礎史料であり、『大業雑記』は煬帝の大業年間の史実を伝える史書として、重要な文献であることを明らかにする。

『大業雑記』は『説郛』巻五七、『重較説郛』弖一一〇、『指海』第三集、『粤雅堂叢書』第三編「続談助」、『十萬巻楼叢書』第三編「続談助」、『五朝小説』、『歴代小史』、『唐宋叢書』に所収される。これらはいずれも輯本であり、輯本作成の過程において、他の文献が誤入している可能性があり、現行本『大業雑記』の記事自体を点検する作業が必要となる。

第二節は「続談助」所収の『大業雑記』の記事を89項に分けて移録し、各記事の関連史料を示し、『大業雑記』の記事が『隋書』や『資治通鑑』の隋紀と比肩する内容を有し、荒唐無稽な書ではないことを明らかにする。

第三節は、現行本『大業雑記』以外の文献に引用される『大業雑記』の逸文を収集する。この作業は現行本『大業雑記』が輯本であることを立証するものであり、輯本である『大業雑記』の逸文を吟味することにも繋がり、第三章において述べる『大業雑記』の別名書に引用される『大業雑記』の逸文を確定する上で重要となる。

第一節　『大業雑記』と『河南志』

一　はじめに

隋王朝の東都洛陽城（初名は「東京」、大業五年正月に「東都」と改名）は、煬帝の大業元年（六〇五）三月、尚書令の楊素（営東京大監）、納言の楊達（営東京副監）、将作大匠の宇文愷（営東京副監）らの指揮のもとに造営が開始され、同二年正月竣工し、同年四月には煬帝の東京入城が挙行された。隋の東都は一三年餘りの短い期間の都であったが、大運河の結節点である洛陽に東都を建設することを決意した煬帝の政策的意図と、東都造営の事実は中国史において高い評価が与えられるべきである。

隋代より以前に秦漢王朝が中国を統一し、皇帝を中心とする中央集権支配を実現したが、秦漢王朝と隋唐王朝は明らかに王朝国家の性格が異なっている。その顕著な差異は賦税の徴収方法にある。秦漢王朝はいちおう中国支配を実現したが、全中国の賦税を首都に運送する有効な手段を持たなかったため、郡国制を採用して、直轄地と非直轄地を設定し、非直轄地は封邑として臣下に領地を与え、変則的な中央集権体制を採用した。

隋は天下を統一すると運河を開き、賦税の一所集中をし、臣下を俸禄生活者とし、都に居住させることに成功したのであり、秦漢と隋唐とでは、中央集権という点において、隋唐王朝が進化しているということができる。

煬帝の東都建設は『大業雑記』（「続談助」本、以下同じ）の冒頭に、次のようにあり、煬帝の個人的意志とする。

> 時有術人章仇太翼、表奏云、陛下是木命人、雍州是破木之衝、不可久住。開皇初、有童謡云、修治洛陽還晋家。陛下曾封晋王、此其験也。帝覧表、愴然有遷都之意、即日、車駕往洛陽、改洛州為豫州。
>
> 時に術人の章仇太翼有り、表奏して云ふ、「陛下は是れ木命の人、雍州は是れ破木の衝、久しく住《とどま》るべからず。開皇の初め（五八一）、童謡有り云ふ〈洛陽を修治し晋家に還す〉と。陛下曾て晋王に封ぜらるは、此れ其の験なり」と。帝、表を覧て、愴然として遷都の意有り。即日、車駕洛陽に往き、洛州を改め豫州と為す。

東都建設の真意は、華北平原・江南地域を支配するため運河を完成させ、賦税の集積地点として利点を有し、また王城の地として伝統を有する洛陽が東都として選択されたという、時代の流れに応じた政策的観点からみるべきであり、東都の建設は南北朝という分裂の時代を清算したことの証であり、運河を開通させることによって、有るべき首都の位置を示したものである。東都の建設は以後の中国歴代王朝の首都の先行的形態としてよく、煬帝の東都の建設は中国史上において高く評価されるべきであろう。

隋の東都建設が中国史上において評価し得るものであれば、隋代東都の都城計画はどのようなものであったか知りたくなる。隋唐時代の東都に関しては、洛陽の発掘調査が行われ、隋唐東都の様子が次第に明確になって来ているが、唐の東都が隋東都の上に建設されたため、隋東都の遺構は破壊され、考古学的調査によって隋東都の遺構の全容解明は期待できないのである。隋の東都は考古学的調査によって明らかにされた唐東都の遺構から推定していくしか方法はない[1]。隋の東都に関して、『隋書』に餘り期待することはできないが、『河南志』と『大業雑記』に記述があり、考古学的成果と併せて両書の記事から、隋の東都の復元が試論されるべきである。本節は隋代の東都考察の基礎作業として、『大業雑記』と『河南志』所引の記事の関係に関して述べるものである。

二　『河南志』の依拠史料

隋唐の東都・洛陽に関する文献としては、徐松の『唐両京城坊考』と、撰者不明の元の『河南志』四巻がある。『河南志』は、『永楽大典』所収の『河南志』を徐松が手録したもので、『河南志』を所収する『永楽大典』が亡失した現在においては、徐松が手録した『河南志』は貴重本となった。『河南志』は繆荃孫が『藕香零拾』に収めたものが利用されていたが、一九九四年に標点活字本が中華書局より出版された。

平岡武夫氏の『河南志』の解説によれば、『河南志』は、もと宋敏求の撰した『河南志』二〇巻に、元人《ひと》が金・元代の事蹟を加筆したもので、現存の『河南志』は、宋敏求の『河南志』の二割にも満たないとのことである[2]。宋敏求の撰した『河南志』二〇巻に関して、王応麟の『玉海』巻一五地理・地理書「唐両京新記」には次のようにいう。

唐韋述為両京記、宋敏求演之、為河南長安志。凡其廃興遷徙及宮室城郭坊市茅舎県鎮郷里山川津梁亭駅廟寺陵墓之名数、与古先之遺迹、人物之俊秀、守令之良能、花卉之殊尤、靡不備載。考之韋記、其詳十餘倍、真博物之書也。長安志二十巻、熙寧九年二月五日、趙彦若序。河南志二十巻、元豊六年二月戊辰、司馬光序。

唐の韋述は「両京記」を為り、宋敏求之を演べ、「河南志」「長安志」を為る。凡そ其れ廃興遷徙及び宮室城郭・坊市茅舎・県鎮郷里・山川津梁・亭駅廟寺・陵墓の名数、与《およ》び古先の遺迹・人物の俊秀・守令の良能・花卉の殊尤、備載せざるなし。之を韋の「記」と考ふるに、其の詳なること十餘倍なりて、真の博物の書なり。「長安志」二〇巻、熙寧九年（一〇七六）二月五日、趙彦若序す。「河南志」二〇巻、元豊六年二月戊辰、司馬光序す。

『河南志』二〇巻は、元豊六年（一〇八三）に司馬光の序文を付して完成した書である。現行の『河南志』の金元代の箇所を除く部分は、元豊六年に宋敏求が撰した『河南志』を伝えたものとみてよいであろう。といっても、現行本『河南志』に金元代の洛陽に関する記事はない。

『河南志』所引の諸書のうち、隋以前の書は当面関係がないから省略するが、隋代以降の書には、「韋述記」「韋述云」とあり、韋述の撰した『両京新記』が引用され、『河洛記』『洛陽志』『河南図経』『白居易集』『編遺録』『封氏聞見記』『明皇雑録』『大唐六典』『五代通録』『実録』『五代実録』の書名がみえる。宋敏求が『河南志』を編纂したとき、隋唐五代の洛陽に関しては、これらの書を利用したことが判明する。

隋唐の東都に関しては、王応麟の『玉海』巻一五地理・地理書「唐両京新記」に、「宇文愷。東都図記三十巻」とあり、隋東都建設の責任者の一人であった宇文愷の『東都図記』三〇巻を伝え、『旧唐書』巻四六経籍志上「乙部史録」地理類に、「東都記三十巻。鄧行儼撰」とあり、『新唐書』巻五八藝文志二史録「地理類」にも、「鄧行儼。東都記三十巻。貞観著作郎」とあって、唐初の著作郎・鄧行儼の『東都記』三〇巻があり、また『新唐書』巻五八藝文志二史録「地理類」に、「鄧世隆、東都記三十巻。韋機、東都記二十巻」とあり、『旧唐書』巻七三令狐徳棻伝附載の鄧世隆伝に、「世隆又採隋代旧事、撰為東都記三十巻、遷著作郎（鄧世隆又《また》隋代の旧事を採り、撰して「東都記」三〇巻を為り、著作郎に遷る）」とあって、隋代の東都の様子を記録した鄧世隆の『東都記』三〇巻と韋機の『東都記』二〇巻もあった。このような隋唐の東都に関する書も当然、『河南志』を編纂するとき参考書として使用されたであろう。しかし、『河南志』編纂の資料は、以上の書物だけとしてよいであろうか。

『河南志』巻一京城門坊街隅古蹟に、次のようにある記事は、何に依拠したものであろうか。

長夏門街之東第二街、凡九坊。……（中略）……次北唐之南市。隋曰豊都市。東西南北居二坊之地。其内一百二十行三千餘肆、四壁有四百餘店、貨賄山積。

長夏門街の東第二街、凡そ九坊。……（中略）……。次北は唐の南市。隋は豊都市と曰ふ。東西南北二坊の地に居す。

其の内一二〇行・三千餘肆、四壁に四百餘店有り、貨賄山積す。

豊都市に関して、『大業雑記』には次のようにある。

橋南二里有豊都市。周八里。通門十二。其内一百二十行三千餘肆。甍宇斉平。四望一如。楡柳交陰。通渠相注。市四壁有四百餘店。重楼延閣。牙相臨暎。招致商旅。珍貨山積。

橋の南二里に豊都市有り、周りは八里。通門一二、其の内一二〇行・三千餘肆。甍宇斉しく平かにして、四望一如、楡柳交《こも》ごも陰をさし、渠を通じ相注ぐ。市の四壁に四百餘店有りて、重楼延閣なり。牙相臨暎し、商旅を招致し、珍貨山積す。

両書の記事の類似点は偶然であろうか。こうした記事の類似は他にも指摘することができる。『河南志』巻一京城門坊街隅古蹟に「当皇城端門之南、渡天津橋、至定鼎門南北大街、唐曰定鼎街」とあり、その註記に、

亦曰天門街、又曰天津街、今或曰天街。按韋述記、自端門至定鼎門、七里一百三十七歩。隋時種桜桃石榴楡柳、中為御道、通泉流渠。今雑植槐柳等樹両行。

亦天門街と曰ひ、又天津街と曰ひ、今或いは天街と曰ふ。韋述の「記」を按ずるに、端門より定鼎門に至るに、七里一三七歩なり。隋の時、桜桃・石榴・楡・柳を種ゑ、中に御道を為り、泉を通じ渠を流す。今槐・柳等の樹を両行に雑植す。

とあるが、この記事に対応する記事としては、『大業雑記』東都記事のうちに、

南臨洛水、開大道対端門。名端門街。一名天津街。闊一百歩、道傍値（植？）桜桃石榴両行。自端門至建国門、南北九里、四望成行。人由其下、中為御道、通泉流渠。

南して洛水を臨み、大道を開き端門に対す。端門街と名づく。一名天津街なり。闊さ一〇〇歩。道傍は桜・桃・石榴、両行を植ゑる。端門より建国門に至るに南北九里、四望成行す。人は其の下に由り、中は御道と為し、泉を通じ渠を流す。

とある記事に対応する。両者の記事は若干一致しない部分があるが、これは『大業雑記』を韋述が『両京新記』に引用するとき、韋述によって『大業雑記』の文が加筆された結果、文章が完全に『大業雑記』の記事と一致しなくなったと想定できるのではないだろうか。

『河南志』巻一京城門坊街隅古蹟の「時泰坊」に、

隋有通遠橋、跨漕渠。橋南通遠市、周六里。市南臨洛水、有臨寰橋。

隋、通遠橋有り、漕渠を跨ぐ。橋の南は通遠市なり、周りは六里。市の南は洛水に臨み、臨寰橋有り。

とあるのに対応する記事は、『大業雑記』の次の記事である。

至通遠橋、橋跨漕渠。橋南即入通遠市、二十門分路入市、市東合漕渠。市周六里。其内郡国舟船舳艫萬計。市南臨洛水、跨水有臨寰橋。

通遠橋に至り、橋、漕渠を跨ぐ。橋の南は即ち通遠市に入り、二〇門、路を分ち市に入り、市の東は漕渠に合す。市の周りは六里。其の内、郡国の舟船・舳艫、萬を計ふ。市の南は洛水に臨み、水を跨いで臨寰橋有り。

こうした記事の『大業雑記』との類似性は、なにゆえに生じるのであろうか。

三　『大業雑記』と『河南志』

以下には、『河南志』と『大業雑記』の隋代東都に関する記事の類似点の若干例を指摘し、隋代東都に関する『河南志』、特に巻三「隋城闕古蹟」の記事は『大業雑記』の記事を引用していることを明らかにしよう。

『河南志』巻三「隋城闕古蹟」の「羅郭城」には、

羅郭城。……（中略）……。按韋述記曰、東面十五里二百一十歩。南面十五里七十歩。西面十二里一百二十歩。北面七十里（一七里?）二十歩。周回六十九里二百一十歩。

羅郭城。……（中略）……。韋述の「記」を按ずるに曰はく、「東面一五里二一〇歩、南面一五里七〇歩、西面一二里一二〇歩、北面一七里二〇歩。周回は六九里二一〇歩」と。

とあり、巻三「隋城闕古蹟」は韋述の『両京新記』を利用している。また、巻三「隋城闕古蹟」所載の「隋煬帝冬至乾陽殿受朝詩」は『初学記』巻一四「朝会」第四に所載されているから、『初学記』は『大業雑記』を利用したようである。

『河南志』巻三隋城闕古蹟の「在都城之西北隅」に、

衛尉卿劉権秘書丞韋萬頃監築宮城、兵夫七十萬人。城周帀両重、延袤三十餘里、高三十七尺、六十日成。其内諸殿及墻院、又役十餘萬人。直東都土工監当役八十餘萬人。其木工瓦工金工石工、又十餘萬人。

衛尉卿の劉権・秘書丞の韋萬頃は宮城を築くを監し、兵夫七〇萬人。城周は両重を帀す。延袤三十餘里。高さ三七尺、六〇日にして成る。其の内、諸殿及び墻院、又十餘萬人を役す。東都土工監当役八〇餘萬人に直り、其の木工・瓦工・金工・石工、又十餘萬人なり。
とあり、宮城建設に要した日数や人数に関する記事は、『大業雑記』の次の記事とほぼ一致する。

初、衛尉卿劉權秘書丞韋萬頃総監築宮城。一時布兵夫、周帀四面。有七十萬人。城周帀両重。延袤三十餘里。高四十七尺。六十日成。其内諸殿基及諸墻院、又役十餘萬人、直東都土工監常役八十餘萬人。其木工瓦工金工石工、又役十餘萬人。

初め、衛尉卿の劉権・秘書丞の韋萬頃は宮城を築くを総監す。一時に兵夫周帀四面に布べ、七〇萬人有り。城周は両重を帀す。延袤三十餘里。高さ四七尺、六〇日にして成る。其の内、諸殿基及び諸墻院、又十餘萬人を役し、東都土工監の常役八十餘萬人に直る。其の木工・瓦工・金工・石工、又十餘萬人を役す。

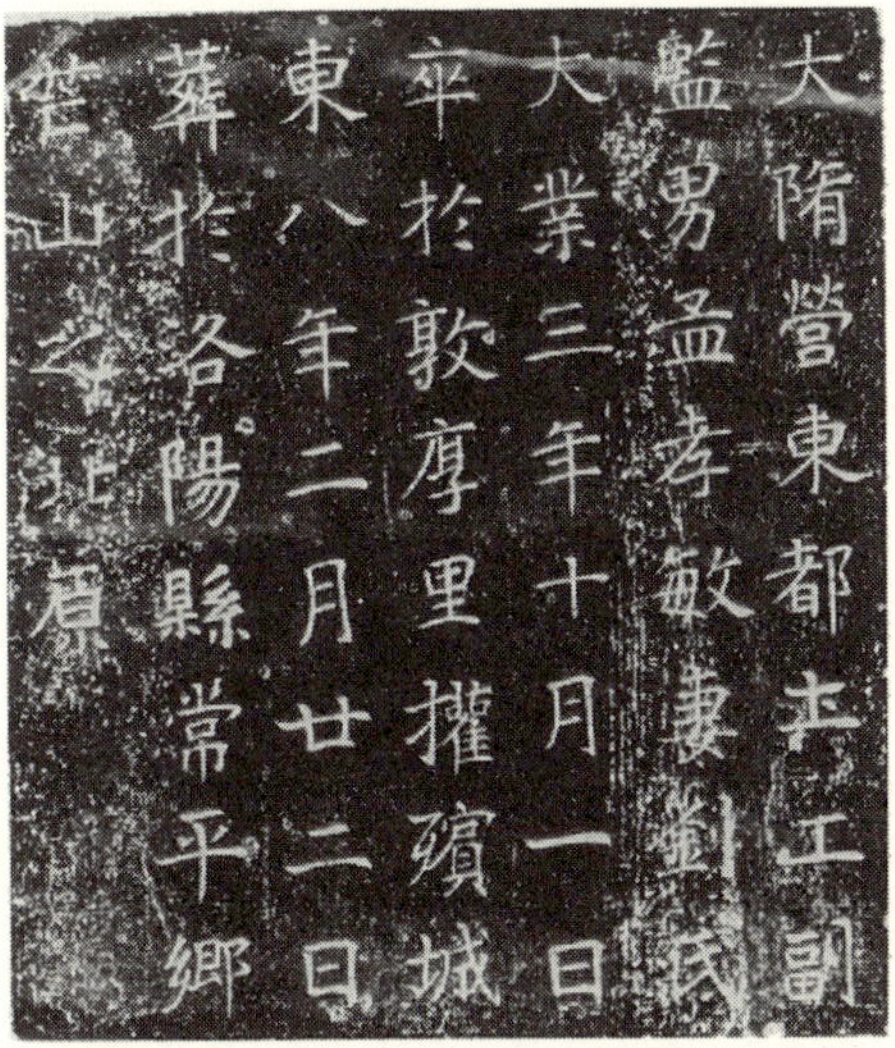

図版５　営東都土工副監孟孝敏妻劉氏墓誌
（『漢魏南北朝墓誌集釈』下冊図版449）

『河南志』には杜宝の『大業雑記』を引用したことを明確に述べた箇所はないけれども、前述した『河南志』の記事と『大業雑記』の類似した記事の存在から推定して、『河南志』は隋代東都洛陽に関しては、『大業雑記』を利用している可能性があることを想定させる。
『河南志』巻三隋城闕古蹟の「又東曰泰和門」に、

去興教門二百歩。並重観。門内左右蔵庫。左蔵屋六重。重二十五間。総一百五十間。右蔵屋両重、総四十間（五〇間）。

興教門を去ること二〇〇歩、並びに重観。門内は左右蔵庫なり。左蔵は屋六重にして、重二五間、総て一五〇間なり。右蔵は屋両重にして、総て四〇間（五〇間）なり。

とある記事は、『大業雑記』の次の記事と対応する。

興教門［東行］一里、有重光門、即東宮正門。門東二百歩、有泰和門、並重観。門内即左右蔵。左蔵有庫屋六重、重二十五間、間一十七架、総一百五十間。右蔵屋両重、総四十間、屋大小如左蔵。左、絲緜布絹。右、麩麦金銅鼓雑香牙角。

興教門より東行すること一里にして、重光門有り、即ち東宮の正門なり。門の東二〇〇歩に、泰和門有り、並びに重観なり。門内は即ち左右蔵有り。左蔵は庫屋六重有り、重二五間、間一七架、総一五〇間。右蔵の屋は両重、総四〇間、屋の大小は左蔵の如し。左は絲緜・布絹、右は麩麦・金銅鼓・雑香・牙角なり。

『河南志』の記事は『大業雑記』から引用したことが明確に認められる。『元河南志』巻三隋城闕古蹟の「正殿曰乾陽殿」の註記に、

去乾陽門百二十歩。殿三十間、二十九架、闊九丈、従地至鴟尾、二百七十尺、有三階軒。其柱大二十四囲、南軒垂以朱絲網絡。王世充改福光殿。庭東西鐘鼓重楼、漏刻在楼下。左右各有大井、井面闊二十尺。

乾陽門を去ること一二〇歩なり。殿は三〇間・二九架、闊さ九丈。地より鴟尾に至り、高さ二七〇尺、三階の軒有り、其の柱、大なること二四囲なり。南軒垂らすに朱絲網絡を以てす。王世充は福光殿と改む。庭の東西に鐘鼓重楼有り、漏刻楼下に在り。左右各《おの》おの大井有り、井面の闊さ二〇尺なり。

とあるのは、『大業雑記』に、

永泰門内四十歩、有乾陽門、並重楼。乾陽門東西、亦軒廊周帀。門内一百二十歩、有乾陽殿。殿基高九尺、従地

至鴟尾、高二百七十尺、十三間、二十九架、三陛一作階軒。文梠（槐）鏤檻、欒櫨百重、粢拱千構、雲楣綉柱、華榱碧璫、窮軒甍之壮麗。其柱二十四囲、倚井垂蓮、仰之者眩曜。南軒垂以朱絲網絡、下不至地七尺、以防飛鳥。四面周以軒廊、坐宿衛兵。殿廷左右、各有大井、井面濶二十尺。庭東南西南、各有重楼、一懸鐘一懸鼓、刻漏則在楼下、随刻漏則鳴鐘鼓。

永泰門内四〇歩に、乾陽門有り、並びに重楼なり。乾陽門の東西、亦軒廊周帀なり。門内一二〇歩に乾陽殿有り。殿基は高さ九尺にして、地より鴟尾に至り、高さ二七〇尺、一三間・二九架にして、三陛の軒有り。文槐《ひ》鏤檻、欒櫨百重、粢拱千構、雲楣綉柱、華榱碧璫、軒甍の壮麗を窮む。其の柱二四囲、倚井蓮を垂れ、之を仰ぐ者眩曜す。南軒垂らすに朱絲網絡を以てし、下は地に至らざること七尺、以て飛鳥を防ぐ。四面周らすに軒廊を以てし、宿衛の兵を坐せしむ。殿廷の左右、各《おの》おの大井有り、井面の濶さ二〇尺なり。庭の東南・西南各《おの》おの重楼有り、一は鐘を懸け一は鼓を懸く。刻漏は則ち楼下に在り、刻漏に随ひ則ち鐘鼓を鳴らす。

とある記事の節略文であろう。

『河南志』巻三隋城闕古蹟の「顕福門」の註に、

去景運門二百歩、入内命婦入朝学士進書、皆由此門入。

景運門を去ること二〇〇歩にして、内入の命婦の入朝・学士の進書、皆此の門より入る。

とあり、「景運門道左」の註に、

有内史内省秘書内省学士館右監門内府右六衛内府鷹坊内甲庫。

内史内省・秘書内省・学士館・右監門内府・右六衛内府・鷹坊・内甲庫有り。

とあり、「[景運門]道右」の註に、

〔有〕命婦朝堂恵日法雲二道場通真玉清二玄壇、接西馬坊。

命婦朝堂・恵日・法雲の二道場・通真・玉清の二玄壇有り、西馬坊に接す。

とあるのは、『大業雑記』に、

則天門西二百歩、有光政門。門北三十歩、有景運門。門北二百歩、有明福門、入内宮。命婦入朝学士進書、皆由此門入。

景運門内道左、有内史内省秘書内省学士館右監門内府右六衛内府鷹坊内甲庫。

道右、〔有〕命婦朝堂恵日法雲二道場通真玉清二玄壇、接西馬坊。

則天門の西二〇〇歩、光政門有り。門の北三〇歩、景運門有り。門の北二〇〇歩、明福門有り、内宮に入る。命婦の入朝・学士の進書は皆此の門より入る。

景運門内の道左に、内史内省・秘書内省・学士館・右監門内府・右六衛内府・鷹坊・内甲庫有り。

道右に、命婦朝堂・恵日・法雲の二道場・通真・玉清の二玄壇有り、西馬坊に接す。

とある記事とほぼ一致する。

『河南志』巻三隋城闕古蹟の「内有武安殿」に、

大業文成武安三殿。御座見朝臣、則宿衛随入殿庭。並種枇杷海棠石榴青梧桐。

大業・文成・武安三殿。御座して朝臣に見え、則ち宿衛殿庭に随入す。並びに枇杷・海棠・石榴・青梧桐を種う。

とあるのは、『大業雑記』に、

大業文成武安三殿。御坐凡朝臣則宿衛随入不坐則有官人。殿庭並種枇杷海棠石榴青梧桐、又〔種〕諸名薬奇卉。

東有大井二面、闊十餘尺、深百餘尺。其三殿之内、内宮諸殿甚多、不能尽知。

　大業・文成・武安三殿の御坐、凡そ朝臣則ち宿衛せば随入す、不坐なれば則ち官人有り。殿庭並びに枇杷・海棠・石榴・青梧桐を種ゑ、又諸の名薬奇卉を種う。東に大井二面有り、闊さ十餘尺、深さ百餘尺なり。其の三殿の内、内宮の諸殿甚だ多く、尽知する能はず。

とある記事からの引用であることは明白である。

『河南志』巻三隋城闕古蹟の「宝城門内有儀鸞殿」の註に、

　大業□年、有二鸞鳥、降宝城内。因造殿及儀鸞双表、高［□］尺餘。殿南有櫨梓林栗林蒲桃架四行、長百餘歩。架南有射堂、対閶闔門。

　大業□年、二の儀鸞有り、宝城の内に降る。因りて殿及び儀鸞双表を造る。高さ□尺餘なり。殿の南に櫨梓林・栗林・蒲桃架四行有り、長さ百餘歩。架の南に射堂有り、閶闔門に対す。

とあるうち、「殿南有櫨梓林・栗林・蒲桃架四行、長百餘歩。架南有射堂、対閶闔門」の部分は、『大業雑記』に、

　出玄靖門、横街東行四十歩、有修文殿。西行百歩、有閶闔重門。門南北並有仰観台、高百尺。門西即入宝城。城内有儀鸞殿。殿南有烏梓林栗林、有蒲桃架四行、行長百餘歩。架南有射堂。

　玄靖門を出で、横街東行すること四〇歩にして、修文殿有り。西行一〇〇歩にして、閶闔重門有り。門の南北並びに仰観台有り、高さ一〇〇尺なり。門の西は即ち宝城に入る。城内に儀鸞殿有り。殿の南に烏梓林・栗林有り、蒲桃架四行有り、行の長さ百餘歩なり。架の南に射堂有り。

とある記事と対応する。『河南志』に「大業□年、有二儀鸞、降宝城内。因造殿及儀鸞双表、高［□］尺餘」とある記事は、現行本『大業雑記』に闕落し、『河南志』に残存した逸文ではないかと考えられる。

また、『河南志』巻三隋城闕古蹟の「上林苑」と「十六院」以下の記事も、『大業雑記』に、

其内造十六院。屈曲遶龍鱗溝。其第一延光院第二明彩院第三含香院第四□（承）華院第五凝暉院第六麗景院第七飛英院第八流芳院第九耀儀院第十結綺院第十一百福院第十二萬善院第十三長春院第十四永楽院第十五清暑院第十六明徳院。置四品夫人十六人、各主一院。庭植名花、秋冬即翦雑綵為之、色渝則改著新者。

其の内、一六院を造り、屈曲して龍鱗溝を遶る。其の第一は延光院・第二は明彩院・第三は含香院・第四は□華院・第五は凝暉院・第六は麗景院・第七は飛英院・第八は流芳院・第九は耀儀院・第一〇は結綺院・第一一は百福院・第一二は萬善院・第一三は長春院・第一四は永楽院・第一五は清暑院・第一六は明徳院。四品の夫人一六人を置き、各《おの》おの一院を主らしむ。庭には名花を植ゑ、秋冬即ち雑綵を翦り、之を為り、色渝れば則ち改め新しきを著くなり。

とある記事と一致することが多いのである。

『河南志』巻三隋城闕古蹟の「観文殿」には次のような記事がある。

殿前両廂為書堂、各二十間。堂前通為閤道承殿。毎一門有十二宝㡡、高広六尺、皆飾雑宝。㡡中皆江南晋宋斉梁古書。㡡前後、方五香牀、装以金玉。春夏鋪九尺象簟、秋設鳳綾花褥、冬則加錦装須弥氈。其間内、南北通為脥霓窓檽、毎三間門（開）一方、戸戸垂錦幰。

殿前両廂を書堂と為し、各二〇間、堂前は通じて閤道と為し殿を承く。一門毎に一二宝㡡有り、高さ・広さ六尺、皆雑宝を飾る。㡡の中は皆江南の晋・宋・斉・梁の古書なり。㡡の前後は方五香牀、装ふに金玉を以てす。春夏には九尺の象簟を鋪き、秋には鳳綾花褥を設け、冬には則ち錦装の須弥氈を加ふ。其の間内、南北は通じて脥霓窓檽と為し、三間毎に一方を開き、戸戸には錦幰を垂れる。

この記事は、「続談助」本『大業雑記』にない記事であるが、次に示す『太平広記』巻二二六伎巧二「観文殿」所引の『大業拾遺記』の記事の節略文であることは明らかであろう。

隋煬帝令造観文殿、前両廂為書堂、各十二間、堂前通為閣道、承殿。毎一間十二宝厨。前設方五香重牀、亦装以金玉。春夏鋪九曲象簟、秋設鳳綾花褥、冬則加綿（＝錦）装須弥氈。帝幸書堂、或観書、其十二間内、南北通為閃電窓、零籠相望。雕刻之工、窮奇極之妙。金鋪玉題、綺井華榱、輝映溢目。毎三間開一方、戸戸垂錦幔。上有二飛仙。当戸地口施機、轝駕将至、則有宮人擎香爐、在轝前行。去戸一丈、脚践機発、仙人乃下閣、捧幔而昇、閣扇即啓、書厨亦啓、若自然、皆一機之力。轝駕出、垂閉復常。諸房入戸。式様如一。其所撰之書、属辞比事、条貫有序。文略理暢、互相明発。及抄写真正、文字之間、無点竄之誤。装翦華浄、可謂冠絶古今。曠世之名宝、自漢已来訖乎梁。文人才子、諸所撰著、無能及者。其新書之名、多是帝自製。毎進一書、必加賞賜。出大業拾遺記

隋の煬帝、観文殿を造らしめ、前の両廂を書堂と為し、各《おの》おの一二間、堂前通じて閣道と為し、殿を承く。一間毎に一二宝厨なり。前に方の五香の重牀を設け、亦装ふに金玉を以てす。春夏には九曲の象簟を鋪き、秋には鳳綾の花褥を設け、冬には則ち錦装の須弥氈を加ふ。帝書堂に幸し、或いは書を観れば、其の一二間の内、南北通じて閃電窓と為し、零籠相望む。雕刻の工、奇極の妙を窮む。金鋪の玉題、綺井の華榱、輝映目に溢れ、三間毎に一方を開き、戸戸には錦幔を垂れる。上に二飛仙有り。当戸の地口に機を施し、轝駕将に至らんとすれば、則ち宮人有り香爐を擎り、轝の前行に在り。戸を去ること一丈、脚践せば機発し、仙人乃ち閣を下り、幔を捧げて昇り、閣扇即ち啓き、書厨亦啓くこと、自然の若く、皆一機の力なり。轝駕出れば、垂閉して常に復す。諸房戸に入ること、式様一の如し。其れ撰ぶ所の書、属辞比事、条貫序有り、文略し理暢べ、互相に明発す。真正を抄写するに及んで、文字の間、点竄の誤無し。装翦華浄にして、古今に冠絶すと謂ふべし。曠世の名宝、漢より已来梁に訖ぶ。文人才子、諸の撰著する所、及ぶ能はざるもの無し。其れ新書の名、多く是れ帝自ら製り、一書を

進める毎に、必ず賞賜を加ふ。「大業拾遺記」に出づ

『大業拾遺記』は『大業雑記』の別名の一であり、この記事は『大業雑記』から引用したものであり、現行本『大業雑記』には闕文となっているものである。

この他に『河南志』巻三隋城闕古蹟の記事と、『大業雑記』の記事の類似点は、次章において例示するから、ここでは例示しないが、多くの類似点を指摘することは可能である。宋敏求が『河南志』を編纂するとき、『河南志』の体例にしたがって、『大業雑記』の記事を参照し、その記事に若干の書き換えを行っていることは、歴然と看取することができる。『河南志』巻三隋城闕古蹟の記事の五割以上は、『大業雑記』の記事と一致するといってよい。残る五割程度の記事は現行『大業雑記』の記事と類似点が見い出せないが、この原因は現行『大業雑記』が完本でなく、現在散逸した部分に存在した可能性が大であり、『大業雑記』の東都記事に関する最大の逸文は『河南志』巻三隋城闕古蹟の部分であるということができよう。

四　まとめ

隋の東都は煬帝の大業元年（六〇五）に建設が開始され、改築されて唐の東都となった。したがって、洛陽を発掘するとき唐洛陽城の遺跡は出現しても、その下にあって、破壊された隋の洛陽遺跡の出現を期待することはほとんどできない。このような状況において、『大業雑記』の隋東都洛陽の状況を詳細に述べた箇所は、現在失われて推定不可能な隋東都の様子を知るうえで重要である。本稿は『大業雑記』と『河南志』巻三隋城闕古蹟の関係を考察した。その結果、『河南志』は韋述の『両京新記』以下の書が引用されていることは明瞭に看取されるが、『両京新記』以外

に杜宝の『大業雑記』の記事が引用されている。煩雑となるため類似する両書の記事のすべてを提示し、比較することはできなかったが、巻三隋城闕古蹟の大部分は『大業雑記』からなるといってもよいのである。

現在残された隋代史に関する史料は少ない。その少ない史料を補うものとして『大業雑記』の記事を活用してゆくことが今後は必要となろう。『大業雑記』はいくつかの叢書と『説郛』『重較説郛』に所収されているが、宋代以降の書に引用され、その逸文が残っている。隋代史の闕を補完する史料として、『大業雑記』は重要な史書であるから、現在残された逸文を集め、一覧を容易にすることが今後当面する一つの課題となろう。

註

(1)　郭宝鈞「洛陽古城勘察簡報」(「考古通訊」一九五五年創刊号)、陳久桓「隋唐東都城址勘査和発掘」(「考古」一九六一年第三期)、中国社会科学院考古研究所洛陽工作隊「隋唐東都城址勘査和発掘続記」(「考古」一九七八年第六期)、宿白「隋唐長安和洛陽」(「考古」一九七八年第六期)、馬得志・楊鴻年「関于長安東宮範囲問題的探討」(「考古」一九七八年第一期)、洛陽博物館「洛陽隋唐東都皇城内的倉窖遺址」(「考古」一九八一年第二期)、洛陽博物館「隋唐洛陽含嘉倉城徳猷門遺址的発掘」(「中原文物」一九八一年第二期)、馬得志「唐代長安和洛陽」(「考古」一九八二年第六期)、洛陽市文物工作隊「一九八一年河南洛陽隋唐城夾城発掘簡報」(「中原文物」一九八三年第二期)、洛陽博物館「洛陽発見隋唐城夾城墻」(「考古」一九八三年第六期)

(2)　平岡武夫『唐代の長安と洛陽　資料』(京都大学人文科学研究所　一九五六)を参照。平岡氏は現行本『河南志』はもとの『河南志』の約二割程度の残存とされている。これは現行本『河南志』が四巻であることに依っているようである。北宋の『河南志』二〇巻に金・元代の記述が付加され、『河南志』となったのであるから、『河南志』は二〇巻以上であったと推定される。現行本『河南志』が四巻であるから、約二割の残存とされるのである。しかし、現行本『河南志』四巻は『河南志』の四巻分である根拠はどこにもなく、徐松が『永楽大典』より『河南志』の唐以前の記事を抜粋したとき、その記事を四巻分に仕立てた可能性もあり、二割の残存というのは、にわかに信頼できないのではないか。

第二節　『大業雑記』について

一　はじめに

以下においては、粤雅堂叢書の「続談助」所収の『大業雑記』を、便宜的に項目に分け、題名を付して示し、『重較説郛』所収の『大業雑記』との文字の異同を示す。また、各記事に関連する史料を示し、各記事の史料的信頼性を点検する。「続談助」所収の『大業雑記』は『大業雑記』の逸文と考えられているだけで、確かに逸文であると確認した研究はない。第三章において述べるが、『大業雑記』の別名である『大業拾遺』には『大業雑記』の逸文でない記事がある。「続談助」所収の『大業雑記』の逸文も、他の記事が混入している可能性を疑う必要がある。

なお、『大業雑記』の逸文に関しては、すでに牟発松氏の「関于杜宝《大業雑記》的几个問題」（武漢大学歴史系魏晋南北朝隋唐史研究室編「魏晋南北朝隋唐史資料」一五　武漢大学出版社　一九九七）がある。筆者も牟発松氏の研究発表以前から逸文収集に着手し、「汲古」一七号に「隋の東都と大業雑記」という小論を発表したことがある。牟発松氏の論文は『太平御覧』等に引用される『大業雑記』の逸文を集めたものであり、『大業雑記』逸文収集としては、完全なものではない。本書と牟発松氏の相違は、両者を比較してもらえば歴然としている。ここでは、牟発松氏との相違点に関しては、いちいち言及しない。

二　撰者の杜宝について

『大業雑記』は隋から唐初に生きた杜宝の撰になる書である。『大業雑記』は史料の少ない隋代にあって、『隋書』の闕を補う文献として貴重である。東都洛陽城に関する記述は、「続談助」本『大業雑記』の約六割を占め、当時の史料のあり方と比較して、東都洛陽城に関する記述が具体的であるという特徴がある。

『大業雑記』は『旧唐書』巻四六経籍志上・乙部史録・雑史には著録されず、『新唐書』巻五八藝文志二史録・雑史類に、「杜宝　大業雑記十巻」とみえる。『宋史』巻二〇三藝文志二史類・伝記類にも「杜宝　大業雑記十巻」とみえ、宋の晁公武の『郡斎読書志』巻二上史部・雑史類には、

　大業雑記十巻。

　右、唐杜宝撰。起隋仁寿四年煬帝嗣位、止越王侗皇太（皇太は皇泰）三年、王世充降唐事。

大業雑記一〇巻

右、唐の杜宝撰す。隋の仁寿四年（六〇四）、煬帝位を嗣ぐに起《はじま》り、越王・侗の皇泰三年（六二〇）、王世充、唐に降る事に止む。

と、その著述範囲を述べる。また宋の陳振孫の『直斎書録解題』巻五雑史類には、

　大業雑記十巻。

　唐著作郎杜宝撰。紀煬帝一代事。序言貞観修史。未尽実録。故為此書。以弥縫闕漏。

「大業雑記」一〇巻。

唐の著作郎・杜宝撰す。煬帝一代の事を紀す。「序」に言ふ「貞観の修史、未だ実録を尽さず、故に此の書を為り、以て闕漏を弥縫す」と。

とあって、著述範囲と『大業雑記』の序文の要点を引用している。

この序文によれば、杜宝が『大業雑記』を著述する動機となったのは、「貞観修史、未だ実録を尽さず」の故であった。「貞観修史」とは、貞観一〇年（六三六）に成った「五代史」の『隋書』（帝紀五巻と列伝五〇巻からなる）を指すから、杜宝は貞観一〇年以降のある時期に、新成『隋書』を閲覧する機会があったとき、『隋書』に闕漏があることを感じ、彼の生涯において最も華やかな時代であった大業年間の事蹟について『大業雑記』を著し、『隋書』の闕を補足したものであり、『大業雑記』の成立は貞観一〇年以降とみてよい。

『資治通鑑』巻一八三大業一二年（六一六）三月の条に、

三月、上巳、帝与群臣飲於西苑水上、命学士杜宝撰水飾図経。采古水事七十二、使朝散大夫黄袞以木為之、間以妓航・酒船。人物自動如生。鍾磬箏瑟、能成音曲。

三月、上巳、帝、群臣と西苑の水上に飲し、学士の杜宝に命じて「水飾図経」を撰せしむ。古の水事七二を采り、朝散大夫の黄袞をして木を以て之を為らしめ、間《まじ》ふに妓航・酒船を以てす。人物自ら動くこと生けるが如く、鍾磬箏瑟、能く音曲を成す。

とある記事は、『大業雑記』と『新唐書』藝文志以外にみえる、杜宝に関する唯一の記事である。

『大業雑記』やその逸文にみえた杜宝の事跡を要約すると、宣徳郎（正七品　謁者台に属し、出使を職務とする）となり、秘書学士として『水飾図経』を編纂した。『隋書』虞綽伝に、

及陳亡、晋王広引為学士。大業初、転為秘書学士。奉詔与秘書郎虞世南著作佐郎庾自直等撰長洲玉鏡等書十餘部。綽所筆削、帝未嘗不称善。而官竟不遷。初為校書郎、以藩邸左右、加宣恵尉。遷著作佐郎。与虞世南庾自直蔡允恭等四人常居禁中、以文翰待詔、恩盼隆洽。（巻七六文学列伝）

陳亡ぶに及んで、晋王・広は引きて学士と為す。大業の初め（元年は六〇五）、転じて秘書学士と為る。詔を奉じ、秘書郎の虞世南・著作佐郎の庾自直等と「長洲玉鏡」等の書十餘部を撰す。綽の筆削する所、帝未だ嘗て善を称はざるなく、而ども官竟ひに遷らず。初め校書郎と為り、藩邸の左右を以て、宣恵尉を加ふ。著作佐郎に遷り、虞世南・庾自直・蔡允恭等四人と常に禁中に居し、文翰を以て待詔し、恩盼《けい》隆洽なり。

とあり、杜宝とほぼ同期に虞綽が秘書学士になっており、虞綽伝にみえた人物達と親しい関係にあったと推定される。『十郡志』を編纂した時、秘書学士・宣徳郎の杜宝は『十郡志』のうちの『呉郡志』の編纂を担当し、呉郡（蘇州）とは関係の深い人となった。北宋の朱長文の撰した『呉郡図経続記』や、南宋の汜成大の撰した『呉郡志』に、『大業雑記』の逸文が引用されるのは、隋の『呉郡志』の編纂と関係するものである。

陳振孫の『直斎書録解題』巻五雑史類には「大業雑記十巻、唐著作郎杜宝撰。紀煬帝一代事」とあるように、杜宝は唐王朝に仕えて著作郎の官にあった。『説郛』巻五九所収の『大業雑記』には、杜宝の官を「隋杜宝　隋著作郎」とするが誤りである。また、『重較説郛』所収の『大業雑記』は「南宋　劉義慶」の撰とするが、これも誤りである。『大業雑記』は宋の晁載之の「続談助」所収されたものが最も古く（「粤雅堂叢書」と「十萬巻楼叢書」所収）、『説郛』『重較説郛』でもみることが可能である（「続談助」所収の『大業雑記』が現行本の中で最も信頼できる）。『資治通鑑』隋紀四以下の著述に利用され、『資治通鑑考異』巻八隋紀に引用されるように、宋人の著作にはしばしば『大業雑記』が引用されている点からみて、宋代には『大業雑記』の完本が存在したようである。しかし、「続談助」所収の『大業雑記』は『新唐書』藝文志等が伝えるように一〇巻に分巻されず、原形を著しく喪失した形である。それゆえ、現在通行する『大業雑記』は一〇巻本の一部が散逸した残部ではなく、諸書に引用されて伝存したものの輯本である可能性が高い。宋の晁載之が「続談助」に所収した時代には既に散逸していたようである。「十萬巻楼叢書」第三篇所収の「続談助」に付された陸心源の序文によれば、晁載之は『郡斎読書志』の著者・晁公武の一族で、陳留県尉・濠州参軍事・封丘令を歴任し、崇寧五年（一一〇六）ころ陳留県尉にあったとするから、北宋末から南宋初期の人であり、『大業雑記』は南宋初期には、すでに零本となっていたようである。

三　『大業雑記』の移録と関連史料

1　東京営建

大業元年、勅有司、於洛陽故王城東、営建東京。以越国公楊素為営東京大監、安徳公宇文愷為副。廢三崤旧道、令開葼柵道。時有術人章仇太翼、表奏云、陛下是木命人、雍州是破木之衝、不可久住。開皇之初[校①]、有童謡云、修治洛陽還晋家。陛下曾封晋王、此其験也。帝覧表愴然、有遷都之意。即日、車駕往洛陽、改洛州為豫州。自豫州至京師、八百餘里。置一十四頓、頓別有宮[校②]、宮有正殿。

大業元年（六〇五）、有司に勅し、洛陽の故王城の東に、東京を営建せしむ。越国公の楊素を以て「営東京大監」と為し、安徳公の宇文愷を副と為す。三崤の旧道を廃し、葼柵道を開かしむ。時に術人の章仇太翼有り、表奏して云ふ、「陛下は是れ木命の人、雍州は是れ破木の衝、久しく住《とどま》るべからず。開皇の初め、童謡有りて云ふ、〝洛陽を修治し、晋家に還る〟と。陛下曾て晋王に封ぜられるは、此れ其の験なり」と。帝は表を覧て愴然として、遷都の意有り。即日、車駕洛陽に往き、洛州を改め豫州と為す。豫州より京師に至るに、八百餘里なり。一四頓（頓は宿食を提供する所）を置き、頓別に宮有り、宮に正殿有り。

校勘①　「開皇之初」を『重較説郛』は「開初皇之」とする。「開皇之初」が正しい。

校勘②　「置一十四頓。頓別有宮」を『重較説郛』は「置一十四殿。別有宮、有正殿」とする。これでは「一十四頓」の他に宮があることになる。「頓」に宮殿があったという意味であるから、「置一十四頓。頓別有宮」がよい。

右の『大業雑記』には、煬帝の東京営建には章仇太翼の上表が重大な影響を与えたように記載されている。章仇太翼が煬帝に東京営建を上奏した時期に関して、『資治通鑑』巻一八〇は仁寿四年（六〇四）一〇月のこととする。

章仇太翼言於帝曰、陛下木命、雍州為破木之衝、不可久居。又讖云、脩治洛陽還晋家。帝深以為然。十一月乙未、幸洛陽、留晋王昭守長安。

章仇太翼、帝に言ひて曰はく、「陛下は木命、雍州は破木の衝と為り、久しく居すべからず。又讖に云ふ〈洛陽を脩治し晋家に還す〉」と。帝深く以て然りと為す。一一月乙未、洛陽に幸し、晋王・昭を留め長安を守せしむ。

『資治通鑑』は右のようにいうが、章仇太翼の上奏によって東京営建が決定されたとは考え難い。東京は以前から立案されており、章仇太翼の上奏によって東京行幸が決行されたと考えるべきである。

章仇太翼は盧太翼のことであり、『隋書』巻七八に列伝がある。

盧太翼、字協昭、河間人也。本姓章仇氏。七歳詣学、日誦数千言、州里号神童。及長、閑居味道、不求栄利。博綜群書、爰及仏道、皆得其精微。尤善占候算暦之術。隠於白鹿山、数年徙居林慮山茱萸澗、請業者自遠而至、初無所拒、後憚其煩、逃於五台山。地多薬物、与弟子数人廬於巌下、蕭然絶世、以為神仙可致。皇太子勇聞而召之、太翼知太子必不為嗣、謂諸親曰、吾拘逼而来、不知所税駕也。及太子廃、坐法当死、高祖惜其才而不害、配為官奴。久之、乃釈。其後目盲、以手摸書而知其字。仁寿末、高祖将避暑仁寿宮、太翼固諫不納、至于再三。太翼曰、臣愚豈敢飾詞、但恐是行鑾輿不反。高祖大怒、繫之長安獄、期還而斬之。高祖至宮寝疾、臨崩、謂皇太子曰、章仇翼、非常人也。前後言事、未嘗不中。吾来日道当不反、今果至此。爾宜釈之。及煬帝即位、漢王諒反、帝以問之。答曰、上稽玄象、下参人事、何所能為。未幾、諒果敗。帝常従容言及天下氏族、謂太翼曰、卿姓章仇、四岳之冑、与盧同源。於是賜姓為盧氏。大業九年、従駕至遼東、太翼言於帝曰、黎陽有兵気。後数日而玄感反書聞。帝甚異之、数加賞賜。太翼所言天文之事、不可称数、関諸秘密、世莫得聞。後数載、卒於洛陽。

盧太翼、字は協昭、河間の人なり。本姓は章仇氏。七歳にして学に詣り、日々数千言を誦《そらん》じ、州里は神童と号す。長ずるに及んで、閑居して道を味ひ、栄利を求めず。群書を博綜し、爰に仏道に及び、皆其の精微を得。尤も占候算暦の術を善くす。白鹿山に隠れ、数年にして徙りて林慮山の茱萸峒に居し、業を請ふ者遠くより至る。初め拒む所無きも、後には其の煩を憚り、五台山に逃ぐ。地は薬物多く、弟子数人と巌下に廬し、蕭然として世を絶ち、以て神仙致すべしと為す。皇太子の勇、聞きて之を召すに、太翼、太子必ず嗣と為らざるを知り、諸親に謂ひて曰はく、「吾拘逼されて来り、税駕する所を知らざるなり」と。太子廃されるに及んで、法に坐し死に当るに、高祖は其の才を惜み害さず、配して官奴と為す。之に久しく、乃ち釈さる。其の後、目は盲となり、手を以て書を摸へて其の字を知る。仁寿末（六〇四）、高祖将に暑を仁寿宮に避けんとするに、太翼固く諫めて納めざること、再三に至る。太翼曰はく「臣愚、豈に敢へて詞を飾らんや、但恐れるは是れ行けば鑾輿反らず」と。高祖大いに怒り、之を長安の獄に繫ぎ、還るを期して之を斬らんとす。高祖宮に至りて疾に寝し、崩ずるに臨んで、皇太子に謂ひて曰はく、「章仇翼、非常の人なり。前後の言事、未だ嘗て中《あた》らざることなし。吾来る日道《い》ひて反らざるを当て、今果して此れに至る。爾宜しく之を釈すべし」と。煬帝位に即くに及んで、漢王の諒反し、帝以て之に問ふ。答へて曰はく、「上は玄象を稽へ、下は人事を参するに、何ぞ能く為す所あらんや」と。未だ幾ばくもなく、諒果して敗る。帝常て従容として言ひ、天下の氏族に及び、太翼に謂ひて曰はく「卿の姓は章仇、四岳の冑、盧と源を同じくす」と。是に於て姓を賜ひて盧氏と為す。大業九年（六一三）、駕に従ひ遼東に至り、太翼、帝に言ひて曰はく「黎陽に兵気有り」と。のち数日して玄感の反《そむ》く書聞《ぶん》せらる。帝甚だ之を異とし、数《しば》しば賞賜を加ふ。太翼言ふ所の天文の事、数へて称ふべからずも、諸《もろ》もろの秘密に関するは、世聞くを得る莫し。のち数載して洛陽に卒す。

『大業雑記』は東京創建を大業元年のこととするが、東京創建の詔書は、仁寿四年（六〇四）一一月癸丑に公布されており、立案はそれ以前になされていたと考えるべきであろう。このことは建設資材の調達という点からも容易に肯首されよう。「大業元年」という年は大規模に造営が開始された年である。

東京創建の詔書（『隋書』巻三煬帝紀仁寿四年一一月癸丑）

詔曰、乾道変化、陰陽所以消息、沿創不同、生霊所以順叙。若使天意不変、施化何以成四時、人事不易、為政何以釐萬姓。易不云乎、通其変、使民不倦。変則通、通則久。有徳則可久、有功則可大。朕又聞之、安安而能遷、民用丕変。是故姫邑両周、如武王之意、殷人五徙、成湯后之業。若不因人順天、功業見乎変、愛人治国者可不謂歟。然洛邑自古之都、王畿之内、天地之所合、陰陽之所和。控以三河、固以四塞、水陸通、貢賦等。故漢祖曰、吾行天下多矣、唯見洛陽。自古皇王、何嘗不留意、所不都者蓋有由焉。或以九州未一、或以困其府庫、作洛之制所以未暇也。我有隋之始、便欲創茲懐洛、日復一日、越暨于今。念茲在茲、興言感哽。朕粛膺宝暦、纂臨萬邦、遵而不失、心奉先志。今者漢王諒悖逆、毒被山東、遂使州県或淪非所。此由関河懸遠、兵不赴急。加以并州移戸復在河南。周遷殷人、意在於此。況復南服遐遠、東夏殷大、因機順動、今也其時。群司百辟、僉諧厥議。但成周墟瘠、弗堪葺宇。今可於伊洛営建東京、便即設官分職、以為民極也。夫宮室之制、本以便生、上棟下宇、足避風露、高台広厦、豈曰適形。故伝云、倹、徳之共。侈、悪之大。宣尼有云、与其不遜也、寧倹。豈謂瑶台瓊室方為宮殿者乎、土堦采椽而非帝王者乎。是知非天下以奉一人、乃一人以主天下也。民惟国本、本固邦寧、百姓足、孰与不足。今所営構、務従節倹、無令雕牆峻宇復起於当今、欲使卑宮菲食将貽於後世。有司明為条格、称朕意焉。

詔して曰はく、乾道変化し、陰陽は消息する所以にして、沿創不同なれば、生霊は叙に順ふ所以なり。若し天意をして変らずんば、施化何を以て四時《しいじ》を成し、人事易《かは》らずんば、政を為すに何を以て萬姓を釐《をさ》めんや。「易」に云はざるや、「其の変を通じて、民を倦まざらしむ。変ずれば則ち通じ、通ずれば則ち久し。徳あれば則ち久しかるべく、功あれば則ち大なるべし」と。朕又之を聞き、安安として能く遷り、民用《もっ》て丕《ひ》変なり。是の故に姫は両周に邑し、武王の意の如きは、殷人五徙せしめ、湯后の業を成す。若し人に因り天に順はざれば、功業は変に見《あら》はれ、人を愛しみ国を治むは謂《おも》はざるべきか。然るに洛邑古よりの都、王畿の内、天地の合ふ所、陰陽の和する所なり。控ふるに三河を以てし、固むるに四塞を以てし、水陸通じ、貢賦等し。故に漢祖曰はく「吾れ天下に行《めぐ》ること多し、唯だ洛陽を見るのみ」と。古より皇王、何ぞ嘗て意に留めず、都とせざるところは蓋し由あるなり。或いは九州未だ一ならざるを以て、或いは其の府庫に困しむを以て、作洛の制、未だ暇あらざる所以なり。我が有隋の始め、便ち茲に懐洛を創めんと欲し、日復《また》一日、越《ここ》に今に曁《およ》ぶ。茲を念ひ茲に有り、興言感哽す。朕粛しみて宝暦を膺《う》け、萬邦に纂臨し、遵ひて失はず、心より先志を奉ず。今は漢王の諒悖逆し、毒は山東を被ひ、遂に州県をして或いは非所に淪《しづ》ましむ。此れ関河懸遠するに由り、兵急に赴かず。加ふるに并州、戸を移し復《また》河南に在るを以てす。周、殷人を遷す、意此れに有り。況や復南のかた遐遠を服し、東夏殷大にして、機に因り動に順ふは、今や其の時なり。群司百辟、僉厥《みなそ》の議を諧《たひら》かにせよ。但だ成周の墟瘠《せき》は、葺宇に堪へず。今伊洛に於て東京を営建すべし、便即《すなはち》、官を設け職を分ち、以て民極を為すなり。夫れ宮室の制、本より以て生に便たり、上棟下宇、風露を避くに足り、高台広厦、豈に形に適《かな》ふと曰はんや。故に「伝」に云はく「倹は徳の共なり。侈は悪の大なり」と。宣尼云ふ有り「其の不遜ならんよりは、寧ろ倹なれ」と。豈に瑶台・瓊室方に宮殿を為るを謂はんや、土堦采椽は、帝王に非ざるや。是れ天下以て一人を奉ずるに非ず、乃ち一人以て天下に主たるを知るなり。民惟れ国の本、本固ければ邦寧じ、百姓足り、孰与《いづれ》か足らざらんや。今、営構する所、務めて節倹に従ひ、雕墻峻宇をして復《また》当今に起すことなからしめ、卑宮菲食をして将て後世に貽《のこ》さんと欲す。有司明らかに条格を為り、朕が意に称《かな》へ。

東京は大業二年（六〇六）正月、完成し、四月に皇帝の入城があった。『隋書』巻三煬帝紀に次のようにある。

夏四月庚戌、上自伊闕、陳法駕、備千乗萬騎、入於東京。辛亥、上御端門、大赦、免天下今年租税。

夏四月庚戌、上は伊闕より、法駕を陳べ、千乗萬騎を備へ、東京に入る。辛亥、上、端門に御し、大赦し、天下の今年の租税を免ず。

また『隋書』の斉王・暕伝には次のようにいう。

大業二年、帝初入東都、盛陳鹵簿、暕為軍導。（巻五九煬三子）

大業二年、帝初めて東都に入るに、盛んに鹵簿を陳べ、暕は軍導と為る。

江都に行幸し東京（大業二年においては東京とあるべきである）の落成を待っていた煬帝は、第二子の斉王（当時は豫章王）・暕の先導によって新成の東京に入城した。注意するべきは、伊闕から煬帝は東京に入城していることである。

伊闕から入城していることは、東京の外郭城の正門である建国門を通り、端門街（天津街）を北上し、皇城・宮城に至る道程（約四㎞）であったことを示す。この建国門から端門街を経て、皇城・宮城に至る道程は、この時の特別なものではない。建国門外に四方館が設置され、周辺諸国の使節が滞在していた。この使節は当然のこととして、煬帝と同じ道程をたどって皇城と往復したであろうと想定される。また、唐代の洛陽行幸は建国門（唐代では定鼎門という）を使用していることが確認できる。したがって、東京の建国門は都城の南の正門であるとともに、実際に頻用される門であって、長安城の南の正門である明徳門とは異なっていた。

大業二年四月、東京の落成を慶祝し、煬帝は端門に出御し大赦が公布された。大赦の内容に関して、『隋書』煬帝紀は「天下の今年の租税を免じ」たと伝えるのみであるが、幸いなことに、弘仁本『文館詞林』巻六六五には「随煬帝営東都成大赦詔一首」として、大赦の詔書全文（末尾の定型文言を省略する）を所載する。

随煬帝営東都成大赦詔一首（本来は「営東京」とあるべき）

門下、天生烝人、樹之元首、所以亭毒品物。愛育黎元、弘風長俗、其帰一揆。朕嗣承鴻業、丕膺暦命、負四海之憂、当萬方之責。毎以化風、猶鬱政道未行、何嘗不夕惕兢懐、納隍興慮。於是憲章前聖、聿循先旨、以為関□□□、根本所属、伊洛形勝、宜為邑都。故営建東京、鎮摂諸夏。地得陰陽之和、士居天地之正。審曲面状、瞻星揆日。子来咸会、棟宇稍成。爰以吉辰、入処新邑。庶貢賦路均、労役亡等、東西巡撫、朝覲惟宜。然宮室創建、事業伊始、方享天休、倶承永会、宜覃恵沢、咸与惟新、可大赦天下。自大業二年四月廿五日昧爽以前、大辟罪以下、已発覚未発覚及繋囚見徒、悉皆原免。其流徙辺方、未達前所、亦宜放還。人惟邦□、□在矜恤。天下黎元、宜免一年租調。人誰無過、所貴能改。赦書以前、亡官失爵者、必行能可称、宜量才収叙。官人犯罪、已従科断、更令戍役、情有矜、自今以後、宜停罰防。及劫賊之徒、□□□□、家口遠配、亦宜停遣。晋陽逆党、縁坐者多、弃瑕録用、寔惟朝典。其在逆地為縁坐解任者、亦量叙用。内外群官、倶当朝委、但能□徳化人、使知礼節、則獄訟自止、升平可期。常赦所不免者、不□□限（不在此限）。若挟蔵軍器亡命山沢、□日不首（百日不首）、復罪如初、敢以赦前事相告言者、以其罪罪之。

門下、天は烝人を生み、之の元首を樹てるは、品物を亭毒する所以なり。黎元を愛育し、風を弘め俗を長《やしな》ふは、其れ一揆に帰す。朕、鴻業を嗣承し、暦命を丕《ひ》膺し、四海の憂を負ひ、萬方の責に当る。毎に化風を以ふも猶ほ政道未だ行はれざるを鬱《うれ》ひ、何ぞ嘗に夕惕し兢懐せずして、納隍し興慮せんや。是に於て前聖を憲章し、聿《はじ》めて先旨に循ひ、以て関□□□と為す。根本属する所、伊洛形勝にして、宜しく邑都と為すべし。故に東京を営建し、諸夏を鎮摂し、地は陰陽の和を得、士は天地の正に居す。曲面の状を審にし、星を瞻ぎ日を揆《はか》る。子来り咸会し、棟宇稍やう成り、爰に吉辰を以て、入りて新邑に処す。貢賦路均しく、労役亡《?》（云）等なるを庶ひ、東西巡撫し、朝覲惟れ宜なり。然れども宮室創めて建て、事業伊れ始め、方に天休を享け、倶に永会を承け、宜しく恵沢を覃《およぼ》し、咸与に惟れ新にして、天下に大赦すべし。大業二年四月二五日昧爽以前より、大辟罪以下、已発覚・未発覚及び繋囚の見徒悉く皆原免す。其の辺方に流徙し、未だ前所に達せざるものは、亦宜しく放還すべし。人惟れ□□、□矜恤に有り。天下の黎元、宜しく一年の租調を免ずべし。人誰か過ち無からん、貴ぶ所は能く改むなり。赦書以前、官を亡ひ爵を失ふ者、必ず行ひ能く称すべきは、宜しく才を量り収叙すべし。官人の罪を犯し已に科断に従ひ、更に戍役せしむ、情矜む有り、今より以後、宜しく罰防を停むべし。及び刧賊の徒、□□□□、家口遠配は、亦宜しく遣るを停むべし。晋陽の逆党に縁坐する者、多く瑕を弃て録用するは、寔に惟れ朝典なり。其の逆地に有り、縁坐を為し解任せらる者、亦量りて叙用す。内外の群官、倶に朝委に当り、但能く□徳人を化し、礼節を知らしめば、則ち獄訟自ら止り、升平期すべし。常赦免れざる所の者は、此の限りに在らず。若し軍器を挟蔵し山沢に亡命するもの、百日首《つげ》ざれば、復《また》罪初めの如し、敢へて赦前の事を以て相告言する者、其の罪を以て之を罪す。

この詔書によって、「租税」とは具体的には租と調であることが判明する。「随煬帝営東都成大赦詔一首」は端門における大赦の日を、大業二年四月二五日とするが、大業二年四月二五日は己酉にあたり、『隋書』煬帝紀や『資治通鑑』の東京落成大赦の公布された四月辛亥（二七日）と二日のずれがある。このことは先に岑仲勉氏が『隋書求是』巻三煬帝紀上において指摘している。この月の朔日は乙酉であり、河南省洛陽出土の「斉開府行参軍董君墓銘」（『北京図書館蔵中国歴代石刻拓本滙編』一〇冊所収）にも、大業二年四月朔日は「乙酉」とあるから、東京落成大赦の公布された四月辛亥は二七日であることは動かしがたい。二日のずれはいかに理解するべきであろうか。『文館詞林』の日付の誤写であろうか。二五日が起草日、二七日が大赦の公布日と理解すれば、いちおうの説明はつく。唐代の例ではあるが、赦書の書写には三日の猶予期間がある（池田温編『唐令拾遺補』一二九一頁）。

東京（初名東京、大業五年「東都」と改名）造営の監督官は、尚書令の楊素（営作大監）、納言の楊達（営作副監）、宇文愷（将作大匠）が営建の責任者であった。『隋書』に次のようにある。

三月丁未、詔尚書令楊素納言楊達将作大匠宇文愷、営建東京、徙豫州郭下居人以実之。（巻三煬帝紀大業元年）

三月丁未、尚書令の楊素・納言の楊達・将作大匠の宇文愷に詔して、東京を営建せしめ、豫州郭下の居人を徙し以て之を実す。

この他の工事関係者として、陰世師・元弘嗣・裴矩が挙げられる。

○煬帝嗣位、領東都瓦工監。後三歳、拝張掖太守。（『隋書』巻三九陰世師伝）

煬帝位を嗣ぎ、東都瓦工監を領す。のち三歳して、張掖太守を拝す。

○仁寿末、授木工監、修営東都。（『隋書』巻七四元弘嗣伝）

仁寿末（六〇四）、木工監を授かり、東都を修営す。

○煬帝嗣位、営建東都、［裴］矩職修府省、九旬而就。（『隋書』巻六七裴矩）

煬帝位を嗣ぎ、東都を営建するに、裴矩は職として府省を修め、九旬にして就《な》る。

また、『大業雑記』（史料番号50）に東都造営に関係した官人として、劉権・韋萬頃・任洪の名がみえる。

次に示す史料から明瞭に看取されるのであるが、造営監督官のうち、楊素と楊達は名目上の総監督官であって、実際に建設を指揮したのは将作大匠の宇文愷であり、彼の監督下に各工監が付属していたと考えられる。このことは大業二年春正月、東京がいちおう落成したとき、監督者にそれぞれ賜物があったが、工事関係者として宇文愷の名だけ特に記録に残っており、彼が実質的総指揮者であったことを裏付けるものである。

煬帝即位、遷都洛陽、以愷為営東都副監。尋遷将作大匠。愷揣帝心在宏侈、於是東京制度窮極壮麗。帝大悦之、進位開府［儀同三司］、拝工部尚書。（『隋書』巻六八宇文愷伝）

煬帝位に即き、洛陽に遷都し、愷を以て営東都副監と為す。尋いで将作大匠に遷る。愷は帝の心宏侈に在るを揣《はか》り、是に於て東京の制度、壮麗を窮極す。帝大いに之を悦び、位を開府儀同三司に進められ、工部尚書を拝す。

『資治通鑑』巻一八〇大業二年に、

春正月辛酉、東京成、進将作大匠宇文愷位開府儀同三司。

春正月辛酉、東京成り、将作大匠・宇文愷の位を開府儀同三司に進む。

とあるように、宇文愷だけが特に栄転している点から考えても、宇文愷が実質的な総監督官であったとしてよい。

東都の南北線は芒山の樗樹が基準となった。『太平御覧』巻九五九木部八「樗」に、

河洛記曰、洛陽北山、謂之邙山、其上無大樹。大業都城之北嶺上、有古樗樹、不知其来早晩。婆娑周回四五畝、已来在伊闕正南相当。越公等将建都城之日、拠此樹以為南北定准、嫌樗木名悪、号曰婆娑羅樹矣。

「河洛記」に曰はく、洛陽の北山、之を邙山と謂ひ、其の上は大樹なし。大業都城の北嶺上、古樗樹有り、其の来るの早晩を知らず。婆娑の周回は四、五畝、已来、伊闕の正南に相当るに在り。越公等将に都城を建てんとするの日、此の樹に拠りて以て南北の定准と為し、樗木の名悪《あし》きを嫌ひ、号して婆娑羅樹と曰ふ。

とあり、『類説』巻六に引用する『河洛記』の婆娑羅樹には、次のようにある。

洛城山北、謂之邙山、上無木。惟北嶺上有古樗樹、婆娑四五畝。楊素建都城、以此樹為南北標準、嫌樗木名悪、号婆娑羅樹。仏経言、婆娑羅樹、是如来涅槃之所、其言不祥。後楊玄感乱、李密囲城、及太宗征世充、皆於此樹駐車、下瞰城中。

洛城の山北、之を邙山と謂ひ、上に木なし。惟だ北嶺上に古樗樹有り、婆娑は四、五畝。楊素、都城を建てるに、此の樹を以て南北の標準と為す。樗木の名悪《あし》きを嫌ひ、婆娑羅樹と号す。仏経に言ふ「婆娑羅樹とは是れ如来涅槃の所」と、其の言不祥なり。のち楊玄感乱し、李密、城を囲み、太宗、世充を征するに及び、皆此の樹に駐車し、下の城中を瞰《み》る。

『隋書』巻二四食貨志には、新成の東京には都市住人の強制移住が行われたと伝える。

始建東都、以尚書令楊素為営作大監。毎月役丁二百萬人、徙洛州郭内人及天下諸州富商大賈数萬家、以実之。

始めて東都を建つに、尚書令の楊素を以て営作大監と為す。毎月丁二〇〇萬人を役し、洛州郭内の人及び天下諸州の富商・大賈数萬家を徙し、以て之を実《みた》す。

『資治通鑑』巻一八〇大業元年の条にも、同様のことを伝える。

三月丁未、詔楊素与納言楊達将作大匠宇文愷、営建東京。毎月役丁二百萬人、徙洛州郭内居民及諸州富商大賈数萬戸、以実之。廃二崤道、開菱冊道。

三月丁未、詔して楊素・納言の楊達・将作大匠の宇文愷と東京を営建せしむ。毎月丁二〇〇萬人役し、洛州郭内の居民及び諸州の富商・大賈数萬戸を徙し、以て之を実す。二崤《こう》道を廃し、葼《そう》冊道を開く。

右に示した史料においては、楊素伝と『資治通鑑』を除いて、「東都」という名称が使用されているが、これは大業二年当時としては正確ではない。『隋書』巻三煬帝紀に、

［大業］五年春正月丙子、改東京為東都。

大業五年春正月丙子、東京を改め東都と為す。

とあるように、大業五年（六〇九）正月に「東都」と改称され、大業五年以前は前掲した東京建設の詔書にもあるように「東京」と表記するべきである。右の諸史料に「東都」とあるのは、大業五年以降に修史事業がなされた結果、元年の史料が改変され、「東都」と表記されるのである。前掲した「営東都土工副監孟孝敏妻劉氏墓誌銘」（九三頁）には「営東都土工副監」とある。しかし、劉氏は大業三年に卒し、八年に正式埋葬がされた。大業八年当時の名称によって墓誌が書かれており、孟孝敏妻劉氏の墓誌銘から大業元年当時に「東都土工監」が存在した根拠とすることはできない。

参考史料

（1）『隋書』巻三煬帝紀大業二年

春正月辛酉、東京成、賜監督者各有差。

春正月辛酉、東京成り、監督する者に賜ふに各《おの》おの差有り。

（2）『隋書』巻四八楊素伝

其月、還京師。因従駕幸洛陽、以素領営東京大監。

其の月（仁寿四年一一月）、京師に還る。因りて駕の洛陽に幸すに従ひ、素を以て「営東京大監」を領せしむ。

（3）『隋書』巻四三観徳王雄伝付楊達伝

煬帝嗣位、転納言。仍領営東都副監、帝甚信重之。

煬帝位を嗣ぎ、納言に転ず。仍ち「営東都副監」を領す、帝甚だ之を信重す。

楊達伝にしたがい、大業五年正月丙子以前の洛陽造営の副監が「東都副監」であったとすることはできない。この史料は改変が加えられている。当初は「東京副監」という職名であったであろう。

（4）『隋書』巻二四食貨志

又命黄門侍郎王弘上儀同於士澄往江南諸州採大木、引至東都。所経州県、遞送往返、首尾相属、不絶者千里。而東都役使促迫、僵仆而斃者、十四五焉。毎月載死丁、東至城皐、北至河陽、車相望於道。時帝将事遼碣、増置軍府、掃地為兵、自是租賦之入益減矣。

又黄門侍郎の王弘・上儀同の於士澄に命じて、江南諸州に往き大木を採り、引きて東都に至らしむ。経る所の州県、遞送往返し、首尾相属し、絶えざること千里なり。而して東都の役使促迫し、僵仆《たほれ》て斃す者、一〇の四、五なり。毎月死丁を載せ、東は城皐に至り、北は河陽に至り、車は道に相望む。時に帝将に遼・碣を事とせんとし、増して軍府を置き、地を掃きて兵と為す。是より租賦の入るは益ます減ず。

（5）『元和郡県図志』巻五河南道一河南府

仁寿四年、煬帝詔楊素営東京。大業二年、新都成、遂徙居、今洛陽宮是也。其宮北拠邙山、南直伊闕之口。洛水貫都、有河漢之象。東去故城一十八里。初、煬帝嘗登邙山、観伊闕、顧曰、此非龍門邪、自古何因不建都於此。僕射蘇威対曰、自古非不知、以俟陛下。帝大悦、遂議都焉。其宮室台殿、皆宇文愷所創也、愷巧思絶倫、因此制造頽窮奢麗、前代都邑莫之比焉。又洛州為豫州、置牧。

仁寿四年（六〇四）、煬帝、楊素に詔し東京を営ましむ。大業二年（六〇六）、新都成り、遂に徙居す、今の洛陽宮是れなり。其の宮、北のかたは邙山に拠り、南のかたは伊闕の口に直《あた》る。洛水都を貫き、河漢の象有り。東のかたは故城を去ること一八里なり。初め、煬帝嘗て邙山に登り、伊闕を観て、顧みて曰はく、「此れ龍門に非ざるや、古より何ぞ因りて此に都を建てざるや」と。僕射の蘇威対へて曰はく、「古より知ざるに非ず、以て陛下を俟つ」と。帝大いに悦び、遂に議して焉に都す。其の宮室台殿、皆宇文愷の創る所なり、愷は巧思絶倫にして、此れに因り制造頗る奢麗を窮め、前代の都邑之に比ぶ莫し。又洛州を豫州と為し、牧を置く。

（6）『太平寰宇記』巻三河南府

隋初、仍旧置総管。[開皇] 二年、廃総管置河南道行台省、并罷洛陽郡、置洛州、以郡旧領県属焉。大業元年、煬帝命僕射楊素等営構宮室。大業二年、遂成新都、而徙居之。今洛陽是也。其宮北拠邙山、南直伊闕之口、洛水貫都、有河漢之象。東去故城一十八里。初、煬帝嘗登邙山、観伊闕、顧曰、此非龍門耶、自古何因不建都於此。僕射蘇威対曰、自古非不知、以俟陛下。帝大悦、遂定議都焉。其宮室台殿、宇文愷所創也、愷巧思絶倫、因此制造頽窮奢麗、前代都邑莫之与比焉。仍以洛州移入新都、廃州。在宮城南（この四字衍字？）、又改為豫州、置牧。

隋の初め、旧《もと》に仍り総管を置く。開皇二年（五九〇）、総管を廃し河南道行台省を置き、并せて洛陽郡を罷め、洛州を置き、郡の旧の領県を以てこれに属さしむ。大業元年（六〇五）、煬帝は僕射の楊素らに命じ宮室を営構せしむ。大業二年、遂に新都成り、而して之に徙居す。今の洛陽は是れなり。其の宮、北は邙山に拠り、南は伊闕の口に直り、洛水都を貫き、河漢の象有り。東のかた故城を去ること一八里なり。初め、煬帝嘗て邙山に登り、伊闕を観て、顧みて曰はく、「此れ龍門に非ざるや、古より何ぞ因りて都を此に建てざるや」と。僕射の蘇威対へて曰はく、「古より知ざるに非ず、以て陛下を俟つ」と。帝大いに悦び、遂に定議して焉に都す。其の宮室台殿、宇文愷の創る所なり、愷は巧思絶倫にして、此に因り制造頗る奢麗を窮め、前代の都邑之に与《あづか》りて比《くら》ぶ莫し。仍て洛州を以て新都に移入し州を廃す、又改めて豫州と為し、牧を置く。

（7）『通鑑地理通釈』巻四隋都の註

西京記［曰］、煬帝登北邙、観伊闕曰、此龍門邪、自古何為不建都於此。蘇威曰、以俟陛下。大業元年、自故都移於今所。其地周之王城、初謂之東京、改為東都。

「西京記」に曰はく、煬帝北邙に登り、伊闕を観て曰はく、「此れ龍門ならんや、古より何ぞ此に都を建てざるや」と。蘇威曰はく、「以て陛下を俟つ」と。大業元年、故都より今所に移す。其の地は周の王城、初め之を東京と謂ひ、改め東都と為す。

（8）『旧唐書』巻三八地理志一河南道

隋大業元年、自故洛城西移十八里、置新都、今都城是也。北拠邙山、南対伊闕、洛水貫都、有河漢之象。

隋の大業元年、故の洛城より西一八里に移し、新都を置く、今の都城是れなり。北は邙山に拠り、南は伊闕に対す、洛水都を貫き、河漢の象有り。

（9）『大唐六典』巻七尚書工部・工部郎中員外郎職掌「東都城」の註

都城、隋煬帝大業元年、詔左僕射楊素右庶子宇文愷、移故都創造也。南直伊闕之口、北倚邙山之塞、東出瀍水之東、西出澗水之西、洛水貫都、有河漢之象焉。東去故都十八里。煬帝既好奢靡、愷又多奇巧、遂作重楼曲閣、連闥洞房、綺繡瑰奇、窮巧極麗。大業末喪乱、為王充所拠。武徳四年、平充、乃詔焚乾陽殿及建国門、廃東都、以為洛州総管府。尋以宮城倉庫猶在、乃置陝東道大行台。武徳九年（武徳六年の訛）、復為洛州都督府。貞観六年、改為洛陽宮。十一年、車駕始幸洛陽。

都城、隋の煬帝の大業元年、左僕射の楊素・右庶子の宇文愷に詔して故都を移し創造せしめるなり。南は伊闕の口に直り、北は邙山の塞に倚り、東は瀍《てん》水の東に出で、西は澗水の西に出で、洛水都を貫き、河漢の象有り。東は故都を去る一八里なり。煬帝既に奢靡を好み、愷又奇巧多し、遂に重楼曲閣を作し、連闥洞房、綺繡瑰奇、極麗を窮巧す。大業末の喪乱、王充の拠る所と為る。武徳四年（六二一）、充を平げ、乃ち詔して乾陽殿及び建国門を焚き、東都を廃し、以て洛州総管府と為す。尋いで宮城倉庫猶ほ在るを以て、乃ち陝東道大行台を置く。武徳六年、復《また》洛州都督府と為す。貞観六年（六三二）、改めて洛陽宮と為す。一一年、車駕始めて洛陽に幸す。

（10）『太平御覧』巻一五六州郡部「叙京都」下

［西京記］又云、東都城、隋大業元年、自故都移於今所。其地今《?》周之王城、自周敬王後、漢並居於今之故都。至仁寿四年、隋文帝於此営建、初謂之東京。有詣闕言事者、称一帝二京、事非稽古、乃改為東都。為王充所拠、充平、改為洛州総管府。尋又置陝東大行台。武徳九年、復為洛州都督府。貞観六年、改為東都、旧宮為洛陽宮。明慶元年、復為東都。武太后号為神都。神龍元年、復旧、又改為河南府。洛水貫都、有河漢之象。初隋煬帝登北邙［山］、観伊闕、顧曰、此龍門耶、自古何為不建都於此。僕射蘇威対曰、自古非不知、以俟陛下。帝大悦。然其地北拠山麓、南望天闕、水木滋茂、川源形勝、自古都邑、莫有比也。

「西京記」に又云ふ、東都城、隋の大業元年、故都より今所に移す。其の地周の王城、周の敬王より後、漢並びに今の故都に居す。仁寿四年（六〇四）に至り、隋の文帝（煬帝の訛）、此に営建し、初め之を東京と謂ふ。闕に詣り事を言ふ者有り、「一帝二京を称うは、事、古を稽《かんが》ふに非ず」と、乃ち改め東都と為す。王充の拠る所と為り、充平ぎ、改め洛州総管府と為す。尋いで又《また》陝東大行台を置く。武徳九年（六二六）、復《また》洛州都督府と為す。貞観六年（六三二）、改め東都と為し、旧宮は洛陽宮と為す。明慶元年（顕慶元年・六五六）、復《また》東都と為す。武太后号して神都と為す。神龍元年（七〇五）、旧に復し、又改め河南府と為す。洛水都を貫き、河漢の象有り。初め隋の煬帝、北の邙山に登り、伊闕を観て、顧みて曰はく「此れ龍門ならんや、古より何ぞ為に都を此に建てざる」と。僕射の蘇威対へて曰はく、「古より知らざるに非ず、以て陛下を俟つ」と。帝大いに悦ぶ。然るに其の地北は山麓に拠り、南は天闕を望み、水木滋茂し、川源形勝にして、古よりの都邑、比ぶもの有る莫きなり。

（11）『貞観政要』巻一〇行幸

貞観初、太宗謂侍臣曰、隋煬帝広造宮室、以肆行幸。自西京至東都、離宮別館、相望道次。乃至并州涿郡、無不悉然。馳道皆広数百歩、種樹以飾其傍。人力不堪、相聚為賊。逮至末年、尺土一人、非復己有。以此観之、広宮室、好行幸、竟有何益。此皆朕耳所聞、目所見、深以自誡。故不敢軽用人力、惟令百姓安静、不有怨叛而已。

貞観の初め、太宗侍臣に謂ひて曰はく、「隋の煬帝広く宮室を造りて、以て行幸を肆《ほしいまま》にす。西京より東都に至るまで、離宮別館、道次に相望む。乃ち并州・涿郡に至るまで、悉く然らざるなし。馳道皆広さ数百歩、樹を種ゑ以て其の傍を飾る。人力堪へず、相聚まりて賊と為る。末年に至るに逮《およ》びて、尺土一人も、復《また》己が有《たも》つに非ず。此を以て之を観れば、宮室を広くし、行幸を好むは、竟ひに何の益有らん。此れ皆朕が耳の聞く所、目の見る所なり。深く以て自らを誡む。故に敢へて軽がるしく人力を用ゐず、惟だ百姓をして安静にして、怨み叛くこと有らざらしむのみ」と。

2　通済渠

発河南道諸州郡兵夫五十餘萬、開通津渠（通津渠は通済渠の訛）。自河起滎沢入淮、千餘里。又発淮南諸州郡兵夫十餘萬開邗溝。自山陽淮至于揚子入江、三百餘里、水面闊四十歩、通龍舟、両岸為大道、種楡柳、自東都至江都、二千餘里、樹蔭相交。毎両駅置一宮、為亭（停）頓之所[校①]、自京師至江都、離宮四十餘所。

河南道諸州郡の兵夫五十餘萬を発し、通済渠を開く。河より起し滎《えい》沢もて淮に入ること千餘里。又淮南諸州郡の兵夫十餘萬を発し邗《かん》溝を開く。山陽淮より揚子に至り江に入る三百餘里、水面の闊さ四〇歩、龍舟を通じ、両岸に大道を為り、楡・柳を種ゑ、東都より江都に至る二千餘里、樹蔭相交る。両駅毎に一宮を置き、停頓の所と為す、京師より江都に至り、離宮四十餘所なり。

校勘①「亭頓之所」を『重較説郛』は「停頓之所」とする。「停頓」が正しい。

右の史料には「通津渠」とあるが、右の要件を備え洛陽より江都に至る運河は「通済渠」である。「通津渠」は「通済渠」の誤りとしなければならない。通津渠は次に示す『元和郡県図志』にあるように小規模な運河である。

通津渠、在県南三里。隋大業元年、分洛水西北、名千歩磧渠。又東北流入洛水、謂之洛口。（巻五河南県の条）

通津渠、県の南三里に有り。隋の大業元年、洛水西北を分け、千歩磧渠と名づく。又東北流して洛水に入る、之を洛口と謂ふ。

通済渠に関しては、『隋書』巻三煬帝紀大業元年三月の条に次のようにいう。

辛亥、発河南諸郡男女百餘萬、開通済渠。自西苑引穀洛水達于河、自板渚引河通于淮。

辛亥、河南諸郡の男女百餘萬を発し、通済渠を開く。西苑より穀［水］・洛水を引き河に達す、板渚より河を引き淮に通ず。

また『資治通鑑』には次のようにある。

辛亥、命尚書右丞皇甫議発河南淮北諸郡民、前後百餘萬、開通済渠。自西苑引穀洛水于河。復自板渚引河、歴滎沢入汴。又自大梁之東引汴水入泗、達于淮。又発淮南民十餘萬、開邗溝、自山陽至揚子入江、渠広四十歩、渠旁皆築御道、樹以柳。自長安至江都、置離宮四十餘所。（巻一八〇大業元年三月）

辛亥、尚書右丞の皇甫議に命じ河南・淮北諸郡の民、前後百餘萬を発し、通済渠を開かしむ。西苑より穀水・洛水を河に引く。復《また》板渚より河を引き滎沢を歴て汴に入る。又大梁の東より汴水を引き泗に入り、淮に達す。又淮南の民十餘萬を発し邗《かん》溝を開き、山陽より揚子に至り江に入る、渠の広さ四〇歩、渠旁は皆御道を築き、樹ゑるに柳を以てす。長安より江都に至り、離宮四十餘所を置く。

『資治通鑑考異』巻八大業元年（六〇五）三月の条に、「煬帝大業元年三月、命皇甫議、発民百餘萬、開通済渠」とあり、「考異」に以下のようにいう。

雑記作皇甫公儀。又云、発兵夫五十餘萬。今従略記。

「雑記」は「皇甫公儀」に作る。又云ふ「兵夫五十餘萬を発す」と。今「略記」に従ふ。

「考異」の記事は、『大業雑記』の「発河南道諸州郡兵夫五十餘萬、開通津渠。自河起滎沢入淮、千餘里」とある記事に対応し、司馬光のみた『大業雑記』には、

大業元年三月、命皇甫公儀、発兵夫五十餘萬、開通済渠。自河起滎沢入淮、千餘里。

とあったと想定できる。現行本に「通津渠」とあるが、これは「通済渠」の誤りであり、この誤りに『資治通鑑考異』は言及しないから、司馬光のみた『大業雑記』には「通済渠」とあったのであり、「通津渠」となったのは宋代以降の写本の誤写であることになる。

『通典』巻一七七州郡典七河南府河陰県の条に通済渠の記事がある。

隋煬帝大業元年、更令開導、名通済渠。西通河洛、南達江淮。煬帝巡幸、毎泛舟而往江都焉。其交広荊益揚越等

州、運漕商旅、往来不絶。

隋の煬帝の大業元年、更に開導せしめ、通済渠と名づく。西は河洛に通じ、南は江淮に達す。煬帝の巡幸、毎に舟を泛べて江都に往く。其の交・広・荊・益・揚・越等の州、運漕商旅、往来絶えず。

通済渠は御河ともいわれ、河畔は御道が築かれ柳が植ゑられた。『隋書』巻二四食貨志に、

開渠、引穀洛水、自苑西入、而東注于洛。又自板渚引河、達于淮海、謂之御河、河畔築御道、樹以柳。

渠を開き、穀［水］・洛水を引き、苑西より入り、而して東のかた洛に注ぐ。又板渚より河を引き、淮海に達す、之を御河と謂ふ、河畔は御道を築き、樹《う》ゑるに柳を以てす。

とあり、『太平御覧』巻一八五居処部「廊」に、

西京記曰、隋煬帝従東都至西京御道、並作長廊。

「西京記」に曰はく、隋の煬帝、東都より西京に至る御道、並びに長廊を作る。

とあり、『元一統志』巻三河南江北等処行中書省・汴梁路・鄭州古蹟・汴渠にも次のようにある。

隋大業元年、更令開導、名為通済渠。引河水入汴河、自大梁之東、引入泗、通於淮、至江都宮、入於海。亦謂之御河、河畔築御道、植柳。煬帝巡幸、乗龍舟而往、至於江都。其交広荊揚益越等州運漕、即此渠也。

隋の大業元年、更に開導せしめ、名づけて通済渠と為す。河水を引き汴河に入り、大梁の東より、引きて泗に入り、淮に通じ、江都宮に至り、海に入る。亦之を御河と謂ふ、河畔は御道を築き、柳を植う。煬帝の巡幸、龍舟に乗りて往き、江都に至る。其の交・広・荊・揚・益・越等の州の運漕は、即ち此の渠なり。

参考史料

『釈氏稽古略』巻二煬帝

又命尚書右丞皇甫儀、発河南淮北諸郡民前後百餘萬、開通津渠、自西苑引穀洛水達於河。復自板渚引河歴栄（滎）沢入汴。又自大梁之東、引汴水入泗達於淮。又発淮南民十餘萬、開邗溝通渠安州。自山陽至于揚子入江。渠広四十歩、渠旁築御道、樹以柳。自長安至江都、置離宮四十餘所。

又尚書右丞の皇甫儀に命じ、河南・淮北諸郡の民、前後百餘萬を発し、通津渠を開かしむ、西苑より穀洛水を引き河に達す。復《また》板渚より河を引き滎《えい》沢を歴て汴に入る。又大梁の東より汴水を引き泗に入り淮に達す。又淮南の民十餘萬を発して、邗《かん》溝を開き渠に通ず安州。山陽より揚子に至り江に入る。渠の広さ四〇歩、渠の旁らに御道を築き樹ゑるに柳を以てす。長安より江都に至り、離宮四十餘所を置く。

3　東都大城

東都大城、周廻七十三里一百五十歩。西拒王城、東越瀍澗、南跨洛川、北踰谷水。宮城東西五里二百歩、南北七里、城南東西、各両重、北三重。

東都の大城、周廻は七三里一五〇歩なり。西は王城に拒《あた》り、東は瀍《てん》・澗を越え、南は洛川に跨り、北は谷水を踰える。宮城は東西五里二〇〇歩、南北七里、城南の東西は、各《おの》おの両重、北は三重なり。

『河南志』巻一京城門坊街隅古蹟・京城には次のようにあり、『大業雑記』にいう羅城の周廻と合致しない。

隋曰羅郭城。……（中略）……。周回五二里。按韋述［両京新］記、東面十五里二百一十歩、南面十五里七十歩、西面十二里一百二十歩、北面七里二十歩、周回六十九里二百十歩。

隋は羅郭城と曰ふ。……（中略）……。周回は五二里なり。韋述の「両京新記」を按ずるに、東面は一五里二一〇歩、南面は一五里七〇歩、西面は一二里一二〇歩、北面は七里二〇歩、周回は六九里二一〇歩なり。

参考史料

（1）『河南志』巻三隋城闕古蹟・皇城

西曰徽安門、宮城曰紫微城。其城象紫微宮、因以名。

西は徽安門と曰ひ、宮城は紫微城と曰ふ。其の城は紫微宮を象り、因りて以て名づく。

（2）『河南志』巻三隋城闕古蹟・皇城

隋皇城在府治城西二里、尚有闕門旧基。定鼎門在府城南一十里。皇城曰太微殿（太微城？）。形制曲折。上応太微宮星之度、因以名。亦号南城。

隋の皇城は府治の城西二里に有り、尚ほ闕門の旧基有り。定鼎門は府城の南一〇里に有り。皇城は太微城と曰ふ。形制は曲折す。上は太微宮星の度に応じ、因りて以て名づく。亦南城と号す。

（3）『河南志』巻二周古蹟・城闕宮殿

至隋煬、聴蘇威言、南当伊闕、東去王城五里為宮。大業十三年、遂平、毀王城。而皇城処城西偏、外築宮城、宮城東復為東城。又南跨洛水、北踞邙嶺、大為羅城。而洛貫其中、以象天津、号紫微城。唐五代宋因之。

隋煬に至り、蘇威の言を聴き、南は伊闕に当り、東は王城を去ること五里に宮を為る。大業一三年（六一七）、遂に平げ、王城を毀《こぼ》つ。而して皇城の処は城西に偏り、外に宮城を築き、宮城の東は復東城と為す。又南は洛水を跨ぎ、北は邙嶺に踞し、大いに羅城を為る。而して洛、其の中を貫き、以て天津を象り、紫微城と号す。唐・五代・宋は之に因る。

（4）『大唐六典』巻七尚書工部・工部郎中員外郎職掌の条

東都城、左成皐、右函谷、前伊闕、後邙山。南面三門、中曰定鼎、左曰長夏、右曰厚載。東面三門、中曰建春、南曰永通、北曰上春。北面二門、東曰安喜、西曰徽安。

東都城、左は成皐、右は函谷、前は伊闕、後は邙山、南面する三門、中は定鼎と曰ひ、左は長夏と曰ひ、右は厚載と曰ふ。東面する三門、中は建春と曰ひ、南は永通と曰ひ、北は上春と曰ふ。北面する二門、東は安喜と曰ひ、西は徽安と曰ふ。

（5）『太平御覧』巻七二地部三七「陂」

河南図経曰、洛水自苑内上陽宮南、瀰浸東注。当宇文愷版築之時、因築斜堤。今東北流水、衡作堰九、形如偃月、謂之月陂。

「河南図経」に曰はく。洛水、苑内の上陽宮の南より、瀰浸して東に注ぐ。宇文愷、版築の時に当り、因りて斜堤を築く。今、東北より流水して、衡《はか》りて堰を作ること九、形は偃月の如し、之を月陂と謂ふ。

4　端門街（天津街）

南臨洛水、開大道対端門、名端門街、一名天津街。[校①] 闊一百歩、道傍値（値は植?）桜桃石榴両行。[校②] 自端門至建国門、[校③] 南北九里、四望成、行人由其下、中為御道、通泉流渠、映帯其間。

南は洛水に臨み、大道を開き端門に対す、端門街と名づく、一名天津街。闊さ一〇〇歩、道傍に桜桃・石榴両行を植う。端門より建国門に至り、南北九里、四望成行し、人は其の下に由り、中は御道と為し、泉を通じ渠を流し、映りて其の間に帯ぶ。

校勘①　「開大道対端門。名端門街。一名天津街」のうち、『重較説郛』は「開大道対端門街、一名天津街」とあり、「端門街」とし、「名端門」の三字を脱す。

校勘②「道傍値桜桃石榴両行」を『重較説郛』は、「道傍植桜桃石榴両行」に作り、「値」字を「植」字に作るのは正しい。

校勘③「自端門至建国門」を『重較説郛』は「至端門自建国門」に作るが、「自端門至建国門」が正しいであろう。

定鼎街（端門街）に関して、『河南志』巻一京城門坊街隅古蹟には次のようにいう。

当皇城端門之南、渡天津橋、至定鼎門南北大街、唐曰定鼎街。亦曰天門街、又曰天津街、今或曰天街。按韋述［両京新］記、自端門至定鼎門、七里一百三十七歩。隋時植桜桃石榴楡柳。中為御道、通泉流渠。今雑植槐柳等樹両行。

皇城端門の南に当り、天津橋を渡り、定鼎門南北大街に至る、唐は定鼎街と曰ふ。亦天門街と曰ひ、又天津街と曰ひ、今或いは天街と曰ふ。韋述の「両京新記」を按ずるに、端門より定鼎門に至り、七里一三七歩。隋の時、桜桃・石榴《ざくろ》・楡・柳を植う。中は御道と為し、泉を通じ渠を流す。今は槐・柳等の樹を両行に雑植す。

参考史料

（1）『隋書』巻三煬帝紀大業六年正月

丁丑、角抵大戯於端門街、天下奇伎異藝畢集、終月於罷、帝数微服往観之。

丁丑、端門街に角抵大戯す、天下の奇伎・異藝畢集し、終月にして罷む、帝は数しば微服して往きて之を観る。

（2）『隋書』巻六七裴矩伝

其冬、帝至東都。矩以蛮夷朝貢者多、諷帝令都下大戯。徴四方奇技異藝、陳於端門街、衣錦綺、珥金翠者、以十数萬。又勒百官及民士女列坐棚閣、而縦観焉。皆被服鮮麗、終月乃罷。又令三市店肆皆設帷帳、盛列酒食、遣掌蕃率蛮夷与民貿易、所至之処、悉令邀延就坐、酔飽而散。蛮夷嗟歎、謂中国為神仙。帝称其至誠、顧謂宇文述牛弘曰、裴矩大識朕意、凡所陳奏、皆朕之成算。未発之頃、矩輒以聞。自非奉国用心、孰能若是。

其の冬（大業五年冬）、帝東都に至る。矩、蛮夷の朝貢する者多きを以て、帝に諷し都下に大戯せしむ。四方の奇技異藝を徴し、端門街に陳べ、錦綺を衣、金翠を珥《みみかざ》りする者、十数萬を以てす。又百官及び民の士女を勒して棚閣に列坐せしめて縦《ほしいまま》に焉《これ》を観さしむ。皆被服鮮麗にして、終月にして乃ち罷む。又三市（豊都市・通遠市・大同市）の店肆をして皆帷帳を設けしめ、盛んに酒食を列し、掌蕃をして蛮夷を率ゐ民と貿易せしめ、至る所の処、悉く激延し坐に就かしめ、酔飽せば散ず。蛮夷嗟歎し、中国を謂ひて神仙と為す。帝は其の至誠を称《たた》へ、顧みて宇文述・牛弘に謂ひて曰はく「裴矩大いに朕が意を識り、凡そ陳奏する所、皆朕の成算なり。未だ発せざるの頃、矩輒ち以聞す。自ら国を奉じ心を用うに非ざれば、孰《いずく》んぞ能く是《かく》の若からんや」と。

5　端門

端門即宮南正門、重楼、楼上重、[校①] 名太微観。[校②] 臨大街直南二十里、正当龍門。出端門百歩、有黄道渠、渠闊二十歩。[校③] 上有黄道橋三道。

端門は即ち宮南の正門にして、重楼なり、楼上の重、太微観と名づく。大街に臨みて直南二〇里、正に龍門に当る。端門を出づること一〇〇歩にして、黄道渠有り、闊さ二〇歩なり。上に黄道橋三道有り。

校勘①　「楼上重」を『重較説郛』は、単に「上重」に作り、「楼」字なし。

校勘②　「名太微観」を『重較説郛』は「名大微観」に作る。諸文献と照合するに「太微観」が正しい。

校勘③　「渠闊二十歩」を『重較説郛』は「闊二十歩」に作り、「渠」字を脱す。

端門に関して、『河南志』巻三隋城闕古蹟・皇城には次のようにいう。

南面三門、正南曰端門。北当則天門、南当建国門。門上重楼、曰太微観。門外有黄道渠、渠闊二十歩、有黄道橋。

南面する三門、正南は端門と曰ふ。北は則天門に当り、南は建国門に当る。門上重楼にして、太微観と曰ふ。門外に黄道渠有り、渠の闊さ二〇歩、黄道橋有り。

参考史料

『隋書』巻三煬帝紀大業二年

夏四月庚戌、上自伊闕、陳法駕、備千乗萬騎、入於東京。辛亥、上御端門、大赦、免天下今年租税。

夏四月庚戌、上は伊闕より、法駕を陳べ、千乗萬騎を備へ、東京に入る。辛亥、上は端門に御し、大赦して、天下の今年の租税を免ず。

6　天津橋

過渠二百歩、至洛水[校①]、有天津浮橋、跨水、長一百三十歩。橋南北有重楼四所、各高百餘尺[校②]、過洛二百歩、又疏洛水為重津[校③]、渠闊四十歩、上有浮橋、津有時開闔、以通楼船入苑。重津南百餘歩、有大堤[校④]、堤南有民坊[校⑤]。坊各周四里[校⑥]、開四門臨大街、門普為重楼[校⑦]、飾以丹粉。

渠を過ぐること二〇〇歩にして、洛水に至り、天津浮橋有り、水を跨ぐこと、長さ一三〇歩。橋の南北に重楼四所有り、各《おの》おの高さ百餘尺、洛を過ぎること二〇〇歩にして、又洛水を疏《とほ》り重津を為す、渠の闊さ四〇歩、上に浮橋有り、津は時に開闔《こう》有り、以て楼船を通じ苑に入る。重津の南百餘歩にして、大堤有り、堤の南は民坊有り。坊各周りは四里、四門を開き大街に臨み、門は普く重楼を為し、飾るに丹粉を以てす。

校勘①　「洛水」を『重較説郛』は「治水」に作る。「洛水」が正しい。

校勘②　「各高百餘尺」を『重較説郛』は、「各高百餘丈」に作る。「各高百餘丈」（高さ三〇〇米以上）では、現実味に欠けるから、「各高百餘尺」が正しいであろう。

校勘③「又疏洛水為重津」を『重較説郛』は「又流洛水為重津」とするが「疏」字が正しい。

校勘④「有大堤」を『重較説郛』は「有大隄」に作る。

校勘⑤「堤南有民坊」を『重較説郛』は「南有民坊」に作り、「堤」字なし。

校勘⑥「坊各周四里」を『重較説郛』は「各周四里」とし、「坊」字なし。

校勘⑦「晋為重楼」を『重較説郛』は「並為重楼」に作る。『重較説郛』に従い「並」とあるのが自然であろう。

天津橋に関して、『元和郡県図志』巻五河南府河南県には次のようにある。

天津橋、在県北四里。隋煬帝大業元年、初造此橋、以架洛水、用大纜維舟、皆以鉄鎖鉤連之。南北夾路、対起四楼、其楼為日月表勝之象。然洛水溢、浮橋輒壊。貞観十四年、更令石工累方石為脚。爾雅、箕斗之間、為天漢之津。故取名焉。

天津橋、県（県治の意）の北四里に有り。隋の煬帝の大業元年、初めて此の橋を造り、以て洛水に架く、大纜を用《もっ》て舟を維《つな》ぎ、皆鉄鎖を以て之を鉤連す。南北路を夾み、四楼を対起し、其の楼は日月表勝の象を為す。然るに洛水溢れ、浮橋輒ち壊る。貞観一四年（六四〇）、更に石工をして方石を累ね脚を為らしむ。「爾雅」に「箕・斗の間、天漢の津を為す」と。故に取りて焉《これ》に名づく。

参考史料

（1）『太平寰宇記』巻三河南府河南県

天津橋、在県北四里。隋煬帝大業元年、初造此橋、以架洛水、用大纜維舟、皆以鉄鎖鉤連之。南北夾路、対起四楼、其餘（楼）為日月表勝之象。然洛水溢、浮橋輒壊。唐貞観十四年、更令石工累方石為脚。爾雅、箕斗之間、為天漢之津梁。故取名焉。

天津橋、県の北四里に有り。隋の煬帝の大業元年、初めて此の橋を造り、以て洛水に架け、大纜を用て舟を維《つな》ぐに、皆鉄鎖を以て之を鉤連す。南北の夾路、四楼を対起し、其の楼は日月表勝の象を為す。然れに洛水溢れ、浮橋輒ち壊る。唐の貞観一四年、更に石工をして方石を累ね脚を為らしむ。「爾雅」に「箕・斗の間、天漢の津梁を為る」と。故に取りて焉に名づく。

（2）『大唐六典』巻七尚書工部・水部郎中員外郎職掌の条

凡天下造舟之梁四。河三、洛一。河則蒲津大陽盟津、一名河陽。洛則孝義也。石柱之梁四。洛三、灞一。洛則天津永済中橋、灞即灞橋也。

凡そ天下造舟の梁は四なり。河は三、洛は一。河は則ち蒲津・大陽・盟津、一に河陽と名づく。洛は則ち孝義なり。石柱の梁は四なり。洛は三、灞は一。洛は則ち天津・永済・中橋、灞は即ち灞橋なり。

（3）『通典』巻一七七州郡典七河南府河南県

河南。古郟鄏地也。是為王城。又一云郟、山名、鄏、邑名、在縣西南也。後漢為河南県、有闕塞山、俗曰龍門。有穀城山、瀍水所出、金谷梓沢並在東北。其古穀城、在県西北。北斉常山王演築川以拒周師、又築孝水戍、在県西北。其天津橋中橋石脚、並長寿中、中書侍郎李昭徳造。

河南。古の郟鄏の地なり。是れ王城と為る。又一に郟と云ふは山名なり、鄏は邑名なり、県の西南に在るなり。後漢は河南県と為す、闕塞山有り、俗に龍門と曰ふ。穀城山有り、瀍水出づる所、金谷・梓沢並びに東北に在り。其の古穀城、県の西北に在り。北斉の常山王の演、川に築き以て周師を拒ぎ、又孝水戍を築く、県の西北に在り。其の天津橋・中橋は石脚、並びに長寿中（六九二〜六九四）、中書侍郎の李昭徳造る。

7　東都里坊

洛南有九十六坊、洛北有三十坊。大街小陌、縦横相対。自重津南行、尽六坊。[校①]

洛南は九六坊有り、洛北は三〇坊有り。大街小陌、縦横に相対す。重津より南行して、六坊に尽く。

校勘①　「尽六坊」を『重較説郛』は「尽方坊」に作る。「方」は「六」の誤りである。

この記事の「洛南九六坊」は問題がある。坊（里）数を合計すると、隋代の洛陽城内は一二六の坊（里）が存在したことになる。これは『隋書』巻三〇地理志中「河南郡」の条に「里一百三、市三」とある数より多くなる。これは唐代洛陽の坊数が一一二坊～一一三坊と推定され、宋代が約一二〇坊であったことを考えても多い坊数であり、「洛南九六坊」は『大業雑記』の著者である杜宝の思い違いか、後世の書写過程における誤写によるものであり、「洛南六六坊」が正解ではなかろうか。この考察は辛徳勇氏が『隋唐両京叢考』（三秦出版社　一九九一）一五六頁以下に論述されている。傾聴するべき見解である。

『隋書』巻三〇地理志河南郡には、東都里坊について次のようにいう。

河南郡、旧置洛州。大業元年、移都、改曰豫州。東面三門、北曰上春、中曰建陽、南曰永通。南面二門、東曰長夏、正南曰建国。里一百三、市三。三年、改為郡、置尹。

河南郡、旧《もと》は洛州を置く。大業元年（六〇五）、都を移し、改めて豫州と曰ふ。東面する三門、北は上春と曰ひ、中は建陽と曰ひ、南は永通と曰ふ。南面する二門、東は長夏と曰ひ、正南は建国と曰ふ。里は一〇三、市は三なり。三年、改めて郡と為し、尹を置く。

『河南志』巻一京城門坊街隅古蹟には、東都の里坊を一二〇坊とするが、この数は明らかに北宋の里坊数である。

西曰徽安門。城内縦横各十街。按韋述［両京新］記、定鼎門街、広百歩、上東建春二横街、七十五歩、長夏厚載永通徽安安喜門及当左掖門等街、各広六十二歩、餘小街各広三十一歩。今不復旧制。

凡一百二十坊。隋曰里一百三、市三。唐改曰坊。今八十八坊隷河南県、三十二坊隷洛陽県。按韋述「両京新」記、毎坊東西南北、各広三百歩、開十字街、四出趨門。自唐末五代、鞠為荆棘。後依約旧地列坊云。


西は徽安門と曰ふ。城内の縦横各《おの》おの一〇街。韋述の「両京新記」を按ずるに、定鼎門街、広さ一〇〇歩、上東・建春の二横街、七五歩、長夏・厚載・永通・徽安・安喜門及び当左掖門等の街は各《おの》おの広さ六二歩、餘の小街は広さ各《おの》おの三一歩。今、旧制に復さず。

凡そ一二〇坊。隋は里一〇三、市三と曰ふ。唐改めて坊と曰ふ。今八八坊は河南県に隷し、三二坊は洛陽県に隷す。韋述の「両京新記」を按ずるに、毎坊東西南北各《おのおの》広さ三〇〇歩、十字街を開き、四出の趨門なり。唐末五代より、鞠して荆棘と為る。のち旧地を約すに依り坊を列すと云ふ。

参考史料

（1）『太平御覧』巻一八〇居処部「宅」
韋述両京記曰、東京宜人坊、自半本随斉王暕宅。煬帝愛子、初欲尽坊為宅。帝問宇文愷曰、里名為何。愷曰、里名宜人。帝曰、既号宜人、奈何無人。可以半為王宅。

韋述の「両京記」に曰はく、東京宜人坊、其の半は本《もと》随の斉王暕の宅なり。煬帝子を愛し、初め坊を尽して宅と為さんと欲す。帝は宇文愷に問ひて曰はく、「里名何と為すや」と。愷曰はく、「里は宜人と名づけん」と。帝曰はく、「既に宜人と号するに、奈何ぞ人無きは。半を以て王宅と為すべし」と。

（2）『隋書』巻五九煬三子・斉王暕伝
暕於東都営第、大門無故而崩、聴事栿中折。識者以為不祥。

暕、東都に於て第を営むに、大門故なくして崩れ、聴事の柎《つか》中折す。識者以て不祥と為す。

（3）『隋書』巻二二・五行志「金沴木」

大業中、斉王暕於東都起第、新構寝堂、其栿無故而折。時上無太子、天下皆以暕次当立、公卿属望。暕遂驕恣、呼術者令相、又為厭勝之事。堂栿無故自折、木失其性、奸謀之応也。天見変以戒之、暕不悟、後竟得罪於帝。

大業中、斉王の暕東都に於て第を起し、新に寝堂を構へるに、其の栿、故なくして折れる。時に上、太子無く、天下皆暕に次に当に立つべしと以ひ、公卿属望す。暕遂に驕恣し、術者を呼びて相をみせしむるに、又厭勝の事と為す。堂栿、故なく自ら折れるは、木其の性を失ふ。奸謀の応ずるなり。天、変を見て以て之を戒むに、暕悟らず。のち竟いに罪を帝に得。

8　建国門

有建国門、即羅城南正門也。門南二里有甘泉渠、疏洛入伊、渠上有通仙橋五道、時人亦謂之五橋。橋南北有華表、長四丈、各高百餘尺。

建国門有り、即ち羅城の南の正門なり。門の南二里に甘泉渠有り、洛を疏《とほ》り伊に入る。渠上に通仙橋・五道有り、時人亦之を五橋と謂ふ。橋の南北に華表（橋の門）有り、長さ四丈、各《おの》おの高さ百餘尺なり。

建国門について、『河南志』巻三隋城闕古蹟には次のようにある。

南面三門、正南曰定鼎門。南通伊闕、北対端門。隋曰建国［門］。唐武徳四年、平王世充改。

南面三門、正南は定鼎門と曰ふ。南は伊闕に通じ、北は端門に対す。隋は建国門と曰ふ。唐の武徳四年、王世充を平げ改む。

甘泉渠に関して、『河南志』巻三隋城闕古蹟・雑録に次のようにあり、記事の一部には『大業雑記』と同文の箇所がある。この一致は『大業雑記』と『河南志』の関連性を如実に示す例である。

甘泉渠。自建国門南二里、疏洛入伊。渠上有通仙橋五道、時人亦謂之五橋。其渠又過長夏門外。

甘泉渠。建国門より南二里、洛に疏《とほ》り伊に入る。渠上に通仙橋・五道有り、時人亦之を五橋と謂ふ。其の渠又長夏門外を過ぐ。

参考史料

（1）『隋書』巻三煬帝紀

［大業］六年春正月癸亥朔旦、有盗数十人、皆素冠練衣、焚香持華、自称弥勒仏、入自建国門。監門者皆稽首。既而奪衛士仗、将為乱、斉王暕遇而斬之。於是都下大索、与相連坐者千餘家。

大業六年（六一〇）春正月癸亥朔旦、盗数十人有り、皆素冠練衣し、香を焚き華を持ち、自ら弥勒仏と称し、建国門より入る。監門の者皆稽首す。既にして衛士の仗を奪ひ、将に乱を為さんとするに、斉王の暕遇ひて之を斬る。是に於て都下大いに索するに、与に相連坐する者千餘家なり。

（2）『隋書』巻二三・五行志「裸蟲之孽子」

大業六年正月朔旦、有盗、衣白練裙襦、手持香花、自称弥勒仏出世。入建国門、奪衛士仗、将為乱。斉王暕遇而斬之。

大業六年（六一〇）正月朔旦、盗有り、白練の裙襦を衣て、手に香花を持ち、自ら弥勒仏の出世と称す。建国門に入り、衛士の仗を奪ひ、将に乱を為さんとするに、斉王の暕遇ひて之を斬る。

（3）『隋書』巻二八百官志下「鴻臚寺」

鴻臚寺改典客署為典蕃署。初煬帝置四方館於建国門外、以待四方使者。後罷之、有事則置。名隷鴻臚寺、量事繁簡、臨時損益。東方曰東夷使者、南方曰南蛮使者、西方曰西戎使者、北方曰北狄使者、各一人、掌其方国及互市事。毎使者署典護録事叙職叙儀監府監置互市監及副参軍各一人。録事主綱紀。叙職掌其貴賤立功合叙者。叙儀掌小大次序。監府掌其貢献財貨。監置掌安置其駝馬船車、并糾察非違。互市監及副、掌互市。参軍事出入交易。

鴻臚寺、典客署を改め典蕃署と為す。初め煬帝、四方館を建国門の外に置き、以て四方の使者を待つ。後之を罷め、事有らば則ち置く。名は鴻臚寺に隷し、事の繁簡を量り、時に臨んで損益す。東方は東夷使者と曰ひ、南方は南蛮使者と曰ひ、西方は西戎使者と曰ひ、北方は北狄使者と曰ひ、各《おの》おの一人、其の方の国及び互市の事を掌る。使者毎に典護・録事・叙職・叙儀・監府・監置・互市監及び副・参軍各《おの》おの一人を署す。録事は綱紀を主る。叙職は其の貴賤・功を立て合に叙すべき者を掌る。叙儀は小大の次序を掌る。監府は其の貢献する財貨を掌る。監置は其の駝馬船車を安置し、并せて非違を糾察するを掌る。互市監及び副は互市を掌る。参軍事は交易を出入す。

（4）『通典』巻二一職官典三中書令「通事舎人」

又於建国門外置四方館、以待四方使者、隷鴻臚寺。煬帝置四方館、東曰東夷使者、南曰南蛮使者、西曰西戎使者、北曰北狄使者、各一人、掌其方国及互市事。

又建国門外に四方館を置き、以て四方の使者を待し、鴻臚寺に隷す。煬帝、四方館を置く、東は東夷使者と曰ひ、南は南蛮使者と曰ひ、西は西戎使者と曰ひ、北は北狄使者と曰ひ、各《おの》おの一人、其の方の国及び互市の事を掌る。

9　白虎門・先帝廟堂

建国門西二里、有白虎門、門西二里[校①]至苑城。傍城南行三里[校②]、有天経宮、宮南二里[校③]、有仙都宮、並置先帝廟堂。

建国門の西二里に白虎門有り、門西二里にして苑城に至る。城に傍《よ》りて南行すること三里にして、天経宮有り、宮の南二里に仙都宮有り、並びに先帝の廟堂を置く。

校勘①　「門西二里」を『重較説郛』は単に「西二里」に作り、「門」字を脱す。

校勘②　「傍城南行三里」を『重較説郛』は単に「傍城行三里」に作り、「南」字を脱す。

校勘③　「宮南二里」を『重較説郛』は単に「南二里」に作り、「宮」字なし。

白虎門に関して、『河南志』巻三隋城闕古蹟・皇城には次のようにある。

［定鼎門］西曰厚載門。在定鼎門西二里、隋曰白虎門、唐初避廟諱改。

定鼎門の西は厚載門と曰ふ。定鼎門の西二里に有り、隋は白虎門と曰ふ、唐の初め、廟諱を避けて改む。

先帝廟堂に関して、『河南志』巻一京城門坊街隅古蹟「定鼎門街之西第三街」には次のようにある。

従南第一曰通済坊。按韋述［両京新］記、厚載門第一街街西、本固本坊、又改西市。次北広利坊、其北抵苑。第二街街西、従南第一曰通済坊。今乃与西市相通。其西南即京城西南隅也。坊内隋有姚弁宅甲弩坊天経宮、乃文帝寝廟。唐有望仙橋、南対厚載門、北対右掖門。今廃。

南より第一を通済坊と曰ふ。韋述の「両京新記」を按ずるに、厚載門の第一街街西、本《もと》固本坊にして、又西市に改む。次北は広利坊、其の北は苑に抵《あた》る。第二街の街西、南より第一は通済坊と曰ふ。今は乃ち西市と相通ず。其の西南は即ち京城の西南隅なり。坊内に隋の姚弁宅・甲弩坊・天経宮、乃ち文帝の寝廟有り。唐に望仙橋有り、南は厚載門に対し、北は右掖門に対す。今、廃す。

『隋書』巻七礼儀志二にも天経宮に関する記事がある。

既営建洛邑、帝無心京師。乃於東都固本里北、起天経宮、以遊高祖衣冠、四時致祭。於［大業］三年、有司奏、請準前議、於東京建立宗廟。帝謂秘書監柳巧言曰、今始祖及二祧已具。今後子孫、処朕何所。又下詔、唯議別立高祖之廟、属有行役、遂復停寝。

既に洛邑を営建し、帝は京師に心する無し。乃ち東都固本里の北に於て、天経宮を起て、以て高祖の衣冠を遊し、四時《しいじ》祭を致す。大業三年（六〇七）、有司奏す、「前議に準じ、東京に宗廟を建立せん」と請ふ。帝は秘書監の柳巧言に謂ひて曰はく、「今、始祖及び二祧已に具す。今後子孫、朕を何所《いづこ》に処さん」と。又詔を下し、唯だ議とは別に高祖の廟を立てしむに、属《たま》たま行役有り、遂に復《また》停寝す。

とあり、天経宮の創建は大業三年以前とする。『資治通鑑』巻一八〇大業元年三月の条にも、

又作天経宮於東京、四時祭高祖。

又天経宮を東京に作り、四時《しいじ》高祖を祭る。

とあり、創建を大業元年とし、『冊府元亀』巻二九帝王部奉先二にも、

大業元年、営建雒邑、乃於東都固本里北、起天経宮、以遊高祖衣冠、四時致祭。

大業元年、雒邑を営建し、乃ち東都固本里の北に於て、天経宮を起て、以て高祖の衣冠を遊し、四時祭を致す。

とあり、『冊府元亀』も大業元年とするから、天経宮は東都建設と同時に着工されたのである。

『隋書』巻三煬帝紀大業三年六月にある次の詔書は、天経宮以後の廟に関するものであり、この詔書を以て天経宮が建設されたと理解してはならない。この詔書は『冊府元亀』巻二九帝王部奉先二にもある。

丁亥、詔曰、聿追孝饗、徳莫至焉、崇建寝廟、礼之大者。然則質文異代、損益殊時。学滅坑焚、経典散逸、憲章湮墜、廟堂制度、師説不同。所以世数多少、莫能是正、連室異宮、亦無準定。朕獲奉祖宗、欽承景業、永惟厳配、

思隆大典。於是詢謀在位、博訪儒術。咸以為高祖文皇帝受天明命、奄有区夏、拯群飛於四海、革凋敝於百王。恤獄緩刑、生霊皆遂其性、軽徭薄賦、比屋各安其業。恢夷宇宙、混一車書。東漸西被、無思不服、南征北怨、倶荷来蘇。駕毳乗風、歴代所弗至、辮髪左衽、声教所罕及、莫不厥角関塞、頓顙闕庭、訳靡絶時、書無虚月、韜戈偃武、天下晏如。嘉瑞休徴、表裏禔福、猗歟偉歟、無得而名者也。朕又聞之、徳厚者流光、治弁者礼縟。是以周之文武、漢之高光、其典章特立、諡号斯重、豈非縁情称述、即崇顕之義乎。高祖文皇帝宜別建廟宇、以彰巍巍之徳、仍遵月祭、用表蒸蒸之懐。有司以時創造、務合典制。又名位既殊、礼亦異等。天子七廟、事著前経、諸侯二昭、義有差降、故其以多為貴。王者之礼、今可依用、貽厥後昆。

丁亥、詔して曰はく、聿《ここ》に孝饗を追すは、徳焉に至らざる莫く、寝廟を崇建するは、礼の大なるものなり。然れども則ち質文代を異にし、損益時に殊《こと》にす。学は坑焚に滅し、経典散逸し、憲章湮墜し、廟堂の制度、師説同じからず。世数の多少、能く是れ正す莫きの所以にして、室を連ね宮を異にし、亦準定することなし。朕、祖宗を奉るを獲、景業を欽承し、永く維れ厳配して、大典を隆めんと思ふ。是に於て在位を詢謀し、儒術を博訪す。咸《みな》以為らく、高祖文皇帝、天の明命を受け、区夏を奄有し、四海に群飛するを拯《すく》ひ、百王に凋敝するを革す。獄を恤み刑を緩め、生霊皆其の性を遂げ、軽徭薄賦し、比屋各《おの》おの其の業に安んず。宇宙を恢夷し、壹車の書を混《あは》す。東漸西被、思ひ服せざるなく、南征北怨、倶に来蘇を荷ふ。駕毳《ぜい》風に乗り、歴代至らざる所、弁髪左衽、声教及ぶこと罕れなる所、関塞に厥角し、闕庭に頓顙《そう》せざる莫く、訳時に絶うること靡く、書月に虚なる無く、戈を韜《をさ》め武を偃《やす》め、天下晏如たり。嘉瑞休徴、表裏禔《し》福し、猗なるかな歟偉なるかな歟、得て名はなきなり。朕又之を聞き、徳厚き者流光し、治弁ずる者礼縟す。是れ以て周の文・武、漢の高・光、其の典章特に立て、諡号斯れ重じ、豈に情に縁り称述するに非ざらんや、即ち之を崇顕すの義ならんや。高祖文皇帝宜しく別に廟宇を建て、以て巍巍の徳を彰し、仍て月に遵ひて祭り、用《もっ》て蒸蒸の懐を表すべし。有司時を以て創造し、務めて典制に合せよ。又名位既に殊《こと》なり、礼亦等を異にす。天子七廟、事前経に著はれ、諸侯二昭、義は差降に有り、故に其れ多を以て貴と為せ。王者の礼、今用て厥《それ》を後昆に貽すに依るべし。

10　長夏門

建国門東五里、有長夏門。門南二里、[校①] 至甘水渠、[校②] 渠南五里至伊水。水東北流、十餘里入洛。[校③]

建国門の東五里に、長夏門有り。門南二里にして、甘水渠に至り、渠南五里にして伊水に至る。水は東北して流れ、十餘里して洛に入る。

校勘①　「門南二里」を『重較説郛』は「南二里」に作り、「門」字を脱す。

校勘②　「至甘水渠」を『重較説郛』は「至丹水渠」に作るが、「至甘水渠」が正しい。

校勘③　「渠南五里至伊水。水東北流十餘里入洛」を『重較説郛』は「南五里至伊水。東北流十餘里入洛」に作り、「渠」と「水」字を脱す。

長夏門に関して、『河南志』巻三隋城闕古蹟には次のようにある。

［定鼎門］東曰長夏門。在定鼎門東五里。

定鼎門の東は長夏門と曰ふ。定鼎門の東五里に有り。

参考史料

『隋書』巻二三・五行志「夜妖」

大業八年、楊玄感作乱於東都。［民部］尚書樊子蓋、坑其党与於長夏門外、前後数萬。洎于［大業］末年、数聞其処鬼哭、有呻吟之声。与前同占。其後王世充害越王侗于洛陽。

大業八年（六一五）、楊玄感、乱を東都にて作《な》す。民部尚書の樊子蓋、其の党与を長夏門外に坑にすること、前後数萬なり。大業末年に洎《およ》んで、数しば其の処の鬼哭き、呻吟の声有るを聞く、前と同じ占なり。其の後、王世充、越王・侗を洛陽に害す。

11　右掖門・龍天道場

端門西一里、有右掖門。門南過黄道渠橋、橋南道西校①、有右候衛府校②。出右掖門校③、門旁渠西二里校④、有龍天道場、南臨石瀉口。即煬帝門師［法］済［阿］闍梨所居校⑤。石瀉東西三百餘歩校⑥、闊五十餘歩、深八尺、並用青大石、長七八尺、厚一尺、自上至下、積三重、並用大鉄為細腰、牙（互）相鉤牽校⑦、亦非常之牢固。正当瀉口三十歩。初、造瀉之時、鑿地得大窖、容千斛許。於是猨塞、瀉成不過一年、即破砕。上令［法］済［阿］闍梨呪之校⑧、後更修補、得立二年、［阿］闍梨亡校⑨、還復毀破。前後計用四十萬工、以瀉。王城池水校⑩、下黄道渠、入洛。

端門の西一里に、右掖門有り。門南の黄道渠橋を過《よぎ》り、橋南の道西に右候衛府有り。右掖門を出で、門旁の渠の西二里に龍天道場有り、南は石瀉口に臨む。即ち煬帝の門師・法済阿闍梨の居す所なり。石瀉は東西三百餘歩、闊さ五十餘歩・深さ八尺にして、並びに青の大石長さ七、八尺・厚さ一尺を用て、上より下に至り、三重に積み、並びに大鉄を用て細腰と為し、互に相鉤牽し、亦非常の牢固なり。正に瀉口三〇歩に当る。初め、造瀉の時、地を鑿つに大窖の千斛許《ばか》りを容れるを得。是に於て塡塞し、瀉成りて一年を過ぎずして、即ち破砕す。上、法済阿闍梨をして之を呪《まじな》はしめ、のち更に修補して、立つことを得て二年、阿闍梨亡なり、還復《また》毀破す。前後計るに四〇萬工を用ゐ、以て王城池水、黄道渠に下し、洛に入らしむ。

校勘① 「橋南道西」を『重較説郛』は「南道西」に作り、「橋」字なし。

校勘② 「右侯衛府」を『重較説郛』は「右候衛府」に作る。「右候衛府」が正しい。

校勘③ 「出右掖門」を『重較説郛』は「出掖右門」に作り「右」字を倒置する。

校勘④ 「門旁」を『重較説郛』は「門傍」に作る。意味は同じ。

校勘⑤ 「即煬帝門師済闍梨所居」を『重較説郛』は「郎煬帝門師済闍梨所居」に作るが、「郎」字は「即」字の誤りである。

校勘⑥ 「三百歩」を『重較説郛』は「二百歩」に作る。

校勘⑦ 「牙相鉤牽」を『重較説郛』は「互相鉤牽」に作る。「互相鉤牽」のほうが意味は通じる。

校勘⑧ 「上令済〔阿〕闍梨呪之」を『重較説郛』は「上令済〔阿〕闍黎呪之」に作る。「黎」は「梨」の誤りである。

校勘⑨ 「〔阿〕闍梨亡」を『重較説郛』は「〔阿〕闍黎亡」に作るが、「〔阿〕闍梨亡」が正しい。

校勘⑩ 「王城池」を『重較説郛』は「三城池」に作る。「三」は「王」の誤り。

右掖門・黄道渠橋・右候衛府は『河南志』巻三隋城闕古蹟に次のようにある。

西曰右掖門。去端門一里、門上曰宣平観。門南過黄道橋、〔橋〕南道西、有右侯（候）衛府。渠西南有石瀉口、東西長三百歩、闊五十餘尺、深八尺、用大鉄為細腰、玄（互）鉤牽之。

西は右掖門と曰ふ。端門を去ること一里なり、門上は宣平観と曰ふ。門南の黄道橋を過り、橋南の道西に、右候衛府有り。渠の西南に石瀉口有り、東西長さ三〇〇歩、闊さ五十餘尺・深さ八尺にして、大鉄を用《もつ》て細腰と為し、互に之を鉤牽す。

右候衛府は唐の右金吾衛府に相当し、東都城内の不法取り締りを行う官府である。

参考史料

『続高僧伝』巻二五隋東都宝楊道場釈法安伝付「法済」伝

時有釈法済者、通微知異僧也。発迹陳世、及隋二主、皆宿禁中、妃后雑住。精進寡慾、人罕登者。文帝長安為造香台寺。後至東都、造龍天道場、帝給白馬、常乗在宮。如有疹患、呪水飲之、無不必愈。又能見鬼物、預覩未然。大業四年、忽辞上曰、……（後略）……。

時に釈・法済なる者有り、微知に通ずる異僧なり。迹を陳世に発し、隋の二主に及び、皆禁中に宿し、妃后雑住す。精進寡慾にして、人登《あた》る者罕れなり。文帝長安に於て為に香台寺を造る。のち東都に至り、龍天道場を造り、帝白馬を給し、常に乗りて宮に有り。如し疹患あれば、水を呪ひ之を飲ましめば、必ず愈らざるはなし。又能く鬼物を見、預め覩て然らず。大業四年（六〇八）、忽ち上に辞して曰はく、……（後略）……。

12　左掖門・左候衛府

端門東有左掖門。門南道左、有左候衛府[校①]。

端門の東に左掖門有り。門南の道左に左候衛府有り。

校勘①　「門南道左、有左候衛府」を『重較説郛』は「南道左、有左侯衛府」に作り、「門」字を脱し、「候」字を「侯」に誤る。

『河南志』巻三隋城闕古蹟・皇城に、左掖門と左候衛府に関して次のようにある。

東曰左掖門。去端門一里。門上曰崇文観。門南道左、有［左］候衛府。

東は左掖門と曰ふ。端門を去ること一里。門上は崇文観と曰ふ。門南の道左に、左候衛府有り。

左候衛府は唐の左金吾衛府に相当し、東都城内の不法取り締りを行う官府である。

13　翻経道場

左掖門東二里、有承福門、即東城南門。門南洛水、有翊津橋[校①]、通翻経道場。新翻経本、従外国来、用貝多樹葉、葉形似枇杷葉而厚大。[校②]横作行書、約経多少、綴其一辺、牒牒然。[校③]今呼為梵夾。

左掖門の東二里に承福門有り、即ち東城の南門なり。門の南は洛水にして、翊津橋有り、翻経道場に通ず。新翻する経本、外国より来り、貝多の樹葉を用い、葉形は枇杷の葉に似て厚大なり。横に行書を作し、経の多少を約し、其の一辺を綴ること、牒牒然たり。今呼びて梵夾と為す。

校勘①「門南洛水」を『重較説郛』は「南洛水」とし、「門」字を脱す。

校勘②「葉形似枇杷」を『重較説郛』は「形似枇杷」とし、「葉」字なし。

校勘③「綴其一辺。牒牒然」を『重較説郛』は「綴其一辺。牒然」につくり、「牒」の一字なし。

翻経道場は『河南志』巻一京城門坊街隅古蹟に、

定鼎門街東第三街。……（中略）……。凡八坊。従南第一曰尚賢坊。……（中略）……。次北恵訓坊。北至洛水。隋有繙経館（翻経館）。唐有長寿公主宅岐王山亭院。

定鼎門街東第三街。……（中略）……。凡そ八坊。南より第一は尚賢坊と曰ふ。……（中略）……。次北は恵訓坊。北は洛水に至る。隋に翻経館有り。唐に長寿公主の宅・岐王の山亭院有り。

とあって、洛水に北面する恵訓坊（恵訓里）に設置された。また翻経道場は『河南志』巻三隋城闕古蹟・東城には次のようにある。

南面一門、曰承福門。在左掖門東二里。南臨洛水、有翊津橋、通繙（翻）経道場。

南面する一門、承福門と曰ふ。左掖門の東二里に有り。南は洛水に臨み、翊《よく》津橋有り、翻経道場に通ず。

隋の道場に関しては、『隋書』巻二八百官志に、

郡県仏寺、改為道場、道観改為玄壇、各置監丞。

郡県の仏寺、改めて道場と為し、道観改め玄壇と為す、各《おの》おの監・丞を置く。

とあり、『仏祖統記』巻三九法運通塞志一七之六「煬帝」には、道場という名称に関して、

〔大業〕九年、詔改天下寺曰道場。

大業九年、詔して天下の寺を改め道場と曰ふ。

とあり、「寺」を「道場」と改称したのは大業九年（六一三）とする。『金石続編』巻三所収の「栖巌道場舎利塔碑」には「大隋河東郡首山栖巌道場舎利塔之碑／司法書佐会稽賀徳仁奉教撰」とある。州が郡となったのは大業三年四月であるから、この碑は大業三年四月以降の作であることは明白であるが、「栖巌道場舎利塔碑」には記年がないため、『仏祖統記』の記事の是非は明らかにし難い。『金石続編』巻三所収の「王摩侯舎利塔記」には

大隋大業五年歳次己巳、正月己巳朔、廿日、京兆郡大興県御粛郷便子谷至相道場建立舎利塔。弟子王摩侯供養。

とある。『金石続編』の註によれば、至相道場はもと至相寺といっていたもので、唐代では百塔寺という寺名であった。この舎利塔記によれば、大業五年に道場といっていたのであるから、明らかに『仏祖統記』の記事と矛盾する。大業三年の大業令の施行によって、隋代の制度は変化するから、寺が道場と改称されたのは大業三年と想定され、大業九年とするのは誤りであろう。

『仏祖統記』の記事と矛盾する、もう一つの史料は正倉院聖語蔵所蔵の「賢劫経巻第一」の次の奥書である。

賢劫経巻第一

大業六年二月八日、扶風郡雍県三泉郷民張法僧及

息稜伽 恒伽 毘伽 文備 文貴等、奉 為 至
尊皇后殿下諸王及法界蒼生、敬造一切経於京［兆］
郡長安県羅漢道場内写。沙門僧海校。

「賢劫経」巻第一

大業六年二月八日、扶風郡雍県三泉郷の民・張法僧及び息の稜伽・恒伽・毘伽・文備・文貴等、至尊・皇后・殿下・諸王及び法界の蒼生の奉為《おんため》に、敬んで「一切経」を京兆郡長安県の羅漢道場内に造り写す。沙門の僧海校す。

この奥書によれば、大業六年には「道場」が使用されているから、改称時期は大業二年以降五年以前と推定できる。

『隋書』巻四煬帝紀大業一〇年（六一四）の条には、「道場」の名称が登場する。

二月辛未、詔百僚議伐高麗、数日無敢言者。戊子、詔曰、……（中略）……。今宜遣使人分道収葬、設祭於遼西郡、立道場一所。恩加泉壤、庶弭窮魂之冤、沢及枯骨、用弘仁者之恵。

二月辛未、詔して百僚に高麗を伐つことを議せしめるに、数日、敢へて言ふ者なし。戊子、詔して曰はく、……（中略）……。今、宜しく使人を遣はし分道して収葬し、祭を遼西郡に設け、道場一所を立つべし。恩を泉壤に加へ、窮魂の冤を弭《やすん》じるを庶《こひねが》ひ、沢を枯骨に及ぼし、用て仁者の恵を弘めよ。

参考史料

（1）『酉陽雑俎』前集巻一八「貝多」

貝多、出摩伽陀国。長六七丈。経冬不凋。此樹有三種。一者多羅娑 一曰婆 力叉貝多、二者多梨婆 一曰娑 力叉貝多、三者部婆 一曰娑 力叉多羅多梨 一曰多梨貝多 並書其葉。部闍一色、取其皮書之。貝多是梵語、漢翻為葉、貝多

婆一曰娑力叉者、漢言葉樹也。西域経書、用此三種皮葉、若能保護、亦得五六百年。嵩山記称嵩高寺中有思惟樹、即貝多也。釈氏有貝多樹下思惟経。顧徽広州記称、貝多葉似枇杷、並謬。交趾近出貝多枝、弾材中第一。

貝多、摩伽陀国に出づ、長さ六、七丈、冬を経て凋れず。此の樹三種有り、一は多羅娑一に婆と曰ふ力叉貝多、二は多梨婆一に娑と曰ふ力叉貝多、三は部婆一に娑と曰ふ力叉多羅多梨一に多梨貝多と曰ふ並びに其の葉に書く。部闍一色は、其の皮を取り之に書く。貝多是れ梵語にして、漢翻して「葉」と為す。貝多婆一に娑と曰ふ力叉は、漢の「葉樹」を言ふなり。西域の経書、此の三種の皮葉を用ゐ、若し能く保護せば、亦五六百年を得。「嵩山記」に嵩高寺の中に思惟樹有りと称ふは、即ち貝多なり。釈氏、貝多樹下の「思惟経」有り。顧徽の「広州記」に貝多の葉は枇杷に似たりと称ふは、並びに謬りなり。交趾近く貝多枝を出す、弾材中第一なり。

（2）『旧唐書』巻一九七南蛮伝西南蛮・堕婆登国

堕婆登国、在林邑南、海行二月、東与訶陵、西与迷黎車接、北界大海。風俗与訶陵略同。其国種稲、毎月一熟。亦有文字、書之於貝多葉。

堕婆登国、林邑の南に有り、海行すること二月、東は訶陵と、西は迷黎車と接し、北は大海と界す。風俗は訶陵と略ぼ同じ。其の国稲を種ゑ、毎月一熟す。亦文字有り、之を貝多葉に書く。

（3）『太平御覧』巻九六〇木部「貝多」

嵩高山記曰、嵩高寺中有思惟樹、即貝多也。如来坐貝多下思惟、因以為名焉。

魏王花木志曰、思惟樹、漢時有道人、自西域持貝多子、種於嵩之西峰下、後極高大。有四樹、樹一年三花。

「嵩高山記」に曰はく、嵩高寺中に思惟樹有り、即ち貝多なり。如来は貝多の下に坐し思惟す、因りて以て名と為す。

魏王の「花木志」に曰はく、思惟樹、漢の時道人有り、西域より貝多子を持し、嵩の西峰下に種ゑ、のち極めて高大となる。四樹有り、樹は一年三たび花す。

14　道術坊

道場北、有道術坊、[校①]並是陰陽梵呪、有道術人居之、向有百餘家。

道場の北、道術坊有り、並びに是れ陰陽・梵呪、道術有る人之に居し、向《さき》に百餘家有り。

校勘①「道場北、有道術坊」を『重較説郛』は「道場北、府道術坊」に作る。「府」字は「有」字の誤り。

道術坊は『河南志』巻一京城門坊街隅古蹟・定鼎門街第三街に次のようにある。

次北恵訓坊。……（中略）……。半已西道術坊。隋煬帝多忌悪五行、占候卜筮医薬者、皆追集東都、置此坊、遣使検察、不許出入。時改坊為里、以此偏居里外、既伎藝所聚、謂之道術坊。

次北は恵訓坊。……（中略）……。半ば已西は道術坊。隋の煬帝は多く五行を忌悪し、占候・卜筮・医薬の者、皆東都に追集し、此の坊に置き、使を遣はし検察せしめ、出入を許さず。時に坊を改め里と為し、此れ里外に偏居し、既に伎藝聚る所を以て、之を道術坊と謂ふ。

煬帝は道術坊に占候・卜筮・医薬の者を居住させたとあり、『大業雑記』の「道術坊」の記事と一致する。

15　宣仁門街・朝集使邸

東城東、有宣仁門、臨大街、街大小与天津街相似。[校①]東行尽六坊。有上春門、門外夾道南北、[校②]有東西道諸都（郡）邸百餘所、毎年朝集使停止之処。并新戸坊、東至覆槐樹三里。[校③]

東城の東、宣仁門有り、大街に臨み、街の大小は天津街と相似る。東行して六坊に尽く。上春門有り、門外道を夾んで南北に、東西道諸郡の邸百餘所有り、毎年、朝集使停止の処なり。新戸坊を并せ、東は䨥槐樹に至ること三里なり。

校勘①　「臨大街。街大小与天津街相似」を、『重較説郛』は「臨大道。大小与天津街相似」と作り、「街」字を「道」字に作り、「街」字を脱す。

校勘②　「門外夾道南北」を『重較説郛』は「外夾道南北」に作り、「門」字を脱す。

校勘③　「東至雙槐樹三里」を『重較説郛』は「東至双槐樹三里」に作る。意味は同じ。

右の史料にいう東城に関して、『河南志』巻三隋城闕古蹟・東城に、

東城。大業九年（元年の誤り）築。東面一門、曰宣仁門。直東対外郭之上春門。

東城。大業元年築く。東面する一門は宣仁門と曰ふ。直東して外郭の上春門に対す。

とある。上春門に関しては、『資治通鑑考異』巻八大業九年六月「玄感屯上春門」の「考異」に次のようにある。

按劉仁軌河洛記、東都羅郭、東面北頭第一、曰上春門、唐改曰上東門。又尚書省在宣仁門内、［楊］玄感不容至此。

劉仁軌の「河洛記」を按ずるに、東都の羅郭、東面の北頭第一は、上春門と曰ひ、唐改めて上東門と曰ふ。又尚書省は宣仁門内に有り、楊玄感、此れに至り容れず。

『大業雑記』にいう隋代の朝集使に関しては、『隋書』巻一高祖紀開皇六年二月に関連記事がある。

丙戌、制。刺史上佐毎歳暮更入朝、上考課。

丙戌、制《みことのり》す。刺史・上佐、歳暮毎に更《こも》ごも入朝し、考課（官僚の勤務成績）を上れ。

朝集使は開皇六年（五八六）より開始された。当時は東都はないから、朝集使は長安に出仕したのである。

ところが、『資治通鑑』巻一七五太建一三年（五八一・隋の開皇元年）一〇月の条に、隋王朝の朝集使が存在したとする記事がある。『資治通鑑』は隋の大業年間以降、唐紀・五代紀の記事に関しては、独自の史料源に基づく『資治通鑑』独自の記述があり、史書として信頼できる。しかし、大業年間以前、南北朝・秦漢の『資治通鑑』の記事は、正史の記事を再編したものに過ぎない。『資治通鑑』の巻一七五太建一三年一〇月の朝集使記事に、史料的価値はあるものであろうか。

『資治通鑑』の太建一三年一〇月の朝集使に関する記事を示そう。

新豊令房恭懿、政為三輔之最、帝賜以粟帛。雍州諸県令朝謁、帝見恭懿、必呼至榻前、咨以治民之術。累遷徳州司馬。帝謂諸州朝集使曰、房恭懿志存体国、愛養我民、此乃上天宗廟之所祐。朕若置而不賞、上天宗廟必当責我。卿等宜師範之。因擢為海州刺史。由是州県吏多称職、百姓富庶。（巻一七五太建一三年一〇月）

新豊令の房恭懿、政は三輔の最と為り、帝賜ふに粟帛を以てす。雍州の諸県令朝謁し、帝恭懿を見れば、必ず呼びて榻前に至らしめ、咨ねる治民の術を以てす。累りに徳州司馬に遷る。帝は諸州の朝集使に謂ひて曰はく「房恭懿志は国を体するに存し、我が民を愛養す、此れ乃ち上天宗廟の祐くる所なり。朕若し置きて不賞せざれば、上天宗廟必ず当に我を責むべし。卿等宜しく之に師範すべし」と。因りて擢でて海州刺史と為す。是れ由り州県の吏多く職に称ひ、百姓富庶たり。

右の記事から、開皇元年の朝集使存在の是非を論じることはできない。ここは房恭懿の経歴を検討する必要がある。『隋書』巻七三房恭懿伝は次のようである。

房恭懿、字慎言、河南洛陽人也。父謨、斉吏部尚書。恭懿性沈深、有局量、達於従政。仕斉、釈褐開府参軍事、歴平恩令済陰守、並有能名。会斉亡、不得調。尉迥之乱、恭懿預焉。迥敗、廃于家。開皇初、吏部尚書蘇威薦之、授新豊令、政為三輔之最。上聞而嘉之、賜物四百段、恭懿以所得賜分給窮乏。未幾、復賜米三百石、恭懿又以賑貧人。上聞而止之。時雍州諸県令毎朔朝謁、上見恭懿、必呼至榻前、訪以理人之術。蘇威重薦之、超授沢州司馬、有異績、賜物百段良馬一匹。遷徳州司馬、在職歳餘、盧愷復奏恭懿政為天下之最。上甚異之、復賜百段、因謂諸州朝集使曰、如房恭懿志存体国、愛養我百姓。此乃上天宗廟之所祐助、豈朕寡薄能致之乎。朕即拝為刺史。豈止為一州而已、当令天下模範之、卿等宜師斅也。上又曰、房恭懿所在之処、百姓視之如父母、朕若置之而不賞、上天宗廟其当責我。内外官人、宜知我意。於是下詔曰、徳州司馬房恭懿、出宰百里、毗賛二藩、善政能官、標映倫伍。班条按部、実允僉属、委以方岳、声実倶美。可使持節海州諸軍事海州刺史。未幾、会国子博士何妥奏恭懿尉迥之党、不当仕進、威愷二人朋党、曲相薦挙。上大怒、恭懿竟得罪、配防嶺南。未幾、徴還京師、行至洪州、遇患卒。論者于今寃之。

房恭懿、字は慎言、河南洛陽の人なり。父は謨、斉の吏部尚書なり。恭懿性は沈深にして、局量有り、従政に達す。斉に仕へ、開府参軍事に釈褐し、平恩令・済陰守を歴し、並びに能名有り。斉亡ぶに会ひ、調へる得ず。尉迥の乱、恭懿焉に預る。迥敗れ、家に廃せらる。開皇の初め、吏部尚書の蘇威之を薦め、新豊令を授かり、政は三輔の最と為る。上聞して之を嘉し、物四〇〇段を賜ふに、恭懿所得する賜を以て窮乏に分給す。未だ幾ばくもなく、復米三〇〇石を賜ふに、恭懿又以て貧人に賑はす。上聞して之を止む。時に雍州の諸県令毎朔に朝謁し、上恭懿を見れば、必ず呼びて榻前に至らしめ、訪ねるに理人の術を以てす。蘇威重ねて之を薦め、沢州司馬を超授し、異績有り、物一〇〇段・良馬一匹を賜ふ。徳州司馬に遷り、職に在ること歳餘、盧愷は復《また》恭懿を奏して政は天下の最と為す。上甚だ之を異とし、復《また》一〇〇段を賜ひ、因りて諸州の朝集使に謂ひて曰はく、「房恭懿の志の如きは体国に存し、我が百姓を愛養す。此れ乃ち上天・宗廟の祐助する所にして、豈に朕寡薄にして能く之を致さんや。朕即ち拝して刺史と為す。豈に止だ一州と為す而已ならんや、当に天下をして之を模範せしめ、卿等宜しく師斅月すべきなり」と。上又曰はく、「房恭懿所在の処、百姓之を視ること父母の如し、朕若し之を置きて賞せざれば、上天・宗廟其れ当に我を責むべし。内外の官人、宜しく我が意を知るべし」と。是に於て詔を下して曰はく、「徳州司馬の房恭懿、出でて百里に宰たり、二藩を毗賛し、政を善くし官を能くし、倫伍を標映す。条を班ち部を按じ、実に僉属に允ひ、委ねるに方岳を以てし、声実倶に美はし。使持節海州諸軍事海州刺史を可とす」と。未だ幾ばくもなく、会《たま》たま国子博士の何妥、恭懿は尉迥の党にして、当に仕進するべからざるに、威・愷の二人朋党し、曲げて相薦挙するを奏す。上大いに怒り、恭懿竟ひに罪を得、嶺南に配防せらる。未だ幾ばくもなく、徴されて京師に還るに、行きて洪州に至り、患ひに遇ひて卒す。論者今に于て之を冤とす。

房恭懿は開皇初年に吏部尚書蘇威の推薦によって新豊県令となった。新豊県令として優秀な治績をあげ、毎月朔日に挙行される皇帝と雍州諸県令との朝謁の席において高祖皇帝が、房恭懿の新豊県令としての優秀な治績を褒め、沢州司馬に抜擢されたのである。沢州司馬として「異績」があったとする。異績を上げるためには最低一年間の勤務が必要であり、四年一考とすれば、四年間の勤務を必要とする。沢州司馬として異績があったために徳州司馬に累遷し、「在職歳餘」にして、再度の褒美があり、海州刺史となったのである。

　このように整理すると、房恭懿が徳州司馬として朝集使となり上京した時、治績は「天下之最」とされ、海州刺史となったのは、開皇元年ではないことは明らかである。『資治通鑑』は、開皇元年に房恭懿が海州刺史となったと記述する。国子博士・何妥の蘇威と盧愷に対する弾劾に連座し、「配防嶺南」となった。嶺南が隋王朝の支配に入るのは、南朝の陳王朝を倒して天下を統一した開皇九年（五八九）以降である。治績「天下之最」といわれ、蘇威と盧愷に後援される人物が、九年間以上も海州刺史の地位にあったとするのは不自然である。

房恭懿の後援者である盧愷に関して、列伝には次のようにある。

［開皇］八年、上親考百寮、以愷為上。愷固譲、不敢受。高祖曰、吏部勤幹、旧所聞悉。今者上考、僉議攸同、当仁不譲、何愧之有。皆在朕心、無労飾譲。歳餘、拝礼部尚書、摂吏部尚書事。会国子博士何妥与右僕射蘇威不平、奏威陰事。愷坐与相連、上以愷属吏。憲司奏愷曰、房恭懿者、尉遅迥之党、不当仕進、威愷二人曲相薦達、累転為海州刺史。（『隋書』巻五六盧愷伝）

開皇八年（五八八）、上親しく百寮を考し、愷を以て上と為す。愷固く譲り、敢へて受けず。高祖曰はく、「吏部は勤幹にして、旧聞く所を悉す。今の上考は、僉議同じくする攸《ところ》にして、仁に当り譲らずは、何の愧づこと之れ有らんや。皆朕の心に在り、飾譲を労する無かれ」と。歳餘にして、礼部尚書を拝し、摂吏部尚書事たり。国子博士の何妥は右僕射の蘇威と平かならず、威の陰事を奏すに会ふ。愷は相連に坐与し、上は愷を以て吏に属さしむ。憲司は愷を奏して曰はく、「房恭懿は、尉遅迥の党、当に仕進すべからざるに、威・愷二人曲げて相薦達し、累りに転じて海州刺史と為る」と。

盧愷は開皇九年以降に何妥から弾劾されたのであり、房恭懿が海州刺史から一転して「配防嶺南」となったのは、何妥から弾劾された時期と同じであるから開皇九年以降である。

この弾劾事件は開皇一二年七月に落着している。

秋七月乙巳、尚書右僕射邳国公蘇威礼部尚書容城県侯盧愷、並坐事除名。（『隋書』巻二高祖紀開皇一二年）

秋七月乙巳、尚書右僕射邳国公の蘇威・礼部尚書容城県侯・盧愷、並びに事に坐し除名せらる。

開皇一二年七月、房恭懿も連座して海州刺史から「配防嶺南」となったと考えてよい。在職は四年一遷が原則であり、まして治績「天下之最」と評される人物が、一二年間も海州刺史に留任するはずがない。以上述べた諸般の理由から、『資治通鑑』の開皇元年の房恭懿の記事は信頼できない。それゆえに、この記事をもって朝集使が開皇元年から開始されたとすることはできない。『資治通鑑』がなにゆえに、この奇妙な記事を開皇元年の条に付したかというと、それは房恭懿のことを述べたかったため、時間の推移を無視し、開皇元年の条に付した結果である。

『隋書』巻三煬帝紀大業五年正月の条に、地方官の勤務成績を内密に報告せよという命令が出ている。

[大業五年正月己丑、制。……（中略）……]。太守毎歳密上属官景迹。

大業五年正月己丑、制す。……（中略）……。太守は毎歳密かに属官の景迹を上れ。

これは従来の朝集使の上京と考課の報告が分離されたことを意味するものであろう。

参考史料

（1）『隋書』巻七三柳倹伝

大業五年、入朝。郡国畢集、帝謂納言蘇威吏部尚書牛弘曰、其中清名天下第一者為誰。威等以倹対。帝又問其次、威以涿郡丞郭絢潁川郡丞敬粛等二人対。帝賜倹帛二百匹絢粛各一百匹、令天下朝集使送至郡邸、以旌異焉。論者美之。

大業五年（六〇九）、入朝す。郡国畢《ことごと》く集ひ、帝、納言の蘇威・吏部尚書の牛弘に謂ひて曰はく、「其の中、清名天下第一なる者は誰れと為すや」と。威等は倹を以て対《こた》ふ。帝又其の次を問ふに、威は涿郡丞の郭絢・潁川郡丞の敬粛等二人を以て対《こた》ふ。帝、倹に帛二〇〇匹、絢・粛各《おの》おの一〇〇匹を賜ひ、天下の朝集使をして送りて郡邸に至らしめ、以て焉《これ》を旌異す。論者之を美とす。

（2）『続世説』巻二政事

大業五年、郡国畢集、帝問納言蘇威吏部尚書牛弘曰、其中清名天下第一者為誰。威等以弘化太守柳倹対。又問其次、曰涿郡丞郭絢潁川郡丞敬粛。帝賜倹帛二百匹絢粛各一百匹。

大業五年（六〇九）、郡国畢《ことごと》く集ひ、帝、納言の蘇威・吏部尚書の牛弘に問ふ、「其の中、清名天下第一なる者は誰れと為すや」と。威等は弘化太守の柳倹を以て対《こた》ふ。又其の次を問ふに、涿郡丞の郭絢・潁川郡丞の敬粛等を以て対ふ。帝、倹に帛二〇〇匹、絢・粛に各《おの》おの一〇〇匹を賜ふ。

（3）『隋書』巻六四魚倶羅伝

歳餘、遷趙郡太守。後因朝集、至東都、与将軍梁伯隠有旧、数相往来。又従郡多将雑物以貢献、帝不受、因遺権貴。

歳餘にして、趙郡太守に遷る。のち朝集に因り、東都に至り、将軍の梁伯隠と旧有り、数しば相往来す。又郡より多く雑物を将らし以て貢献するも、帝受けず、因りて権貴に遺る。

16　則天門

宮城正門、曰則天門。南去端門五百歩。則天門東行二百歩、有興教門。

宮城の正門、則天門と曰ふ。南のかた端門を去ること五〇〇歩なり。則天門より東行すること二〇〇歩にして、興教門有り。

『河南志』に則天門と興教門の距離を二〇〇歩とするのは、『大業雑記』の記事と一致する。

東曰興教門。去則天門二百歩。留守居於門外。東城屈向北、有門東啓、曰永康門。（巻三隋城闕古蹟・皇城）

東は興教門と曰ふ。則天門を去ること二〇〇歩なり。留守は門外に居す。東城屈して北に向ひ、門有り東に啓く、永康門と曰ふ。

参考史料

(1)『隋書』巻五一長孫覧伝付長孫熾伝

[大業] 六年、幸江都宮、留熾於東都居守、仍摂左武候衛将軍事。

大業六年(六一〇)、江都宮に幸し、熾を東都に留めて居守せしめ、仍て左武候衛将軍事を摂《かね》しむ。

(2)『隋書』巻四煬帝紀

[大業九年三月] 戊寅、幸遼東。以越王侗民部尚書樊子蓋留守東都。

大業九年三月戊寅、遼東に幸す。越王侗・民部尚書の樊子蓋を以て東都を留守せしむ。

17　泰和門・右蔵・左蔵

興教門[東行]一里[校①]、有重光門、即東宮正門。門東二百歩、有泰和門、並重観。門内即左右蔵。左蔵有庫屋六重[校②]、重二十五間、間一十七架、総一百五十間。右蔵屋両重、総四十間、屋大小如左蔵。左絲緜布絹、右麩麦・金銅鼓・雑香牙角[校③]。

興教門より東行すること一里にして、重光門有り、即ち東宮の正門なり。門の東二〇〇歩、泰和門有り、並びに重観。門内は即ち左右蔵なり。左蔵は庫有り屋六重、重二五間、間一七架、総て一五〇間なり。右蔵の屋は両重、総て四〇間、屋の大小は左蔵の如し。左は絲緜布絹。右は麩麦・金銅鼓・雑香・牙角なり。

校勘① 「興教門[東行]一里」を『重較説郛』は「教門[東行]一里」に作り、「興」字を脱す。

校勘② 「有庫屋六重」を『重較説郛』は「有庫門六重」に作り、「屋」字を「門」字に誤る。

校勘③『重較説郛』は「左絲緜布絹、右麸麦・金銅鼓・雑香・牙角」の語を脱す。

『河南志』巻三隋城闕古蹟・皇城には、

又東曰泰和門。去興教門二百歩、並重観。門内左右蔵庫。左蔵屋六重、重二十五間、総一百五十間。右蔵屋両重、［重二十間］、総四十間。

又東は泰和門と曰ふ。興教門を去ること二〇〇歩、並びに重観。門内は左右蔵庫なり。左蔵は屋六重、重は二五間、総て一五〇間。右蔵は屋両重、重は二〇間、総て四〇間なり。

とある。

重光門に関して、『河南志』巻三隋城闕古蹟には、「東面一門、曰重光門。内即東宮」とあるが、重光門が宮城の東面にあっては、東宮の配置が変なことになる。「東面」は「東」の誤りであろう。

18　東城・含嘉城

出則天門、南横街直東七百歩、有東太陽門。門東即東城[校①]。門東街北行三里、有含嘉門。門北即含嘉城、城北［至］徳猷門。

則天門を出で、南の横街直東七〇〇歩にして、東太陽門有り。門の東は即ち東城なり。門の東街北行すること三里にして、含嘉門有り。門北は即ち含嘉城、城北は徳猷《ゆう》門に至る。

校勘①「門東即東城」を『重較説郛』は「東即東城」に作り、「門」字を脱す。

『河南志』巻三隋城闕古蹟には、東城・含嘉城・徳猷門に関して次のようにある。

○［皇城］東面一門、曰東太陽門。出則天門、横街直東七百歩。

皇城の東面する一門、東太陽門と曰ふ。則天門出で、横街直東七〇〇歩なり。

○［東城］北面一門、曰含嘉門。南対承福門。其北即含嘉倉。倉有城、号含嘉城。其北曰徳猷門。出外郭。

東城の北面する一門、含嘉門と曰ふ。南は承福門に対す。其の北は即ち含嘉倉なり。倉に城有り、含嘉城と号す。其の北は徳猷門と曰ふ。外郭に出づ。

参考史料

『旧唐書』巻五四王世充伝

及李密攻陥洛口倉、進逼東都、煬帝特詔世充大発兵、於洛口拒密。前後百餘戦、未有勝負。又遣就軍拝世充為将軍、趣令破賊。世充引軍渡洛水与李密戦、世充軍敗績、溺死者萬餘人、乃率餘衆帰河陽。時天寒大雪、兵士在道凍死者又数萬人、比至河陽、纔以千数。世充自繋獄請罪、越王侗遣使赦之、徴還洛陽、置営於含嘉倉城、収合亡散、復得萬餘人。

李密、洛口倉を攻陥し、東都に進逼するに及んで、煬帝特に世充に詔し大いに兵を発し、洛口に於て密を拒《ふせ》がしむ。前後百餘戦し、未だ勝負あらず。又就軍を遣はし世充を拝して将軍と為し、趣きて破賊せしむ。世充、軍を引ゐ洛水を渡り李密と戦ひ、世充の軍敗績し、溺死する者萬餘人、乃ち餘衆を率ゐて河陽に帰す。時に天寒く大いに雪ふり、兵士、道に有りて凍死する者又萬人を数へ、河陽に至るに比《およ》んで、纔かに千を以て数ふのみ。世充自らを獄に繋ぎ罪を請ふも、越王侗、使を遣はし之を赦す。徴されて洛陽に還り、営を含嘉倉城に置き、亡散を収合し、復萬餘人を得たり。

19　円壁城・曜儀城

出含嘉城、[校①]西有円壁門。門西有円壁城。[校②]城正南有曜儀門、門南即曜儀城。[校③]城南［有］玄武門、門内即宮［城］。城

含嘉城を出づれば、西に円壁門有り。門西に円壁城有り。城の正南に曜儀門有り、門の南は即ち曜儀城なり。城南に玄武門有り、門内は即ち宮城なり。

校勘①「出含嘉城」を『重較説郛』は「出含嘉」に作り、「城」字を脱す。

校勘②「門西有円壁城」を『重較説郛』は「西有円壁城」に作り、「門」字を脱す。

校勘③「門南即曜儀城」を『重較説郛』は「南即曜儀城」に作り、「門」字を脱す。

玄武門・曜儀門・円壁門に関して、『河南志』巻三隋城闕古蹟・皇城には次のようにある。

北面一門、曰玄武門。南対則天門。玄武門北、曰曜儀門。号曜儀城。其北曰円壁門。号円壁城。

北面する一門は玄武門と曰ふ。南は則天門に対す。玄武門の北は曜儀門と曰ふ。曜儀城と号す。其の北は円壁門と曰ふ。円壁城と号す。

20　諸王宅

出則天門、南横街直西七百歩、有西太陽門。出門道西南行、第一院斉王宅、第二院燕王宅、第三院陳王宅、第四院代王宅、第五院越王宅。宅西拒周王古城、城西即入苑。

則天門を出で、南横街直西七〇〇歩にして、西太陽門有り。門を出で道西南行し、第一院は斉王宅、第二院は燕王宅、第三院は陳王宅、第四院は代王宅、第五院は越王宅なり。宅西は周王の古城に拒《あた》り、城西は即ち苑に入る。

『河南志』巻三隋城闕古蹟・皇城に、諸王宅に関して次のように述べる。

出西太陽門、道西第一院、隋（斉の訛）王宅。第二院、燕王倓宅。第三院、陳（秦の訛）王宅。第四院、代王侑宅。皆

軒廊、坐宿衛［兵］。

西太陽門を出で、道西の第一院、斉王の宅。第二院、燕王・倓の宅。第三院、秦王の宅。第四院、代王・侑の宅。皆軒廊にして衛兵を坐宿せしむ。

「隋王宅」は斉王宅の誤りである。斉王は煬帝の第二子で楊暕という『隋書』列伝に、次のようにある。

斉王暕、字は世朏、小字は阿孩。美容儀、疎眉目。少為高祖所愛。開皇中、立為豫章王、邑千戸。及長、頗渉経史、尤工騎射。初為内史令。仁寿中、拝揚州総管沿淮以南諸軍事。煬帝即位、進封斉王、増邑四千戸。大業二年、帝初入東都、盛陳鹵簿、暕為軍導。尋転豫州牧。俄而元徳太子薨、朝野注望、咸以暕当嗣。帝又勅吏部尚書牛弘妙選官属、公卿由是多進子弟。明年、転雍州牧、尋徙河南牧開府儀同三司。元徳太子左右二萬餘人悉隷於暕、寵遇益隆、自楽平公主及諸戚属競来致礼、百官称謁、塡咽道路。（巻五九煬三子・斉王暕伝）

斉王暕、字は世朏、小字は阿孩。容儀を美とし、眉目を疎んず。少して高祖の愛す所と為る。開皇中（五八一～六〇〇）、立てられて豫章王と為り、邑千戸。長ずるに及んで、頗る経史に渉り、尤も騎射に工たり。初め内史令と為る。仁寿中（六〇一～六〇四）、揚州総管・沿淮以南諸軍事を拝す。煬帝位に即き、封を斉王に進められ、邑を増すこと四千戸。大業二年（六〇六）、帝初めて東都に入り、盛んに鹵簿を陳べ、暕は軍導と為る。尋いで豫州牧に転ず。俄にして元徳太子薨じ、朝野注望し、咸暕を以て当に嗣ぐべしと。帝又吏部尚書の牛弘に勅して官属を妙選せしむるに、公卿是に由り多く子弟を進む。明年、雍州牧に転じ、尋いで河南牧・開府儀同三司に徙る。元徳太子左右の二萬餘人悉く暕に隷せしめ、寵遇益ます隆く、楽平公主より諸戚属に及んで競ひて来り礼を致し、百官謁を称《とな》へ、道路に塡咽す。

燕王の倓は元徳太子の子である。『隋書』巻五九煬三子・元徳太子伝に付された燕王倓伝に次のようにある。

燕王倓、字仁安、敏慧美姿儀。煬帝於諸孫中特所鍾愛、常置左右。性好読書、尤重儒素、非造次所及、有若成人。良娣早終、毎至忌日、未嘗不流涕嗚咽。帝由是益以奇之。宇文化及弑逆之際、倓覚変、欲入奏、恐露其事、因与梁公蕭鉅千牛宇文皛等穿芳林門側水竇而入。至玄武門、詭奏曰、臣卒中悪、命県俄頃、請得面辞、死無所怨。冀以見帝、為司宮者所遏、竟不得聞。俄而難作、為賊所害、時年十六。

燕王の倓、字は仁安、敏慧にして姿儀に美なり。煬帝、諸孫中において特に鍾愛する所にして、常に左右に置く。性は読書を好み、尤も儒素を重んじ、造次して及ぶ所に非ず、成人が若き有り。良娣早終せば、忌日に至る毎に、未だ嘗て流涕嗚咽せざるなし。帝、是により益ます以て之を奇とす。宇文化及弑逆の際、倓、変を覚り、入りて奏せんと欲するに、其の事を露《あらは》るるを恐れ、因りて梁公の蕭鉅・千牛の宇文皛等と芳林門の側の水竇を穿ちて入る。玄武門に至り、詭り奏して曰はく、「臣卒かに悪に中《あた》り、命俄頃に県かる。請ふらくは面辞するを得ば、死するも怨む所なからん。冀はくば以て帝に見えん」と。司宮の遏《さへぎ》る所と為り、竟ひに聞することを得ず。俄にして難作《な》し、賊の害す所と為る。時に年一六。

陳王宅は秦王宅の誤りである。隋王朝に陳王は存在しない。秦王は高祖の第三子・秦王俊の後嗣王である。『隋書』巻三煬帝紀にみえる。

［大業二年］九月乙丑、立秦孝王俊子浩為秦王。

大業二年九月乙丑、秦孝王・俊の子・浩を立て秦王と為す。

また、『隋書』巻四五文四子・秦孝王・俊伝に付された秦王浩伝に次のようにある。

煬帝即位、立浩為秦王、以奉孝王（高祖第三子・秦王俊）嗣。封湛為済北侯。後以浩為河陽都尉。楊玄感作逆之際、左翊衛大将軍宇文述勒兵討之、至河陽、修啓於浩、浩復詣述営、兵相往復。有司劾浩、以諸侯交通内臣、竟坐廃免。宇文化及殺逆之始、立浩為帝。化及敗於黎陽、北走魏県、自僭偽号、因而害之。

煬帝位に即き、浩を立て秦王と為し、以て孝王（高祖第三子・秦王俊）の嗣を奉じ、湛を封じて済北侯と為す。のち浩を以て河陽都尉と為す。楊玄感作逆の際、左翊《よく》衛大将軍宇文述兵を勒して之を討ち、河陽に至り、啓を浩に修め、浩復《また》述の営に詣り、兵相往復す。有司浩を劾するに、諸侯、内臣と交通すを以てす、竟ひに坐して廃免せらる。宇文化及殺逆の始め、浩を立て帝と為す。化及、黎陽に敗れ、北のかた魏県に走げ、自ら偽号を僭し、因りて之を害す。

代王侑は元徳太子の子である。『隋書』巻五恭帝紀に次のようにある。

恭皇帝、諱侑、元徳太子之子也。母曰韋妃。性聡敏、有気度。大業三年、立為陳王。後数載、徙為代王、邑萬戸。及煬帝親征遼東、令於京師総留事。十一年、従幸晋陽、拝太原太守。尋鎮京師。義兵入長安、尊煬帝為太上皇、奉帝纂業。

恭皇帝、諱は侑、元徳太子の子なり。母は韋妃と曰ふ。性は聡敏にして、気度有り。大業三年（六〇七）、立てられて陳王と為る。のち数載にして、徙りて代王と為り、邑は萬戸なり。煬帝の遼東に親征するに及んで、京師に於て留事を総る。一一年（六一五）、晋陽に幸するに従ひ、太原太守を拝す。尋いで京師に鎮す。義兵長安に入り、煬帝を尊して太上皇と為し、帝を奉じ業を纂《つ》がしむ。

21　西朝堂南街

則天門南八十歩、過横街、道東有東朝堂、道西有西朝堂。［西朝堂南第一街］西連内史省、省西連謁者台、台連右翊衛府、府西抵右掖門街。街西有□（舉）輦庫、庫西即西馬坊、坊西抵西城。西朝堂［南］第二街、北壁第一[校①]、

［即］右驍衛府校②、府西連右禦衛府、府西抵右掖門街。街西有子羅倉、倉有塩二十萬石、子羅倉西、有粳米六十餘窖、窖別受八千石、窖西至西城。西朝堂南第三街、第一御史台、台西連秘書省、省西連尚食庫、庫西連右監門府、府西連長秋監、監西抵右掖門街。街西即掌醞署校③、署西連良醞署、署西至粳米窖坊。

則天門の南八〇歩、横街を過《よぎ》り、道東に東朝堂有り、道西に西朝堂有り。西朝堂の南第一街の西は内史省に連なり、省の西は謁者台に連なり、台は右翊《よく》衛府に連なり、府の西は右掖門街に抵《あた》る。街の西に轝輦《よれん》庫有り、庫の西は即ち西馬坊、坊西は西城に抵る。西朝堂の南第二街、北壁の第一は、即ち右驍衛府、府の西は右禦衛府に連なり、府の西は右掖門街に抵る。街の西に子羅倉有り、倉に塩二〇萬石有り、子羅倉の西、粳《こう》米六十餘窖有り、窖別に八千石を受け、窖の西は西城に至る。西朝堂の南第三街、第一は御史台、台の西は秘書省に連なり、省の西は尚食庫に連なり、庫の西は右監門府に連なり、府の西は長秋監に連なり、監の西は右掖門街に抵《あた》る。街西は即ち掌醞《けい》署なり。署の西は良醞《うん》署に連なり、署の西は粳米窖坊に至る。

校勘①　「北壁第一」を『重較説郛』は「北壁第」に作り、「一」字を脱す。

校勘②　「右驍衛府」を『重較説郛』は「即右驍衛府」に作る。

校勘③　「街西即掌醞署」を『重較説郛』は「街西即掌醞暑署」に作る。「掌醞署」が正しい。

則天門外西第二街の西朝堂以下は、『河南志』巻三隋城闕古蹟・皇城には次のようにある。

則天門外第一街之南、第二横街之北、西面曰西朝堂、次西内史省、次西謁者台、次西左（右）翊衛府。次西右掖門街。街西有轝輦庫、次西西馬坊、西抵城。

則天門外第一街の南、第二横街の北、西面は西朝堂と曰ひ、次西は内史省、次西は謁者台、次西は右翊《よく》衛府。次西は右掖門街なり。街西に轝輦庫有り、次西は西馬坊、西は城に抵《あた》る。

則天門外西第三街は、『河南志』巻三隋城闕古蹟・皇城には次のようにある。

第三街、従東右驍衛府、次西右武衛備身府、次西右屯衛府、次西右禦衛府。次西右掖門街。街西有子羅倉倉塩。西抵城。

第三街、東より右驍衛府、次西は右武衛備身府、次西は右屯衛府、次西は右禦衛府。次西は右掖門街なり。街西に子羅倉・塩倉有り。西は城に抵《あた》る。

則天門外第四街は、『河南志』巻三隋城闕古蹟・皇城には次のようにある。

第四街、従東御史台、次西秘書省、次西尚舎（食）庫、次西右監門府、次西長秋監。次西右掖門街。街西掌醢署、次西良醞署。

第四街、東より御史台、次西は秘書省、次西は尚食庫、次西は右監門府、次西は長秋監。次西は右掖門街なり。街西は掌醢署、次西は良醞署なり。

22　東朝堂南街

東朝堂［南第一街］、東来連門下省[校①]、省東殿内省、省東連左掖（翊）衛府[校②]、府東即抵左掖門街。街東即西銭坊、坊［東］連東銭坊[校③]。東朝堂南第二街、第一左驍衛府、府東連左備身府、府東左武衛府、府東連左屯衛府、府東連左禦衛府、府東抵左掖門街。街東即少府監、監東即城。東朝堂南第三街、第一司隷台、台東連光禄寺、寺東連左監門府、府東連太府寺、寺東抵左掖門街。街東即少府監、連南監、監東至城。

東朝堂の南第一街、東は門下省に連なり、省の東は殿内省、省の東は左翊《よく》衛府に連なり、府の東は即ち左掖門街に抵《あた》る。街東は即ち西銭坊、坊の東は東銭坊に連なる。東朝堂の南第二街、第一は左驍衛府、府の東は左備身府に連なり、府の東は左武衛府、府の東は左屯衛府に連なり、府の東は左禦衛府に連なり、府の東は左掖門街に抵《あた》る。街東は即ち少府監、監の東は即ち城なり。東朝堂南第三街、第一は司隷台、台の東は光禄寺に連なり、寺の東は左監門府に連なり、府の東は太府寺に連なり、寺の東は左掖門街に抵《あた》る。街の東は即ち少府監、南監に連なり、監の東は城に至る。

校勘①「東朝堂東来、連門下省」を『重較説郛』は「東朝堂東、連門下省」に作る。この記事は『重較説郛』が正しく、「来」字は衍字であろう。

校勘②「省東連左掖衛府」は同じく『重較説郛』も「省東連左掖衛府」に作るが、「左掖衛府」は「右翊衛府」の対象官府であるから「左翊衛府」の誤りである。

校勘③「坊連東銭坊」を『重較説郛』は「坊東連東銭坊」に作る。意味から考えて「坊東連東銭坊」が適切である。

則天門外東第二街の東朝堂以下は、『河南志』巻三隋城闕古蹟・皇城には次のようにある。

□□当則天門外第一街之南。第二横街之北、東面曰東朝堂、次東門下省、次東殿内省、次東左翊衛府。次東左掖門街。東銭坊。

□□則天門外第一街の南に当る。第二横街の北、東面は東朝堂と曰ひ、次東は門下省、次東は殿内省、次東は左翊衛府。次東は左掖門街。東銭坊なり。

則天門外東第三街は、『河南志』巻三隋城闕古蹟・皇城には次のようにある。

第三街、従西左驍衛府、次東左武衛備身府、次東左武衛府、次東左屯衛府、次東左禦衛府。次東左掖門街。街東少府監。東抵城。

第三街、西より左驍衛府、次東は左武衛備身府、次東は左武衛府、次東は左屯衛府、次東は左禦衛府。次東は左掖門街。街東は少府監。東は城に抵《あた》る。

則天門外東第四街は、『河南志』巻三隋城闕古蹟・皇城には次のようにある。

第四街、従西司隷台、次東光禄寺、次東左監門衛府。又有甲弩坊。次東太府寺。次東左掖門街。街東少府監。東抵城。

第四街、西より司隷台、次東は光禄寺、次東は左監門衛府。又甲弩坊有り。次東は太府寺。次東は左掖門街。街東は少府監。東は城に抵《あた》る。

23　東太陽門街

出東太陽門、街北道東、第一街、有鴻臚寺。寺東有司農寺、寺東連太常寺、寺東拒城。第二街、即宣仁門大道、大道北即尚書省。第三街、将作監、監東連太僕寺、寺東至城。第四街、有衛尉寺、寺東連都水監、監東［連］宗正寺、寺東連大理寺、寺東拒城。

東太陽門を出で、街の北道の東、第一街、鴻臚寺有り。寺の東は司農寺、寺の東は太常寺に連なり、寺の東は城に拒《あた》る。第二街は、即ち宣仁門の大道、大道の北は即ち尚書省なり。第三街は、将作監、監の東は太僕寺に連なり、寺の東は城に至る。第四街は、衛尉寺有り、寺東は都水監に連なり、監の東は宗正寺に連なり、寺の東は大理寺に連なり、寺東は城に拒《あた》る。

『河南志』巻三隋城闕古蹟・皇城には「城内四街（城内は四街あり）」とあり、皇城内部を説明する。

○第一街。有鴻臚寺、次東司農寺、次東太常寺。東抵城。

第一街。鴻臚寺有り、次東は司農寺、次東は太常寺。東は城に抵る。

○第二街。即宣仁門之大道。尚書省。在道北。

第二街。即ち宣仁門の大道。尚書省。道北に有り。

○第三街。将作監、次東太僕寺。東抵城。

第三街。将作監、次東は太僕寺。東は城に抵《あた》る。

○第四街。衛尉寺、次東都水監、次東宗正寺、次東大理寺。東抵城。

第四街。衛尉寺、次東は都水監、次東は宗正寺、次東は大理寺。東は城に抵《あた》る。

24　紫微観

則天門両重観。観（衍字?）上曰紫微観、左右連闕、闕高百二十尺。門内四十歩、有永泰門、門東二百歩、至会昌門。永泰［門］西二百歩、至景運門、並歩廊連帀、坐宿衛兵。

則天門は両重観。門上は紫微観と曰ひ、左右は連闕、闕の高さ一二〇尺。門内四〇歩にして、永泰門有り、門の東二〇〇歩にして、会昌門に至る。永泰門の西二〇〇歩にして、景運門に至り、並びに歩廊連帀《そう》し、衛兵を坐宿せしむ。

『河南志』巻三隋城闕古蹟・皇城に、則天門に関して次のようにある。

南面四門、正門曰則天門。門有両重観、上曰紫微観。左右連闕、闕高百二十尺。南去端門五百歩。王世充僭位、改順天門。

南面は四門、正門は則天門と曰ふ。門に両重観有り、上は紫微観と曰ふ。左右連闕し、闕の高さ一二〇尺。南は端門を去る五〇〇歩なり。王世充僭位し、順天門と改む。

永泰門に関して、『河南志』巻三隋城闕古蹟・皇城に次のようにある。

則天門北曰永泰門。相去四十五歩。王世充改曰建明門。東西横門曰東華門、曰西華門。

則天門の北は永泰門と曰ふ。相去ること四五歩。王世充改め建明門と曰ふ。東西の横門は東華門と曰ひ、西華門と曰ふ。

参考史料

（1）『唐会要』巻三〇洛陽宮

武徳四年十二月七日、使行台僕射屈突通焚乾元殿応天門紫微観。以其太奢。

武徳四年一二月七日、行台僕射の屈突通をして乾元殿・応天門・紫微観を焚かしむ、其の太奢を以てなり。

（2）『資治通鑑』巻一八九武徳四年五月

秦王世民観隋宮殿、歎曰、逞侈心、窮人欲、無亡得乎。命撤端門楼、毀則天門及闕。廃諸道場、城中僧尼、留有名徳者各三十人、餘皆返初。

秦王世民、隋の宮殿を観て、歎じて曰はく。「侈心を逞しくし、人欲を窮むれば、亡ぶなきを得んや」と。命じて端門楼を撤《のぞ》き、則天門及び闕を毀つ。諸道場を廃し、城中の僧尼、名徳有る者各《おの》おの三〇人を留め、餘は皆初めに返す。

（3）『河南志』巻四唐城闕古蹟・皇城

南面六門。正南曰応天門。門上飛観相夾、門外即朝堂。武徳四年、以其太奢、命行台僕射屈突通焚之。

南面する六門。正南は応天門と曰ふ。門上に飛観相夾む。門外は即ち朝堂なり。武徳四年（六二一）、其の太奢を以て、行台僕射の屈突通に命じ之を焚かしむ。

25　乾陽殿

永泰門内四十歩、有乾陽門、並重楼。乾陽門東西、亦軒廊周匝。門内一百二十歩、有乾陽殿。殿基高九尺、従地至鴟尾、高二百七十尺[校①]、十三間（三十間?）、二十九架[校②]、三陛一作階軒、文梍鏤檻、欒櫨百重、粢拱千構、雲楣綉柱、華攘壁璫[校③]、窮軒甍之壮麗。其柱大二十四囲、倚井垂蓮、仰之者眩曜、南軒垂以朱絲網絡、下不至地七尺[校④]、以防飛鳥。四面周以軒廊、坐宿衛兵。殿廷左右[校⑤]、各有大井、井面濶二十尺、庭東南西南、各有重楼、一懸鐘、一懸鼓。刻漏則在楼下[校⑥]、随刻漏則鳴鐘鼓。

永泰門の内四〇歩にして、乾陽門有り、並びに重楼なり。乾陽門の東西、亦軒廊周帀す。門内一二〇歩にして、乾陽殿有り。殿基の高さ九尺、地より鴟尾に至り、高さ二七〇尺にして、三〇間、二九架、三陛一は「階」に作るの軒、文梍《ひ》鏤檻、欒櫨百重、粢拱千構、雲楣綉柱、華榱碧璫、軒甍の壮麗を窮む。其の柱、大にして二四囲、倚井垂蓮、之を仰ぐ者眩曜す、南軒は垂らすに朱絲網絡を以てし、下は地に至らざること七尺、以て飛鳥を防ぐ。四面周らすに軒廊を以てし、衛兵を宿坐せしむ。、殿廷の左右、各《おの》おの大井有り、井面濶さ二〇尺。庭の東南・西南、各《おの》おの重楼有り、一は鐘を懸け、一は鼓を懸く。刻漏は則ち楼下に有り、刻漏に随ひ則ち鐘鼓を鳴らす。

校勘①「高二百七十尺」を『重較説郛』は「高一百七十尺」に作る。

校勘②「十三間二十九架」を『重較説郛』は「又十三間二十九架」に作り、「又」字がある。

校勘③「華攘壁窮」を『重較説郛』は「華榱碧檔」に作る。意味からすれば、従うべきである。

校勘④「南軒垂以朱絲網絡。不下至地」を『重較説郛』は「南軒垂以珠絲網絡。十不下至地」に作る。

校勘⑤「殿廷左右」を『重較説郛』は「殿庭左右」に作る。

校勘⑥「刻漏則在楼下」を『重較説郛』は「刻漏即在楼下」に作り、「則」字を「即」字に作る。

乾陽殿は唐の含元殿に当り、宮城の中心をなす建造物である。『河南志』巻四唐城闕古蹟・宮城に、

乾元門内正殿曰含元殿。隋之乾陽殿。武徳四年、平王世充、遂焚之。

乾元門内の正殿は含元殿と曰ふ。隋の乾陽殿なり。武徳四年、王世充を平げ、遂に之を焚く。

とある。また『河南志』巻三隋城闕古蹟・皇城に次のようにいう。

永泰門北曰乾陽門。相去四十歩、並重楼、東西軒廊周帀。正殿曰乾陽殿。去乾陽門一百二十歩。殿三十間、二十九架、闊九丈、従地至鴟尾二百七十尺、有三階軒。其柱大二十四囲、南軒垂以朱絲網絡。王世充改曰福光殿。庭東西各有鐘鼓重楼、刻漏則在楼下。左右各有大井、井面闊二十尺丈。

永泰門の北、乾陽門と曰ふ。相去ること四〇歩にして、並びに重楼、東西は軒廊周帀す。正殿は乾陽殿と曰ふ。乾陽門を去ること一二〇歩なり。殿は三〇間、二九架、闊さ九丈、地より鴟尾に至り二七〇尺、三階の軒有り。其の柱大にして二四囲、南軒は垂らすに朱絲網絡を以てす。王世充改め福光殿と曰ふ。庭の東西各《おの》おの鐘鼓有り重楼、刻漏は則ち楼下の有り。左右各《おの》おの大井有り、井面の闊さ二〇丈なり。

参考史料

(1)『旧唐書』巻五四王世充伝

時宮門閉、世充遣人扣門言於侗曰、元文都等欲執皇帝降于李密、段達知而告臣、臣非敢反、誅反者耳。初、文都聞変、入奉侗於乾陽殿、陳兵衛之、令将帥乗城以拒難。段達矯侗命、執文都送於世充、至則乱撃而死。達又矯侗命、開門以納世充、世充悉遣人代宿衛者、然後入陳謝、曰、文都等無状、謀相屠害、事急為此、不敢背国。侗与之盟。其日、進拝尚書左僕射総督内外諸軍事。世充去含嘉城、移居尚書省、専宰朝政。

時に宮門閉ぢ、世充、人を遣はし門を扣き侗に言ひて曰はく、「元文都ら、皇帝を執へ李密に降らんと欲す、段達知りて臣に告ぐ、臣敢へて反《はん》すに非ず、反する者を誅すのみ」と。初め、文都、変を聞き、入りて侗を乾陽殿に奉じ、兵を陳べて之を衛り、将帥をして乗城し以て難を拒がしむ。段達、侗の命を矯め、文都を執り世充に送り、至れば則ち乱撃して死せしむ。達又侗の命を矯め、開門し以て世充を納め、世充悉く人を遣はし宿衛者に代り、然る後入りて陳謝して、曰はく、「文都ら状なし、謀り相屠害し、事急にして此れと為り、敢へて国に背かず」と。侗之と盟す。其の日、進められて尚書左僕射・総督内外諸軍事を拝す。世充、含嘉城を去り、居を尚書省に移し、専ら朝政を宰る。

（2）『隋書』巻一九天文志上・漏刻

大業初、耿詢作古欹器、以漏水注之、献于煬帝。帝善之、因令与宇文愷、依後魏道士李蘭所修道家上法称漏、制造称水漏器、以充行従。又作候影分箭上水方器、置於東都乾陽殿前鼓下司辰。又作馬上漏刻、以従行弁時刻。

大業の初め、耿詢、古の欹《い》器を作り、漏水を以て之に注ぎ、煬帝に献ず。帝之を善みし、因りて宇文愷と与せしめ、後魏の道士李蘭の修むる所の「道家上法称漏」に依り、称水漏器を制造せしめ、以て行従に充つ。又候影分箭上水方器を作り、東都の乾陽殿前の鼓下司辰に置く。又馬上の漏刻を作り、以て従行し時刻を弁ず。

（3）『貞観政要』巻二納諫

貞観四年、詔発卒修洛陽之乾元殿、以備巡狩。給事中張玄素上書諫曰、……（中略）……。臣嘗見隋室初造此殿、楹棟宏壮。大木非近道所有、多自豫章採来。二千人拽一柱。其下施轂。皆以生鉄為之、中間若用木輪、動即火出。略計一柱、已用数十萬、則餘費又過倍於此。臣聞阿房成、秦人散、章華就、楚衆離。乾元畢工、隋人解体。

貞観四年（六三〇）、詔して卒を発し洛陽の乾元殿を修め、以て巡狩に備ふ。給事中の張玄素上書して諫めて曰はく、「……（中略）……。臣嘗て隋室の初め此の殿を造るを見るに、楹棟宏壮なり。大木は近道のある所に非ず、多く豫章より採り来る。二千人もて一柱を拽く。其の下に轂《こく》を施す。皆生鉄を以て之を為る。中間若し木輪を用ふれば、動《やや》もすれば即ち火出づ。略《ほ》ぼ一柱を計るに、已に数十萬を用ふれば、則ち餘費は又此れに過倍す。臣聞くならく阿房成りて秦人《ひと》散じ、章華就りて楚衆離る」と。乾元工を畢《おへ》て隋人《ひと》解体す。

（4）『旧唐書』巻一高祖紀武徳四年一一月

庚寅、焚東都紫微宮乾陽殿。

庚寅、東都の紫微宮・乾陽殿を焚く。

26　大業殿

大殿北三十歩、有大業門、門内四十歩、有大業殿。規模小於乾陽殿、而雕綺過之。

大殿の北三〇歩にして、大業門有り、門内四〇歩にして大業殿有り。規模は乾陽殿より小なり、而ども雕綺之に過ぐ。

大業殿に関して、『河南志』巻三隋城闕古蹟・皇城に類似する記事がある。

大業門。在乾陽門北三十歩。門内［有］大業殿。相去四十歩。其規制類乾陽而小。

大業門。乾陽門の北三〇歩に有り。門内に大業殿有り。相去ること四〇歩なり。其の規制、乾陽に類するも小なり。

参考史料

（1）『隋書』巻四煬帝紀

［大業十二年二月］甲子夜、有二大鳥似鵰、飛入大業殿、止于御幄、至明而去。

大業一二年（六一六）二月、甲子夜、二大鳥有り鵰《わし》に似たり、飛びて大業殿に入り、御幄に止り、明けに至り去る。

（2）『資治通鑑』巻一八三大業一二年

夏四月丁巳、大業殿西院火、帝以為盗起、驚走、入西苑、匿草間、火定乃還。帝自八年以後、毎夜眠恒驚悸、云有賊、令数婦人揺撫、乃得眠。

夏四月丁巳、大業殿の西院火有り。帝以て盗起ると為し、驚き走りて、西苑に入り、草間に匿れ、火定りて乃ち還る。帝、八年より以後、夜眠る毎に恒に驚悸し、賊有りと云ひ、数婦人をして揺撫せしめ、乃ち眠るを得。

27　文成殿

乾陽殿東、有東上閤、閤東二十歩、又南行六十歩、有東華門[校①]。門東四十歩、道北[校②]有文成門、門内有文成殿、周以軒廊。

乾陽殿の東、東上閤有り、閤東二〇歩、又南行すること六〇歩にして、東華門有り。門東四〇歩にして、道北に文成門有り、門内に文成殿有り、周らすに軒廊を以てす。

校勘①「有東華門」を『重較説郛』は「有東挙門」に作る。「有東華門」が正しい。

校勘②「門東四十歩道北」を『重較説郛』は「門冬四十歩道北」に作る。「門東四十歩道北」が正しい。

『河南志』巻三隋城闕古蹟・皇城には、

東西上閤。在乾陽殿北各十二歩。

東西上閤。乾陽殿の北各《おの》おの一二歩に有り。

とあり、東華門等に関して次のようにある。

出東華門、東有文成門。相去四十歩。道北。内有文成殿。周以軒廊。

東華門を出づれば、東に文成門有り。相去ること四〇歩。道北。内に文成殿有り。周らすに軒廊を以てす。

28　左延福門

東華門南四十歩、左延福門。出門東行一百歩、至章善門街。

東華門の南四〇歩にして、左延福門あり。門を出で東行すること一〇〇歩にして、章善門街に至る。

左延福門に関して、『河南志』巻三隋城闕古蹟・皇城には次のようにある。

左延福門。在東華門南四十歩。出門東一百歩、至章善門街。

左延福門。東華門の南四〇歩に在り。門を出で東すること一〇〇歩にして、章善門街に至る。

29　武安殿

乾陽殿西有西上閤。入内官（宮）閤[校①]、西二十歩、又行六十歩、有西華門。出門西三十歩、道□（北）有武安門。門内有武安殿、周以軒廊。

乾陽殿の西に西上閤有り。宮閤に入内し、西二〇歩、又行くこと六〇歩にして、西華門有り。門を出で西三〇歩にして、道北に武安門有り。門内に武安殿有り、周らすに軒廊を以てす。

校勘①「入内官閤」を『重較説郛』は「入内宮閤」に作る。意味から考えて「入内宮閤」が正しい。

武安殿に関して、『河南志』巻三隋城闕古蹟・皇城には次のようにある。

出西華門、西有武安門。相去三十歩。道北。内有武安殿。

西華門を出で、西に武安門有り。相去ること三〇歩なり。道北の内に武安殿有り。

30　明福門街

西華門南すること四十歩、有右延福門①。出門西行一百歩、至明福門街②。

西華門の南四〇歩にして、右延福門有り。門を出で西行一〇〇歩にして、明福門街に至る。

校勘①　「有右延福門」を『重較説郛』は「右延福門」に作り、「有」字を脱す。

校勘②　「至明福門街」を『重較説郛』は「至明福門皆」に作り、「街」を「皆」に作るが「街」字が正しい。

『河南志』巻三隋城闕古蹟・皇城に、明福門街に関して次のようにある。

右延福門。在西華門南四十歩。出門西一百歩、至明福門街。

右延福門。西華門の南すること四〇歩に在り。門を出で西すること一〇〇歩にして、明福門街に至る。

31　内宮諸殿

大業文成武安三殿、御坐凡（見）朝臣、則宿衛随入、不坐則有官（宮）人。[校①] 殿庭並種枇杷海棠石榴青梧桐、又（及）諸名薬奇卉。[校②] 東有大井二面、闊十餘尺、深百餘尺。其三殿之内、内宮諸殿甚多、不能尽知。

大業・文成・武安の三殿、御坐して朝臣に見え、則ち宿衛せば随入し、坐せざれば則ち宮人有り。殿庭並びに枇杷・海棠・石榴・青梧桐及び諸《もろ》もろの名薬・奇卉を種ゑる。東に大井二面有り、闊さ十餘尺、深さ百餘尺なり。其の三殿の内、内宮の諸殿甚だ多く、尽知する能はず。

校勘①　「几朝臣、則宿衛随入、不坐則有官人」を『重較説郛』は「見朝臣、則宿衛随入、于其内宮人」に作る。この記事は意味がよく理解できない。双方に誤脱があると認められる。

校勘②　「青梧桐、又諸名薬奇卉」を『重較説郛』は「青梧桐及諸名薬奇卉」に作る。「又」字は「及」字の誤りである。

内宮諸殿に関して、『河南志』巻三隋城闕古蹟・皇城に次のように伝える。

内有武安殿。大業文成武安三殿、御座見朝臣、則宿衛随入。殿庭並種枇杷海棠石榴青梧桐樹。

内に武安殿有り。大業・文成・武安の三殿、御座して朝臣に見え、則ち宿衛随入す。殿庭並びに枇杷・海棠・石榴・青梧桐樹を種ゑる。

参考史料

『旧唐書』巻五四王世充伝

［武徳二年］四月、仮為侗詔策禅位、遣兄世惲廃侗於含涼殿、世充僭即皇帝位、建元曰開明、国号鄭。

武徳二年四月、仮して侗の詔策を為り禅位せしめ、兄の世惲を遣はし侗を含涼殿に廃し、世充僭《おご》りて皇帝位に即き、建元して「開明」と曰ひ、国は鄭と号す。

32　会昌門

則天門東二百歩、有興教門。門北三十歩、有会昌門。門北二百歩、有章善門。入内尚食進食尚薬進薬内尚進物、皆由此門。会昌門内道左、有内殿内省少府内監内尚光禄内厨。

則天門の東二〇〇歩に、興教門有り。門北三〇歩に、会昌門有り。門北二〇〇歩に、章善門有り。入内して尚食の進食・尚薬の進薬・内尚の進物、皆此の門に由る。会昌門内の道左に、内殿内省・少府内監・内尚・光禄内厨有り。

会昌門に関して、『河南志』巻三隋城闕古蹟・皇城に次のようにある。

興教門北曰会昌門。去会昌門二百歩、［有章善門］。入内尚食進食尚薬進薬内上進物、皆由此門。

興教門の北は会昌門と曰ふ。会昌門を去ること二〇〇歩にして、章善門有り。入内する尚食の進食・尚薬の進薬・内上の進物、皆此の門に由る。

会昌門内に関して、『河南志』巻三隋城闕古蹟に次のようにある。

会昌門内道左。有内殿内省少府内監内尚光禄内厨。

会昌門内の道左。内殿内省・少府内監・内尚・光禄内厨有り。

33　門下内省

道右、［有］門下内省左六衛内府左監門内府。入章善門、横街東百二十歩、有重潤門、東有東宮。

道右、門下内省・左六衛内府・左監門内府有り。章善門を入り、横街東すること一二〇歩にして、重潤門有り、東に東宮有り。

門下内省に関して、『河南志』巻三隋城闕古蹟・皇城に次のようにある。

道右。有門下内省左六衛内府左監門内府。重潤門。在章善門内横街東一百二十歩。

道右。門下内省・左六衛内府・左監門内府有り。重潤門。章善門内の横街東一二〇歩に有り。

34　光政門

則天門西二百歩、有光政門。門北三十歩、有景運門。門北二百歩、有明福門。入内宮（宮は衍字か）命婦入朝学士進書、皆由此門。

則天門の西二〇〇歩に、光政門有り。門の北三〇歩に、景運門有り。門の北二〇〇歩に、明福門有り。入内する命婦の入朝・学士の進書は、皆此の門に由る。

光政門に関して、『河南志』巻三隋城闕古蹟・皇城「南面四門」に次のようにある。

西曰光政門。去則天門二百歩。門西城屈向北、有門西啓、曰隆慶門。

西は光政門と曰ふ。則天門を去ること二〇〇歩なり。門西の城は屈して北に向き、門有り西に啓き、隆慶門と曰ふ。

また、次のようにもいう。

光政門北曰景運門。相去二十歩。在永泰門西二百歩、与会昌門並。歩廊連市、坐宿衛兵。

次北曰顕福門。去景運門二百歩。入内命婦入朝学士進書、皆由此門入。（『河南志』巻三隋城闕古蹟・皇城）

光政門の北は景運門と曰ふ。相去ること二〇歩。永泰門の西二〇〇歩に在り。会昌門と並ぶ。歩廊連市し、衛兵を宿坐せしむ。

次北は顕福門と曰ふ。景運門を去ること二〇〇歩なり。入内の命婦入朝・学士の進書は皆此の門に由り入る。

35　内史内省

入景運門、［門］内道左[校①]、有内史内省秘書内省学士館右監門内府右六衛内府鷹坊内甲庫。

景運門に入り、門内の道左に内史内省・秘書内省・学士館・右監門内府・右六衛内府・鷹坊・内甲庫有り。

校勘①　「入景運門内道左」を『重較説郛』は「入景運門入道左」に作る。「門入道左」の「入」字は「内」字の誤りであり、「景運門内道左」が妥当である。

内史内省に関して、『河南志』巻三隋城闕古蹟・皇城に次のようにある。

景運門道左、有内史内省秘書内省学士館右監門内府右六衛内府鷹房（坊）内甲庫。

景運門の道左に、内史内省・秘書内省・学士館・右監門内府・右六衛内府・鷹坊・内甲庫有り。

36　道場・玄壇

道右、[有] 命婦朝堂恵日法雲二道場通真玉清二玄壇、接西馬坊。

道右に、命婦朝堂、恵日・法雲の二道場、通真・玉清の二玄壇有り、西馬坊に接す。

『河南志』巻三隋城闕古蹟には『大業雑記』と同じ記事がある。この類似は偶然ではなく、『河南志』巻三隋城闕古蹟・皇城は『大業雑記』が出典であることを示すものである。

[景運門] 道右。有命婦朝堂□□□（恵）日法雲二道場、通真玉清二両壇。接西馬坊。

景運門の道右。命婦朝堂、□□・慧日・法雲二道場、通真・玉清二両壇有り。西馬坊に接す。

恵日と法雲の二道場に関しては、山崎宏『隋唐仏教史の研究』（法蔵館　一九六七）八五頁以下を参照。

37　玄靖殿・修文殿

入明福門、北行三十歩、有玄靖門。門内有玄靖殿、周以軒廊。即宮内別供養経像之処。出玄靖門、横街東行四十歩、有修文殿。

明福門に入り、北行すること三〇歩にして、玄靖門有り。門内に玄靖殿有り、周らすに軒廊を以てす。即ち宮内の別の経像を供養するの処なり。玄靖門を出で、横街東行四〇歩にして、修文殿有り。

玄靖殿に関しては、『河南志』巻三隋城闕古蹟・皇城に次のようにある。

志静殿（玄靖殿）。在顕福門北行三十歩。周以軒廊、即宮内共（供）事仏像之所。

志静殿（玄靖殿）。顕福門北行三〇歩に在り。周らすに軒廊を以てす。即ち宮内の仏像を供事すの所なり。

修文殿に関しては、『河南志』巻三隋城闕古蹟・皇城に次のようにある。

修文殿。在志静門（玄靖門）横街東四十歩、殿内蔵正御本書。

修文殿。志静門（玄靖門）の横街東四〇歩に在り、殿内は正御本書を蔵す。

38　仰観台

西行百歩、有閶闔重門。門南北並有仰観台、高百尺。

西行すること一〇〇歩にして、閶闔《しょうこう》重門有り。門の南北並びに仰観台有り、高さ一〇〇尺なり。

仰観台に関しては、『河南志』巻三隋城闕古蹟・皇城には次のようにある。

西有閶闔門。相去百歩。門南北有仰観台、高百尺、門西一百三十歩、即宝城門。

西に閶闔門有り。相去ること一〇〇歩。門の南北に仰観台有り、高さ一〇〇尺なり。門の西一三〇歩、即ち宝城門。

39　儀鸞殿

門西即入宝城。城内有儀鸞殿、殿南有烏桲林栗林。有蒲桃架四行。行長百餘歩、架南有射堂。校①
門西は即ち宝城に入る。城内に儀鸞殿有り、殿の南に烏桲林・栗林有り。蒲桃架四行有り、行の長さ百餘歩、架の南に射堂有り。

校勘①　「架南有射堂」を『重較説郛』は「架南射堂」に作り、「有」字を脱す。

儀鸞殿に関しては、『河南志』巻三隋城闕古蹟・皇城には次のようにある。

宝城門内、有儀鸞殿。大業□年（五年?）、有二鸞鳥降宝城内、因造殿及儀鸞双表高尺（丈?）餘。殿南有榲桲林栗林蒲桃架四行、長百餘歩。架南有射堂、対閶闔門。

宝城門の内、儀鸞殿有り。大業五年（六〇九）、二鸞鳥有り宝城の内に降り、因りて殿及び儀鸞の双表を造る、高さ丈餘なり。殿の南に榲桲林・栗林・蒲桃架四行有り、長さ百餘歩なり。架の南に射堂有り、閶闔門に対す。

「五年」と補字したのは次の理由による。『資治通鑑考異』巻八大業一一年（六一五）の条に、「十一年三月、高徳儒見孔雀、奏以為鸞」とあり、「考異」は次のようにいう。

雑記云、五年二月、馬徳儒奏孔雀為鸞。今年月及姓名、皆従略記并温大雅創業起居注。

「雑記」に云はく、「五年二月、馬徳儒、孔雀を奏して鸞と為す」と。今、年月及び姓名は皆「略記」并びに温大雅の「創業起居注」に従ふ。

原『大業雑記』には、「大業五年二月、馬徳儒奏孔雀為鸞」とあったのである。『河南志』は『大業雑記』と関係があり、『河南志』が『大業雑記』を参考にして、右の記事を書いたのであれば、「□年」は「五年」とあったはずである。『資治通鑑』は先に示した『資治通鑑考異』によって明らかなように、大業五年説ではなく、大業一一年説を採り、『資治通鑑』巻一八二大業一一年三月の条には次のように述べる。

有二孔雀、自西苑飛集宝城朝堂前。親衛校尉高徳儒等十餘人見之、奏以為鸞。時孔雀已飛去、無可得験。於是百僚称賀。詔以徳儒誠心冥会、肇見嘉祥、擢拝朝散大夫、賜物百段、餘人皆賜束帛。仍於其地造儀鸞殿。

二孔雀有り、西苑より飛びて宝城の朝堂の前に集ふ。親衛校尉の高徳儒ら十餘人之を見、奏して以て鸞と為す。時に孔雀已に飛び去り、験を得べきなし。是において百僚賀を称ふ。詔して徳儒誠心に冥会し、肇めて嘉祥を見るを以て、擢んでて朝散大夫を拝し、物一〇〇段を賜ひ、餘人皆束帛を賜はる。仍て其の地において儀鸞殿を造る。

参考史料

（1）『唐会要』巻二八祥瑞上

顕慶四年八月二十五日、司勲員外郎源行守家毛桃樹生李桃、太子詹事李寛等上表陳賀。上謂侍臣曰、凡厥休祥、雖云美事、若其不実、取笑後人。朕嘗見先朝説隋煬帝好聞祥瑞。嘗有野雀集于殿上、校尉唱云、此是鸞鳥。有衛士報云、村野之中、大有此物。校尉乃笞衛士、仍奏為鸞。煬帝不究真虚、即以為瑞、仍名此殿為儀鸞、嗤笑至今未弭。人之挙措、安可不思、今李寛所言、得無類此。凡祥瑞之体、理須明白、或龍飛在泉、衆人同見、雲色雕綺、観者非一、如此之輩、始号嘉祥。自餘虚実難明、不足信者、豈得妄想牽率、称賀闕前。

顕慶四年（六五九）八月二五日、司勲員外郎の源行守の家の毛桃樹、李桃を生じ、太子詹事李寛等、表を上り賀を陳ぶ。上、侍臣に謂ひて曰く、「凡そ厥《それ》休祥は、美事と云ふと雖も、若し其れ実ならざれば、笑を後人に取らる。朕嘗て先朝の説を見るに隋の煬帝、祥瑞を聞くを好む。嘗て野雀有り殿上に集ふに、校尉唱《い》ひて云はく、『此れは是れ鸞鳥』と。衛士有り報じて云はく、『村野の中、大いに此の物有り』と。校尉乃ち衛士を笞ち、仍て奏して鸞と為す。煬帝は真虚を究めず、即ち以て瑞と為し、仍て此の殿に名づけて儀鸞と為し、嗤笑今に至りて弭《とど》まらず。人の挙措、安んぞ思はざるべきや、今、李寛の言ふ所、此れに類すること無きを得んや。凡そ祥瑞の体、理は須らく明白なるべきにして、或いは龍飛びて泉に有り、衆人同じく見、雲色雕綺、観るもの一に非ず、此の如きの輩、始めて嘉祥と号す。自餘の虚実は明らかにし難し、信ずるに足らざるもの、豈に妄想牽率して、闕前に賀を称するを得んや」と。

（2）『演繁露』巻四「儀鸞」

顕慶四年、高宗因群臣賀桃株生李、上曰、隋煬帝世、常（嘗）有野雀集于殿上、当上校尉唱云、此是鸞鳥。有衛士報云、田野之中、大有此物、乃笞衛士。奏以為瑞、仍名此殿為儀鸞殿。至今嗤笑。案高宗所指校尉者、乃高徳儒也一本云馬徳儒。高祖起義、執徳儒数之曰、汝指野鳥為鸞、以欺人主取高官。遂斬之。夫高祖斬徳儒以為妄。高宗以指鸞為詐、而儀鸞殿所制之儀鸞司者、迄今不改。楽其名美、不究其由也。大業雑記所指為鸞者、孔雀也。

顕慶四年（六五九）、高宗、群臣の桃株に李を生じる賀するに因り、上曰はく、「隋の煬帝の世、嘗て野雀有里殿上に集ふに、当上の校尉唱《い》ひて云はく、『此れは是れ鸞鳥』と。衛士有り報じて云はく、『田野の中、大いに此の物有り』と、乃ち衛士を笞つ。奏して以て瑞と為し、仍て此の殿に名づけて儀鸞殿と為す。今に至りて嗤笑せらる」と。案ずるに高宗指す所の校尉とは、乃ち高徳儒なり。高祖起義し、徳儒を執え之を数《せめ》て曰はく、「汝、野鳥を指し鸞と為し、以て人主を欺き、高官を取る」と。遂ひに之を斬る。夫れ高祖、徳儒を斬り以て妄と為す。高宗鸞を指すを以て詐りと為す。而して儀鸞殿制《つく》る所の儀鸞司は、今迄改めず。其の名美なるを楽しみ、其の由を究めざるなり。「大業雑記」に指して鸞と為す所のものは、孔雀なり。

40　宝城門・方諸門

対閶闔門、直西二百二十歩、有宝城門。出北傍城三里、有方諸門、門［東］即員（円之訛）壁城。

閶闔《しょうこう》門に対し、直西二二〇歩にして、宝城門有り。北に出で城に傍《よ》り三里にして、方諸門有り、門東は即ち円壁城なり。

宝城門・方諸門に関して、『河南志』巻三隋城闕古蹟・皇城には次のようにある。

西門一門、曰宝城門。門上曰飛雲観。北門一門、曰玄武門。南対則天門。玄武門北、曰曜儀門。号曜儀城。其北曰円壁門。号円壁城。門之西曰方諸門。在宝城門西街之北三里。

西門の一門は宝城門と曰ふ。門の上は飛雲観と曰ふ。北門の一門は玄武門と曰ふ。南は則天門に対す。玄武門の北は曜儀門と曰ふ。曜儀城と号す。其の北は円壁門と曰ふ。円壁城と号す。門の西は方諸門と曰ふ。宝城門西街の北三里に在り。

また『禁扁』巻五門・隋に、方諸門に関して、

方諸［門］、円壁西。已上並在宮城。

とあり、『禁扁』巻五門・隋には、閶闔門を次のように説明する。

閶闔［門］、宝城門東百三十歩。

参考史料

（1）『隋書』巻四一蘇威伝

及大唐秦王平王充、坐於東都閶闔門内、威請謁見、称老病不能拝起。

大唐の秦王、王充を平ぐるに及んで、東都の閶闔《しょうこう》門の内に坐し、威は謁見を請ふも、老病を称ひて拝起する能はず。

（2）『資治通鑑』巻一八九武徳四年五月

秦王世民坐閶闔門、蘇威請見、称老病不能拝。

秦王世民、閶闔門に坐し、蘇威見《まみ》えんことを請ふも、老病と称して拝する能はず。

（3）『旧唐書』巻五四王世充伝

［武徳］四年二月、世充率兵出方諸門、与王師相抗。世充軍敗、因乗勝追之、屯其城門。世充歩卒不得入、驚散南走、追斬数千級、虜五千餘人。

武徳四年二月、世充兵を率ゐて方諸門を出で、王師と相抗す。世充の軍敗れ、因りて勝に乗じて之を追ひ、其の城門に屯す。世充の歩卒入るを得ず、驚き散り南走すに、追て数千級を斬り、五千餘人を虜す。

41　青城宮

出宝城門、西行七里、至青城宮、宮即西苑之内也。[校①]

宝城門を出で、西行すること七里にして、青城宮に至る、宮は即ち西苑の内なり。

校勘①「宮即西苑之内也」を『重較説郛』は「即西苑之内也」に作り、「宮」字を脱す。

『河南志』巻三隋城闕古蹟・西苑には青城宮を次のようにいう。

青城宮。北斉天保五年、常山王演所築、以拒周師。使其将厳似略守之、亦号厳城。煬帝因其城造宮。至宝城門七里。韋述云、古穀城也。

青城宮。北斉の天保五年（五五四）、常山王の演の築く所にして、以て周師を拒ぐ。其の将厳似略をして之を守らしめ、亦厳城と号す。煬帝、其の城に因り宮を造る。宝城門に至ること七里なり。韋述の云ふ「古穀城なり」と。

また、『太平寰宇記』巻三河南府・河南県には、青城宮の沿革を述べる。

故穀城在県西北。古穀城即周所置、在穀水之東岸。西晋省並入河南、故有城存。北斉天保中、常山王演使裨将厳略増築以拒周。俗亦謂之厳城。後周拒斉、又築孝水戍。亦在今県西北。隋大業二年、又於此置青城宮。北隔苑城、与楡林店相対。

故穀城は県の西北に在り。古穀城は即ち周の置く所にして、穀水の東岸に在り。西晋省き並びに河南に入る、故に城有りて存す。北斉の天保中（五五〇～五五八）、常山王の演、裨将の厳略をして増築し以て周を拒がしむ。俗亦之を厳城と謂ふ。後周は斉を拒ぎ、又孝水戍を築く。亦今県の西北に在り。隋の大業二年（六〇六）、又此に青城宮を置く。北は苑城を隔て、楡林店と相対す。

参考史料

（1）『旧唐書』巻二太宗紀

［武徳］四年二月、又進屯青城宮。営塁未立、世充衆二萬、自方諸門臨穀水陣。

武徳四年二月、又進みて青城宮に屯す。営塁未だ立たず、世充の衆二萬、方諸門より穀水に臨みて陣す。

（2）『旧唐書』巻五四王世充伝

［武徳三年］七月、秦王率兵攻之、師至新安、世充鎮堡相次来降。八月、秦王陳兵於青城宮、世充悉兵来拒、隔澗而言曰、隋末喪乱、天下分崩、長安洛陽、各有分地。世充唯願自守、不敢西侵。

武徳三年七月、秦王、兵を率ゐて之を攻む。師、新安に至り、世充の鎮堡相次いで来降す。八月、秦王、兵を青城宮に陳ぶに、世充兵を悉して来り拒ぎ、澗を隔て言ひて曰はく、「隋末の喪乱、天下分崩し、長安洛陽、各《おの》おの分地有り。世充は唯だ自ら守るを願ふのみ、敢へて西侵せず」と。

（3）『資治通鑑』巻一八九・武徳四年二月

［武徳四年二月］辛丑、世民移軍青城宮。壁塁未立、王世充帥衆二萬、自方諸門出、憑故馬垣塹、臨穀水以拒唐兵、諸将皆懼。

武徳四年二月辛丑、世民、軍を青城宮に移す。壁塁未だ立たず、王世充、衆二萬を帥ゐ方諸門より出で、故馬垣の塹に憑り、穀水に臨み以て唐兵を拒むに、諸将皆懼る。

42　西苑

［大業］元年夏五月、築西苑。周二百里。

大業元年夏五月、西苑を築く。周りは二〇〇里なり。

西苑に関して、『河南志』巻三隋城闕古蹟・西苑には次のようにある。

上林苑。初曰会通苑。又改上林。而曰西苑。周二百二十九里一百三十八歩。東曰嘉豫門、上有翔鳳観。［又有］望春門。南面曰清夏門興安門昭仁門。西面曰迎秋門遊義門籠煙門霊渓門風和門。北面曰朝陽門霊圃門禦冬門膺福門。

上林苑。初め会通苑と曰ふ。又上林と改む。而して西苑と曰ふ。周は二二九里一三八歩なり。東面は嘉豫門と曰ふ。上に翔鳳観有り。又望春門有り。南面は清夏門・興安門・昭仁門と曰ふ。西面は迎秋門・遊義門・籠煙門・霊渓門・風和門と曰ふ。北面は朝陽門・霊圃門・禦冬門・膺福門と曰ふ。

『資治通鑑』巻一八〇大業元年（六〇五）の条には、東都の西苑を次のように伝える。

［大業元年］五月、築西苑、周二百里。其内為海、周十餘里。為蓬萊方丈瀛州諸山、高出水百餘尺、台観殿閣、羅絡山上、向背如神。北有龍鱗渠、縈紆注海内。縁渠作十六院。門皆臨渠、毎院以四品夫人主之。堂殿楼観、窮極華麗、宮樹秋冬凋落、則剪綵為華葉、綴於枝条、色渝則易以新者、常如陽春。沼内亦剪綵為荷芰菱芡、乗輿遊幸、則去冰而布之。十六院競以殽羞精麗相高、求市恩寵。上好以月夜従宮女数千（数十）騎遊西苑、作清夜遊曲、於馬上奏之。

大業元年五月、西苑を築く、周りは二〇〇里なり。其の内に海を為る、周りは十餘里。蓬萊・方丈・瀛州諸山を為る。出水の高さ百餘尺、台観・殿閣は山上に羅絡し、向背は神の如し。北に龍鱗渠有り、縈紆《えいう》して海内に注ぐ。渠に縁ふて一六院を作る。門は皆渠に臨み、院毎に四品夫人を以て之を主らしむ。堂殿楼観、華麗を窮極し、宮樹秋冬に凋落すれば、則ち綵を剪りて華葉を為りて、枝条に綴り、色渝《かは》れば則ち易ふるに新しきものを以てし、常に陽春の如くす。沼内亦綵を剪りて荷芰《はすひし》・蔆芡《ひし》を為り、乗輿遊幸すれば、則ち冰を去りて之を布く。一六院競ひて殽羞精麗を以て相高ぶり、求めて恩寵を市《か》ふ。上は好みて月夜を以て宮女数十を従へ騎して西苑に遊び、「清夜遊」の曲を作り、馬上に於て之を奏す。

唐の東都苑に関して、『河南志』巻四唐城闕古蹟には次のようにある。

東都苑。隋曰会通苑、又曰上林苑。武徳初、改芳華苑、武后曰神都苑。東抵宮城、西臨九曲、北背邙阜、南拒非山。周一百二十六里。東面十七里、南面三十九里、西面五十里、北面二十四里。隋旧苑、方二百二十九里一百三十八歩。太宗嫌其広、毀之以賜居人。

東都苑。隋は会通苑と曰ふ。又上林苑と曰ふ。武徳初め、芳華苑と改め、武后は神都苑と曰ふ。東は宮城に抵り、西は九曲に臨み、北は邙阜を背にし、南は非山に拒《あた》る。周一二六里。東面一七里。南面三九里、西面五〇里、北面二四里。隋の旧苑は方二二九里一三八歩。太宗其の広きを嫌ひ、之を毀ち以て居人に賜ふ。

参考史料

（1）『新編古今事文類聚』続集巻九居処部・園池「西苑池」

隋煬帝大業元年、築西苑、周二百里。其内為池、周十餘里。為三神山、儲水百餘尺。台観宮殿、羅列山上。北有龍鱗渠、縈紆注池内。縁渠作十六院、門皆臨渠、毎院四品夫人主之。宮樹秋冬已彫落、則剪綵為華葉、綴於枝条、色渝則易以新者、常如陽春。沼内亦剪綵為荷芰蔆芡、車輿遊幸、則即水而布之。

隋の煬帝の大業元年、西苑を築く、周りは二〇〇里なり。其の内に池を為る、周り十餘里なり。三神山を為り、水を儲くこと百餘尺なり。台観・宮殿は山上に羅列す。北に龍鱗渠有り、縈紆《えいう》して池内に注ぐ。渠に縁《そ》ふて一六院を作り、門皆臨渠に臨み、院毎に四品夫人之を主る。宮樹、秋冬已に彫落せば、則ち綵を剪り華葉を為り、枝条に綴り、色れば則ち易るに以新しきものを以てし、常に陽春の如し。沼内亦綵を剪り荷芰《はすひし》・菱芡《ひし》を為り、車輿遊幸せば、則ち水に即けて之を布ぶ。

（2）『大唐六典』巻七尚書工部・工部郎中員外郎職掌

禁苑在皇都之西、北拒北邙、西至孝水、南帯洛水支渠、穀洛二水会于其間。東面十七里、南面三十九里、西面五十里、北面二十里、周迴一百二十六里。中有合璧冷泉高山龍麟翠微宿羽明徳望春青城黄女陵波十有一宮、芳樹金谷二亭、凝碧之池。開元二十四年、上以為穀洛二水或泛溢、疲費人功、遂勅河南尹李適之、出内庫〔銭〕和雇、修三陂以禦之。一曰積翠、二曰月陂、三曰上陽。爾後、二水無力役之患。

禁苑は皇都の西に在り、北は北邙に拒り、西は孝水に至り、南は洛水の支渠を帯し、穀洛二水は其の間に会す。東面一七里、南面三九里、西面五〇里、北面二〇里、周迴一二六里。中に合璧・冷泉・高山・龍麟・翠微・宿羽・明徳・望春・青城・黄女・陵波十有一宮、芳樹・金谷二亭、凝碧池有り。開元二四年（七三六）、上、穀・洛二水或いは泛溢を為し、人功を疲費すを以て、遂ひに河南尹の李適之に勅し内庫銭を出し和雇し、三陂を修め以て之を禦がしむ。一に曰はく積翠、二に曰はく月陂、三に曰はく上陽。爾後、二水、力役の患ひなし。

（3）『太平御覧』巻一九六居処部「苑囿」に、「西京新記」を引き次のようにいう。

又曰、東都苑、隋曰会通苑、又改為芳華〔苑〕。

又曰ふ、東都苑。隋は会通苑と曰ひ、又改め芳華苑と為す。

（4）『記纂淵海』巻二歳時部春「史」所引「隋史」

煬帝、西苑宮、秋冬木凋、令剪綵為花葉、綴条上、景若陽春。

煬帝、西苑宮、秋冬に木凋《か》れれば、綵を剪りて花葉を為り、条《えだ》の上に綴り、景は陽春の若し。

（5）『太平御覧』巻一九四居処部「亭」に、「西京新記」を引き次のようにいう。

又曰、東都苑内、有金谷亭凝碧池。

又曰はく、東都苑内に、金谷亭・凝碧池有り。

（6）『資治通鑑』巻一八〇大業二年一二月

初、斉温公之世、有魚龍山車等戯、謂之散楽。周宣宗時、鄭訳奏徴之。高祖受禅、命牛弘定楽、非正声清商及九部四舞之色、悉放遣之。帝以啓民可汗将入朝、欲以富楽誇之。太常少卿裴薀希旨、奏括天下周斉梁陳楽家子弟皆為楽戸。其六品以下至庶人、有善音楽者、皆直太常。帝従之。於是四方散楽、大集東京、閲之於芳華苑積翠池側。有舎利獣先来跳躍、激水満衢、黿鼉亀鼇水人蟲魚、徧覆于地。又有鯨魚噴霧翳日、倏忽化成黄龍、長七八丈。又二人戴竿、上有舞者、歘然騰過、左右易処。又有神鼇負山、幻人吐火、千変萬化。伎人皆衣錦繡繒綵、舞者鳴環佩、綴花毦。課京兆河南製其衣、両京錦綵為之空竭。

初め、斉の温公の世、魚龍・山車等の戯有り、之を散楽と謂ふ。周の宣宗の時、鄭訳奏して之を徴す。高祖禅を受け、牛弘に命じて楽を定めしめ、正声清商及び九部四舞の色に非ざれば、悉く之を放遣す。帝、啓民可汗将に入朝せんとするを以て、富楽を以て之に誇らんと欲す。太常少卿の裴薀、旨を希《ねが》ひて、「天下の周・斉・梁・陳の楽家の子弟を括して皆楽戸と為し、其の六品以下庶人に至り、音楽を善くする者有れば、皆太常に直《あ》てん」と奏す。帝之に従ふ。是に於て四方の散楽、大いに東京に集まり、之を芳華苑の積翠池の側に閲す。舎利獣有り先づ来りて跳躍し、水を激して衢に満し、黿鼉・亀鼈・水人・蟲魚、偏く地を覆ふ。又鯨魚有り霧を噴きて日を翳ひ、倏忽《しゅくこつ》として化して黄龍と成り、長さ七、八丈なり。又二人竿を戴き、上に舞ふ者有り、欻然《くつぜん》として騰過し、左右処を易ふ。又神鼇有り山を負ひ、幻人火を吐き、千変萬化す。伎人皆錦繡繒綵を衣《き》、舞ふ者は環佩を鳴らし、花毦《じ》を綴る。京兆・河南に課し其の衣を製らしめ、両京の錦綵之が為に空しく竭く。

（7）『隋書』巻六七裴蘊伝

大業初、考績連最。煬帝聞其善政、徴為太常少卿。初、高祖不好声技、遣牛弘定楽、非正声清商及九部四儛之色、皆罷遣従民。至是、蘊揣知帝意、奏括天下周斉梁陳楽家子弟、皆為楽戸。其六品已下、至于民庶、有善音楽及倡優百戯者、皆直太常。是後異技淫声咸萃楽府、皆置博士弟子、遞相教伝、増益楽人至三萬餘。帝大悦、遷民部侍郎。

大業の初め、考績連最にり。煬帝其の善政を聞き、徴して太常少卿と為す。初め、高祖声技を好まず、牛弘をして楽を定めしめ、正声清商及び九部四儛の色に非ざれば、皆罷め民に従らしむ。是に至り、蘊は帝意を揣知し、奏して天下の周・斉・梁・陳の楽家の子弟を括《まと》め、皆楽戸と為す。其の六品已下、民庶に至り、音楽及び倡優・百戯を善す者あれば、皆太常に直つ。是のち異技・淫声・咸萃・楽府、皆博士弟子を置き、遞《たがひ》に相教伝し、楽人を増益すること三萬餘に至る。帝大いに悦び、民部侍郎に遷す。

（8）『隋書』巻三煬帝紀大業六年二月

庚申、徴魏斉周陳楽人、悉配太常。

庚申、魏・斉・周・陳の楽人を徴し、悉く太常に配す。

43　西苑一六院

其内造十六院、屈曲遶龍鱗溝[校①]（龍鱗渠之訛）。其第一延光院、第二明彩院、第三合香院（含香院）、第四□華院[校②]（承華院）、第五凝暉院、第六麗景院、第七飛英院、第八流芳院、第九耀儀院、第十結綺院、第十一百福院、第十二萬善院[校③]、第十三長春院、第十四永楽院、第十五清暑院、第十六明徳院。□（並）置四品夫人十六人、各主一院。庭植名花、秋冬即翦雑彩為之[校④]、色渝則改著新者。

其の内、一六院を造り、屈曲して龍鱗渠を遶る。其の第一は延光院、第二は明彩院、第三は含香院、第四は承華院、第五は凝暉院、第六は麗景院、第七は飛英院、第八は流芳院、第九は耀儀院、第一〇は結綺院、第一一は百福院、第一二は萬善院、第一三は長春院、第一四は永楽院、第一五は清暑院、第一六は明徳院。四品の夫人一六人を置き、各《おの》おの一院を主らしむ。庭、名花を植ゑ、秋冬は即ち、雑彩を翦り之を為り、色渝《かは》れば則ち改め新しきを著くなり。

校勘①「屈曲遶龍鱗溝」を『重較説郛』は「屈曲周繞龍鱗渠」に作る。「龍鱗渠」が正しい。

校勘②「第四□華院」を『重較説郛』は「第四承華院」に作る。『河南志』巻三「隋城闕古跡」に伝える一六院の第四院の名に「承華院」とあるから、「第四承華院」に作るべきであろう。

校勘③「第十二院萬善院」を『重較説郛』は「第十二□善院」に作る。『河南志』巻三「隋城闕古跡」に伝える一六院の第一二院の名に「萬善院」とあるから、「萬善院」に作るべきであろう。

校勘④「秋冬即翦」を『重較説郛』は「秋冬即剪」に作る。

一六院に関して『河南志』巻三隋城闕古蹟・西苑には次のようにいう。

苑内設十六院。延光院第一。明彩院第二。含香院第三。承華院第四。凝暉院第五。麗景院第六。飛英院第七。流芳院第八。曜（耀）儀院第九。闕第十。百福院第十一。萬善院第十二。長春院第十三。永楽院第十四。清暑院第十五。明徳院第十六。

苑内には一六院を設く。延光院第一。明彩院第二。含香院第三。承華院第四。凝暉院第五。麗景院第六。飛英院第七。流芳院第八。耀儀院第九。闕第一〇。百福院第一一。萬善院第一二。長春院第一三。永楽院第一四。清暑院第一五。明徳院第一六。

参考史料

（1）『玉海』巻一六八宮室「歴代院名」隋

椒房・朝采・含芳・春風・滋蘭・南風・大業東西・芳華・延光・承華・凝暉・麗景・飛英・流芳・耀儀・結綺・百福・萬善・長春・永楽・清暑・明徳。

（2）『海山記』

詔定西苑十六院名。景明一迎暉二棲鸞三晨光四明霞五翠華六文安七積珍八影紋九儀鳳十仁智十一清修十二宝林十三和明十四綺陰十五降陽十六、皆帝自製名、院有二十（十六）人、皆択宮中佳麗謹厚、有容色美人実之、毎一院選帝常幸御者為之首。毎院有宦者主出入易市。

詔して西苑一六院名を定む。景明一・迎暉二・棲鸞三・晨光四・明霞五・翠華六・文安七・積珍八・影紋九・儀鳳一〇・仁智一一・清修一二・宝林一三・和明一四・綺陰一五・降陽一六。皆帝自ら名を製る。院に一六人有り、皆宮中の佳麗謹厚にして容色有る美人を択び之に実て、一院毎に帝の常に幸御する者を撰びて之が首と為す。院毎に宦者有り出入・易市を主る。

『海山記』は唐末の小説であり、もとより信じるに足りない。

（3）『新編分門古今類事』巻一帝王運兆門上所引の「煬帝縦魚」

煬帝時、有献巨鯉者、帝問漁者何姓、曰、姓解。乃丹書解生二字於額、縦之池中。後見此魚益大、出於波瀾、解字已不全、惟存角生字。帝悪之、欲射而魚没。竭池索之、不獲。蓋鯉而角生、乃李唐将興之兆也。噫、自古興廃之兆、必有吉凶之符、符至而能、竦然以道徳合之、則瑞応可保。故武王周公享魚鳥之瑞、君臣祗恐、動色相戒。至於庸常、睹之於瑞則自矜、而懈其所修、於異則自怨、而逆其所戒。由是瑞反為妖、妖遂為災。鄭之龍、魯之麟、漢之白雉、莽之黄犀是也。若夫逢凶而懼、反躬自新、則孽可更而為瑞。商之桑穀、成王之大風、宋景之熒惑、従可知矣。煬帝睹巨鯉之変、不知徳修、乃竭池索之、是逆其変而欲以力勝天也、鳥得不亡乎。出闕史

煬帝の時、巨鯉を献ずる者有り、帝は漁者の何姓かを問ふに、曰はく「姓は解」と。乃ち「解生」の二字を額に丹書し、之を池中に縦《はな》つ。のち此の魚を見るに益ます大となり、波瀾より出づるに、「解」字已に全からず、惟だ「角生」字を存すのみ。帝之を悪み、射んと欲すれば魚没す。池を竭して之を索むに獲ず。蓋し鯉にして角《つの》生ずは、乃ち李唐将《まさ》に興らんとするの兆なり。噫《ああ》、古より興廃の兆、必ず吉凶の符有り、符至り而して能く竦然として道徳を以てに合へば、則ち瑞応保つべきなり。故に武王・周公は魚鳥の瑞を享け、君臣祗恐し、動色して相戒む。庸常に至りては、之を睹け瑞ならば則ち自ら矜り、而して其の所修む所を懈り、異なれば則ち自ら怨、而逆其所戒。是れより瑞は反て妖と為り、妖は遂ひに災と為る。鄭の龍、魯の麟、漢の白雉、莽の黄犀是れなり。若し夫れ凶に逢へば而して懼れ、反て躬ら自新し、則ち孽を更め而して瑞と為すべし。商の桑穀、成王の大風、宋景の熒惑、従りて知るべきなり。煬帝、巨鯉の変に睹け、徳修を知らず、乃ち池を竭して之を索む。是れ其の変に逆ひ、力を以て天に勝たんと欲するなり、鳥亡ばざるを得や。

44　龍鱗渠・逍遙亭

其池沼之內。冬月亦翦綵為芰荷。校①毎院開東西南三門、校②門並臨龍鱗渠。渠面濶二十歩、上跨飛橋。過橋百歩、即種楊柳修竹、校③四面鬱茂、名花美草、隠映軒陛。校④其中有逍遙亭、八面合成、鮮華之麗、校⑤冠絶古今。其十六院、例相倣斅。校⑥

其の池沼の内。冬月亦綵を翦り芰荷《はすひし》を為る。毎院東西南に三門を開き、門は並びに龍鱗渠に臨む。渠の面濶は二〇歩にして、上には飛橋を跨ぐ。橋を過ぎること一〇〇歩にして、即ち楊柳を種ゑ、竹を修《ととの》へ、四面鬱茂し、名花美草は、軒陛に隠映す。其の中に逍遙亭有り、八面もて合せ成り、鮮華の麗は、古今に冠絶す。其の一六院、例として相倣斅《こう》す。

校勘①　「冬月亦翦綵為芰荷」を『重較説郛』は「冬月亦剪綵為芰荷」に作る。

校勘②　「毎院開東西南三門」を『重較説郛』は「毎院開西南三門」に作り、「東」字なし。

校勘③　「即種楊柳修竹」を『重較説郛』は「即楊柳修竹」に作り、「種」字を脱す。

校勘④　「隠映軒陛」を『重較説郛』は「隠暎軒陛」に作る。

校勘⑤　「八面合成、鮮華之麗」を『重較説郛』は「四面合成、結構之麗」に作る。

校勘⑥　「例相倣斅」を『重較説郛』は「例相倣效」に作る。

龍鱗渠と逍遙亭に関して、『河南志』巻三隋城闕古蹟・西苑「明徳院」の註には次のようにいう。

毎院備有堂皇（隍？）之麗、階庭並植名花奇樹。院□（東）西南開三門、門並臨龍鱗渠。渠面闊二十歩。上跨飛橋。院置一屯、用院名名之。逍遙亭。在苑内。

院毎に備へて堂隍の麗有り、階庭並びに名花奇樹を植ゑる。院は東西南に三門を開き、門並びに龍鱗渠に臨む。

渠の面闊二〇歩にして、上は飛橋を跨ぐ。院に一屯を置き、院名を用て之に名づく。逍遙亭。苑内に在り。

参考史料

『貞観政要』巻一〇行幸

貞観十一年、太宗幸洛陽宮、泛舟于積翠池、顧謂侍臣曰、此宮観台沼、並煬帝所為。所謂駆役生民、窮此雕麗、復不能守此一都、以萬民為慮。好行幸不息、民所不堪。昔詩人云、何草不黄、何日不行。小東大東、杼軸其空。正謂此也。遂使天下怨叛、身死国滅、今其宮苑尽為我有。隋氏傾覆者、豈惟其君無道、亦由股肱無良。如宇文述虞世基裴蘊之徒、居高官、食厚禄、受人委任、惟行諂佞、蔽塞聡明。欲令其国無危、不可得也。

貞観一一年（六三七）、太宗、洛陽宮に幸し、舟を積翠池に泛べ、顧みて侍臣に謂ひて曰はく、「此の宮観台沼並びに煬帝の為る所なり。所謂生民を駆役し、此の雕麗を窮む。復《また》此の一都を守りて、萬民を以て慮と為す能はず。行幸を好みて息まざるは、民の堪へざる所なり。昔、詩人云はく「何の草か黄ならざらん、何の日か行かざらん。小東大東、杼軸《ちょぢく》其れ空し」と。正に此れを謂ふなり。遂に天下をして怨叛せしめ、身死し国滅び、今其の宮苑尽《みな》我が有と為る。隋氏の傾覆するは、豈に惟れ其の君無道なるのみならんや、亦股肱に良なきに由る。宇文述・虞世基・裴蘊の徒の如きは、高官に居り、厚禄を食み、人の委任を受け、惟だ諂佞を行ひ、聡明を蔽塞す。其の国をして危き無からしめんと欲すとも、得べからざるなり」と。

45　西苑種蔬植果

毎院各置一屯、屯即周（用）院屯名之[校①]。屯別置［正］一人・副二人、並用宮人為之。其屯内備養芻豢、穿池養魚。為園種蔬植瓜果。四時餚膳[校②]、水陸之産、靡所不有。

毎院各《おの》おの一屯を置き、屯は即ち院名を用ゐ之に名づく。屯別に正一人・副二人を置き、並びに宮人を用《もつ》て之に為す。其の屯内、芻豢《すうかん》（草や穀類を食べる家畜）を備養し、池を穿ち魚を養ひ、園を為り蔬（野菜）を種ゑ瓜果を植ゑ、四時《しいじ》膳に餚《そな》へ、水陸の産、あらざる所靡《な》し。

校勘①「屯即周院屯名之」を『重較説郛』は「屯即用院名名之」に作る。『重較説郛』のほうが正しいであろう。

校勘②「四時餚膳」を『重較説郛』は「四時殽膳」に作る。

西苑の種蔬植果に関して、『河南志』巻三隋城闕古蹟・西苑「明徳院」の註には次のようにある。

屯内養羊豕池魚、園蔬瓜果悉具。

屯内に羊豕・池魚を養ひ、園に蔬・瓜・果悉く具《そな》ふ。

46　春遊之曲

其外遊観之処。復有数十。或泛軽舟画舸。習採菱之歌。或升飛橋閣道。奏春遊之曲。

其の外、遊観の処、復《また》数十有り、或いは軽舟・画舸を泛べ、採菱の歌を習ひ、或いは飛橋の閣道に升り、春遊の曲を奏《かな》でる。

47　蓬莱山

苑内造山為海、周十餘里、水深数丈。其中有方丈蓬萊瀛州諸山[校①]、相去各三百歩。山高出水百餘尺。上有道真観集霊台総仙宮[校②]、分在諸山。風亭月観、皆以機成、或起或滅、若有神変。

苑内山を造り海を為り、周り十餘里にして、水深は数丈なり。其の中に方丈・蓬萊・瀛州諸山有り、相去ること各《おの》おの三〇〇歩なり。山の高く水百餘尺を出すなり。上に道真観・集霊台・総仙宮有り、諸山に分在す。風亭・月観は皆機を以て成し、或いは起り或いは滅し、神変あるの若し。

校勘① 「瀛州諸山」を『重較説郛』は「瀛洲諸山」に作る。

校勘② 「集霊台」を『重較説郛』は「習霊台」に作る。

西苑の池亭に関して、『河南志』巻三隋城闕古蹟・西苑には次のようにある。

造山為海、周十餘里。水深数丈。中有方丈蓬莱瀛州諸山、相去各三百歩。山高水出百餘尺。上有通真観集霊台総仙宮、分在諸山。別有浮橋水殿百餘、泛濫往来。

山を造り海を為り、周り十餘里。水深は数丈なり。中に方丈・蓬莱・瀛州諸山有り、相去ること各《おの》おの三〇〇歩。山高く水百餘尺を出すなり。上に通真観・集霊台・総仙宮有り、諸山に分在す。別に浮橋水殿百餘有り、泛濫して往来す。

集霊台の名は『玉海』巻一六二宮室「歴代台名」隋にみえる。

建章麗春麗日月輪雲光集霊。

建章・麗春・麗日・月輪・雲光・集霊。

48　曲水殿

海北有龍鱗渠、屈曲周遶十六院入海。海東有曲水池、[校①] 其間有曲水殿、上巳禊飲之所。

海北に龍鱗渠有り、屈曲して一六院を周遶し海に入る。海東に曲水池有り、其の間、曲水殿有り、上巳禊飲の所なり。

校勘① 「屈曲周遶十六院入海。海東有曲水池」を『重較説郛』は「屈曲周繞十六院入海。東有曲水池」に作り、「遶」字を

「繞」字に作り、「海東」を単「東」に作る。「海」字を補足するべきであろう。

西苑の曲水殿に関しては、『河南志』巻三隋城闕古蹟・西苑に次のようにある。

龍鱗渠。在海北、屈曲水周遶十六院入海。曲水池。在海東中、有曲池水殿、上巳日禊除之所。

龍鱗渠。海北に在り、屈曲せる水、一六院を周遶し海に入る。曲水池。海東中に在り、曲池水殿有り、上巳の日、禊除の所なり。

参考史料

『太平御覧』巻一七五居処部三「殿」

[西京新記] 又曰、流杯殿、東西廊殿南頭両辺、皆有亭子、以間山池。此殿上作漆《?》、渠九曲、従陶光園引水入渠。隋煬帝常於此為曲水之飲。在東都。

「西京新記」に又曰ふ、流杯殿、東西廊殿の南頭両辺、皆亭子有り、以て山池を間《まじ》ふ。此の殿上に漆《?》を作し、渠は九曲し、陶光園より水を引き渠に入る。隋の煬帝常に此に曲水の飲を為す。東都に在り。

49　清夜遊

毎秋八月、月明之夜、帝引宮人三五十騎、人定之後、開閶闔門入西苑、歌管□□校① [達曙]。諸府寺因校②乃置清夜遊之曲数十首。

毎秋八月、月明の夜、帝、宮人三、五〇騎を引ゐ、人定の後、閶闔《しょうこう》門を開き西苑に入り、歌管して曙に達す。諸府寺因りて乃ち清夜遊の曲数十首を置く。

校勘①　「歌管□□」を『重較説郛』は「歌管達曙」に作る。「達曙」に二字は補うべきである。

校勘② 「諸府寺因」を『重較説郛』は「諸府事」に作り、「因」字なし。

『続世説』巻九汰侈に、煬帝の清夜游を次のようにいう。

煬帝作西苑、其内為海、海北有龍鱗渠。作十六院、門皆臨渠、毎院以四品夫人主之。翦綵為芰荷、臨幸則去水而布之。上好以月夜従宮女数千（数千は数十）騎游西苑、作清夜游曲。馬上奏之。

煬帝西苑を作り、其の内に海を為る。海北に龍鱗渠有り。一六院を作り、門皆渠に臨み、院毎に四品夫人を以て之を主らしむ。綵を翦り芰荷《はすひし》を為り、臨幸せば則ち水を去りて之を布く。上好むに月夜を以てし、宮女数十騎を従へ西苑に遊し、清夜游の曲を作り、馬上に之を奏《かな》でる。

50 築宮城

初、衛尉卿劉権[校①]秘書丞韋萬頃総監築宮城。一時布兵夫、周帀[校②]四面、有七十萬人。城周帀両重、延袤三十餘里、高四十七尺、六十日成[校③]。其内諸殿基及諸墻院、又役十餘萬人。直（其?）東都土工監常役八十餘萬人。其木工瓦工金工石工、又役十餘萬人[校④]。

初め、衛尉卿の劉権・秘書丞の韋萬頃、宮城を築くを総監す。一時に兵夫を布べ、四面に周帀《そう》して七〇萬人有り。城は両重に周帀し、延袤《ぼう》三十餘里、高さ四七尺、六〇日にして成る。其の内、諸殿基及び諸墻院、又十餘萬人を役す。其の東都土工監、八十餘萬人を常役す。其の木工・瓦工・金工・石工、又十餘萬人を役す。

校勘① 「衛尉卿劉権」を『重較説郛』は「尉尉卿列権」に作るが、「衛尉卿劉権」が正しい。

校勘② 「帀」字を『重較説郛』は「匝」字に作る。意味は同じ。

校勘③ 『重較説郛』は「六十日成」の句なし。

校勘④　「直東都土工監。常役八十餘萬人。其木工・瓦工・金工・石工。又役十餘萬人」の語、『重較説郛』は全て脱す。

宮城の造営に関して、『河南志』巻三隋城闕古蹟・皇城は次のようにいう。

宮城曰紫微城。在都城之西北隅。衛尉卿劉権秘書丞韋萬頃監築宮城。兵夫七十萬人。城周帀両重。延袤三十餘里、高三十七尺、六十日成。其内諸殿及墻院、又役十餘萬人。直（其?）東都土工監、当役八十餘萬人。其木工瓦工金工石工、又十餘萬人。

宮城は紫微城と曰ふ。都城の西北隅に在り。衛尉卿の劉権・秘書丞の韋萬頃、宮城を築くを監す。兵夫七〇萬人。城の周帀《そう》は両重。延袤《ぼう》三十餘里、高さ三七尺、六〇日にして成る。其の内諸殿及び墻院、又十餘萬人を役す。其の東都土工監、役に当るは八十餘萬人。其の木工・瓦工・金工・石工、又十餘萬人なり。

「周孝敏誌」（『唐代墓誌銘彙編附考』一冊四五）に、

父豹、隋蒲城渭浜二県令、東都土工副監。

とあり、周孝敏の父が「営東都土工副監」となったとある。また「耿□誌」（『唐代墓誌銘彙編附考』一冊四八）に、

考深、隋任営東都□工監、後遷□□衛司兵参軍。

とあり、耿深が「営東都□工監」となったとある。これらの墓誌銘には「東都」とあるから、東京が東都と名称変更となった大業五年以後の就任を伝えるものであろうか。であれば、東都洛陽城は大業二年の竣工後も造営が続行されていたことになる。大業二年の竣工は都城として一時的な完成であったことになる。

51　河南郡県廨

河南郡在宣範里西北、去宮城七里。河南県在政化里、去宮城八里、在天津街西。洛陽県在徳茂里、宣仁門道北西、

去宮城六里。

河南郡は宣範里の西北に在り、宮城を去ること七里なり。河南県は政化里に在り、宮城を去ること八里にして、天津街の西に在り。洛陽県は徳茂里に在り、宣仁門道の北西、宮城を去ること六里なり。

河南郡治と河南県治・洛陽県治に関して、『河南志』は次のようにいう。まず、河南郡治に関して、

次北宣範坊。隋唐半坊為河南府廨。西北去宮城七里。（巻一京城門坊街隅古蹟）

次北は宣範坊。隋・唐の半坊は河南府廨と為す。西北して宮城を去ること七里なり。

といい、隋唐の河南郡治・河南府治は河南県にあった宣範坊に置かれ、治所は半坊を占めたという。

河南県治に関しては、

次北寛政坊。隋有于仲文宅。隋唐河南県治於此坊。……（中略）……。楡柳園、俗伝隋煬帝置。垣牆内外、多植楡柳。亦曰西御園、獅子園隔街相対。（巻一京城門坊街隅古蹟）

次北は寛政坊。隋に仲文宅有り。隋唐の河南県は此の坊に治す。……（中略）……。楡柳園、俗に伝ふ、隋の煬帝置くと。垣牆内外多く楡柳を植う。亦西御園と曰ひ、獅子園は街を隔て相対す。

とある。『元和郡県図志』は隋以来、寛政坊に河南県治が置かれたという。

仁寿四年、遷都。移県於東都城内寛政坊、即今県是也。（巻五河南府河南県）

仁寿四年（六〇四）、都を遷す。県を東都城内の寛政坊に移す、即ち今の県是れなり。

『太平寰宇記』も『元和郡県図志』と同じことをいう。

大業二年、又移於今洛城内寛政坊。即今理所也。（巻三河南道三河南府河南県）

大業二年（六〇六）、又今の洛城内の寛政坊に移す。即ち今の理所なり。

『大業雑記』にいう河南県治があった政化里は隋名であり、唐代では寛政坊といったのである。

洛陽県治に関して、『大業雑記』は徳茂里にあったというが、『河南志』には、

次北毓材坊。其地乃広。徳懋坊之南。半坊之地。隋洛陽県廨居此。西去宮城八里。（巻一京城門坊街隅古蹟）

次北は毓材坊、其の地乃ち広し。徳懋坊の南、半坊の地、隋の洛陽県廨此に居す。西して宮城を去ること八里なり。

とあり、徳懋坊にあったとする。『太平寰宇記』にも、隋以来洛陽県治は徳懋坊に置かれたという。

隋煬帝、遷都、移於今徳懋坊西南隅。（巻三河南府洛陽県）

隋の煬帝、都を遷し、今の徳懋坊の西南隅に移す。

徳茂里と徳懋坊は同じ場所に置かれた里坊で、徳茂里は隋名、徳懋坊（徳懋里）は唐名である。

52　大同市・通遠市

大同市、周四里、在河南県西一里。[校①]出上春門、傍羅城南行四百歩、至漕渠。傍渠西行三里、至通遠橋、橋跨漕渠、橋南即入通遠市。二十門分路入市、市東合漕渠。市周六里。其内郡国舟船舳艫萬計、市南臨洛水。

大同市、周りは四里、河南県の西一里に在り。上春門を出で、羅城に傍《そ》ひ南行すること四〇〇歩にして、漕渠に至る。渠に傍《よ》り西行すること三里にして、通遠橋に至り、橋は漕渠を跨ぎ、橋の南は即ち通遠市に入る。二〇門分路して市に入り、市の東は漕渠に合す。市の周りは六里なり。其の内、郡国の舟船舳艫、萬を計へ、市の南は洛水に臨む。

校勘①「在河南県西一里」を『重較説郛』は「在河南県西十里」に作るが、「一〇里」では長きに失する。「一里」が正しい。

大同市に関して、『河南志』巻一京城門坊街隅古蹟は次のようにいう。

次北大同坊。本曰植業（殖業）［坊］。隋大業六年、徙大同市於此。凡周四里、市開四門、邸一百四十一区、資貨六十六行。因乱廃。唐顕慶中、因旧市以名坊。唐有洛汭府

次北は大同坊。本は殖業坊と曰ふ。隋の大業六年（六一〇）、大同市を此に徙す。凡そ周りは四里、市は四門を開き、邸一四一区、資貨六六行、乱に因りて廃す。唐の顕慶中（六五六〜六六〇）、旧市に因りて以て坊に名づく。唐に洛汭府有り。

通遠市に関して、『河南志』巻一京城門坊街隅古蹟は次のようにいう。

東城之東第四南北街、北当安喜門東街、凡五坊。……（中略）……。従南第一曰時泰坊。隋有通遠橋、跨漕渠。橋南通遠市、周六里。市南臨洛水、有臨寰橋。唐有放生池、其南即上林坊之地。

東城の東、第四南北街、北は安喜門東街に当る。凡そ五坊。……（中略）……。南より第一は時泰坊と曰ふ。隋に通遠橋有り、漕渠に跨る。橋の南は通遠市なり、周りは六里。市の南は洛水に臨み、臨寰橋有り。唐に放生池有り、其の南は即ち上林坊の地なり。

参考史料

『河南志』巻四唐城闕古蹟

［洛水］又東流、至景仁坊之東南、有漕渠。大業初造。初曰通済（通津）。橋南抵通遠市之北西偏門。自此橋之東、皆天下之舟船所集、常萬餘艘、塡満河路、商旅貿易、車馬塡塞、若西京之崇仁坊。

洛水は又東流し、景仁坊の東南に至り、漕渠有り。大業の初め造る。初めは通津と曰ふ。橋南は通遠市の北西の偏門に抵《あた》る。此より橋の東、皆天下の舟船集まる所にして、常に萬餘艘、河路に塡満し、商旅貿易し、車馬塡塞すること、西京の崇仁坊の若し。

53　豊都市

跨水有臨寰橋、橋南二里、有豊都市、[校①]周八里、通門十二。其内一百二十行三千餘肆、甍宇斉平、四望一如、[校②]楡柳交陰、通渠相注。市四壁有四百餘店、重楼延閣、牙（互）相臨暎、[校③]招致商旅、珍貨山積。[校④]

水を跨ぐに臨寰橋有り、橋の南二里にして、豊都市有り、周りは八里、通門は一二なり。其の内は一二〇行・三千餘肆、甍宇斉平し、四望一如、楡・柳交《こも》ごも陰し、通渠相注ぐ。市の四壁に四百餘店有り、重楼延閣、互に相臨暎し、商旅を招致し、珍貨山積す。

校勘①　「橋南二里有豊都市」を『重較説郛』は「橋南三里有豊都市」に作り、「二里」を「三里」に作る。

校勘②　「四望一如」を『重較説郛』は「四望如一」に作る。

校勘③　「牙相臨暎」を『重較説郛』は「互相臨映」に作る。「互相臨映」のほうが意味としては通じる。

校勘④　「珍貨山積」を『重較説郛』は「珍奇山積」に作る。

豊都市に関して、『河南志』巻一京城門坊街隅古蹟は次のようにいう。

次北唐之南市、隋曰豊都市。東西南北、居二坊之地。其内一百二十行三千餘肆、四壁有四百餘店、貨賄山積。

次北は唐の南市、隋は豊都市と曰ふ。東西南北、二坊の地に居る。其の内一二〇行・三千餘肆、四壁に四百餘店有りて、貨賄山積す。

参考史料

（1）『隋書』二八百官志下・大府寺

京師東市曰都会、西市曰利人。東都東市曰豊都、南市曰大同、北市曰通遠。

京師の東市は都会と曰ひ、西市は利人と曰ふ。東都の東市は豊都と曰ひ、南市は大同と曰ひ、北市は通遠と曰ふ。

（2）『太平御覧』巻一九一居処部一九「市」

西京記曰、東京豊都市、東西南北、居二坊之地。四面各開三門、邸凡三百一十二区、資貨一百行。

「西京記」に曰はく、東京の豊都市、東西南北、二坊の地に居す。四面各《おの》おの三門を開き、邸は凡そ三一二区、資貨一〇〇行なり。

（3）『太平御覧』巻一九一居処部一九「市」

[西京記] 又曰、大業六年、諸夷来朝、請入市交易、煬帝許之。於是修飾諸行、葺理邸店、皆使甍宇斉正、卑高如一。瓌貨充積、人物華盛。時諸行鋪、競崇侈麗、至売菜者、亦以龍鬚席藉之。夷人有就店飲噉、皆令不取直、胡夷驚視、寖以為常。

「西京記」に又曰ふ、大業六年（六一〇）、諸夷来朝し、市に入り交易することを請ふに、煬帝之を許す。是に於て諸行を修飾し、邸店を葺理し、皆甍宇斉正せしめ、卑高一の如し。瓌《?》貨充積し、人物華盛す。時に諸行鋪、競ひて侈麗を崇び、菜を売る者、亦龍鬚《しゅ》席を以て之を藉くに至る。夷人、店に就き飲噉《たん》あれど、皆直を取らざらしむ。胡夷驚視するも、寖《やうやく》して以て常と為す。

（4）『資治通鑑』巻一八一大業六年正月

帝以諸蕃酋長畢集洛陽、丁丑、於端門街盛陳百戯、戯場周囲五千歩、執絲竹者萬八千人、声聞数十里、自昏至旦、灯火光燭天地、終月而罷、所費巨萬。自是歳以為常。諸蕃請入豊都市交易、帝許之。先命整飾店肆、簷宇如一、盛設帷帳、珍貨充積、人物華盛、売菜者亦藉以龍須席。胡客或過酒食店、悉令邀延就坐、酔飽而散、不取其直、紿之曰、中国豊饒、酒食例不取直、胡客皆驚歎。其黠者頗覚之、見以繒帛纏樹、曰、中国亦有貧者、衣不蓋形、何如以此物与之、纏樹何為、市人慙不能答。

帝は諸蕃の酋長洛陽に畢集するを以て、丁丑、端門街に於て百戯を盛陳す、戯場の周囲五千歩、絲竹を執る者萬八千人、声は数十里に聞え、昏より旦に至り、灯火の光は天地を燭す、終月にして罷む、費やすところ巨萬。是れより歳々以て常と為す。諸蕃の豊都市に入り交易を請ふは、帝は之を許す。先づ命じて店肆を整飾せしめ、簷宇一の如く、帷帳を盛設し、珍貨充積し、人物華盛に、菜を売る者の亦藉《し》くに龍須席を以てす。胡客或いは酒食店を過ぐれば、悉く邀へ延きて坐に就かしめ、酔飽して散じ、其の直を取らず、之を紿《あざむ》きて曰はく、「中国は豊饒にして、酒食は例して直を取らず」と、胡客は皆驚歎す。其の黠《さと》き者頗る之を覚り、繒帛を以て樹を纏ふを見て、曰はく、「中国にも亦貧者有り、衣形を蓋はず、何ぞ此物を以て之に与ふるに如かん、樹に纏ふは何をか為す」と、市人慙ぢて答ふる能はず。

（5）『隋書』巻四煬帝紀大業一三年四月
己丑、賊帥孟讓、夜入東都外郭、焼豊都市而去。

己丑、賊帥の孟讓、夜に東都の外郭に入り、豊都市を焼きて去る。
（6）『隋書』巻二三「五行志下」裸蟲之孽
〔大業〕十二年、……（中略）……。李密逼東都、孟讓焼豊都市而去。

大業一二年（六一六）、……（中略）……。李密東都に逼り、孟讓、豊都市を焼きて去る。

54　亭子宮・華林園
出上春門、東十二里、有亭子宮。宮南臨漕渠、東臨積潤池。池東二十里、有華林園、備池塘臨玩之処。

上春門を出で、東すること一二里にして、亭子宮有り。宮南は漕渠に臨み、東は積潤池に臨む。池東二〇里にして、華林園有り、池塘臨玩を備ふの処なり。

亭子宮と華林園に関して、『河南志』巻三隋城闕古蹟・雑録には次のようにある。

亭子宮。在上東門東十二里。南臨漕渠、北臨積潤池。池東二十里、有華林園、備有池榭。

亭子宮。上東門の東一二里に在り。南は漕渠に臨み、北は積潤池に臨む。池の東二〇里にして、華林園有り、備ふに池榭有り。

55　景華宮・含景殿

建国門西南十二里、有景華宮。宮内有含景殿及射堂楼観池隍。

建国門の西南一二里に、景華宮有り。宮内には含景殿及び射堂・楼観・池隍有り。

含景殿の所在に関して、『河南志』巻三隋城闕古蹟・西苑には次のようにある。

淩波宮。在□□門西□□二里（在建国門西南十二里）。宮内有含景殿及射堂楼観池隍、十数里。

淩波宮。建国門の西南一二里に在り。宮内には含景殿及び射堂・楼観・池隍有り、十《?》数《?》里《?》。

含景殿は西苑の淩波宮内にあった。この事実により『河南志』の闕字は『大業雑記』の「景華宮・含景殿」より、「建国門西南十二里」と補字できよう。

淩波宮は景華宮の誤りではないかと疑われるが、『河南志』巻四唐城闕古蹟・東都苑に、

淩波宮。隋造。隋及唐初、苑内又有朝陽宮栖雲宮景華宮成務殿大順殿文華殿春林殿和春殿華渚堂一作華渚殿翠阜堂流芳堂清風堂光風堂崇蘭堂麗景堂鮮雲堂。又有迴流亭流風亭露華亭飛香亭芝田亭長塘亭一作草塘芳洲亭翠阜亭流芳亭飛華亭留春亭澂秋亭

洛浦亭、皆隋煬帝所造、武徳貞観之後、多漸移毀。

淩波宮。隋造る。隋及び唐初、苑内又朝陽宮・栖雲宮・景華宮・成務殿・大順殿・文華殿・春林殿・和春殿・華渚堂一作華渚殿・翠阜堂・流芳堂・清風堂・光風堂・崇蘭堂・麗景堂・鮮雲堂有り。又廻流亭・流風亭・露華亭・飛香亭・芝田亭・長塘亭一作草塘・芳洲亭・翠阜亭・流芳亭・飛華亭・留春亭・澂秋亭・洛浦亭有り、皆隋の煬帝造る所にして、武徳・貞観の後、多く漸《しだい》に移毀す。

とあり、淩波宮も景華宮も東都苑内にあった宮殿とする。「唐城闕古蹟」は淩波宮を主体に記述したものであり、『大業雑記』の記事が誤っているわけではない。

景華宮の位置は建国門の西南一二里にあると『大業雑記』はいうから、龍門付近にあったことになる。「唐城闕古蹟」は東都苑内にあったという。東都苑は洛陽城の西にあり、所在場所が合致しない。西苑・東都苑の一部として、龍門付近に淩波宮や景華宮があったのであろうか。

参考史料

（1）『河南志』巻三隋城闕古蹟・西苑

又有朝陽宮棲雲宮。成務殿大順殿文華殿春林殿和春殿華渚堂翠阜堂流芳堂清風堂光風堂崇蘭堂麗景堂鮮雲堂回流亭流風亭露華亭飛香亭芝田亭長塘亭芳洲亭翠阜亭芳林亭流芳亭飛花亭留春亭澂秋亭洛浦亭。

又朝陽宮・棲雲宮有り。成務殿・大順殿・文華殿・春林殿・和春殿・華渚堂・翠阜堂・流芳堂・清風堂・光風堂・崇蘭堂・麗景堂・鮮雲堂・回流亭・流風亭・露華亭・飛香亭・芝田亭・長塘亭・芳洲亭・翠阜亭・芳林亭・流芳亭・飛花亭・留春亭・澂秋亭・洛浦亭。

（2）『隋書』巻四煬帝紀大業一二年五月

壬午、上於景華宮徵求蛍火、得数斛、夜出遊山、放之、光徧巖谷。

壬午、上は景華宮に於て蛍火を徵求し、数斛を得、夜、遊山に出で、之を放つに、光は巖谷に徧し。

（3）『貞観政要』巻六「慎言語」

貞観八年、太宗謂侍臣曰、言語者君子之枢機、談何容易。凡在衆庶、一言不善、則人記之、成其耻累。況是萬乗之主、不可出言有所乖失。其所虧損至大、豈同匹夫。我常以此為戒。隋煬帝初幸甘泉宮、泉石称意、而怪無蛍火、勅云、捉取多少於宮中照夜。所司遽遣数千人採拾、送五百輿於宮側。小事尚爾、況其大乎。

貞観八年（六三四）、太宗、侍臣に謂ひて曰はく、「言語は君子の枢機、談は何ぞ容易ならんや。凡そ衆庶に在りても、一言不善ならば、則ち人之を記し、其の耻累を成す。況や是れ萬乗の主、言を出すに乖失するところ有るべからず。其の虧損するところ至大なれば、豈に匹夫と同じからんや。我常に此れを以て戒めと為す。隋の煬帝の初め、甘泉宮に幸し、泉石意に称ふに、而して蛍火なきを怪しみ、勅して云ふ、『多少を捉取し宮中に於て夜を照せ』と。所司遽かに数千人を遣り採拾せしめ、五〇〇輿を宮側に送る。小事なほ爾《しか》り、況や其れ大においておや」と。

56　甘泉宮

十餘里、有甘泉宮、一名□潤宮[校①]（阜潤宮）、周十餘里、宮北通西苑。其内多山阜、崇峯曲澗、秀麗標奇。其中有閬風亭麗日亭[校②]棲霞観行雨台清暑殿。[殿] 南有通仙飛橋[校③]百尺磵青蓮峯、峯上有翠微亭。遊賞之美、於斯為最。大業元年春、遷都未成、勅内史舎人封徳彜、於此置宮。

十餘里にして、甘泉宮有り、一名は阜潤宮。周り一〇餘里にして、宮北は西苑に通ず。其の内は山阜多く、崇峯曲澗、秀麗標奇なり。其の中に閬風亭・麗日亭・棲霞観・行雨台・清暑殿有り。殿南に通仙飛橋・百尺磵（磵は澗に同じ）・青蓮峯有り、峯上に翠微亭有り。遊賞の美、斯れを最と為す。大業元年春、遷都未だ成らず、内史舎人の封徳彝に勅して、此に宮を置かしむ。

校勘①　「一名□潤宮」を『重較説郛』は「一名芳潤宮」に作り、『河南志』巻三は「阜澗宮」に作る。

校勘②　『重較説郛』は「麗日亭」なし。

校勘③　「南有通仙飛橋」を『重較説郛』は「殿南有通仙飛橋」に作る。『重較説郛』に従い「殿」字を補うべきであろう。

『河南志』巻三隋城闕古蹟・西苑に、右の甘泉宮の記事に類似する記事がある。

阜澗宮。別名甘泉宮。遷都未成、命内史舎人封徳彝於此営造。周十餘里、宮北通西苑。其内多山阜、有閬風亭麗日亭棲霞観行雨台清暑殿。南有通仙飛橋百尺澗青蓮峯、峯上有翠微亭。後王世充建為甘州。

阜澗宮。別に甘泉宮と名づく。遷都未だ成らず、内史舎人の封徳彝に命じて此に於て営造せしむ。周りは十餘里、宮北は西苑に通ず。其の内、山阜多く、閬風亭・麗日亭・棲霞観・行雨台・清暑殿有り。南は通仙飛橋・百尺澗・青蓮峯有り、峯上に翠微亭有り。のち王世充建てて甘州と為す。

参考史料

（1）『隋書』巻三煬帝紀

[大業元年三月]、又於阜澗営顕仁宮。採海内奇禽異獣草木之類、以実園苑。

大業元年三月、又阜澗に顕仁宮を営む。海内の奇禽・異獣・草木の類を採り、以て園苑を実す。

（2）『資治通鑑』巻一八〇大業元年三月

勅宇文愷、与内史舎人封徳彝等、営顕仁宮。南接阜澗、北跨洛浜。発大江之南五嶺以北奇材異石、輸之洛陽。又求海内嘉木異草珍禽奇獣、以実園苑。

宇文愷に勅し、内史舎人封徳彝等と与《とも》に、顕仁宮を営ましむ。南は阜澗に接し、北は洛浜に跨る。大江の南・五嶺以北の奇材異石を発し、之を洛陽に輸す。又海内の嘉木異草・珍禽奇獣を求め、以て園苑を実す。

(3)『釈氏稽古略』巻二煬帝

勅宇文愷、与内史舎人封徳彝等、営顕仁宮。南接阜湘(阜澗)、北跨洛浜。発大江之南五嶺以北奇材異石、輸之洛陽。又求海内嘉木異草珍禽異獣、以実園苑。

宇文愷に勅し、内史舎人の封徳彝等と与に、顕仁宮を営ましむ。南は阜澗に接し、北は洛浜に跨り、大江の南、五嶺以北の奇材異石を発し、之を洛陽に輸す。又海内の嘉木・異草・珍禽・異獣を求め、以て園苑を実す。

(4)『隋書』巻二四食貨志

又於阜澗営顕仁宮。苑囿連接、北至新安、南及飛山、西至澠池、周囲数百里。課天下諸州、各貢草木花果奇禽異獣於其中。

又阜澗に顕仁宮を営む。苑囿連接し、北は新安に至り、南は飛山に及び、西は澠《めん》池に至り、周囲数百里なり。天下の諸州に課し、各《おの》おの草木・花果・奇禽・異獣を其の中に貢さしむ。

(5)『隋書』巻六六源師伝

煬帝即位、拝大理少卿。帝在顕仁宮、勅宮外衛士不得輒離所守。有一主帥、私令衛士出外、帝付大理繩之。師拠律奏徒、帝令斬之。師奏曰、此人罪誠難恕、若陛下初便殺之、自可不関文墨。既付有司、義帰恒典、脱宿衛近侍者更有此犯、将何以加之。帝乃止。

煬帝即位し、大理少卿を拝す。帝、顕仁宮に在り、勅す、「宮外の衛士輒《みだり》りに守す所を離るを得ず」と。一主帥有り、私かに衛士をして外に出す、帝は大理に付し之を縄《ただ》さしむ。師は律に拠り徒を奏し、帝之を斬らしむ。師奏して曰はく、「此の人の罪誠に恕《ゆる》し難し、若し陛下初め便ち之を殺さば、自ら文墨に関はらざるべし。既に有司に付し、義は恒典に帰し、宿衛近侍を脱す者更に此の犯あれば、将に何を以て之に加ふべきや」と。帝乃ち止む。

（6）『河南志』巻四唐城闕古蹟

明徳宮在合璧宮東南、隋曰顕仁宮。南逼南山、北臨洛水。宮北有射堂・官馬坊。

明徳宮は合璧宮の東南に在り、隋は顕仁宮と曰ふ。南は南山に逼り、北は洛水に臨む。宮北に射堂・官の馬坊有り。

（7）『隋書』巻三〇地理志河南郡寿安県

寿安。有顕仁宮、有慈澗。

寿安。顕仁宮有り、慈澗に有り。

（8）『河南志』巻三隋城闕古蹟

顕仁宮。南逼南山、北臨洛水。

顕仁宮。南は南山に逼り、北は洛水に臨む。

57　江都宮造営

又勅揚州総管府長史王弘、大修江都宮。又於揚子造臨江宮。［宮］内有凝暉殿及諸堂隍十餘所。

又《また》揚州総管府長史の王弘に勅して、大いに江都宮を修めしむ。又《また》揚子に於て臨江宮を造らしむ。宮内に凝暉殿及び諸堂隍一十餘所有り。

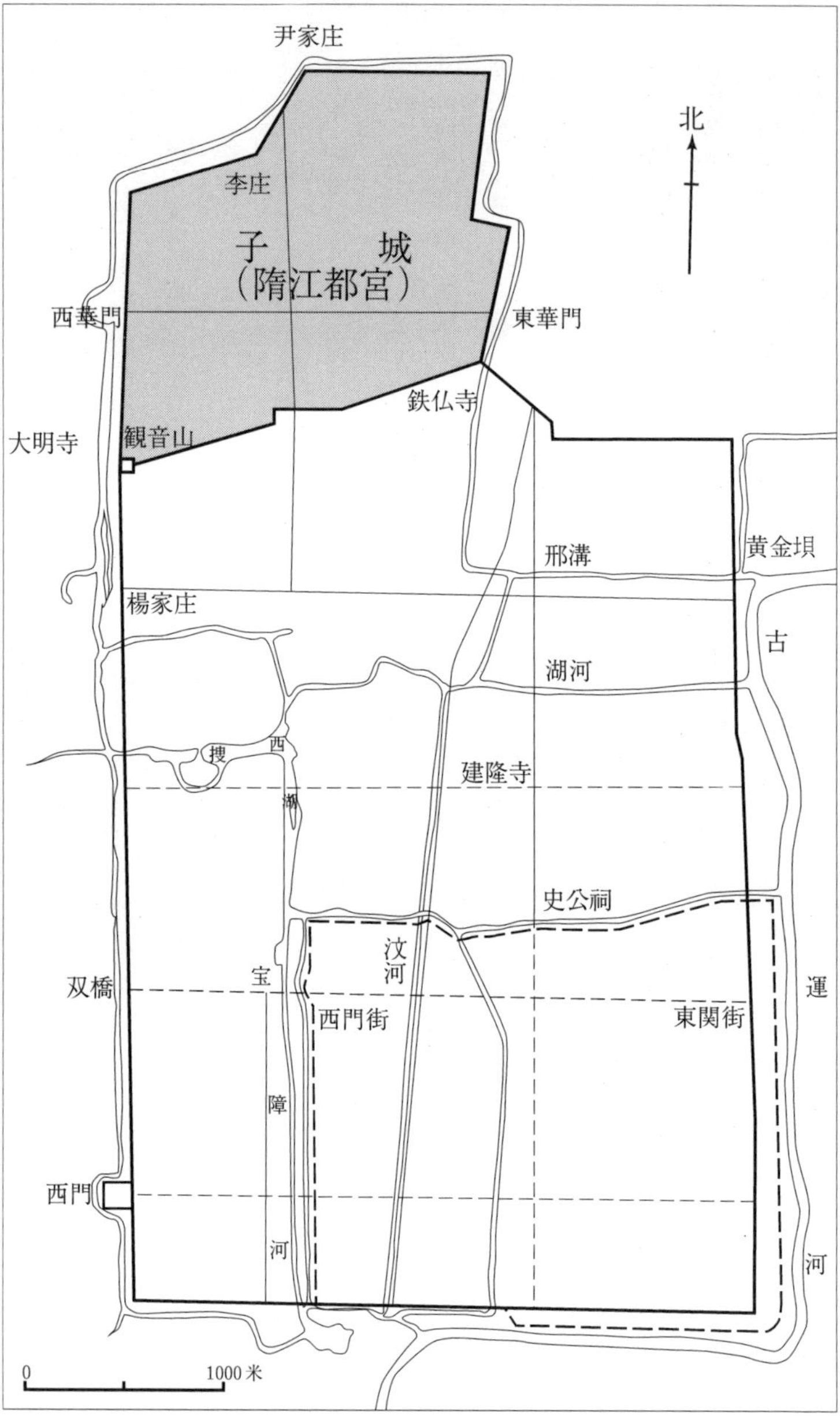

図６　揚州城（「考古」1990年第１期「揚州城考古工作簡報」所載）

参考史料

（１）『隋書』巻七三辛公義伝

仁寿元年、追充揚州道黜陟大使。豫章王暕恐其部内官僚犯法、未入州境、預令属公義。公義答曰、奉詔不敢有私。及至揚州、皆無所縦捨、暕銜之。及煬帝即位、揚州長史王弘入為黄門侍郎、因言公義之短、竟去官。

仁寿元年（六〇一）、追ひて揚州道黜陟大使に充つ。豫章王の暕、其の部内官僚の法を犯すを恐れ、未だ州境に入らざるに、預め公義に属《ふくめお》かしむ。公義答へて曰はく、「詔を奉じて敢へて私あらず」と。揚州に至るに及んで、皆縦捨する所なく、暕之を銜む。煬帝位に即くに及んで、揚州長史の王弘入りて黄門侍郎と為り、因りて公義の短を言ひ、竟《つ》ひに官を去る。

（2）『隋書』巻五九煬三子・斉王暕伝

仁寿中、拝揚州総管沿淮以南諸軍事。

仁寿中、揚州総管沿淮以南諸軍事を拝す。

唐代の揚州城に関しては、安藤更生氏の『鑑真大和上伝之研究』（平凡社　一九六〇）の三二三頁以下に、「唐宋時代に於ける揚州城の研究」があり、愛宕元氏の『唐代地域社会史研究』（同朋社　一九九七）三五七頁以下に、「唐代の揚州城とその郊区」がある。江都宮に関する中国の研究は愛宕氏の研究に言及されているので、併せて参照されたい。

58　龍舟及楼船

又勅王弘、於揚州造［龍］舟及楼船[校①]水殿水杭板艒[校②]板舫[校③]黄篾舫平乗艨艟軽舸等五千餘艘。八月、方得成就。

又王弘に勅して、揚州に於て龍舟及び楼船・水殿・水杭・板艒・板舫・黄篾舫・平乗・艨艟・軽舸等五千餘艘を造らしむ。八月、方に成就するを得。

校勘①　「於揚州造舟及楼船」を『重較説郛』は「於揚州造府及楼船」に作る。「造府」は「造舟」の誤りである。

校勘② 「水航・板⿰舟昜」を『重較説郛』は「航板・⿰舟昜」に作る。

校勘③ 「板舫」を『重較説郛』は「板坊」に作るが、「板舫」が正しい。

『隋書』巻三煬帝紀大業元年（六〇七）三月に龍舟と楼船に関する記事がある。

庚申、遣黄門侍郎王弘上儀同於士澄、往江南採木、造龍舟鳳艒黄龍赤艦楼船等数萬艘。

庚申、黄門侍郎の王弘・上儀同の於士澄をして、江南に往かしめ木を採り、龍舟・鳳艒・黄龍・赤艦・楼船等数萬艘を造らしむ。

『資治通鑑』巻一八〇大業元年三月も同様な記事がある。

［大業元年三月］庚申、遣黄門侍郎王弘等、往江南造龍舟及雑船数萬艘。

大業元年三月庚申、黄門侍郎王弘等をして、江南に往かしめ龍舟及び雑船数萬艘を造らしむ。

参考史料

（1）『釈氏稽古略』巻二煬帝

又遣黄門侍郎王弘等往江南、造龍舟及雑船数萬艘。

又黄門侍郎の王弘等をして江南に往かしめ、龍舟及び雑船数萬艘を造らしむ。

（2）『資治通鑑』巻一八二大業一一年一〇月

楊玄感之乱、龍舟水殿皆為所焚、詔江都更造。凡数千艘、制度仍大於旧者。

楊玄感の乱、龍舟・水殿皆焚く所と為り、江都に詔して更に造らしむ。凡そ数千艘、制度仍ほ旧より大なり。

59 江都行幸

［大業元年］九月、車駕幸江都宮。発藻澗宮、［日暮］、宿平楽園頓。校① 自漕渠口下、乗小朱舟航。校② 行次洛口。御龍舟、皇后御翔螭舟。其龍舟、高四十五尺・濶五十尺長二百尺、四重、上一重有正殿内殿東西朝堂、周以軒廊。中二重有一百六十房、皆飾以丹粉、装以金碧珠翠。雕鏤奇麗、加以流蘇羽葆、校③ 朱絲網絡。下一重、長秋内侍。及乗舟水手、以青絲大條縄六条、校④ 両岸引進。其引船人、普（並）名殿脚、校⑤ 一千八十人、並着雑錦綵、装襖子、行纏鞋韈等。毎縄一条八十人校⑥（六十人?）、分為三番。毎一番引舟、有三百六十人、其人並取江淮以南少壮者為之。皇后御次水殿、名翔螭舟。其殿脚有九百人。校⑦ 又有小水殿九、名浮景舟、並三重、朱絲網絡。校⑧ 已下殿脚為両番、校⑨ 一艘一番一百人。諸嬪妃所乗、校⑩ 又有大朱航三十六［艘］、名漾彩舟、校⑪ 並両重、加網絡。貴人美人及十六夫人所乗、校⑫ 毎一艘一番、殿脚百人、又有朱鳥航二十四艘蒼螭航二十四艘白虎航二十四艘玄武航二十四艘、並両重。其架船人、名為船脚。為両番、一艘一番六十人。又有飛羽舫六十艘、一重。一艘一番四十人。又有青鳧舸十艘、凌波舸十艘。宮人（官人）習水者、乗之、往来供脚校⑬一作奉。已上殿脚及船脚四萬餘人。校⑭ 有五楼船五十二艘、諸王公主及三品以下坐、給黄衣夫、艘別四十人。三楼船一百二十艘、四品官人及四道場玄壇僧尼道士坐、給黄衣夫、艘別三十人。又有二楼校⑮［船］二百五十艘、五品已上及諸国番官（蕃官）乗、［給］黄衣夫、船別二十五人。板榻（艑）二百艘、載羽儀服飾百官供奉之物、［給］黄衣夫、船別二十人。黄篾舫二千艘、六品已下九品以上従官坐、校⑯ 并及五品已上家口坐、校⑰ 並船別給黄衣夫十五人。已上黄衣夫四萬餘人。又有平乗五百艘青龍五百艘艨艟五百艘艚䑢五百艘校⑱ 八櫂舸校⑲二百艘舴艋舸二百艘、並十二衛兵所乗、並載兵器帳幕。校⑳ 兵士自乗、不給夫。発洛口部、五十日乃尽。舳艫相継二百餘里、騎兵翊両岸二十餘萬、毎行次諸部界、五百里之内、競造食献、多者一州百舁。于時天下豊楽、雖此差科、未足為苦。文武百司並従、別有歩騎十餘萬、夾両岸翊舟而行。

大業元年（六〇五）九月、車駕江都宮に幸す。藻澗宮を発し、日暮れ、平楽園頓に宿る。漕渠口より下り、小朱舟航に乗り、行きて洛口に次《やど》る。龍舟に御し、皇后は翔螭舟に御す。其の龍舟、高さ四五尺・濶さ五〇尺・長さ二〇〇尺にして、四重、上の一重に正殿・内殿・東西朝堂有り、周らすに軒廊を以てす。中の二重に一六〇房有り、皆飾るに丹粉を以てし、装ふに金碧珠翠を以てす。雕鏤奇麗にして、加ふるに流蘇羽葆を以てし、朱絲網絡なり。下は一重、長秋・内侍なり。乗舟の水手に及んでは、青絲の大條縄六条を以て、両岸引進す。其の引船の人、並びに殿脚と名づけ、一千八十人、並びに雑錦綵を着き、襖子・行纏・鞋韈等を装ふ。縄一条毎に六〇人、分ちて三番と為す。一番毎に舟を引くに三六〇人有り、其の人並びに江淮以南の少壮なる者を取り之と為す。皇后は次水殿に御し、翔螭舟と名づく。其の殿脚九〇〇人有り。又小水殿九有り、浮景舟と名づけ、並びに三重、朱絲網絡なり。已下の殿脚は両番と為し、一艘一番一〇〇人なり。諸嬪妃乗る所、又大朱航三六艘有り、漾彩舟と名づけ、並びに両重、網絡を加ふ。貴人・美人及び一六夫人乗る所、一艘一番毎に、殿脚一〇〇人なり。又朱鳥航二四艘・蒼螭航二四艘・白虎航二四艘・玄武航二四艘有り、並びに両重。其の架船の人、名づけて船脚と為す。両番と為し、一艘一番六〇人なり。又飛羽舫六〇艘有り、一重。一艘一番四〇人なり。又青鳧舸一〇艘・凌波舸一〇艘有り。官人習水の者、之に乗り、往来し脚を供す一作奉。已上の殿脚及び船脚四萬餘人なり。五楼船五二艘有り、諸王・公主及び三品以下坐し、黄衣夫を給すこと、艘別に四〇人なり。三楼船一二〇艘、四品官人及び四道場・玄壇僧尼道士坐し、黄衣夫を給すこと、艘別に三〇人なり。又二楼船二五〇艘有り、五品已上及び諸国蕃官乗り、黄衣夫を給すこと、船別に二五人なり。板艒二〇〇艘、羽儀・服飾・百官供奉の物を載せ、黄衣夫を給すこと、船別に二〇人なり。黄篾舫二千艘、六品已下九品以上の従官坐し、并せて五品已上の家口坐すに及び、並びに船別に黄衣夫一五人を給す。已上の黄衣夫四萬餘人なり。又平乗五〇〇艘・青龍五〇〇艘・艨艟五〇〇艘・艚艀五〇〇艘・八櫂舸二〇〇艘・舴艋舸二〇〇艘有り、並びに一二衛兵の乗る所にして、並びに兵器・

帳幕を載す。兵士は自ら乗り、夫を給せず。洛口部を発し、五〇日にして乃ち尽く。舳艫相継ぐこと二百餘里、騎兵両岸を翊《たす》けること二十餘萬、毎行、諸部界に次り、五〇〇里の内、競ひて造食して献じ、多き者一州百舁なり。時に天下豊楽にして、此の差科と雖も、未だ苦と為すに足らず。文武百司並びに従ひ、別に歩騎十餘萬有り、両岸を夾み舟を翊《たす》けて行く。

校勘①　「発藻澗宮、宿平楽園頓」を『重較説郛』は「発藻澗、日暮、宿平楽園頓」に作る。「発藻澗」は「発藻澗宮」が正しく、『重較説郛』にしたがい、「日暮」の二字を補足するべきであろう。

校勘②　「乗小朱舟航」を『重較説郛』は「乗小朱航」に作り、「舟」字なし。

校勘③　「加以流蘇羽葆」を『重較説郛』は「綴以流蘇羽葆」に作る。

校勘④　「以青絲大絛縄六条」を『重較説郛』は「以素絲大絛縄六条」に作る。

校勘⑤　「晋名殿脚」を『重較説郛』は「並名殿脚」に作る。『重較説郛』に従うべきである。

校勘⑥　「毎一条八十人」を『重較説郛』は「毎一条百八十人」に作る。三番にわけて、一番（六条からなる）当り舟を引く人は三六〇人であるから、毎一条の人数は六〇人でなければならない。共に誤りで「毎一条六十人」とあるべきであろう。

校勘⑦　「其殿脚有九百人」を『重較説郛』は「其殿角有九百人」に作る。「角」字は「脚」字が正しい。

校勘⑧　「朱絲網絡」を『重較説郛』は「珠絲網絡」に作る。意味から考えて「朱」字が正しい。

校勘⑨　「已下殿脚為両番」を『重較説郛』は「巳下殿脚為両番」に作る。「已下」が正しいことは申すまでもない。

校勘⑩　「諸嬪妃所乗」を『重較説郛』は「諸妃嬪所乗」に作る。

校勘⑪　「名漾彩舟」を『重較説郛』は「名漾綵船」に作る。

校勘⑫「貴人美人及十六夫人所乗」を『重較説郛』は「貴人美人及所乗夫人所乗」に作り、「十六」の字を脱す。

校勘⑬「宮人習水者、乗之往来」を『重較説郛』は「官人習水者、乗之往来」に作る。「宮」字は「官」字が妥当であろう。

校勘⑭「供脚一作奉已上殿脚及船脚四萬餘人」を『重較説郛』は「供脚一作奉及船脚四方餘人」に作る。

校勘⑮「又有二楼」を『重較説郛』は「又有二楼船」に作る。「船」字があるほうがよい。

校勘⑯『重較説郛』は「六品已下九品以上従官坐」のうち、「坐」字なし。

校勘⑰「并五品已上家口坐」を『重較説郛』は「并及五品已上家口坐」に作り、「及」字がある。

校勘⑱「艚艀五百艘」の句、『重較説郛』にはなし。

校勘⑲「八櫂舸」を『重較説郛』は「八擢舸」に作る。

校勘⑳「帳幕」を『重較説郛』は「帳幙」に作る。

大業元年（六〇五）八月壬寅、前年の仁寿四年一一月より東京・洛陽にあった煬帝は、江都に行幸することを決意した。『隋書』巻三煬帝紀大業元年の条には、

［大業元年］八月壬寅、上御龍舟、幸江都。以左武衛大将軍郭衍為前軍、右武衛大将軍李景為後軍。文武官五品已上給楼船、九品已上給黄蔑。舳艫相接、二百餘里。

大業元年八月壬寅、上、龍舟に御し、江都に幸す。左武衛大将軍の郭衍を以て前軍と為し、右武衛大将軍の李景を後軍と為す。文武五品已上は楼船を給し、九品已上は黄蔑を給す。舳艫相接すること二百餘里なり。

とある。また『資治通鑑』巻一八〇大業元年の条には、東京進発の様子をより詳細に伝えて、次のようにある。

［大業元年］八月壬寅、上行幸江都、発顕仁宮。王弘遣龍舟奉迎。乙巳、上御小朱航、自漕渠出洛口、御龍舟。龍舟四重、高四十五尺、長二百丈。上重有正殿内殿東西朝堂、中二重有一百二十房、皆飾以金玉、下重内侍処之。

皇后乗翔螭舟、制度差小、而装飾無異。別有浮景舟九艘、三重、皆水殿也。又有漾彩朱鳥蒼螭白虎玄武飛羽青鳧陵波五楼道場玄壇板艙黄篾等数千艘、後宮諸王公主百官僧尼道士蕃官乗之、及載内外百司供奉之物、共用挽船士八萬餘人。其挽漾彩以上者九千餘人、謂之殿脚、皆以錦綵為袍。又有平乗青龍艨艟艚艔八擢艇舸等数千艘、並十二衛兵乗之、并載兵器帳幕、兵士自引、不給夫。舳艫相接、二百餘里、照耀川陸、騎兵翊両岸而行、旌旗蔽野。所過州県、五百里内、皆令献食、多者一州至百轝、極水陸珍奇、後宮厭飫、将発之際、多棄埋之。

大業元年（六〇五）八月壬寅、上、江都に行幸せんとし、顕仁宮を発す。王弘龍舟を遣はして奉迎す。乙巳、上、小朱航に御し、漕渠より洛口に出で、龍舟に御す。龍舟は四重、高さ四五尺、長さ二〇〇丈。上重には正殿・内殿・東西朝堂有り、中二重には一二〇房有り、皆飾るに金玉を以てし、下重には内侍之に処る。皇后は翔螭舟に乗り、制度差小にして、而も装飾は異なるなし。別に浮景舟九艘有り、三重は皆水殿なり。又漾彩・朱鳥・蒼螭・白虎・玄武・飛羽・青鳧・陵波・五楼・道場・玄壇・板艙・黄篾等数千艘有り、後宮・諸王・公主・百官・僧尼・道士・蕃官之に乗り、及び内外百司供奉の物を載せ、共に挽船士八萬餘人を用ふ。其の漾彩以上を挽く者は九千餘人、之を殿脚と謂ひ、皆錦綵を以て袍と為す。又平乗・青龍・艨艟・艚艔・八擢・艇舸ら数千艘有り、並びに一二衛の兵之に乗り、并せて兵器・帳幕を載せ、兵士自ら引き、夫を給せず。舳艫相接すること二百餘里、川陸に照耀し、騎兵両岸を翊《はさみ》て行き、旌旗、野を蔽ふ。過ぐる所の州県、五〇〇里の内は皆食を献ぜしめ、多き者は一州百轝に至り、水陸の珍奇を極め、後宮厭飫し、将に発せんとするの際、多く之を棄埋す。

すなわち、煬帝が江都に向けて進発したのは東京城ではなく、豫州（河南郡）寿安県に設置されていた離宮・顕仁宮（藻澗宮）であった。長安から東京に行幸し、江都に行幸するまでの間、東京に於て煬帝が居住したのは、東京城ではなく、顕仁宮であった。東京城は当時建築途中で、砂埃と騒音の中にあったのであり、居住し、政務が執れるような状態ではなかったはずであり、東京城より少し離れた場所にあった顕仁宮に居を定め、東京城の完成を待っていたのであろう。顕仁宮を進発した車駕は建国門街を通り、天津橋を渡って漕渠に至り、平楽園の頓に宿泊し、そこから洛口に出て、龍舟に乗船したのであろうと想定される。

『資治通鑑考異』巻八大業元年（六〇五）八月の条に「龍舟高四十五尺」とあり、「考異」に次のようにいう。

　略記云、高五丈。雑記言其制度尤詳。今従之。

「略記」に云ふ、「高さ五丈」と。「雑記」は其の制度を言ふに尤も詳し。今之（「雑記」）に従ふ。

この「考異」によって、前掲した『資治通鑑』の龍舟の記事は、『大業雑記』が史料源であることが明らかとなる。

平楽園に関して、『河南志』巻三隋城闕古蹟に、

　龍川宮平洛（平楽）園。在上東門東。

龍川宮・平楽園。上東門の東に在り。

とあり、上東門の東にあった。『資治通鑑』巻一八四義寧元年六月の条に、

　李密復帥衆向東都。丙申、大戦于平楽園。

李密復《また》衆を帥ゐ東都に向ふ。丙申、大いに平楽園に戦ふ。

とあるように、隋末に竇建徳の軍と激戦のあった場所である。右の記事に付された胡三省の注には、平楽園は漢魏の平楽観を園としたもので、漢魏時代、平楽観は洛城の西にあったという。しかし、隋の洛陽新都は漢魏の洛陽城の西に創設されたから、平楽園は都城の東にあるべきという。

参考史料

（1）『隋書』巻二四食貨志

又造龍舟鳳艒黄龍赤艦楼船篾舫。募諸水工、謂之船脚、衣錦行縢、執青絲纜挽船、以幸江都。帝御龍舟、文武官五品已上給楼船、九品已上給黄篾舫。舳艫相接、二百餘里。所経州県、並令供頓、献食豊弁者、加官爵、闕乏者、譴至死。

又龍舟・鳳艒・黄龍・赤艦・楼船・篾舫を造る。諸水工を募り、之を船脚と謂ひ、錦を衣、行縢、青絲纜を執り船を挽き、以て江都に幸す。帝は龍舟に御し、文武官五品已上は楼船を給し、九品已上は黄篾舫を給し、舳艫相接すること二百餘里。経る所の州県、並びに供頓せしめ、食を献じ豊弁なる者、官爵を加へ、闕乏の者、譴死に至る。

（2）『釈氏稽古略』巻二煬帝

［大業元年］八月、上行幸江都、発顕仁宮、出洛口、御龍舟。龍舟四重、高四十五尺、長二百尺、上重有正殿内殿東西朝堂、中二重有一百二十房、皆飾以金玉、下重内侍処之。皇后乗翔螭舟、制度差小而装飾無異、挽船士皆以錦綿為袍。又有浮景漾彩朱鳥・蒼螭等数千艘、挽船士八萬餘人。舳艫相接、二百餘里、照耀川陸、騎兵翊両岸而行、旌旗蔽野。帝毎出遊幸、羽儀亘二十餘里、文物之盛、近世莫及也。

大業元年（六〇五）八月、上行きて江都に幸し、顕仁宮を発し、洛口に出で、龍舟に御す。龍舟は四重、高さ四五尺、長さ二〇〇尺、上重に正殿・内殿・東西朝堂有り、中の二重に一二〇房有り、皆飾るに金玉を以てし、下の重に内侍之に処す。皇后は翔螭舟に乗り、制度差《やや》小にして装飾無異なるなし。挽船の士皆錦綿を以て袍と為す。又浮景・漾彩・朱鳥・蒼螭等数千艘有り、挽船の士八萬餘人なり。舳艫相接して、二百餘里、川陸に照耀し、騎兵両岸を翊《たす》けて行き、旌旗野を蔽ふ。帝は遊幸に出づる毎に、羽儀二十餘里に亘り、文物の盛、近世及ぶものなきなり。

60　車駕至江都

［大業元年］冬十月、車駕至江都。

大業元年（六〇五）冬一〇月、車駕江都に至る。

『隋書』巻三煬帝紀大業元年の条に「八月壬寅、上御龍舟、幸江都」とあり、一〇月の条に、

冬十月己丑、赦江淮已南、揚州給復五年、旧総管［府管］内給復三年。

冬一〇月己丑、江淮已南を赦し、揚州は復《ほく》五年を給し、旧《もと》の総管府管内は復三年を給す。

とある。江淮已南を曲赦し、揚州に復五年を給したのは、旧総管府管内に復三年を給したのは、煬帝が初めて江都に行幸したことを記念したものであろう。『大業雑記』に「冬一〇月、車駕江都に至る」とあるのは、『隋書』の記事と無関係ではない。

61　城皐関

［大業元年］十二月、置城皐関[校①]於武牢城西辺黄河汜水之上。

大業元年一二月、城皐関を武牢城の西辺・黄河の汜《し》水の上《ほとり》に置く。

校勘①　「置城皐関」を『重較説郛』は「至城皐関」に作るが、「至」は「置」の誤りである。

城皐関に関して、『太平寰宇記』巻五二河北道孟州汜水県に、

成皐故関、在県東南二里、南門名成皐、北門名王門。洛陽記云、洛陽在四関之内、左成皐関。隋大業九年（元年）、移成皐関於虎牢城西辺黄河、当汜水之上。按故関在県東、今在県西。

成皐故関は県の東南二里に在り、南門は成皐と名づけ、北門は王門と名づく。「洛陽記」に云ふ、洛陽は四関の

内に在り、左は成皐関なりと。隋の大業元年（六〇五）、成皐関を虎牢城西辺の黄河に移す、汜《し》水の上《ほとり》に当る。故関を按ずるに県の東に在り、今は県の西に在り。

とある。また、『元一統志』巻三河南江北等処行中書省汴梁路鄭州「古蹟」に次のようにある。

成皐故関、在滎陽県東南二里。洛陽記云、洛陽在四関之内、左成皐関。隋大業九年（元年）、移成皐関於虎牢城西辺黄河、当汜水之上。按故関在県南、唐呂温字和叔作成皐銘。

成皐故関は、滎《えい》陽県の東南二里に在り。「洛陽記」に云ふ、洛陽は四関の内に在りと。隋の大業元年（六〇五）、成皐関を虎牢城の西辺の黄河に移す、汜水の上に当る。故関を按ずるに県の南に在り、唐の呂温、字は和叔、「成皐銘」（『呂和叔文集』巻八所収）を作る。

参考史料

（1）『洛陽記』（『説郛』巻六一）

漢洛陽四関、東成皐関、南伊闕関、西函谷関、北孟津関。

漢の洛陽四関、東は成皐関、南は伊闕関、西は函谷関、北は孟津関。

（2）『隋書』巻三〇地理志滎陽郡鄭州

汜水、旧曰成皐、即武牢也。

汜水、旧は成皐と曰ふ、即ち武牢なり。

（3）『大唐六典』巻七尚書工部・工部郎中職掌の条

東都城、左成皐、右函谷、前伊闕、後邙山。

東都城、左は成皐、右は函谷、前は伊闕、後は邙山なり。

（4）『元和郡県図志』巻五河南道一河南府汜水県

成皐故関、在県東南二里。

成皐故関は、県の東南二里に在り。

62　江都宮成象殿

［大業］二年正月、帝御成象殿元会、設庭燎於江都門、朝諸侯。成象殿即江都宮正殿校①、殿南有成象門、門南即江都門。

大業二年正月、帝は成象殿に御し元会し、庭燎を江都門に設け、諸侯を朝せしむ。成象殿は即ち江都宮の正殿にして、殿南に成象門有り、門南は即ち江都門なり。

校勘①　「即江都宮正殿」を『重較説郛』は「即江都正殿」に作り、「宮」字を脱す。

参考史料

（1）『隋書』巻四煬帝紀

［義寧］二年三月、右屯衛将軍宇文化及、武賁郎将司馬徳戡元礼、監門直閤裴虔通、……（中略）……。医正張愷等、以驍果作乱、入犯宮闈。上崩于温室、時年五十。蕭后令宮人撤牀簀為棺以埋之。化及発後、右禦衛将軍陳稜奉梓宮於成象殿、葬呉公台下。発斂之始、容貌若生、衆咸異之、大唐平江南之後、改葬雷塘。

義寧二年（六一八）三月、右屯衛将軍の宇文化及、武賁郎将の司馬徳戡・元礼、監門直閤の裴虔通、……（中略）……。医正の張愷等、驍果を以て乱を作し、入りて宮闈を犯す。上温室に崩《みまか》る、時年五〇。蕭后宮人をして牀簀を撤《ま》き棺を為り以て之を埋む。化及発するのち、右禦衛将軍の陳稜、梓宮を成象殿に奉じ、呉公台下に葬る。発斂の始め、容貌生けるが若くして、衆咸之を異とす。大唐、江南を平ぐの後、雷塘に改葬す。

（2）『隋書』巻七一独孤盛伝

宇文化及之作乱也、裴虔通引兵至成象殿、宿衛者皆釈仗而走。盛謂虔通曰、何物兵、形勢太異。虔通曰、事勢已然、不預将軍事。将軍慎無動。盛大罵曰、老賊是何物語。不及被甲、与左右十餘人逆拒之、為乱兵所殺。

宇文化及の乱を作すや、裴虔通、兵を引きて成象殿に至るに、宿衛の者皆仗を釈てて走る。盛、虔通に謂ひて曰はく、「何物の兵や、形勢太いに異なる」と。虔通曰はく、「事勢已に然り、将軍に預らず事なり。将軍慎みて動く無かれ」と。盛大いに罵りて曰はく、「老賊是れ何を物語る」と。甲を被るに及ばず、左右の十餘人と之に逆拒し、乱兵の殺す所と為る。

（3）『隋書』巻七九独孤羅伝付独孤開遠伝

庶長子開遠、宇文化及之弑逆也、裴虔通率賊入成象殿、宿衛兵士皆従逆。開遠時為千牛、与独孤盛力戦於閤下、為賊所執、賊義而捨之。

庶長子の開遠、宇文化及の弑逆するや、裴虔通、賊を率ゐて成象殿に入り、宿衛の兵士皆逆に従ふ。開遠、時に千牛と為り、独孤盛と閤下に力戦し、賊の執《と》らふ所と為るも、賊は義として之を捨つ。

（4）『隋書』巻二八百官志

行宮所在、皆立総監以司之。上宮正五品、中宮従五品、下宮正七品。

行宮の所在、皆総監を立て以て之を司らしむ。上宮は正五品、中宮は従五品、下宮は正七品なり。

（5）『隋書』巻八五王充伝

煬帝時、累遷至江都郡丞。時帝数幸江都、充善候人主顔色、阿諛順旨、毎入言事、帝善之。又以郡丞領江都宮監。

乃雕飾池台、陰奏遠方珍物、以媚於帝、由是益昵之。

煬帝の時、累りに遷り江都郡丞に至る。時に帝数しば江都に幸し、充は善く人主の顔色を候ひ、阿諛し旨に順ひ、入りて事を言ふ毎に、帝之を善《よ》くす。又郡丞を以て江都宮監を領す。乃ち池台を雕飾し、陰かに遠方の珍物を奏し、以て帝に媚び、是れより益ます之に昵《むつ》む。

（6）『旧唐書』巻五四王世充伝
大業中、累遷江都丞、兼江都宮監。時煬帝数幸江都、世充善候人主顔色、阿諛順旨、毎入言事、帝必称善。乃雕飾池台、陰奏遠方珍物、以媚於帝、由是益昵之。

大業中、累りに江都丞に遷り、江都宮監を兼ぬ。時に煬帝数《しば》しば江都に幸し、世充善く人主の顔色を候ひ、阿諛し旨に順ひ、入りて事を言ふ毎に、帝必ず「善」と称ふ。乃ち池台を雕飾し、陰かに遠方の珍物を奏し、以て帝に媚び、是より益々之に昵《むつ》む。

63　臨江宮

[大業二年]二月、大駕出揚子、幸臨江宮。大会、賜百僚赤銭、於凝暉殿蒲戯為楽。

大業二年二月、大駕、揚子に出で、臨江宮に幸す。大会し、百僚に赤銭を賜ひ、凝暉殿に於て蒲戯し楽を為す。

『太平寰宇記』巻一二三揚州江都県の条に、右の記事に類似する記事がある。

臨江宮。隋書云、大業十三年二月、大駕出揚子、幸臨江宮、大会賜食、并百僚亦餞於凝暉殿庭、餔（酺）戯為楽数日。時羽葆初成、霜戈花氅、羽旆龍旌、横街塞陌、二十餘里、暉翳雲日、前代羽衛、無盛斯時。

九宮在県北五里長阜苑内、依林傍澗、高跨岡阜、随城形置焉。並隋煬帝立也。曰帰雁宮回流宮九里宮松林宮大雷宮小雷宮春草宮九華宮光汾宮、是曰九宮。

臨江宮。「隋書」に云ふ、大業一三年（六一七）二月、大駕、揚子に出で、臨江宮に幸し、大会して食を賜ひ、并せて百僚亦凝暉殿庭に餞し、酺戯し楽を為すこと数日なり。時に羽葆初めて成り、霜戈・花氅《しょう》、羽旆・龍旌、街に横《よこたは》り陌を塞ぐこと、二十餘里、暉翳雲日にして、前代の羽衛、斯の時より盛んなるは無し。九宮は県の北五里の長阜苑内に在り、林に依り澗に傍《そ》ひ、高く岡阜に跨り、城に随ひて形置す。並びに隋の煬帝立つなり。曰はく、帰雁宮・回流宮・九里宮・松林宮・大雷宮・小雷宮・春草宮・九華宮・光汾宮、是れ九宮と曰ふ。

右にみえる「大業十三年、……（中略）……。無盛斯時」までの記事は『隋書』煬帝紀にはない。

右の記事にみえる「赤銭」とは銅銭のことであろう。赤銭に関して『新唐書』巻四一地理志五郴州桂陽郡の条には、

郴州桂陽郡。上。土貢赤銭紵布絲布。有桂陽監銭官。戸三萬三千一百七十五。

郴州桂陽郡。上なり（州の等級をいう）。土貢は赤銭・紵布・絲布なり。桂陽監銭官有り、戸三萬三一七五なり。

とあり、郴州は赤銭を土貢とすると。郴州には鋳銭監である桂陽監もあるから、臨江宮に於て使用された赤銭は、同様に隋の鋳銭監で鋳造された新鋳の銅銭のことと考えられる。

しかし、右にいう郴州の「赤銭」は銅銭を意味するものではない。『新唐書』巻四三上地理志七上に、

連州連山郡。下。本熙平郡。天宝元年、更名。土貢。赤銭竹紵練白紵細布鍾乳水銀丹沙白蠟。戸三萬二千二百一十、口十四萬三千五百二十三。県三。桂陽、上。有桂林山、本霊山、天宝八載、更名。有銀、有鉄。陽山、中下。有鉄。有故秦湟渓関。連山、中。有金、有銅、有鉄。

連州連山郡。下（州の等級をいう）。本は熙平郡。天宝元年（七四二）、名を更へる。土貢。赤銭竹・紵練・白紵・

細布・鍾乳・水銀・丹沙・白蠟なり。戸は三萬二二一〇、口は一四萬三五二三。県は三。桂陽、上（県の等級をいう）。桂林山有り、本は霊山なり。天宝八載（七四九）、名を更へる。銀有り、鉄有り。陽山、中下（県の等級をいう）。鉄有り。故の秦の湟渓関有り。連山、中（県の等級をいう）。金有り、銅有り、鉄有り。

とあり、土貢に赤銭竹があるという。赤銭竹とは銅銭のような文様が竹にあるものをいうのである。郴《ちん》州の場合、鋳銭監があるから土貢が赤銭というのは、一見すると尤もらしいが、鋳銭監の銅銭を土貢にするというのは理に合わない。郴州の赤銭は連州と同じく赤銭竹であり「竹」字が脱落していると考えられる。

貨幣を遊戯の道具にした話は唐代にある。『開元天宝遺事』天宝上・戯擲金銭に次のようにある記事である。

内庭嬪妃、毎至春時、各於禁中結伴三人至五人、擲金銭為戯、蓋孤悶無所遺也。

内庭の嬪妃、春時に至る毎に、各《おの》おの禁中に於て結伴すること三人より五人に至り、金銭を擲げ戯と為す。蓋し孤悶、遺す所無きなり。

参考史料

（1）『太平寰宇記』巻一二三揚州江都県

澄月亭懸鏡亭春江亭、在県南二十七里揚子宮西。已上三亭、皆隋煬帝置。

澄月亭・懸鏡亭・春江亭は、県南二七里揚子宮の西に在り。已上三亭、皆隋の煬帝置く。

（2）『大清一統志』巻六七揚州二古蹟・臨江宮の註

在江都県南二十里。隋大業七年、煬帝升雞台、臨揚子津、大燕北（百）僚。尋建臨江宮於此、亦曰揚子宮。十三年、駕出揚子、幸臨江宮、大会賜百僚。百僚亦餞、於凝暉殿庭游戯、為楽数日。太平寰宇記、又有等（澄）月亭懸鏡亭春江亭。皆在県二十七里揚子宮以西。

江都県の南二〇里に在り。隋の大業七年（六一一）、煬帝雞台に升り、揚子津に臨み、大いに百僚を燕す。尋いで臨江宮を此に建て、亦揚子宮と曰ふ。一三年、駕、揚子を出で、臨江宮に幸し、大会し百僚に賜ふ。百僚亦餞し、凝暉殿庭に游戯し、楽を為すこと数日なり。「太平寰宇記」に、又澄月亭・懸鏡亭・春江亭有り。皆県の二七里、揚子宮以西に在り。

（3）『江南通志』巻三三輿地志・古蹟・揚州府

隋江都宮、在甘泉県大儀郷。大業元年、勅王弘大修江都宮。中有成象殿流珠堂水精殿諸処、令宮人盛飾、謂之飛仙。今為上方禅智寺。又有十宮、在城北五里長阜苑内、曰帰鴈曰回流曰松林曰楓林曰大雷曰小雷曰春草曰九華曰光汾曰九里。

隋の江都宮は甘泉県大儀郷に在り。大業元年、王弘に勅して大いに江都宮を修めしむ。中に成象殿・流珠堂・水精殿諸処有り、宮人をして盛飾せしめ、之を飛仙と謂ふ。今、上方禅智寺と為る。又一〇宮有り、城の北五里の長阜苑内に在り、曰はく帰鴈、曰はく回流、曰はく松林、曰はく楓林、曰はく大雷、曰はく小雷、曰はく春草、曰はく九華、曰はく光汾、曰はく九里。

64　東都漕渠

[大業二年] 四月、勅[営東都]土工監丞任洪則、開東都漕渠。自宮城南承福門、分洛水、東至偃師入洛。又迮洛水湍浅之処、名千歩、陂□（渚）両磧。東至洛口、通大船入通遠市。校①

大業二年（六〇六）四月、営東都土工監丞の任洪則に勅して、東都の漕渠を開かしむ。宮城の南、承福門より洛水を分ち、東して偃師に至り洛に入る。又洛水湍浅の処を迮《せは》め、千歩と名づけ、陂渚両磧。東して洛口に至り、大船を通じ通遠市に入る。

校勘① 「又偃洛水湍浅之処、名千歩、陂渚両磧。東至洛口、通大船入通遠市」の句、『重較説郛』になし。

漕渠に関して、『河南志』巻三隋城闕古蹟・雑録には次のようにある。

漕渠。大業二年、土工監丞任洪則開、名通遠渠。自宮城南承福門外、分洛水、東至偃師入洛。又迮洛水浅湍之処、名千歩、陂渚両磧。東至洛口、通大船入通遠市。

漕渠。大業二年（六〇六）、土工監丞の任洪則開き、通遠渠と名づく。宮城の南・承福門外より洛水を分ち、東して偃師に至り洛に入る。又洛水湍《たん》浅の処を迮《せは》め、千歩と名づく、陂渚両磧。東して洛口に至り、大船を通じ、通遠市に入る。

65　部京戸

［大業二年］五月、□[校①]（勅）。江南諸州、科上戸分房、入東都住。名為部京戸、六□（千）餘家[校②]。

大業二年五月、勅す。江南諸州、上戸に科して分房せしめ、東都に入れて住まはしむ。名づけて部京戸と為す、六千餘家なり。

校勘① 「五月、□」を『重較説郛』は「五月、勅」字に作る。

校勘② 「六□餘家」を『重較説郛』は「六千餘戸」に作る。従うべきである。

右の記事は、次に示す『隋書』巻二四食貨志の記事と対応するものであろう。『隋書』食貨志には、新成の東京には都市住人の強制移住が行われたと伝える。

始建東都、以尚書令楊素為営作大監。毎月役丁二百萬人、徙洛州郭内人及天下諸州富商大賈数萬家以実之。

始めて東都を建つに、尚書令の楊素を以て営作大監と為す。毎月丁二〇〇萬人を役し、洛州郭内の人及び天下諸州の富商・大賈数萬家を徙し以て之を実《みた》す。

この時、東京に本籍を移した具体的例として、墓誌銘を検索すれば次の二例を指摘できる。

○君諱叔、字季成、北地霊州人也。隋大業中、遷都洛陽、因而家□。（『唐代墓誌銘彙編』二冊一〇七「隋処士傅君誌銘」）

君の諱は叔、字は季成、北地霊州の人なり。隋の大業中、洛陽に遷都し、因りて□に家す。

○属大業之初、営都瀍洛、衣冠□族、□有遷移。君既策名英府、陪従蕃邸、席巻桑梓、因即□（家）焉。今□（為）洛陽人也。（『唐代墓誌銘彙編』二冊一六一「隋燕王府録事段夫人之誌銘并序」）

大業の初に属し、都を瀍洛に営み、衣冠の□族、□遷移有り。君既に英府に策名し、蕃邸に陪従し、桑梓に席巻し、因りて即ち焉に家す。今洛陽の人と為るなり。

右の記事に「上戸」とあるのは、隋代史を考察する上で重要である。大業二年に上戸があることは、同じく大業二年に中戸と下戸もあったことになる。大業二年は開皇令が施行されていた時期であるから、開皇令には戸等三等制が規定されていたことになろう。また、この開皇戸等三等制は大業令に存在したとしても不都合はないから、大業令にも戸等三等制が存在したことを傍証する史料となろう。

66　長洲玉鏡[校①]

［大業二年］六月、学士秘書監柳顧言学士著作佐郎王曹等撰長洲玉鏡一部四百巻。帝謂顧言曰、此書源本出自華林編略、然無復可加、事当典要、其巻雖少、其事乃多於編略。対曰、梁主以隠士劉孝標撰類苑一百二十巻、自言天下之事、畢尽此書、無一物遺漏。梁武心不伏、即勅華林園学士七百餘人、人撰一巻、其事数倍多於類苑。今文

□又富梁朝、是以取事多於編略。然梁朝学士取事、意各不同。至如宝剣、出自昆吾溪、照人如照水、切玉如切泥、序剣者尽録為剣事、序溪者亦取為溪事、撰玉者亦編為玉事。以此重出、是以巻多。至如玉鏡、則不然。帝曰、誠如卿説。

大業二年（六〇六）六月、学士・秘書監の柳顧言、学士・著作佐郎の王曹等、「長洲玉鏡」一部四〇〇巻を撰す。帝、顧言に謂ひて曰はく、「此の書の源本《もと》は「華林編略」より出づ、然るに復《また》加ふべきなし、事は典要に当り、其の巻少なしと雖も、其の事乃ち「編略」より多し」と。対へて曰はく、「梁主、隠士の劉孝標を以て「類苑」一二〇巻を撰せしめ、自ら言はく『天下の事、此の書に畢尽し、一物も遺漏なし』と。梁武は心より伏さず、即ち華林園学士七百餘人に勅し、人一巻を撰せしめ、其の事数倍して「類苑」より多し。今、文□又梁朝より富み、是れ取事を以てせば「編略」より多し。然るに梁朝の学士の取事、意は各《おの》おの同じからず。宝剣の如きに至りては、昆吾渓より出で、人を照らすこと水を照す如く、玉を切ること泥を切るが如し。剣を序ぶ者尽く録して剣事と為し、渓を序ぶ者亦取りて渓事と為し、玉を撰す者亦編みて玉事と為す。此れを以て重出し、是れ以て巻多し。「玉鏡」の如き至りては、則ち然らず」と。帝曰はく「誠に卿の説の如きなり」と。

校勘① この記事、『重較説郛』になし。

『長洲玉鏡』は「経籍志」に著録される。

長洲玉鏡二百三十八巻。（『隋書』巻三四経籍志三雑著）

長洲玉鏡一百三十八巻、虞綽等撰。（『旧唐書』巻四七経籍志下類事）

虞綽等 長洲玉鏡二百三十八巻。（『新唐書』巻五九藝文志三類書）

『大業雑記』は柳顧言や王曹を主編者としたというが、両唐書は虞綽を主編者として編纂されたとし、『隋書』巻七六文学列伝の虞綽伝に書名がみえる。

虞綽、字士裕、会稽餘姚人也。……（中略）……。仕陳、為太学博士、遷永陽王記室。及陳亡、晋王広引為学士。大業初、転為秘書学士、奉詔与秘書郎虞世南著作佐郎庾自直等撰長洲玉鏡等書十餘部。綽所筆削、帝未嘗不称善、而官竟不遷。初為校書郎、以藩邸左右、加宣恵尉。遷著作佐郎、与虞世南庾自直蔡允恭等四人常居禁中、以文翰待詔、恩盼隆洽。

虞綽、字は士裕、会稽餘姚の人なり。……（中略）……。陳に仕へ、太学博士と為り、永陽王の記室に遷る。陳亡ぶに及び、晋王・広引きて学士と為す。大業の初め、転じて秘書学士と為り、詔を奉じて秘書郎の虞世南・著作佐郎の庾自直等と「長洲玉鏡」等の書十餘部を撰す。綽の筆削する所、帝未だ嘗て善と称はざるなく、而して官竟ひに遷らず。初め校書郎と為るや、藩邸の左右を以て、宣恵尉を加ふ。著作佐郎に遷り、虞世南・庾自直・蔡允恭等四人と常に禁中に居り、文翰を以て待詔し、恩盼隆洽なり。

虞綽伝では虞世南や庾自直等とともに編纂したとする。『隋書』巻七六文学列伝の庾自直伝には、『長洲玉鏡』の編纂をいわない。

庾自直、潁川人也。父持、陳羽林監。自直少好学、沈静寡欲。仕陳、歴豫章王府外兵参軍宣恵記室。陳亡、入関、不得調。晋王広聞之、引為学士。大業初、授著作佐郎。自直解属文、於五言詩尤善。性恭慎、不妄交遊、特為帝所愛。帝有篇章、必先示自直、令其詆訶。自直所難、帝輒改之、或至於再三、俟其称善、然後方出。其見親礼如此。後以本官知起居舎人事。化及作逆、以之北上、自載露車中、感激発病卒。有文集十巻行於世。

庾自直、潁川の人なり。父の持は、陳の羽林監なり。自直少《わかく》して学を好み、沈静寡欲なり。陳に仕へ、豫章王府外兵参軍・宣恵記室を歴す。陳亡び、入関するも、調《つか》ふるを得ず。晋王・広之を聞き、引きて学士と為す。大業の初め、著作佐郎を授かる。自直属《しょく》文を解し、五言詩に尤も善し。性は恭慎にして、妄りに交遊せず、特に帝の愛す所と為る。帝、篇章あれば、必ず先づ自直に示し、其の詆訶をなさしむ。自直難とする所、帝輒ち之を改めること、或いは再三に至り、其の善と称ふを俟ち、然るのち方に出す。其の親礼せらること此の如し。のち本官を以て「知起居舎人事」たり。化及逆を作し、以て之きて北上するに、自ら露車中に載り、感激し病を発し卒す。文集一〇巻有り世に行はれる。

『長洲玉鏡』の編纂者に関して、両唐書の経籍志・藝文志と『大業雑記』の所伝が異なることは注意してよい。

参考史料

（1）『隋書』巻三四経籍志三雑著

華林編略六百二十巻。梁綏安令徐僧権等撰。

（2）『旧唐書』巻四七経籍志下類事

華林編略六百巻、徐勉撰。

（3）『新唐書』巻五九藝文志三類書

徐勉　華林編略六百巻。

（4）『日本国見在書目録』

華林遍略六百廿巻。梁綏安令徐僧権等撰。

67　汾陽宮

［大業二年］七月、自江都還洛陽。[校①] 勅於汾州西北四十里、臨汾水、起汾陽宮。即管涔山、河源所出之処、当盛暑

日[校②]（月）、臨河盥漱、即涼風凛然、如八月九月[校③]。宮南五十餘里[校④]、有分水嶺、上四十里、下亦四十里。嶺上有泉出、両辺分流、闊数歩。宮北三十里、即是旧秦時長城也。

大業二年（六〇六）七月、江都より洛陽に還る。勅して汾州の西北四〇里、汾水に臨み、汾陽宮を起てしむ。即ち管涔《しん》山は、河源出づる所の処、盛暑の月に当り、河に臨んで盥漱《かんそう》せば、即ち涼風凛然として、八月九月の如し。宮の南五十餘里に、分水嶺有り、上は四〇里、下は亦四〇里なり。嶺上に泉出有り、両辺分流し、闊さ数歩なり。宮の北三〇里は、即ち是れ旧の秦時の長城なり。

校勘①　「自江都還洛陽」を『重較説郛』は「自江南還洛陽」に作る。

校勘②　「当盛暑日」を『重較説郛』は「当盛暑月」に作る。「当盛暑月」が正しいであろう。

校勘③　「如八月九月」を『重較説郛』は「如八九月」に作る。

校勘④　「宮南五十餘里」以下の記事を『重較説郛』は脱落する。

この記事は繫年に錯簡がある。煬帝が江都宮から東京・洛陽に帰還したのは、大業二年（六〇六）四月のことである。そして、第二次北巡が挙行されたのは大業四年四月のことである。

夏四月丙午、以離石[郡]之汾源臨泉、雁門[郡]之秀容、為楼煩郡、起汾陽宮。（『隋書』巻三煬帝紀大業四年）

夏四月丙午、離石郡の汾源・臨泉、雁門郡の秀容を以て、楼煩郡と為し、汾陽宮を起す。

したがって、「大業二年七月」は意味をなさない。「自江都還洛陽」と「勅於汾州西北四十里、臨汾水、起汾陽宮」の間には脱文があると想定される。この記事は参考史料（6）に示す『太平御覧』の記事と類似する。

第一回北巡は『隋書』巻三煬帝紀によれば、大業三年四月丙申（『資治通鑑』は「丙寅」とするが、この月に「丙寅」はない）に開始された。六月、麟州の連谷に猟し、雁門郡・馬邑郡をへて、楼煩郡に至った。この時、突厥の啓民可汗が来朝している。七月には丁男百餘萬人を発して西は楡林郡から東は紫河に至る長城を構築した。一旬だけの工期であったが、死亡する者が五割以上であったという。八月、車駕は楡林郡を進発し楼煩関から太原に至り、晋陽宮を造営し、河内郡（懐州）の御史大夫・張衡の宅に寄り、八月、東都に帰着した。

『隋書』巻二三「五行志」旱には、

大業四年、燕代縁辺諸郡旱。時発卒百餘萬築長城、帝親巡塞表、百姓失業、道殣相望。

大業四年、燕・代の縁辺諸郡旱なり。時に卒百餘萬を発し長城を築き、帝親ら塞表を巡り、百姓失業し、道に殣《うゑじに》するもの相望む。

とあるように、大業三年四年の北巡のころ、長城一帯は日照りによって穀物が不作の状態にあり、北巡すること自体に無理があった。

第二回北巡は、大業四年三月の五原（太原の誤りか）行幸に始まり、楼煩郡に汾陽宮を造営し、八月辛酉の恒岳親祠に終るものである。

第三回北巡は、大業一一年（六一五）五月、汾陽宮に避暑したことに始まるもので、雁門郡において、突厥軍に包囲され、辛くも逃げ帰り、屈辱の北巡となったものである。

参考史料

（1）『元和郡県図志』巻一四河東道三嵐州

隋大業四年、於静楽県界置楼煩郡、因漢楼煩県為名。

隋の大業四年（六〇八）、静楽県界に楼煩郡を置く、漢の楼煩県に因り名と為す。

（2）『隋書』巻五六張衡伝

煬帝嗣位、除給事黄門侍郎、進位銀青光禄大夫。俄遷御史大夫、甚見親重。大業三年、帝幸楡林郡、還至太原、謂衡曰、……（中略）……。明年、帝幸汾陽宮、宴従官、特賜絹五百匹。時帝欲大汾陽宮、令衡与紀弘整具図奏之。衡承間進諫曰、比年労役繁多、百姓疲敝。伏願留神、稍加折損。帝意甚不平。後嘗目衡謂侍臣曰、張衡自謂由其計画、令我有天下也。時斉王暕失愛於上、帝密令人求暕罪失。有人譖暕違制、将伊闕令皇甫詡従之汾陽宮。又録前幸涿郡及祠恒岳時、父老謁見者、衣冠多不整。帝譴衡以憲司皆不能挙正、出為楡林太守。明年、帝復幸汾陽宮、衡督役築楼煩城、因而謁帝。帝悪衡不損痩、以為不念咎、因謂衡曰、公甚肥沢、宜且還郡。衡復之楡林。……（中略）……。八年、帝自遼東還都、衡妾言衡怨望、謗訕朝政、竟賜尽于家。

煬帝位を嗣ぎ、給事黄門侍郎に除せられ、位を銀青光禄大夫に進めらる。俄に御史大夫に遷り、甚だ親重せらる。大業三年（六〇七）、帝、楡林郡に幸し、還りて太原に至り、衡に謂ひて曰はく、……（中略）……。明年（大業四年）、帝、汾陽宮に幸し、従官を宴し、特に絹五〇〇匹を賜ふ。時に帝、汾陽宮を大《ひろげ》んと欲し、衡をして紀弘整と図を具して之を奏せしむ。衡は承間に進諫して曰はく、「比年労役繁多にして、百姓疲敝す。伏して願はくば留神して、稍やう折損を加へん」と。帝の意甚だ平かならず。のち嘗て衡を目して侍臣に謂ひて曰はく、「張衡自ら其の計画に由る謂ひ、我をして天下を有《たも》たしむるなり」と。時に斉王の暕、愛を上より失ひ、帝密かに人をして暕の罪失を求めしむ。人有り暕の違制を譖《そし》るに、伊闕令の皇甫詡《く》従ひて汾陽宮に之《い》くを将てす。又前に涿郡に幸し及び恒岳を祠る時、父老の謁見する者、衣冠多く整はざるを録す。帝は衡を譴めるに憲司皆挙正す能はざる以て、出して楡林太守と為す。明年、帝復《また》汾陽宮に幸し、衡は督役して楼煩城を築き、因りて帝に謁す。帝は衡の損痩せざるを悪み、以て咎を念はざると為し、因りて衡に謂ひて曰はく、「公甚だ肥沢す、宜しく且《まさ》に郡に還るべし」と。衡復楡林に之《い》く。……（中略）……。八年、帝、遼東より都に還り、衡の妾は衡の怨望し、朝政を謗訕《せん》すを言ひ、竟ひに尽を家に賜ふ。

この記事を素直に理解すれば、大業三年以降八年までの張衡の事歴が述べられており、最初の「明年」は大業四年であり、次の「明年」は当然のこととして大業五年と考えられる。しかし、大業五年は西巡の歳であり、太原以北にある汾陽宮へ行幸した記事は『隋書』煬帝紀にはない。

岑仲勉氏は『隋書求是』（一〇二頁）において、『資治通鑑考異』巻八に「張衡伝云、帝幸衡宅之明年、幸汾陽宮。又云、明年、復幸汾陽宮。按本紀皆無其事、恐伝誤（張衡の伝に云ふ、帝、衡宅に幸するの明年、汾陽宮に幸すと。又云ふ、明年復《また》汾陽宮に幸すと。本紀を按ずるに皆其の事なし、恐らくは「伝」誤れり）」とある記事に関して、最初の「明年」は大業四年、次の「明年」は大業五年とし、大業五年の汾陽宮行幸はなかったけれど、大業四年の行幸はあったことを縷々考証されている。しかし、岑氏の考証を待つまでもなく、大業四年の汾陽宮行幸は存在した。『隋書』煬帝紀に記事がある。『資治通鑑考異』のいわんとするところは、「明年復幸汾陽宮」とある記事は、『隋書』煬帝紀と『北史』煬帝紀に記事がないことをいっているのであって、大業四年の汾陽宮行幸がなかったことをいっているのではない。「按本紀皆無其事」の「皆」とは、四年と五年の汾陽宮行幸のことではない。『隋書』煬帝紀と『北史』煬帝紀のことである。岑氏の考証は「皆」字を誤解した結果の要らざる考証といわなければならない。

大業四年の汾陽宮行幸は先に示した『隋書』煬帝紀にあるように挙行された。張衡伝によれば大業四年に、張衡が汾陽宮増築に関して諫言を行い、煬帝の不興を買った。その結果、張衡は楡林太守に左遷させられるのであるが、張衡伝の繫年は信頼できるものであろうか。左遷の理由は涿郡と恒岳を祠る際の父老の謁見に不手際があったというものである。大業四年四月に汾陽宮に到達し、八月に恒岳を親祠している。汾陽宮増築を諫めて不興を買ったのは四月か五月であろうから、左遷理由となった恒岳親祠に関連する事件は未来の事件である。未来の事件で左遷とは不可解である。加えて、涿郡における謁見の際の不手際も不可解である。涿郡行幸は大業七年が初回である。大業四年に未来である大業七年以降の事件が問われるものであろうか。

岑仲勉氏は『隋書求是』の「隋書州郡牧守編年表」において、張衡の楡林太守就任時期を大業四年とするが、涿郡における謁見の際の不手際の責めを負って楡林太守となったとするなら、涿郡の臨朔宮に到着した大業七年四月以降としなければならず、岑氏の説にはにわかには従い難い。ともあれ、『隋書』張衡伝の記事は繋年に誤りが存在するようである。

（3）『資治通鑑』巻一八〇大業四年

夏四月、詔於汾州之北汾水之源、営汾陽宮。

夏四月、詔して汾州の北・汾水の源に、汾陽宮を営ましむ。

（4）『隋書』巻一八律暦志下

［大業］四年、駕幸汾陽宮。太史奏曰、日食無効。帝召［劉］焯、欲行其暦。袁充方幸於帝、左右［張］冑玄、共排焯暦、又会焯死、暦竟不行。術士咸称其妙、故録其術云。

大業四年（六〇八）、駕、汾陽宮に幸す。太史奏して曰はく、「日食効すなし」と。帝、劉焯を召し、其の暦を行はんと欲す。袁充は方に帝に幸《かわゆが》られ、張冑玄を左右し、共に焯の暦を排す、又会たま焯死し、暦竟ひに行はれず。術士咸其の妙を称ふ、故に其の術を録して云ふ。

（5）『釈氏稽古略』巻二煬帝

四年、詔於汾州之北汾水之源、営汾陽宮。

四年（六〇八）、詔して汾州の北・汾水の源に、汾陽宮を営ましむ。

(6)『太平御覧』巻一七三居処部「宮」

隋図経曰、大業十六年（大業二年）、自江都還洛陽、勅於汾州、臨汾水、起汾陽宮。即管涔山、汾河源所出之処。当盛暑時、臨河盥漱、即涼風凛然、如八九月。其北多雨、経夏罕有晴日、一日之中、倏忽而雨、倏忽而晴、晴雨未曾経日。雖高嶺千仞。嶺上居人。掘地深二三尺。即得清泉用之。

隋の「図経」に曰はく、大業二年、江都より洛陽に還り、勅して汾州、汾水に臨んで、汾陽宮を起てしむ。即ち管涔《しん》山は、汾河源出づる所の処なり。盛暑の時に当り、河に臨み盥漱《かんそう》せば、即ち涼風凛然たりて、八、九月の如し。其の北雨多し。夏を経、罕に晴日有り、一日の中、倏忽《しゅくこつ》として雨ふり、倏忽として晴れ、晴雨未だ曾て日を経ず。高嶺千仞と雖も、嶺上の居人、地を掘ること深さ二、三尺にして、即ち清泉を得、之を用ふ。

(7)『通典』巻一七九州郡典九嵐州楼煩郡静楽県

静楽、漢汾陽県地、有隋煬帝汾陽宮。有管涔山、劉曜隠処、汾水所出。

静楽、漢の汾陽県の地にして隋の煬帝の汾陽宮有り。管涔《しん》山有り、劉曜の隠れる処、汾水出づる所なり。

(8)『元和郡県図志』巻一四河東道三嵐州楼煩郡静楽県

管涔山、在県北一百三十里。汾水源出焉。初、劉曜隠於此山、山神使二童子献剣於曜曰、管涔山王使謁趙皇帝献剣。

伏戎城、在県北八十里。隋楼煩郡所理也。

隋汾陽故宮、在県北一百二十里。

楼煩関、在県北一百五十里。

天池、在県北燕京山上。周回八里、陽旱不耗、陰霖不溢。故老言、嘗有人乗車、風飄堕池、有人獲車輪於桑乾泉。

後魏孝文帝以金珠穿魚七頭放此池、後亦於桑乾泉得之。隋煬帝嘗於池南置宮、毎夜風雨吹破、宮竟不成。今池側有祠、謂之天池祠。

管涔《しん》山、県の北一三〇里在り。汾水焉に出源す。初め、劉曜、此の山に隠れ、山神、二童子をして剣を曜に献じて曰はく「管涔山の王の使、趙の皇帝に謁し献ずる剣なり」と。

伏戎城、県北八〇里に在り。隋の楼煩郡理む所なり。

隋の汾陽故宮、県北一二〇里に在り。

楼煩関、県北一五〇里に在り。

天池、県の北燕京山上に在り。周回八里、陽旱耗らず、陰霖溢れず。故老言く、「嘗て人の車に乗る在り、風飄して池に堕つに、人の車輪を桑乾泉に獲る有り」と。後魏の孝文帝、金珠穿魚七頭を以て此の池に放つ、のち亦桑乾泉に之を得る。隋の煬帝嘗て池の南に宮を置くに、毎夜風雨吹破し、宮竟ひに成らず。今、池側に祠有り、之を天池祠と謂ふ。

(9)『隋書』巻七七崔賾伝

大業四年、従駕汾陽宮、次河陽鎮。

大業四年、汾陽宮に駕するに従ひ、河陽鎮に次《やど》る。

(10)『太平広記』巻一三五「隋煬帝」

隋末望気者云、乾門有天子気、連太原甚盛、故煬帝置離宮、数遊汾陽以厭之。後唐高祖起義兵汾陽、遂有天下。

出感定録

隋末、望気する者云はく「乾門天子の気有り、太原に連なり甚だ盛ん」と。故に煬帝離宮を置き、数しば汾陽に

遊び以て之を厭《しづ》む。のち唐の高祖義兵を汾陽に起し、遂に天下を有つ。「感定録」に出づ

（11）『大唐創業起居注』巻一大業一三年正月

大業初、帝為楼煩郡守。時有望気者云、西北乾門有天子気、連太原甚盛。故隋主於楼煩置宮、以其地当東都西北、因過太原、取龍山風俗道、行幸以厭之云。後又拝代王為郡守以厭之。

大業の初め、帝（唐高祖）楼煩郡守と為る。時に望気者有りて云ふ、「西北の乾門、天子の気有り、太原に連なり甚だ盛ん」と。故に隋主、楼煩に宮を置く。其の地まさに東都の西北に当るを以て、因りて太原を過《よぎ》り、龍山の風俗道を取り、行幸し以て之を厭《しづ》む。のち又代王を拝して郡守と為し以て之を厭《しづ》めしむ。

（12）『元一統志』巻一中書省統山東西河北之地・太原路・古蹟

汾陽宮、在管州。隋大業四年置、末年廃、在管州北三十里。

汾陽宮、管州に在り。隋の大業四年置き、末年廃す、管州北三〇里に在り。

（13）『旧唐書』巻五五劉武周伝

［劉］武周自称［馬邑郡］太守、遣使附于突厥。隋雁門郡丞陳孝意虎賁郎将王智弁合兵討之、囲其桑乾鎮。会突厥大至、与武周共撃智弁、隋師敗績。孝意奔還雁門、部人殺之、以城降于武周。於是襲破楼煩郡、進取汾陽宮、獲隋宮人、以賂突厥、始畢可汗以馬報之、兵威益振。

劉武周自ら馬邑郡太守と称し、使を遣はし突厥に附す。隋の雁門郡丞の陳孝意・虎賁郎将の王智弁、兵を合せて之を討ち、其の桑乾鎮を囲む。会たま突厥大いに至り、武周と共に智弁を撃ち、隋師敗績す。孝意雁門に奔還するに、部人之を殺し、城を以て武周に降る。是に於て楼煩郡を襲破し、進みて汾陽宮を取り、隋の宮人を獲て、以て突厥に賂《おく》るに、始畢可汗馬を以て之に報じ、兵威益ます振ふ。

（14）『隋書』巻七一敬釗伝

大業三年、煬帝避暑汾陽宮、……

大業三年（六〇七）、煬帝暑を汾陽宮に避け、……（この記事は明らかに行幸の繋年を誤っている）

（15）『隋書』巻七礼儀志二

大業中、煬帝因幸晋陽、遂祭恒岳。其礼頗採高祖拝岱宗儀、増置二壇、命道士女官数十人、於壝中設醮。

大業中、煬帝因りて晋陽に幸し、遂ひに恒岳を祭る。其の礼頗る高祖の岱宗を拝するの儀を採り、二壇を増置し、道士女官数十人に命じ、壝《い》中に醮《しょう》を設く。

68　不死之薬[校①]

道士潘誕言、能合不死之薬。帝乃嵩山造館（観）、名嵩陽館（嵩陽観）。［大業］八年、金丹不成、斬之。

道士の潘誕言ふ、能く不死の薬を合《あは》すと。帝乃ち嵩山に観を造り、嵩陽観と名づく。大業八年、金丹成らず、之を斬る。

校勘①　「不死之薬」の記事、『重較説郛』になし。

『資治通鑑』巻一八一大業八年正月に潘誕に関する記事がある。

初、嵩高道士潘誕、自言三百歳、為帝合煉金丹。帝為之作嵩陽観、華屋数百間、以童男童女各一百二十人充給使、位視三品、常役数千人、所費巨萬。云金丹応用石膽石髄、発石工鑿嵩高大石深百尺者数十処。凡六年、丹不成。帝詰之、誕対以無石膽石髄。若得童男女膽髄各三斛六斗、可以代之。帝怒、鎖詣涿郡、斬之。且死、語人曰、此乃天子無福、値我兵解時至、我応生梵摩天云。

初め、嵩高の道士・潘誕、自ら三〇〇歳と言ひ、帝の為に金丹を合煉す。帝、之が為に嵩陽観を作り、華屋数百間、童男・童女各《おの》おの一二〇人を以て給使に充て、位、三品に視《なぞら》へ、常に数千人を役し、費す所巨萬なり。云はく、「金丹応に石膽・石髄を用ふべし」と。石工を発して嵩高の大石を鑿ち深さ一〇〇尺なるもの数十処なり。凡そ六年にして、丹成らず。帝、之を詰るに、誕対へるに石膽・石髄なきを以てし、「若し童男女膽髄各《おの》おの三斛六斗を得ば、以て之に代る可し」と。帝怒り、鎖して涿郡に詣らしめ、之を斬る。且に死せんとするに、人に語りて曰はく、「此れ乃ち天子福無きなり、我が兵解の時に至るに値《あた》る、我応に梵摩天に生るべし」と云ふ。

69　一二衛府校①

［大業三年］九月、改三侍為三衛（「改三衛為三侍」之訛）。親衛六品勳衛七品翊衛八品。又置左右十二衛府官、有大将軍、従三品、将軍、並［正］四品、武賁郎将二人、従四品、武牙郎将二人、従四品、鷹揚郎将鷹撃郎将各四人、並従五品。又改侍官為熊渠豹騎旄頭羽儀。又改武候府為［武］候衛府。

大業三年九月、三衛を改め三侍と為す。親衛は六品・勳衛は七品・翊衛は八品。又左右一二衛府の官を置く、大将軍有り、従三品、将軍は、並びに正四品、武賁郎将二人、従四品、武牙郎将二人、従四品、鷹揚郎将・鷹撃郎将各《おの》おの四人、並びに従五品。又侍官を改め熊渠・豹騎・旄頭・羽儀と為す。又武候府を改め武候衛府と為す。

　校勘①「十二衛府」の文、『重較説郛』になし。

『隋書』巻二八百官志下に、

煬帝即位、多所改革。三年定令、……（中略）……。改左右衛為左右翊衛、左右備身為左右騎（驍）衛、左右武衛依旧名。改領軍為左右屯衛、加置左右禦、改左右武候為左右候衛。是為十二衛。又改領左右府為左右備身府、左右監門依旧名。凡十六府。其朝之班序、以品之高卑為列。品同則以省府為前後、省府同則以局署為前後焉。

煬帝即位し、改革する所多し。三年（六〇七）令を定め、……（中略）……。左右衛を改め左右翊衛と為し、左右備身を左右驍衛と為し、左右武衛は旧名に依る。領軍を改め左右屯衛と為し、加ふるに左右禦を置き、左右武候を改め左右候衛と為す。是れ一二衛と為す。又領左右府を改め左右備身府と為し、左右監門は旧名に依る。凡そ一六府なり。其の朝の班序、品の高卑を以て列と為す。品同じければ則ち省府を以て前後と為し、省府同じければ則ち局署を以て前後と為す。

とある。一二衛が制度的に完成したのは大業三年である。したがって、三衛を三侍と改称した年も大業三年と想定し、「大業三年」と補足した。しかし、三衛を三侍と改称したのは、本当に大業三年九月かといわれれば、明確な根拠はないのが現状である。

参考史料

（1）『隋書』巻二八百官志下

十二衛、各置大将軍一人将軍二人、総府事、并統諸鷹揚府。改驃騎為鷹揚郎将、正五品。車騎為鷹揚副郎将、従五品。大都督為校尉、帥都督為旅帥、都督為隊正。増置隊副以貳之。三衛為三侍。其直閤将軍直寝奉車都尉駙馬都尉直斎別将統軍軍主幢主之属、並廃。以武候府司辰師員、隷為太史局官。其軍士左右衛所領名為驍騎、左右驍衛所領名豹騎、左右武衛所領名熊渠、左右屯衛所領名羽林、左右禦衛所領名射声、左右候衛所領名佽飛、而総号衛士。毎衛置護軍四人、掌副貳将軍。将軍無則一人摂。尋改護軍為武賁郎将、正四品。而置武牙郎将六人、副焉、従四品。諸衛皆置長史、従五品。又有録事参軍司倉兵騎鎧等員。翊衛又加有親侍。鷹揚府、毎府置鷹揚郎将一人、正五品。副鷹揚郎将一人、従五品。各有司馬及兵倉両司。其府領親勲武三侍、非翊衛府、皆無三侍。鷹揚毎府置越騎校尉二人、掌騎士、歩兵校尉二人、領歩兵、並正六品。外軍鷹揚官並同。左右候衛増置察非掾二人、専糾弾之事。［大業］五年、又改副郎将並為鷹撃郎将。

一二衛、各《おの》おの大将軍一人・将軍二人を置き、府事を総べ、并せて諸鷹揚府を統ぶ。驃騎を改め鷹揚郎将と為す、正五品。車騎は鷹揚副郎将と為す、一人、従五品。大都督は校尉と為し、帥都督は旅帥と為し、都督は隊正と為し、隊副を増置し以て之が弐たり。三衛は三侍と為す。其の直閤将軍・直寝・奉車都尉・駙馬都尉・直斎・別将・統軍・軍主・幢主の属、並びに廃す。武候府の司辰師の員を以て、隷して太史局の官と為す。其の軍士、左右衛領する所は名づけて驍騎と為し、左右驍衛領する所は豹騎と名づけ、左右武衛領する所は熊渠と名づけ、左右屯衛領する所は羽林と名づけ、左右禦衛領する所は射声と名づけ、左右候衛領する所は佽《し》飛と名づけ、而して総て衛士と号す。毎衛護軍四人を置き、掌ること将軍に副弐たり。将軍無ければ則ち一人摂す。尋いで護軍を改め武賁郎将と為す。正四品。而して武牙郎将六人を置き、焉が副とす。従四品。諸衛皆長史を置く、従五品。又録事参軍・司倉・兵・騎・鎧等の員有り。翊衛又加へて親侍有り。鷹揚府、府毎に鷹揚郎将一人を置く、正五品。副鷹揚郎将一人、従五品。各《おの》おの司馬及び兵・倉両司有り。其の府は親勲武三侍を領し、翊衛府に非ざれば、皆三侍なし。鷹揚は府毎に越騎校尉二人を置き、騎士を掌り、歩兵校尉二人、歩兵を領し、並びに正六品。外軍の鷹揚官並びに同じ。左右候衛は察非の掾二人を増置し、糾弾の事を専らにす。大業五年、又副郎将を改め並びに鷹撃郎将と為す。

（2）『新唐書』巻四九上百官志四上「十六衛」註

武徳五年、改左右翊衛曰左右衛、左右驍騎衛曰左右驍騎府、左右屯衛曰左右威衛、左右禦衛曰左右領軍衛、左右備身府曰左右府。唯左右武衛府、左右監門府、左右候衛、仍隋不改。

武徳五年（六二二）、左右翊《よく》衛を改め左右衛と曰ひ、左右驍騎衛を左右驍騎府と曰ひ、左右屯衛を左右威衛と曰ひ、左右禦衛を左右領軍衛と曰ひ、左右備身府を左右府と曰ふ。唯だ左右武衛府、左右監門府、左右候衛は、隋に仍り改めず。

（3）『旧唐書』巻四四職官志「左右驍衛」

左右驍衛。古曰驍騎。隋改左右備身為左右驍衛、所領名豹騎。国家去騎字曰驍衛府。龍朔去府字、改為左右武威、神龍復為驍衛。

左右驍衛。古は驍騎と曰ふ。隋、左右備身を改め左右驍衛と為し、領するところは豹騎と名づく。国家「騎」字を去り驍衛府と曰ふ。龍朔のとしに「府」字を去り、改めて左右武威と為し、神龍のとしに復《また》驍衛と為す。

『新唐書』と『旧唐書』の「左右驍衛」の註記を読むと、『隋書』百官志に「左右驍衛」とあるから、隋代に「左右驍騎衛」が存在した感じを受ける。しかし、『隋書』百官志の「左右騎衛」は「左右驍衛」の誤りであり、『旧唐書』註記にいう「国家、騎字を去り驍衛府と曰ふ」とあるのは、隋代に驍騎衛が存在して、「騎」字をとり去り驍衛府としたという意味ではない。「古は驍騎と曰ふ」とあるように、後漢以降の時代に驍騎という官があり、この驍騎の「騎」字を取り去り、「驍」だけにしたという意味である。『隋書』や隋代の石刻史料を点検するとき、左右驍衛大将軍・驍衛将軍という官名は散見するが、左右驍騎衛大将軍・驍騎衛将軍という官名は絶えてみえない。右の『新唐書』の記事は全面的には信頼できない。検討を要する。唐長孺氏は『唐書兵志箋正』（中華書局　一九六二）において、左右驍騎衛が正しいとするが、これにもしたがい難い。

（4）『通典』巻二八職官典一〇左右衛

煬帝改左右衛為左右翊衛。又加置親衛、并領勳武三衛。煬帝改三衛為三侍、非翊衛府皆無三侍。

煬帝、左右衛を改め左右翊《よく》衛と為す。又加へて親衛を置き、并せて勳武三衛を領す。煬帝、三衛を改め三侍と為すも、翊

開皇年間	大業年間	唐初	唐初以降
左右衛	左右翊衛	左右衛	左右衛
左右備身	左右驍衛	左右驍衛	左右驍衛
左右武衛	左右武衛	左右武衛	左右武衛
左右領軍	左右屯衛	左右屯衛	左右屯衛
			左右威衛
	左右禦衛	（廃止）	
左右武候	左右候衛	左右武候	（廃止）
			左右金吾衛
領左右府	左右備身	領左右衛	（廃止）
			左右千牛
左右監門衛	左右監門衛	左右監門衛	左右監門衛
		左右領軍衛	左右領軍衛

衛府名変更一覧

衛府に非ざれば皆三侍なし。

（5）『通典』巻二九職官典一一折衛府

隋初、左右衛左右武衛左右武候、各領軍坊郷団、以統戎卒。開皇中、置驃騎将軍府、毎府置驃騎車騎将軍。大業三年、改驃騎府為鷹揚府、改驃騎将軍為鷹揚郎将、改車騎将軍為鷹揚副郎将。五年、又以鷹揚副郎将為鷹撃郎将。九年、別置折衝果毅及武勇雄武等郎将官、以統領驍果。

隋の初め、左右衛・左右武衛・左右武候、各《おの》おの軍坊郷団を領し、以て戎卒を統ぶ。開皇中、驃騎将軍府を置き、府毎に驃騎［将軍］・車騎将軍を置く。大業三年、驃騎府を改め鷹揚府と為し、驃騎将軍を改め鷹揚郎将と為し、車騎将軍を改め鷹揚副郎将と為す。五年、又鷹揚副郎将を以て鷹撃郎将と為す。九年（六一三）、別に折衝・果毅及び武勇・雄武等の郎将官を置き、以て驍果を統領す。

（6）「張寿墓誌」（『中国歴代石刻拓本滙編』一〇冊所収　誌五五二）

二季、入拝左禦衛大将軍、改授金紫光禄大夫。吐谷渾負恃遐荒、敢違職貢、叅結西戎。時駛南牧、……。

二季（六〇六）、入りて左禦衛大将軍を拝し、金紫光禄大夫に改授せらる。吐谷渾は遐荒を負恃し、敢へて職貢を違へ、西戎を叅結す。

左右禦衛は大業三年に新設された衛府であると理解するのが穏当な見解であるが、張公墓誌は信頼するべき隋代の第一級の史料である。大業二年に左禦衛大将軍があったとする記事は、大業三年以前に左右禦衛が設置されていたことを示す貴重な史料である。

（7）『隋書』巻五四崔彭伝

煬帝即位、遷左領軍大将軍。従幸洛陽、彭督後軍。

煬帝即位し、左領軍大将軍に遷る。洛陽に幸するに従ひ、彭は後軍を督す。

この記事に「左領軍大将軍」とあるのは「左領軍衛大将軍」ではなく、開皇年間に存在した左領軍府の大将軍という意味であろう。左右領軍府は大業三年（六〇七）の官制改革によって「左右屯衛」となった。

（8）『旧唐書』巻五八劉弘基伝

劉弘基、雍州池陽人也。父昇、隋河州刺史。弘基少落拓、交通軽侠、不事家産。以父蔭為右勲侍。

劉弘基、雍州池陽の人なり。父の昇、隋の河州刺史たり。弘基少《わか》くして落拓し、軽侠と交通し、家産に事《つか》へず。父の蔭を以て右勲侍（七品）と為る。

右の劉弘基の例は三侍の例として適合する史料としてよいだろう。

70　崇徳殿

［大業］三年（「五年」之訛）、帝御崇徳殿、不怡曰、先朝不甚（「不時」之訛）御此殿[校①]、宜於此館之西、別為一殿。因乃造承乾殿、後改為毓徳殿。在京師。

大業五年（六〇九）、帝は崇徳殿に御し、怡ばずして曰ふ、「先朝は時ならず此の殿に御す、宜しく此の館の西に別に一殿を為るべし」と。因りて乃ち承乾殿を造り、のち改めて毓《いく》徳殿と為す。京師に在り。

校勘①　「不甚御此殿」を『重較説郛』は「不時御北殿」に作る。「不時」は『重較説郛』が正しく、「北殿」は「此殿」が正しい。

『大業雑記』は、京師（長安）の崇徳殿に関する記事を大業三年（六〇七）とする。大業三年に煬帝は確かに京師・長安にあった。それは三月辛亥から四月丙申までのことである。一方、『隋書』巻三煬帝紀大業五年二月の条には、戊申に東都から京師（長安）に到着した時のことを伝えて、

己未、上御崇徳殿之西院、愀然不怡、顧謂左右曰、此先帝之居所、実用増感。情所未安、宜於此院西別営一殿。

己未、上、崇徳殿の西院に御し、愀然《しょうぜん》として怡ばず、顧みて左右に謂ひて曰はく、「此れ先帝の居所にして、実に用て感を増す。情、未だ安んぜざる所、宜しく此の院の西に別に一殿を営むべし」と。

とあって、『大業雑記』と符合する記事があるから、大業三年は五年の誤りとするべきであろう。

71　車駕西巡

行次金城郡[校①]、党項羌首朝見、帝問曰、古有先零焼当等種落、爾是何者之後。対曰、相伝獼猴之後。帝笑之。至浩澶川、橋成乃行。

行きて金城郡（蘭州）に次《やど》る、党項・羌の首朝見するに、帝問ひて曰はく。「古は先零・焼当らの種落有り、爾是れ何《いづれ》の後か」と。対へて曰はく。「獼猴の後と相伝ふ」と。帝之を笑ふ。浩澶《じょう》川に至り、橋成り乃ち行く。

校勘① 「行次金城郡」を『重較説郛』は「行次金地群」に作る。「金城郡」が正しい。

この記事は大業五年（六〇九）に実施された西巡の一部を伝えたものである。『隋書』巻三煬帝紀大業五年の条に、正月戊子、東都を発した車駕は、二月戊申に京師に至り、三月己巳に河西に向けて進発し、同月乙亥には扶風の旧宅に寄り、いよいよ河西の地に入ったとある。続けて同巻の大業五年の条には次のようにある。

夏四月己亥、大猟於隴西。壬寅、高昌吐谷渾伊吾並遣使来朝。乙巳、次狄道、党項羌来貢方物。癸亥、出臨津関、渡黄河、至西平、陳兵講武。

夏四月己亥、大いに隴西に猟す。壬寅、高昌・吐谷渾・伊吾並びに使を遣はし来朝す。乙巳、狄道に次《やど》るに、党項・羌来りて方物を貢ず。癸亥、臨津関を出で、黄河を渡り、西平に至り、兵を陳べ講武す。

五月乙亥、上大猟於抜延山、長囲周亘二千里。庚辰、入長寧谷。壬午、度星嶺。甲申、宴群臣於金山之上。丙戌、梁浩亹、御馬度而橋壊、斬朝散大夫黄亘及督役者九人。吐谷渾王率衆保覆袁川、帝分命内史元寿南屯金山、兵部尚書段文振北屯雪山、太僕卿楊義臣、東屯琵琶峡、将軍張寿西屯泥嶺、四面囲之。渾主伏允以数十騎遁出、遣其名王詐称伏允、保車我真山。壬辰、詔右屯衛大将軍張定和往捕之。定和挺身挑戦、為賊所殺。亜将柳武建撃破之、斬首数百級。甲午、其仙頭王被囲窮蹙、率男女十餘萬口来降。

五月乙亥、上大いに抜延山に猟し、長囲の周り二千里に亘る。庚辰、長寧谷に入る。壬午、星嶺を度る。甲申、群臣を金山の上に宴す。丙戌、浩亹《じょう》に梁するに、御馬度りて橋壊れ、朝散大夫の黄亘及び役を督する者九人を斬る。吐谷渾王、衆を率ゐて覆袁川を保つに、帝、命を分ち内史の元寿は南のかた金山に屯し、兵部尚書の段文振は北のかた雪山に屯し、太僕卿の楊義臣は東のかた琵琶峡に屯し、将軍の張寿は西のかた泥嶺に屯し、四面して之を囲ひしむ。渾主伏允数十騎を以て遁れ出で、其の名王を遣はし伏允を詐称し、車我真山を保つ。壬辰、右屯衛大将軍の張定和に詔して往きて之を捕ふ。定和身を挺して戦に挑むも、賊の殺す所と為る。亜将の柳武建之を撃破し、斬首すること数百級なり。甲午、其の仙頭王、囲まれ窮蹙し、男女十餘萬口を率ゐて来降す。

六月丁酉、遣左光禄大夫梁默右翊衛将軍李瓊等追渾王、皆遇賊死之。癸卯、経大斗抜谷、山路隘険、魚貫而出。風霰晦冥、与従官相失、士卒凍死者太半。丙午、次張掖。……（中略）……。壬子、高昌王麹伯雅来朝、伊吾吐屯設等献西域数千里之地。上大悦。癸丑、置西海河源鄯善且末等四郡。丙辰、上御観風行殿、盛陳文物、奏九部楽、設魚龍曼延、宴高昌王伊吾吐屯設於殿上、以寵異之。其蛮夷陪列者三十餘国。戊午、大赦天下、開皇已来流配、悉放還郷、晋陽逆党、不在此例。隴右諸郡、給復一年、行経之所、給復二年。

六月丁酉、左光禄大夫梁黙・右翊《よく》衛将軍の李瓊等を遣はし渾王を追はしむに、皆賊に遇ひ之に死す。癸卯、大斗抜谷を経るに、山路隘険にして、魚貫して出づ。風霰晦冥にして、与に従官相失ひ、士卒凍死する者太半なり。丙午、張掖に次る。……（中略）……。壬子、高昌王・麹伯雅来朝し、伊吾の吐屯設等、西域数千里の地を献じ、上大いに悦ぶ。癸丑、西海・河源・鄯善・且末等の四郡を置く。丙辰、上、観風行殿に御し、盛んに文物を陳べ、九部の楽を奏《かな》で、魚龍曼延を設け、高昌王・伊吾吐屯設を殿上に宴し、以て之を寵異す。其の蛮夷陪列するは三十餘国なり。戊午、天下に大赦し、開皇已来の流配は、悉く放《ゆる》して郷に還すも、晋陽の逆党は、此の例に在らず。隴右諸郡は復《ほく》一年を給し、行経の所は、復《ほく》二年を給す。

『大業雑記』に金城郡（蘭州）において、党項と羌の首領に朝見したとする記事は、金城郡治（金城県）において党項と羌の首領に朝見したと理解するのは適当でない。煬帝の車駕は狄道⇒臨津関⇒黄河⇒西平郡（鄯州）の順に、狄道県から西に進軍しており、狄道県の北に位置する金城郡治を経由したとは考えられない。金城郡の管県の一に狄《てき》道県があるから、『隋書』の「狄道において、党項羌の首領が方物を貢じた」とする記事と『大業雑記』の記事は同じことをいうものであり、大業五年四月乙巳ころのことであろう。

参考史料

（1）『隋書』巻二四食貨志

［大業］五年、西巡河右。西域諸胡、佩金玉、被錦罽、焚香奏楽、迎候道左。帝乃令武威張掖士女、盛飾縦観。

衣服車馬不鮮者、州県督課、以誇示之。其年、帝親征吐谷渾、破之於赤水。慕容仏允、委其家属、西奔青海。帝駐兵不出、遇天霖雨（大霖雨）。経大斗抜谷、士卒死者十二三焉、馬驢十八九。於是置河源郡積石鎮、又於西域之地、置西海鄯善且末等郡、謫天下罪人、配為戍卒、大開屯田、発西方諸郡運糧以給之。道里懸遠、兼遇寇抄、死亡相続。

大業五年（六〇九）、西のかた河右を巡る。西域の諸胡、金玉を佩び、錦罽を被り、香を焚き楽を奏《かな》で、道左に迎候す。帝乃ち武威・張掖の士女をして、盛飾せしめ縦観せしむ。衣服車馬鮮ならざる者、州県督課し、以て之を誇示す。其の年、帝親しく吐谷渾を征し、之を赤水に破る。慕容仏允、其の家属を委ね、西のかた青海に奔る。帝、兵を駐め出ださざるに、遇《たま》たま大いに霖雨ふる。大斗抜谷を経るに、士卒の死す者は一〇の二、三、馬驢は一〇の八、九なり。是に於て河源郡・積石鎮を置き、又西域の地に、西海・鄯善・且末等の郡を置き、天下の罪人を謫《たく》し、配して戍卒と為し、大いに屯田を開き、西方諸郡の運糧を発し以て之に給す。道里懸遠にして、兼ねて寇抄に遇ひ、死亡するもの相続く。

（2）『隋書』巻六七裴矩伝

帝将巡河右、復令矩往敦煌。矩遣使説高昌王麹伯雅及伊吾吐屯設等、啗以厚利、導使入朝。及帝西巡、次燕支山、高昌王伊吾設等、及西蕃胡二十七国、謁於道左。皆令佩金玉、被錦罽、焚香奏楽、歌儛諠譟。復令武威張掖士女盛飾縦観、騎乗塡咽、周亘数十里、以示中国之盛。帝見而大悦。竟破吐谷渾、拓地数千里、並遣兵戍之。毎歳委輸巨億萬計、諸蕃慴懼、朝貢相続。帝謂矩有綏懐之才、進位銀青光禄大夫。

帝将に河右を巡らんとし、復《また》矩をして敦煌に往かしむ。矩、使を遣はし高昌王の麹伯雅及び伊吾の吐屯設等に説き、啗《さそ》ふに厚利を以てし、使を導きて入朝す。帝の西巡すに及んで、燕支山に次り、高昌王・伊吾設等、西蕃胡二七国に及んで、道左に謁す。皆金玉を佩び、錦罽を被り、香を焚き楽を奏し、歌儛諠譟せしむ。復《また》武威・張掖士女をして盛飾し縦観せしめ、騎乗塡咽して、周りは数十里に亘り、以て中国の盛んなるを示す。帝見て大いに悦ぶ。竟ひに吐谷渾を破り、地数千里を拓き、並びに兵を遣はし之を戍る。毎歳委ねて巨億萬の計を輸し、諸蕃慴懼して、朝貢相続く。帝、矩の綏懐の才有るを謂《おも》ひ、位を銀青光禄大夫に進む。

（3）『隋書』巻六八何稠伝付黄亘伝

大業時、有黄亘者、不知何許人也。及其弟袞、倶巧思絶人。煬帝毎令其兄弟直少府将作。于時改創多務、亘袞毎参典其事。凡有所為、何稠先令亘袞立様、当時工人皆称其善、莫能有所損益。亘官至朝散大夫、袞官至散騎侍郎。

大業の時、黄亘なる者有り、何許《いづれ》の人なるかを知らざるなり。其の弟の袞に及んで、倶に巧思人を絶つ。煬帝毎に其の兄弟をして少府・将作に直《あた》らしむ。時に改創多務にして、亘・袞毎に其の事に参典す。凡そ為る所あらば、何稠先づ亘・袞をして立様せしめ、当時の工人皆其の善を称へ、損益するところある能はず。亘は官、朝散大夫に至り、袞は官、散騎侍郎に至る。

（4）『資治通鑑』巻一八一大業五年五月

丙戌、至浩亹川、以橋未成、斬都水使者黄亘及督役者九人。

丙戌、浩亹川に至るに、橋未だ成らざるを以て、都水使者の黄亘及び役を督する者九人を斬る。

（5）『元和郡県図志』巻四〇隴右道下甘州刪丹県

大斗抜谷、在県南二百里。隋大業五年、煬帝躬率将士、出西平道、討吐谷渾、還此谷、会大霖雨、士卒凍餒死者十六七。

大斗抜谷、県の南二〇〇里に在り。隋の大業五年、煬帝躬ら将士を率ゐて、西平道に出で、吐谷渾を討ち、此の谷に還り、会《たま》たま大霖雨にして、士卒の凍餒し死す者一〇の六、七なり。

(6)『元和郡県図志』巻三九隴右道上蘭州広武県

浩亹故城。在県西南一百三十里。漢県也。属金城郡。亹者、水流峡岸深若門也。

浩亹《じょう》故城。県の西南一三〇里に在り。漢県なり。金城郡に属す。亹とは、水、峡岸を流れ深くして門の若きなり。

(7)『隋書』巻八三西域伝党項

党項羌者、三苗之後也。其種有宕昌白狼、皆自称獼猴種。東接臨洮西平、西拒葉護、南北数千里、処山谷間。毎姓別為部落、大者五千餘騎、小者千餘騎。

党項羌は三苗の後なり。其の種、宕昌・白狼有り、皆自ら獼猴の種と称す。東は臨洮・西平に接し、西は葉護に拒《あた》り、南北数千里、山谷の間に処す。姓毎に別に部落を為り、大なるものは五千餘騎、小なるものは千餘騎なり。

(8)『隋書』巻五五乞伏慧伝

煬帝即位、為天水太守。大業五年、征吐谷渾、郡浜西境、民苦労役。又遇帝西巡、坐為道不整、献食疎薄。帝大怒、命左右斬之、見其無髪、乃釈、除名為民。卒於家。

煬帝即位し、天水太守と為る。大業五年(六〇九)、吐谷渾を征すに、郡は西境に浜し、民は労役に苦しむ。又帝の西巡に遇り、道を為るに整はず、食を献ずるに疎薄なるに坐す。帝大いに怒り、左右に命じて之を斬らしむに、其の髪なきをみて、乃ち釈し、除名して民と為す。家に卒す。

72 観風行殿

先是 造観風行殿。三間両厦、丹柱素壁、雕梁綺棟。一日之内、嶷然峙立、夷人見此[校①]。莫不驚駭。以為神異。

是れより先　観風行殿を造る。三間両厦、丹柱素壁にして、雕梁綺棟なり。一日の内、嶷然として峙立し、夷人、此を見、驚駭せざる莫く、以て神異と為す。

校勘①　「夷人見此」を『重較説郛』は「□人見此」に作り、「夷」字を脱す。

観風行殿の説明としては、『隋書』巻六八宇文愷伝がある。

及長城之役、詔愷規度之。時帝北巡、欲誇戎狄、令愷為大帳、其下坐数千人。帝大悦、賜物千段。又造観風行殿、上容侍衛者数百人、離合為之、下施輪軸、推移倏忽、有若神功。戎狄見之、莫不驚駭。帝弥悦焉、前後賞賚不可勝紀。

長城の役に及び、愷《がい》に詔して之を規度せしむ。時に帝、北巡し、戎狄に誇らんと欲し、愷をして大帳を為らしめ、其の下に数千人を坐せしむ。帝大いに悦び、物千段を賜ふ。又観風行殿を造らしめ、上には侍衛する者数百人を容れ、離合して之を為り、下は輪軸を施し、推移すること倏忽にして、神功の若きに有り。戎狄之を見て、驚駭せざる莫し。帝弥《いよ》いよ悦び、前後の賞賚、勝へて紀すべからず。

『続世説』巻六巧藝にも説明がある。

宇文愷為煬帝、造観風行殿。上容侍衛者数百人。離合為之。下施輪軸。推移倏忽、有若神助。人見之者、莫不驚駭。

宇文愷、煬帝のために、観風行殿を造る。上には侍衛する者数百人を容れ、離合して之を為り、下には輪軸を施し、推移すること倏忽《しゅくこつ》として、神助の若くに有り。人の之を見る者驚駭せざるなし。

この観風行殿の記事は大業五年の西巡において、西域の諸民族に見せたものである。『隋書』巻三煬帝紀大業五年六月の条には次のようにある。

癸丑、置西海河源鄯善且末等四郡。丙辰、上御観風行殿、盛陳文物、奏九部楽、設魚龍曼延。宴高昌王吐屯設於殿上、以寵異之。其蕃夷陪列者三十餘国。

癸丑、西海・河源・鄯善・且末等の四郡を置く。丙辰、上は観風行殿に御し、盛んに文物を陳べ、九部の楽を奏し、魚龍・曼延を設く。高昌王・吐屯設を殿上に宴し、以て之を寵異す。其の蕃夷の陪列するは三十餘国なり。

また、『資治通鑑』巻一八一大業五年六月にも次のようにいう。

丙辰、上御観風殿、大備文物、引高昌王麹伯雅及伊吾吐屯設升殿宴飲。其餘蕃夷使者陪階庭者二十餘国。奏九部楽、及魚龍戯以娯之。賜賚有差。

丙辰、上、観風殿に御し、大いに文物を備へ、高昌王・麹伯雅及び伊吾の吐屯設を引き殿に升せ宴飲す。其の餘の蕃夷の使者、階庭に陪するは二十餘国なり。九部の楽を奏し、及び魚龍の戯を以て之を娯《たのし》ましむ。賜賚すること差有り。

観風行殿は大業五年以前に製作されていた。『資治通鑑』巻一八〇大業三年の条には次のようにあり、大業三年には完成し配備されていた。

八月壬午、車駕発楡林、歴雲中、泝金河。時天下承平、百物豊実。甲士五十餘萬・馬十萬匹、旌旗輜重、千里不絶。令宇文愷等造観風行殿。上容侍衛者数百人。離合為之、下施輪軸、倏忽推移。又作行城、周二千歩。以板為幹、衣之以布、飾以丹青、楼櫓悉備。胡人驚以為神。毎望御営、十里之外、屈膝稽顙、無敢乗馬。啓民奉廬帳以俟車駕。

八月壬午、車駕、楡林を発し、雲中を歴し、金河を泝る。時に天下承平にして、百物豊実なり。甲士五十餘萬・馬一〇萬匹、旌旗・輜重、千里絶えず。宇文愷らをして観風行殿を造らしむ。上に侍衛者数百人を容る。離合して之を為り、下に輪軸を施し、倏忽《しゅくこつ》に推移す。又行城を作る、周りは二千歩。板を以て幹を為し、之を衣するに布を以てし、飾るに丹青を以てし、楼櫓悉く備はる。胡人驚き以て神と為す。御営を望む毎に、一〇里の外に、膝を屈して稽顙《そう》し、敢へて馬に乗るものなし。啓民、廬帳を奉じ以て車駕を俟つ。

73　永済渠

［大業三年］六月、勅開永済渠、引汾、一作沁。[校①]水入河。又自汾、一作沁。水東北開渠、合渠水至于涿郡二千餘里、通龍舟。

大業三年（六〇七）六月、勅して永済渠を開き、汾水、一は沁水に作る。を引き河に入る。又汾水、一は沁水に作る。より東北して渠を開き、渠水に合して涿郡に至ること二千餘里、龍舟を通ず。

校勘①「一作沁」を『重較説郛』は「一作心」に作る。「沁」字が正しい。

永済渠に関する記事は、『隋書』巻三煬帝紀大業四年にある。

［大業］四年春正月乙巳、詔発河北諸郡男女百餘萬開永済渠、引沁水南達于河、北通涿郡。

大業四年春正月乙巳、詔して河北諸郡の男女百餘萬を発し永済渠を開き、沁水を引き南して河に達し、北は涿郡に通ず。

『資治通鑑』巻一八〇大業四年にも、

春正月乙巳、詔発河北諸軍（郡）百餘萬穿永済渠、引沁水、南達于河、北通涿郡。丁男不供、始役婦人。

春正月乙巳、詔して河北諸郡の百餘萬を発し永済渠を穿ち、沁水を引き、南のかた河に達し、北は涿郡に通ず。丁男供さず、始めて婦人に役す。

とある。右の永済渠に関する『大業雑記』は、『資治通鑑考異』巻八大業四年（六〇七）の条に「四年正月、穿永済渠」とあり、「考異」に次のようにあり、『大業雑記』は誤りとする。

雑記、［大業］三年六月、勅開永済渠、引汾水入河。於汾水東北開渠、合渠水至于涿郡二千餘里、通龍舟。按永済渠、即今御河。未嘗通汾水。雑記誤也。

「雑記」に、「大業三年六月、勅して永済渠を開き、汾水を引いて河に入る。汾水の東北に渠を開き、渠水と合して涿郡に至ること二千餘里、龍舟を通ず」と。永済渠を按ずるに、即ち今の御河なり。未だ嘗て汾水を通ぜず。「雑記」は誤るなり。

参考史料

（1）『隋書』巻二四食貨志

［大業］四年、発河北諸郡百餘萬衆、引沁水、南達于河、北通涿郡。自是以丁男不供、始以婦人従役。

大業四年、河北諸郡の百餘萬の衆を発し、沁水を引き南のかた河に達し、北は涿郡に通ず。是れより丁男供せざるを以て、始めて婦人を以て役に従はしむ。

（2）『元和郡県図志』巻一六河北道一魏州館陶県

白溝水、本名白渠。隋煬帝導為永済渠、亦名御河、西去県十里。

白溝水、本は白渠と名づく。隋の煬帝導きて永済渠を為る。亦御河と名づく。西して県を去ること一〇里なり。

（3）『太平寰宇記』巻五四魏州魏県

白溝水、北接舘陶界。隋煬帝導為永済渠、亦名御河。南自相州洹水県界流入、又北阿難河出焉。蓋魏将阿難所導、以利衡瀆、故此瀆有阿難之称矣。

白溝水、北は館陶界に接す。隋の煬帝導きて永済渠を為る、亦御河と名づく。南は相州洹水県界より流入し、又北は阿難河焉《ここ》より出づ。蓋し魏将の阿難導く所、以て衡瀆を利す、故に此の瀆、阿難の称有り。

（4）『太平御覧』巻六四地部二九河北諸水「白溝水」

信都記曰、白溝河、地接館陶界。隋煬帝導為永済渠、亦名御河。南自相州洹水県界流入、又北難河出焉。蓋魏時河難（阿難）所以導以利故瀆、故此瀆有難之称焉。

「信都記」に曰ふ、白溝河、地は館陶界に接す。隋の煬帝導きて永済渠を為る、亦御河と名づく。南は相州洹水県界より流入し、又北は難河焉《ここ》より出づ。蓋し魏の時、阿難、導き以て故瀆を利す所以にして、故に此の瀆「難」の称有り。

74　工藝戸校①

[大業三年] 十月、勅河北諸郡、送工藝戸、陪東都三千餘家。於建陽門東道北□十二坊、此臨洛水、給藝戸居住。

大業三年（六〇七）一〇月、河北諸郡に勅し、工藝の戸を送らしめ、東都に陪《くは》へしめること三千餘家。建陽門の東道北□に一二坊[を置く]。此れ洛水に臨み、藝戸の居住に給す。

校勘①「工藝戸」の記事、『重較説郛』になし。

工藝戸に関連する記事は、『資治通鑑』巻一八〇大業三年の条にある。

冬十月、勅河南諸郡、送一藝戸、陪東都三千餘家、置十二坊於洛水南、以処之。

冬一〇月、河南諸郡に勅し、一藝の戸を送らしめ、東都に陪《くは》ふこと三千餘家。一二坊を洛水の南に置き、以て之を処らしむ。

記事が類似するから『大業雑記』が出典であろう。

75　改州為郡[校①]

〔大業三年〕十二月、改天下州為郡、郡置賛治五品丞六品。

大業三年十二月、天下の州を改め郡と為し、郡に賛治五品・丞六品を置く。

校勘①「改州為郡」の記事、『重較説郛』になし。

右の記事の「十二月」には疑問がある。『通典』巻三三職官典一五・郡太守の条には、

大業三年、又改州為郡、郡置太守。

大業三年、又州を改め郡と為し、郡に太守を置く。

とあり、「大業三年」とのみあって、設置した「月」を伝えないが、『隋書』巻三煬帝紀には、

〔大業三年四月〕壬辰、改州為郡。改度量権衡、並依古式。

大業三年四月壬辰、州を改め郡と為す。度量権衡を改め、並びに古式に依る。

とあり、『資治通鑑』巻一八〇大業三年四月の条にも、

壬辰、改州為郡。改度量権衡、並依古式。

壬辰、州を改め郡と為す。度量権衡を改め、並びに古式に依る。

とあるように、『隋書』煬帝紀や『資治通鑑』が伝えるように、大業三年四月が正しい。

州を郡と改称してからの、郡官に関しては『隋書』巻二八百官志下に、

罷州置郡、郡置太守。上郡従三品、中郡正四品、下郡従四品。京兆河南則倶為尹、並正三品。罷長史司馬、置賛

務一人、以弐之。京兆河南従四品、上郡正五品、中郡従五品、下郡正六品。……（中略）……。其後諸郡各加置通守一人、位次太守、京兆河南、則謂之内史。又改郡贊務為丞。

州を罷め郡を置き、郡に太守を置く。上郡太守は従三品、中郡太守は正四品、下郡太守は従四品。京兆・河南は則ち倶に尹と為し、並びに正三品。長史・司馬を罷め、贊務一人を置き、以て之の弐とす。京兆・河南は従四品、上郡は正五品、中郡は従五品、下郡は正六品。……（中略）……。其ののち諸郡各《おの》おの加へて通守一人を置き、位は太守に次ぐ、京兆・河南は、則ち之を内史と謂ふ。又郡の贊務を改め丞と為す。

とあるように、郡には長官として太守を置き、長史・司馬に替わる次官として贊治が置かれた。この贊治の設置時期は充分明らかではないが、たぶん、大業三年四月に州を郡と改称した時期と軌を一にしていると考えられる。贊治はのち丞と改称された。『通典』巻三三職官典一五総論郡佐「郡丞」にも、

至開皇三年、改別駕治中為長史司馬。至煬帝又罷長史司馬、置贊治一人、後又改郡贊治為丞、位在通守下。

開皇三年（五八三）に至り、別駕・治中を改め長史・司馬と為す。煬帝に至り又長史・司馬を罷め、贊治一人を置き、のち又郡の贊治を改め丞と為す。位は通守の下に在り。

とあり、『漢魏南北朝墓誌集釈』所載の「羊本曁妻周氏墓誌」（図版五一二）には、

詔除儀同三司、加朝請大夫。復除襄国郡贊治、又改襄国郡丞。

詔して儀同三司に除せられ、朝請大夫を加ふ。復襄国郡贊治に除せられ、又襄国郡丞に改めらる。

とあり、郡贊治から郡丞に改官されたと伝える。大業三年四月に贊治が置かれ、大業九年後半に郡丞と改称されたから、羊本は大業三年から大業一〇年ころまで襄国郡に在任していたことになる。前掲の『大業雑記』は贊治と丞が同時に並置されたように伝えるが、これは誤りとしなければならない。贊治が丞と改称されたとき、郡には長官である

太守の下に、新たに次官として通守が増置されたから、丞は賛治のように次官ではなく、判官（三等官）となった。『隋書』巻二八百官志下には、賛治を賛務と表記し、『隋書』巻四煬帝紀にも、

［大業九年六月］乙巳、礼部尚書楊玄感反於黎陽。丙辰、玄感逼東都、河南賛務裴弘策拒之、反為賊所敗。

大業九年六月乙巳、礼部尚書の楊玄感、黎陽に反す。丙辰、玄感、東都に逼り、河南賛務の裴弘策は之を拒ぐに、反て賊の敗るところと為る。

とあるが、この賛務という表記は疑問である。『通典』巻三三職官典一五「京尹」河南尹の条に、

各有少尹二員、通判府事。京兆少尹、魏晋以来、治中之任。隋文帝改為司馬、煬帝又改為賛治、後又改為丞。

各《おの》おの少尹二員有り、府事を通判す。京兆少尹、魏晋以来、治中の任なり。隋の文帝は改め司馬と為し、煬帝又改め賛治と為し、後又改め丞と為す。

とあり、『通典』巻三三職官典一五・総論郡佐の条にも、

煬帝置通守賛治東西曹掾主簿司功倉戸兵法士等書佐、各因郡之大小、而為増減。改行参軍為行書佐。

煬帝、通守・賛治・東西曹掾・主簿・司功・倉・戸・兵・法・士等の書佐を置き、各《おの》おの郡の大小に因りて、増減を為す。行参軍を改め行書佐と為す。

とあるように、「賛治」が正しい。『隋書』巻五六楊汪伝には、

及楊玄感反、河南賛治裴弘策出師禦之、戦不利。弘策出還、遇汪而屏人交語。既而留守樊子蓋斬弘策、以状奏汪。帝疑之、出為梁郡通守。

楊玄感反するに及んで、河南賛治の裴弘策師を出し之を禦ぐに、戦ひ利あらず。弘策出でて還り、汪に遇ひて人を屏《しりぞ》け語を交す。既にして留守の樊子蓋、弘策を斬り、以て汪を状奏す。帝之を疑ひ、出して梁郡通守と為す。

とあり、『隋書』巻六三樊子蓋伝にも、

> ［大業］九年、車駕復幸遼東、命子蓋為東都留守。属楊玄感作逆、来逼王城。子蓋遣河南賛治裴弘策逆撃之、返為所敗、遂斬弘策以徇。国子祭酒楊汪小有不恭、子蓋又将斬之。汪拝謝、頓首流血、久而釈免。於是三軍莫不戦慄、将吏無敢仰視。
>
> 大業九年、車駕復《また》遼東に幸し、子蓋に命じて東都留守と為さしむ。属《たま》たま楊玄感逆を作し、来りて王城に逼る。子蓋は河南賛治の裴弘策を遣はして之を逆に撃たしむるに、返て敗れる所と為り、遂に弘策を斬り以て徇《とな》ふ。国子祭酒の楊汪、小にして恭ならざる有り、子蓋又《また》将に之を斬らんとす。汪は拝謝し、頓首して流血す、久して釈免す。是に於て三軍戦慄せざる莫く、将吏は敢へて仰視するものなし。

とあって、賛治と明記する。大業九年六月ころまでは賛治といっていたとしてよいであろう。楊玄感の軍に敗れた裴弘策に関しても、『資治通鑑』は「河南賛治裴弘策」に作る。賛務という語は、唐の第三代皇帝・高宗の名が李治であり、唐代に『隋書』が編纂される過程において、高宗の名「治」の避諱を意図する中で、一部において不統一が生じ「賛務」となっているのであろう。本来は「賛治」が正式な官名であった。

『隋書』巻三九源雄伝に付伝された源崇伝には、

> 子崇嗣、官至儀同。大業中、自上党賛治入為尚書虞部郎。
>
> 子の崇嗣ぎ、官は儀同に至る。大業中（大業三年以降）、上党賛治より入りて尚書虞部郎と為る。

とある。これは「賛治」が正式な官名であったことを示すものであり、源崇は大業九年六月以前に尚書虞部郎となったことを示すものである。

「宋永貴墓誌」（『漢魏南北朝墓誌集釈』図版五二〇）に、

> 大業三年、改授慶州司馬、累遷朝請大夫漢川賛治。……（中略）……。五年、入為左禦衛長史。
>
> 大業三年（六〇七）、慶州司馬に改授され、累りに朝請大夫・漢川賛治に遷る。……（中略）……。五年、入りて左禦衛長史と為る。

とあるのは、大業三年四月までに慶州司馬に除任され、それ以後、漢川郡賛治に転任したことを示すものであろう。郡賛治から郡丞に変化した時期に関しては、改称を明示した史料がなく不明な点が多いが、次に示す史料は大いに疑問がある。すなわち、『隋書』巻七三柳倹伝に、

> 大業五年、入朝。郡国畢集、帝謂納言蘇威吏部尚書牛弘曰、其中清名天下第一者為誰。威等以倹対。帝又問其次。威以涿郡丞郭絢潁川郡丞敬肅等二人対。帝賜倹帛二百匹、絢肅各一百匹。令天下朝集使送至郡邸、以旌異焉。論者美之。
>
> 大業五年（六〇九）、入朝す。郡国畢《ことごと》く集ひ、帝、納言の蘇威・吏部尚書の牛弘に謂ひて曰はく「其の中、清名天下第一なる者は誰と為すや」と。威らは倹を以て対ふ。帝又其の次を問ふ。威は涿郡丞の郭絢・潁川郡丞の敬肅等二人を以て対ふ。帝、倹に帛二〇〇匹・絢・肅に各《おの》おの一〇〇匹を賜ふ。天下の朝集使をして送りて郡邸に至らしめ、旌を以て焉を異とす。論者之を美とす。

とあり、また、『隋書』巻七三敬肅伝に、

> 煬帝嗣位、遷潁川郡丞。大業五年、朝東都、帝令司隷大夫薛道衡為天下郡官之状。道衡状称肅曰、心如鉄石、老而弥篤。
>
> 煬帝位を嗣ぎ、潁川郡の丞に遷る。大業五年、東都に朝すに、帝、司隷大夫の薛道衡をして天下の郡官の状を為らしむ。道衡の状、肅を称ひて曰はく、「心、鉄石の如く、老いて弥《いよ》いよ篤し」と。

とあり、大業五年にすでに、郡賛治は郡丞と改称していた史料がある。この史料は前掲した大業九年の河南賛治・裴弘策の史料と抵触する。『隋書』巻七一馮慈明伝にも、大業九年以前に、郡丞が存在したことを示す記事がある。

後歴吏部員外郎兼内史舎人。煬帝即位、以母憂去職。帝以慈明始事藩邸、後更在台、意甚銜之、至是謫為伊吾鎮副。未之官、転交阯郡丞。大業九年、被徴入朝。

のち吏部員外郎・兼内史舎人を歴す。煬帝位に即き、母の憂を以て職を去る。帝、慈明始め藩邸に事へ、のち更りて台に在るを以て、意甚だ之を銜み、是に至り謫して伊吾鎮副と為す。未だ官に之かず、交阯郡丞に転ず。大業九年（六一三）、徴されて入朝す。

この記事も河南賛治・裴弘策の史料と抵触するものであろう。

郡賛治に関して、『隋書』巻六七裴蘊伝に次のようにある。

于時猶承高祖和平之後、禁網疎闊、戸口多漏。或年及成丁、猶詐為小、未至於老、已免租賦。蘊歴為刺史、素知其情、因是条奏、皆令貌閲。若一人不実、則官司解職、郷正里長、皆遠流配。又許民相告、若糾得一丁者、令被糾之家代輸賦役。是歳大業五年也。諸郡計帳、進丁二十四萬三千、新附口六十四萬一千五百。帝臨朝覧状、謂百官曰、前代無好人、致此罔冒。今進民戸口皆従実者、全由裴蘊一人用心。古語云、得賢而治、験之信矣。由是漸見親委、拝京兆賛治、発擿繊毫、吏民慴憚。

時になほ高祖和平の後を承け、禁網疎闊にして、戸口多く漏れる。或いは年、丁と成るに及ぶに、なほ詐りて小と為し、未だ老に至らざるに、已に租賦を免ず。蘊歴して刺史と為り、素より其の情を知り、是れに因り条奏（箇条書きの奏文）し、皆貌閲せしむ。若し一人実ならざれば、則ち官司職を解き、郷正・里長は皆遠くに流配す。又民の相告ぐを許し、若し糾して一丁を得る者、被糾の家をして賦役を代輸せしむ。是の歳、大業五年（六〇九）

なり。諸郡の計帳、丁二四萬三千を進め、新附せる口は六四萬一千五百なり。帝臨朝して状を覧み、百官に謂ひて曰はく、「前代好人無く、此の罔冒を致す。今、民の戸口を進むるは皆実に従り、全て裴蘊一人の用心に由る。古の語に云ふ、『賢を得て治まり、之が信を験《あきらか》にす』」と。是れ由り漸く親委せられ、京兆賛治を拝し、纎毫を発擿し、吏民慴憚す。

裴蘊は貌閲の功績によって、大業五年以降に京兆賛治となったあるから、大業五年当時は郡賛治といっていたのである。『隋書』巻六六郎茂伝には、また次のようにもある。

会帝親征遼東、以茂為晋陽宮留守。其年、恒山賛治王文同与茂有隙、奏茂朋党、附下罔上。詔遣納言蘇威御史大夫裴蘊雑治之。茂素与二人不平、因深文巧詆、成其罪状。帝大怒、及其弟司隷別駕楚之、皆除名為民、徙且末郡。……（中略）……。十年、追徴京兆、歳餘而卒、時年七十五。

会たま帝遼東に親征し、茂を以て晋陽宮留守と為す。其の年、恒山賛治の王文同、茂と隙有り、茂が朋党し、下に附き上に罔きを奏す。詔して納言の蘇威・御史大夫の裴蘊を遣はし之を雑治せしむ。茂素より二人と平かならず、深文巧詆に因り、其の罪状を成す。帝大いに怒り、其の弟・司隷別駕の楚之に及び、皆除名して民と為し、且末郡に徙す。……（中略）……。一〇年（六一四）、追って京兆に徴され、歳餘にして卒す、時に年七五なり。

また、『隋書』巻七〇楊玄感伝に次のようにある。

帝征遼東、命玄感於黎陽督運。于時百姓苦役、天下思乱。玄感遂与武賁郎将王伯仲汲郡賛治趙懐義等謀議、欲令帝所軍衆飢餒、毎為逗遛、不時進発。

帝遼東を征し、玄感に命じ黎陽に於て督運せしむ。時に百姓役に苦しみ、天下乱を思ふ。玄感遂に武賁郎将の王伯仲・汲郡賛治の趙懐義等と謀議し、帝所の軍衆をして飢餒せしめんと欲し、毎に逗遛を為し、時として進発せず。

楊玄感が反乱を起したのは、大業九年六月であるから、その当時、郡の次官は賛治といっていたのである。以上によって、『隋書』の柳倹伝や馮慈明伝の記事は表記方法に疑問があるといわなければならない。柳倹伝や馮慈明伝の記事は、賛治が丞に改称したあとに史料の編纂が行われ、原史料に「賛治」とあったものを丞と書きなおした史料を基礎にして列伝が記述されたと想定される。

郡賛治が郡丞と改称した時期は、大業九年（六一三）六月ころに河南賛治・裴弘策が存在したことによって、大業九年後半期と想定される。『隋書』巻三九骨儀伝の記事はこの推定を助ける。

骨儀、京兆長安人也。性剛鯁、有不可奪之志。開皇初、為侍御史、処法平当、不為勢利所回。煬帝嗣位、遷尚書右司郎。于時朝政漸乱濁、貨賄公行。凡当枢要之職、無問貴賤、並家累金宝。天下士大夫、莫不変節、而儀励志守常、介然独立。帝嘉其清苦、超拝京兆郡丞、公方弥著。時刑部尚書衛玄兼領京兆内史、頗行詭道、輒為儀所執正。玄雖不便之、不能傷也。

骨儀、京兆長安の人なり。性は剛鯁にして、不可奪の志有り。開皇の初め、侍御史と為り、法を処すこと平当にして、勢利の回《かが》む所と為らず。煬帝位を嗣ぎ、尚書右司郎に遷る。時に朝政、漸《やうや》く乱濁し、貨賄公行す。凡そ枢要の職に当りては、貴賤を問ふ無く、並びに家、金宝を累す。天下の士大夫、変節せざる莫くに、而ども儀は志に励み常を守り、介然として独立す。帝其の清苦を嘉《よみ》し、京兆郡丞に超拝し、公方弥《いよ》いよ著《あらは》る。時に刑部尚書の衛玄、京兆内史を兼領し、頗る詭道を行ひ、輒ち儀の執正する所と為る。玄は之を便ぜざると雖も、傷む能はざるなり。

すなわち、刑部尚書の衛玄（字文昇）が京兆内史（通常の郡では通守という）を兼領したとき、骨儀は京兆郡丞であったというのである。衛玄が刑部尚書になったのは『隋書』煬帝紀によれば大業八年正月乙未である。京兆内史を兼任したのは、『隋書』巻四煬帝紀大業九年正月の条に、

己亥、遣代王侑刑部尚書衛玄鎮京師。

己亥、代王の侑・刑部尚書の衛玄を遣はし京師に鎮せしむ。

とあるように、大業九年正月以降であろう。大業九年六月には河南賛治・裴弘策が存在していたから、大業九年六月以降の時期と想定されよう。

『隋書』巻七〇楊玄感伝に、楊玄感の反乱のとき、弟の楊玄奨の動静に関して次のようにある。

其弟玄奨為義陽太守、将帰玄感、為郡丞周琁玉所殺。

其の弟の玄奨、義陽太守と為りて、将に玄感に帰せんとすに、郡丞の周琁玉の殺す所と為る。

この事件も大業九年六月から八月までのことであろうが、ここでは郡丞とある。これは賛治であった周琁玉が改名した郡丞にそのまま留任したため、賛治ではなく郡丞の官名で登場するのであろう。『資治通鑑』の大業九年一二月の条には江都郡丞・王世充の名がみえる。『隋書』巻七一楊善会伝に、

楊善会、字敬仁、弘農華陰人也。父初、官至毗陵太守。善会、大業中、為鄃令、以清正聞。俄而山東饑饉、百姓相聚為盗、善会以左右数百人逐捕之、往皆克捷。其後賊帥張金称衆数萬、屯于県界、屠城剽邑、郡県莫能禦。善会率励所領、与賊搏戦、或日有数合、毎挫其鋒。煬帝遣将軍段達来討金称、善会進計於達、達不能用、軍竟敗焉。達深謝善会。後復与賊戦、進止一以謀之、於是大克。金称復引渤海賊孫宣雅高士達等数十萬、破黎陽而還、軍鋒甚盛。善会以勁兵千人邀撃、破之、擢拝朝請大夫清河郡丞。金称稍更屯聚、以軽兵掠冠氏。善会与平原通守楊元弘歩騎数萬衆、襲其本営。

楊善会、字は敬仁、弘農華陰の人なり。父は初、官は毗陵太守に至る。善会、大業中、鄃《ゆ》令と為り、清正を以て聞ゆ。俄かにして山東饑饉し、百姓相聚り盗と為り、善会左右数百人を以て之を逐捕し、往きて皆克捷す。其の後、賊帥の張金称、数萬を衆《ひき》ゐ、県界に屯し、城を屠《ふほ》り邑を剽め、郡県禦ぐ能ふ莫し。善会、所領を率励し、賊と搏戦すること、或いは日に数合有り、毎に其の鋒を挫く。煬帝、将軍の段達を遣はし来りて金称を討たしめ、善会は計を達に進むも、達用《もち》ふ能はずして、軍竟ひに敗る。達深く善会に謝す。のち復《また》賊と戦ひ、進止は一に以て之に謀り、是に於て大いに克つ。金称は復渤海の賊の孫宣雅・高士達等数十萬を引き、黎陽を破りて還り、軍鋒甚だ盛ん。善会勁兵千人を以て邀撃し、之を破り、擢んでて朝請大夫・清河郡丞を拝す。金称稍《やう》やう屯聚を更《か》へ、軽兵を以て冠氏を掠む。善会、平原通守の楊元弘の歩騎数萬の衆と、其の本営を襲ふ。

この記事には記年がないため、郡丞の設置時期を論じる材料にはならない。『資治通鑑』によれば、張金称は大業一二年の条に記載があるから、一一年から一二年に亘る事件であろう。大業一一年から一二年には郡丞と通守が存在したことは判明する。『漢魏南北朝墓誌集釈』所載の「唐世栄墓誌」（図版五一八　大業一二年卒）には、

［大業］十一年、詔除斉郡丞。

とある。卒年一年前の官名が賛治であれば、「賛治」と明記するはずであり、大業一一年に斉郡丞に除任されたとあるのは、大業一一年当時は「丞」といっていた傍証になる。

通守は前掲史料から明白なように、太守に次ぐ位置する官として設置された。通守の増置記事に関して、『隋書』巻四煬帝紀大業一二年七月戊辰の条に「高涼通守洗珤徹挙兵作乱」とあるから、大業一二年に通守は設置されていた。では、通守はいつ設置されたのであろうか。

『隋書』巻七一張須陁伝に、

〔大業〕十年、賊左孝友衆将十萬、屯於蹲狗山。須陁列八風営以逼之、復分兵扼其要害。孝友窘迫、面縛来降。其党解象王良鄭大彪李畹等衆各萬計、須陁悉討平之、威振東夏。以功遷斉郡通守、領河南道十二郡黜陟討捕大使。

大業一〇年（六一五）、賊の左孝友の衆、一〇萬を将ゐて、蹲《そん》狗山に屯す。須陁、八風営を列して以て之に逼り、復《また》兵を分ち其の要害を扼へる。孝友窘迫し、面縛して来降す。其の党の解象・王良・鄭大彪・李畹らの衆、各《おの》おの萬を計へ、須陁悉く討ちて之を平げ、威は東夏に振ふ。功を以て斉郡通守に遷り、河南道一二郡黜陟討捕大使を領す。

とあり、大業一〇年（六一四）に斉郡通守になったとあるから、大業一〇年には通守の官は設置されていたとしてよい。張須陁は斉郡丞から斉郡通守となったのであるが、斉郡賛治から斉郡丞となったものと考えられる。

なお、通守に関して、『旧唐書』巻四四職官三上州「刺史、一員」の原註に、

隋初罷郡、並為州。煬帝罷州為郡、郡置通守。

隋の初め郡を罷め、並びに州と為す。煬帝、州を罷め郡と為し、郡に通守を置く。

とあるが、この註記は、郡の長官が通守であり、大業三年に通守が設置されたかのような誤解を生じる危険があり、適当な註記ではない。

76　天経宮・仙都宮

〔大業〕四年二月、自京師還東都。造天経仙都二宮。

大業四年（六〇八）二月、京師より東都に還る。天経・仙都の二宮を造る。

大業四年二月に京師より東京に還った事実はない。『隋書』巻三煬帝紀によれば、大業三年九月、第一回の北巡から帰還し、己巳に東京に至り、四年三月乙丑に楼煩郡方面への第二回北巡に出発するまで、煬帝は東京にあった。し

たがって、大業四年二月、京師より東京に還るとあるのは、繫年が誤っているとしなければならない。因みに、煬帝が京師より東京に移動したのは、大業五年一一月と同一〇年一二月の二度だけである。『隋書』巻二二「五行志」旱に「大業十一年、煬帝自京師如東都、至長楽宮、飲酒大酔、因賦五言詩。其卒章曰、……（中略）……（大業一一年、煬帝、京師より東都に如き、長楽宮に至り、酒を飲み大いに酔ひ、因りて五言詩を賦す。其の卒章に曰はく、……（中略）……）」とあり、大業一一年に京師より東都への巡行があったように伝える。しかし、これは繫年の誤りであろう。大業一〇年の場合は一二月戊子に東都に到着しているから、一一年とすることはできない。

大業四年に天経宮と仙都宮を造るというのも疑問である。天経宮の創置は大業元年であることは、「9　白虎門・先帝廟堂」において述べた。したがって、この記事全体は誤謬に満ちた無用の記事ということになる。

参考史料

（1）『隋書』巻三六后妃伝・宣華夫人陳氏伝

及煬帝嗣位之後、出居仙都宮。尋召入、歳餘而終。時年二十九。帝深悼之、為製神傷賦。

煬帝位を嗣ぐの後に及び、出て仙都宮に居す。尋いで召して入れるに、歳餘にして終る。時に年二九。帝深く之を悼み、為に「神傷賦」を製る。

（2）『隋書』巻一五音楽志

至［大業］六年、帝乃大括魏斉周陳楽人子弟、悉配太常、並於関中為坊置之。其数益多前代。顧言等又奏、仙都宮内、四時祭享、還用太廟之楽、歌功論徳、別製其辞。七廟同院、楽依旧式。

大業六年（六一〇）に至り、帝乃ち大いに魏・斉・周・陳の楽人の子弟を括し、悉く太常に配し、並びに関中に坊を為り之を置く。其の数益して前代より多し。顧言等又奏す、「仙都宮内、四時祭享するに、還《また》太廟の楽を用ゐ、歌功論徳、別に其の辞を製る。七廟、院を同じくし、楽は旧式に依らん」と。

77　胡牀・交牀

［大業四年］九月、自塞北還[校①]至東都。改胡牀為交牀、改胡瓜為白露黄瓜[校②]、改茄子為崐崙紫瓜。

大業四年九月（六〇七）、塞北より還り、東都に至る。胡牀を改め交牀と為し、胡瓜を改め白露黄瓜と為し、茄子を改め崐崙紫瓜と為す。

校勘①　「自塞北還」を『重較説郛』は「自幕北還」に作る。

校勘②　「改胡牀為交牀。改胡瓜為白露黄瓜」を『重較説郛』は「改□牀為交牀。改□瓜為白路黄瓜」に作る。

「四年九月、自塞北還、至東都」とあるのは、煬帝の三回の北巡のうち、第二回の北巡から東京に帰ったことを述べたものである。『隋書』煬帝紀、『資治通鑑』ともに、煬帝の車駕が東京に帰還した日付を伝えない。四年八月、恒岳を親祠したのち、五年正月丙子に東京を東都と改名し、戊子、東都から京師・長安に向っているから、煬帝は四年八月以降、東京に帰還し、翌年の正月に長安に向け車駕が進発しているのであるから、大業四年八月以降、五年正月まで、煬帝は恒岳から東京の間にあったのである。であるから、本条に、大業四年九月、煬帝が「塞北より還り、東都に至る」とあるのは、前後の車駕移動を考えて矛盾はない。『隋書』煬帝紀や『資治通鑑』は、煬帝の第二回の北巡から帰還した月日を伝えないが、本条によって、第二回の北巡から帰還したのは大業四年九月としてよいであろう。

煬帝が「胡」字をさけ、「胡」字に関する名称変更したことは、『貞観政要』巻六「慎所好」にもみえる。

貞観四年、太宗曰、隋煬帝性好猜防、専信邪道、大忌胡人、乃至謂胡牀為交牀、胡瓜為黄瓜、築長城以避胡。終被宇文化及使令狐行達殺之。又誅戮李金才、及諸李殆尽、卒何所益。且君天下者、惟須正身修徳而已。此外虚事、不足在懐。

貞観四年（六三〇）、太宗曰はく、「隋の煬帝、性は猜防を好み、専ら邪道を信じ、大いに胡人を忌み、乃ち胡牀を謂ひて交牀と為し、胡瓜を黄瓜と為し、長城を築くに以て胡を避くに至る。終に宇文化及が令狐行達をして之を殺さしむるに被《およ》ぶ。又李金才を誅戮し、諸李殆ど尽くるに及ぶも、卒に何の益する所あらん。且つ天下に君たる者は、惟だ須く身を正し徳を修むべきのみ。此の外は虚事なり、懐に在《お》くに足らず」と。

このことは『太平広記』巻四一一草木六菜「崑崙紫瓜」にも、

隋煬帝、大業末、改茄子為崑崙紫瓜。出述異記

隋の煬帝、大業の末、茄子を改め崑崙紫瓜と為す。「述異記」に出づ

とみえ、また『清異録』巻上蔬「崑味」にも、

落蘇、本名茄子。隋煬帝縁飾為昆侖紫瓜。人間但名崑味而已。

落蘇、本名は茄子。隋の煬帝縁りて飾りて昆侖紫瓜と為す。人間但崑味と名づくのみ。

とある。

ところが、程大昌の『演繁露』巻一〇胡牀には、名称変更したのは高祖であるとする。

隋高祖意在忌胡、器物渉胡言者、咸令改之。其胡牀曰交牀、胡荽曰香荽、胡瓜曰黄瓜。然江都執帝者、乃令狐行達也。趙毅大業略記

隋の高祖の意は胡を忌むに在り、器物「胡」の言に渉るもの、咸《みな》之を改めしむ。其の胡牀は交牀と曰ひ、胡荽は香荽と曰ひ、胡瓜は黄瓜と曰ふ。然るに江都に帝を執ふ者、乃ち令狐行達なり。趙毅の「大業略記」

とあり、このことは趙毅の『大業略記』に出ているという。『演繁露』の記事は、最初は高祖のことをいいながら、

最後は煬帝の話になるのであり、首尾一貫せず、釈然としないものがある。『大業雑記』『貞観政要』『述異記』にしたがって、『演繁露』の誤解としておく。

明の李時珍『本草綱目』巻二二穀之一「胡麻」の註には、

杜宝拾遺記云、隋大業四年、改胡麻曰交麻。

杜宝の「拾遺記」に云ふ、隋の大業四年、胡麻を改め交麻と曰ふ。

とあり、この時、胡麻も交麻と改称されたとする。「胡」字を避けるという一連の話の流れからすれば、右の事実もさもありなんと思われるが、李時珍が見たとする杜宝の「拾遺記」(『大業拾遺記』のこと、『大業雑記』の別名)の当該記事は、現在において、その片鱗すらも存在しないのである。『本草綱目』に引用する他の『大業雑記』関係の記事は、宋代の類書や筆記類に対応する記事が存在するのに、この記事だけが孤立している。『大業雑記』の残存状況に関して、李時珍の生きた明末と現在では、そう大差はないのであり、李時珍が見て、現在ではその記事の痕跡すらないということは不思議なことである。

『本草綱目』とならんで交麻の記事がみえるのは、明末の人である方以智の『通雅』である。

胡麻。杜宝拾遺曰、隋大業四年、改湖麻曰交麻。(巻四四植物)

胡麻。杜宝の「拾遺」に曰ふ、隋の大業四年、湖麻を改め交麻と曰ふ。

とある。両者の記事はほぼ同一であって、どちらか一方が引用したものである。したがって、この記事は李時珍か方以智の捏造記事ではないかと疑われる。

梁都[校①]（「梁郡」之訛）有清冷泉水、周闊二里許、即衛平所得大亀之処。[校②] 清冷水南、有横瀆。東南至碭山県、西北入通済渠。忽有大魚、似鯉有角、従清冷水入通済渠、亦唐興之兆。

梁郡（宋州）に清冷泉水有り、周りの闊さ二里許《ばか》り、即ち衛平、大亀を得る所の処なり。清冷水の南、横瀆有り。東南して碭山県に至り、西北して通済渠に入る。忽ちにして大魚有り、鯉に似て角有り、清冷水より通済渠に入る、亦唐興るの兆なり。

校勘① 「梁都」は「梁郡」の誤り。「梁郡」の管下に碭山県があるから、「梁都」は梁郡（宋州）の誤写である。

校勘② 「即衛平所得大亀之処」を『重較説郛』は「即衛平所得火亀之処」とあり、「大亀」を「火亀」に作る。

衛平に関しては『史記』巻一二八亀策列伝を参照のこと。周の元王の二年（前四七八）、江神が神亀を黄河に使いさせ、泉陽というところに至って漁者に捕獲された。その神亀が元王の夢枕に立って訴えることがあり、それを博士の衛平に相談したという話が所載されている。

右の清冷泉は『太平御覧』巻一五九州郡部・宋州に引用する「図経」にいう清冷池と同じであろう。

図経曰、梁王有修竹園、園中竹木、天下之選集、諸方遊士各為賦、故館有鄒放之号。又有鴈鶩池、周廻四里、亦梁王所鑿。又有清冷池、有釣台、謂之清冷台。

「図経」に曰はく。梁王の修竹園有り、園中の竹木、天下の選集にして、諸方の遊士各《おの》おの賦を為る、故に館に鄒放の号有り。又鴈鶩池有り、周廻四里、亦梁王鑿つ所なり。又清冷池有り、釣台有り、之を清冷台と謂ふ。

清冷池の所在に関しては、『元和郡県図志』巻三宋州宋城県に、

清冷池、在県東二里。

清冷池、県の東二里に在り。

とあり、『太平寰宇記』巻一二宋州宋城県に記事がある。

清冷池在県東北二里、梁孝王故宮、有釣台、謂之清冷台。今号清冷池。

清冷池は県の東北二里に在り、梁孝王の故宮、釣台有り、之を清冷台と謂ふ。今、清冷池と号す。

参考史料

（1）『西京雑記』巻二

梁孝王好営宮室苑囿之楽。作曜華之宮築兎園、園中有百霊山、山有膚寸石落猿巌棲龍岫。又有鴈池、池間有鶴洲鳬渚。其諸宮観、相連延亘数十里、奇果異樹瑰禽怪獣畢備、王日与宮人賓客、弋釣其中。

梁孝王、宮室を営み、苑囿の楽を好む。曜華の宮を作り兎園を築き、園中に百霊山有り、山に膚寸石・落猿巌・棲龍岫《しゅう》有り。又鴈池有り、池間に鶴洲・鳬渚有り。其の諸宮観、相連なること延べ数十里に亘り、奇果・異樹・瑰禽・怪獣畢く備はり、王日《ひ》び宮人・賓客と其の中に弋《よく》釣す。

（2）『漢書』巻四七文三王伝・梁孝王劉武伝

明年、漢立太子。梁最親。有功、又為大国、居天下膏腴地、北界泰山、西至高陽、四十餘城、多大県。孝王、太后少子、愛之、賞賜不可勝道。於是孝王築東苑、方三百餘里、広睢陽城七十里、大治宮室、為復道、自宮連属於平台三十餘里。

明年、漢、太子を立つ。梁最も親しまる。功有り、又大国を為《をさ》め、天下の膏腴の地に居《を》り、北は泰山に界し、西は高陽に到り、四十餘城、大県多し。孝王、太后の少子にして、之を愛し、賞賜勝げて道《い》ふべからず。是に於て孝王東苑と築き、方は三百餘里なり、睢陽城を広げること七〇里、大いに宮室を治め、復道を為り、宮より平台に連属すること三十餘里なり。

79　扶芳樹

［大業］五年、呉郡送扶芳二百樹。其樹蔓生、纏繞它樹、葉円而厚、凌冬不凋。夏月取其葉、微火炙使香、煮以飲。碧渌色[校①]、香甚美、令人不渇。

大業五年（六〇九）、呉郡扶芳二〇〇樹を送る。其の樹蔓生し、它樹に纏繞《てんぎょう》す。葉は円くして厚く、冬を凌いで凋《かれ》ず。夏月其の葉を取り、微火もて炙り香らしめ、煮て以て飲む。碧渌《りょく》色、香り甚だ美《よろ》しく、人をして渇かしめず。

校勘①　「碧渌色」を『重較説郛』は「□深色」に作る。

参考史料

『姑蘇志』巻一四生植・雑植

扶芳。初生纏繞他木、葉円而厚。夏月取葉、火炙香、煮以為飲。色碧緑而香。隋大業五年、呉郡貢二百本、入洛京、植之西苑。時尚食直長謝諷造食経、具四時飲、春有扶芳飲。

扶芳。初生して他木に纏繞す、葉は円くして厚し。夏月葉を取り、火炙せば香り、煮て以て飲と為す。色は碧緑にして香あり。隋の大業五年、呉郡二〇〇本を貢ぎ、洛京に入れ、之を西苑に植ゑる。時の尚食直長の謝諷「食経」を造り、四時飲を具すに、春に扶芳飲有り。

この記事は後掲する『呉郡志』所引の『大業雑記』の記事を引用したものである。原典は『大業雑記』のこの記事であるとしてよい。

80　五色飲

先有籌禅師、仁寿間、常在内供養、造五色飲、以扶芳葉為青飲、抜楔根為赤飲、酪漿為白飲校①、烏梅漿為玄飲、江笙 一作桂 為黄飲。

先に籌禅師有り、仁寿間（六〇一～六〇四）、常に内に在り供養し、五色飲を造る。扶芳葉を以て青飲と為し、抜楔根を赤飲と為し、酪漿を白飲と為し、烏梅漿を玄飲と為し。江笙 一に「桂」に作る を黄飲と為す。

校勘①　「抜楔根為赤飲、酪漿為白飲」を『重較説郛』は「楥《けん》楔根為赤飲、酪漿為白飲」に作る。

81　五香飲

又作五香飲、第一沈香飲、次丁香飲校①、次檀香飲、次沢蘭香飲、次甘松香飲。皆有別方校②、以香為主。

又五香飲を作る。第一は沈香飲、次は丁香飲、次は檀香飲、次は沢蘭香飲、次は甘松香飲。皆別方法有り、香を以て主と為す。

校勘①　『重較説郛』は「次丁香飲」の句なし。

校勘②　「皆有別方」を『重較説郛』は「皆有別法」に作る。

82　四時飲

尚食直長謝諷造淮南玉食経、有四時飲校①。春有扶芳飲桂飲江笙 一作柱 飲竹葉飲薺苨飲桃花飲。夏有酪飲烏梅飲加蜜沙糖飲薑飲加蜜穀葉飲皁李飲麻飲麦飲。秋有蓮房飲瓜飲香茅飲加沙糖茶飲麦門冬飲葛花飲檳榔飲。冬有茶飲白草 一作革 飲枸杞飲人参飲茗飲魚荏飲蘇子飲。並加米[米+風]。

尚食直長の謝諷、「淮南玉食経」を造り、四時の飲有り。春に扶芳飲・桂飲・江笙 一に「柱」に作る 飲・竹葉飲・

薺苨《なづな》飲・桃花飲有り。夏に酪飲・烏梅飲・加蜜沙糖飲・薑飲・加蜜穀葉飲・皁《そう》李飲・麻飲・麦飲有り。秋に蓮房飲・瓜飲・香茅飲・加沙糖茶飲・麦門冬飲・葛花飲・檳榔飲有り。冬に茶飲・白草 一に「革」に作る 飲・枸杞飲・人参飲・茗飲・魚荏飲・蘇子飲有り。並びに米糲（米の粉）を加ふ。

校勘① 「有四時飲」以下の記事、『重較説郛』になし。

隋代の文献で「茶」の記事があるのは『大業雑記』だけである。この意味において、「茶飲」「茗飲」がある「四時飲」の記事は隋代の喫茶を知る上で貴重な史料である。

83 楊素造宅

尚書令楊素、於東都造宅[校①]新成。僭於宮省、宅方三百歩、門院五重、高斉曲池、時為冠絶。既而将入、遣人就衛尉少卿蘭陵蕭吉、請択良日。吉知其不終、必致禍敗、在於此宅。乃以斗加書一巻、封付使人。此書全述死喪之事、極凶悪之書也。素焚於前庭。素宅内造沈香堂成、閉之三日、開視四壁、並為新血所洒、腥気触人。

尚書令の楊素、東都に宅を造り新に成る。宮省より僭《おご》り、宅は方三〇〇歩（一辺四六六・五米であるから一坊すべてということになる）、門院五重にして、高く曲池を斉へ、時に冠絶と為す。既にして将に入らんとし、人を遣はし衛尉少卿の蘭陵の蕭吉に就て、請ひて良日を択ばしむ。吉、其の不終にして、必ず禍敗を致すは、此の宅に在るを知りて、乃ち「斗加書」一巻を以て、封して使人に付す。此の書全て死喪の事を述ぶ、凶悪を極むの書なり。素は前庭に焚く。素の宅内、沈香堂を造りて成り、之を閉ざすこと三日、開きて四壁を視るに、並びに新血の洒す所と為り、腥気（なまぐさき気配）人に触れる。

校勘① 「尚書令楊素於東都造宅」以下の記事、『重較説郛』になし。

『隋書』巻四八楊素伝に、「賜東京甲第一区」とある。

大業元年。遷尚書令。賜東京甲第一区、物二千段。尋拝太子太師、餘官如故。前後賞錫、不可勝計。明年、拝司徒、改封楚公、真食二千五百戸。其年、卒官。

大業元年（六〇五）、尚書令に遷り、東京に甲第一区、物二千段を賜はる。尋いで太子太師を拝し、餘官は故の如し。前後の賞錫、勝へて計ふべからず。明年、司徒を拝し、改めて楚公に封じられ、真食二千五百戸なり。其の年、官に卒す。

楊素の東京における屋敷は遊藝里にあった。『河南志』巻一京城門坊街隅古蹟に、

東城之東第六南北街。凡五坊。按五坊之内、比唐多賜福教善二坊、而易教業之名。従南第一曰積徳坊。隋曰遊藝坊（遊藝里）。尽一坊為楊素宅。宅有沈香堂。按、其南即温洛之地、唐有司農寺輸場長松営太平公主園。

東城の東第六南北街。凡そ五坊。五坊の内を按ずるに、唐に比べ賜福・教善二坊多し、教業の名に易ふ。南より第一は積徳坊と曰ふ。隋は遊藝里と曰ふ。一坊を尽くし楊素の宅と為す。宅に沈香堂有り。按ずるに、其の南は即ち温洛の地、唐に司農寺輸場・長松営・太平公主の園有り。

とある。

『河南志』と『隋書』楊素伝の記事から、楊素の宅地が方三〇〇歩というのは、誇張された表現ではなく正確であることが判明する。

参考史料

（1）『太平広記』巻三六一楊素

大業五年、尚書令楊素於東都造宅、潛於宮省。遣人就衛尉少卿蕭吉、請択良日入新宅。吉知其不終、乃以書一巻

付之。此書専是述死喪之事、素開而悪之、乃焚於前庭。素宅内造沈香堂、甚精麗。初成、閉之三日。然後択日、始開視之、四壁如新血所灑、流於地、腥気触人。素甚悪之、竟遇鴆而死。九年、素長子礼部尚書楊玄感、庭中無故有血灑地。玄感懼、遂挙兵反、伏誅。出広古今五行記

大業五年（六〇九）、尚書令の楊素、東都に宅を造り、宮省より潜《おご》る。人を遣はし衛尉少卿の蕭吉に就き、良日を択び新宅に入らんと請ふ。吉は其の不終を知り、乃ち書一巻を以て之に付す。此の書専ら是れ死喪の事を述べ、素開きて之を悪み、乃ち前庭に焚く。素の宅内、沈香堂を造るに、甚だ精麗なり。初めて成り、之を閉ざすこと三日。然るのち日を択びて、始めて開き之を視るに、四壁は新血を灑《そそ》ぐ所の如く、地に流れ、腥気人に触れる。素甚だ之を悪み、竟ひに鴆《ちん》に遇ひて死す。九年（六一三）、素の長子・礼部尚書の楊玄感、庭中に故無く血灑地有り、玄感懼れ、遂に兵を挙げ反し、誅に伏す。「広古今五行記」に出づ

（2）『太平御覧』巻九八二香部沈香

［杜宝大業拾遺録］又曰、尚書令楊素、大業中、東都宅造沈香堂、甚精麗。新泥壁訖、閉　之三月後、開視四壁、並為新血所灑、腥気触人。

杜宝の『大業拾遺録』に又曰はく、尚書令の楊素、大業中、東都の宅に沈香堂を造り、甚だ精麗なり。新泥もて壁し訖り、之を閉づこと三月の後、開きて四壁を視るに、並びに新血の灑ぐ所と為り、腥気人に触れる。

（3）『類説』巻五九沈香堂

楊素宅内造沈香堂。

楊素、宅内に沈香堂を造る。

（4）『陳氏香譜』巻四沈香堂

隋越国公楊素、大治第宅、有沈香堂。

隋の越国公・楊素、大いに第宅を治め、沈香堂有り。

84　隴川宮

[大業] 六年四月、帝幸隴川宮避暑。[校①]

大業六年（六一〇）四月、帝、隴川宮に幸し暑を避く。

校勘①「帝幸隴川宮避暑」を『重較説郛』は「帝幸瀧川宮避暑」に作る。「隴川宮」が正しい。

この記事は極めて難解である。隴川宮に関して『隋書』巻六三樊子蓋伝に次のようにある。

[大業] 六年、帝避暑隴川宮、又云欲幸河西。子蓋傾望鑾輿、願巡郡境。帝知之、下詔曰、卿夙懐恭順、深執誠心、聞朕西巡、欣然望幸。丹款之至、甚有可嘉、宜保此純誠、克終其美。

大業六年、帝は暑を隴川宮に避け、又河西に幸せんと欲すを云ふ。子蓋は鑾輿を傾望し、郡境を巡るを願ふ。帝之を知り、詔を下して曰はく、「卿夙《さき》に恭順を懐き、深く誠心を執り、朕が西巡を聞き、欣然として幸《みゆき》を望む。丹款の至り、甚だ嘉《よみ》すべき有り、宜しく此の純誠を保ち、其の美を克終すべし」と。

「隴川宮避暑」の「大業六年」という繋年は、『隋書』樊子蓋伝の記事と一致する。樊子蓋は時に武威太守（涼州刺史）であった。これで問題が解決したかというとそうではない。当時の車駕の移動状況を『隋書』煬帝紀によって点検すると、大業五年三月に始まった西巡は夏に終了し、東還して一一月まで京師・長安に滞在し、同月に東都に幸している。そして、六年三月に江都宮に幸し、四月には江淮以南の父老に賜宴し、六月には江都太守の秩を京尹と同様に改め、七年二月には揚子津に臨み大宴し、同月には高句麗征討のために涿郡に向けて行幸している。

樊子蓋は廬江郡の出身であった。『隋書』樊子蓋伝には、前文に続けて「是歳（大業六年）、朝於江都宮。帝謂之曰、富貴不還故郷、真衣繍夜行耳。勅廬江郡設三千人会、賜米麦六千石、使謁墳墓、宴故老。当時栄之（是の歳、江都宮に朝す。帝之に謂ひて曰はく「富貴は故郷に還らず、真の衣繍は夜行するのみ」と。廬江郡に勅し三千人会を設け、米麦六千石を賜ひ、墳墓に謁せしめ、故老を宴す。当時之を栄とす）」ともある。

大業六年に隴川宮に避暑したのであるから、「隴川」という地名から一般的には隴川宮は河西地方に在った離宮と考えられるが、これらの記事を総合すれば、隴川宮は江南のどこかに存在する離宮となってしまう。

武威太守の任にあった樊子蓋に与えた煬帝の詔書（慰労詔書）には「朕が西巡を聞き、欣然として幸《みゆき》を望む」とある。隴川宮に避暑していた煬帝が西巡することを武威太守の樊子蓋が聞きつけ、「鑾輿を傾望し、郡境を巡るを願ふ」上奏を行ったのである。煬帝の西巡は何度もあることではない。この文脈に副って理解すれば、西巡は大業六年に挙行されたことになる。これでは他の史料と整合しない。西巡は大業五年に挙行されたことは動かし難い。

隴川宮に関しては『隋書』巻六五李景伝にも史料がある。

［大業］五年、車駕西巡、至天水、景献食於帝。帝曰、公主人也。賜坐斉王暕之上。至隴川宮、帝将大猟、景与左武衛大将軍郭衍倶有難言、為人所奏。帝大怒、令左右撮之、竟以坐免。歳餘、復位、与宇文述等参掌選挙。

大業五年（六一〇）、車駕西巡し、天水に至り、景は食を帝に献ず。帝曰はく、「公は主人なり」と。坐を斉王・暕の上に賜ふ。隴川宮に至り、帝将に大猟するに、景は左武衛大将軍郭衍と倶に難言有り、人の奏する所と為る。帝大いに怒り、左右をして之を撮たしめ、竟《つ》ひに以て免に坐す。歳餘にして、位を復し、宇文述らと選挙を参掌す。

この記事は西巡が大業五年に行われたとする他の文献と整合する。また隴川宮が天水郡（秦州）の西に位置することも判明する。この結果は『隋書』樊子蓋伝の記事と大きく異なる。

では、孰れが是であるかというと、李景伝が正解とするべきで、樊子蓋伝の「大業六年」という繋年は「大業五年」の誤りとするべきであろう。したがって、『大業雑記』の「大業六年四月、帝、隴川宮に幸し暑を避く」とある記事も「五年」の誤りとすれば無理なく説明ができる。隴川宮は江南にあった離宮ではなく、河西地方、特に隴西に設置された離宮であったのである。

樊子蓋伝の「大業六年」は「大業五年」の誤りとすると、「是の歳、江都宮に朝す」とある「是歳」は、自動的に五年を指すことにはならない。この場合の「朝す」とは朝集使として年末に都に業務報告に来て、元日の朝会に出席することを意味するから、大業五年に樊子蓋は「江都宮に朝す」ことはできないからである。さきに示した車駕の移動から明らかなように、五年の年末から六年の年始、煬帝は東都にあった。それゆえ、樊子蓋が「江都宮に朝す」ことができるのは、大業六年年末から七年年始であるから「是歳」は大業六年を指す。

なお、岑仲勉氏は「隋書州郡牧守編年表」（『隋書求是』所収）の天水郡太守の項に李景の名を採用されていない。隋代において皇帝の行幸があり、当地の行政長官が食を献じるのは、当時の地方行政長官の任務であることは、『隋書』の他の諸例から明らかである。したがって、「隋書州郡牧守編年表」の大業五年前半期の天水郡の箇所に李景の名を補うべきである。

『隋書』巻五五乞伏慧伝に

煬帝即位、為天水太守。大業五年、征吐谷渾、郡浜西境、民苦労役。又遇帝西巡、坐為道不整、献食疎薄、帝大怒、命左右斬之、見其無髪、乃釈、除名為民。卒於家。

煬帝即位し、天水太守と為る。大業五年、吐谷渾を征すに、郡は西境に浜し、民は労役に苦しむ。又帝の西巡に遇ひ、道を為るに整はず、食を献ずるに疎薄なるに坐す。帝大いに怒り、左右に命じて之を斬らしむに、其の髪無きを見て、乃ち釈し、除名して民と為す。家に卒す。

とある記事を参照すれば、李景は乞伏慧に代わって天水太守となった可能性が高い。

『資治通鑑』巻一八一大業四年三月に、煬帝は各地に多くの離宮を設置した記事がある。

帝無日不治宮室、両京及江都、苑囿亭殿雖多、久而益厭、毎遊幸、左右顧矚、無可意者、不知所適。乃備責天下山川之図、躬自歴覧、以求勝地可置宮苑者。

帝は日《ひ》びとして宮室を治めざるはなく、両京及び江都、苑囿・亭殿多きと雖も、久しくして益ます厭《あ》き、遊幸する毎に、左右顧矚するに、意に可なるものなく、適するところを知らず。乃ち天下山川の図を備責し、躬《みづから》自歴覧し、以て勝地にして宮苑置く可きを求む。

事実、煬帝は各地に離宮を設けた。『隋書』地理志によって、離宮を示すと次のようである。この中には文帝のとき創設した離宮もあり、煬帝によって継承されたものもある。

(1) 長楽宮（京兆郡大興県）　(2) 宜寿宮（京兆郡武功県）　(3) 仙遊宮（京兆郡武功県）
(4) 文山宮（京兆郡武功県）　(5) 鳳皇宮（京兆郡武功県）　(6) 甘泉宮（京兆郡鄠県）
(7) 歩寿宮（京兆郡渭南県）　(8) 興徳宮（京兆郡華陰県）　(9) 長春宮（馮翊郡朝邑県）
(10) 安仁宮（扶風郡郿県）　(11) 鳳泉宮（扶風郡郿県）　(12) 仁寿宮（扶風郡普閏県）
(13) 上陽宮（河南郡桃林県）　(14) 弘農宮（河南郡陝県）　(15) 顕仁宮（河南郡寿安県）
(16) 汾陽宮（楼煩郡静楽県）　(17) 晋陽宮（太原郡晋陽県）　(18) 臨渝宮（北平郡盧龍県）
(19) 江都宮（江都郡江陽県）　(20) 揚子宮（臨江宮　江都郡江陽県）

右のうち、朝邑県の長春宮は『大唐創業起居注』巻二義寧元年（六一七）九月の条に、

甲子、舎于朝邑長春宮。三秦士庶、衣冠子弟、郡県長吏、豪族弟兄、老幼相携、来者如市。

甲子、朝邑の長春宮に舎《やど》る。三秦の士庶、衣冠の子弟、郡県の長吏、豪族の弟兄、老幼相携へ、来る者市の如し。

とある。長春宮は唐朝創業の時、軍営として使用された。また、長春宮は唐代においても離宮であったことは、唐代文献に長春宮使という使職名が散見することによって明らかである。同書巻二義寧元年九月乙亥の条に「長楽の離宮に趨く」とあり、同月丙子の条に、

丙子、大軍西引、歴下邽、過櫟陽、路左所有煬帝行宮園苑及宮人等、並罷之。教曰、大業已来、巡幸過度、宿止之処、好依山水。経茲勝地、毎起離宮、峻宇雕墻、亟成壮麗。良家子弟、充仞其間、怨曠感于幽明、靡費極於民産。賛否迭進、将何糾逖。馳道所有宮室、悉宜罷之、其宮人等並放還親属。

丙子、大軍西引し、下邽《けい》を歴、櫟陽を過ぎ、路左にある所の煬帝の行宮・園苑及び宮人ら、並びに之を罷む。教（文書名）して曰はく、「大業已来、巡幸度を過ぎ、宿止の処、好みて山水に依る。茲れ勝地を経れば、毎に離宮を起し、峻宇雕墻、亟めて壮麗を成す。良家の子弟、其の間に充仞し、怨曠は幽明に感じ、靡費は民産より極む。賛否迭進し、将に何ぞ逖《とほ》きを糾すべけんや。馳道ある所の宮室、悉く宜しく之を罷め、其の宮人ら並びに親属に放還すべし」と。

とあり、唐軍が西進して櫟陽県を過ぎたあたりにも、隋の行宮や園苑があったことを伝え、こうした隋の離宮を唐の高祖は廃止する教書を公布している。また『資治通鑑』巻一八五武徳元年（六一八）七月の条に、

庚申、詔隋氏離宮遊幸之所並廃之。

庚申、詔して隋氏の離宮遊幸の所並びに之を廃せしむ。

とあり、再度、隋朝離宮の廃止と布告している。

この他に『隋書』地理志に掲載されない離宮も存在した。隴川宮もその一例であり、遼東親征のとき臨渝宮とは別に設置された臨朔宮（『隋書』巻八礼儀志三）がそれであり、本書にみえる亭子宮・景華宮がそれである。また『太平御覧』巻一七三居処部宮に次のような記事がある。

寿春図経曰、十宮在県北五里長阜苑内、依林傍澗、疎迴跨屺、随地形置焉。並隋煬帝立也。曰、帰鴈宮回流宮九里宮松林宮楓林宮大雷宮小雷宮春草宮九華宮光汾宮。是曰十宮。

「寿春図経」に曰はく、一〇宮、県の北五里の長阜苑内に在り、林に依り澗に傍り、疎迴し屺《き》（はげ山）を跨し、地形に随ひ置く。並びに隋の煬帝の立つなり。曰はく、帰鴈宮・回流宮・九里宮・松林宮・楓林宮・大雷宮・小雷宮・春草宮・九華宮・光汾宮、是れ一〇宮と曰ふ。

これは寿州寿春県に設けた離宮の例である。この離宮は『隋書』巻二高祖紀開皇八年（五八八）一〇月の条に、

己未、置淮南行台省於寿春、以晋王広為尚書令。

己未、淮南行台省を寿春に置き、晋王・広を以て尚書令と為す。

とあるように、南朝・陳を平定する際の総司令官であった晋王・広（のちの煬帝）が前線司令部用に建設させた淮南行台省を、のちに離宮に転用した可能性がある。

『隋書』巻六四陳稜伝に、都梁宮の名がみえる。

明年、帝復征遼東、稜為東萊留守。楊玄感之作乱也、稜率衆萬餘人撃平黎陽、斬玄感所署刺史元務本。尋奉詔於江南営戦艦、至彭城。賊帥孟譲衆将十萬、拠都梁宮、阻淮為固。稜潜於下流而済、至江都、率兵襲譲、破之。以功進位光禄大夫、賜爵信安侯。

明年、帝復《また》遼東を征し、稜を東莱留守と為す。楊玄感の乱を作すや、稜は衆萬餘人を率ゐ撃ちて黎陽を平げ、玄感署す所の刺史・元務本を斬る。尋いで詔を奉じ江南に戦艦を営み、彭城に至る。賊帥の孟譲の衆、一〇萬を将ゐて、都梁宮に拠り、淮を阻《たの》み固を為す。稜潜かに下流に於て済り、江都に至り、兵を率ゐて譲を襲ひ、之を破る。功を以て位を光禄大夫に進められ、爵・信安侯を賜ふ。

とあって、都梁宮の名がみえる。都梁宮の所在に関して『太平寰宇記』巻一六河南道泗州臨淮県の条に、

都梁宮、周迴二里、在県西南一十六里。隋大業元年、煬帝立名宮、在都梁東、拠林麓西、枕長淮南望巌峰、北瞰城郭。其中宮殿三重、長廊周迴、院之西、又有七眼泉、湧合為一流。於東泉上、作流盃殿、又於宮西南淮側、造釣魚台、臨淮高峰、別造四望殿、其側有曲河、以安龍舟大舸、枕向淮渭、縈帯宮殿。至十年、為孟譲賊於此置営、遂廃。

都梁宮、周迴二里、県の西南一六里に在り。隋の大業元年、煬帝名宮を立て、都梁の東に在り、林麓の西に拠り、長淮に枕《のぞ》み南は巌峰を望み、北は城郭を瞰る。其の中、宮殿三重にして、長廊周迴す。院の西、又七眼泉有り、湧合して一流と為る。東泉の上《ほとり》に、流盃殿を作り、又宮の西南の淮側に、釣魚台を造り、淮の高峰を臨むに、別に四望殿を造る。其の側に曲河有り、以て龍舟・大舸を安んじ、淮渭に向きて枕《のぞ》み、宮殿を縈《えい》帯す。一〇年（六一四）に至り、孟譲賊と為り、此に営を置き、遂ひに廃す。

とある。また、『太平御覧』巻一九七居処部園圃に次のような記事もある。

〔天文要集〕又曰、芙蓉園、本隋氏之離宮、居地三十頃、周廻十七里。貞観中、賜魏王泰。泰死又賜東宮。今属家令寺。……。

「天文要集」に又曰ふ、芙蓉園、本《もと》隋氏の離宮、居地三〇頃、周廻一七里。貞観中（六二七〜六四九）、魏王泰に

賜ふ。泰死し又東宮に賜ふ。今家令寺に属す。……。

この他に『大業雑記』にみえる離宮としては、藻澗宮・仁寿宮・顕仁宮・青城宮・亭子宮・景華宮・甘泉宮・臨江宮・丹陽宮・龍川宮・揚子宮・臨朔宮・臨渝宮・総仙宮・隴川宮等の名がみえ、隋王朝の離宮は多数存在したことは容易に想像できる。

85　区宇図志

勅撰区宇図志一千二百巻。[校①]巻頭有図。叙山川、則巻首有山水図。叙郡国、則巻首有郭邑図。叙城隍、則巻首有公館図。其図上題書字極細。並是欧陽粛書、即率更令［欧陽］詢之長子。別造新様紙長、□□□□□

勅して「区宇図志」一千二百巻を撰せしむ。巻頭に図有り。山川を叙ぶに、則ち巻首に山水図有り。郡国を叙ぶに、則ち巻首に郭邑図有り。城隍を叙ぶに、則ち巻首に公館図有り。其の図上の題書、字極めて細し、並びに是れ欧陽粛の書にして、即ち率更令の欧陽詢の長子なり。新様を別造し紙の長さ、□□□□□

校勘①　「勅撰区宇図経一千二百巻」以下の記事、『重較説郛』になし。

右の「区宇図志」一千二百巻は、巻数が膨大に過ぎる。『隋書』巻三三経籍志史部・地理には、

隋区宇図志一百二十九巻。

とあり、隋の「区宇図志」は一二九巻といい、『旧唐書』巻四六経籍志「乙部・史録」地理類には、

区宇図［志］一百二十八巻、虞茂撰。（虞世基、字茂世。唐代では「世」字を避忌して単に「茂」という）

一二八巻といい、『新唐書』巻五八藝文志「乙部・史録」地理類には、

虞茂、区宇図一百二十八巻。

とある。『歴代名画記』巻三にも、

　区宇図〔志〕一百二十八巻。毎巻首有図。虞茂氏撰。

とある。『玉海』巻一五地理・地理書「隋区寓（宇）図志」には、

　隋大業中、詔天下諸郡、条風俗物産地図、上于尚書。故隋代有諸郡物産土俗記一百五十一巻区宇図志一百二十九巻。崔祖濬姚思廉修。広三尺従（縦）三丈三尺。明九域山川之要、究五方風俗之宜。崔賾伝、大業五年、受詔与諸儒譔区宇図志二百五十巻。帝更令虞世基許善心、衍為六百巻。

　隋の大業中、天下の諸郡に詔して、風俗・物産・地図を条し、尚書に上らしむ。故に隋代「諸郡物産土俗記」一五一巻・「区宇図志」一二九巻有り。崔祖濬・姚思廉修む。広さ三尺・縦三丈三尺、九域・山川の要を明らかにし、五方風俗の宜を究む。崔賾伝に、大業五年（六〇九）、詔を受け諸儒と「区宇図志」二五〇巻を譔す、帝更に虞世基・許善心をして、衍《ひろげ》て六百巻と為さしむ。

とあり、「区宇図志」は一二九巻といいながらも二五〇巻説をいう。事実、『隋書』巻七七崔廓伝付崔賾伝には、

　〔大業〕五年、受詔与諸儒撰区宇図志二百五十巻、奏之。帝不善之、更令虞世基・許善心衍為六百巻。

　大業五年、詔を受け諸儒と「区宇図志」二五〇巻を撰し、之を奏す。帝之を善とせず、更に虞世基・許善心をして衍《ひろげ》て六百巻と為す。

とあって、崔賾（字は祖濬）伝では二五〇巻とする。「区宇図志」の巻数に関しては、『冊府元亀』も二五〇巻とする。

　崔熙為起居舎人。煬帝大業五年、受詔与諸儒撰区宇図志二百五十巻、奏之、帝不之善。更令虞世基許善心衍為六百巻（巻五六〇国史部地理）

　崔熙（熙は賾の訛）、起居舎人と為る。煬帝の大業五年、詔を受け諸儒と「区宇図志」二五〇巻を撰し、之を奏す

に、帝、之を善とせず。更に虞世基・許善心をして、衍《ひろげ》て六〇〇巻と為す。

また『新編古今事文類聚』所引の『大業拾遺』には、「区宇図志」は「一部五百餘巻」とする。これによって、「区宇図志」の巻数は本来は一二八巻、一二九巻、一二五〇巻、五〇〇巻、改訂版でも六〇〇巻であり、これが書き誤られ、一千二百巻となったものであろう。なお、『新編古今事文類聚』所引の『大業拾遺』の記事は、第三章第三節の『大業拾遺』において示す（四三三頁）。

参考史料

（1）『太平御覧』巻四五地部黒山

隋区宇図志云、周太祖諱黒、因改黒山為青山也。

隋の「区宇図志」に云ふ、周の太祖黒を諱み、因りて黒山を改め青山と為すなり。

（2）『太平御覧』巻五三地部崗

隋区宇図志云、此井光武営軍所鑿、傍有蓁荆棘、生皆蟠縈、如人手結、云是光武繋馬処。又石勒時、天旱、沙門仏図証（澄）於此崗掘得一死龍、長尺餘、済之以水、良久乃蘇。尋祭之龍、騰空而上天、雨即降、因名龍崗。

隋の「区宇図志」に云ふ、此の井は光武の営軍の鑿つ所、傍に蓁荆棘有り、生《は》えて皆蟠縈《はんえい》し、人の手結ぶが如し。是れ光武繋馬の処と云ふ。又石勒の時、天旱にして、沙門の仏図澄、此の崗に掘りて一死龍を得、長さ尺餘、之を済ふに水を以てすに、良久《やや》しくして乃ち蘇る。尋いで之の龍を祭るに、騰空して天に上り、雨ふれば即ち降る、因りて龍崗と名づく。

（3）『太平寰宇記』巻五八貝州武城県

故武城県在北十里。隋区宇図［志］云、夏禹七代孫芸、封公子武於此建国。後漢光武帝封済南安王徳為武城侯、前秦苻堅、封長子為清河王、移居武城、即此城也。

隋の「区宇図志」に云ふ、夏禹七代の孫・芸《ママ》、公子の武を封じて、此に国を建つ。後漢の光武帝、済南安王・徳を封じて武城侯と為す。前秦の苻堅、長子を封じて清河王と為し、武城に移居するは、即ち此の城なり。

（4）『太平寰宇記』巻五九邢州龍岡県

白雞城。隋区宇図経云、板築之所望、其上有白雞、捕則無所見、因以為名。今俗説白珪城也。

白雞城。隋の「区宇図経」に云ふ、板築の望む所、其の上白鶏有り、捕へれば則ち見る所なし、因りて以て名と為す。今俗は白珪城と説《い》ふなり。

（5）『旧唐書』巻七三姚思廉伝

煬帝又令与起居舎人崔祖濬修区宇図志。

煬帝又起居舎人の崔祖濬と「区宇図志」を修めしむ。

86　江南河

［大業六年］□□□（十二月）勅[校①]、開江南河。自京口至餘杭郡、八百餘里、水面濶十餘丈。又擬通龍舟、並置駅宮、草頓[校②]並足、欲東巡会稽。

大業六年一二月勅して、江南の河を開かしむ。京口より餘杭郡に至る、八百餘里、水面の濶さ十餘丈。又龍舟を擬通し、並びに駅宮を置き、草頓並びに足り、東のかた会稽を巡らんと欲す。

校勘①「□□□勅」を『重較説郛』は「十二月、勅」に作る。『重較説郛』に従うべきである。

校勘②「並置駅宮草頓」を『重較説郛』は「駅宮草頓」に作り、「並置」の二字なし。

右に類似する記事は『資治通鑑』巻一八一大業六年一二月の条に関連する記事があり、年月の闕字は『資治通鑑』によって補字した。

勅穿江南河、自京口至餘杭、八百餘里、広十餘丈、使可通龍舟、并置駅宮草頓、欲東巡会稽。

勅して江南河を穿ち、京口より餘杭に至り、八百餘里、広さ十餘丈、龍舟を通じるを可となさしめ、并びに駅宮・草頓を置き、東のかた会稽を巡らんと欲す。

参考史料

（1）『海録砕事』巻三下河海門・江南河

大業六年、勅穿江南河。自京口至餘杭、八百餘里、広十餘丈、並置駅宮草頓、使（備）東巡会稽。

大業六年、勅して江南河を穿つ。京口より餘杭に至る、八百餘里、広さ十餘丈、並びに駅宮草頓を置き、東のかた会稽を巡るに備ふ。

（2）『至元嘉禾志』巻五嘉興県

運河在県西南、通崇徳県北、接呉江界。

考証、隋大業六年、勅開江南河、自京口至餘杭、八百里、面濶一十餘丈、擬通龍舟。

運河は県の西南に在り、崇徳県の北に通じ、呉江界に接す。

考証す、隋の大業六年（六一〇）、勅して江南河を開き、京口より餘杭に至る、八〇〇里、面濶は十餘丈、龍舟を通ずに擬す。

（3）『姑蘇志』巻一〇水

運河。一名漕河、南自嘉興由石塘、北流経郡城、又北遶白公堤、出望亭入無錫界。続図経謂之邗溝。按国語、夫差起師北征、闕為深溝。通於商魯之間、蓋由此河、以通江北也。隋大業六年、勅開江南河、自京口至餘杭郡、八百餘里、面闊十餘丈、擬通龍舟、巡会稽即此。

運河。一名漕河、南は嘉興由石塘より、北流して郡城を経、又北は白公堤を遶り、望亭に出で無錫界に入る。「続図経」は之を邗《かん》溝と謂ふ。「国語」を按ずるに、夫差師を起し北征すに、闕《うが》ちて深溝を為る。商魯の間に通ず。蓋し此の河により、以て江北に通ずなり。隋の大業六年、勅して江南河を開かしむ。京口より餘杭郡に至る、八百餘里、面闊は十餘丈にして、龍舟を通ずに擬し、会稽を巡るは此れに即く。

87　臨渝宮

[大業]十年、総兵東進[校①]、幸北平楡林宮（臨渝宮之訛）。

大業一〇年、兵を総べ東進し、北平の臨渝宮に幸す。

校勘①　「総兵東進」を『重較説郛』は「総公東進」に作る。「公」字は「兵」字の誤り。

楡林宮は関内道勝州楡林郡にある離宮であるから、右にいう楡林宮は臨渝宮の誤りである。

隋渝林宮。在州城内、大業二年置、因楡林郡為名。其年、煬帝北巡、陳兵塞表、以威北狄。因幸此宮、突厥啓人可汗献馬及兵器新帳。（『元和郡県図志』巻四関内道勝州楡林郡楡林県）

隋の渝林宮。州城内に在り、大業二年置き、楡林郡に因り名と為す。其の年、煬帝北巡し、兵を塞表に陳べ、以て北狄を威す。因りて此の宮に幸し、突厥の啓人可汗は馬及び兵器・新帳を献ず。

臨渝宮は『隋書』巻三〇地理志中・北平郡の条にみえ、北平郡に置かれた宮殿である。

開皇六年、又省肥如、入新昌。十八年、改名盧龍。大業初、置北平郡。有長城。有関官。有臨渝宮。有覆舟山。

有碣石。有玄水盧水温水閏水龍鮮水巨梁水。有海。

開皇六年、又肥如を省き、新昌に入れる。一八年、盧龍に改名す。大業の初め、北平郡を置く。長城有り。関官有り。臨渝宮有り。覆舟山有り。碣石有り。玄水・盧水・温水・閏水・龍鮮水・巨梁水有り。海有り。

『隋書』巻四煬帝紀大業一〇年（六一四）の条に、臨渝宮への行幸を伝える。

三月壬子、行幸涿郡。癸亥、次臨渝宮、親御戎服、禡祭黄帝、斬叛軍者以釁鼓。……（中略）……。［四月］甲午、車駕次北平。……（中略）……。秋七月癸丑、車駕次懐遠鎮。乙卯、曹国遣使貢方物。甲子、高麗遣使請降、囚送斛斯政。上大悦。八月己巳、班師。……（中略）……。冬十月丁卯、上至東都。

三月壬子、涿郡に行幸す。癸亥、臨渝宮に次《やど》り、親しく戎服を御し、黄帝を禡祭し、軍に叛く者を斬り以て釁鼓す。……（中略）……。［四月］甲午、車駕、北平に次る。……（中略）……。秋七月癸丑、車駕は懐遠鎮に次る。乙卯、曹国使を遣はし方物を貢ぐ。甲子、高麗、遣使して降るを請ひ、斛斯政を囚送す。上、大いに悦ぶ。八月己巳、師を班す。……（中略）……。冬一〇月丁卯、上、東都に至る。

また『資治通鑑』巻一八二大業一〇年三月の条にも臨渝宮の名がみえる。

［大業十年］三月壬子、帝行幸涿郡。士卒在道、亡者相継。癸亥、至臨渝宮、禡祭黄帝、斬叛軍者以釁鼓、亡者亦不止。夏四月、……（中略）……。甲午、車駕至北平。

大業一〇年三月壬子、帝、涿郡に行幸す。士卒道に在りて、亡ぐ者相継ぐ。癸亥、臨渝宮に至り、黄帝を禡祭し、軍に叛く者を斬り以て釁鼓すも、亡ぐる者亦止まらず。夏四月、……（中略）……。甲午、車駕、北平に至る。

『隋書』巻六八閻毗伝には臨朔宮の名がみえるが、臨渝宮との相違は明らかではない。

明年、兼領右翊衛長史、営建臨朔宮。及征遼東、以本官領武賁郎将、典宿衛。

明年、右翊《よく》衛長史を兼領し、臨朔宮を営建す。遼東を征するに及んで、本官を以て武賁郎将を領し、宿衛を典る。

参考史料

『旧唐書』巻五八劉弘基伝

劉弘基、雍州池陽人也。父昇、隋河州刺史。弘基少落拓、交通軽侠、不事家産、以父蔭為右勲侍。大業末、嘗従煬帝征遼東、家貧不能自致、行至汾陰、度已後期当斬、計無所出、遂与同旅屠牛潜諷、吏捕之、繫於県獄。歳餘、竟以贖論。事解亡命、盗馬以供衣食、因至太原。会高祖鎮太原、遂自結託。又察太宗有非常之度、尤委心焉。

劉弘基、雍州池陽の人なり。父は昇、隋の河州刺史たり。弘基少《わか》くして落拓し、軽侠と交通し、家産に事《つか》へず、父の蔭を以て右勲侍と為る。大業末、嘗て煬帝の遼東を征するに従ふも、家貧しくして自ら致す能はず、行きて汾陰に至り、度るに已に期に後《おく》れ斬に当る、計るに出づる所なし、遂ひに同旅の屠牛と潜諷すに、吏之を捕へ、県獄に繋ぐ。歳餘にして、竟ひに贖を以て論ず。事解け亡命し、馬を盗み以て衣食に供し、因りて太原に至る。会《たま》たま高祖太原に鎮し、遂に自ら結託す。又太宗、非常の度あるを察し、尤も心を委ぬ。

88　蔡王楊智積[校①]

弘農郡太守蔡王〔楊智積〕、以国忌之日、於弘敬寺設斎、忽黒雲従東北来。官人猶未行香、並在殿前、聚立仰看、見両童子衣赤、両童子衣青、倶従雲中下、赤衣先至殿西南角柱下、抽出一白蛇丈餘、仰擲雲中。少選、蛇従雲直下、還入所出柱下。於是青衣一人捧柱、一人従空下、又抜出一白蛇、長二丈許、擲入雲中而去。一家謂此柱腹空、鑿柱至心果空、為龍之所蔵隠。

弘農郡太守（虢州刺史）の蔡王・楊智積、国忌の日を以て、〔弘農郡治〕の弘敬寺に於て斎を設くに、忽《たちまち》に黒雲東北より来る。官人なほ未だ行香せず、並びに殿前に在り、聚立して仰看するに、両童子赤を衣き、両童子青を衣き、倶に雲中より下るを見る。赤衣先づ殿の西南角の柱下に至り、一白虵丈餘を抽出し、仰いで雲中に擲《なげ》る。少選《しばらくして》、虵は雲より直ちに下り、還りて出づる所の柱下に入る。是に於て青衣一人、柱を捧げ、一人空より下り、又抜きて一白虵・長さ二丈許《ばか》りを出だし、擲《なげ》て雲中に入れて去る。一家、此の柱腹の空なるを謂ひ、柱を鑿ち心に至るに果して空なり。龍の蔵隠する所と為る。

校勘① 「蔡王楊智積」の記事、『重較説郛』になし。

『隋書』巻四四蔡王智積伝によれば、楊智積が弘農太守となったのは大業七年（六一一）である。

蔡王智積、高祖弟整之子也。整周明帝時、以太祖軍功、賜爵陳留郡公。尋授開府車騎大将軍。従武帝平斉、至并州、力戦而死。……（中略）……。高祖受禅、追封蔡王、諡曰景。以智積襲焉。……（中略）……。大業七年、授弘農太守。委政僚佐、清静自居。

蔡王智積、高祖の弟・整の子なり。整は周の明帝の時、太祖の軍功を以て、爵・陳留郡公を賜はる。尋いで開府・車騎大将軍を授かる。武帝の斉を平ぐるに従ひ、并州に至り、力戦して死す。……（中略）……。高祖禅を受け、蔡王に追封され、諡して景と曰ふ。智積を以て襲《つ》がしむ。……（中略）……。大業七年、弘農太守を授かる。政を僚佐に委ね、清静自居す。

唐代の国忌設斎の起源を考える上で、蔡王楊智積の国忌設斎は重要である。国忌といえば、高祖皇帝とその皇后の忌日ということになる。高祖皇帝の国忌設斎であれば、高祖皇帝は仁寿四年七月丁未に崩御しているから、蔡王・楊智積の国忌設斎は大業七年七月丁未のこととなる。

参考史料

（1）『隋書』巻一高祖紀開皇元年（五八一）二月

丁丑、以晋王広為并州総管、以陳留郡公楊智積為蔡王、興城郡公楊静為道王。

丁丑、晋王・広を以て并州総管と為し、陳留郡公・楊智積を以て蔡王と為し、興城郡公楊静を道王と為す。

（2）『資治通鑑』巻一八三大業一二年（六一六）一二月

帝疎薄骨肉。蔡王智積毎不自安、及病、不呼医。臨終、謂所親曰、吾今日始知得保首領没於地矣。

帝、骨肉に疎薄す。蔡王智積毎に自らを安んぜず、病むに及び、医を呼ばず。終りに臨みて、所親に謂ひて曰はく、「吾、今日始めて首領を保ち地に没するを得るを知る」と。

89　観文殿校①

製成新書、凡三十一部、総一萬七千餘巻、入観文殿宝厨。初欲遷都洛陽、移京師嘉則殿書三十七萬巻。大業元年、勅柳顧言等、入嘉則殿、簡次。此□第一本□□□□。………（以下闕）………

新書を製成すること、凡そ三一部、総て一萬七千餘巻、観文殿宝厨に入る。初め洛陽に遷都せんと欲し、京師の嘉則殿の書三七萬巻を移す。大業元年（六〇五）、柳顧言らに勅し、嘉則殿に入れ、簡次せしむ。此れ□第一本□□□□。………（以下闕文）………

校勘①　「観文殿図書」の記事、『重較説郛』になし。

観文殿の名は煬帝に起因して、後世の宋代において忌み嫌われた。『宋朝事実類苑』に次のようにある。

丁文簡公度、罷三知政事、為紫宸殿学士。即文明殿学士也。文明本有大学士、為宰相兼職。又有学士、為諸学士之首。後以文明者、真宗謚号也、遂更曰紫宸。近世学士、皆以殿名為官称、如端明資政是也。丁既受命、遂称曰丁紫宸、議者又謂紫宸之号、非人臣之所宜称。遽更曰観文。観文是隋煬帝殿名、理宜避之。蓋当時不知、然則朝廷之事、不可以不学也。（巻二五官職儀制・観文殿）

丁文簡公の度、三たび知政事を罷め、紫宸殿学士と為る。即ち文明殿学士なり。文明に本《もと》より大学士有り、宰相の兼職と為す。又学士有り、諸学士の首と為る。のち文明は真宗の諡号なるを以て、遂に更《かへ》て紫宸と曰ふ。近世の学士皆殿名を以て官称と為し、端明・資政の如きは是なり。丁規して命を受け、遂ひに称ひて丁紫宸と曰ふに、議者又紫宸の号を謂ひて、「人臣の宜しく称ふべき所に非ず」と。遽《にはか》に更《かへ》て観文と曰ふ。観文は是れ隋の煬帝の殿名、理宜しく之を避くべし。蓋し当時知らず、然れども則ち朝廷の事、以て学ばざるべからざるなり。

右に類似する記事は、『資治通鑑』巻一八二大業一一年（六一五）の条にある。

［大業］十一年春正月、増秘書省官百二十員、並以学士補之。帝好読書著述、自為揚州総管、置王府学士至百人、常令修撰。以至為帝、前後近二十載、修撰未嘗暫停、自経術文章兵農地理医卜釈道乃至蒱博鷹狗、皆為新書、無不精洽、共成三十一部萬七千餘巻。初、西京嘉則殿、有書三十七萬巻、帝命秘書監柳顧言等詮次、除其複重猥雑、得正御本三萬七千餘巻、納於東都修文殿。又写五十副本、簡為三品、分置西京東都宮省官府。其正書皆装翦華浄、宝軸錦褾。於観文殿前為書室十四間、窗戸牀褥厨幔、咸極珍麗、毎三間開方、戸垂錦幔、上有二飛仙、戸外地中施機発。帝幸書室、有宮人執香爐、前行践機、則飛仙下、収幔而上、戸扉及厨扉皆自啓、帝出、則垂閉復故。

大業一一年春正月、秘書省官一二〇員を増し、並びに学士を以て之に補す。帝、読書著述を好み、揚州総管と為りてより、王府学士を置くこと一〇〇人に至り、常に修撰せしむ。以て帝と為るに至り、前後二〇載に近し、修撰未だ嘗て暫停せず、経術・文章・兵・農・地理・医・卜・釈・道より乃ち蒱博・鷹狗に至り、皆新書を為り、精洽せざるなく、共せて三一部・萬七千餘巻を成す。初め、西京の嘉則殿に書三七萬巻有り、帝は秘書監の柳顧言らに命じて詮次せしめ、其の複重猥雑を除き、正御本三萬七千餘巻を得、東都の修文殿に納む。又五〇副本を写し、簡びて三品と為し、西京・東都の宮省官府に分置す。其の正書は皆装ふに華浄を翦り、宝軸錦標なり。観文殿前に書室一四間を為り、窓戸・牀褥・厨幔、咸珍麗を極め、三間ごとに開方し、戸は錦幔を垂れ、上は二飛仙有り、戸外の地中に機発を施す。帝書室に幸せば、宮人有り香爐を執り、前行して機を践めば、則ち飛仙下り、幔を収めて上り、戸扉及び厨扉は皆自ら啓き、帝出づれば、則ち垂閉故《もと》に復す。

四　まとめ

以上、「続談助」本『大業雑記』を示した。著述する場合、明確な記述方法を決めて著述する。「続談助」本は、どのような記述方法を採用していたかも明らかではない。『大業雑記』は本来は一〇巻から構成されていた。「続談助」本の記事は、何巻にあったかも不明であり、「続談助」本は逸文の輯本と判断される。逸文の中には、「大業某年某月」で始まる逸文がいくつかあり、この点に着目すれば、『大業雑記』は編年体を採用してのではないかと想定される。

『大業雑記』の皇城や宮城に関する記事は『河南志』の記事と類似し、また一致する記事があることが判明する。『河南志』は北宋時代に編纂され、信頼に値する書である。皇城や宮城に関する記事が類似し、また一致する事実は『河南志』と『大業雑記』の間に密接な関係があることを強く窺わせる。宋敏求の撰した『河南志』は、『大業雑記』の皇城や宮城に関する記事に価値を認め、「隋城闕」部分は『大業雑記』の記事を多く採用したため、両書が類似することになったと考えられ、それが元代の『河南志』（現行本）に継承されたものであろう。

『大業雑記』の記事に考証を加えた。州から郡への名称変更を大業三年一二月とし（史料番号65）、『区宇図志』を一千二百巻（史料番号85）とするのは疑問としなければならない。また、記年自体に問題がないわけではない。記年の異なることは『大業雑記』が、書写されていく過程において誤写したことも考えられる。疑問点はいくつかあるにはあるが、別段に特異な記事や荒唐無稽な記事はない。『長洲玉鏡』一部四〇〇巻は柳顧言や王曹等の撰著に関わるのは、『大業雑記』によって初めて判明する新事実である。記事の内容は『隋書』や『資治通鑑』と比較してもなんら遜色はない。『大業雑記』の記事が『隋書』や『資治通鑑』と肩を列べることは、隋代史の史書として一級であることになる。事実を事実として記述した優れた史書ということができよう。このことは次節において述べるように、『資治通鑑考異』が『大業雑記』をたびたび引用し、『資治通鑑』の大業年間の記事の史料源となっていることからも肯首できよう。『大業雑記』の記事は煬帝治世の事実を正確に伝えたものとして高く評価してよい。

『永楽大典』巻九五六一所載の「隋皇城宮城図」は、『中国都城図録　第二集』（蘭州大学出版社　一九八六）二三五頁に所載されている。この図は『河南志』の記事をもとに復元したものであり、細部において疑問のある復元図である。特に疑問となるのは東宮の重光門の位置である。『河南志』巻三隋城闕古蹟に「東面一門、曰重光門。内即東宮」とあることによって、重光門を宮城の東面に配置したものであろう。この「隋皇城宮城図」は『大業雑記』の記事を参照したものではない。

第三節　『大業雑記』の逸文

一　はじめに

「続談助」本『大業雑記』は、『大業雑記』の逸文を集めた輯本である。「続談助」本以外の逸文は、宋代の諸書に散見する。明代の諸書にも『大業雑記』の逸文が引用されるが、宋代の諸書と異なる独自の記事ではないから、『大業雑記』の完本は元末・明初には存在しなかったと想定される。したがって、明代の諸書にみえる『大業雑記』の逸文は、「続談助」本や『説郛』本、また明代以前の諸書に引用された記事の再引用としてよい。ここでは、明清の諸書に引用する『大業雑記』の記事は省略する。

「続談助」本『大業雑記』は輯本であり、誤引があるかも知れない。以下に示す諸書の『大業雑記』の逸文と「続談助」本が一致し、また類似した場合、その逸文は間違いのない『大業雑記』の逸文としてよい。『大業雑記』の逸文を収集することは、「続談助」本の逸文の真正を確認する上においても重要である。

二　『資治通鑑考異』所引の『大業雑記』

『資治通鑑』巻一八〇以下の「隋紀」を編纂するに当って、司馬光は『隋書』『北史』『新唐書』『旧唐書』等の正史の他に、『長暦』、馬総の『通暦』、趙毅の『大業略記』『隋季革命記』、劉仁軌の『河洛行年記』、賈閏甫の『蒲山公伝』、温大雅の『大唐創業起居注』、呉兢の『貞観政要』、韓昱の『壷関録』、『高祖実録』、『太宗実録』、呉兢の『太宗勲史』、焦潞の『唐朝年代記』、陳嶽の『唐統記』等を史料とし、煬帝の治世紀である巻一八〇以下の「隋紀」を信頼性の高いものにした。

『資治通鑑』は『大業雑記』も史料源として利用し、文献の取捨や文献間の異同に関する理由は『資治通鑑考異』巻八に述べられている。『大業雑記』は史書として高く評価できる書であったことが判る。

1　文帝崩御之日（90）

『資治通鑑考異』巻八仁寿四年七月丁未に高祖が崩御し、「乙卯、発喪」とあり、「考異」は次のようにいう。

大業略記曰、十八日、発喪。杜宝大業雑記曰、甲戌、文帝崩。辛巳、発喪。壬午、煬帝即位。按長暦、是月乙未朔、乙卯、二十一日也。無甲戌辛巳壬午日。今従隋書。

「大業略記」に曰はく、「一八日、喪を発す」と。杜宝の「大業雑記」に曰はく、「甲戌、文帝崩る。辛巳、喪を発す。壬午、煬帝即位す」と。「長暦」を按じるに、「是の月乙未朔、乙卯は二一日なり。甲戌・辛巳・壬午の日なし」と。今「隋書」に従ふ。

2　裴文安（91）

『資治通鑑考異』巻八仁寿四年の条に「八月、漢王諒反。裴文安請直入蒲津」とあり、「考異」に次のようにいう。

大業略記云、司兵参軍裴文安説諒曰、今梓宮尚在仁寿宮。比其徴兵、動移旬月。今若簡驍勇萬騎、令文安督領、不淹十五日。径拠長安。其在京被黜停私之徒。並擢授高位。付以心膂。共守京城。則以東府県非彼之有。然後大王総兵鼓行而西。声勢一接。天下可指揮而定也。諒不従。大業雑記云。文安又説曰、先人有奪人之心、殿下選精騎一萬、径往京師奔喪、暁夜兼行、誰敢止。約至京径掩仁寿宮、彼縦徴召、未暇禦我、大軍駱駅随王而至、此則次計。王直資河北、彼率天下之兵、百道攻我、則難為主人、此下計也。今従隋書。

「大業略記」に云ふ、司兵参軍の裴文安は諒に説ひて曰はく、「今、梓宮尚仁寿宮に在り。比ごろ其の兵を徴すに、動《やや》もすれば旬月に移る。今若し驍勇萬騎を簡び、文安をして督領せしむれば、一五日に淹《とど》まらず。径《ただ》ちに長安に拠り、其の在京の被黜停私の徒は、並びに擢んでて高位を授け、付するに心膂を以てし、共に京城を守れば、則ち以東の府県は彼の有に非ざるを以てす。然るのち大王兵を総べ鼓行して西すれば、声勢一接して、天下は揮を指して定まるべきなり」と。諒従はず。「大業雑記」に云ふ、文安又説ひて曰はく、「先人は奪人の心有り、殿下に精騎一萬を選び、径ちに京師に往きて奔喪し、暁夜兼行せば、誰れか敢へて止約せん。京に至り径ちに仁寿宮を掩ひ、彼縦《たと》ひ徴召するも、未だ我を禦ぐに暇あらず。大軍駱駅して王に随ひて至るは、此れ則ち次計なり。王直ちに河北を資け、彼天下の兵を率ゐ、百道もて我を攻むれば、則ち主人と為り難し、此れ下計なり」と。今「隋書」に従ふ。

3　皇甫儀（92）

『資治通鑑考異』巻八大業元年（六〇五）三月の条に「煬帝大業元年三月、命皇甫議発民百餘萬、開通済渠」とあり、「考異」には以下のように、記事を決定した理由を述べる。

雑記作皇甫公儀。又云、発兵夫五十餘萬。今従略記。

「雑記」は「皇甫公儀」に作る。又云ふ「兵夫五十餘萬を発す」と。今「略記」に従ふ。

この「考異」の記事は、前掲した「続談助」本『大業雑記』の「通済渠」（整理番号2）に「発河南道諸州郡兵夫五十餘萬、開通津（済）渠。自河起滎沢入淮、千餘里」とある記事に対応し、『資治通鑑考異』の編者がみた『大業雑記』には、

大業元年三月、命皇甫公儀発兵夫五十餘萬、開通済渠。自河起滎沢入淮、千餘里。

とあったと想定できる。現行本に「通津渠」とあるが、これは「通済渠」の誤りである。この誤りに『資治通鑑考異』は言及しないから、司馬光のみた『大業雑記』には「通済渠」とあったのであり、「通津渠」となったのは、宋代以降の写本の誤写であることになる。

4　江都行幸（93）

『資治通鑑考異』巻八大業元年（六〇五）の条に「八月。行幸江都」とあり、「考異」に次のようにある。

雑記作九月。今従隋帝紀及略記。

「雑記」は「九月」に作る。今、隋の帝紀及び「略記」に従ふ。

この「考異」は、「続談助」本『大業雑記』の「江都行幸」（整理番号59）に「大業元年九月、車駕幸江都宮」とある記事に対応するものであろう。

『国清百録』巻三所収の「輿駕幸江都宮、寺衆参啓第八十五（輿駕江都宮に幸し、寺衆参啓す第八五）」の、天台沙門・智越らの江都行幸を歓迎する啓をみても、発信月日が「八月」となっているから、『資治通鑑考異』の八月が正しい。

天台沙門智越一衆啓、仲秋已冷、伏惟皇帝陛下、起居萬福。越等早蒙垂覆、曲荷慈恩、山衆常得安心、奉国行道、伏聞輿駕巡撫江都、寺衆欣踊、不任馳恋之誠。謹遣僧使智璪奉啓以聞。　大業元年八月三十日

天台沙門智越一衆啓す、仲秋已に冷し、伏して惟《おもんみ》るに皇帝陛下、起居萬福。越等早くより垂覆を蒙り、慈恩を曲荷し、山衆常に安心を得、国を奉じて行道す。伏して聞くならく輿駕江都に巡撫し、寺衆欣踊し、馳恋の誠に任へず。謹んで僧使・智璪を遣はし啓を奉じて以聞す。　大業元年八月三〇日

5　龍舟（94）

『資治通鑑考異』巻八大業元年（六〇五）八月の条に「龍舟高四十五尺」とあり、「考異」に次のようにいう。

略記云、高五丈。雑記言其制度尤詳。今従之。

「略記」に云ふ、「高さ五丈」と。「雑記」は其の制度を言ふに尤も詳し。今之（「雑記」）に従ふ。

この記事は「続談助」本『大業雑記』の「龍舟及楼船」（整理番号58）と関連する記事であろう。この「考異」の記事によって、『資治通鑑』巻一八〇大業元年（六〇五）八月の条に記載された江都行幸の記事は、『大業雑記』の記事が史料源であることが明らかとなる。

6　元徳太子薨（95）

『資治通鑑考異』巻八大業二年（六〇六）の条に「七月、元徳太子昭薨」とあり、「考異」に次のようにある。

雑記云、初、太子之遘疾也、時与楊素同在侍宴。帝既深忌於素、並起二巵同至、伝酒者不悟是薬酒、錯進太子。既飲三日而毒発、下血二斗餘。宮人聞素平常、始知毒酒誤飲太子、秘不敢言。太子知之、歎曰、豈意代楊素死乎。

命也。数日而薨。後素亦竟以毒斃。按他書皆無此説。蓋時人見太子与素相継薨、妄有此論耳。

「雑記」に云ふ、「初め、太子の疾に遘《あ》ふや、時に楊素と同じく侍宴に在り。帝既に深く素を忌み、並びに二卮《し》を起し同じく至り、伝酒の者是れ薬酒と悟らず、錯《たが》ひて太子に進む。既に飲み三日して毒発《あらは》れ、血を下すこと二斗餘りなり。宮人、素の平常を聞き、始めて毒酒を太子に誤飲せしめるを知り、秘して敢へて言はず。太子之を知り、歎じて曰はく、「豈に楊素に代り死すと意《おも》はんや、命なり」と。数日して薨ず。のち素亦竟ひに毒を以て斃《たふ》れる。他書を按ずるに皆此の説なし。蓋し時人、太子は素と相継いで薨ずるを見、妄りに此の論あるのみ。

7　永済渠（96）

『資治通鑑考異』巻八大業四年（六〇七）の条に「四年正月、穿永済渠」とあり、「考異」に次のようにある。

雑記、［大業］三年六月、勅開永済渠、引汾水入河。於汾水東北開渠、合渠水至于涿郡二千餘里、通龍舟。按永済渠。即今御河。未嘗通汾水。雑記誤也。

「雑記」に、「大業三年（六〇七）六月、勅して永済渠を開き、汾水を引ゐて河に入る。汾水の東北に渠を開き、渠水を合して涿郡に至ること二千餘里、龍舟を通ず」と。永済渠を按ずるに、即ち今の御河なり。未だ嘗て汾水を通ぜず。「雑記」は誤るなり。

この記事と対応するのは、「続談助」本『大業雑記』の「永済渠」（整理番号73）の記事である。

8　六合城（97）

『資治通鑑考異』巻八大業四年の条に「三月、幸五原行宮、設六合板城」とあり、「考異」に次のようにいう。

雑記云、帝幸啓民帳。時造行城、周二千歩・高二十餘丈。今従隋礼儀志。

「雑記」に云ふ、帝、啓民の帳に幸す。時に行城を造るに、周りは二千歩・高さは二十餘丈なり。今、隋の礼儀志に従ふ。

右の「考異」にいう「礼儀志」とは、『隋書』巻一二礼儀志七を指すもので、右に引用する礼儀志七の記事に関連するものである。

及大業四年、煬帝北巡出塞、行宮設六合城。方一百二十歩、高四丈二尺。六合、以木為之、方六尺、外面一方有板、離合為之、塗以青色。壘六板為城、高三丈六尺、上加女牆板高六尺、開南北門。又於城四角起楼敵二、門観門楼檻皆丹青綺画。又造六合殿千人帳、載以槍車、車載六合三板。其車軨解合交叉、即為馬槍、毎車上張幕、幕下張平一弩、傅矢、五人更守。両車之間、施車軨馬槍、皆外其轅、以為外圏。次内布鉄菱、次内施蟄鞬。毎一蟄鞬、中施弩牀、長六尺闊三尺。牀桄陛挿鋼錐、皆長五寸、謂之蝦鬚。皆施機関、張則錐皆向外。其牀上施旋機弩、以縄連弩機、人従外来、触縄則弩機旋転、向触所而発。其外又以矰周囲行宮、二丈一鈴一柱、柱挙矰、去地二尺五寸。当行宮南北門、施槌磬、連矰、以機発之。有人触矰、則衆鈴発響、槌撃両磬、以知所警、名為撃磬。

大業四年（六〇八）に及び、煬帝北巡して塞を出でるに、行宮は六合城を設く。方一二〇歩、高さ四丈二尺。六合は木を以て之を為り、方は六尺、外面の一方に板有り、離合して之を為り、塗るに青色を以てす。六板を壘ね城を為り、高さ三丈六尺、上に女牆板高さ六尺を加へ、南北の門を開く。又城の四角に楼敵二を起て、門観・門楼檻、皆丹青もて綺画す。又六合殿千人帳を造り、載すに槍車を以てし、車は六合三板に載す。其の車軨解合交叉して、即ち馬槍と為り、車毎に上に幕を張り、幕下に一弩を張平し、傅矢し、五人更《こも》ごも守る。両車の間、車軨馬槍を施し、皆其の轅を外し、以て外圏と為す。次内は鉄菱を布き、次内は蟄鞬を施す。一蟄鞬毎に、中に弩牀を施すこと、長さ六尺・闊さ三尺なり。牀桄陛は鋼錐を挿す、皆長さ五寸、之を蝦鬚と謂ふ。皆機関を施し、張れば則ち錐皆外に向ふ。其の牀上に機弩を施し、縄を以て弩機に連ね、人外より来り、縄に触れば則ち弩機旋転し、触れる所に向ひて発す。其の外又矰《そう》を以て行宮を周囲し、二丈に一鈴一柱、柱に矰を挙《さ》げ、地を去ること二尺五寸。行宮の南北門に当りて、槌磬を施し、矰に連り、機を以て之を発す。人の矰に触れることあれば、則ち衆鈴響を発し、槌は両磬を撃ち、以て警所に知す、名づけて撃磬と為す。

9　建国門盗賊（98）

『資治通鑑考異』巻八大業六年の条に「六年正月、有盗数十人、入建国門」とあり、「考異」に次のようにある。

雑記在五年正月。又云三百人。今従隋書。

「雑記」には五年正月に在り。又云ふ「三百人」と。今「隋書」に従ふ。

右の事件に関連して、『隋書』巻三煬帝紀に次のようにある。

［大業］六年春正月癸亥朔、旦、有盗数十人、皆素冠練衣、焚香持華、自称弥勒仏、入自建国門。監門者皆稽首。既而奪衛士仗、将為乱、斉王暕遇而斬之。於是都下大索、与相連坐者千餘家。

大業六年春正月癸亥朔、旦に、盗数十人有り、皆素冠練衣にして、香を焚き華を持ち、自ら弥勒仏と称ひ、入るに建国門よりす。監門の者皆稽首す。既にして衛士の仗を奪ひ、将ゐて乱を為すに、斉王暕遇ひて之斬る。是に於て都下大索し、与に相連坐する者千餘家なり。

また『隋書』巻二三「五行志」裸蟲之孽に、

大業六年春正月朔旦、有盗、衣白練裙襦、手持焚香花、自称弥勒仏出世。入建国門、奪衛士仗、将為乱。斉王暕遇而斬之。

大業六年（六一〇）春正月朔旦、盗有り、白練の裙襦を衣て、手に焚香・花を持ち、自ら弥勒仏の出世と称す。建国門に入り、衛士の仗を奪ひ、将ゐて乱を為すに、斉王・暕は遇ひて之を斬る。

とある。

10　銭英・孟金叉（99）

『資治通鑑考異』巻八大業八年の条に「八年三月、銭士雄孟金叉戦死」とあり、「考異」に次のようにある。

雑記作銭英孟金釵。今従隋帝紀。

「雑記」には銭英・孟金釵に作る。今隋の帝紀に従ふ。

「銭士雄・孟金叉」の戦死は『隋書』巻四煬帝紀大業八年三月の条にある。

戊戌、大軍為賊所拒、不果済。右屯衛大将軍左光禄大夫麦鉄杖武賁郎将銭士雄孟金叉等皆死之。甲午、車駕度遼。大戦于東岸、撃賊破之、進囲遼東。

戊戌、大軍賊の拒ぐ所と為り、済ることを果さず。右屯衛大将軍左光禄大夫の麦鉄杖・武賁郎将の銭士雄・孟金叉等皆之に死す。甲午、車駕遼を度る。大いに東岸に于て戦ひ、賊を撃ち之を破り、進みて遼東を囲む。

『大業雑記』には、右と同じような記事があったが、「銭士雄と孟金叉」を「銭英・孟金釵」としていたのである。

11　宇文述特赦（100）

『資治通鑑考異』巻八大業八年（六一二）の条に「七月癸卯、帝引還」とあり、「考異」に次のようにある。

雑記、七月、帝自涿郡還東都。十一月、宇文述等糧尽遁帰、高麗出兵邀截、亡失蕩尽。帝怒、勅所司鎖将随行。無幾、斬劉士龍等軍市、特赦述。今従隋書。

「雑記」に、「七月、帝、涿郡より東都に還る。一一月、宇文述等糧尽き遁帰するに、高麗出兵して邀截し、亡失蕩尽す。帝怒り、所司に勅して鎖して将て随行せしめんとす。幾《いくばく》もなく、劉士龍等を軍市に斬り、特に述を赦す」と。今、「隋書」に従ふ。

『隋書』巻四煬帝紀大業八年一一月の条に、宇文述の処分に関して次のように伝える。

甲申、敗将宇文述于仲文等並除名為民、斬尚書右丞劉士龍、以謝天下。

甲申、敗将の宇文述・于仲文等並びに除名して民と為し、尚書右丞の劉士龍を斬り、以て天下に謝す。

12　涿郡行幸（101）

『資治通鑑考異』巻八大業八年（六一二）の条に「九月、車駕至東都」とあり、「考異」に次のようにある。

雑記、十月、車駕幸涿郡、徴召兵馬、将遂度遼之功。蓋誤。今不取。

「雑記」に、「一〇月、車駕涿郡に幸し、兵馬を徴召し、将《もっ》て度遼の功を遂げんとす」と。蓋し誤るなり。今、取らず。

13　宇文述復官（102）

『資治通鑑考異』巻八大業九年（六一三）の条に「二月、復宇文述官爵」とあり、「考異」に次のようにある。

雑記、在去年十二月。今従隋書。

「雑記」には去年一二月に在り。今「隋書」に従ふ。

『隋書』巻四煬帝紀大業九年二月の条に、宇文述の処分に関して次のように伝える。

　壬午、復宇文述等官爵。

14　懐州司功書佐（103）

『資治通鑑考異』巻八大業九年の条に「六月、楊玄感以河内主簿唐禕為懐州刺史」とあり、「考異」はいう。

　雑記作懐州司功書佐。今従隋書。

「雑記」には懐州司功書佐に作る。今、「隋書」に従ふ。

『隋書』巻七〇楊玄感伝に、楊玄感が反乱した時の叙任に関して、
　以東光県尉元務本為黎州刺史、趙懐義為衛州刺史、河内郡主簿唐禕為懐州刺史。

　東光県尉の元務本を以て黎州刺史と為し、趙懐義を衛州刺史と為し、河内郡主簿の唐禕を懐州刺史為す。

とある。この記事を参考すると、本来の『大業雑記』には、次のようにあったと想定できる。

　大業九年六月、楊玄感以懐州司功書佐唐禕為懐州刺史。

15　衛文昇援東都（104）

『資治通鑑考異』巻八大業九年六月の条に「衛文昇率兵四萬、救東都」とあり、「考異」には次のようにある。

　隋書云、歩騎七萬。按玄感衆不過十萬。而下云、衆寡不敵。今従雑記。

「隋書」に云ふ、「歩騎七萬」と。玄感の衆を按ずるに一〇萬を過ぎず。而下に云はく、「衆寡敵せず」と。今

「雑記」に従ふ。

「歩騎七萬」「衆寡不敵」の語は『隋書』巻六三衛玄伝にある。「衛文昇率兵四萬、救東都」のような記事が『大業雑記』にあったであろうと予想される。

16　衛文昇敗北（105）

『資治通鑑考異』巻八大業九年六月の条に「文昇衆寡、不敵、死傷太半」とあり、「考異」に次のようにある。

雑記曰、毎戦刃纔接、官軍皆坐地棄甲、以白布裹頭、聴賊所掠。前後十二戦、皆不利。今従文昇伝。

「雑記」に曰はく、「戦ふ毎に刃纔かに接し、官軍皆地に坐し甲を棄て、白布を以て頭に裹み、賊の掠る所を聴す。前後一二戦し、皆利あらず」と。今、文昇伝（『隋書』巻六三衛玄伝、字は文昇）に従ふ。

17　骨儀（106）

『資治通鑑考異』巻八大業九年の条に「八月、令骨儀等推玄感党与」とあり、「考異」に次のようにある。

雑記作滑儀、今従隋書。雑記推玄感党在十月、疑太晩。今因誅趙元淑言之。

「雑記」は「滑儀」に作るも、今、「隋書」に従ふ。「雑記」は玄感の党を推しはかるは一〇月に在り、太《おほ》いに晩きを疑ふ。今、趙元淑を誅するに因りて之を言ふ。

18　王世充貪（107）

『資治通鑑考異』巻八大業九年一二月の条に「王世充阬降賊三萬人」とあり、「考異」に次のようにある。

略記、阬其衆二十餘萬於黄亭澗。澗長数里、深闊数丈、積屍与之平。雑記、世充貪而無信、利在子女資財、並阬所首八千餘人於黄山之下。今従隋書。

「略記」に、「其の衆二十餘萬を黄亭澗に阬す。澗の長さ数里、深さ闊さ数丈なるも、屍を積み之と平かなり」と。「雑記」に、「世充は貪にして信なく、利するは子女資財に在り、並びに首《こうふく》する所の八千餘人を黄山の下に阬す」と。今「隋書」に従ふ。

この『大業雑記』の記事は、後掲する『呉郡図経続記』巻下「雑録」所引の記事のうち、「朱燮管崇作乱」（整理番号128）の記事と一致する。

19　宇文述為元帥（108）

『資治通鑑考異』巻八大業一〇年（六一四）の条に「十年春」とあり、「考異」に次のようにある。

雑記、是年正月、又以許公宇文述為元帥、将兵十六萬刻到鴨緑水。乙支文徳遣行人偽請降、以緩我師、又求与述相見、以観我軍形勢。述与之歓飲、良久乃去。停五日、王師食尽、焼甲札食之、病不能興。文徳乃縦兵大戦。敗績、死者十餘萬。此蓋序八年事、誤在此耳。

「雑記」に、「是の年正月、又許公の宇文述を以て元帥と為し、兵一六萬を将ゐ鴨緑水に刻到せしむ。乙支文徳、行人を遣はし偽りて降る請ひ、以て我が師を緩《ゆる》ませ、又述と相見えんことを求め、以て我が軍の形勢を観る。述は之と歓飲し、良や久しくして乃ち去る。停まること五日、王師食尽き、甲札を焼き之を食ひ、病みて興る能はず。文徳乃ち兵を縦《ほしいまま》にして大戦す。敗績して、死す者十餘萬なり」と。此れ蓋し八年に序る事にして、誤りて此に在るのみ。

20　孔雀為鸞（109）

『資治通鑑考異』巻八大業一一年三月の条に「高徳儒見孔雀奏以為鸞」とあり、「考異」は次のようにいう。

雑記云、五年二月、馬徳儒奏孔雀為鸞。今年月及姓名、皆従略記并温大雅創業起居注。

「雑記」に云はく、「五年二月、馬徳儒、孔雀を奏して鸞と為す」と。今、年月及び姓名は皆「略記」并びに温大雅の「創業起居注」に従ふ。

この記事は「続談助」本『大業雑記』の「儀鸞殿」（整理番号39）の記事と関連する。

『資治通鑑考異』にいう「『創業起居注』に従ふ」とは、『大唐創業起居注』巻一大業一三年六月甲申の条の次の記事をいうものである。

至西河城下、大郎二郎不甲、親往喩之。城外欲入城、人無問男女小大、並皆放入城内。既見義軍寛容、至此咸思奔赴、唯有郡丞高徳儒執迷不反。己丑、以兵臨之、飛梯纔進、衆皆争上。郡司法書佐朱知瑾等従城上引兵而入、執徳儒以送軍門。徳儒、即隋之見鸞人也。大郎二郎等数之曰、卿逢野鳥、謬道見鸞。佞惑隋侯、以為祥瑞。趙高指鹿為馬、何相似哉。義兵今奨王室、理無不殺趙高之輩。仍命斬焉。自外不戮一人、秋毫不犯。

西河の城下に至り、大郎・二郎甲せず、親しく往き之を喩す。城外より入城せんと欲すに、人の男女・小大を問ふ無く、並びに皆放して城内に入る。既に義軍の寛容を見、此に至り咸奔赴せんと思ふに、唯だ郡丞の高徳儒に有りては迷ひを執り反《ひるが》へらず。己丑、兵を以て之に臨み、飛梯纔進するに、衆皆上を争ふ。郡の司法書佐・朱知瑾等は城上従り兵を引きて入れ、徳儒を執へ以て軍門に送る。徳儒、即ち隋の鸞を見る人なり。大郎・二郎等之を数《せめ》て曰はく、「卿野鳥に逢ひ、謬りて鸞を見ると道《い》ふ。隋侯を佞惑し、以て祥瑞と為す。趙高鹿を指し馬と為すに、何ぞ相似たる哉」と。義兵今王室を奨め、理として趙高の輩を殺さざるは無し。仍ち命じて斬る。自外は一人も戮さず、秋毫も犯さず。

『資治通鑑考異』は高徳儒を採り、『大業雑記』にいう馬徳儒を採用しなかった。『雍録』巻一「自邠遷岐」には、

則周人信嘗以鳳為瑞矣。顧黄覇以鶡鳥為神雀、馬徳儒以孔雀為文鸞、則欺罔耳。

則ち周人信して嘗《つね》に鳳を以て瑞と為す。顧黄覇は鶡鳥を以て神雀と為し、馬徳儒は孔雀を以て文鸞と為すは、則ち欺罔のみ。

とあり、馬徳儒とする史料もあり、『大業雑記』のみが馬徳儒としていたわけではない。

21　北巡（110）

『資治通鑑考異』巻八大業一一年（六一五）八月の条に「帝巡北塞」とあり、「考異」に次のようにある。

雑記、六月、突厥賊入嵐城鎮抄掠。遣范安貴討撃之、王師敗績、安貴死、百司震懼。七月、帝幸雁門、先至天池、値雨、山谷泥深二尺。従官狼狽、帳幕多不至、一夜並露坐雨中、至暁多死。宮人無食、貸糒於衛士。今従隋書。

「雑記」に、「六月、突厥の賊、嵐城鎮に入り抄掠す。范安貴を遣はし之を討撃せしむるに、王師敗績して、安貴死し、百司震懼す。七月、帝雁門に幸し、先づ天池に至るに、雨に値り、山谷泥すること深さ二尺なり。従官狼狽し、帳幕多く至らず、一夜並びに雨中に露坐し、暁に至り多く死す。宮人食ふもの無く、糒《ひ》（ほしいひ）を衛士より貸る」と。今、「隋書」に従ふ。

22　李密（111）

『資治通鑑考異』巻八義寧元年二月の条に「群盗皆帰密、衆至数十萬」とあり、「考異」に次のようにある。

略記云、二月丙辰、密遣其将夜襲倉城、二府兵撃退之。己未、又悉衆来攻、而府兵敗、遂入拠倉。然二府将士猶各固小倉城、二十餘日不下。既而外救不至、食又尽、城乃陥没、死者太半。於是鞏県長柴孝和監察御史鄭頲挙県降賊。密開倉招納、降者日数百人。於是趙魏以南、江淮以北、莫不帰附、自是賊徒滋蔓矣。壬子、使劉長恭房崱等統兵東討、大敗。戊午、還都、王慰撫、不責也。於是発教募士庶商旅奴等、分置営壁、各立将帥統領而固守。其諸里居民皆移入三城之内、於省寺府舎安置焉。又使宋遵貴将兵鎮陝県太倉。雑記、密称魏公改年。于時倉猶自固守、既而密遣翟譲将兵夜襲倉城、官軍撃退之。明日、又引衆攻倉、連戦三日、陥外城、官軍猶捉子城。月餘、外援不至、城尽陥没、死者十六七。按二月壬午朔。無丙辰等日。今従隋書。

「略記」に云ふ、「二月丙辰、密、其の将を遣はし倉城を夜襲せしむに、二府の兵之を撃退す。己未、又衆を悉して来攻し、而して府兵敗れ、遂ひに入りて倉に拠る。然れども二府の将士猶ほ各《おの》おの小倉城を固うし、二十餘日下らず。既にして外救至らず、食又尽き、城乃ち陥没し、死す者太半なり。是に於て鞏《きょう》の県長の柴孝和・監察御史の鄭頲、県を挙げて賊に降る。密、倉を開き招納すに、降る者日に数百人なり。是に於て趙魏以南、江淮以北、帰附せざる莫く、是れより賊徒滋蔓す。壬子、劉長恭・房崱等をして兵を統べ東討せしめるに、大敗す。戊午、都に還るに、王は慰撫して、責めざるなり。是に於て教を発して士庶・商旅・奴等を募り、営壁に分置し、各《おの》おの将帥を立て統領せしめて固守せしむ。其の諸里の居民皆三城の内に移入し、省寺府舎に安置す。又宋遵貴をして兵を将ゐて陝県の太倉に鎮せしむ」と。「雑記」に、「密、魏公と称し改年す。時に倉なほ自ら固守し、既に密、翟譲を遣はし兵を将ゐ倉城を夜襲し、官軍之を撃退す。明日、又衆を引ゐて倉を攻め、連戦すること三日、外城を陥すも、官軍猶ほ子城を捉《と》る。月餘なるも、外援至らず、城尽《こと》ごとく陥没し、死す者一〇の六、七」と。按ずるに二月は壬午朔にして、丙辰等の日なし。今「隋書」に従ふ。

参考史料

『冊府元亀』巻七帝王部創業三・武徳元年一二月

癸卯、右翊衞長史宋遵貴以陝県太原倉来降。

癸卯、右翊衞長史の宋遵貴、陝県太原倉を以て来降す。

23　東都包囲（112）

『資治通鑑考異』巻八義寧元年（六一七）四月の条に「癸巳、密襲回洛東倉破之、攻撃偃師金墉不克。乙未、還洛」とあり、「考異」に次のようにある。

略記、三月辛未、密遣孟譲将二十餘人、夜入都郭、焼豊都市、比暁而去。〔四月〕癸未、密襲拠都倉。乙亥、密部衆入自上春門、於宣仁門東街立柵而住。丙寅、焼上春門及街南北里門楼、火接宣仁門、因逼門為陳、与城上弓矢相接、而退還倉。雑記、密遣格譲将兵焼豊都市。三月、越王侗教募力捉、宮城守固、官賞有差。撤天津橋等諸橋、運回洛倉米入城。四月、密攻撃偃師、囲金墉。東都兵出、密還洛口。五月、裴仁基翻虎牢入賊、自滎陽以東、至陳譙下邳彭城梁郡皆属密、賊衆逾盛、并家口百萬。蒲山公伝、三月乙亥、密帥衆入自上東門。攻宣仁門。不克。丙寅。焼上東門而退。此三書月日交錯。皆不可憑。今従隋唐書。

「略記」に、「三月辛未、密は孟譲を遣はし二十餘人を将ゐ、夜に都郭に入り、豊都市を焼き、暁に比《いた》りて去る。癸未、密襲ひて都倉に拠る。乙亥、密の部衆入るに上春門よりし、宣仁門東街に立柵を立てて住《とどま》る。丙寅、上春門及び街南北里の門楼を焼き、火は宣仁門に接し、因りて門に逼り陣を為し、城上の弓矢と相接し、而して退き倉に還る」と。「雑記」に、「密は格譲を遣はし兵を将ゐて豊都市を焼く。三月、越王侗は教して力捉を募り、宮城守固せしめ、官賞差有り。天津橋等の諸橋を撤け、回洛倉の米を運び城に入る。四月、密、偃師を攻撃し、金墉を囲む。東都の兵出で、密は洛口に還る。五月、裴仁基、虎牢に翻し賊に入り、滎陽より以東、陳・譙・下邳・彭城・梁郡に至り皆密に属し、賊衆逾《いよ》いよ盛んにして家口并せて百萬なり」と。「蒲山公伝」に、「三月乙亥、密、衆を帥ゐ入るに上東門よりし、宣仁門を攻めるも、克たず。丙寅、上東門を焼きて退く」と。此れ三書の月日交錯し、皆憑るべからず。今、隋・唐書に従ふ。

24　討李密（113）

『資治通鑑考異』巻八義寧元年七月の条に、「煬帝遣王世充等赴東都。討李密」とあり、「考異」にいう。

雑記、四月、世充帥淮南兵萬人援東都。世充行至彭城、懼密衆之盛、自以兵少不敵。乃間行、自黎陽済河而至。七月、世充帥留守兵二萬撃密、無功。今従略記蒲山公伝。

「雑記」に、「四月、世充淮南の兵萬人を帥ゐ東都を援く。世充行きて彭城に至り、密の衆の盛んなるを懼れ、自ら兵少なく敵せざるを以て、乃ち間行し、黎陽より河を済りて至る。七月、世充、留守の兵二萬を帥ゐ密を撃ち、功なし」と。今「略記」・「蒲山公伝」に従ふ。

25　王世充大敗（114）

『資治通鑑考異』巻九武徳元年の条に、「高祖武徳元年正月、王世充与李密戦大敗」とあり、「考異」にいう。

隋書北史李密伝曰、世充復移営洛北、南対鞏県。其後遂於洛水造浮橋、悉衆以撃密。密出撃之、官軍稍卻、自相陥溺者数萬人。世充僅而獲免、不敢還東都、遂走河陽。其夜雨雪尺餘、衆随之者死亡殆尽。王世充伝曰、充敗績、赴水溺死亡者萬餘人。時天寒大雪、兵士既渡水、衣皆霑湿、在道凍死者又萬餘人。蒲山公伝曰、世充移営就洛水之北、与密隔洛水以相望。密乃築長城、掘深塹、周廻七十里以自固。十五日、世充与密戦於石窟寺東、密軍退敗、世充渡洛水以乗之、逼倉城為営塹。密縦兵疾戦、世充兵馬棄仗奔亡、沈溺死亡者不可勝数。密又令露布上府曰、世充以今月十一日平旦屯兵洛北、偸入月城。其月十五日、世充及王弁才等、又於倉城北偸渡水南、敢逼城堞。河洛記曰、十六日、充与密戦於石窟寺東。又曰、其夜、遇風寒疾雨、士卒凍死、十不存一。充脱身宵遁、直向河陽。餘如蒲山公伝。略記曰、辛酉、王世充等移兵洛北、仍令諸軍臨岸布兵、軍別造浮橋、橋先成者輒渡、既前後不一。而李密伏発、我師敗績、争橋赴水溺死者十五六。雑記曰、十二月、越王遣太常少卿韋霽等率留守兵三萬並受世充節度。又曰、王弁縦等敗、衆軍亦潰、争橋赴水、死者太半。王弁縦等皆没、唯世充敗免、与数百騎奔大通城。敗兵得還者、於道遭大雨、凍死者六七千人。世充停留大通十餘日、懼罪不還。十四年正月、越王遣世充兄世惲往大通慰諭、赦世充喪師之罪。按李玄道勧進於李密表云、于時律始太蔟、未宜震霢霂、而澍雨忽降、凍殕将尽。今参取衆書、日従蒲山公伝、雨従河洛記。

「隋書」「北史」の李密伝に曰はく、「世充復《また》営を洛北に移し、南は鞏県と対す。其の後遂ひに洛水に浮橋を造り、衆を悉して以て密を撃つ。密出でて之を撃ち、官軍稍《やう》やう卻《しりぞ》き、自ら相陥溺する者数萬人。世充僅かに免るを獲るも、敢へて東都に還らず、遂ひに河陽に走《にげ》る。其の夜雨雪尺餘にして、衆の之に随ふ者死亡し殆ど尽く」と。王世充伝に曰はく、「充敗績し、水に赴《むか》ひ溺れ死亡す者萬餘人なり。時に天寒大雪にして、兵士既に水を渡り、衣皆霑湿し、道に在り凍死す者又萬餘人なり」と。「蒲山公伝」に曰はく、「世充、営を移して洛水の北に就き、密と洛水を隔て以て相望む。密乃ち長城を築き、深塹を掘り、周廻七〇里以て自らを固くす。一五日、世充、密と石窟寺の東に戦ひ、密の軍退敗し、世充洛水を渡り以て之に乗じ、倉城に逼り営壍を為る。密兵を縦にして疾戦し、世充の兵馬、仗を棄て奔亡し、沈溺して死亡する者勝げて数ふべからず。密又露布をして府に上《たてまつ》らしめて曰はく、「世充今月一一日平旦を以て兵を洛北に屯し、偸《ひそか》に月城に入る。其の月一五日、世充及び王弁才等又倉城の北に於て偸に渡水して南し、敢へて城堞に逼る」と。「河洛記」に曰はく、「一六日、充は密と石窟寺の東に戦ふ」と。又曰はく、「其の夜、風寒疾雨に遇ひ、士卒凍死し、一〇の一存せず。充は脱身して宵遁し、直ちに河陽に向ふ」と。餘は「蒲山公伝」の如し。「略記」に曰はく、「辛酉、王世充等は兵を洛北に移し、仍ほ諸軍をして岸に臨みて兵を布き、軍別に浮橋を造り、橋先づ成るものは輒ち渡り、既に前後一ならず、而して李密伏発し、我が師敗績し、橋を争ひ水に赴き溺死するもの一〇の五、六」と。「雑記」に曰はく、「一二月、越王、太常少卿の韋霽等を遣はし留守の兵三萬を率ゐ並びに世充の節度を受けしむ」と。又曰はく、「王弁縦等敗れ、衆軍亦潰れ、橋を争ひ水に赴き、死す者太半なり。王弁縦等皆没し、唯だ世充敗れて免れ、数百騎と大通城に奔る。敗兵還るを得る者、道に大雨に遭ひ、凍死するもの六七千人なり。世充大通に停留すること十餘日、罪を懼れて還らず。一四年正月、越王は世充の兄・世惲《うん》を遣はし大通に往きて慰諭せしめ、世充の喪師の罪を赦す。李玄道の李密に勧進せる表を按ずるに云ふ、時に律は太蔟《そう》に始まり、未だ宜しく霢霂を震ふべからず。而して澍雨忽ちに降り、凍りて殆ど将て尽く」と。今、衆書を参取し、日は「蒲山公伝」に従ひ、雨は「河洛記」に従ふ。

三　『重較説郛』所引の『大業雑記』逸文

『重較説郛』弓一一〇所収の『大業雑記』の尾部（『説郛』巻五七所収の『大業雑記』も同じ）には、「続談助」本『大業雑記』の記事に加えて、以下に示す三条の『大業雑記』逸文を所載する。『重較説郛』所収の『大業雑記』を通覧すると、『重較説郛』の『大業雑記』は「続談助」本『大業雑記』の節略であることは明らかであるから、『重較説郛』所載の三条の逸文は、他書に引用されていた『大業雑記』の逸文を、『重較説郛』が『大業雑記』を所収するとき、便宜的に尾部に附したものであろうと推定される。以下に示す三条の逸文は「続談助」本『大業雑記』にはない。

1　汾陽宮（115）

［大業十一年］四月、車駕幸汾陽宮避暑。宮地[校①]即汾河之源、上有名山管涔、高可千仞。帝於江山[校②]（江山＝山上）造亭子十二所、其最上名翠微亭、次閬風彩霞臨月飛芳積翠合璧含暉凝碧紫嵒澄景、最下名尚陽亭[校③]。亭子内、皆縦広二丈、四辺安剣闌、毎亭鋪六尺榻子一合。山下又有臨汾殿、勅従官縦観。

大業一一年四月、車駕、汾陽宮に幸し暑を避く。宮所は即ち汾河の源にして、上に名山の管涔《しん》有り、高さ千仞（一仞は七尺）ばかりなり。帝は山上に亭子一二所を造る、其の最上は翠微亭と名づけ、次は閬風・彩霞・臨月・飛芳・積翠・合璧・含暉・凝碧・紫嵒《がん》・澄景、最下は尚陽亭と名づく。亭子の内は皆縦・広さは二丈、四辺は安剣闌、亭鋪毎に六尺の榻子一合。山下に又臨汾殿有り、従官に勅して縦観せしむ。

校勘①　『説郛』は「宮所」に作る。

校勘②　『説郛』は「常于山上」に作り、『重較説郛』は「帝於江山」に作るが、意を以て「帝於山上」と改訂した。

校勘③　『説郛』は「尚陽」に作り「亭」字なし。

大業一一年（六一五）の汾陽宮行幸は、煬帝の第三次の北巡にあたる。『隋書』巻四煬帝紀によれば、反乱が多発する中、東都を進発した車駕は太原に幸し、暑気を汾陽宮に避け、八月になって、北辺諸郡を行幸する途中において、雁門郡において突厥の始畢可汗の謀略にあい、危機一髪のところ、啓民可汗に嫁していた義成公主の通報によって、辛くも雁門郡城に逃げ込み、そこを突厥に包囲されることになった。この記事は前掲した『資治通鑑考異』の「北巡」(整理番号110)の記事と関連するものである。

『隋書』巻八四突厥伝には次のようにある。

[大業]十一年、来朝於東都。其年、車駕避暑汾陽宮。八月、始畢率其種落入寇、囲帝於雁門。詔諸郡発兵赴行在所、援軍方至、始畢引去。由是朝貢遂絶。明年、復寇馬邑、唐公以兵撃走之。

大業一一年、来りて東都に朝す。其の年、車駕、汾陽宮に暑を避く。八月、始畢、其の種落を率ゐ入寇し、帝を雁門に囲む。諸郡に詔して兵を発し行在所に赴かしむ。援軍方に至るに、始畢引きて去る。是れ由り朝貢遂ひに絶つ。明年、復《また》馬邑を寇し、唐公、兵を以て之を撃走す。

太原行幸と避暑に関して、『隋書』巻四煬帝紀大業一一年五月の条に次のようにある。

己酉、幸太原、避暑汾陽宮。

己酉、太原に幸し、汾陽宮に避暑す。

『資治通鑑』巻一八二大業一一年の条は、三月に太原に行幸したとあり、両書は太原行幸の月日が一致しない。

己酉、帝行幸太原。夏四月、幸汾陽宮避暑、宮城迫隘、百官士卒布散山谷間、結草為営而居之。

己酉、帝は太原に行幸す。夏四月、汾陽宮に幸し暑を避くに、宮城迫隘し、百官士卒は山谷の間に布散し、結草して営を為り之に居す。

参考史料

(1)『大唐創業起居注』巻一

隋大業十二年（十一年?）、煬帝之幸楼煩時也、帝以太原黎庶陶唐旧民、奉使安撫、不踰本封。因私喜此行、以為天授。所経之処、示以寛仁、賢智帰心、有如影響。煬帝自楼煩遠（還）至鴈門、為突厥始畢所囲、事甚平城之急、頼太原兵馬及帝所徴兵、声勢継進、故得解囲、僅而獲免。遂向東都、仍幸江都宮。以帝地居外戚（域）、赴難応機、乃詔帝率太原部兵馬、与馬邑郡守王仁恭北備辺朔、帝不得已而行。

隋の大業一一年、煬帝の楼煩に幸する時や、帝（唐の高祖）太原の黎庶、陶唐の旧民なるを以て、奉使して安撫し、本封を踰えず。因りて私《ひそか》に此の行ひを喜び、以て天授と為す。経る所の処、示すに寛仁を以てし、賢智帰心し、影響の如き有り。煬帝、楼煩より還りて鴈門に至り、突厥始畢の囲む所と為り、事は平城の急より甚だしく、太原の兵馬及び帝の徴す所の兵に頼り、声勢継進し、故に囲みを解くを得、僅かに免れるを獲る。遂に東都に向ひ、仍て江都宮に幸す。帝は地の外域に居《あ》り、赴の機に応じ難きを以て、乃ち帝（唐の高祖）に詔して、太原部するところの兵馬を率ゐしめ、馬邑郡守の王仁恭と北のかた辺朔に備へしむに、帝（唐の高祖）已《や》むを得ずして行く。

（2）『隋書』巻六三樊子蓋伝

［大業］十一年、従駕汾陽宮、至于雁門、車駕為突厥所囲、頻戦不利。帝欲以精騎潰囲而出、子蓋諫曰、陛下萬乗之主、豈宜軽脱、一朝狼狽、雖悔不追。未若守城以挫其鋭、四面徴兵、可立而待。陛下亦何所慮、乃欲身自突囲。因垂泣、願暫停遼東之役、以慰衆望。聖躬親出慰撫、厚為勲格、人心自奮、不足為憂。帝従之。其後援兵稍至、虜乃引去。納言蘇威追論勲格太重、宜在斟酌。子蓋執奏不宜失信。帝曰、公欲収物情邪。子蓋黙然不敢対。

大業一一年（六一五）、汾陽宮に駕するに従ひ、雁門に至り、車駕は突厥の囲む所と為り、頻りに戦ふも利あらず。帝、精騎を以て囲みを潰して出でんと欲すに、子蓋諫めて曰はく、「陛下萬乗の主、豈に宜しく軽脱すべけんや、一朝狼狽せば、悔やむと雖も追はず。城を守り以て其の鋭を挫《くじ》き、四面の兵を徴し、立ちて待つべきに若かず。陛下亦何ぞ慮る所ぞ、乃ち身自ら囲みを突かんと欲す」と。因りて垂泣して、「願はくば暫く遼東の役を停め、以て衆望を慰め、聖躬親ら出でて慰撫し、厚く勲格を為せば、人心自ら奮ひ、憂を為すに足らず」と。帝之に従ふ。其の後、援兵稍やう至り、虜乃ち引去す。納言の蘇威、勲格の太《はなは》だ重ければ、宜しく斟酌在るべきを追論す。子蓋宜しく信を失ふべからずを執奏す。帝曰はく、「公は物情を収めんと欲するか」と。子蓋、黙然とし敢へて対へず。

（3）『隋書』巻六一宇文述伝

突厥之囲雁門、帝懼、述請潰囲而出。樊子蓋固諫不可、帝乃止。及囲解、車駕次太原、議者多勧帝還京師、帝有難色。述因奏曰、従官妻子、多在東都、便道向洛陽、自潼関而入可也。帝従之。

突厥の雁門を囲むや、帝懼れ、述は囲みを潰して出でんことを請ふ。樊子蓋固より諫めて不可となし、帝乃ち止む。囲み解くに及び、車駕太原に次り、議者多く帝に京師に還らんことを勧むに、帝難色有り。述因りて奏して曰はく、「従官の妻子、多く東都に有り、便道より洛陽に向ひ、潼関より入るは可なり」と。帝之に従ふ。

（4）『資治通鑑』巻一八二大業一一年

秋八月乙丑、帝巡北塞。初、裴矩以突厥始畢可汗部衆漸盛、献策分其勢、欲以宗女嫁其弟叱吉設、拝為南面可汗、叱吉不敢受、始畢聞而漸怨。突厥之臣史蜀胡悉多謀略、為始畢所寵任。矩詐与為互市、誘至馬邑下、殺之。遣使詔始畢曰、史蜀悉叛可汗来降、我已相為斬之。始畢知其状、由是不朝。戊辰、始畢帥騎数十萬謀襲乗輿。義成公主先遣使者告変。壬申、車駕馳入鴈門、斉王暕以後軍保崞県。癸酉、突厥囲鴈門、上下恟怖、撤民屋為守禦之具。城中兵民十五萬口、食僅可支二旬。鴈門四十一城、突厥克其三十九、唯鴈門崞不下。突厥急攻鴈門、矢及御前。

上大懼、抱趙王杲而泣、目悉腫。左衛大将軍宇文述勧帝簡精鋭数千騎潰囲而出、納言蘇威曰、城守則我有餘力、軽騎乃彼之所長、陛下萬乗之主、豈宜軽動。民部尚書樊子蓋曰、陛下乗危徼幸、一朝狼狽、悔之何及。不若拠堅城以挫其鋭、坐徴四方兵使入援。陛下親撫循士卒、諭以不復征遼、厚為勲格、必人人自奮、何憂不済。内史侍郎蕭瑀以為、突厥之俗、可賀敦預知軍謀、且義成公主以帝女嫁外夷、必恃大国之援。若使一介告之、借使無益、庸有何損。又将士之意、恐陛下既免突厥之患、還事高麗、若発明詔、諭以赦高麗、専討突厥、則衆心皆安、人自為戦矣。瑀、皇后之弟也。虞世基亦勧帝重為賞格、下詔停遼東之役。帝従之。帝親巡将士、謂之曰、努力撃賊、苟能保全、凡在行陣、勿憂富貴、必不使有司弄刀筆破汝勲労。乃下令、守城有功者、無官直除六品、賜物百段、有官以次増益。使者慰労、相望於道。於是衆皆踊躍、昼夜拒戦、死傷甚衆。甲申、詔天下募兵。守令競来赴難。李淵之子世民、年十六、応募隷屯衛将軍雲定興。説興定多齎旗鼓為疑兵、曰、始畢敢挙兵囲天子、必謂我倉猝不能赴援故也。宜昼則引旌旗数十里不絶、夜則鉦鼓相応、虜必謂救兵大至、望風遁去。不然、彼衆我寡、若悉軍来戦、必不能支。定興従之。帝遣間使求救於義成公主。公主遣使告始畢云、北辺有急、東都及諸郡援兵亦至忻口。九月甲辰、始畢解囲去。帝使人出偵、山谷皆空、無胡馬。乃遣二千騎追躡、至馬邑、得突厥老弱二千餘人而還。丁未、車駕還至太原。蘇威言於帝曰、今盗賊未息、士馬疲弊。願陛下亟還西京、深根固本、為社稷計。帝初然之。宇文述曰、従官妻子、多在東都、宜便道向洛陽、自潼関而入。帝従之。冬十月壬戌、帝至東都、顧眄街衢、謂侍臣曰、猶大有人在。意謂曏日平楊玄感、殺人尚少故也。蘇威追論勲格太重、宜加斟酌、樊子蓋固請、以為不宜失信。帝曰、公欲収物情邪。子蓋懼、不敢対。帝性吝官賞。初平玄感、応授勲者多、乃更置戎秩、建節尉為正六品、次奮武宜恵綏徳懐仁秉義奉誠立信等尉、逓降一階。将士守鴈門者萬七千人、得勲者纔千五百人、皆準平玄感勲。一戦得第一勲者進一階、其先無戎秩者、止得立信尉、三戦得第一勲者至秉義、其在行陳而無勲者、四戦進一階、亦無賜。会仍議伐高麗。由是将士無不憤怨。初蕭瑀以外戚有才行、嘗事帝於東宮、累遷至内史侍郎、委以機務。瑀性剛鯁、数言事忤旨、帝漸疏之。及鴈門囲解、帝謂群臣曰、突厥狂悖、勢何能為、少時未散、蕭瑀遽相恐動、情不可恕。出為河池郡守、即日遣之。候衛将軍楊子崇従帝在汾陽宮、知突厥必為寇、屢請早還京師。帝怒曰、子崇怯懦、驚動衆心。不可居爪牙之官。出為離石郡守。子崇、高祖之族弟也。

秋八月乙丑、帝、北塞を巡る。初め、裴矩は突厥始畢可汗の部衆漸《やう》やく盛んなるを以て、策を献じ其の勢を分ち、宗女を以て其の弟の叱吉設に嫁せしめんと欲し、拝して南面可汗と為すも、叱吉敢へて受けず、始畢聞きて漸く怨む。突厥の臣・史蜀胡悉、謀略多く、始畢の寵任する所と為る。矩詐《いつは》りて与に互市を為し、誘ひて馬邑の下に至り、之を殺す。使を遣はし始畢に詔して曰はく、「史蜀胡悉、可汗に叛き来り降る、我已に相為《た》めに之を斬る」と。始畢其の状を知り、是れに由り朝せず。戊辰、始畢、騎数十萬を帥ゐ乗輿を襲はんと謀る。義成公主先づ使者を遣はし変を告ぐ。壬申、車駕馳せて鴈門に入り、斉王の暕は後軍を以て崞《かく》県を保つ。癸酉、突厥鴈門を囲み、上下惶怖し、民屋を撤して守禦の具を為る。城中の兵民一五萬口、食僅かに二旬を支ふべし。鴈門の四一城、突厥、其の三九に克ち、唯だ鴈門・崞《かく》のみ下らず。突厥急に鴈門を攻め、矢御前に及ぶ。上大いに懼れ、趙王・杲を抱きて泣き、目悉く腫る。左衛大将軍の宇文述、帝に精鋭数千騎を簡び囲みを潰して出でんと勧むに、納言の蘇威曰はく、「城守せば則ち我、餘力有り、軽騎は乃ち彼の長ずる所、陛下は萬乗の主なり、豈に宜しく軽《かろ》がろしく動くべけんや」と。民部尚書の樊子蓋曰はく、「陛下危きに乗じて徼幸し、一朝狼狽せば、之を悔ゆとも何ぞ及ばん。堅城に拠り以て其の鋭を挫《くじ》き、坐して四方の兵を徴し入り援けしむるに若かず。陛下親ら士卒を撫循し、諭すに復《また》征遼せざるを以てし、厚く勲格を為さば、必ず人人自ら奮ひ、何ぞ済らざるを憂へん」と。内史侍郎の蕭瑀以為《おもへ》らく、「突厥の俗、可賀敦軍謀を知るに預り、且つ義成公主は帝の女を以て外夷に嫁し、必ず大国の援けを恃まん。若し一介をして之に告げしめば、借使《たとへ》、益なしとも、庸《なん》ぞ何の損あらん。又、将士の意、陛下既に突厥の患を免れば、還た高麗を事とすことを恐る、若し明詔を発し、諭すに高麗を赦し、専ら突厥を討つを以てせば、則ち衆心皆安んじ、人自ら戦を為さん」と。瑀は皇后の弟なり。虞世基亦帝に重く賞格を為り、詔を下し遼東の役を停めんことを勧む。帝之に従ふ。帝親ら将士を巡り、之に謂ひて曰はく、「努力して賊を撃て、苟くも能く保全せば、凡そ行陣に在あるもの、富貴を憂ふる勿れ、必ず有司をして刀筆を弄して汝の勲労を破らしめじ」と。乃ち令を下し、城を守り功ある者、官無き者は直ちに六品に除し、物一〇〇段を賜はん、官有るは次を以て増益せん。使者慰労し、道に相望む。是に於て衆皆踊躍し、昼夜拒ぎ戦ひ、死傷するもの甚だ衆し。甲申、天下に詔して兵を募る。守令競ひ来りて難に赴く。李淵の子・世民、年一六、募に応じ屯衛将軍の雲定興に隷す。定興に多く旗鼓を齎し疑兵を為《つく》らんと説き、曰はく、「始畢敢へて兵を挙げ天子を囲むは、必ず我倉猝に援に赴く能はずと謂《おも》ふが故なり。宜しく昼は則ち旌旗を引き数十里絶えず、夜は則ち鉦鼓相応ぜしむべし。虜必ず救兵大いに至るを謂《おも》ひ、風を望みて遁去す。然らずんば、彼衆く我寡し、若し軍を悉して来り戦へば、必ず支ふ能はざらん」と。定興之に従ふ。帝間使を遣はし救ひを義成公主に求む。公主、使を遣はし始畢に告げて云ふ、「北辺急有り。東都及び諸郡の援兵亦忻《きん》口に至れり」と。九月甲辰、始畢囲みを解きて去る。帝、人をして出でて偵《てい》せしむに、山谷皆空しく、胡馬無し。乃ち二千騎を遣はし追躡《じょう》して、馬邑に至り、突厥の老弱二千餘人を得て還る。丁未、車駕還りて太原に至る。蘇威、帝に言ひて曰はく、「いま盗賊未だ息《や》まず、士馬疲弊す。願はくは陛下亟《すみや》かに西京に還り、根を深くし本を固くし、社稷の計を為せ」と。帝初め之を然りとす。宇文述曰はく、「従官の妻子多く東都に在り、宜しく便道より洛陽に向ひ、潼関よりして入るべし」と。帝之に従ふ。冬一〇月壬戌、帝東都に至り、街衢を顧眄し、侍臣に謂ひて曰はく、「なほ大いに人の在る有り。」意謂《おもへらく》、鼂日、楊玄感を平ぐるに、人を殺すこと尚ほ少きが故なり」と。蘇威、勲格太《はなは》だ重し、宜しく斟酌を加ふべきを追論するに、樊子蓋固く請ひて以為《おもへ》らく、「宜しく信を失ふべからず」と。帝曰はく、「公、物情を収めんと欲するか」と。子蓋懼れ、敢へて対へず。帝の性、官賞を吝《をし》む。初め玄感を平ぐるや、応に勲を授くべき者多く、乃ち更に戎秩を置き、建節尉は正六品と為し、次に奮武・宣恵・綏徳・懐仁・秉義・奉誠・立信等尉、逓に一階を降す。将士の鴈門を守る者萬七千人、勲を得る者讒に千五百人、皆玄感を平ぐる勲に準ず。一戦して第一勲を得る者一階を進め、其の先に戎秩なき者止だ立信尉を得、三戦して第一勲を得る者は秉義に至り、其の行陣に有りて勲なき者は四戦して一階を進め、亦賜なし。会たま仍ほ高麗を伐たんと議す。是れ由り将士憤怨せざる無し。初め蕭瑀外戚にして才行有るを以て、嘗て帝に東宮に事へ、累りに遷りて内史侍郎に至り、委ねるに機務を以てす。瑀の性は剛鯁にして、数しば事を言ひ旨に忤ひ、帝漸《やう》やう之を疏んず。鴈門の囲み解けるに及んで、帝、群臣に謂ひて曰はく、「突厥は狂悖なれど、勢ひ何ぞ能く為さん、少時未だ散ぜざるや、蕭瑀遽かに相恐動するは、情、恕《ゆる》すべからず」と。出だして河池郡守と為し、即日之を遣はす。候衛将軍の楊子崇、帝に従ひ汾陽宮に在り、突厥必ず寇を為すを知り、屢しば早く京師に還らんことを請ふ。帝怒りて曰はく、「子崇は怯懦にして、衆心を驚動す。爪牙の官に居るべからず」と。出だして離石郡守と為す。子崇、高祖の族弟なり。

2　呉郡離宮（116）

[大業] 十二年春正月、又勅毗陵郡通守[校①]路道徳、集十郡兵近（匠）数萬人、於郡東南置宮苑、周十二里。其中有離宮十六所、其流觴曲水、別有涼殿四所、環以清流。共四殿、一曰円基、二曰結綺、三曰飛宇一作雨、四曰漏景。其十六宮、亦以殿名名宮。芳夏池之左、一曰驪光宮[校②]、二曰流英宮、三曰紫芝宮、四曰凝華宮、五曰瑶景宮、六曰

浮綵宮、七曰舒芳宮、八曰懿楽宮。［芳夏池之］左[校③]（右）。第一曰采壁宮[校④]、二曰椒房宮一曰風宮、三曰朝霞宮一作清暑、四曰珠明宮[校⑤]、五曰翼仙宮、六曰翠微宮、七曰層成宮[校⑥]、八曰千金宮。及江左叛、燔焼遂尽、又欲於禹穴造宮、未就而天下大乱。

大業一二年（六一六）春正月、又毗陵郡通守の路道徳に勅して、一〇郡の兵匠数萬人を集め、郡の東南に於て宮苑を置かしむ。周りは一二里なり。其の中に離宮一六所有り、其の流觴曲水して、別に涼殿四所有り、環らすに清流を以てす。共せて四殿、一に曰はく円基、二に曰はく結綺、三に曰はく飛宇 一に雨に作る、四に曰はく漏景。其の一六宮、亦殿名を以て宮に名づく。芳夏池の左、一に曰はく驪仙宮、二に曰はく流英宮、三に曰はく紫芝宮、四に曰はく凝華宮、五に曰はく瑶景宮、六に曰はく浮綵宮、七に曰はく舒芳宮、八に曰はく懿楽宮。芳夏池の右、第一に曰はく乗碧宮、二に曰はく椒房宮 一に風宮と曰ふ、三に曰はく朝霞宮 一は清暑に作る、四に曰はく朱明宮、五に曰はく翼仙宮、六に曰はく翠微宮、七に曰はく層城宮、八に曰はく千金宮。江左叛するに及んで、燔焼して遂ひに尽き、又禹穴（会稽のこと）に宮を造らんと欲するも、未だ就かずして天下大いに乱る。

校勘①　『説郛』は「毘陵郡逋守」とするのは明らかに誤りである。
校勘②　『説郛』は「驪仙宮」に作る。
校勘③　『重較説郛』は「芳夏池之」を脱し、単に「左」に作るが、「右」の誤りである。
校勘④　『説郛』は「乗碧宮」に作る。
校勘⑤　『説郛』は「朱明宮」に作る。
校勘⑥　『説郛』は「層城宮」に作る。

呉郡の離宮に関して、『資治通鑑』巻一八三大業一二年正月の条には次のようにある。

詔毗陵通守路道徳、集十郡兵数萬人、於郡東南起宮苑。周囲十二里、内為十六離宮。大抵倣東都西苑之制、而奇麗過之、又欲築宮於会稽。会乱、不果成。

毗陵の通守・路道徳に詔して、一〇郡の兵数萬人を集め、郡の東南に於て宮苑を起さしむ。周囲は一二里にして、内に一六の離宮を為る。大抵、東都の西苑の制に倣ひ、奇麗之に過ぎ、又宮を会稽に築かんと欲す。乱に会ひ、成すことを果さず。

路道徳は『旧唐書』巻五七沈法興伝と、『新唐書』巻八七沈法興伝に「毗陵郡通守路道徳」とある人物であろう。

参考史料

『咸淳毗陵志』巻二七古蹟・晋陵

離宮。隋大業十三年、勅郡通守路道徳、集十郡兵匠数萬人、於郡東南創宮苑。周囲十二里。有涼殿四、一曰円基、二曰結綺、三曰飛宇、四曰漏景。環以清流、陰以佳木。又倣洛陽西苑、環十有六宮於夏池、左曰麗光流英紫芝凝華瑶景浮綵舒芳懿楽、右曰采碧椒房明霞朱明翼仙翠微層城千金。回廊複閣、飛觴激水、工技精巧、丹碧絢麗。未及臨幸、尋以盗起、莽為丘虚。今夏城遺蹟、隠然尚存。

離宮。隋の大業一三年（六一七）、郡通守の路道徳に勅して、一〇郡の兵匠数萬人を集め、郡の東南に於て宮苑を創らしむ。周囲は一二里。涼殿四有り、一に曰はく円基、二に曰はく結綺、三に曰はく飛宇、四に曰はく漏景。環らすに清流を以てし、陰するに佳木を以てす。又洛陽の西苑に倣ひ、十有六宮を夏池に環らす。左は麗光・流英・紫芝・凝華・瑶景・浮綵・舒芳・懿楽と曰ひ、右は采碧・椒房・明霞・朱明・翼仙・翠微・層城・千金と曰ふ。回廊複閣、飛觴激水、工技精巧にして、丹碧絢麗なり。未だ臨幸に及ばずに、尋いで盗起るを以て、莽いなる丘虚と為る。いま夏城の遺蹟、隠然として尚存す。

3　丹陽宮（117）

［大業十三年］十二月、修丹陽宮、欲東巡会稽等郡、群臣皆不欲。

大業一三年（六一七）一二月、丹陽宮を修め、東のかた会稽等の郡を巡らんと欲するも、群臣皆欲せず。

『隋書』巻六五趙才伝に会稽等の郡に行幸する話がみえる。

［大業］十二年、帝在洛陽、将幸江都。才見四海土崩、恐為社稷之患。自以荷恩深重、無容坐看亡敗、於是入諫曰、今百姓疲労、府蔵空竭、盗賊蜂起、禁令不行。願陛下還京師、安兆庶。臣雖愚蔽、敢以死請。帝大怒、以才属吏、旬日、帝意頗解、乃令出之。帝遂幸江都、待遇踰昵。時江都糧尽、将士離心。内史侍郎虞世基秘書監袁充等多勧帝幸丹陽、帝廷議其事、才極陳入京之策、世基盛言渡江之便。帝黙然無言、才与世基相忿而出。

大業一二年（六一六）、帝、洛陽に在り、将に江都に幸せんとす。才、四海の土崩するを見て、社稷の患ひと為るを恐る。自ら荷恩深重なるを以て、坐して亡敗すを看るを容るなく、是に於て入りて諫めて曰はく、「今、百姓疲労し、府蔵空竭し、盗賊蜂起し、禁令行はれず。願はくば陛下、京師に還り、兆庶を安んぜよ。臣は愚蔽と雖も、敢へて死を以て請ふ」と。帝大いに怒るも、才は属吏なるを以て、旬日して、帝の意頗る解き、乃ち之を出ださしむ。帝遂に江都に幸し、待遇昵を踰ゆ。時に江都の糧尽き、将士離心す。内史侍郎の虞世基・秘書監の袁充等、他に帝の丹陽に幸するを勧む、帝其の事を廷議せしめるに、才は入京の策を極陳し、世基盛んに渡江の便を言ふ。帝黙然として言無し、才、世基と相忿りて出づ。

参考史料

（1）『隋書』巻四煬帝紀大業一三年一一月

上起宮丹陽、将遜于江左。有鳥鵲来巣幄帳、駆不能止。熒惑犯太微。有石自江浮入于揚子。日光四散如流血。
上、宮を丹陽に起し、将て江左に遜れんとす。鳥鵲有り来り幄帳に巣つくり、駆るも止む能はず。熒惑太微を犯す。石有り江より浮きて揚子に入る。日光四散し流血の如し。

（2）『隋書』巻二二「五行志」詩妖

帝因幸江都、復作五言詩曰、求帰不得去、真成遭箇春、鳥声争勧酒、梅花笑殺人。帝以三月被弑、即遭春之応也。是年盗賊蜂起、道路隔絶。帝懼、遂無還心。帝復夢二竪子歌曰、佳亦死、去亦死。未若乗船渡江水。由是築宮丹陽、将居焉。功未就而帝被殺。

帝因りて江都に幸し、復《また》五言詩を作りて曰ふ。

求帰不得去　帰るを求めて去るを得ず
真成遭箇春　真に成《かなら》ず箇《こ》の春に遭ひ
鳥声争勧酒　鳥声争ひて酒を勧め
梅花笑殺人　梅花笑ひて人を殺す

帝、三月を以て弑せられるは、即ち遭春の応なり。是の年、盗賊蜂起し、道路隔絶す。帝懼れ、遂ひに還心なし。帝復《また》二竪子の歌ふを夢みて曰はく、「佳亦死し、去亦死す。船に乗り江水を渡るに若《し》くはなし」と。是れより宮を丹陽に築き、将に居らんとす。功未だ就らずして帝は殺さる。

四　『呉郡図経続記』所引の『大業雑記』

北宋の朱長文の撰した『呉郡図経続記』は出典を示さず、次に示す八条の煬帝治世に関する記事を所載する。「江南河」は「続談助」本『大業雑記』の「江南河」（整理番号86）と一致し、他の記事は「続談助」本『大業雑記』にはないが、後掲する『呉郡志』に引く『大業雑記』の記事と一致する。『呉郡図経続記』の八条の記事は『大業雑記』の逸文と認めてよい。

1　江南河（118）

隋大業六年、勅開江南河。自京口至餘杭郡、八百餘里、面闊十餘丈、擬通龍舟、巡会稽。（巻中「水」運河）

隋大業六年、勅して江南河を開く。京口より餘杭郡に至り、八百餘里、面闊は十餘丈、龍舟を通じ、会稽を巡るに擬ふ。

この記事は、「続談助」本『大業雑記』の「江南河」（整理番号86）の記事と対応する。

2　扶芳樹（119）

大業中、呉郡送扶芳二百本、勅西苑種之。其木蔓生纏他木、葉円而厚、凌冬不凋。夏月取葉、微炙之以為飲。色碧而香美、令人不渇。有籌禅師妙医術、以扶芳葉為青飲。（巻下「雑録」右二）

大業中（六〇五～六一六）、呉郡、扶芳二〇〇本を送るに、勅して西苑に之を種ゑしむ。其の木蔓生じ他木に纏り、葉円くして厚く、冬を凌いで凋《しぼ》まず。夏月、葉を取り、之を微炙し以て飲と為す。色碧にして香り美く、人をして渇かしめず。籌禅師有り医術に妙にして、扶芳葉を以て青飲と為す。

この記事は出典を明記しないが、「続談助」本『大業雑記』の「扶芳樹」（整理番号79）の記事と対応する。

3　菰菜裛（120）

又献菰菜裛二百斤。其菜生於菰蔣根下、形如細菌、色黄赤如金梗、葉鮮嫩、和魚肉甚美。七八月生、薄塩裛之入献。（巻下「雑録」右二）

又菰菜裛《ゆう》二〇〇斤を献ず。其の菜は菰蔣根の下に生じ、形は細菌の如く、色は黄赤にして金梗の如く、葉は鮮嫩《どん》にして、魚肉に和《あへ》れば甚だ美《うま》し。七、八月に生じ、薄塩もて之を裛《まと》ひ入献す。

4　白魚種子（121）

大業中、呉郡送太湖白魚種子。勅苑内海中、以草把別、遷著水辺。十餘日即生小魚。其取魚子、以夏至前三五日、白魚之大者、日晩集湖辺浅水中、有菰蔣処産子、綴著草上。是時漁人、以網罟取魚。然至二更、則産竟、散帰深水。乃刈取菰蔣草、有魚子者、曝乾為把、運送東都。至唐時、東都猶有白魚。（巻下「雑録」右三）

大業中（六〇五～六一六）、呉郡、太湖の白魚の種子を送る。勅して苑内の海中に、草把を以て別け、遷して水辺に著けしむに、十餘日即ち小魚を生ず。其の魚子を取るは、夏至の前三五日（一五日）を以て、白魚の大なるもの、日晩て、湖辺浅水中の集まり、菰蔣の処に子を産み、草上に綴著す有り。是の時漁人、網罟を以て魚を取る。然るに二更に至り、則ち産竟り深水に散帰す。乃ち菰蔣草を刈取り、魚子あるものは、曝乾して把と為し、東都に運送す。唐の時に至り、東都猶白魚有り。

5　鮸魚乾鱠（122）

大業中、呉郡所献、有海鮸魚乾鱠四瓶、浸一瓶、可得径尺面盤十盤。帝以示群臣云、昔術人介象、於殿廷釣得此魚、此幻化耳。亦何足珍。今日之鱠、乃是東海真魚所作、来自数千里。亦是一時奇味。虞世基云、術人既幻、其鱠固亦不真。出数盤以賜達官。海魚肉軟、而不腥。雖已経久乾。以法脩之可食也。（巻下「雑録」右四）

大業中（六〇五～六一六）、呉郡献ずる所、海鮸魚乾鱠四瓶有り。一瓶を浸し、径尺の面盤一〇盤を得るべし。帝以て群臣に示して云はく、「昔、術人の介象、殿廷に於て釣り此の魚を得、此れ幻化のみ。亦何ぞ珍とするに足らんや。今日の鱠、乃ち是れ東海の真魚もて作る所にして、来るに数千里よりす。亦是れ一時の奇味なり」と。虞世基云はく、「術人既に幻、其の鱠固《もと》より亦真ならず」と。数盤を出し以て達官に賜ふ。海魚の肉軟く、而して腥ならず。已経《すでに》久しく乾くと雖も、法脩の食ふべきを以てなり。

6　海蝦子（123）

又［献］海蝦子四十挺、色如赤琉璃、光徹而肥美、勝於鯖子数倍。（巻下「雑録」右四）

又海蝦子四〇挺を献ず。色は赤琉璃の如く、光徹して肥美なりて、鯖子より勝ること数倍なり。

7　鮸魚含肚（124）

又献鮸魚含肚千頭、極精好、愈於石首含肚也。（巻下「雑録」右四）

又鮸魚の含肚千頭を献ず、極精にして好く、石首の含肚より愈るなり。

参考史料は後掲する『呉郡志』の「鮸魚含肚」（整理番号133）を参照。

8　鱸魚乾膾（125）

松江鱸魚乾鱠六瓶、瓶容一斗、取香柔花葉相間、細切和膾、撥令調匀。鱸魚肉白如雪不腥、所謂金齏玉鱠、東南之佳味也。紫花碧葉、間以素鱠、鮮潔可愛。（巻下「雑録」右四）

松江の鱸魚の乾膾六瓶、瓶は一斗を容る。香柔の花葉を取り相間へ、細切して膾に和せ、撥らし調匀せしむ。膾魚肉白きこと雪の如く腥ならず。所謂、金齏玉鱠、東南の佳味なり。紫花・碧葉、間に素鱠を以てせば、鮮潔愛づるべし。

9　蜜蟹（126）

蜜蟹二十頭。擁剣四甕。擁剣似蟹而小、一螯偏大。呉都賦所謂烏賊擁剣也。（巻下「雑録」右四）

蜜蟹二〇頭。擁剣四甕。擁剣は蟹に似て小さく、一螯偏大なり。「呉都賦」の所謂「烏賊擁剣」なり。

この記事はどうやら引用に省略があるようで、意味が通じない所がある。この記事に関しては、後掲する『呉郡志』の「海蝦子」（整理番号134）と「蜜蟹」（整理番号136）を参照。

参考史料

『文選』巻五京都下「呉都賦」の一節

於是乎長鯨呑航、脩鯢吐浪、躍龍騰蛇、鮫鯔琵琶、王鮪鯸鮐、鮣亀鱕鯌、烏賊擁剣、䵹鼊鯖鰐、涵泳乎其中。

是に於てか長鯨航を呑み、脩鯢浪を吐く、躍龍騰蛇、鮫鯔琵琶、王鮪鯸鮐、鮣亀鱕鯌、烏賊擁剣、䵶鼊鯖鰐ありて、其の中に涵泳す。

10　鯉腴鮺（127）

鯉腴鮺四十瓶。肥美冠於鱣鮪。乾鱠之類、作之皆有法。時有口味使杜済。済会稽人、別味善於塩梅。然暴殄海物、以縦口腹之欲、卒至於亡国。茲可以為戒也。（巻下「雑録」右四）

鯉腴鮺四〇瓶、肥美なること鱣・鮪より冠たり。乾鱠の類、之を作るに皆法有り。時に口味使・杜済有り。済は会稽の人にして、味を別《わきま》へ塩梅を善《よく》す。然るに海物を暴殄《てん》し、以て口腹の欲を縦にし、卒に亡国に至る。茲れ以て戒めと為すべきなり。

11　朱燮管崇作乱（128）

大業中、楊玄感反。呉人朱燮晋陵人管崇起、江南応之。兵十餘萬。隋将討之、不能克。帝遣江都賛治王世充発淮南兵三萬討平之。初、世充渡江、三戦皆捷、至毗陵、開城以迎。即日進軍、賊拠潘封柵断路。世充運薪数萬囲逼柵、縦火焚之、賊潰死者十四五。餘衆保無錫、世充又抜之。賊守白方柵、世充軍至、出柵而迎、世充並許其首不罪。追呉人魁帥先降者数十人、於通玄寺瑞像前、燃香誓不誅殺。呉人聞之、一旬之間、帰者略尽。世充食言、貪其子女財貨、坑降者八千人於黄山下、獲貲巨萬、選美女八十餘人、将還進之、帝並以賜世充。世充将至家、其妻盧氏見之憤惋、即日卒。武徳之際、世充遂至殲夷。負誓殺降、不祥之極。（巻下「雑録」右五）

大業中（六〇五～六一六）、楊玄感反す。呉の人・朱燮《しょう》、晋陵の人・管崇起ち、江南之に応ず。兵十餘萬にして、隋将て之を討たんとするに、克つ能はず。帝は江都賛治の王世充を遣はし淮南の兵三萬を発して之を討平せしむ。初め、世充江を渡り、三戦して皆捷ち、毗陵に至り、城を開き以て迎ふ。即日軍を進めるに、賊は潘封柵に拠り路を断つ。世充は薪数萬を運び囲みて柵に逼り、火を縦《ほしいまま》にして之を焚き、賊の潰死する者一〇の四、五なり。餘衆は無錫を保つに、世充又之を抜く。賊は白方柵を守るに、世充の軍至り柵を出でて迎へ、世充並びに其の首を許し罪せず。呉人の魁帥先降する者数十人を追ひ、通玄寺瑞像前に於て、燃香して誅殺せざるを誓ふ。呉人之を聞き、一旬の間、帰す者略《ほ》ぼ尽く。世充食言し、其の子女財貨を貪り、降る者八千人を黄山の下に於て坑し、貲巨萬を獲、美女八十餘人を選び将ゐて還り之を進む。帝並びに以て世充に賜ふ。世充将て家に至るに、其の妻・盧氏之を見て憤惋し、即日卒す。武徳の際、世充遂ひに殲夷せらるるに至る。誓ひ負《そむ》き降るものを殺すは、不祥の極みなり。

『呉郡図経続記』巻下「雑録」には、出典を明記しないが、右のような記事がある。この記事に関連して、『資治通鑑』巻一八二大業九年（六一三）一〇月の条には、楊玄感の反乱に際して、江南において呼応した劉元進一派に朱燮・管崇がいることを次のように伝える。

劉元進師其衆将渡江。会楊玄感敗、朱燮管崇共迎元進、推以為主、拠呉郡、称天子。燮崇倶為尚書僕射、署置百官。毗陵東陽会稽建安豪傑多執長吏以応之。

劉元進は其の衆を帥ゐて将に江を渡らんとす。会たま楊玄感敗れ、朱燮・管崇共に元進を迎へ、推して以て主と為し、呉郡に拠り、天子と称す。燮・崇倶に尚書僕射と為り、百官を署置す。毗陵・東陽・会稽・建安の豪傑多く長吏を執へ以て之に応ず。

また同書同年一二月の条には、「朱燮管崇作乱」に類似する記事がある。

帝更遣江都丞王世充、発淮南兵数萬人討元進。世充渡江、頻戦皆捷。元進燮敗死於呉、其餘衆或降或散。世充召先降者於通玄寺瑞像前、焚香為誓、約降者不殺。散者始欲入海為盗、聞之、旬月之間、帰首略尽。世充悉阬之於黄亭澗、死者三萬餘人。由是餘党復相聚為盗、官軍不能討、以至隋亡。帝以世充有将帥才、益加寵任。

帝更に江都丞の王世充を遣はし、淮南の兵数萬人を発し、元進を討たしむ。世充江を渡り、頻《しき》りに戦ひ皆捷つ。元進・燮《しょう》呉に敗死し、其の餘衆或いは降り或いは散ず。世充、先に降る者を通玄寺の瑞像前に召し、香を焚きて誓ひを為し、降る者は殺さざることを約す。散ずる者始め海に入り盗と為らんと欲するに、之を聞き、旬月の間、帰首して略ぼ尽く。世充悉く之を黄亭澗に阬にし、死する者三萬餘人なり。是れ由り餘党復《また》相聚りて盗と為り、官軍討つ能はず、以て隋亡ぶに至る。帝、世充将帥の才あるを以て、益ます寵任を加ふ。

『資治通鑑考異』巻八大業九年（六一三）一二月の条に「王世充阬降賊三萬人」とあり、その「考異」に『大業雑記』を引用する。

大業略記、阬其衆二十餘萬於黄亭澗。澗長数里。深闊数丈。積屍与之平。雑記、世充貪而無信。利在子女資財。並阬所首八千餘人於黄山之下。今従隋書。

この記事は前掲した『資治通鑑考異』の「王世充貪」（整理番号111）に引用した。この記事は「朱燮管崇作乱」の記事と一致するから、『呉郡図経続記』の「朱燮管崇作乱」は『大業雑記』からの引用と考えてよい。

五　『呉郡志』所引の『大業雑記』

南宋の范成大の撰した『呉郡志』に引用する『大業雑記』は、『呉郡志』に先行する『呉郡図経続記』所引の『大業雑記』の記事と類似するが、『呉郡図経続記』にない記事もあり、『呉郡志』所引の記事のほうが詳細である場合もあるから、『呉郡志』に引用する『大業雑記』は『呉郡図経続記』の単なる再引用ではない。であれば、『呉郡志』が書かれた南宋初期には、『大業雑記』の完本があったことになり、『呉郡志』は『大業雑記』から直接引用したことになる。

1　陸揞（129）

隋陸揞、字士紳、呉郡人。祖暎、梁侍中、父陟諮議参軍。世有文集、揞不墜家声。仁寿中、召補春宮学士。大業中、為燕王記室。唐貞観中、授朝散大夫魏王府文学。大業雑記（巻二一人物）

隋の陸揞、字は士紳、呉郡の人なり。祖の暎は梁の侍中、父の陟は諮議参軍たり。世々文集有り。揞は家声を墜さず。仁寿中（六〇一～六〇四）、召されて春宮学士に補さる。大業中（六〇五～六一六）、燕王の記室と為る。唐の貞観中（六二七～六四九）、朝散大夫・魏王府文学を授かる。「大業雑記」

明の『姑蘇志』巻五四人物一三に、陸揞に関して『呉郡志』と同じ記事があるが、『姑蘇志』の記事は『呉郡志』からの引用であろう。

2　徐孝顗（130）

徐孝顗、呉人。祖驎、梁侍中石陽侯。父枢、陳尚書起部郎。孝顗勤学多覧、善属文。性至孝、丁母憂三年、縗絰不離身、経冬不御綿、纊形体骨、立杖而能起。毎哭臨哀、声徹於郡邑、聞者亦為隕涕。嘗在園中昼臥、見人盗菜、徐転身向裏、恐盗見之。其仁行謙退、皆此類也。仕煬帝為学士校書郎。大業雑記（巻二二人物）

徐孝顗、呉の人なり。祖の驎は梁の侍中・石陽侯なり。父の柩は陳の尚書起部郎なり。孝顗学に勤め、多覧にして、善く文を属す。性は至孝、母の憂に丁《あた》ること三年、縗経《さいてつ》身より離さず、冬を経て綿を御さず、纔形の体骨、立杖して能く起く。毎に哭して哀に臨み、声郡邑に徹《とほ》り、聞く者亦隕涕を為す。嘗て園中に在り昼臥すに、人の菜を盗むを見、徐《おもむ》ろに転身して裏を向き、盗の之を見るを恐る。其の仁行謙退は、皆此の類なり。煬帝に仕へて学士・校書郎と為る。「大業雑記」

明の『姑蘇志』巻五三人物一二徐孝顗に、『呉郡志』と同じ記事がある。また『江南通志』巻一五七人物志孝義一にも類似する記事がある。『姑蘇志』や『江南通志』の記事は『呉郡志』からの引用であろう。

徐孝顗に関しては、後掲する『大業拾遺録』（『太平御覧』巻九七四）に彼の孝子ぶりを伝える（三八九頁）。『大業拾遺録』は『大業雑記』の別名であるから、『呉郡志』が『大業雑記』から引用したとすることは信頼してよく、『呉郡志』が引用する『大業雑記』の陸揞に関する記事や、以下に示す「白魚種子」等の記事も信頼してよいであろう。

3　白魚種子（131）

白魚種子。隋大業六年、呉郡貢入洛京、勅付西苑内海中。以萬把別遷、著水十数日、即生小魚。取魚子法、候夏至前三五日、日暮時、白魚長四五尺者。群集湖畔浅水中有菰蔣処、産子著菰蔣上、三更産、竟散去。漁人刈取草之有魚子着上者、曝乾為把。故洛苑有白魚。大業雑記（巻二〇土物下）

白魚の種子。隋の大業六年（六一〇）、呉郡貢して洛京に入り、勅して西苑内の海中に付す。萬把を以て別遷し、水に著けること十数日、即ち小魚を生ず。魚子を取る法、夏至前三五日（一五日）の日暮れ時を候ち、白魚長さ四、五尺のもの、湖畔の浅水中の菰蔣《こしょう》（まこも）ある処に群集し、子を産み菰蔣上に著け、三更に産み、竟ひに散去す。漁人草の魚子の着上あるものを刈り取り、曝乾して把《たば》を為る。故に洛苑に白魚有り。「大業雑記」

参考史料

『呉郡志』巻二九土物

白魚、出太湖者為勝。旧説、此魚於湖側浅水菰蒲之上産子。民得採之、随時貢入洛陽。呉人以芒種日、謂之入梅、梅後十五日、謂之入時。白魚於是盛出、謂之時裏白。

白魚、太湖に出すものを勝ると為す。旧説に、此の魚、湖側の浅水の菰蒲の上に於て子を産む。民得て之を採り、時に随ひ洛陽に貢入す。呉人芒種日を以て、之を入梅と謂ひ、梅後一五日、之を入時と謂ふ。白魚を是に於て盛出し、之の時裏白と謂ふ。

4　鮸魚乾膾（132）

鮸魚、出海中。鱗細紫色、無細骨、不腥。隋大業六年、呉郡献鮸乾膾十四瓶。浸一斗、可得径尺数盤十所。又献其作乾膾法。五六月、海中取此魚、縷切曬乾、盛以瓷瓶、密封［以］泥。欲食開取、以新布裹大瓫盛、井底浸久、出布灑却水、則敷然（整然?）散著盤上。帝以示群臣曰、昔術人介象、於殿庭釣得海魚、此幻化耳。今日之膾、乃是東海真魚、亦一時奇味。又献鱸魚乾膾六瓶。作膾法如鮸魚。大業雑記（巻三〇土物下）

鮸《めん》魚、海中より出づ。鱗細かく、紫色、細骨無く、腥《くさ》からず。隋の大業六年（六一〇）、呉郡、鮸の乾膾一四瓶を献ず。一瓶を浸せば、径尺の盤一〇所を得べし。又其の乾膾を作るの法を献ず。「五、六月に、海中より此の魚を取り、縷切・曬乾し、盛るに瓷瓶を以てし、泥を密封す。食はんと欲せば開き取り、新布を以て大瓫盛を裹み、井底に浸すこと久しくして、布を出だし水を灑却すれば、則ち敷然（整然?）として散盤の上に著く」と。帝以て群臣に示して曰はく、「昔、術人の介象、殿庭に於て海魚を釣り得たるも、此れ幻化のみ。今日の膾、乃ち是れ東海の真魚にして、亦一時の奇味なり」と。又鱸魚の乾膾六瓶を献ず、膾を作るの法は鮸魚の如し。「大業雑記」

5　鮸魚含肚(133)

鮸魚含肚。隋大業六年、亦呉郡献之、多至千頭。六七月、取魚長二尺、珍者□□皮光徹如黄油、□醎有味、賢於石首含肚。時有口味使大都督会稽人杜済者、作此等食法、以献煬帝。大業雑記(巻三〇土物下)

鮸《めん》魚含肚。隋大業六年(六一〇)、亦呉郡之を献じ、多きは千頭に至る。六、七月、魚の長二尺を取るに、珍なるもの□□皮は光徹して黄油の如く、□醎にして味有り、石首含肚より賢《まさ》る。時に口味使・大都督の会稽の人・杜済なる者有り、此れ等の食法を作り、以て煬帝に献ず。「大業雑記」

参考史料

(1)『海録砕事』巻六飲食器用部・食門・含肚鯗

石首魚塩淹曝乾、謂之含肚鯗。

石首魚塩淹して曝乾す、之を含肚鯗《しょう》(鮝の俗字)と謂ふ。

(2)『太平寰宇記』巻九一蘇州崑山県

石首魚。呉地志云、崑山県石首魚、冬化為鳧。土人呼為鷺鴨。小魚長寸、秋化為黄雀、食稲至冬還海、復為魚。

石首魚。「呉地志」に云ふ、崑山県の石首魚、冬化して鳧《かも》と為ると。土人呼びて鷺鴨と為す。小魚の長さ寸にして、秋に化して黄雀と為り、稲を食ひ冬に至り海に還り、復《また》魚と為る。

(3)『太平寰宇記』巻九一蘇州呉江県

養魚城在県西二十五里、即呉王養魚所也。又郡国志云、魚城下水中、有石首魚、至秋化為鳧。鳧頭中尚存石子。
養魚城は県の西二五里に在り、即ち呉王養魚の所なり。又「郡国志」に云ふ、魚城下の水中、石首魚有り、秋に至り化して鳧《かも》と為る。鳧の頭中尚石子を存するがごとしと。

（4）『呉郡志』巻二九土物

石首魚。呉地記、呉郡魚城下、水中有石首魚、至秋化為鳧、鳧頂中有石。呉録又云、婁県有石首魚、至秋化為鳧、鳧頭中猶有石。今惟海中、其味絶珍、大略如巨蟹之螯、為江海魚中之冠。夏初則至、呉人甚珍之、以楝花時為候。諺曰、楝子花開石首来。笥中被絮、舞三台言、典売冬具、以買魚也。此時巳微熱、魚多肉敗気臭、呉人既習慣嗜之、無所簡択。故又有忍臭喫石首之譏。二十年来、沿海大家、始蔵冰悉、以冰養魚、遂不敗。然与自鮮好者、味終不及。以有冰故、遂販至江東金陵以西。此亦古之所未聞也。海上八月間、又有一種石首、此時天涼、不仮冰養、而自鮮美、謂之回潮石首。

石首魚。「呉地記」に、「呉郡魚城下の水中、石首魚有り、秋に至り化して鳧と為り、鳧頂中に石有り」と。「呉録」に又云ふ、「婁県に石首魚有り、秋に至り化して鳧と為り、鳧頂中になお石あるがごとし」と。今惟ふに海中、其の味絶珍にして、大略《ほぼ》巨蟹の螯の如く、江海魚中の冠たり。夏初則ち至り、呉人甚だ之を珍とし、楝花の時を以て候と為す。諺に曰はく、「楝子《あふち》の花開き、石首来る、笥中の被絮、三台に舞ふ」と。冬具を典売し、以て魚を買ふを言ふなり。此の時、巳に微熱、魚肉敗の気臭多し。呉人既に習慣として之を嗜み簡択する所なし。故に又「臭を忍び、石首を喫す」の譏有り。二〇年来、沿海の大家、始めて蔵冰し悉く冰を以て養魚し、遂ひに敗《くさ》らず。然れども自ら鮮好のもの与《よ》り、味終ひに及ばず。冰あるを以ての故に、遂ひに販りて江東・金陵以西に至る、此れ亦古の聞かざる所なり。海上八月の間、又一種の石首有り、此の時天涼しく、冰に仮《たよ》らず養ひて自ら鮮美なり、之を回潮石首と謂ふ。

（5）『能改斎漫録』巻一五方物・石首魚

両浙有魚、名石首、云自明州来。問人以石首之名、皆不能言。予偶読張勃呉録地理志載、呉婁県有石首魚、至秋化為冠鳧、言頭中有石。又太平広記云、石首魚、至秋化為冠鳧、冠鳧頭中有石也。又嶺表録異云、石頭魚状如鱖魚、随其大小、脳中有一石子、如蕎麦、瑩如白玉。

両浙に魚有り、石首と名づく、明州より来ると云ふ。人に石首の名を以て問ふに、皆言ふ能はず。予偶《たま》たま張勃の「呉録地理志」を読むに載す、呉の婁県に石首魚有り、秋に至り化して冠鳧と為り、頭中に石あるを言ふ。又「太平広記」に云ふ、「石首魚、秋に至り化して冠鳧と為り、冠鳧の頭中に石あるなり」と。又「嶺表録異」に云ふ、「石頭魚、状は鱖魚の如し、其の大小に随ひ、脳中に一石子有り、蕎麦の如く、瑩《あざやか》なること白玉の如し」と。

（6）『太平御覧』巻九一九羽族部六鳧

呉録地理記曰、石首魚、至秋化為冠鳧。鳧頭中猶有石也。

「呉録地理記」に曰ふ、石首魚、秋に至り化して冠鳧と為る。鳧の頭中猶ほ石あるなり。

6　海蝦子（134）

海蝦子。大業六年、呉郡献四十挺。挺長一尺、闊二寸、厚寸許。先取海中白蝦子、以小布袋盛、未塩封之、日曬、夜則平板圧、乾、則破袋出之、包如赤琉璃、美勝鰿子。其説又云、白蝦一石、僅約五升、暴殄之酷、無烈於此。今鰿子猶存、而蝦子則人不忍作矣。大業雑記（巻三〇土物下）

海蝦子。大業六年（六一〇）、呉郡四〇挺を献ず。挺の長さ一尺、闊さ二寸、厚さは寸許《ばか》りなり。先づ海中の白蝦子を取り、小布袋を以て盛る。未だ塩せざるに之を封じ、日に曬《さら》し、夜は則ち平板もて圧し、乾けば、則ち袋を破り之を出し包む。赤琉璃の如く、美《うま》きこと鰿《せき》子（ふな）に勝る。其の説又云はく、「白蝦一石もて、僅かに約五升、暴殄の酷、此れより烈するなし」と。今、鰿子なお存するも、而して蝦子は則ち人作るに忍びず。「大業雑記」

7　鯉腴鮓（135）

鯉腴鮓。出太湖、隋大業十二年、呉郡献之。純以鯉腴為之、一瓶用魚四五百頭、味過鱣鮪。大業雑記（巻三〇土物下）

鯉腴鮓は太湖に出づ。隋の大業一二年（六一六）、呉郡之を献ず。純《もっぱ》ら鯉腴を以て之を為れば、一瓶に魚四、五〇〇頭を用ゐ、味は鱣・鮪を過ぐ。「大業雑記」

8　蜜蟹（136）

蜜蟹擁剣。皆大業六年、呉郡所献。蜜蟹、糖蟹之類、擁剣、即呉都賦所謂烏賊擁剣者。自白魚子而下、至蜜蟹等、皆煬帝窮侈縦欲之時、呉郡以為貢。多殺物命、以共口腹、旋致喪亡之禍、続図経言之切矣。此等物、今不復製作、但其事登載未詳、故重録之、併以為世戒。大業雑記（巻三〇土物下）

「蜜蟹・擁剣。皆大業六年、呉郡献ずる所なり。蜜蟹は糖蟹の類にして、擁剣は即ち「呉都賦」の謂ふ所の烏賊擁剣なり」。白魚子より而下、蜜蟹等に至り、皆煬帝窮侈縦欲の時、呉郡以て貢と為す。多く物命を殺し、以て口腹を共し、旋《めぐ》りて喪亡の禍を致すこと、「続図経」（『呉郡図経続記』）に之を言ひて切なり。此れ等の物、今復《また》製作せず。但其の事登載し未だ詳かならず、故に之を重録し、併て以て世の戒《いましめ》と為す。「大業雑記」

この記事の後半部分は『大業雑記』の記事ではないことは文意から明白であり、「蜜蟹擁剣。皆大業六年、呉郡所献。蜜蟹、糖蟹類、擁剣、即呉都賦所謂烏賊擁剣者」の部分が『大業雑記』の記事であり、「自白魚」以下の記事は『呉郡志』の著者である范成大の文章である。

9　扶芳樹（137）

扶芳。初生纏繞它木、葉円而厚。夏月取葉、火炙香、煮以為飲、色碧緑而香。隋大業五年、呉郡貢二百本入洛京、植之西苑。時尚食直長謝諷造食経、具四時飲、春有扶芳飲。大業雑記（巻三〇土物下）
扶芳。初め它木に纏繞して生じ、葉は円く而して厚し。夏月に葉を取り、火炙せば香り、煮て以て飲を為す、色は碧緑にして香し。隋の大業五年、呉郡、二〇〇本を貢し洛京に入れ、之を西苑に植ゑる。時に尚食直長の謝諷は「食経」を造り、四時飲を具すに、春に扶芳飲有り。「大業雑記」
この記事は「続談助」本『大業雑記』の「扶芳樹」（整理番号79）の記事と対応する。

六　『釈氏稽古略』所引の『大業雑記』

江南河（138）
[大業]六年、勅穿江南河。自京口至餘杭、八百餘里、広十餘丈、使可通龍舟、并置駅官（宮）、欲東巡会稽。（巻二煬帝）

大業六年（六一〇）、勅して江南河を穿つ。京口より餘杭に至り、八百餘里、広さ十餘丈、龍舟を通ぜしめ、并せて駅宮を置き、東して会稽を巡らんと欲す。

この記事は出典を明記しないが、「続談助」本『大業雑記』の「江南河」（整理番号86）の記事と対応する。

七　『類説』所引の『大業雑記』

1　船脚（139）

煬帝幸江都、自洛口御龍舟。高四十五尺、濶五十尺、長二百尺、分四重、上一重有殿堂、次一重有一百六十房、下二重、安内侍及船脚。船脚即水工之名。（巻四）

煬帝江都に幸し、洛口より龍舟に御す。高さ四五尺・濶さ五〇尺・長さ二〇〇尺。四重に分ち、上の一重に殿堂有り、次の一重は一六〇房有り、下の二重は、内侍及び船脚を安んず。船脚は即ち水工の名なり。

この記事は「続談助」本『大業雑記』の「江都行幸」（整理番号59）と関連する。

2　沈香堂（140）

楊素、東都起宅、窮極奢巧。中起沈香堂、既成、閉之三日、後開則四壁皆［如］洒新血、腥気触人。（巻四）

楊素、東都に宅を起てるに、窮極奢巧なり。中に沈香堂を起て、既に成れば、之を閉ざすこと三日、後に開けば、則ち四壁皆新血を洒ぐが如くして、腥気人に触る。

この記事は「続談助」本『大業雑記』の「楊素造宅」（整理番号83）と関連する。

3　水飾図経（141）

煬帝令杜宝修水室（飾）図経十五巻、以上巳日会群臣於曲水。有神亀負八卦黄龍負図黄魚双躍白魚入舟呂望釣磻渓金人捧剣周処斬蛟許由洗耳荘周観魚屈原沈湘、凡七十二事、皆刻木為之。（巻四）

煬帝、杜宝をして「水飾図経」一五巻を修めしめ、上巳の日を以て群臣を曲水に会す。神亀八卦を負ひ、黄龍図を負ひ、黄魚双躍し、白魚舟に入り、呂望磻渓に釣り、金人剣を捧げ、周処蛟を斬り、許由耳を洗ひ、荘周魚を観、屈原湘に沈む、凡そ七二事有り、皆木を刻みて之を為る。

4　四時飲（142）

謝諷造四時飲。春以桃、夏以酪、秋以蓮実、冬以枸杞。（巻四）

謝諷、四時飲を造る。春は桃を以てし、夏は酪を以てし、秋は蓮実を以てし、冬は枸杞を以てす。

この記事は「続談助」本『大業雑記』の「四時飲」（整理番号82）と関連する記事である。

5　五色飲（143）

仁寿間、籌禅師造五色飲。以扶桑葉為青飲、抜楔根（根）為赤飲、酪漿為白飲、烏梅為玄飲、江筀為黄飲筀音桂。（巻四）。

仁寿の間（六〇一～六〇四）、籌禅師、五色の飲を造る。扶桑葉を以て青飲と為し、抜楔根を赤飲と為し、酪漿を白飲と為し、烏梅を玄飲と為し、江筀を黄飲と為す「筀」の音は桂。

この記事は「続談助」本『大業雑記』の「五色飲」（整理番号80）と関連する記事である。この記事は「五香飲」と『類説』は題するが、内容は「五色飲」であるから、『類説』とは別に項目を作った。

6　五香飲（144）

沈丁沢蘭甘松為五香飲（巻四）

沈・丁・沢蘭・甘松を五香飲と為す。

これでは五香飲とならないから、この文は脱字があると考えられる。この記事は「続談助」本『大業雑記』の「五香飲」（整理番号81）と関連する記事である。

7　芝草（145）

東都生芝、状如楼闕、又或如出字者。（巻四）

東都、芝を生じ、状は楼闕の如く、又或いは「出」字の如きものなり。

八　『紺珠集』所引の『大業雑記』

1　五色飲（146）

仁寿間、籌禅師造五色飲。以扶桑業（葉）為青飲、抜楔根為赤飲、酪漿為白飲、烏梅為玄飲、江筀為黄飲「筀」の音は桂。（巻八）

仁寿間（六〇一～六〇四）、籌禅師、五色飲を造る。扶桑葉を以て青飲と為し、抜楔根を赤飲と為し、酪漿を白飲と為し、烏梅を玄飲と為し、江笙を黄飲 笙の音は桂 と為す。

この記事は「続談助」本『大業雑記』の「五色飲」（整理番号80）と関連する記事である。

2　五香飲（147）

沈丁檀沢蘭甘松。

沈・丁・檀・沢蘭・甘松。

この記事は脱字がある。「続談助」本『大業雑記』の「五香飲」（整理番号81）と関連する記事である。

3　四時飲（148）

謝諷造。春桃、夏以酪、秋蓮房、冬枸杞。（巻八）

謝諷造る。春は桃［を以てし］、夏は酪を以てし、秋は蓮房［を以てし］、冬は枸杞［を以てする］なり。

この記事は「続談助」本『大業雑記』の「四時飲」（整理番号82）と関連する記事である。

4　楼闕芝（149）

東都生芝、状如楼闕、又或如赤字者。（巻八）

東都、芝を生じ、状は楼闕の如く、又或いは「赤」字の如きものあり。

5　水飾図経（150）

煬帝令杜宝修水飾図経十五巻、以上巳日会群臣於曲水。有神亀負八卦黄龍負図黄魚双躍白魚入舟呂望釣磻渓金人捧剣周処斬蛟許由洗耳荘恵観魚屈原沈汨羅等、凡七十二事、並刻木為之。（巻八）

「水飾図経」。煬帝、杜宝をして「水飾図経」一五巻を修めしめ、上巳の日を以て群臣を曲水に会す。神亀八卦を負ひ・黄龍図を負ひ・黄魚双躍し・白魚舟に入り・呂望磻渓に釣り・金人剣を捧げ・周処蛟を斬り・許由耳を洗ひ・荘恵魚を観・屈原汨羅に沈む、凡そ七二事有り、並びに木を刻みて之を為る。

九　『禹貢説断』所引の『大業雑記』

同穴鳥鼠（151）

杜宝大業雑記有曰、大業三年、隴西郡守献同穴鳥鼠。煬帝謂牛洪（牛弘）曰、爾雅曰、其鳥曰鵌、其鼠曰鼵。鼵当尾短、今長何耶。洪（弘）曰旧説未必可依、遂図以付所司。此説也、杜宝以為可以伝信、故書也。（巻四）

杜宝の「大業雑記」有りて曰ふ、大業三年、隴西郡守、同穴の鳥鼠を献ず。煬帝、牛弘に謂ひて曰はく、「爾雅に曰はく、〈其の鳥は鵌《と》と曰ひ、其の鼠は鼵《とつ》と曰ふ〉と。鼵は当に尾は短たるべきに、今長きは何ぞや」と。弘曰はく、「旧説未だ必ずしも依るべからず」と。遂ひに図して以て所司に付す。此の説や、杜宝以て伝信すべきと以為《おも》ひ、故に書すなり。

隴西郡守が献上した同穴鳥鼠に関しては『山海経』巻二西山経・西次四経「鳥鼠同穴山」に記事がある。

又西二百二十里、曰鳥鼠同穴之山。郭璞云、今在隴西首陽県西南、山有鳥鼠同穴。鳥名曰鵌、鼠名曰鼵。鼵如人家鼠而短尾、鵌似燕而黄色。穿地入数尺、鼠在内、鳥在外而共処。孔氏尚書伝曰、共為雌雄。張氏地理記云、不為牝牡也。

又西二二〇里して、鳥鼠同穴の山と曰ふ。郭璞云ふ、「今隴西首陽県西南に在り、山に鳥鼠同穴有り。鳥は名づけて鵌と曰ひ、鼠は名づけて鼵と曰ふ。鼵は人家の鼠の如くにして短尾、鵌は燕に似て黄色なり。地を穿ち入ること数尺、鼠は内に在り、鳥は外に在りて共処す。孔氏の「尚書伝」に曰ふ、「共に雌雄と為す」と。張氏の「地理記」に云ふ、「牝牡と為さざるなり」と。

参考史料

（1）『史記』巻二夏本紀の「道渭自鳥鼠同穴（渭を道くに鳥鼠同穴よりす）」の註

集解、孔安国曰、鳥鼠共為雌雄同穴処、此山遂名曰鳥鼠、渭水出焉。正義、括地志云、鳥鼠山、今名青雀山、在渭州渭源県西七十六里。山海経云、鳥鼠同穴之山、渭水出焉。郭璞注云、今在隴西首陽県西南、山有鳥鼠同穴。鳥名鵌、鼠名鼵、如人家鼠而短尾。鵌似鵽而小、黄黒色。穴入地三四尺、鼠在内、鳥在外。

集解、孔安国曰ふ、「鳥・鼠共に雌雄を為し同穴に処り、此の山遂ひに名づけて鳥鼠と曰ひ、渭水焉より出づ」と。正義、「括地志」に云ふ、「鳥鼠山、今青雀山と名づく、渭州渭源県の西七十六里に在り」と。「山海経」に云ふ、「鳥鼠・同穴の山、渭水焉より出づ」と。郭璞の注に云ふ、「今隴西首陽県西南に在り、山に鳥鼠・同穴有り。鳥は鵌と名づけ、鼠は鼵となづけ、人家の鼠の如くして短尾。鵌は鵽に似て小、黄黒色なり。穴は地に入ること三、四尺、鼠は内に在り、鳥は外に在り」と。

（2）『元和郡県図志』巻三九渭州

渭源県、上。正東微南、至州九十里。本漢首陽県、属隴西郡。西魏文帝分隴西置渭源郡、因渭水為名也。隋開皇三年、罷郡、県属渭州。

鳥鼠山、今名青雀山、在県西七十六里、渭水所出、凡有三源並下。其同穴鳥如家雀、色小青。其鼠如家鼠、色小黄。近穴溲溺、気甚辛辣、使人変逆嘔吐、牛馬得此気、多疲臥不起而大汗。

渭源県、上。正東微南せば、州に至ること九〇里。本《もと》漢の首陽県にして、隴西郡に属す。西魏の文帝、隴西を分ち渭源郡を置き、渭水に因りて名と為すなり。隋の開皇三年、郡を罷め、県は渭州に属す。

鳥鼠山、今青雀山と名づく、県の西七六里に在り、渭水出づる所、凡そ三源有り並びに下る。其の同穴の鳥は家雀の如く、色は小《すこ》し青し。其の鼠は家鼠の如く、色は小し黄なり。近穴に溲溺し、気甚だ辛辣にして、人をして変逆嘔吐せしめ、牛馬此の気を得て、多く疲臥して起きず大汗す。

一〇　『禹貢論』所引の『大業雑記』

同穴鳥鼠（152）

杜宝大業雑記有曰、大業三年、隴西郡守献同穴鳥鼠。煬帝謂牛洪（牛弘）曰、爾雅曰、其鳥曰鵌、其鼠曰鼵。鼵当尾短、今長何邪。洪（弘）曰、旧説未必可依。遂図以付所司。（巻下同穴鳥鼠）

杜宝の「大業雑記」有りて曰ふ、大業三年（六〇七）、隴西郡守同穴鳥鼠を献ず。煬帝牛弘に謂ひて曰はく、「『爾雅』に曰はく、其の鳥を鵌と曰ひ、其の鼠を鼵と曰ふ。鼵当に尾短かるべきに、今長きは何ぞや」と。弘曰はく、「旧説未だ必ずしも依るべからず」と。遂ひに図して以て所司に付す。

一一　『演繁露』所引の『大業雑記』

朱絲網絡（153）

杜宝大業雑記、乾陽殿南軒、垂以朱絲網絡、下不至地七尺、以防飛鳥、則真寘網於牖、而可捲可裂也。（巻一一罘罳）

杜宝の「大業雑記」に、乾陽殿の南軒、垂らすに朱絲網絡を以てし、下は地に至らざること七尺、以て飛鳥を防げば、則ち真に寘に網を牖《お》きて捲くべく裂くべきなり。

この記事は「続談助」本『大業雑記』の「乾陽殿」（整理番号25）の記事の一節である。

一二　『愛日斎叢抄』所引の『大業雑記』

朱絲網絡（154）

大業雑記、乾陽殿南軒、垂以朱絲網絡、下不至地七尺、以防飛鳥。則真寘網於牖、而可捲可裂也。（巻一）

この記事は『演繁露』と同じく、「続談助」本『大業雑記』の「乾陽殿」（整理番号25）の記事の一節である。

一三　『避暑録話』所引の『大業雑記』

白魚種子（155）

大業雑記載、呉郡送太湖白魚種子、置苑内海中水辺。十餘日即生。其法取魚産子著菰蔣上者、刈之曝乾。亦此之類、但不知。既曝乾安得復生、必別有術。今呉中此法不伝、而太湖白魚、実冠天下也。（巻下）

「大業雑記」に載す、呉郡、太湖の白魚の種子を送り、苑内の海中水辺に置く。十餘日して即ち生る。其の法、魚は子を産み菰蔣上に著くを取り、之を刈り曝乾す。亦此の類、但知らず。既に曝乾して安んぞ復《また》生れるを得んや、必ず別に術有り。今、呉中此の法伝はらず、而して太湖の白魚は、実に天下に冠たり。

この記事は「続談助」本『大業雑記』にはないが、『呉郡図経続記』や『呉郡志』に引用する『大業雑記』にあるから、『大業雑記』の逸文に相違ない。

一四 『事物起原』所引の『大業雑記』

鐘車・鼓車（156）

宋朝会要曰、隋大駕鐘車鼓車也。隋大業雑記曰、大駕羽衛、有行漏車鐘車鼓車。今為輿。（巻二「輿駕羽衛部」鐘鼓輿）

「宋朝会要」に曰はく、隋の大駕の鐘車・鼓車なり。隋の「大業雑記」に曰ふ、「大駕の羽衛に、行漏車・鐘車・鼓車有り」と。今は輿と為す。

参考史料

（1）『通典』巻一〇七開元礼纂類二序例中「大駕鹵簿」の一節

次殿中侍御史二人。次黄麾一人執。二人騎夾。次太史令一人。次相風轝。轝士八人。次掆鼓金鉦各一、司辰一人、典事一人、刻漏生四人、分左右。次行漏輿正道。匠一人、轝士四十人。次鈒戟前隊、左右武衛果毅各一人騎。騎分左右。

次は殿中侍御史二人。次は黄麾一人執る。二人騎して夾む。次は太史令一人。次は相風轝。轝士八人。次は掆鼓・金鉦各一、司辰一人、典事一人、刻漏生四人、左右に分れる。次は行漏輿正道。匠一人、轝士四〇人。次は鈒戟前隊、左右武衛果毅、各一人騎す。騎して左右に分れる。

（2）『宋史』巻一四九輿服志一

行漏輿、隋大業行漏車也。制同鐘皷楼而大、設刻漏如称衡。首垂銅鉢、末有銅象、漆匱貯水、渇烏注水入鉢中。長竿四、輿士六十人。

行漏輿、隋の大業行漏車なり。制ること鐘・皷楼と同じく大にして、刻漏を設けるに称衡の如し。首に銅鉢を垂れ、末に銅象有り、漆匱もて水を貯へ、渇烏水を注ひで鉢中に入る。長竿四、輿士六〇人。

（3）『宋史』巻一四九輿服志一

鐘皷楼輿各一、本隋大駕鐘車皷車也。皆刻木為屋、中置鐘皷、下施木台長竿、如鉦皷輿。輿士各二十四人。行漏輿十二神輿交龍鉦皷輿鐘皷楼、旧礼無文、皆太祖開宝定礼所増。

鐘皷楼輿各一、本隋の大駕鐘車・皷車なり。皆木を刻み屋を為り、中に鐘皷を置き、下に木台・長竿を施すこと、鉦皷輿の如し。輿士各二四人。行漏輿・一二神輿・交龍鉦皷輿・鐘皷楼、旧礼文無し、皆太祖の開宝の定礼に増す所なり。

一五　『玉海』所引の『大業雑記』

行漏車・鍾鼓車（157）

隋大業雑記、大駕有行漏車鍾鼓車。（巻七九車服車輿「開宝鉦鼓行漏十二神輿」の註）

隋の「大業雑記」に、大駕に行漏車・鍾鼓車有りと。

一六　『広川書跋』所引の『大業雑記』

幸博陵（158）

高陽郡隆聖道場碑、隋秘書郎虞世南撰。次書石、世南以書名隋唐間、此碑最顕。世競以摹本伝。今其碑在定州龍興寺。或疑為摹本。以高陽之郡、在中山郡也。今考大業雑記、[大業]九年閏月、幸博陵。昔為定州、先皇歴試所基、遂改為高陽。今世南謂大業龍集癸酉、有詔改郡、以記王業所興、然則与雑記合矣。（巻六隆聖道場碑）

高陽郡の「隆聖道場碑」は隋の秘書郎・虞世南の撰なり。次《やど》りて石に書す。世南は書を以て隋唐の間に名有り。此の碑最も顕れ、世世競ひて摹本を以て伝ふ。今其の碑は定州龍興寺に在り。或ひと摹本たるを疑ふ。以ふに高陽の郡、中山郡に在るなり。今「大業雑記」を考ふに、「大業九年（六一三）閏月、博陵に幸し、昔定州と為すに、先皇歴試し基《もとい》する所、遂ひに改め高陽と為す」と。今、世南は「大業龍集癸酉、詔有り郡に改む」と謂ひ、以て王業の興る所を記す。然らば則ち「雑記」と合ふ。

一七　『王荊文公詩』所引の『大業雑記』

鈎陳（159）

大業雑記云、隋大業三年二月、内史令元寿奏進鈎陳、賜物百段。先是、何稠奏、以為王者所在居停之処、上取則於玄象。紫微宮衛、名曰鈎陳。前代帝王、雖行幸次舎、未有製之者。書史但有虚名、而莫能伝其法。請与巧思之人詳論、今以木為之。朱色綺文、体勢雑合、如百子帳骨、鈎紐相牽、周匝数重、環遶行宮耳。（巻二五「擬和御製、賞花釣魚」の註）

「大業雑記」に云ふ、隋の大業三年二月、内史令の元寿鈎陳奏進し、物一〇〇段を賜ふ。是より先、何稠奏す、以為らく王者所在居停の処、上は玄象に取則す。紫微宮衛、名づけて鈎陳と曰ふ。前代の帝王、行幸して舎に次ると雖も、未だ之を製る者あらず、書史但に虚名有り、而して其の法を伝へる莫し。巧思の人と詳論せんと請ふ、今、木を以て之を為る。朱色の綺文、体勢雑合し、百子の帳骨の如く、鈎紐相牽し、周匝数重し、行宮を環遶するのみ。

『隋書』巻三煬帝紀大業四年正月の条に、

壬申、以太府卿元寿為内史令、鴻臚卿楊玄感為礼部尚書。

壬申、太府卿の元寿を以て内史令と為し、鴻臚卿の楊玄感を礼部尚書と為す。

とあり、元寿が内史令となったのは大業四年（六〇八）のことであり、右に引用する『大業雑記』は繫年が誤っている。また『王荊文公詩』所引の『大業雑記』は意味不明な箇所がある。内史令の元寿が何かを奏進し、物一〇〇段を授与された。授与された人は当然、元寿と理解される。この賜物は前後の関係から考えて、鈎陳に対するものである。『隋書』巻六八何稠伝に、

帝復令稠造戎車萬乘鈎陳八百連。帝善之、以稠守太府卿。

帝復《また》稠をして戎車萬乘・鈎陳八〇〇連を造らしむ。帝之を善とし、稠を以て守太府卿たらしむ。

とあるように、鈎陳は何稠が制作したもので元寿ではない。内史令の元寿は何稠の鈎陳を奏進したもので、賜物一〇〇段は何稠に対するものである。したがって、右の『大業雑記』の記事は繫年と記事の脱落を想定する必要がある。

一八　『何氏語林』所引の『大業雑記』

劉子翼（160）

劉子翼、峭直有行、常面折僚友之短、退無餘訾。李百薬嘗語人曰、劉四雖復罵人、人多不憾。大業雑記曰、劉子翼、字小心、劉禕之之父。仕隋至著作郎。（巻一七賞誉）

劉子翼、峭《しょう》直にして行ひ有り、常に僚友の短を面折し、退くに餘訾なし。李百薬嘗《つね》に人に語りて曰はく、劉四復《また》人を罵ると雖も、人多く憾とせずと。「大業雑記」に曰はく、「劉子翼、字は小心、劉禕之の父なり。隋に仕へて著作郎に至る」と。

参考史料

（1）『資治通鑑』巻一九二貞観元年一二月

隋秘書監晋陵劉子翼、有学行、性剛直。朋友有過、常面責之。李百薬常称、劉四雖復罵人、人終不恨。是歳、有

詔徵之、辞以母老、不至。

隋の秘書監・晋陵の劉子翼、学行有り、性は剛直なり。朋友過ち有れば、常に之を面責す。李百薬常に称ふ、「劉四復人を罵ると雖も、人終ひに恨まず」と。是の歳、詔有り之を徴すも、辞するに母老を以てし、至らず。


『記纂淵海』巻四六性行部公平「史」にも『資治通鑑』と類似の記事がある。『資治通鑑』からの引用であろう。


劉子翼、性剛直。朋友有過常面責之。李伯薬常（嘗）称、劉四雖復罵人、人終不恨。

劉子翼、性は剛直なり。朋友過あれば常に之を面責す。李百薬嘗《つね》に称ふ、「劉四復《また》人を罵ると雖も、人終ひに恨まず」と。

（2）『旧唐書』巻六六房玄齢伝

尋与中書侍郎褚遂良受詔、重撰晋書。於是奏取太子左庶子許敬宗中書舎人来済著作郎陸元仕劉子翼前雍州刺史令狐徳棻太子舎人李義府薛元超起居郎上官儀等八人、分功撰録、以臧栄緒晋書為主、参考諸家、甚為詳洽。然史官多是文詠之士、好採詭謬砕事、以広異聞。

尋いで中書侍郎の褚遂良と詔を受け重ねて「晋書」を撰す。是に於て奏して太子左庶子の許敬宗・中書舎人の来済・著作郎の陸元仕・［著作郎］の劉子翼・前雍州刺史の令狐徳棻・太子舎人の李義府・［太子舎人］の薛元超・起居郎の上官儀等八人を取り、功を分ちて撰録するに、臧栄緒の「晋書」を以て主と為し、諸家を参考し、甚だ詳洽を為す。然るに史官多く是れ文詠の士にして、好みて詭謬砕事を採り、以て異聞を広くす。

一九　『大事記続編』所引の『大業雑記』

明清の書は『大業雑記』逸文の独自の記事がないため、本書では史料源として採用しないことにした。『大事記続編』は明初の王禕の撰になる書である。明書であるが、以下に示す『大業雑記』逸文四条は他の書にみえない。明代の書ではあるが、独自の『大業雑記』逸文を引用するため、とくに『大事記続編』の項を立てた。

1　築西苑（161）

解題曰、按杜宝大業雑記、苑内造山為海、周十餘里。水源数丈、中有方丈蓬萊瀛州諸山、相去各三百歩、山高出水、百餘尺。（巻四八大業元年五月、築西苑）

「解題」に曰はく、杜宝の「大業雑記」を按ずるに、「苑内に山を造り海を為り、周り十餘里。水源数丈にして、中に方丈・蓬萊・瀛州の諸山有り、相去ること各おの三〇〇歩、山高より水を出し、百餘尺なり」と。

2　作輿服儀衛（162）

解題曰、大業雑記、輦路輿車、並朱絲碧油網絡、装以金玉、塡以雑宝珠瑠紅翠、極天下奇妙文物羽儀、自三代以降、書記未有也。（巻四八大業二年二月丙戌、作輿服儀衛）

「解題」に曰はく、「大業雑記」に、輦路輿車、並びに朱絲碧油の網絡、装ふに金玉を以てし、塡めるに雑宝・珠瑠・紅翠を以てし、天下の奇妙なる文物羽儀を極めること、三代より以降、書に記して未だ有らざるなり。

3　太子昭薨（163）

解題曰、按大業雑記、始太子与楊素同侍宴。帝深忌素、因宴寘毒。太子及素並起、二杯同至。侍酒者誤進太子、

飲三日而毒発下血。太子知之、歎曰、吾乃代楊素死乎、命也。数日而薨。後素亦以毒斃。餘見通鑑。（巻四八大業二年七月甲戌）

「解題」に曰はく、「大業雑記」を按ずるに、「始め太子、楊素と同じく侍宴す。帝深く素を忌み、宴に因り毒を寘る。太子及び素は並びに起ち、二杯同じく至る。侍酒の者誤りて太子に進め、飲みて三日毒発し下血す。太子之を知り、歎じて曰はく、「吾乃ち楊素に代り死するや、命なり」と。数日して薨ず。後素亦毒を以て斃る」と。餘は「通鑑」に見ゆ。

4　築長城（164）

至明年秋、又発丁男十餘萬、築長城、自楡谷而東。大業雑記、長城北辺、自崑崙塞以東、有居延五原雞鹿高闕漁陽鴈門楼煩柳城。西南又有龍勒。総十塞並築城置鎮、鎮兵五百人餘。（巻四八大業三年秋七月、築長城）

明年秋に至り、又丁男十萬餘を発して、長城を築き、楡谷より東す。「大業雑記」に、「長城の北辺、崑崙塞より以東、居延・五原・雞鹿・高闕・漁陽・鴈門・楼煩・柳城有り、西南に又龍勒有り。総て一〇塞並びに城を築き鎮を置き、鎮兵五百人餘なり」と。

5　営汾陽宮（165）

解題曰、按大業雑記、勅、於汾州北四十里臨汾水、起汾陽宮、即管涔山。汾河所出之、地在嵐州静楽県。（巻四八大業四年四月、営汾陽宮、帝幸之）

「解題」に曰はく、「大業雑記」を按ずるに、「勅して、汾州の北四〇里汾水を臨み、汾陽宮を起てしむ、即ち管涔山なり。汾河之に出る所にして、地は嵐州静楽県に在り。

6　楊玄感趣潼関（166）

解題曰、大業雑記、樊子蓋既斬裴弘策、達官子弟、募出征者、並不敢入、悉投玄感。韓擒虎子世蕚等十人観王子恭道虞世基子柔来護児子淵裴蘊子爽鄭善果子儼周羅候子仲隠藺達通子世直等二十餘人、或父従駕子入賊、受玄感重任。帝在遼東城下、聞事起曰、玄感無帝王之量、直欲乱朕天下耳。又聞達官児郎、皆入賊、益憂懼、計無所出。冬十月、勅大理卿鄭善果御史大夫裴蘊刑部侍郎滑儀等、還東都。与樊子蓋、推縄玄感徒党、近遠連及、殺三萬餘人、枉死者大半。僧尼道士及河南百姓、被流徙者、亦七八千人、残酷之甚致。四方騒動、寇賊蜂起、国家空虚、雖屢出兵、不能制敵。盧明月起淮南、殺守令。江都賛治王世充討平之。王薄起青兗、聚衆長白、頻征不克。歴山飛起河北、四方結聚、皆玄感之徒、懼誅起而為賊。（巻四八大業九年壬辰、玄感趣潼関）

「解題」に曰はく、「大業雑記」に、樊子蓋既に裴弘策を斬り、達官の子弟、出征する者を募るに、並びに敢へて入らず、悉く玄感に投ず。韓擒虎の子・世蕚等一〇人、観王の子・恭道、虞世基の子・柔、来護児の子・淵、裴蘊の子・爽、鄭善果の子・儼、周羅候の子・仲隠、藺達通の子・世直等二十餘人、或いは父は駕に従ひ子は賊に入り、玄感の重任を受く。帝は遼東城下に在り、事の起るを聞きて曰はく、「玄感は帝王の量なし、直に朕の天下を乱さんと欲するのみ」と。又達官の児郎、皆賊に入るを聞き、益ます憂ひ懼れ、計の出る所なし。冬一〇月、大理卿の鄭善果・御史大夫の裴蘊・刑部侍郎の滑儀等に勅し、東都に還らしめ、樊子蓋と玄感の徒党近遠連及を推縄せしめ、三萬餘人を殺し、枉死する者大半なり。僧尼道士及び河南の百姓、流徙せらる者、亦七、八千人なり。残酷の甚致にして、四方騒動し、寇賊蜂起し、国家空虚にして、屢しば兵を出すと雖も、敵を制すること能はず。盧明月は淮南に起ち、守令を殺し、江都賛治の王世充之を討平す。王薄は青兖に起ち、衆を長白に聚め、頻りに征つも克たず。歴山飛は河北に起ち、四方結聚す。皆玄感の徒、誅を懼れ起ちて賊と為る。

二〇　まとめ

以上、宋代以降の諸書に引用する『大業雑記』の逸文を収集し、示した。『大業雑記』の史書としての重要性は、『資治通鑑考異』に何度も引用されていることによっても明らかである。諸書に引用する『大業雑記』の逸文を収集した結果、「続談助」本『大業雑記』にある記事と重なるもの、また「続談助」本『大業雑記』と異なる独自のものがあり、「続談助」本『大業雑記』は、本来の『大業雑記』を伝えるものではなく、輯本であることが明白となった。

第二章のまとめ

第一節においては『河南志』と『大業雑記』の記事を対比し、『河南志』の隋城闕古蹟の記事は、『大業雑記』の記事と類似し、また一致することがあることを明らかにした。これによって、『河南志』の「隋城闕古蹟」は『大業雑記』が原典であると推定し、『大業雑記』所載の隋代東都の皇城・宮城に関する記事は、他に類例のない貴重な記事であることを述べた。この事実によって、『大業雑記』の他の記事も隋代史料を補完する貴重な史料と推定した。

第二節は「続談助」本『大業雑記』の記事を89項に分け、各記事に関連する他文献の記事を参考史料として示した。

各記事は大略、関連する記事があり、『大業雑記』の記事は孤立するものでないことが判明した。このことは『大業雑記』の記事は信頼に値するものであることを意味する。しかし、「続談助」本『大業雑記』は輯本であり、他の記事が誤入している可能性も否定できないから、各記事は吟味する必要がある。

第三節は『大業雑記』の記事を引用する文献を示した。その結果、「続談助」本『大業雑記』と一致する記事があり、一致することによって、「続談助」本『大業雑記』の記事は、確かに『大業雑記』の記事と確認できたことになる。『資治通鑑考異』に『大業雑記』はしばしば引用され、『資治通鑑』の史料源となっている。このことから、『大業雑記』は信頼のおける書であり、『隋書』の闕を補完するという杜宝の意図が具現した書であると理解される。

第三節の結果と「続談助」本『大業雑記』との対比は「第三章のまとめ」の最後に一覧表にして示す。

第三章　『大業雑記』の別名書に引用する逸文

『大業拾遺録』『大業拾遺記』『大業拾遺』『大業記』という書が宋元時代にあった。これらの書の記事は宋元時代の諸書に引用されるのみで、完本は伝存しない。これらの書は、第二章に引用した『大業雑記』の記事と一致する部分があるから、宋元時代において、『大業雑記』は『大業拾遺録』『大業拾遺記』『大業拾遺』『大業記』という別の書名を有し、別の書名でも通行していたようである。本章はこれら『大業雑記』の別書名の記事を収集する。

『大業拾遺録』等の書の逸文を収集する上において注意を要するのは、『南部烟花記』という書との関係である。『南部烟花記』は唐の顔師古の撰述になるといわれ、『大業雑記』と同じ別書名を有した。宋元時代の諸書に引用される『大業拾遺録』等の記事は、『大業雑記』の逸文だけでなく、『南部烟花記』の記事である場合もあることになる。『大業拾遺録』等の逸文が、第二章に引用した『大業雑記』の記事と対応すれば、『大業雑記』の逸文と判断してよいが、対応しない場合は『南部烟花記』の記事と考え、『大業拾遺録』等の逸文を、『大業雑記』の逸文と『南部烟花記』の逸文に弁別することが必要となる。

『南部烟花記』は、また更に『隋遺録』という書名をもつ。この書は南宋時代の『百川学海』に所収され、全文をみることは可能であり、『南部烟花記』や『隋遺録』の記事か、『大業雑記』の記事かを判別することは容易と思われるが、『南部烟花記』と『隋遺録』には、何故か『大業雑記』の記事があり、記事の弁別は容易ではない。

『南部烟花記』や『隋遺録』は『大業雑記』とは別書であるから、『南部烟花記』や『隋遺録』に『大業雑記』と同じ記事が存在することは、『南部烟花記』や『百川学海』所収の『隋遺録』は、非常に問題のある書であることを示している。このことは章を改め、第四章において詳論する。

第一節　『大業拾遺録』所引の逸文

一　はじめに

『太平御覧』巻頭の「太平御覧経史図書綱目」（「引書目録」）に『大業雑記』の書名はなく、「杜宝　大業拾遺録」という書名がみえ、この書の内容が「続談助」本『大業雑記』と一致する。また宋初の人である呉淑の撰した『事類賦』にも『大業拾遺録』が引用されており、その内容が「続談助」本『大業雑記』と一致し、また類似する記事がある。北宋に完成した『資治通鑑考異』は、杜宝の撰した書は『大業雑記』として引用していたから、北宋では杜宝の書は『大業雑記』と『大業拾遺録』いう書名で流布していたようである。

二　『太平御覧』所引の『大業拾遺録』

1　留仇国（167）

杜宝大業拾遺録曰、［大業］七年（三年の誤り）十二月、朱寛征留仇国還。獲男女口千餘人并雑物産、与中国多不同。緝木皮為布、甚細白、幅闊三尺二寸、亦有細斑布、幅闊一尺許。（巻八二〇布帛部七「布」）

杜宝の「大業拾遺録」に曰はく、大業三年十二月、朱寛、留仇国（琉球国）を征し還る。男女口千餘人并せて雑物産を獲るに、中国と多く同じからず。木皮を緝《つむ》ぎ布を為る、甚だ細白にして、幅闊は三尺二寸なり。亦細斑布有り、幅闊は一尺許《ばか》りなり。

隋王朝の琉求国遠征は二回あった。一回目は朱寛の遠征であり、二回目は大業六年の陳稜の遠征である。朱寛の遠征は『隋書』巻三煬帝紀大業三年三月の条に「癸丑、遣羽騎尉朱寛使於流求国」とあり、『隋書』巻八一東夷伝流求国の条に次のようにある。

流求国、居海島之中、当建安郡東、水行五日而至。土多山洞。其王姓歓斯氏、名渇剌兜、不知其由来有国代数也。彼土人呼之為可老羊、妻曰多抜茶。所居曰波羅檀洞、塹柵三重、環以流水、樹棘為藩。王所居舎、其大一十六間、琱刻禽獣。……（中略）……。大業元年、海師何蛮等、毎春秋二時、天晴風静、東望依希、似有煙霧之気、亦不知幾千里。三年、煬帝令羽騎尉朱寛入海求訪異俗、何蛮言之、遂与蛮倶往、因到流求国。言不相通、掠一人而返。明年、帝復令寛慰撫之、流求不従、寛取其布甲而還。時倭国使来朝、見之曰、此夷邪久国人所用也。帝遣武賁郎将陳稜朝請大夫張鎮州率兵自義安浮海撃之。

流求国、海島の中に居り、建安郡の東に当り、水行五日にして至る。土は山洞多し。其の王の姓は歓斯氏、名は渇剌兜、其の由来、国を有つ代数を知らざるなり。彼の土人之を呼び可老羊と為し、妻は多抜茶と曰ふ。居る所は波羅檀洞と曰ひ、塹柵すること三重、環らすに流水を以てし、樹棘を藩と為す。王の居る所の舎、其の大なるもの一六間、禽獣を琱刻す。……（中略）……。大業元年（六〇五）、海師の何蛮ら、春秋二時、天晴れ風静かなる毎に、東して望むに依希として、煙霧の気あるに似て、亦幾千里なるかを知らず。三年、煬帝は羽騎尉の朱寛をして海に入り異俗を求訪せしめるに、何蛮之に言ひ、遂ひに蛮と倶に往き、因りて流求国に到る。言は相通ぜず、一人を掠めて返る。明年、帝復《また》寛をして之を慰撫せしめるに、流求従はず、寛は其の布甲を取りて還る。時に倭国使来朝し、之を見て曰はく、「此れは夷邪久《いやく》国人の用ゐるところなり」と。帝は武賁郎将の陳稜・朝請大夫の張鎮州を遣はし兵を率ゐて義安（潮州）より海に浮び之を撃たしむ。

『大業拾遺録』にいう「大業七年」は「大業三年」の誤りである。

参考史料

（1）『太平広記』巻四八二「留仇国」

煬帝令朱寛征留仇国、還。獲男女口千餘人并雑物産、与中国多不同。緝木皮為布、甚細白、幅闊三尺二三寸。亦有細斑布、幅闊一尺許。又得金荆榴数十斤、木色如真金、密緻。而文彩盤蹙、有如美錦、甚香極精、可以為枕及案面。雖沈檀不能及。彼土無鉄。朱寛還至南海郡、留仇中男夫壮者、多加以鉄鉗鏁、恐其道逃叛。還至江都、将見、為解脱之、皆手把鉗、叩頭惜脱、甚于中土貴金。人形短小、似崑崙。出朝野僉載

煬帝、朱寛をして留仇国を征たしめて還る。男女口千餘人并せて雑物産を獲るに、中国と多く同じからず。木皮を緝《つむ》ぎ布を為り、甚だ細白にして、幅闊三尺二、三寸なり。亦細斑布有り、幅闊一尺許《ばか》りなり。又金荆榴数十斤を得るに、木色は真金の如く、密緻なり。而して文彩盤蹙し美錦の如く、甚だ香り極めて精にして、以て枕及び案面と為すべし。沈檀と雖も及ぶ能はず。彼の土に鉄なし。朱寛還りて南海郡に至るに、留仇の中男・夫壮の者、多く加ふに鉄鉗を以て鏁するは、其の道すがらに逃叛するを恐るなり。還りて江都に至り、将に見《まみ》えんとし、為

に之を解脱するに、皆手に鉗を把り、叩頭して脱ぐを惜しむこと、中土の貴金より甚だし。人の形は短小にして、崑崙に似たり。「朝野僉載」に出づ

（2）『隋書』巻三煬帝紀大業六年の条

二月乙巳、武賁郎将陳稜朝請大夫張鎮州撃流求、破之、献俘萬七千口、頒賜百官。

二月乙巳、武賁郎将の陳稜・朝請大夫の張鎮州、琉求を撃ち、之を破り、俘萬七千口を献じ、頒ちて百官に賜ふ。

（3）『隋書』巻六四陳稜伝

大業三年、拝武賁郎将。後三歳、与朝請大夫張鎮周発東陽兵萬餘人、自義安汎海、撃流求国。月餘而至、流求人初見船艦、以為商旅、往往詣軍中貿易。稜率衆登岸、遣鎮周為先鋒。

大業三年（六〇七）、武賁郎将を拝す。のち三歳して、朝請大夫の張鎮周と東陽の兵萬餘人を発し、義安（潮州）より海に汎《うか》び、流求国を撃つ。月餘にして至るに、流求の人、初め船艦を見て、以て商旅と為し、往往《をりをり》に軍中に詣り貿易す。稜は衆を率ゐて岸に登り、鎮周を遣《や》り先鋒と為さしむ。

（4）『通典』巻一八六辺防典二東夷下・流求

煬帝大業初、海師何蛮等云、毎春秋二時、天清気静、東向依稀、似有烟霧之気、亦不知幾千里。三年、帝令羽騎尉朱寛入海求訪異俗、何蛮言之、遂与倶往、因到流求国、言不相通、掠一人、并取其布甲而還。時倭国使来朝、見之曰、此夷邪久国人所用也。帝遣虎賁郎将陳稜朝請大夫張鎮州率兵、自義安今潮陽郡浮海撃之。至流求。初、稜将南方諸国人従軍、有崑崙人、頗解其語。遣人慰諭之、流求不従、拒逆官軍。稜撃走之、進至其都。頻戦皆敗、毀其宮室、虜其男女数千人、而還。

煬帝の大業初め、海師の何蛮等云はく、「春秋二時、天清く気静かなる毎に、東向するに依稀として、烟霧の気

あるに似て、亦幾千里なるかを知らず」と。三年（六〇七）、帝、羽騎尉の朱寛して海に入り異俗を求訪せしめるに、何蛮を得て遂ひに与《くみ》し倶に往き、因りて流求国に到るに、言は相通ぜず、一人を掠め并せて其の布甲を取りて還る。時に倭国使来朝し、之を見て曰はく、「此れ夷邪久国人の用ふ所なり」と。帝は虎賁郎将の陳稜・朝請大夫の張鎮州を遣はし、兵を率ゐて、義安 今の潮陽郡 より海に浮び之を撃たしむ。流求に至る。初め稜は南方諸国の人を将《ひき》ゐて従軍せしめ、崑崙人有り、頗る其の語を解し、人を遣はし之を慰諭せしむに、流求従はず、拒ぎ官軍に逆ふ。稜は之を撃走し、進んで其の都に至る。頻戦して皆敗り、其の宮室を毀ち、其の男女数千人を虜して還る。

2　太原郡献禾（168）

杜宝大業拾遺録曰、［大業］七年九月、太原郡有献禾一本。三穂、長八尺、穂長三尺五寸、大尺囲。芒穂皆紫色鮮明、受自禾已上二尺餘、亦紫色、有老人年八十餘、以素木匣盛之。賜物三十段、板授嘉禾県令。（巻八三九百穀部三「禾」）

杜宝の「大業拾遺録」に曰はく、大業七年（六一一）九月、太原郡、禾一本を献ずる有り。三穂の長さ八尺、穂の長さ三尺五寸、大尺の囲なり。芒穂は皆紫色鮮明なり。受《?》は禾より已上二尺餘、亦紫色なり、素木の匣を以て之を盛る。老人年八十餘有れば、物三〇段を賜ひ、嘉禾県令を板授す。

右の史料の「有老人年八十餘」と「以素木匣盛之」は順序が逆となっていると考えられる。

3　楊恭仁（169）

杜宝大業拾遺録曰、吏部侍郎楊恭仁欲改葬、学士舒綽曰、此所擬之処、掘深五尺之外、亦有五穀、若得一穀、即是福徳之地、公侯世世不絶。恭仁即将綽向京、令人掘深七尺、得一穴如五石甕大、有粟七八斗、此地経為粟田、蟻運粟、下於此穴。当時朝野之士、以綽為聖。（巻八四〇百穀部四「粟」）

杜宝の「大業拾遺録」に曰はく、吏部侍郎の楊恭仁、改葬せんと欲すに、学士の舒綽曰はく、「此れ擬す所の処、掘ること深さ五尺の外、亦五穀有り、若し一穀を得ば、即ち是れ福徳の地、公侯世世絶えず」と。恭仁即ち綽を将ゐて京に向ひ、人をして掘らしめこと深さ七尺にして、一穴を得、五石の甕の大きさの如し。粟七、八斗有り、此の地経《かつ》て粟田為《た》り、蟻粟を運び、此の穴に下す。当時の朝野の士、綽を以て聖と為す。

参考史料

『旧唐書』巻六二楊恭仁伝

楊恭仁、本名綸、弘農華陰人。隋司空観徳王雄之子也。隋仁寿中、累除甘州刺史。恭仁務挙大綱、不為苛察、戎夏安之。文帝謂雄曰、恭仁在州、甚有善政、非唯朕挙得人、亦是卿義方所致也。大業初、転吏部侍郎。

楊恭仁、本名は綸、弘農華陰の人。隋の司空・観徳王・雄の子なり。隋の仁寿中（六〇一～六〇四）、累りに甘州刺史に除せらる。恭仁大綱を挙ぐるに務め、苛察を為さず、戎夏之に安んず。文帝、雄に謂ひて曰はく「恭仁州に在り、甚だ善政有り、唯だ朕の人を得を挙ぐるのみに非ず、亦是れ卿の義の方《まさ》に致す所なり」と。大業の初め、吏部侍郎に転ず。

4　鮸魚乾膾（170）

杜宝大業拾遺録曰、[大業]六年、呉郡献海鮸乾膾四瓶、瓶容一斗、浸一斗可得径尺面盤、并奏作乾膾法。帝以示群臣云、昔術人介象、於殿庭釣得海魚、此幻化耳、亦何是珍異。今日之鱠、乃是海真魚所作、求自数千里、亦是一時奇味、即出数盤、以賜近臣。作乾膾法、当五六月盛熱之日、於海取得鮸魚。其魚大者、長四五尺、鱗細紫色、無細骨、不腥。捕得之、即去其皮骨、取其精肉、縷切随成。曬三四日、須極乾、以新白瓷瓶未経水者盛之、蜜封泥、勿令風入、経五六十日、不異新者、後取噉時、以新布裹、於水中漬三刻、久取出灑却水。則皦然也。

（巻八六二飲食部二〇「膾」）

杜宝の「大業拾遺録」に曰はく、大業六年（六一〇）、呉郡海鮸《めん》の乾膾四瓶を献ず。瓶は一斗を容れ、一斗を浸し径尺の面盤を得、并せて乾膾を作るの法を奏す。帝以て群臣に示して云ふ、「昔、術人の介象、殿庭に於て釣りて海魚を得るも、此れ幻化のみ。亦何ぞ是れ珍異ならん。今日の鱠、乃ち是れ海の真魚もて作る所、求めて自《おのづ》と数千里、亦是れ一時の奇味なり」と。即ち数盤を出し、以て近臣に賜ふ。乾膾を作るの法、五六月の盛熱の日に当り、海に於て鮸魚を取得す。其の魚の大なるもの、長さ四、五尺にして、鱗は細にして紫色、細骨なく腥ならず。之を捕得せば、即ち其の皮骨を去り、其の精肉を取り、縷切随成し、曬すこと三・四日、極乾するを須ち、新しき白瓷の瓶、未だ水を経ざるものを以て之を盛り、密に封泥し、風を入れること勿らしめ、経ること五、六十日、新しきものと異ならざるなり。のち取り噉《くら》ふ時、新布を以て裹み、水中に漬けること三刻、久しくして取出して水を灑却せば、則ち皦《かん》然なり。

5　清冷淵（171）

杜宝大業拾遺録曰、[大業]四年、梁郡有清冷淵、水面闊二里許、即衛平得大亀之処。清冷水南、有横瀆、東南至宕山県西北、入通済渠。是時大雨、溝渠皆満。忽有大魚、似鯉而頭一角、長尺餘、鱗正赤。従清冷水、出頭長三尺許、入横瀆、迎流西北十餘里不没、入通済渠。于時夾両岸、随看者数百人、皆謂赤龍大鯉、従淵而出。此亦唐祚将興之兆。（巻九三六鱗介部八「鯉魚」）

杜宝の「大業拾遺録」に曰はく、大業四年（六〇八）、梁郡に清冷淵有り、水面の闊さは二里許《ばか》りなり。即ち衛平、大亀を得るの処なり。清冷水の南、横瀆有り。東南して宕山県の西北に至り、通済渠に入る。是の時大雨にして、溝渠皆満つ。忽ちに大魚有り、鯉に似て頭に一角有り、長さは尺餘、鱗は正赤なり。清冷水より頭の長さ三尺許《ばか》りを出して、横瀆に入り、西北に迎流すること十餘里没せず、通済渠に入る。時に両岸を夾み、随看するもの数百人、皆謂ふ「赤龍大鯉、淵より出づ」と。此れ亦唐祚将に興らんとすの兆なり。

この記事は「続談助」本『大業雑記』の「清冷泉」（整理番号78）と関連する。

6　鱸魚乾膾（172）

杜宝大業拾遺録曰、［大業］六年、呉郡献松江鱸魚乾鱠（膾）。鱸魚肉白如雪、不腥、所謂金虀玉鱠、東南之佳味也。（巻九三七鱗介部九「鱸魚」）

杜宝の「大業拾遺録」に曰はく、大業六年（六一〇）、呉郡、松江の鱸魚の乾膾を献ず。鱸魚の肉、白きこと雪の如く腥ならず、所謂、金虀《せい》玉鱠、東南の佳味なり。

参考史料

（1）『紺珠集』巻一〇「隋唐嘉話」

金虀玉膾。呉郡献松江鱸。煬帝曰、所謂金虀玉膾、東南佳味也。

金虀《せい》玉膾。呉郡、松江の鱸を献ず。煬帝曰はく、「所謂、金虀《せい》玉膾、東南の佳味なり」と。

（2）『記纂淵海』巻九〇飲食部「饌」

南人魚膾、以細縷金橙拌之、号為金虀玉膾。隋時、呉郡献松江鱸鱠。煬帝曰、東南佳味也。隋唐嘉話

南人の魚膾、細縷の金橙を以て之に拌《まぜ》て、号して金虀《せい》玉膾と為す。隋の時、呉郡、松江の鱸鱠を献ず。煬帝曰はく、「東南の佳味なり」と。「隋唐嘉話」

（3）『韻府群玉』巻一四玉膾

呉都（郡）献松江鱸魚。煬帝曰、金虀玉膾、東南佳味也。平陳記

呉郡、松江の鱸魚を献ず。煬帝曰はく、「金虀《せい》玉膾、東南の佳味なり」と。「平陳記」

7　蜜蟹（173）

杜宝大業拾遺録曰、呉郡献蜜蟹三千頭。作如糖蟹法。蜜擁剣四公死擁剣、似蟹而一小螯偏大。呉都賦所謂烏賊擁剣、是也。（巻九四三鱗介部一五「擁剣」）

杜宝の「大業拾遺録」に曰はく、呉郡、密蟹三千頭を献ず。作は糖蟹法の如し、蜜擁剣・四公死擁剣、蟹に似て一小螯は偏大なり。「呉都賦」に謂ふ所の「烏賊擁剣」とは、是れなり。

8　桂蠹（174）

杜宝大業拾遺録曰、［大業］七年、始安郡献桂蠹四瓶。瓶別一千頭、紫色香辛、有味。噉之、去陰痰之疾。（巻九四九蟲豸部六「蠹」）

杜宝の「大業拾遺録」に曰はく、大業七年（六一一）、始安郡（桂州）、桂蠹四瓶を献ず。瓶別に一千頭、紫色香辛にして、味有り。之を噉はば、陰痰の疾を去る。

9　南方三郡（175）

杜宝大業拾遺録曰、［大業］五年、南方置北景（比景）林邑海陰三郡。北景（比景）在林邑南大海中、与海陰接境。其地東西一千餘里南北三百餘里、海水四絶、北去大岸三百餘里。或云、馬援鋳柱尚存。地暑熱、多大林、木高者数百尋。有金荆、生於高山峻阜、大者十囲、盤屈瘤蹙、文如美錦、色艶於真金。中夏時、有於海際得之、工人数用甚精妙、貴於沈檀。（巻九五九木部八「荆」）

杜宝の「大業拾遺録」に曰はく、大業五年（六〇九）、南方に比景・林邑・海陰の三郡を置く。比景は林邑の南の大海中に有り、海陰と境を接す。其の地東西一千餘里・南北三百餘里、海水四絶し、北は大岸を去ること三百餘里なり。或ひと云はく、「馬援の鋳柱尚存す」と。地は暑熱、大林多し、木の高きもの数百尋。金荆有り、高山峻阜に生え、大なるものは一〇囲、盤屈瘤蹙し、文は美錦の如く、色は直金より艶し。中夏の時、海際に於て之を得る有り、工人数々用ゐ甚だ精妙にして、沈檀より貴し。

右の記事では大業五年に南方三郡を創設したとするが、これは疑わしい。『隋書』巻二九地理志「総序」に、

煬帝即位、又平林邑、更置三州。

煬帝位に即き、又林邑を平げ、更《あら》たに三州を置く。

とあり、その三州の設置に関して、『隋書』巻三一地理志には次のようにある。

比景郡。大業元年、平林邑置蕩州、尋改為郡。統県四、戸一千八百一十五。

海陰郡。大業元年、平林邑置農州、尋改為郡。統県四、戸一千一百。

林邑郡。大業元年、平林邑置冲州、尋改為郡。統県四、戸一千二百二十。

劉方の率いる驩州道行軍が林邑国を平定して、蕩州・農州・沖州の三州が設置され、それが大業三年になって州が郡と改称されたとき、それぞれ比景郡・海陰郡・林邑郡となったと想定できる。

10　翻経道場（176）

杜宝大業拾遺録曰、洛陽翊津橋、通翻経道場東街。其道場有婆羅門僧及身毒僧十餘人。新翻諸経。其所翻経、本従外国来。用貝多樹葉書、書即今胡書体。貝多葉長一尺五六寸、闊五寸許。葉形似琵琶而厚大。横作行書、随経多少、縫綴其一辺、帖帖然。（巻九六〇木部九「貝多」）

杜宝の「大業拾遺録」に曰はく、洛陽の翊津橋、翻経道場の東街に通ず。其の道場に婆羅門僧及び身毒僧十餘人有り、諸経を新翻す。其の翻経する所、本《もと》外国より来り、貝多樹葉を用ゐて書き、書は即ち今の胡書の体なり。貝多葉長さ一尺五、六寸・闊さ五寸許りなり。葉形、琵琶に似て厚大なり。横に行書を作し、経の多少に随ひ、其の一辺を縫綴し、帖帖然たり。

この記事は「続談助」本『大業雑記』の「翻経道場」（整理番号13）に対応する記事である。『大業雑記』の記事の方が文章が短いから、『大業雑記』の「翻経道場」は省略文であると判断される。

11　汾陽宮（177）

杜宝大業拾遺録曰、［大業］二年、汾州起汾陽宮。宮南外平林、率是大樺、高百餘尺、行従文武、皆剥取皮、覆奄舎。（巻九六一木部一〇「樺」）

杜宝の「大業拾遺録」に曰はく、大業二年、汾州に汾陽宮を起す。宮南の外は平林にして、林は率ね是れ大樺、高さ百餘尺なり。行従せる文武皆皮を剥取し、舎を覆奄す。

右にいう「大業二年」は大業四年（六〇八）の誤りである。『隋書』巻三煬帝紀大業四年に次のようにある。

夏四月丙午、以離石［郡］之汾源臨泉、雁門［郡］之秀容、為楼煩郡、起汾陽宮。

夏四月丙午、離石郡の汾源・臨泉、雁門郡の秀容を以て、楼煩郡と為し、汾陽宮を起す。

『大業雑記』は汾陽宮行幸を大業二年とするが、この繋年の誤りは書写過程において生じたものかも知れず、『大業雑記』本来の誤りとすることはできない。

12　都念子（178）

杜宝大業拾遺録曰、［大業］十二年四月、南海郡送都念子樹一百株、勅付西苑十六院内種。此樹高一丈許、葉如白楊、枝柯長細、花心金色、花葉正赤、似蜀葵而大。其子小於柿子、甘酸至美。蜜漬為粽、益佳。（巻九六一木部一〇「都念」）

杜宝の「大業拾遺録」に曰はく、大業一二年（六一六）四月、南海郡、都念子樹一〇〇株を送る。勅して西苑一六院内に付し種ゑる。此の樹高さ一丈許りにして、葉は白楊の如く、枝柯長く細し、花心は金色にして、花葉は正赤、蜀葵に似て大なり。其の子は柿子より小にして、甘酸にして至美なり。蜜漬して粽と為せば、益ます佳し。

参考史料

（1）『嶺表録異』巻中

倒捻子、窠叢不大、葉如苦李、花似蜀葵小而深紫。南中婦女、得以染色。有子如軟柿、頭上有四葉、如柿蔕。食者必捻其蔕、故謂之倒捻子、或呼謂都捻子。蓋語訛也。其子外紫内赤、無核、食之甜軟、甚暖腹、兼益肌肉。

倒捻子、窠叢して大ならず、葉は苦李の如く、花は蜀葵に似て小にして深紫なり。南中の婦女、得て以て染色す。子有り軟柿の如く、頭上に四葉有り、柿の蔕の如し。食ふ者必ず其の蔕を捻る、故に之を倒捻子と謂ふ。或いは呼びて都捻子と謂ふ。蓋し語の訛《あやまり》なり。其の子外は紫内は赤、核なし、之を食へば甜軟にして、甚だ腹を暖め、兼ねて肌肉を益す。

（2）『経史証類大観本草』巻二三果部

石都念子。味酸小温、無毒、主痰嗽噦気。生嶺南、樹高丈餘。葉如白楊、花如蜀葵、正赤子如小棗。蜜漬為粉、甘美益人。隋朝植於西苑也。

石都念子。味は酸小温、無毒、痰嗽噦気を主る。嶺南に生じ、樹高は丈餘。葉は白楊の如く、花は蜀葵の如く、正赤の子は小棗の如し。蜜漬して粉と為せば、甘美にして人を益す。隋朝、西苑に於て植ゑるなり。

（3）『本草綱目』巻三一果之三

都念子拾遺。

釈名倒捻子。詳下文。

集解。蔵器曰、杜宝拾遺録云、都念子生嶺南。隋煬帝時、進百株植於西苑。樹高丈餘、葉如白楊、枝柯長細、花心金色、花赤如蜀葵而大、子如小棗。蜜漬食之、甘美益人。時珍曰、按劉恂嶺表録云、（以下『大業雑記』の本文に同じ）

「釈名」は倒念子。下文に詳かなり。

集解。蔵器曰はく、「杜宝の『拾遺録』に云ふ、都念子は嶺南に生ず。隋の煬帝の時、一〇〇株を進め西苑に植う。樹高は丈餘、葉は白楊の如く、枝柯は長く細し、花心は金色、花は赤く蜀葵の如くにして大、子は小棗の如し。蜜漬して之を食へば、甘美にして人を益す」と。時珍曰はく、「劉恂の『嶺表録』を按じるに云ふ、…」

都念子は右の文を読むだけでは何のことかわからないが、どうやら現在、泰国に産する果実・マンゴスチンのことであり、都念子はその中国古名であるらしい。であれば、都念子は日本とも戦国時代末期から馴染みの深いことになる。南蛮貿易の時代から「柿香合」といわれる宋胡禄製の盒子が泰国から輸入され、茶の湯において香を入れる容器・香合として珍重され、現在に至っている。この「柿香合」は実は都念子を型どったものである。輸入した日本では、この香合が何を型どったものか不明であり、日本の柿に似ているから「柿香合」と命名したものである。

13　儀鸞殿（179）

杜宝大業拾遺録曰、洛陽儀鸞殿南、有烏桲林栗林、有蒲桃架四行、行長百餘歩。（巻九六四果部一「栗」）

杜宝の「大業拾遺録」に曰はく、洛陽の儀鸞殿の南、烏桲林・栗林有り、蒲桃架四行有り、行の長さ百餘歩なり。

この記事は「続談助」本『大業雑記』の「儀鸞殿」（整理番号39）と関連する。

14　仲思棗（180）

杜宝大業拾遺録曰、［大業］二年八月、信都［郡］献仲思棗四百枚（枝）。棗長四寸五寸囲、紫色細文、文縐核肥、有味、勝於青州棗。北斉時、有仙人仲思、得此棗種之、亦名仙棗。時海内唯有数樹。（巻九六五果部二「棗」）

杜宝の「大業拾遺録」に曰はく、大業二年（六〇六）八月、信都郡（冀州）、仲思棗四〇〇枝を献ず。棗の長さ四寸、五寸囲、紫色にして細文有り、文縐核肥、味有り、青州の棗より勝る。北斉の時、仙人・仲思有り、此の棗を得て之を種ゑ、亦仙棗と名づく。時に海内唯だ数樹有り。

大業二年に信都郡が仲思棗を献じたことは、『記纂淵海』巻九二果食部「棗」伝記に引く「洞遺録」に、

大業二年、信都献仲思棗。長四寸五寸囲、勝於青州棗。

大業二年、信都、仲思棗を献ず。長さ四寸、五寸囲にして、青州の棗より勝る。

とあるから、事実である。『大業雑記』に信都郡が大業二年に仲思棗を献上した記事があっても不都合ではない。

参考史料

（1）『元和郡県図志』巻一七冀州信都県

煮棗故城、在県東北五十里。漢煮棗侯国城、六国時於此煮棗油、後魏及斉以為故事。毎煮棗油、即於此城。

煮棗故城、県の東北五〇里に在り。漢の煮棗侯国城にして、六国の時、此に於て棗油を煮、後魏及び斉は以て故事と為す。毎に棗油を煮るは即ち此の城に於てす。

（2）『元和郡県図志』巻一七冀州棗強県

棗強県、上。〔郷〕十二。西北至州六十八里。本漢旧県、属清河郡。高帝以留肹為棗強侯。其地棗木強盛、故曰棗強。後魏属長楽郡、隋開皇三年、属冀州、皇朝因之。

棗強県。上。郷一二。西北して州に至る六八里。本《もと》漢の旧県、清河郡に属す。高帝留肹を以て棗強侯と為す。其の地の棗木強盛なり、故に棗強と曰ふ。後魏は長楽郡に属し、隋の開皇三年（五八三）、冀州に属し、皇朝之に因る。

（3）『経史証類大観本草』巻二三果部「大棗」所引の『図経』

又有仲思棗、大而長有一二寸者。正紫色、細文小核、味甘重。北斉時、有仙人仲思得之、因以為名。隋大業中、信都郡嘗献数顆。近世稀復有之。

又仲思棗有り、大なりて長さ一、二寸のもの有り。正紫色、細文小核にして、味は甘重。北斉の時、仙人・仲思有り之を得、因りて以て名と為す。隋の大業中、信都郡嘗《つね》に数顆を献ず。近世稀に復之有り。

15　百葉桃樹（181）

杜宝大業拾遺録曰、［大業］四年五月、帝将北巡、発自東都。江東送百葉桃樹四株、勅付西苑種。其花似蓮花而小、花有十餘重、重有七八葉、大於尋常桃花。（巻九六七果部四「桃」）

杜宝の「大業拾遺録」に曰はく。大業四年（六〇八）五月、帝将に北巡せんとし、発するは東都よりす。江東、百葉桃樹四株を送り、勅して西苑に付し種ゑしむ。其の花、蓮花に似て小、花、十餘重有り、重に七、八葉有り、尋常の桃花より大なり。

16　徐孝顗（182）

杜宝大業拾遺録曰、徐孝顗、性仁孝。嘗在園中昼臥、見人盗菜、徐徐転身向裏、恐偸者見之。仁行退譲、皆此類也。（巻九七六菜茹部一「菜」）

杜宝の「大業拾遺録」に曰はく、徐孝顗、性は仁孝。嘗て園中に在りて昼臥すに、人の菜を盗むを見、徐徐《おもむろ》に身を転じ裏を向き、偸む者之を見るを恐る。仁行退譲、皆此の類なり。

17　胡牀・交牀（183）

杜宝大業拾遺録曰、［大業］四年、改胡牀為交牀、改胡瓜為白露黄瓜、改茄子為崑崙紫苽。（巻九七七菜茹部二「茄」）

杜宝の「大業拾遺録」に曰はく、大業四年（六〇八）、胡牀を改め交牀と為し、胡瓜を改め白露黄瓜と為し、茄子を改め崑崙紫苽（瓜の誤り）と為す。

この記事は「続談助」本『大業雑記』の「胡牀・交牀」（整理番号77）と関連する。

18　籌禅師（184）

杜宝大業拾遺録曰、籌禅師甚妙医術、作五香［飲］。第一沈香飲、次丁香飲、次檀香飲、次沢蘭飲、次甘松飲、皆別有法。以香為法、以香為主、更加別薬、有味而止渇、兼於補益。（巻九八二香部二栴檀）

杜宝「大業拾遺録」に曰はく、籌禅師は甚だ医術に妙にして、五香飲を作る。第一は沈香飲、次は丁香飲、次は檀香飲、次は沢蘭飲、次は甘松飲、皆別に法有り。香を以て法と為し、香を以て主と為し、更に別薬を加へ、味有りて渇きを止め、補益を兼ぬ。

この記事は「続談助」本『大業雑記』の「五香飲」（整理番号81）と関連する。

19　征林邑国（185）

杜宝大業拾遺録曰、［大業］四年夏四月、征林邑国兵還至。獲彼国得雑香真檀象牙百餘萬斤沈香二千餘斤。（巻九八二香部二「沈香」）

杜宝の「大業拾遺録」に曰はく、大業四年（六〇八）夏四月、林邑国を征し兵還り至る。彼の国を獲て、雑香・真檀・象牙百餘萬斤・沈香二千餘斤を得たり。

林邑遠征を大業四年とするのは誤りである。『隋書』巻三煬帝紀大業元年の条に「夏四月癸亥、大将軍劉方撃林邑、破之」とあり、『隋書』巻五三劉方伝も大業元年とする。

尋授驩州道行軍総管、以尚書右丞李綱為司馬、経略林邑。方遣欽州刺史寧長真驩州刺史李暈上開府秦雄以歩騎出越常（越裳）、方親率大将軍張愻司馬李綱舟師趣比景。高祖崩、煬帝即位。大業元年正月、軍至海口。林邑王梵志遣兵守険、方撃走之。師次闍黎江、賊拠南岸立柵、方盛陳旗幟、撃金鼓、賊懼而潰。既渡江、行三十里、賊乗巨象、四面而至。方以弩射象、象中創、却蹂其陣、王師力戦、賊奔於柵、因攻破之、俘馘萬計。於是済区粟、度六里、前後逢賊、毎戦必擒。進至大縁江、賊拠険為柵、又撃破之。逕馬援銅柱、南行八日、至其国都。林邑王梵志棄城奔海。獲其廟主金人、汚其宮室、刻石紀功而還。士卒脚腫、死者十四五。方在道遇患而卒。帝甚傷惜之、乃下詔曰、（下略）。

尋いで驩《かん》州道行軍総管を授かり、尚書右丞の李綱を以て司馬と為し、林邑を経略す。方、欽州刺史の寧長真・驩州刺史の李暈・上開府の秦雄を遣はし歩騎を以て越裳に出でしめ、方、親ら大将軍の張愻・司馬の李綱・舟師を率ゐて比景に趣く。高祖崩り、煬帝位に即く。大業元年正月、軍は海口に至る。林邑王の梵志、兵を遣はし険を守るに、方、之を撃走す。師、闍黎江に次り、賊、南岸に柵を立てて拠るに、方、盛んに旗幟を陳べ、金鼓を撃てば、賊懼れて潰ゆ。既に江を渡り、行くこと三〇里、賊巨象に乗り、四面より至る。方、弩を以て象を射、象中りて創《きず》つき、却て其の陣を蹂み、王師力戦し、賊は柵に奔げ、因りて之を攻破し、俘馘萬を計ふ。是に於て区粟を済り、六里を度へ、前後賊に逢へば、戦ふ毎に必ず擒ふ。進んで大縁江に至り、賊険に拠りて柵を為るに、又之を撃破す。馬援の銅柱を逕《はる》かにし、南行すること八日、其の国都に至る。林邑王の梵志、城を棄て海に奔ぐ。其の廟主の金人を獲、其の宮室を汚し、石に紀功を刻みて還る。士卒の脚腫れ、死す者一〇の四、五なり。方は道に在り患ひに遇ひて卒す。帝甚だ之を傷惜し、乃ち詔を下して曰はく、……（下略）……。

参考史料

（1）『隋書』巻八二南蛮伝林邑

仁寿末、上遣大将軍劉方為驩州道行軍総管、率欽州刺史寧長真驩州刺史李暈開府秦雄歩騎萬餘及犯罪者数千人撃之。其王梵志率其徒乗巨象而戦、方軍不利。方於是多掘小坑、草覆其上、因以兵挑之。梵志悉衆而陣、方与戦、偽北、梵志逐之、至坑所、其衆多陥、転相驚駭、軍遂乱。方縦兵撃之、大破之。頻戦輒敗、遂棄城而走。方入其都、獲其廟主十八枚、皆鋳金為之、蓋其有国十八葉矣。方班師、梵志復其故地、遣使謝罪、於是朝貢不絶。

仁寿末（六〇四）、上は大将軍の劉方をして驩州道行軍総管と為し、欽州刺史の寧長真・驩州刺史の李暈・開府の秦雄の歩騎萬餘及び犯罪者数千人を率ゐ之を撃つ。其の王梵志其の徒を率ゐ巨象に乗りて戦ふに、方の軍利あらず。方は是に於て多く小坑を掘り、草もて其の上を覆ひ、因りて兵を以て之を挑ふ。梵志衆を悉くして陣し、方戦ひに与し、偽りて北す、梵志之を逐ひ、坑所に至り、其の衆、多く陥ち、転じて相驚駭し、軍遂ひに乱る。方、兵を縦《ほしいまま》に之を撃ち、大いに之を破る。頻りに戦ふも輒ち敗れ、遂ひに城を棄てて走る。方、其の都に入り、其の廟主一八枚を獲るに、皆金を鋳て之を為る、蓋し其の有国の一八葉なり。方、師を班し、梵志其の故地を復し、使を遣はし謝罪し、是に於て朝貢絶えず。

（2）『資治通鑑』巻一八〇大業元年正月

高祖之末、群臣有言林邑多奇宝者。時天下無事、劉方新平交州、乃授方驩州道行軍総管、経略林邑、方遣欽州刺史等以歩騎萬餘出越裳、方親帥大将軍張愻等以舟師出比景、是月、軍至海口。

高祖の末、群臣、林邑に奇宝多きを言ふ者有り。時に天下無事にして、劉方、新に交州を平ぐ。乃ち方を驩州道行軍総管を授け、林邑を経略せしむ。方、欽州刺史等を遣はし歩騎萬餘を以て越裳を出でしめ、［劉］方に親ら大将軍の張愻等を帥ゐ舟師を以て比景に出づ。是月、軍、海口に至る。

（3）『漢魏南北朝墓誌集釈』図版四八二「鄧□墓誌」

大業元年、出除交州道行軍惣管司馬。与河陰公劉方相知、行運奇策、戦敗崐崘之象。浮舡斬赴征、出銅柱之南、砕破百夷之膽、洽伏萬里之外。其五廟金人、七蔵異宝、水陸備載、振旅如還。是使馬援慙其効、伏波愧為神。大業元年、除鄂州司馬。

大業元年（六〇五）、出でて交州道行軍惣管司馬に除せらる。河陰公の劉方と相知り、行きて奇策を運《めぐら》し、戦ひて崐崘の象を敗る。浮舡斬りて赴征し、銅柱の南に出で、百夷の膽を砕破し、萬里の外を洽伏す。其の五廟の金人、七蔵の異宝、水陸に備載し、振旅還るに如《およ》ぶ。是れ馬援をして其の効を慙ぢらせ、伏波、愧《はぢ》て神と為さしむ。大業元年、鄂州司馬に除せらる。

20　楊素造宅（186）

［杜宝大業拾遺録］又曰、尚書令楊素、大業中、東都宅造沈香堂甚精麗。新泥堂訖、閉之三月、後開視、四壁並為新血所洒、腥気触人。（巻九八二香部「沈香」）

杜宝の「大業拾遺録」に又曰はく、尚書令の楊素、大業中、東都の宅に沈香堂を造るに甚だ精麗なり。新に堂を泥し訖り、之を閉ぢること三月、後に開きて視るに、四壁並びに新血の洒ぐ所と為り、腥気人に触れる。

この記事は「続談助」本『大業雑記』の「楊素造宅」（整理番号83）と関連する。

21　楼闕芝（187）

杜宝大業拾遺録曰、［大業］七年六月、東都永康門内会昌門東、生芝草百二十茎。散在地、周十歩許。紫茎白頭、或白茎黒頭、或有枝、或無枝、亦有三枝、如古出字者。地内根並如綿、大相連着。乾陽殿東、東上閣前槐樹上、生芝九茎、共本相扶而生、中茎最長、両辺八茎、相次而短、有如楼閣、甚潔白。武賁郎将段文操留守、画図表奏。（巻九八六薬部二「芝」下）

杜宝の「大業拾遺録」に曰はく、大業七年（六一一）六月、東都の永康門の内・会昌門の東に芝草一二〇茎を生ず。地に散在し、周りは一〇歩許《ばか》りなり。紫茎白頭、或いは白茎黒頭、或いは枝有り、或いは枝なし、亦三枝有り、古の「出」字の如きもの有り。地内の根は並びに綿の如し、大いに相連着す。乾陽殿の東、東上閤前の槐樹の上、芝九茎を生じ、本《もと》を共にし相扶けて生じ、中茎は最長にして、両辺の八茎相次いで短く、楼閣の如き有り、甚だ潔白なり。武賁郎将の段文操留守たりて、図を画き表奏す。

三　『重較説郛』所引の『大業拾遺録』

『重較説郛』弓五九には、『大業拾遺録』の記事七条を所収する。この七条の記事は『太平御覧』と比較して、量的に少ないから『大業拾遺録』の逸文を集めたものであろう。

1　都念子（188）

南海郡送都念子樹一百株、勅付西苑十六院内種。此樹高一丈許、葉如白楊、枝柯長細。花餘色、葉正赤、似蜀葵而大。其子小于柿子。甘酸至美、蜜漬為粽、益隹（隹は佳？）。

南海郡。都念子樹一〇〇株を送り、勅して西苑に付し一六院内に種ゑしむ。此の樹高さ一丈許りにして、葉は白楊の如く、枝柯は長く細し。花は餘色にして、葉は正赤、蜀葵に似て大なり。其の子は柿子より小なり。甘酸至美なりて、蜜漬して粽と為せば、益ます佳し。

2　需支（189）

需支夫善耕、婦人善織。以五色絲、稍内口中、両手引而結之、則成文錦。丈人多勤稼、一日耡十餘頃之地。

需支の夫耕を善くし、婦人織を善くす。五色の絲を以て、稍やう口中に内《い》れ、両手もて引きて之を結び、則ち文錦を成す。丈人多力にして稼に勤め、一日に十餘頃の地を耡く。

『太平御覧』巻八二二資産部二「耕」に同様の記事がある。

拾遺録曰、需支夫善耕、婦人善織、以五色絲、稍内口中、両手引而結之、則成文錦。丈夫多力勤稼、一日耡十頃之地。

『重較説郛』は右の記事を『大業拾遺録』の記事とするが、右に示したように『太平御覧』巻八二二資産部二耕に同文があって、出典を単に『拾遺録』とする。『拾遺録』には王子年の『拾遺記』（『拾遺録』）を始めとして、謝綽の『拾遺録』等があり、『拾遺録』とあれば、直ちにそれは『大業拾遺録』とするわけにはいかない。王子年の『拾遺記』巻二周の成王五年の条に、

五年、有因祇之国、去王都九萬里、献女工一人。体貌軽潔、被纖羅雑繡之衣、長袖修裾、風至則結其衿帯、恐飄飄不能自止也。其人善織、以五色絲、内於口中、手引而結之、則成文錦。其国人来献、有雲崑錦、文似雲従山岳中出也。有列堞錦、文似雲霞覆城雉楼堞也。有雑珠錦、文似貫珠佩也。有篆文錦、文似大篆之文也。有列明錦、文似羅列灯燭也。幅皆広三尺。其国丈夫勤於耕稼、一日鋤十頃之地。又貢嘉禾、一茎盈車。故時俗四言詩曰、力勤十頃、能致嘉穎。

五年、因祇の国有り、王都を去る九萬里、女工一人を献ず。体貌軽潔にして、織羅雑繍の衣を被る、長袖にして裾を修め、風至れば則ち其の衿帯を結び、飄飄として自ら止る能はざるを恐るなり。其の人織を善くし、五色絲を以て口中に内れ、手もて引きて之を結び、則ち文錦を成す。其の国人来献するに、雲崑錦有り、文は雲従山の岳中に出すに似るなり。列堞錦有り、文は雲霞覆城の雉楼堞に似るなり。雑珠錦有り、文は貫珠佩に似るなり。篆文錦有り、文は大篆の文に似るなり。列明錦有り、文は羅列灯燭に似るなり。幅皆広さ三尺なり。其の国の丈夫耕稼に勤め、一日一〇頃の地を鋤く。又嘉禾を貢し、一茎車に盈つ。故に時俗の四言詩に曰はく、「一〇頃を力勤し、能く嘉穎を致す」と。

とある。この記事を節略すれば『太平御覧』の記事のようになるのである。『重較説郛』は王子年の『拾遺記』から抜粋したのではなく、『太平御覧』の記事を引用したものであろう。

右のように『太平御覧』所引の『拾遺録』と『重較説郛』所引の『大業拾遺録』の記事が一致する事実は、両者は本来、同一史料源であることを示すものであり、『太平御覧』と『重較説郛』の『大業拾遺録』を比較すると前者に信頼性がある。また、記事の内容も大業年間の史実と関係がないものであるから、右の記事は『大業拾遺録』の記事でないと想定できる。その記事が『重較説郛』の『大業拾遺録』において一項目として存在する事実は、『重較説郛』の『大業拾遺録』は『大業拾遺録』という書の残闕本ではなく、書々にみえた『拾遺録』の逸文を集めた輯本であり、右の『太平御覧』の「拾遺録」を『大業拾遺録』と誤断した結果、生じたことを物語るものである。右の記事は『大業雑記』『大業拾遺録』と何ら関係のない記事としなければならない。

隋煬［帝］、玉薤、得胡人法造。

隋の煬帝、玉薤《かい》、胡人の法造を得る。

4　弄潮（191）

淝河岸上、亦有子胥廟、毎朝暮潮時、淝河之水、亦鼓怒而起、至其廟前。高一尺広十餘丈。食頃乃定、与銭唐湖水相応。

淝河の岸上《ほとり》、亦子胥廟有りて、朝暮の潮時毎に、淝河の水、亦鼓怒して起き、其の廟前に至る。高さ一尺・広さ十餘丈、食の頃乃ち定まる。銭唐湖の水と相応ず。

参考史料

（1）『太平広記』巻二九一伍子胥

伍子胥累諫呉王、賜属鏤剣而死。臨終、戒其子曰、懸吾首於南門、以観越兵来、以鮧魚皮裹吾尸、投於江中、吾当朝暮乗潮、以観呉之敗。自是自海門山、潮頭洶高数百尺、越銭塘漁浦、方漸低小、朝暮再来。其声震怒、雷奔電走百餘里。時有見子胥乗素車白馬在潮頭之中、因立廟以祠焉。廬州城内淝河岸上、亦有子胥廟、毎朝暮潮時、淝河之水、亦鼓怒而起、至其廟前。高一二尺、広十餘丈、食頃乃定。俗云、与銭塘潮水相応焉。出銭塘志

伍子胥累《しきり》に呉王を諫め、属鏤剣を賜はりて死す。終りに臨み、其の子に戒めて曰はく、「吾が首を南門に懸けよ、以て越兵の来るを観ん、鮧魚の皮を以て吾が尸を裹み、江中に投ぜよ、吾まさに朝暮潮に乗り、以て呉の敗るるを観るべし」と。是れより海門山より、潮頭高さ数百尺に洶《わきあが》り、銭塘の漁浦を越え、方に漸やう低小となり、朝暮再び来る。其の声震怒し、雷奔り電走ること百餘里なり。時として子胥の素車・白馬に乗り潮頭の中に在る

を見ること有り、因りて廟を立て以て祠る。廬州城内・淝河の岸上《ほとり》、亦子胥廟有りて、朝暮の潮の時毎《ごと》に、淝河の水、亦鼓怒して起き、其の廟前に至る。高さ一、二尺、広さ十餘丈、食の頃乃ち定まる。俗に云ふ、銭塘と潮水相応ずと。「銭塘志」に出づ

（2）『元和郡県図志』巻二五江南道一杭州銭塘県

江濤毎日昼夜再上。常以月十日二十五日最小、月三日十八日極大。小則水漸張不過数尺、大則濤湧高至数丈。毎年八月十八日、数百里士女共観、舟人漁子、泝濤触浪、謂之弄潮。

江濤は毎日昼夜再上す。常に月一〇日・二五日を以て最小、月三日・一八日は極大なり。小なれば則ち水漸《しだい》に張り数尺に過ぎず、大なれば則ち濤湧き高さは数丈に至る。毎年八月一八日、数百里の士女共に観、舟人漁子、濤に泝《むか》ひ浪に触《あた》る、之を弄潮と謂ふ。

5　曲阿（192）

曲阿。秦時名雲陽。太史云、東南有天子気、在雲陽之間。故鑿此崗、令曲而阿、因名。

曲阿。秦の時に雲陽と名づく。太史云ふ、「東南に天子の気有り、雲陽の間に在り」と。故に此の崗を鑿ち、曲げて阿《をか》ならしめ、因りて名づく。

参考史料

（1）『後漢書』郡国志四呉郡

由拳。左伝曰越敗呉於檇李。杜預曰県南酔李城也。干宝捜神記曰、秦始皇東巡、望気者云、五百年後、江東有天子氣。始皇至、令囚徒十萬人、堀汙其地、表以悪名、故改之曰由拳県。

由拳。「左伝」に曰はく「越は呉を檇李に于て敗る」と。杜預曰はく「県南の酔李城なり」と。干宝の「捜神記」に曰はく、「秦始皇東巡し、気を望む者云ふ、『五〇〇年後、江東に天子の気有り』と。始皇至り、囚徒一〇萬人をして、其の地表を堀汙し、以て悪名を表し、故に之を改め由拳県と曰ふ」と。

（2）『藝文類聚』巻六地部「岡」

地理志曰、秦望気者云、東南有天子気。使赭衣徒鑿雲陽県北岡、改名曲阿。

「地理志」に曰はく、秦の気を望む者云ふ、「東南に天子の気有り」と。赭衣の徒をして雲陽県の北岡を鑿ち、名を曲阿と改む。

（3）『元和郡県図志』巻二五潤州

丹陽県、望。西北至州六十四里。本旧雲陽県地。秦時望気者云、有王気。故鑿之以敗其勢、截其直道、使之阿曲、故曰曲阿。

丹陽県、望。西北して州に至る六四里。本旧《もと》の雲陽県の地なり。秦の時気を望む者云ふ、「王気有り」と。故に之を鑿ち以て其の勢を敗り、其の直道を截ち、之をして阿曲せしむ、故に曲阿と曰ふ。

6　合浦郡牛（193）

合浦［郡］徐聞県、多牛。其項上有特骨、大如覆斗、日行三百里。

合浦郡の徐聞県、牛多し。其の項上に特骨有り、大なること覆斗の如くにして、日に行くこと三〇〇里なり。

参考史料

（1）『爾雅』巻下「牛属」

犘牛犦牛犤牛犩牛犣牛犝牛犑牛。犘音麻。郭云、出巴中、重千斤。犦音雹。郭云、即犎牛也。領上肉犦胅起、高二尺許、如橐駝肉一辺健者日行三百里、今交州合浦徐聞縣出此牛。

犘牛・犦牛・犤牛・犩牛・犣牛・犝牛・犑牛。犘の音は麻。郭云はく、「巴中に出で、重さ千斤」と。犦の音は雹。郭云はく、「即ち犎牛なり。領上肉犦胅起、高さ二尺許《ばか》り、如橐駝肉一辺健なるものは日に行くこと三〇〇里、今交州・合浦の徐聞縣此の牛を出す。

（2）『初学記』巻二九獣部牛第五叙事

犦涌角反牛、一曰犎牛。有赤豹封牛周留水牛、毛青腹大、状似猪。有牧牛、項上堆肉大如斗、似馲駞、日行三百里。出徐門（聞）。有犤牛、猶庳小。今謂之稷牛、又呼果下牛。出広州高涼郡。

犦涌角反牛、一に犎牛と曰ふ。赤豹封牛・周留水牛有り、毛は青く腹は大、状は猪に似る。牧牛有り、項上の堆肉大なること斗の如く、馲駞に似て、日行くこと三〇〇里なり。徐聞より出づ。犤牛有り、猶ほ庳小なり。今之を稷牛と謂ひ、又果下牛と呼ぶ。広州高涼郡に出づ。

（3）『太平御覧』巻八九八獣部一〇牛上

広志曰、有靡犘馬象切牛、出巴中、［重］千斤。犦蒲角切牛、一曰犎牛、有赤豹封牛、水牛毛青腹大、状似猪。有牧牛、項上堆肉大如斗、似橐駝、日行三百里。犤音皮牛猶庳小、今謂之稷牛、又呼果下牛。出広州高涼郡。

「広志」に曰はく、靡犘牛有り、巴中に出で、重さ千斤。犦牛、一に犎牛と曰ひ、赤豹封牛有り、水牛、毛は青・腹は大にして、状は猪に似たり。牧牛有り、項上堆肉大なること斗の如く、橐駝に似、日行三〇〇里なり。犤牛猶ほ庳小にして、今之を稷牛と謂ひ、又果下牛と呼ぶ。広州高涼郡に出づ。

（4）『輿地紀勝』巻一一八雷州「景物上」犦牛

犦牛。元和志云、〔合浦郡〕海康県、其地多牛。項上有骨、大如覆斗。日行三百里。爾雅所謂犦牛也。

犦牛。「元和志」に云ふ、合浦郡海康県、其の地牛多し。項上骨有り、大なること覆斗の如きなり。日に行くこと三〇〇里なり。「爾雅」の所謂「犦牛」なり。

7　九飣牙盤（194）

隋煬〔帝〕、諸郡進食、用九飣牙盤。又有鏤金鳳蟹、為食品第一。

隋の煬帝のとき、諸郡食を進むに、九飣《てい》牙盤を用ふ。又鏤金鳳蟹有り、食品の第一と為す。

参考史料

（1）『食珍録』（『重較説郛』弓九五）
煬帝御厨用九飣牙盤食。

煬帝の御厨、九飣牙盤食を用ふ。

（2）『膳夫録』（『重較説郛』弓九五）牙盤食
御厨進饌用九飣牙盤食。

御厨、饌を進むるに九飣牙盤食を用ふ。

（3）『南部新書』壬集
御厨進饌、凡器用有少府監進者、九飣食。以牙盤九枚、装食味其間、置上前、亦謂之看食見。……

御厨の進饌、凡そ器用は少府監に有り進むものは、九飣食なり。牙盤九枚を以て、食味を其の間に装ひ、上の前に置く、亦之を看食見と謂ふ。……

（4）『太平広記』巻二三四御厨

御厨進饌、凡器用有少府監進者、用九飣食。以牙盤九枚、装食味于其間、置上前、亦謂之看食見。……出盧氏雑説

御厨の進饌、凡そ器用、少府監に有りて進むものは、九飣食を用ゐ、牙盤九枚を以て、食味を其于の間に装ひ、上の前に置く、亦之を看食見と謂ふ。……「盧氏雑説」に出づ

参考史料をみると、「九飣牙盤」はどうも唐代の記事であり、『盧氏雑説』が出典であるらしく、『大業拾遺録』が出典とするには無理がある。

四　『事類賦』所引の『大業拾遺録』

1　鱸魚乾膾（195）

大業拾遺録曰、［大業］六年、呉郡献松江鱸魚乾膾。鱸魚肉白如雪、不腥。所謂金齏《せい》玉鱠、東南之佳味也。（巻二九鱗介部二魚の「爾其金齏《せい》玉膾」の註）

「大業拾遺録」に曰ふ、大業六年（六一〇）、呉郡、松江の鱸魚の乾膾を献ず。鱸魚の肉白きこと雪の如く、腥ならず。所謂、金齏《せい》玉鱠、東南の佳味なり。

2　仲思棗（196）

大業拾遺録曰、信都献仲思棗。長四寸、紫色、細文、核肥有味。（巻二六果部・棗の「仲思紫実」の註）

「大業拾遺録」に曰はく、信都、仲思棗を献ず。長さ四寸、紫色、細文、核は肥え味有り。

五　『古今合璧事類備要』所引の『大業拾遺録』

桂蠹（197）

事類。献蠹。文帝賜尉佗書衣物、佗因使者献桂蠹一器。漢書。桂蠹紫色、香辛有味、噉之去陰痰之疾。大業拾遺録（別集巻九三蟲豸門「蠹」）

事類。献蠹。文帝は賜尉佗に書・衣物を賜ひ、佗は使者に因り桂蠹一器を献ず。「漢書」。桂蠹は紫色にして、香辛味有り、之を噉《くら》へば陰痰の疾を去る。「大業拾遺録」

六　『新編古今事文類聚』所引の『大業拾遺録』

桂蠹（198）

文帝賜尉佗書衣物、佗因使者献桂蠹一器。漢書。桂蠹、紫色香辛、有味、噉之去陰痰之疾。大業拾遺録（後集巻四九蟲豸門「献桂蠹」）

文帝は尉佗に書・衣物を賜ひ、佗は使者に因り桂蠹一器を献ず。「漢書」。桂蠹、紫色にして香辛、味有り、之を噉へば陰痰の疾を去る。「大業拾遺録」

七　まとめ

宋元時代の諸書に引用される『大業拾遺録』の記事を示した。このうち『太平御覧』所引の『大業拾遺録』の記事は、初見の記事もあるが、第二章に示した『大業雑記』の記事と一致するものもある。『太平御覧』は同一の『大業拾遺録』から記事を採用し、上記の結果となり、『大業雑記』と一致する記事があるから、初見の記事も『大業雑記』の記事と考えてよい。『古今合璧事類備要』と『古今事文類聚』に引く「桂蠹」の記事は、『太平御覧』に引く『大業拾遺録』にみえるから、『大業雑記』に存在した記事と考えてよい。

問題となるのは、『重較説郛』所引の『大業拾遺録』である。「都念子」は『太平御覧』に引く『大業拾遺録』に記事があるから、『大業雑記』にあった記事と認めてよいが、他の記事の「需支」「玉薤」「弄潮」「曲阿」「合浦郡牛」「九飣牙盤」は『大業雑記』の記事と認定する根拠がない。『重較説郛』が恣意的に他書から引用し、『大業拾遺録』の記事としたものであろう。

第二節 『大業拾遺記』所引の逸文

一 はじめに

宋代の類書や筆記類には『大業拾遺記』という書名が散見し、その内容が『大業雑記』と『大業拾遺録』の記事と一致する場合があるから、『大業拾遺記』は『大業雑記』や『大業拾遺録』の別名書であると判断される。前節までに示した記事と『大業拾遺記』の記事が一致すれば問題はないのであるが、『大業拾遺記』に新出する記事の場合は『大業雑記』の逸文と軽々に判断できない。それは顔師古の撰になるという『南部烟花記』も『大業拾遺記』という別名を有しており、『大業拾遺記』の記事がすべて『大業雑記』の逸文とすることはできないからである。

二 『太平御覧』所引の『大業拾遺記』

附子（199）

大業拾遺記曰、汾陽宮所。甚出名薬数十種。附子天雄、並精好堪用。（巻九九〇薬部附子）

「大業拾遺記」に曰はく、汾陽の宮所、甚だ名薬数十種を出す。附子・天雄、並びに精好にして用ふに堪ふ。

この記事は他に類似する記事がなく、『大業雑記』の逸文と判断する積極的な根拠はない。しかし、「汾陽宮」の記事が『大業雑記』にあること、また、この「附子」の記事が穏当な内容であり、以下に述べるように『大業拾遺記』は『大業雑記』の別名であることから判断して、「附子」の記事は『大業雑記』の逸文と考えてよいと思う。

三　『太平広記』所引の『大業拾遺記』

1　法喜法師（200）

隋煬帝時、南海郡送一僧。名法喜。帝令宮内安置。於時内造一堂新成、師忽升堂観看、因驚走下堦、廻顧云、幾圧殺我。其日中夜、天大雨、堂崩、圧殺数十人。其後又於宮内環走、索羊頭、帝聞而悪之、以為狂言、命鏁著一室。数日、三衛于市見師、還奏云、法喜在市内慢行。勅責所司、検験所禁之処、門鏁如旧。守者亦云、師在室内。於是開戸入室、見袈裟覆一叢白骨、鏁在項骨之上。以状奏聞、勅遣長史王恒験之、皆然。帝由是始信非常之人也。勅令勿驚動、至日暮、師還室内、或語或笑。守門者奏聞。勅所司脱鏁、放師出外、随意所適、有時一日之中、凡数十処斎供、師皆赴会、在在見之、其間亦飲酒噉肉。俄而見身有疾、常臥牀。去薦蓆、令人於牀下鋪炭火、甚熱、数日而命終。火炙半身、皆焦爛。葬于香山寺。至大業四年、南海郡奏云、法喜見還在郡。勅開棺視之、則無所有。

出大業拾遺記（巻九一「法喜」）

隋の煬帝の時、南海郡は一僧を送る。名は法喜なり。帝、宮内に安置せしむ。時に内に一堂を造り新に成るに、師忽ち堂に升り観看し、因りて驚き下堦に走り、廻顧して云ふ、「幾《まさ》に我を圧殺せんとす」と。其の日の中夜、天は大雨にして、堂崩れ、数十人を圧殺す。其の後又宮内に於て環り走り、羊頭を索《ちら》す。帝聞きて之を悪み、以て狂言と為し、命じて鏁し一室に著けしむ。数日して、三衛、市に師を見、還り奏して云はく、「法喜市内に在りて慢行す」と。勅して所司を責め、所禁の処を検験すに、門鏁旧《もと》の如し。守者亦云はく、「師室内に在り」と。是に於て戸を開き室に入るに、袈裟の一叢の白骨を覆ひ、鏁は項骨の上に在るを見る。状を以て奏聞し、勅して長史の王恒を遣はし之を験ぶに、皆然りなり。帝、是より始めて非常の人なるを信ずなり。勅して驚動すること勿らしむ。日暮れに至り、師室内に還り、或いは語り或いは笑ふ。守門の者奏聞す。所司に勅し鏁を脱がしめ、師を放ち外に出す。随意所適。有る時は一日の中、凡そ数十処の斎供、師皆会に赴き、在在之を見、其の間亦酒を飲み肉を噉《くら》ふ。俄かにして見身疾有り、常に牀に臥す。薦蓆を去り、人をして牀下に於て炭火を鋪かしむに、甚だ熱し。数日して命終る。火半身を炙り、皆焦爛す。香山寺に葬る。大業四年に至り、南海郡奏して云はく「法喜還して郡に在りを見る」と。勅して棺を開かしめ之を視るに、則ち有る所無し。「大業拾遺記」に出づ

参考史料

（1）『神僧伝』巻五（『大正新脩大蔵経』巻五〇史伝部二所収）

釈法喜、南海人也。形容寝陋、短弱迂疎、可年四十許人。嶺表耆老咸言、児童時見識之、顔貌如今無異。蛮蜑間相伝云、已三百歳矣。亦自言旧識廬山遠法師、説晋宋朝事、歴歴如信宿前耳。平素時、悄默無語、語必含深意。吉凶之徴、有如影響。人亦不欲与喜相見。懼直言災悪。忤逆意也。陳朝馬静為広州刺史、方上任。喜直入州。上庁事画地作馬頭形、以示其子而去。静本名族多武略。到州行部、従甲士数萬、旌旗剣戟、以威辺徼。其侈僭過度、被人誣告謀反。帝使臨汝侯按之、[以] 利其財産、擒而斬之。此画地之明効也。喜之先見皆此類。煬帝聞之、取来揚州。帝令宮内安置、于時内造一堂新成。師忽升堂観看、因驚走下階、迴顧云、幾圧殺我。其日中夜、天大雨、堂崩、圧殺数十人。其後又於宮内環走、索羊頭。帝聞而悪之、以為狂言、命鏁著一室。数日、三衛於市見喜担率

遊行。還奏云、法喜在市。勅責所司、検験所禁之処、門鎖如旧。守者亦云、師在室内。於是開戸入室、見袈裟覆一聚白骨、鎖在項骨之上。以状奏聞、勅遣長史王恒験之、皆然。帝由是始信非常之人也。勅令勿驚動。至日暮、師還室内、或語或笑。守門奏聞、勅所司脱鎖、放師出外。随意所適。其後、帝遇弑於江都、方悟索羊頭之験。有時一日之中、凡数十処斎供、師皆赴会、在在見之。其間亦飲酒噉肉。俄而見身有疾、常臥床。去薦蓆、令人於床下鋪炭火、甚熱。数日而命終。火炙半身、皆焦爛。葬於香山寺。至大業四年、南海郡奏云、法喜師見還在郡。勅遣開棺視之、則無所有。

釈法喜は南海の人なり。形容寝陋にして、短弱迂疎、年四〇許《ばか》りの人なるべし。嶺表の耆老咸《みな》言ふ、「児童の時之を見識するに、顔貌今の如く異なる無し」と。蛮蜑《たん》の間、相伝へて云ふ、「已に三〇〇歳なり」と。亦自ら盧山の遠法師を旧識するを言ひ、晋宋朝の事を説き、歴歴として信宿前の如きのみ。平素の時、悄黙にして語なし、語れば必ず深意を含む。吉凶の徴、影響に如《し》く有り。人亦喜と相見えるを欲さず。災悪を直言し、逆意に忤ふを懼るなり。陳朝の馬静、広州刺史と為り、方に任に上る。喜直ちに州に入り、庁事に上り地に画いて馬頭形を作し、以て其の子に示して去る。静は本もと名族にして武略多し。州に到り部に行くに、甲士数萬・旌旗剣戟を従へ、以て辺徼を威す。其の侈僭度を過、人に謀反を誣告せらる。帝は臨汝侯をして之を按ぜしめ、其の財産を利《むさぼ》るを以て、擒へて之を斬る。此れ地に画くの明効なり。喜の先見皆此の類なり。煬帝之を聞き、取りて揚州に来らしむ。帝は宮内に安置せしむに、時に内に一堂を造り新に成る。師忽ちに堂に升り観看し、因りて驚き下階に走り、迴顧して云ふ、「幾《まさ》に我を圧殺せんとす」と。其の日夜に中《あた》り、天大雨ふり、堂崩れ、数十人を圧殺す。其の後又宮内に環走し、羊頭を索《ちら》す。帝聞きて之を悪み、以て狂言と為し、命じて鏁し一室に著く。数日して、三衛、市に於て喜の担率遊行を見る。還りて奏して云ふ、「法喜、市内に在り」と。勅して所司を責め、所禁の処を検験すに、門鎖旧《もと》の如し。守者亦云はく、「師室内に在り」と。是に於て戸を開き室に入るに、袈裟の一聚の白骨を覆ひ、鎖は項骨の上に在り。状を以て奏聞し、勅して長史の王恒を遣はし之を験ぶに、皆然りなり。帝、是より始めて非常の人なるを信ずるなり。勅して驚動すること勿らしむ。日暮れに至り、師室内に還り、或いは語り或いは笑ふ。守門の者奏聞し、所司に勅し鎖を脱がしめ、師を放ち外に出す。随意所適。其の後、帝江都に弑せらるに遇ひ、方に羊頭を索《ちら》すの験を悟る。有る時は一日の中、凡そ数十処の斎供、師皆会に赴き、在在之を見る。其の間亦酒を飲み肉を噉ふ。俄かにて見身疾有り、常に牀に臥す。薦蓆を去り、人をして牀下に於て炭火を鋪かしむに、甚だ熱し。数日して命終る。火半身を炙り、皆焦爛す。香山寺に葬る。大業四年に至り、南海郡奏して云はく「法喜見還して郡に在り」と。勅して棺を開かしめ之を視るに、則ちある所なし。

（2）『仏祖歴代通載』巻第一〇煬帝

神僧法喜者、貌寝陋、年若四十許。嶺表父老咸言、児時見之、談晋宋間事、歴歴可聴。又自言、嘗従東林遠公游。語黙不常、然皆為吉凶之兆。煬帝幸維揚（雒陽）、聞其有異召之。俄一日遶宮中、遍索羊頭。帝悪之、以付廷尉、手足銀鐺、禁衛甚厳。喜日丐于市、飲食自若。有司以聞、帝命按視、封鑰如故。及啓戸視之、唯見袈裟覆黄金骨、骨皆連鎖。遽以白帝、勅長安（長史）王恒覆実如状。詔以香泥樹骨塑之、是夕喜以泥像起行、言笑如故。遂釈其禁。未幾示疾、命嘗所善者、去其薦、置身簣上。下以熾炭炙之数日、半身紅爛即死。葬之香山寺側。後数歳、有自海南帰者、見喜無恙。其人発其塚視之、唯空棺爾。計是時喜已三百餘歳矣。及煬帝於江都遇弑、方悟喜索羊頭之験云。

神僧の法喜、貌は寝陋にして、年四〇許《ばか》りの若きなり。嶺表の父老咸言ふ、「児の時之を見、晋宋間の事を談り、歴歴として聴く可し」と。又自ら言ふ、「嘗て東林の遠公に従ひ游ぶ」と。語黙して常ならず、然りて咸吉凶の兆を為す。煬帝維揚（雒陽・洛陽）に幸し、其の異あるを聞き之を召す。俄かに一日宮中を遶り、遍ねく羊頭を索《ちら》す。帝之を悪み、以て廷尉に付し、手足銀鐺し、禁衛甚だ厳なり。喜は日々市に丐《ものごひ》し、飲食自若たり。有司以聞し、帝命じて按視せしむるに、封鑰故の如し。戸を啓き之を視るに及ぶに、唯だ袈裟黄金骨を覆ふを見るのみにして、骨皆連鎖す。遽《にはか》に以て帝に白し、長史の王怛に勅して実を覆せしめるに状の如し。詔して香泥を以て骨を樹て之を塑せしめるに、是の夕べ、喜、泥像を以て起行し、言笑故の如し。遂ひに其の禁を釈す。未だ幾ばくもなく疾を示し、命じて嘗て善とする所の者、其の薦を去り、身を簀上に置く。下は熾炭を以て之を炙ること数日、半身紅爛して即ち死す。之を香山寺の側に葬る。のち数歳して、海南より帰る者有り、喜の恙なきを見る。其の人其の塚を発いて之を視るに、唯だ空棺のみ。計るに是の時、喜は已に三百餘歳なり。煬帝の江都に於て弑に遇ふに及び、方に悟喜の索羊頭の験を悟ると云ふ。

（3）『仏祖統記』巻三九法運通塞志第一七之六煬帝

帝幸維揚（雒陽）、召神僧法喜入見。一日遶宮中、索羊頭。帝悪之、以付廷尉、禁衛甚厳。而有司見其日匃於市、上命案之、見袈裟覆黄金鎖骨。詔以香泥塑其形、是夕泥像起行、言笑如故。上異之、詔釈其禁。未幾示疾而終、葬之香山。後数歳、自海南帰者、見師殊無恙、発其冢視之、唯空棺焉。及煬帝遇害江都、方悟索羊頭之先識。

帝、雒陽に幸し、神僧の法喜を召し入見せしむ。一日宮中を遶り、羊頭を索《ちら》す。帝之を悪み、以て廷尉に付し、禁衛すること甚だ厳なり。而して有司は其の日、市に匃《さわ》ぐを見、上命じて之を案ぜしむに、袈裟の黄金の鎖骨を覆ふを見る。詔して香泥を以て其の形を塑すに、是の夕、泥像起行し、言笑は故の如し。上之を異とし、詔して其の禁を釈す。未だ幾ばくもなく疾を示《つ》げて終り、之を香山に葬る。のち数歳して、海南より帰る者、師の殊だ恙なきを見、其の冢を発《あば》いて之を視るに、唯だ空棺のみ。煬帝江都に害に遇ふに及び、方に羊頭を索《ちら》すの先識を悟る。

2　耿詢（201）

隋大業中、耿詢造渾儀成、進之。帝召太史令袁充少府監何稠等検験、三辰度数、昼夜運転、毫釐不差。帝甚嘉之、賜物一百段、欲用為太史令。詢聞之、笑曰、詢故未得此官、六十四五、所不論耳。然得太史令即命終。後宇文化及簒逆、詢為太史令。詢知化及不識、謀欲帰唐、事覚被害。時年六十五。観詢之藝能数術、蓋亦張衡郭璞之流。

出大業拾遺記（巻一四六「耿詢」）

隋の大業中、耿詢、渾儀を造り成りて、之を進む。帝、太史令の袁充・少府監の何稠らを召し検験せしむに、三辰の度数、昼夜の運転、毫釐も差《たが》はず。帝甚だ之を嘉し、物一〇〇段を賜ひ、用ゐて太史令と為さんと欲す。詢之を聞きて、笑ひて曰はく、「詢故さらに未だ此の官を得ず、六四、五、論ぜざるところのみ。然るに太史令を得て即ち命終らん」と。宇文化及の簒逆の後、詢、太史令と為る。詢、化及の不識を知り、謀りて唐に帰せんと欲し、事覚かれ害に被ふ。時に年六五。詢の藝能・数術を観るに、蓋し亦張衡・郭璞の流なり。「大業拾遺記」に出づ

3　水飾図経（202）

煬帝別勅学士杜宝修水飾図経十五巻。新成、以三月上巳日、会群臣於曲水、以観水飾。有神亀負八卦出河、進於伏犧。黄龍負図出河、玄亀銜符出洛、太鱸魚銜籙図出翠嬀之水、並授黄帝。黄帝斎於玄扈。鳳鳥降於洛上。丹甲霊亀銜書出洛授蒼頡。堯与舜坐舟於河。鳳凰負図、赤龍載図出河、並授堯。龍馬銜甲文出河授舜。堯与舜遊河、

値五老人。堯見四子於汾水之陽。舜漁於雷沢、陶於河浜、黄龍負黄符璽図出河授舜。舜与百工相和而歌。魚躍於水、白面長人而魚身、捧河図授禹、舞而入河。禹治水。応龍以尾画地、導決水之所出。鑿龍門踈河。禹過河。黄龍負舟、玄夷蒼水使者授禹山海経。遇両神女於泉上。帝天乙観洛。黄魚双躍、化為黒玉赤文。姜嫄於河浜履巨人之跡。棄后稷於寒冰之上、鳥以翼薦而覆之。王坐霊沼、於牣魚躍。太子発度河。赤文白魚躍入王舟。武王渡孟津、操黄鉞以麾陽侯之波。成王挙舜礼、栄光幕河。穆天子奏鈞天楽於玄池、猟於澡津、獲玄貉白狐、觴西王母於瑶池之上。過九江、黿亀為梁。塗脩国献昭王青鳳丹鵲、飲於浴渓。王子晋吹笙于伊水、鳳凰降。秦始皇入海、見海神。漢高祖隠芒碭山沢、上有紫雲。武帝泛楼船於汾河、遊昆明池、去大魚之鉤。遊洛、水神上明珠及龍髄。漢恒帝遊河、値青牛自河而出。曹瞞浴譙水、撃水蛟。魏文帝興師、臨河不済。杜預造河橋成、晋武帝臨会、挙酒勧預。五馬浮渡江、一馬化為龍。仙人酌醴泉之水。金人乗金船。蒼文玄亀銜書出洛、青龍負書出河、並進於周公。呂望釣磻渓、得玉璜、又釣卞渓、獲大鯉魚、腹中得兵鈐。斉桓公問愚公名。楚王渡江得萍実。秦昭王宴於河曲、金人捧水心剣造之。呉大帝臨釣台望葛玄。劉備乗馬渡檀渓。澹台子羽過江、両龍夾舟。淄丘訴与水神戦。周処切蛟。屈原遇漁父。卞随投潁水。許由洗耳。趙簡子値津吏女。孔子値河浴女子。秋胡妻赴水。孔愉放亀。荘恵観魚。鄭弘樵径還風。趙炳張蓋過江。陽谷女子浴日。屈原沈汨羅水。巨霊開山。長鯨呑舟。若此等総七十二勢、皆刻木為之。或乗舟、或乗山、或乗平洲、或乗盤石、或乗宮殿。木人長二尺許、衣以綺羅、装以金碧。及作雑禽獣魚鳥、皆能運動如生、随曲水而行。又間以妓航、与水飾相次。亦作十二航、航長一丈、闊六尺、木人奏音声、撃磬撞鐘、弾箏鼓瑟、皆得成曲。及為百戯、跳剣舞輪、昇竿擲縄、皆如生無異。其妓航水飾、亦雕装奇妙、周旋曲池、同以水機使之、奇幻之異、出於意表。又作小舸子、長八尺、七艘、木人長二尺許、乗此船以行酒。毎一船、一人擎酒盃立於船頭、一人捧酒鉢次立、一人撐船在船後、二人盪漿在中央、遶曲水池、廻曲之処、各坐侍宴賓客。其行酒船、随岸而行、行疾於水飾。水飾行遶池一匝、酒船得三遍、乃得同止。酒船毎到坐客之処、即停住、擎酒木人於船頭伸手、遇酒、客取酒飲訖、還杯、木人受杯、廻身向酒鉢之人、取杓斟酒満杯。船依式自行、毎到坐客処、例皆如前法。此並約岸水中安機、如斯之妙、皆出自黄袞之思。宝時奉勅撰水飾図経、及検校良工図画、既成奏進。勅遣宝共黄袞相知、於苑内造此水飾、故得委悉見之。袞之巧性、古今罕儔。出大業拾遺記（巻二二六「水飾図経」）

煬帝、別勅の学士・杜宝をして「水飾図経」一五巻を修めしむ。新に成り、三月上巳の日を以て、群臣と曲水に会し、以て水飾を観る。神亀は八卦を負ひ河より出で、伏犧に進む。黄龍は図を負ひ河より出で、玄亀は符を銜み洛より出で、太鱸魚は籙図を銜み翠嫣の水より出で、並びに黄帝に授ける。黄帝は玄扈に斎す。鳳鳥は洛上に降りる。丹甲の霊亀は書を銜み洛より出で、蒼頡に授ける。堯は舜と坐して河に舟のり、鳳凰は図を負ひ、赤龍は図に載り河より出で、並びに堯に授ける。龍馬は甲文を銜み河より出で舜に授ける。堯は舜と河に遊び、五老人に値ふ。堯が四子に汾水の陽に見ゆ。舜は雷沢に漁し、河浜に陶《たの》しみ、黄龍は黄符・璽図を負ひ河より出で舜に授ける。舜は百工と相和し歌ふ。魚は水より躍し、白面長人而魚身、河図を捧じ禹に授け、舞ひて河に入る。禹水を治す。応龍は尾を以て地に画き、水の出づる所を導決す。龍門を鑿ち河に疏《とほ》す。禹は河を過ぎ、黄龍舟を負ひ、玄夷蒼水の使者、禹に「山海経」を授ける。両神女に泉上に遇ふ。帝天乙は洛を観る。黄魚双躍し、化して黒玉赤文と為る。姜嫄は河浜に於て巨人の跡を履む。后稷を寒冰の上に棄て、鳥は翼を以て薦めて之を覆ふ。王は霊沼に坐し、魚躍を牣す。太子・発は河を度る。赤文白魚、王舟に躍入す。武王は孟津を渡り、黄鉞を操り以て陽侯の波を麾す。成王は舜礼を挙げ、栄光は河に幕す。穆天子は天楽を玄池に奏鈞し、澡津に猟し、玄貉・白狐を獲る。西王母は瑶池の上に觴す。九江を過ぎ、黿亀は梁と為る。塗脩国は昭王に青鳳・丹鵠を献じ、浴渓に飲む。王子・晋は笙を伊水に吹き、鳳凰降る。秦の始皇海に入り、海神を見る。漢の高祖は芒碭山沢に隠れ、上に紫雲有り。武帝は楼船を汾河に泛べ、昆明池に遊び、大魚の鉤を去る。洛に遊び、水神明珠及龍髄を上る。漢の桓帝は河に遊び、青牛の河より出でるに値ふ。曹瞞、譙水に浴び、水蛟を撃つ。魏の文帝、師を興し、河に臨みて済らず。杜預、河橋を造りて成り、晋の武帝、会に臨んで、挙酒して預に勧む。五馬浮んで江を渡り、一馬化して龍と為る。仙人は醴泉の水を酌む。金人は金船に乗る。蒼文玄亀書を銜み洛より出で、青龍、書を負ひ河より出で、並びに周公に進める。呂望、磻渓に釣り、玉璜を得、又卞渓に釣り、大鯉魚を獲、腹中より兵鈐を得る。斉の恒公、愚公の名を問ふ。楚王、江を渡り萍実を得る。秦の昭王、河曲に宴し、金人は水心剣を捧げ之を造る。呉の大帝、釣台に臨んで葛玄を望む。劉備は馬に乗り檀渓を渡る。澹台子羽江を過ぎ、両龍舟を夾む。淄丘訴は水神と戦ふ。周処は蛟を切る。屈原は漁父に遇ふ。卞随、潁水に投ぐ。許由耳を洗ふ。趙簡子、津吏の女に値ふ。孔子、河浴の女子に値ふ。秋胡の妻、水に赴く。孔愉、亀を放つ。荘恵、魚を観る。鄭弘の樵径風を還す。趙炳張蓋江を過ぐ。陽谷の女子日を浴る。屈原、汨羅水に沈む。巨霊、山を開く。長鯨舟を呑む。此れ等総て七二勢の若きは、皆木を刻み之を為る。或いは舟に乗り、或いは山に乗り、或いは平洲に乗り、或いは盤石に乗り、或いは宮殿に乗る。木人の長さ二尺許《ばか》り。衣るに綺羅を以てし、装ふに金碧を以てす。雑禽獣魚鳥を作るに及んでは、皆能く運動し生きるが如し。曲水に随ひて行き、又間に妓航を以てし、水飾と相次ぐ。亦一二航を作し、航の長さ一丈、闊さ六尺、木人音声を奏で、磬を撃ち鐘を撞き、筝を弾き瑟を鼓ち、皆曲を成すを得、百戯を為すに及んでは、跳剣舞輪し、昇竿擲縄すること、皆生きるが如きと異なることなし。其の妓航の水飾、亦雕装奇妙にして、曲池を周旋す。同じく水機を以て之を使《な》さしむ。奇幻の異、意表に出づ。又小舸子長さ八尺・七艘を作り、木人長さ二尺許《ばか》り、此の船に乗り以て行酒す。一船毎に、一人酒盃を擎げ船頭に立ち、一人酒鉢を捧げ次立し、一人撑船し船後に在り、二人盪漿し中央に在り。曲水池を遶り。廻曲の処。各《おの》おの坐して宴の賓客に侍す。其の行酒船。岸に随ひて行き、行くこと水飾より疾く、水飾行きて遶池一匝するに、酒船三遍を得、乃ち同止するを得。酒船、坐客の処に到る毎に即ち停住し、擎酒の木人船頭に手を伸ばし、酒に遇ふ。客酒を取り飲み訖り、杯を還せば、木人杯を受け、廻身して酒鉢の人に向き、杓を取り酒を斟《つ》ぎ杯を満す。船は式に依り自ら行き、坐客処に到る毎に、例皆前法の如し。此れ並びに約《おほむね》岸の水中に機を安《お》く。斯の妙の如きは、皆自ら黄衮の思ひに出で、宝は時に勅を奉じて「水飾図経」を撰し、良工の図画を検校するに及び、既に成り奏進す。勅して宝をして黄衮と共に相知べしむ。苑内に此の水飾を造り、故に委悉して之を見るを得なり。衮の巧性、古今罕儔なり。「大業拾遺記」に出づ

4　観文殿（203）

隋煬帝令造観文殿、前両廂為書堂、各十二間、堂前通為閣道、承殿。毎一間十二宝厨、前設方五香重牀、亦装以金玉。春夏鋪九曲象簟、秋設鳳綾花褥、冬則加綿（錦？）、装須弥氈。帝幸書堂、或観書、其十二間内、南北通為閃電窓、零籠相望。雕刻之工、窮奇極之妙。金鋪玉題、綺井華榱、輝映溢目。毎三間開一方戸、戸垂錦幔、上有二飛仙、当戸地口施機。鑾駕将至、則有宮人擎香爐、在鑾前行。去戸一丈、脚践機発、仙人乃下閣、捧幔而昇、閣扇即啓、書厨亦啓。若自然、皆一機之力。鑾駕出、垂閉復常。諸房入戸、式様如一。其所撰之書、属辞比事、条貫有序、文略理暢、互相明発。及抄写真正、文字之間、無点竄之誤、装翦華浄、可謂冠絶古今。曠世之名宝。自漢已来訖乎梁、文人才子、諸所撰著、無能及者。其新書之名、多是帝自製、毎進一書、必加賞賜。出大業拾遺記（巻二二六「観文殿」）

隋の煬帝、観文殿を造らしめ、前の両廂を書堂と為す。各《おの》おの一二間、堂前通じて閣道と為し、殿を承く。一間

毎に一二宝厨、前に方の五香の重牀を設け、亦装ふに金玉を以てす。春夏は九曲の象簟を鋪き、秋は鳳綾の花褥を設け、冬は則ち錦装の須弥氈を加ふ。帝、書堂に幸し、或いは書を観るに、其の一二間の内、南北通じて閃電窓と為し、零籠相望む。雕刻の工、奇極の妙を窮め、金鋪の玉題、綺井の華榱、輝映溢目す。三間毎に一方戸を開き、戸は錦幔を垂し、上に二飛仙有り。戸の地口に当りて機を施し、轝駕将に至らんとすれば、則ち宮人有り香爐を擎げ、轝の前行に在り。戸を去ること一丈、脚踐せば機発し、仙人乃ち閤を下り、幔を捧げて昇り、閤扇即ち啓き、書厨亦啓く。自然の若く、皆一に機の力なり。轝駕出づれば、垂閉復《また》常にして、諸房の入戸、式様一の如し。其の撰する所の書、属辞比事は、条貫序有り。文は略《めぐ》り理は暢《とほ》り、互相に明発す。真正を抄写するに及んで、文字の間、点竄の誤なし。装ふに華浄を翦り、古今に冠絶すと謂ふべし。曠世の名宝、漢より已来、梁に訖び、文人才子、諸の撰著す所、及ぶ能ふ無きなり。其の新書の名、多く是れ帝自ら製り、一書を進める毎に、必ず賞賜を加ふ。「大業拾遺記」に出づ

5　海鮸乾鱠（204）

呉郡献海鮸乾鱠四瓶。瓶容一斗、浸一斗、可得径尺数盤。并状奏作乾鱠法。帝以示群臣云、昔術人介象、于殿庭釣得海魚、此幻化耳、亦何足為異。今日之鱠、乃是真海魚所作、来自数千里、亦是一時奇味。虞世基対曰、術人之魚既幻、其鱠固亦不真。出数盤以賜達臣。作乾膾法、当五六月盛熱之日、于海取得鮸魚、大者長四五尺、鱗細而紫色、無細骨、不腥者、捕得之、即於海船之上作鱠。去其皮骨、取其精肉縷切、随成随曬、三四日、須極乾、以新白瓷瓶未経水者盛之、密封泥。勿令風入、経五六十日、不異新者。取啖之時、開出乾鱠、以布裹、大甕盛水、漬之三刻久出、帯布瀝却水、則皦然、散置盤上、如新鱠無別。細切香柔葉鋪上、筯撥令調匀、進之。海魚体性不

腥、然鱕鮸魚肉軟而白色。経乾、又和以青葉、晢然極可噉。出大業拾遺記（巻二三四「呉饌」）

呉郡、海鮸の乾膾四瓶を献ず。瓶は一斗を容れ、一斗を浸せば、径尺の数盤を得べし。并せて乾膾を作る法を状奏す。帝以て群臣に示して云はく、「昔、術人の介象、殿庭に於て釣りて海魚を得るも、此れ幻化のみ、亦何ぞ異と為るに足らんや。今日の膾、乃ち是れ真の海魚もて作る所、来るに数千里よりし、亦是れ一時の奇味なり」と。虞世基対へて曰はく、「術人の魚既に幻。其の鱠固より亦真ならず」と。数盤を出し以て達臣に賜ふ。乾膾を作る法、当に五、六月盛熱の日、海に于て鮸魚を取得し、大なるもの長さ四、五尺にして、鱗は細く紫色、細骨無く、腥ならざるもの、捕て之を得、即ち海船の上に於て鱠を作る。其の皮骨を去り、其の精肉を取り縷切し、随成随曬すること、三、四日。極乾するを須ち、新しき白瓷の瓶、未だ水を経ざるものを以て之を盛り、密に封泥す。風を入れしむること勿《なか》らしめば、五、六〇日を経て、新と異ならざるなり。取りて之を啖ふ時、開きて乾鱠を出し、布を以て裹み、大甕に水を盛り、之を漬けること三刻、久しくして出し、布を帯し、水を瀝却せば、則ち皦然たりて、盤上に散置す。新鱠に別無きが如し。香柔葉を細切し上に鋪き、筯撥し調匀せしめ、之を進む。海魚の体性腥ならず、然るに鱕鮸魚の肉軟らかにして白色なり。乾を経て又和ぜるに青葉を以てせば、晢然として極めて噉ふべし。「大業拾遺記」に出づ

6　海蝦子（205）

又献海蝦子三十挺。挺長一尺、闊一寸。厚一寸許、甚精美。作之法、取海白蝦子有子者。毎三五斗置密竹籃中、於大盆内以水淋洗。蝦子在蝦腹下、赤如覆盆子。則随水従籃目中下、通計蝦一石、可得子五升。従盆内漉出、縫布作小袋子、如径寸半竹大、長二尺。以蝦子満之、急繋頭、随袋多少。以末塩封之、周厚数寸。経一日夜出曬、

夜則平板圧之。明旦又出曬、夜以前、圧十日、乾則折破袋、出蝦子挺。色如赤琉璃、光徹而肥美。塩（勝）於鯔魚数倍。出大業拾遺記（巻二三四「呉饌」）

又海蝦子三〇挺を献ず。挺の長さ一尺、闊さ一寸、厚さは一寸許《ばか》りにして、甚だ精美なり。之を作るの法、海の白蝦子の子有るを取る。三、五斗毎に密竹の籃中に置き、大盆内に於て水を以て淋洗す。蝦子は蝦腹の下に在り、赤きこと覆盆子の如し。則ち水に随ひ籃目中より下し、蝦一石を通計し、子五升を得べし。盆内より漉出し、布を縫ひて小袋子を作り、径は寸半にして竹の大なるが如く、長さ二尺。蝦子を以て之に満し、急いで頭を繋し、袋の多少に随ふ。未だ塩せざるを以て之を封じ、周厚は数寸なり。一日夜を経て出曬し、夜は則ち平板もて之を圧す。明旦又出曬し、夜以前、圧すること一〇日。乾けば則ち袋を折破し、蝦子梃を出す。色は赤琉璃の如く、光徹にして肥美なり。鯔魚に勝ること数倍なり。「大業拾遺記」に出づ

7　鮸魚含肚（206）

又献鮸魚含肚千頭。極精好。作之法、当六月七月盛熱之時、取鮸魚長二尺許。去鱗浄洗、停二日。待魚腹脹起、方従口抽出腸、去腮留目、満腹納塩竟、即以末塩封周偏、厚数寸。経宿、乃以水浄洗。日則曝、夜則収還、安平板上、又以板置石圧之。明日又曬、夜還圧、如此五六日。乾即納乾甆甕、封口。経二十日出之、其皮色光徹、有如黄油。肉則如糗、又如沙棊之蘇者。微鹹而有味、味美味於石首含肚。然石首含肚亦年常入献、而肉彊不及。此法出自隨口味使大都督杜済。済会稽人。能別味、善於塩梅。亦古之符郎、今之謝諷也。出大業拾遺記（巻二三四「呉饌」）

又鮸魚の含肚千頭を献ず。極精にして好し。之を作るの法、六月七月盛熱の時に当り、鮸魚の長さ二尺許りを取

る。鱗を去りて浄洗し、停むること二日。魚の腹脹起するを待ち、方に口より腸を抽出し、腮を去り目を留め、満腹に塩を納め竟れば、即ち末塩を以て周偏を封ずること、厚さ数寸。経宿して、乃ち水を以て浄洗す。日には則ち曝し、夜は則ち収還し、平板の上に安《お》き、又板に石を置くを以て之を圧す。明日又曬し、夜は還た圧し、此の如きこと五、六日。乾けば即ち乾いた甆甕に納め、口を封ず。二〇日を経て之を出せば、其の皮色光徹し、黄油の如くに有り。肉は則ち糗の如く、又沙棊の蘇の如きなり。微醎にして味有り、味は石首の含肚より美味なり。然るに石首の含肚は亦年年常に入献し、肉の彊《つよ》さ及ばず。此の法は隨（隋）の口味使・大都督の杜済より出づ、済は会稽の人なり。能く別味し、塩梅に善たり。亦古の符郎にして、今の謝諷なり。「大業拾遺記」に出づ

8　鱸魚乾鱠（207）

又呉郡献松江鱸魚乾鱠六瓶。瓶容一斗、作鱠法、一同鮸魚。然作鱸魚鱠、須八月九月霜下之時、収鱠魚三尺以下者、作乾鱠。浸漬訖、布裹瀝水令尽、散置盤内、取香柔花葉相間、細切和鱠、撥令調匀。霜後鱠魚、肉白如雪、不腥。所謂金齏《せい》玉鱠、東南之佳味也。紫花碧葉、間以素鱠、亦鮮潔可観。呉郡又献蜜蟹三千頭。作如糖蟹法。蜜擁剣四甕、擁剣似蟹而小、二螯偏大、呉郡（呉都）賦所謂鳥賊擁剣是也。出大業拾遺記（巻二三四「呉饌」）

又呉郡、松江鱸魚の乾鱠六瓶を献ず。瓶一斗を容れ、鱠を作るの法は、一に鮸魚と同じ。然るに鱸魚の鱠を作るは、八月・九月の霜下るの時を須ち、鱠魚三尺以下のものを収めて乾鱠を作り、浸漬し訖れば、布裹し水を瀝《こ》し尽し、盤内に散置す。香柔花葉を取り相間へ、細切し鱠に和ぜ、撥して調匀せしむ。霜後の鱠魚、肉は白く雪の如く、腥ならず。所謂、金齏《せい》玉鱠。東南の佳味なり。紫花碧葉、間《まじ》ふに素鱠を以てし、亦鮮潔観るべし。呉郡又蜜蟹三千頭を献ず。作は糖蟹法の如し。蜜の擁剣四甕。擁剣は蟹に似て小、二螯偏大なり。「呉都賦」の所謂、

「烏賊擁剣」とは是れなり。「大業拾遺記」に出づ

9　蜜蟹（208）

呉郡又献蜜蟹三千頭、作如糖蟹法。蜜擁剣四甕、擁剣似蟹而小、二螯偏大、呉郡（呉都）賦所謂烏賊擁剣是也。

出大業拾遺記（巻二三四「呉饌」）

呉郡又蜜蟹三千頭を献ず。作は糖蟹法の如し。蜜の擁剣四甕。擁剣は蟹に似て小、二螯偏大なり。「呉都賦」の所謂、「烏賊擁剣」とは是れなり。「大業拾遺記」に出づ

10　蕭吉（209）

大業中、有人嘗夢鳳鳥集手上、深以為善徴、往詣蕭吉占之。吉曰、此極不祥之夢。夢者恨之、而以為妄言。後十餘日、夢者母死、遣所親往問吉所以、吉云、鳳鳥非梧桐不棲、非竹実不食。所以止君手上者、手中有桐竹之象。礼云、苴杖竹也、削杖桐也。是以知必有重憂耳。出大業拾遺記（巻二七九「蕭吉」）

大業中、人有り嘗て鳳鳥の手上に集ふを夢み、深く以て善徴と為し、往きて蕭吉に詣り之を占ふ。吉曰はく、「此れ不祥の夢の極みなり」と。夢みる者之を恨み、而して以て妄言と為す。のち十餘日、夢みる者の母死し、所親を遣はし往きて吉に所以を問ふに、吉云はく、「鳳鳥は梧桐に非ざれば棲まず、竹の実に非ざれば食はず。君の手上に止るは、手中に桐竹の象ある所以なり。礼に云はく、〈苴《しょ》杖は竹なり、削杖は桐なり〉と。是れ以て必ず重憂あるを知るのみ」と。「大業拾遺記」に出づ

『隋書』巻七八蕭吉伝

蕭吉、字文休、梁武帝兄長沙宣武王懿之孫也。博学多通、尤精陰陽算術。江陵陥、遂帰于周、為儀同。宣帝時、吉以朝政日乱、上書切諫、帝不納。及隋受禅、進上儀同、以本官太常考定古今陰陽書。吉性孤峭、不与公卿相沈浮、又与楊素不協、由是擯落於世、鬱鬱不得志。……（中略）……。及煬帝即位、拝太府少卿、加位開府［儀同三司］。嘗行経華陰、見楊素冢上有白気属天、密言於帝。帝問其故。吉曰、其候素家当有兵禍、滅門之象。改葬者、庶可免乎。帝後従容楊玄感曰、公家宜早改葬。玄感亦微知其故、以為吉祥、託以遼東未滅、不遑私門之事。未幾而玄感以反族滅、帝弥信之。後歳餘、卒官。著金海三十巻相経要録一巻宅経八巻葬経六巻楽譜二十巻及帝王養生方二巻相手版要決一巻太一立成一巻、並行於世。

蕭吉、字は文休、梁の武帝の兄・長沙宣武王・懿の孫なり。博学にして多通、尤も陰陽・算術に精《くは》し。江陵陥り、遂ひに周に帰し、儀同と為る。宣帝の時、吉、朝政日びに乱るを以て、上書して切諫するも、帝は納めず。隋の受禅するに及びて、上儀同に進み、本官を以て太常に「古今陰陽書」を考定す。吉の性は孤峭《しょう》にして、公卿と相沈浮せず、又楊素と協さず、是より世に擯落し、鬱鬱として志を得ず。……（中略）……。煬帝位に即くに及び、太府少卿を拝し、位開府儀同三司を加ふ。嘗て行きて華陰を経るに、楊素の冢上に白気有り天に属するを見、密かに帝に言ふ。帝其の故を問ふ。吉曰はく、「其の候、素の家当に兵禍有り、滅門の象なるべし。改葬すは、庶《のぞ》きて免ずるべきや」と。帝のち従容として楊玄感に曰はく、「公家宜しく早《つと》に改葬すべし」と。玄感亦其の故を微知し、以て吉祥と為し、託するに遼東未だ滅せざるを以て、私門の事を遑《いそ》がず。未だ幾ばくもなく玄感、反するを以て族滅せられ、帝弥《いよ》いよ之を信ず。のち歳餘にして、官に卒す。「金海」三〇巻・「相経要録」一巻・「宅経」八巻・「葬経」六巻・「楽譜」二〇巻及び「帝王養生方」二巻・「相手版要決」一巻・「太一立成」一巻を著し、並びに世に行はる。

11　釣台石（210）

大業七年二月、初造釣台之時、多運石者、将船兵丁。困弊於役、嗟嘆之声、聞於道路。時運石者、将船至江東岸山下取石、累構為釣台之基。忽有大石如牛十餘、自山頂飛下、直入船内、如人安置、船無傷損。出大業拾遺記（巻三七四「釣台石」）

大業七年（六一一）二月、初めて釣台を造るの時、多く運石の者、船の兵丁を将てし、役に困弊し、嗟嘆の声、道路に聞ゆ。時に運石の者、船を将て江の東岸の山下に至り石を取り、累構して釣台の基を為る。忽ちに大石牛の如きもの十餘有り、山頂より飛下し、直ちに船内に入り、人の安置すが如く、船は傷損なし。「大業拾遺記」に出づ

参考史料

『隋書』巻三煬帝紀大業七年二月

己未、上升釣台、臨揚子津、大宴百僚、頒賜各有差。

己未、上は釣台に升り、揚子津を臨み、大いに百僚を宴し、頒賜各《おの》おの差有り。

12　楼闕芝（211）

隋大業中、東都永康門内会昌門東、生芝草百二十茎、散在地、周十歩許。紫茎白頭、或白茎黒頭、或有枝、或無枝、亦有三枝、如古出字者。地内根並如綫、大道相連著。乾陽殿東、東上閤前槐樹上、生芝九茎、共本相扶而生。

中茎最長、両辺八茎、相次而短、有如樹闕、甚潔白。武賁郎将段文操留守、図画表奏。出大業拾遺記（巻四一三「楼闕芝」）

隋の大業中、東都永康門内会昌門の東、芝草一二〇茎を生じ、地に散在し、周りは一〇歩許《ばか》りなり。紫茎・白頭、或いは白茎・黒頭、或いは枝有り、或いは枝なし、亦三枝有り、古の「出」字の如きもの有り。地内の根は並びに綫の如く、大道相連なりて著く。乾陽殿の東、東上閤前の槐樹の上、芝九茎を生じるに、本を共にし相扶けて生ず。中茎最も長し、両辺の八茎、相次ぎて短く、樹闕の如くに有り、甚だ潔白なり。武賁郎将の段文操留守して、図画して表奏す。「大業拾遺記」に出づ

13　蔡王楊智積（212）

弘農郡太守蔡王、以国忌之日、於崇敬寺設斎、忽有黒雲甚密、従東北而上、正臨仏殿、雲中隠隠雷鳴。官属猶未行香、並在殿前、聚立仰看、見両童子赤衣、両童子青衣、倶従雲中下来。赤衣二童子、先至殿西南角柱下、抽出一白蛇、身長丈餘。仰擲雲中。雷声漸漸大而下来、少選之間、向白蛇従雲中直下、還入所出柱下。於是雲気転低着地、青衣童子、乃下就住、一人捧殿柱、離地数寸、一童子従下又抜出一白蛇長二丈許、仰擲入雲中。於是四童子亦一時騰上、入雲而去。雲気稍高、布散遍天、至夜、雷雨大霪、至晩方霽。後看殿柱根、乃蹉半寸許、不当本処。寺僧謂此柱腹空。乃鑿柱至心、其内果空、為龍蔵隠。出大業拾遺記（巻四一八「蔡王」）

弘農郡太守の蔡王、国忌の日を以て崇敬寺に設斎するに、忽ちに黒雲有り甚だ密にして、東北より而上し、正に仏殿に臨み、雲中隠隠として雷鳴す。官属なほ未だ行香せず、並びに殿前に在り、聚かに立ちて仰看すに、両童子の赤衣・両童子の青衣、倶に雲中より下り来るを見る。赤衣の二童子先づ殿の西南角の柱下に至り、一白蛇・

身の長《たけ》丈餘を抽出し、仰いで雲中に擲る。雷声漸漸《しだい》に大となりて下り来る。少選《しばらく》の間、向《さき》の白蛇、雲中より直下し、還りて出づる所の柱下に入る。是に於て雲気低に転じて地に着く。青衣童子乃ち下り就住し、一人殿柱を捧げ、地を離るること数寸、一童子下より又一白蛇・長《たけ》二丈許りを抜出し、仰いで擲て雲中に入る。是に於て四童子亦一時に騰上し、雲に入りて去る。雲気稍やう高く、遍天に布散し、夜に至り、雷雨大霔し、晩に至り方に霽れる。のち殿柱の根を看るに、乃ち蹉《たがふ》は半寸許りにして、本処に当らず。寺僧謂ふ「此の柱腹は空」と。乃ち柱を鑿ち心に至るに、其の内果して空にして、龍の蔵隠と為る。「大業拾遺記」に出づ

14　瑞鳥（213）

煬帝征遼回、次於柳城郡之望海鎮、歩出観望、有大鳥二。素羽丹嘴、状同鶴鷺。出自霄漢、翩翔双下。高一丈四五尺、長八九尺。徘徊馴擾、翔舞御営。勅著作佐郎虞綽製瑞鳥銘以進。上命鐫於其所、仍勅殿内丞閻毗図写其状。秘書郎虞世南上瑞鳥頌、勅令写於図首。出大業拾遺記（巻四六三「瑞鳥」）

煬帝遼を征して回り、柳城郡の望海鎮に次り、歩みて出で観望せば、大鳥二有り。素羽丹嘴にして、状は鶴鷺に同じ。霄漢より出で、翩翔双下す。高さ一丈四、五尺、長さ八、九尺なり。徘徊馴擾し、御営を翔舞す。著作佐郎の虞綽に勅し「瑞鳥銘」を製し、以て進めしむ。上命じて其の所に鐫《は》らしめ、仍て殿内丞の閻毗に勅し其の状を図写せしむ。秘書郎の虞世南、「瑞鳥頌」を上り、勅して図首に写さしむ。「大業拾遺記」に出づ

煬帝が瑞鳥を見たのは『大業拾遺』によれば、柳城郡の望海鎮とするが、『隋書』虞綽伝では臨海頓とする。

従征遼東。帝舎臨海頓、見大鳥、異之、詔綽為銘。其辞曰、維大業八年、歳在壬申、夏四月丙子、皇帝底定遼碣、班師振旅。龍駕南轅、鸞旗西遣、行宮次于柳城県之臨海頓焉。山川明秀、実仙都也。……（中略）……。帝覧而善

之、命有司勒於海上。以渡遼功、授建節尉。（『隋書』巻七六文学列伝虞綽伝）

遼東を征するに従ふ。帝、臨海頓に舎《やど》るに、大鳥を見て之を異とし、綽に詔して銘を為らしむ。其の辞に曰はく、「維《これ》大業八年、歳《ほし》は壬申に在り、夏四月丙子、皇帝遼碣を底定し、班師振旅す。龍駕は南轅し、鸞旗は西邁して、行宮、柳城県の臨海頓に次《やど》る。山川明秀にして、実に仙都なり。……（中略）……」と。帝覧て之を善とし、有司に命じて海の上《ほとり》に勒せしむ。渡遼の功を以て、建節尉を授かる。

参考史料

（1）『隋書』巻四三観徳王雄伝付伝楊綝伝

恭仁弟綝、性和厚、頗有文学。歴義州刺史淮南太守、及父薨、起為司隷大夫。遼東之役、帝令綝於臨海頓別有所督。楊玄感之反也、玄感弟玄縦、自帝所逃、赴其兄。路逢綝、綝避人偶語久之、既別而復相就者数矣。司隷刺史劉休文奏之。時綝兄吏部侍郎恭仁将兵於外、帝以是寝之、未発其事。綝憂懼、発病而卒。

恭仁の弟・綝、性は和厚にして、頗る文学有り。義州刺史・淮南太守を歴し、父の薨ずるに及ぶ、起きて司隷大夫と為る。遼東の役、帝は綝をして臨海頓に別に督する所あらしむ。楊玄感の反するや、玄感の弟・玄縦、帝の所より逃げて其に兄に赴く。路に綝に逢ひ、綝人を避けて偶語すること之に久し、既に別れて復相就くこと数しばなり。司隷刺史・劉休文之を奏す。時に綝の兄・吏部侍郎の恭仁は兵を外に将《ひき》ゐ、帝是れを以て之を寝め、未だ其の事を発せず。綝憂ひ懼れ、病を発して卒す。

（2）『隋書』巻八礼儀志三

是歳也、行幸望海鎮、於禿黎山為壇、祀黄帝、行禡祭。詔太常少卿韋霽博士褚亮奏定其礼。

是の歳や（大業七年）、望海鎮に行幸し、禿黎山に壇を為り、黄帝を祀り、禡祭を行ふ。太常少卿の韋霽・博士の緒亮に詔し其の礼を奏定せしむ。

四　『嘉泰会稽志』所引の『大業拾遺記』

含肚（214）

春魚似石首而小、歳以仲春至。豈以此故得名歟。塩浥而乾之、名曰含肚。見大業拾遺記（巻一七魚部）

春魚は石首に似て小、歳の仲春を以て至る。豈に此れを以ての故に名を得るか。塩浥《ゆう》（塩づけ）して之を乾し、名づけて含肚と曰ふ。「大業拾遺記」に見ゆ

五　『爾雅翼』所引の『大業拾遺記』

清冷淵（215）

大業拾遺記曰、梁郡有清冷淵、水面濶二里許。即衛平得大亀之処。（巻三一亀）

「大業拾遺記」に曰はく、梁郡に清冷淵有り、水面の濶さ二里許《ばか》りなり。即ち衛平、大亀を得るの処なりと。

この記事は「続談助」本『大業雑記』の「清冷泉」（整理番号78）と関連する。

六　『猗覚寮雑記』所引の『大業拾遺記』

都念子（216）

嶺外有果、名撚子。三月開花、如芍薬、七八月成実、可食。結腸胃、小児食多、則大便難。東坡改名海漆、言搗其葉可代柿漆用。嶺表録異云、倒捻子窠叢生、葉如苦李、花似蜀葵小而深紫。南方婦女多以染色。子如軟柿。上有四葉、如柿蔕、食其心［捻］其蔕、故謂倒捻子、或呼為都念子、語訛也。其子外紫内赤、無核、食之甜美、暖臓益肌肉。古訛捻為念、今又訛念為撚。大業拾遺記、南海送都念子樹一百株、付西苑十六院種、即此花也。（巻下）

嶺外に果有り、撚子と名づく。三月花を開き、芍薬の如く、七、八月実を成し、食ふべし。腸胃に結《かたま》り、小児食ふこと多ければ、則ち大便難し。東坡は名を海漆と改む、其の葉を搗き、柿漆に代り用ふべきを言ふなり。「嶺表録異」に云はく、倒捻子窠叢生、葉は苦李の如く、花は蜀葵に似て小にして深紫なり。南方の婦女多く以て染色す。子は軟柿の如し。上に四葉有り、柿の蔕の如し。其の心を食ふに其の蔕を捻じる、故に倒捻子と謂ふ、或いは呼びて都念子と為すは、語訛なり。其の子《み》外は紫、内は赤、核なし、之を食はば甜美、臓を暖め肌肉を益す。古「捻」を訛り「念」と為し、今又「念」を訛り「撚」と為す。「大業拾遺記」に、「南海、都念子樹一〇〇株を送り、西苑の一六院に付し種ゑる」と。即ち此の花なり。

七　『能改斎漫録』所引の『大業拾遺記』

「儂」字（217）

王観国学林新編云、江左人称我汝皆加儂字。詩人亦或用之。孟東野詩云、儂是拍浪児是也。予以隋煬帝亦嘗用矣。

大業拾遺記。与宮女羅羅詩云、幸好留儂伴儂睡、不留儂住意如何。又云、此処不留儂、更有留儂処。（巻一詩人用儂字）

王観国の「学林新編」に云ふ、江左の人、我・汝を称ふに皆「儂」字を加ふと。詩人亦或いは之を用ふ。孟東野の詩に云ふ、「儂是れ拍浪児」とは是れなり。予以ふに隋の煬帝亦嘗て用ふ。「大業拾遺記」に、宮女の羅羅に与ふ詩に云ふ、「幸好《さいはひ》に儂を留め儂を伴ひて睡る、儂が住まるを留めざる意は如何」と。又云ふ、「此処に儂を留めず、更に儂を留む処有り」と。

この『能改斎漫録』に引く『大業拾遺記』は、従来に引用した『大業雑記』や『大業拾遺録』に較べ、随分と雰囲気の異なる記事である。この記事に対応するのは、『類説』巻六所収の『南部烟花記』の次の記事である。

帝与宮女羅羅詩曰、個人無耐是横波、黛染隆顱簇小蛾、幸好留儂伴儂睡、不留儂住意如何。

帝は宮女の羅羅に詩を与へて曰はく、「個人耐へる無きは是れ横波、黛隆、顱を染め小蛾に簇《むらが》る、幸好《さいはひ》に儂を留め儂を伴ひて睡る、儂が住まるを留めざる意は如何」と。

八　『東坡先生志林集』所引の『大業拾遺記』

蛾緑螺（218）

陸士衡与士龍書云、登銅雀台、得曹公所蔵石墨数甕。今分寄一螺。大業拾遺記、宮人以蛾緑画眉。亦石墨之類也。近世無復此物。沈存中帥鄜延、以石燭煙作墨。堅重而黒、在松煙之上。曹公所蔵、豈此物也耶。（巻五）

陸士衡、士龍に書を与へて云はく、「銅雀台に登り、曹公蔵する所の石墨数甕を得たり。今、一螺を分寄す」と。

「大業拾遺記」に、「宮人蛾緑を以て眉を画く。亦石墨の類なり」と。近世、復《また》此の物なし。沈存中は鄜《ふ》延に帥たりて、石の燭煙を以て墨を作る。堅く重くして黒く、松煙の上に在り。曹公の蔵する所、豈に此の物ならんや。

参考史料

（1）『紺珠集』巻五所収の『南部烟花記』蛾緑螺

鳳舸殿脚女呉絳仙、善画長蛾、帝冷（憐）之。由是争為長蛾、司宮吏日供螺子黛五斛、号蛾緑螺。帝毎倚簾睎絳仙移時。顧内謁者云、古人言秀色若可飱、若絳仙者、可以療飢也。

鳳舸の殿脚女・呉絳仙、善く長蛾を画き、帝之を憐《め》でる。是れより争ひて長蛾を為し、司宮の吏日日に螺子黛五斛を供し、蛾緑螺と号す。帝毎に簾に倚り絳仙を睎《み》て移時し、内謁者を顧みて云はく、「古人言ふ〈秀色飱ふべきが若し〉と、絳仙の若きは、以て飢を療すべきなり」と。

（2）『隋遺録』巻上

由是殿脚女争効為長蛾眉。司宮吏日給螺子黛五斛、号為蛾緑。螺子黛出波斯国、毎顆直十金（千金）。後徴賦不足、雑以銅黛給之、独絳仙得賜螺黛不絶。帝毎倚簾視絳仙、移時不去、顧内謁者云、古人言秀色若可飡。如絳仙、真可療飢矣。因吟持檝篇、賜之曰、旧曲歌桃葉、新粧艶落梅、将身倚軽檝、知是渡江来。詔殿脚女千輩唱之。

是れより殿脚女争ひ効い長蛾眉を為し、司宮の吏は日日に螺子黛五斛を給し、号して蛾緑と為す。螺子黛は波斯国より出づ。毎顆直千金なり。のち徴賦足らざれば、雑ふに銅黛を以て之に給し、独り絳仙のみ螺黛を賜ふを得て絶えず。帝毎に簾に倚り絳仙を視、移時去らず、内謁者を顧みて云はく、「古人言はく〈秀色、飡ふべきが若し〉と。絳仙の如きは、真に飢を療すべし」と。因りて「持檝篇」を吟じて、之を賜ひて曰はく、「旧曲は桃葉を歌ひ、新しき粧艶は梅を落し、身を将て軽檝に傍り、是れ江を渡りて来るを知る」と。殿脚女・千輩に詔し、之を唱はしむ。

九　『錦繡萬花谷』所引の『大業拾遺記』

蛾緑螺（219）

蛾緑螺。煬帝宮女、争画長蛾、司宮吏日給螺子黛五斛、号蛾緑子。李賀詩、蛾暁攅攅門（蛾緑横暁門）。大業拾遺記（前集巻三二墨）

蛾緑螺。煬帝の宮女、争ひて長蛾を画き、司宮の吏は日に螺子黛五斛を給し、蛾緑子と号す。李賀の詩（『李長吉集』巻四「蘭香神女廟」）に、「蛾緑横暁門」〔の句有り〕」。「大業拾遺記」

右の記事が杜宝の『大業拾遺記』の記事とすると、『大業拾遺記』すなわち、顔師古の撰したという『南部烟花記』は宋代に偽作された書ということになる。李賀（字は長吉）は唐代後半期の人であり、李賀の詩の一節が『大業拾遺記』に存在するということは、『大業拾遺記』は李賀以降の作ということになる。

参考史料

『侍児小名録』

降仙。隋煬帝宮妃呉降仙善画長娥眉、帝甚憐之。由是嬪御皆倣此、宮吏日供螺子黛五斛、名娥緑而進之。帝毎倚簾顧之、移時不去。

降仙。隋の煬帝の宮妃・呉降仙は善く長く娥眉を画き、帝甚だ之を憐《めで》る。是れより嬪御皆此れに倣ひ、宮吏は日に螺子黛五斛を供し、娥緑と名づけて之を進む。帝毎に簾に倚り之を顧み、時を移し去らず。

一〇　『古今合璧事類備要』所引の『大業拾遺記』

蛾緑螺（220）

蛾緑攢暁門、季（李）賀。煬帝宮女、争画長蛾、司宮吏日給螺子黛五斛、号蛾緑子。大業拾遺記（前集巻四六蛾緑）

蛾緑、暁門に攢《あつ》まる、李賀。煬帝の宮女、争ひて長蛾を画き、司宮の吏は日びに螺子黛五斛を給し、蛾緑子と号す。「大業拾遺記」

「蛾緑攢暁門、李賀」とは意味が理解しにくいが、李賀の『李長吉集』巻四「蘭香神女廟」の一節に「蛾緑横暁門」の句があることをいうものであろう。「煬帝」以下が『大業拾遺記』の記事である。

一一　『韻府群玉』所引の『大業拾遺記』

蛾緑螺（221）

蛾緑。煬帝宮女、争画長蛾、司官日給螺子黛五斛、号蛾緑子。大業拾遺記（巻一七二沃）

蛾緑。煬帝の宮女、争ひて長蛾を画き、司官は日びに螺子黛五斛を給し、蛾緑子と号す。「大業拾遺記」

一二　『江南通志』所引の『大業拾遺記』

文選楼（222）

明一統志、曹憲為隋秘書監、以文選教授生徒、李善魏模輩、皆出其門。所居名文選巷、故楼以憲得名。按大業拾遺記云、梁昭明文選楼、隋煬帝嘗登眺焉。是楼以昭明得名、不因憲也。（『江南通志』巻二〇〇雑誌類・揚州文選楼）

「明一統志」に、「曹憲は隋の秘書監と為り、『文選』を以て生徒に教授し、李善・魏模の輩、皆其の門に出で、所居を文選巷と名づく、故に楼は憲を以て名を得」と。「大業拾遺記」を按ずるに云はく、「梁の昭明の文選楼、隋の煬帝嘗て登り眺む」と。是れ楼は昭明を以て名を得、憲に因らざるなり。

一三　まとめ

以上、宋元時代の諸書に引用される『大業拾遺記』の記事を示した。『太平広記』所引の「法喜法師」の記事は初見であり、かつ異常に長文であるが、『太平広記』に引く他の記事が、すべて『大業雑記』の記事と一致するから、「法喜法師」の記事も『大業雑記』の逸文としてよい。

問題となるのは『能改斎漫録』所引の「儂」字と『東坡先生志林集』以下の文献が引く「蛾緑螺」である。「儂」字の記事は、『類説』巻六所収の『南部烟花記』にあり、これまでに示した『大業雑記』の逸文には登場しない。「蛾緑螺」も同じであり、『紺珠集』巻五所収の『南部烟花記』にあり、『隋遺録』巻上にあるが、『大業雑記』の逸文にはみえない記事である。『能改斎漫録』以下『東坡先生志林集』『錦繡萬花谷』『古今合璧事類備要』『古今合璧事類備要』『韻府群玉』が引用する、『大業拾遺記』の記事は『南部烟花記』や『隋遺録』の別名としての『大業拾遺記』であり、『大業雑記』の逸文ではない。

第三節　『大業拾遺』所引の逸文

一　はじめに

『太平御覧』には『大業拾遺録』『大業拾遺記』という書に加えて、『大業拾遺』という書を引用する。『大業拾遺録』と『大業拾遺記』は『大業雑記』の別名であり、『太平御覧』が『大業拾遺録』と『大業拾遺記』を引用するから、同書が引用する『大業拾遺』は、『大業拾遺録』『大業拾遺記』とは別書であると判断するのが、常識的な理解である。しかし、『太平御覧』に引用された『大業拾遺』の記事を検討すると『大業雑記』の記事と一致する部分があり、『大業拾遺』は『大業拾遺録』や『大業拾遺記』の別名であり、「録」字や「記」字が脱落した書と判断せざるを得ないのである。明清の書に引用する『大業雑記』の逸文は、独自の記事と考えられる逸文以外は、引用しないという方針であるが、本節は『永楽大典』巻一三一三五所引の『大業拾遺』を引用する。

二　『太平御覧』所引の『大業拾遺』

1　区宇図志（223）

隋大業拾遺曰、大業之初、勅内史舎人竇威起居舎人崔祖濬及龍川賛治侯偉等三十餘人、撰区宇図志一部五百餘巻。新成奏之。又著丹陽郡風俗、乃見以呉人為東夷、度越礼儀、及属辞比事、全失脩撰之意。帝不悦、遣内史舎人柳逵宣勅、責威等云、昔漢末三方鼎立、大呉之国、以称人物、故晋武帝云、江東之有呉会、猶江西之有汝潁、衣冠人物、千載一時。及永嘉之末、華夏衣纓、尽過江表、此乃天下之名都。自平陳之後、碩学通儒、文人才子、莫非彼至。爾等著其風俗、乃為東夷之人、度越礼儀、於爾等可乎。然於著術之体、又無次序。各賜杖一頓。即日勅追秘書学士十八人、脩十郡志。内史侍郎虞世基惣検。於是世基先令学士各序一郡風俗、擬奏請体式。学士著作郎虞綽序京兆郡風俗、学士宣恵尉陵敬序河南郡風俗、〔学士□□□袁朗序蜀郡風俗〕、学士、宣徳郎杜宝序呉郡風俗。四人先成、以簡世基。世基曰、虞綽序京兆、文理倶贍、優博有餘、然非衆人之所継。陵敬論河南、雖文華才富、序事過繁。袁朗杜宝呉蜀二序、不略不繁、文理相副。宜具状以四序奏聞、去取聴勅。及奏、帝曰、学士脩書、頗得人意、各賜物二十段、付世基択善用之。世基乃鈔呉郡序、付諸頭、以為体式。及図志第一副本、新成八百巻、奏之。帝以部秩太少、更遣子細重修、成一千二百巻。巻頭有図、別造新様紙、巻長二尺。叙山川、則巻首有山水図。叙郡国、則巻首有郭邑図。叙城隍、則巻首有公館図。其図上山水城邑題書、字極細、並用欧陽粛書、即率更令詢之長子、攻於草隷、為時所重。（巻六〇二文部一八「著書」下）

隋の「大業拾遺」に曰はく、大業の初め、内史舎人の竇威・起居舎人の崔祖濬及び龍川賛治の侯偉等三十餘人に勅して、「区宇図志」一部五百餘巻を撰せしめ、新たに成り之を奏す。又丹陽郡の風俗を著しめ、乃ち見るに呉人を以て東夷と為し、礼儀を度越し、属辞比事に及んでは、全て脩撰の意を失ふ。帝悦ばず。内史舎人の柳逵《き》を遣はし勅を宣じ、威らを責めて云はく、「昔、漢末三方鼎立し、大呉の国、以て人物に称ふ。故に晋の武帝云ふ、「江東の呉会を有《たも》つは、なお江西の汝潁を有つがごとし。衣冠の人物、千載一時なり。永嘉の末に及んで、華夏の衣纓、尽く江表を過ぐは、此れ乃ち天下の名都にして、陳平ぐの後より、碩学・通儒・文人・才子、彼に至らざる莫し。爾等其の風俗を著し、乃ち東夷の人と為し、礼儀を度越するは、爾等に於て可なるべけんや。然るに著術の体に於て、又次序なし」と。各《おの》おの杖一頓（杖一打）を賜ふ。即日、勅して秘書学士一八人に追て「十郡志」を脩めしめ、内史侍郎の虞世基をして惣検せしむ。是に於て世基、先づ学士をして各《おの》おの一郡の風俗を序《の》べしめ、擬奏して体式を請ふ。学士・著作郎の虞綽は京兆郡の風俗を序べ、学士・宣恵尉の陵敬は河南郡の風俗を序べ、学士・□□□の袁朗は蜀郡の風俗を序べ、学士・宣徳郎の杜宝は呉郡の風俗を序ぶ。四人先づ成り、以て世基に簡《しらべ》しむ。世基曰はく「虞綽は京兆を序べ、文理倶に贍《た》り、優博餘り有り。然れども衆人の継ぐ所に非ず。陵敬は河南を論じ、文華やかに才富むと雖も、序事繁に過ぐ。袁朗・杜宝の呉・蜀の二序、略ならず繁ならず、文理相副ふ。宜しく状に具し四序を以て奏聞す。去取は勅に聴かん」と。奏すに及んで、帝曰はく、「学士書を脩め頗る人意を得」と、各《おの》おの物二〇段を賜ひ、世基に付し善を択び之を用ゐしむ。世基、呉郡の序を鈔し諸頭に付し、以て体式と為し。図志第一副本に及び、新に八〇〇巻を成し之を奏す。帝、部秩の太だ少きを以て、更に子細重脩せしめ、一千二百巻と成す。巻頭に図有り、別に新様の紙巻長さ二尺を造り、山川を叙ぶ。則ち巻首に山水図有り、郡国を叙ぶ。則ち巻首に郭邑図有り、城隍を叙ぶ。則ち巻首に公館図有り。其の図上の山水・城邑の題書、字極めて細し、並びに欧陽粛の書を用ふ。即ち率更令・詢の長子にして、草隷を攻《をさ》め、時の重んず所と為る。

この記事は「続談助」本『大業雑記』の「区宇図志」（整理番号85）と関連する。この記事は『全隋文』巻五煬帝に、出典を『隋大業拾遺記』とし、「勅責竇威・崔祖濬」と題して引用する。

2　飛白書（224）

大業拾遺曰、大業［十二］年、煬帝将幸江都、命越王侑（侗）留守東都。宮女半不随駕、争泣留帝、攀車借（惜）別、指血染鞅、帝不廻。因飛白題二十字、留賜宮妓云、我夢江都好、征遼亦偶然、但留顔色在、離別只今年。

（巻七四九工芸部六「飛白書」）

「大業拾遺」に曰はく、大業一二年（六一六）、煬帝、江都に幸するを将て、越王の侗に命じて東都を留守せしむ。宮女の半《なか》ばは駕に従はず、争ひ泣き帝を留め、車に攀り惜別し、指血鞅《むながい》を染むるに、帝廻らず。因りて飛白もて二〇字を題し、留る宮妓に賜ひて云はく、「我江都の好《よ》きを夢み、遼を征すは亦偶然、但留めて顔色在り、離別は只だに今年のみ」と。

『太平御覧』所引の『大業拾遺』に引く記事のうち、前掲した「区宇図志」と、このあとに示す「太湖鯉魚」は『大業雑記』の逸文に相違ないから、同じ『大業拾遺』から引用する「飛白書」の記事も『大業雑記』の逸文と断定してよい。

この記事は『隋遺録』にもあり、『隋遺録』の性格を知る上において重要である。まったくの別書である『隋遺録』に同文の「飛白書」の記事があるのは不可解なことで、『隋遺録』は大いに問題のある書であることになる。このことは第四章において詳論する。

3　太湖鯉魚（225）

大業拾遺曰、［大業］十二年六月、呉郡献太湖鯉魚腴鱔四十坩。純以鯉腴為之、計一坩鮺用鯉魚三百頭、肥美之極、冠於鱣鮪。（巻八六二飲食部二〇「鮓」）

「大業拾遺」に曰はく、大業一二年（六一二）六月、呉郡太湖の鯉魚の腴《ゆ》鱔四〇坩を献ず。純《もっぱ》ら鯉腴を以て之を為るに、一坩の鮺を計るに、鯉魚三〇〇頭を用ふ、肥美の極み、鱣鮪に冠たり。

この記事は第二章第三節に示した『呉郡志』に引用する『大業雑記』の「鯉腴鮺」（整理番号135、本書三五二頁）とほぼ一致するから、紛れもなく『大業雑記』の逸文である。

三　『太平広記』所引の『大業拾遺』

『太平広記』には『大業拾遺記』（『大業雑記』の別名）に加えて『大業拾遺』という書を引用する。書名が別であるから別書のように考えられるが、その引用記事は次に示すように三条あり、いずれも『大業雑記』の逸文と認められるから、この書は『大業拾遺記』と同一書であると判断される。

1　分盃（226）

隋煬帝宴秘書少監諸葛潁於観文殿。帝分御杯以賜潁、乃曰、朕昔有籌禅師、為之合諸薬、総納一竹筒内、取以帽簪揷筒薬中、七日乃抜取、以対賓客飲酒。盃至、取簪以画酒、中断、飲一辺尽、一辺尚満、以勧賓客。観者皆以

為大聖希有之事。出大業拾遺（巻七六籌禅師）
隋の煬帝、秘書少監の諸葛潁を観文殿に宴す。帝、御杯を分ち以て潁に賜ひて、乃ち曰はく、「朕、昔籌禅師有り、之を為《し》て諸薬を合せ、総て一竹筒内に納め、取るに帽簪を以て筒薬中に挿し、七日して乃ち抜取し、以て賓客に対《むか》ひて飲酒す」と。盃至り、簪を取り以て酒を画き、中断し、飲みて一辺を尽せば、一辺を尚満し、以て賓客に勧む。観る者皆以て大聖希有の事と為す。「大業拾遺」に出づ

この記事は初見である。あとに示す「煬帝」と「仲思棗」は明らかに『大業雑記』の記事と認められるから、この「分盃法」も『大業雑記』の記事と認めてよい。

2　煬帝（227）

武徳四年、東都平後、観文殿宝厨新書八千巻許、将載還京師。上官魏夢見煬帝、大叱云、何因輒将我書向京師。于時太府卿宋遵貴、監運東都調度、乃於陝州下書、著大船中、欲載往京師、於河値風覆没、一巻無遺。上官魏又夢見帝、喜云。我已得書。帝平存之日、愛惜書史、雖積如山丘、然一字不許外出。及崩亡之後、神道猶懐愛悋。按宝厨新書者、並大業所秘之書也。出大業拾遺（巻二八〇「煬帝」）

武徳四年（六二一）、東都平ぐの後、観文殿宝厨の新書八千巻許《ばか》り、将に載せ京師に還らんとす。上官儀夢に煬帝に見《まみ》えるに、大いに叱りて云ふ、「何ぞ因りて輒《みだり》に我が書を将ゐて京師に向ふや」と。時に太府卿の宋遵貴、東都の調度を監運し、乃ち陝州に書を下し、大船の中に著け、載せて京師に往かんと欲すに、河に風に値り覆没し、一巻も遺すなし。上官儀又夢に帝に見えるに、喜びて云はく、「我已に書を得たり」と。帝平存の日、書史を愛惜し、積むこと山丘の如しと雖も、然れども一字もて外出を許さず。崩亡の後に及んで、神道なお愛悋を懐

く。宝廚の新書なるものを按ずるに、並びに大業秘する所の書なり。「大業拾遺」に出づ

この記事は「続談助」本『大業雑記』の「観文殿」（整理番号89）に関連する記事であろう。

参考史料

（1）『隋書』巻三二経籍志一

煬帝即位、秘閣之書、限写五十副本、分為三品。上品紅瑠璃軸、中品紺瑠璃軸、下品漆軸。於東都観文殿東西廂構屋以貯之。東屋蔵甲乙、西屋蔵丙丁。又聚魏已来古跡名画、於殿後起二台、東曰妙楷台、蔵古跡、西曰宝蹟台、蔵古画。又於内道場集道仏経、別撰目録。大唐武徳五年、克平偽鄭、尽収其図書及古跡焉。命司農少卿宋遵貴載之以船、泝河西上、将致京師。行経底柱、多被漂没、其所存者、十不一二。其目録亦為所漸濡、時有残缺。

煬帝位に即き、秘閣の書、限りて五〇の副本を写し、分ちて三品と為す。上品は紅瑠璃の軸、中品は紺瑠璃の軸、下品は漆軸なり。東都観文殿の東西廂に屋を構へ以て之を貯ふ。東屋は甲乙を蔵し、西屋は丙丁を蔵す。又《また》魏已来の古跡・名画を聚め、殿後に二台を起て、東は妙楷台と曰ひ、古跡を蔵し、西は宝蹟台と曰ひ、古画を蔵す。又内道場に道仏の経を集め、別に目録を撰す。大唐の武徳五年（六二二）、偽鄭を克平し、尽く其の図書及び古跡を収む。司農少卿の宋遵貴に命じて之を載すに船を以てし、河を泝《さかのぼ》り西上し、将に京師に致さんとす。行きて底柱を経て、多く漂没を被り、其の存する所は、一〇の一、二あらず。其の目録亦漸濡する所と為り、時に残缺有り。

（2）『新唐書』巻五七藝文志・序（『文献通考』巻一七四と『玉海』巻五二貞観内庫書に同文あり）

初隋嘉則殿書三十七萬巻。至武徳初、有書八萬巻、重複相糅。王世充平、得隋旧書八千餘巻。太府卿宋遵貴監運東都、浮舟泝河、西致京師、経砥柱舟覆、尽亡其書。

初め隋の嘉則殿の書三七萬巻あり。武徳初めに至り、書八萬巻有り、重複相糅《まじ》る。王世充平ぎ、隋の旧書八千餘巻を得。太府卿の宋遵貴東都に監運し、舟を浮べ河を泝《さかのぼ》り、西して京師に致すに、砥柱を経て舟覆り、尽く其の書を亡ふ。

（3）『封氏聞見記』巻二典籍

隋開皇三年、秘書監牛弘表請分遣使捜訪異本、毎書一巻、賞縑一疋、校写既定、本還其主。由是人間異書往往間出、及平陳後、経籍漸多。煬帝限写五十副本、分為三品、于東都観文殿東西廊屋列以貯之。大唐武徳五年、克平隋鄭公、尽収図書、命司農少卿宋遵貴載之以船、泝河西上、行経底柱、多被湮没、十存一二。其目録四部書、大凡八萬六千六百六十六巻。除亡書及刪去浅俗無益教理者、見在三萬六千七百八巻、著在隋書経籍志。自後巻帙頗増。開元中、定四部目録、大凡五萬一千八百五十二巻。此自漢以来、典籍之大数也。

隋の開皇三年（五八三）、秘書監の牛弘表して使を分遣し異本を捜訪し、書一巻毎《ごと》に、縑一疋を賞し、校写既に定まれば、本は其の主に還さんことを請ふ。是により人間の異書往往にして間出し、陳平ぐの後に及び、経籍漸《しだい》に多し。煬帝限りて五〇の副本を写し、分ちて三品と為し、東都観文殿の東西廊屋に列して以て之を貯ふ。大唐武徳五年（六二二）、隋の鄭公を克平し、尽く図書を収め、司農少卿の宋遵貴に命じ之を載せるに船を以てし、河を泝《さかのぼ》り西上し、行きて底柱を経るに、多く漂没を被り、一〇の一、二あらず。其の目録四部書、大凡《おほよそ》八萬六千六百六十六巻。亡書を除き及び浅俗にして教理に益なきもの刪去し、見在するもの三萬六千七百八巻、著して「隋書」経籍志に在り。自後巻帙頗る増す。開元中（七一三〜七四一）、四部目録を定め、大凡五萬一千八百五十二巻。此れ漢より以来、典籍の大数なり。

（4）『河南志』巻三隋城闕古蹟

観文殿。殿前両廂為書堂、各二十間（十二間）。堂前通為閣道、承殿。毎一門（間）十二宝廚、高広六尺、皆飾以雑宝。廚中皆江南晋宋斉梁古書。廚前後、方五香牀、装以金玉、春夏鋪九尺象簟、秋設鳳紋綾花褥、冬則加錦装須繡氈、其間（門）内南北通為腅霓窓櫺。毎三間、門（開）一方戸、戸垂錦幰。

観文殿。殿前の両廂は書堂と為す。各《おの》おの一二間、堂前は通して閣道を為し、殿を承く。一間毎《ごと》に一二宝廚。高さ広さ六尺、皆飾るに雑宝を以てす。廚中皆江南の晋・宋・斉・梁の古書なり。廚の前後、方五香牀あり。装ふに金玉を以てし、春夏は九尺の象簟を鋪き、秋には鳳紋綾花褥を設け。冬は則ち錦装の須繡氈を加ふ。其の門内の南北は、通じて腅霓窓櫺と為し、三間毎《ごと》に一方戸を開き、戸には錦幰を垂る。

（5）『大唐六典』巻九中書省・集賢殿書院の註

隋平陳之後、写書正副二本、蔵于宮中、其餘以実秘書外閣。煬帝於東都置観文殿、東西廂貯書。

隋、陳を平ぐの後、書の正・副二本を写し、宮中に蔵し、其の餘は以て秘書の外閣を実す。煬帝、東都に観文殿を置き、東西廂に書を貯ふ。

（6）『通典』巻二一職官三中書令・集賢殿書院

煬帝於東都観文殿東西廂貯書。

煬帝、東都観文殿東西廂に書を貯ふ。

3　仲思棗（228）

信都［郡］献仲思棗四百枚。棗長四五寸、紫色、皮縐細核、実肥有味。賢於青州棗。北斉時、有仙人仲思、得此棗種之、亦名仙棗。時海内唯有数樹。出大業拾遺（巻四一〇「仲思棗」）

信都郡（冀州）、仲思棗四〇〇枝を献ず。棗の長さ四、五寸にして、紫色、皮縐、細核にして、実に肥え味有り。青州棗より賢《まさ》る。北斉の時、仙人の仲思有り、此の棗を得て之を種ゑ、亦仙棗と名づく。時に海内唯だ数樹有り。

「大業拾遺」に出づ

四　『玉海』所引の『大業拾遺』

区宇図志（229）

隋大業拾遺曰、大業初、勅秘書学士十八人修十郡志。虞世基総検。先令学士各序一郡風俗。擬奏請体式。付世基択善用之。乃鈔呉郡序為体式、及図志第一副本、新成八百巻奏之。帝以部秩太少、重修成一千二百巻。巻頭有図。別造新様紙巻長二尺。叙山川、則巻首有山水図。叙郡国、則有郭邑図。叙城隍、則有公館図。其図上山水城邑題書字極細。並用欧陽粛書。（巻一五地理「隋地形志」）

隋の「大業拾遺」に曰はく、大業の初め、秘書学士一八人に勅して「十郡志」を修めしめ、虞世基をして総検せしむ。先づ学士をして各《おの》おの一郡の風俗を序べしめ、擬奏して体式を請ひ、世基に付し善を択びて之を用ふ。乃ち呉郡の序を鈔して体式と為し、図志・第一副本に及び、新に八〇〇巻を成し之を奏す。帝、部秩太《はなは》だ少きを以て、重修して一千二百巻と成さしむ。巻頭に図有り、別に新様の紙巻長さ二尺を造り、山川を叙すに、則ち巻首に山水図有り、郡国を叙すに、則ち郭邑図有り、城隍を叙すに、則ち公館図有り。其の図上の山水・城邑の題書の字は極細にして、並びに欧陽粛の書を用ふ。

この記事は「続談助」本『大業雑記』の「区宇図志」（整理番号85）と関連する。

五　『新編古今事文類聚』所引の『大業拾遺』

区宇図志（230）

隋大業初、勅内史舎人竇威崔祖濬及龍川賛治侯偉等三十餘人、撰区宇図志一部五百餘巻。新成奏之。又著丹陽郡風俗、乃見以呉人為東夷、度越礼義、及属辞比事、全失脩撰之意。帝不悦、遣内史舎人柳逵（柳述）宣勅、責威等云、昔漢末三方鼎峙立、大呉之国、以人物称。故晋武帝云、江東之有呉会、猶江西之有汝潁。衣冠人物、千載一時、及永嘉之末、華夏衣纓、尽過江表。此乃天下之名都、自陳平之後、碩学通儒、莫非彼至。爾等著其風俗、乃為東夷之人、度越礼義、於爾等可乎。然於著述之体、又無次序。各賜杖一頓。即日、勅遣秘書学士十八人脩十郡志、内史侍郎虞世基惣検。於是世基先令学士各序一郡風俗、擬奏請体式、学士著作郎虞綽序京兆郡風俗、学士宣恵尉凌敬序河南郡風俗、学士宣徳郎杜宝序呉郡風俗。四人先成、以簡世基、世基奏聞去取聴勅、及奏帝曰、学士脩書、頗得人意、各賜帛二十段。付世基択善用之。脩成一千二百巻、巻頭有図、叙山川、則巻首有山水図、叙郡国、則巻首有郭邑図、叙城隍、則巻首有公館図、其図上山川城邑題字極細、並用欧陽粛書。即率更令詢之長子、攻於草隷、為時所重云。大業拾遺（別集巻二儒学部著書「撰区宇志」）

隋の大業の初め、内史舎人の竇威・崔祖濬及び龍川賛治の侯偉等三十餘人に勅して、「区宇図志」一部五百餘巻を撰せしめ、新に成り之を奏す。又「丹陽郡風俗」を著しめ、乃ち見るに呉人を以て東夷と為し、礼儀を度越し、属辞比事に及んでは、全て脩撰の意を失ふ。帝悦ばず、内史舎人の柳述を遣はし勅を宣じて、威らを責めて云はく、「昔、漢末三方鼎峙して立つに、大呉の国、人物を以て称ふ。故に晋の武帝云ふ、〈江東の呉会を有《たも》つは、なお江西の汝頴を有つがごとし。衣冠の人物、千載一時なり。永嘉の末に及んで、華夏の衣纓、尽く江表を過《よ》ぎり、此れ乃ち天下の名都なり〉と。陳平ぐの後より、碩学・通儒、彼に至るに非ざる莫し。爾等、其の風俗を著し、乃ち東夷の人と為し、礼儀を度越すは、爾等に於て然るべけんや。著術の体に於て、又次序なし、各《おの》おの杖一頓（杖一打）を賜ふ。即日、勅して秘書学士一八人をして「十郡志」を脩せしめ、内史侍郎の虞世基をして惣検せしむ。是に於て世基、先づ学士をして各《おの》おの一郡の風俗を序《の》べしめ、擬奏して体式を請ふ。学士・著作郎の虞綽は京兆郡の風俗を序べ、学士・宣恵尉の陵敬は河南郡の風俗を序べ、学士・宣徳郎の杜宝は呉郡の風俗を序ぶ。四人先づ成り、以て世基に簡《しらべ》しむ。世基「去取は勅に聴かん」と奏聞す。奏するに及んで帝曰はく、「学士、書を脩め頗ぶる人意を得」と、各《おの》おの帛二〇段を賜ひ、世基に付し善を択び之を用ふ。脩めて一千二百巻と成し、巻頭に図有り、山川を叙ぶに、則ち巻首に山水図有り。郡国を叙ぶに、則ち巻首に郭邑図有り。城隍を叙ぶに、則ち巻首に公館図有り。其の図上の山川・城邑の題字、極細にして、並びに欧陽粛の書を用ふ。即ち率更令・詢の長子にして、草隷を攻《をさ》め、時の重んず所と為ると云ふ。「大業拾遺」

この記事は「続談助」本『大業雑記』の「区宇図志」（整理番号85）と関連する。

六　『永楽大典』所引の『大業拾遺』

煬帝（231）

大業拾遺武徳四年、東都平後、観文殿宝厨新書凡八千許巻、将載還京師。上官魏（上官儀）夢見煬帝、大嗔云、何因輟（輒）将我書向京師。于時太府卿宋遵貴監運東都調度、乃於陜州下書、著大船中、欲載往京師、於河値風覆没、一巻無遺。魏上官（上官儀）又復夢見帝、甚喜悦云、我已得書竟。帝平昔之日、愛惜書史、雖積如山丘、然一字不許外出。及崩亡之後、神道尤懐愛悋。按宝厨新書、並大業所秘之書也。（巻一三一三五「夢」夢煬帝の註）

「大業拾遺」に、武徳四年（六二一）、東都平ぐの後、観文殿宝厨の新書八千許《ばか》りの巻、将て載せ京師に還る。上官儀、夢に煬帝を見《まみ》えるに、大いに嗔《いか》りて云ふ、「何ぞ因りて輒《みだり》に我が書を将《もっ》て京師に向はん」と。時に太府卿の宋遵貴、東都の調度を監運し、乃ち陝州に書を下し、大船中に著け、載せて京師に往かんと欲すに、河に於て風に値り覆没し、一巻も遺すなし。上官儀又夢に帝に見えるに、甚だ喜びて云はく、「我已に書を得」と。帝平昔の日、書史を愛惜し、積むこと山丘の如しと雖も、然れども一字もて外出することを許さず。崩亡の後に及んで、神道尤も愛悋《りん》を懐くがごとし。宝厨の新書を按ずるに、並びに大業秘する所の書なり。

七　『記纂淵海』所引の『大業拾遺』

文章総集（232）

帝命虞世南等四十人、選文章。自楚詞訖大業、共為一部五千巻、号文章総集。大業拾遺（巻七五著述部「著書伝記」）

帝、虞世南等四〇人に命じ、文章を選せしむ。楚詞より大業に訖《およ》び、共せて一部五千巻を為り、「文章総集」と号す。「大業拾遺」

『玉海』巻五四藝文・唐三類集録に「文章総集」をいう。

隋虞世南等四十人選文章、自楚詞訖大業、為五千巻、号文章総集。

隋の虞世南等四〇人、文章を撰し、「楚詞」より大業に訖《いた》り、五千巻を為り「文章総集」と号す。

参考史料

『陝西通志』巻七五経籍二「集」類

文章総集五千巻、煬帝勅選。隋煬帝会虞世南等四十人、選文章。自楚詞迄大業、共為一部五千巻、名文章総集。又択能書二千人、為御書生分番鈔書。珍珠船

「文章総集」五千巻、煬帝勅選。隋の煬帝は虞世南等四〇人を会し、文章を選せしむ。「楚詞」より大業訖《いた》り、共せて一部五千巻を為り、「文章総集」と名づく。又能書二千人を択び、御書生と為し分番鈔書せしむ。「珍珠船」

八　『新編分門古今類事』所引の『大業拾遺』

耿詢（233）

隋大業中、耿詢造渾儀成、進之。帝召太史令袁充少府監何稠等験三辰度数、昼夜運転、毫釐不差、甚嘉之、欲用為太史令。詢聞之、笑曰、詢故未合得此官、六十四五、所不論耳、然得太史令即命終。宇文化及簒叛、詢為太史令。謀帰唐、事覚被害。時年六十五。観詢之藝能術数、蓋亦張衡郭璞之流也。（巻一八雑誌門・耿詢太史）

隋の大業中、耿詢、渾儀を造り成りて、之を進む。帝は太史令の袁充・少府監の何稠等を召し三辰の度数を験べしむに、昼夜運転し、毫釐も差はず、甚だ之を嘉し、用ゐて太史令と為さんと欲す。詢は之を聞き、笑ひて曰はく、「詢故さらに未だ合に此の官を得べからず、六四、五、論ぜざる所のみ、然れども太史令を得て即ち命終らん」と。宇文化及簒叛し、詢を太史令と為す。唐に帰せんと謀り、事覚れ害せらる。時に年六五。詢の藝能・術数を観るに、蓋し亦張衡・郭璞の流なり。

九　『北戸録』所引の『大業拾遺』

都念子（234）

又有都念子樹、花似紫蜀葵、実如軟棗。拾遺云、甚甘美益人。隋朝植於西苑中。（巻二食目）

又都念子有り、花は紫蜀葵に似て、実は軟棗の如し。「拾遺」に云はく、「甚だ甘美にして人を益す。隋朝、西苑中に植ゑる」と。

「都念子」は『太平御覧』と『重較説郛』所引の『大業拾遺録』、『猗覚寮雑記』所引の『大業拾遺記』に記事があり、『大業雑記』の逸文と認められるから、『北戸録』所引の『大業拾遺』は『大業雑記』の別名としてよい。

一〇　『野客叢書』所引の『大業拾遺』

麻胡（235）

今人呼麻胡来以怖小児。其説甚多。朝野僉載云、偽趙石虎以麻将軍秋帥師。秋胡人、暴戻好殺、国人畏之、有児啼、母輒恐之曰、麻胡来。啼声即絶。又大業拾遺云、煬帝将去江都、令将軍麻祜濬阪、祜虐用其民、百姓惴慄、呼麻祜来以恐小児。転祜為胡。（巻二一麻胡）

今人「麻胡来る」と呼《い》ひ以て小児を怖す。其の説甚だ多し。「朝野僉載」に云ふ、「偽趙の石虎、麻将軍・秋を以て師を帥ゐしむ。秋は胡人にして、暴戻にして殺を好み、国人之を畏れ、児の啼くあれば、母輒ち之を恐して曰はく、『麻胡来る』」と。啼声即ち絶つ。又「大業拾遺」に云ふ、「煬帝将に江都を去らんとするに、将軍の麻祜をして阪を濬《さら》へしむに、祜は其の民を虐用す。百姓惴慄し、「麻祜来る」と呼ひ以て小児を恐す」と。「祜」を転じて「胡」と為る。

参考史料

（1）『十六国春秋』巻二二後趙録・麻秋

麻秋、太原胡人也。仕勒為征東将軍、虎世為涼州刺史、率衆伐涼、互有勝敗。秋植性虓険鴆毒。有児啼、母輒恐之曰、麻胡来、啼声遂絶。冉閔之乱、率衆奔鄴、秦苻洪使子雄迎撃獲之、以為軍師将軍。因宴鴆洪、為秦世子健所殺。

麻秋は太原の胡人なり。勒に仕へて征東将軍と為り、虎世を涼州刺史と為し、衆を率ゐて涼を伐ち、互に勝敗有り。秋の植性は虓険鴆毒なり。児の啼く有り、母輒ち之を恐して曰はく、「麻胡来」と、啼声遂ひに絶む。冉閔の乱、率衆を率ゐて鄴に奔り、秦の苻洪、子雄をして迎撃し之を獲へ、以て軍師将軍と為す。宴に因り洪を鴆し、秦の世子・健の殺す所と為る。

この記事は麻胡の由来を述べたもので、『大業拾遺』の記事「麻胡」の出典が『十六国春秋』にあることをいうものではない。『十六国春秋』が出典であれば、『大業拾遺』の記事「麻胡」は存在しないことになる。

（2）『事物起原』巻一〇布帛雑事部「麻胡」

朝野僉載曰、後趙石勒将麻胡、性虎険鴆毒。有児啼、毎輒恐之麻胡来、啼声絶。本草拾遺曰、煬帝将幸江都、命麻胡濬汴河、以木鵝試波深浅、止皆死。毎児啼、言麻胡来、自止、人畏若是。演義曰、今俗以麻胡恐小児。俗伝麻胡祜為隋煬帝将軍、開汴河、甚毒虐人多懼之。胡祜声相近、以此呼之耳誤矣。会稽録云、会稽有鬼、号麻胡。

好食小児脳。遂以恐小児、若麻祜、可以恐成人、豈独小児也。

「朝野僉載」（現行本『朝野僉載』に、この記事なし）に曰はく、「後趙の石勒の将・麻胡、性は虎険鴆毒なり。児の唬《ほ》ゆることあれば　毎に輒ち之を恐すに「麻胡来」と、唬声絶む」と。「本草拾遺」に曰はく、「煬帝将に江都に幸せんとし、麻胡に命じて汴河を濬しむに、木鵝を以て波の深浅を試し、止めれば皆死す。児の唬ゆる毎に、「麻胡来」と言はば、自ら止む、人の畏れること是の若し」と。「演義」に曰はく、「今俗、麻胡を以て小児を恐す。俗伝に麻胡祜は隋の煬帝の将軍と為り、汴河を開き、毒虐なること甚だしく人多く之を懼る。胡・祜の声相近し、此を以て之を呼ぶのみ誤るなり」と。「会稽録」に云ふ、「会稽に鬼有り、麻胡と号す。好んで小児の脳を食ひ、遂ひに以て小児に恐れらる」と。麻祜の若きは、以て成人を恐れさすべし、豈に独り小児のみならんや。

（3）『太平広記』巻二六七「麻秋」

後趙石勒将麻秋者、太原胡人也、植性虓険鴆毒。有児啼、母輒恐之麻胡来、啼声絶。至今以為故事。出朝野僉載

後趙の石勒の将・麻秋は、太原の胡人にして、植性は虓《こう》険鴆毒なり。児の啼く有り、母輒ち之を「麻胡来」と恐せば、啼声絶ゆ。今に至り以て故事と為す。「朝野僉載」に出づ

（4）『資暇集』巻下

非麻胡。俗、怖嬰児曰麻胡来、不知其源者。以為多髯之神而験刺者、非也。隋将軍麻祜、性酷虐。煬帝令開汴河、威稜既盛、至稚童望風而畏、互相恐嚇曰麻祜来。稚童語不正。転祜為胡。只如憲宗朝涇将郝玭、蕃中皆畏憚、其国嬰児啼者、以玭怖之則止。又武宗朝閭閻孩孺相脅、云薛尹来、咸類此也。

麻胡に非ず。俗、嬰児を怖すに麻胡来と曰ふ、其の源を知らず。以為多髯の神而験刺者、非なり。隋の将軍麻祜、性は酷虐。煬帝汴河を開かしめるに、威稜既に盛ん、稚童に至り風を望みて畏れ、互に相恐嚇して「麻祜来と曰」

ふ。稚童の語正しからず。「祜」を転じて「胡」と為す。只だ如憲宗朝の涇将・郝玼の如きは、蕃中皆畏憚し、其の国嬰児啼く者、玼を以て之を怖せば則ち止む。又武宗朝の閭閻の孩孺《ちのみご》相脅して、「薛尹来」と云ふは、咸此の類なり。

（5）『新編古今事文類聚』別集巻六文章部字義「古今事実」麻胡

俗、怖嬰児曰麻胡。隋将軍麻祜、性酷虐。稚童互相恐嚇曰麻祜来、転祜為胡。如憲宗朝涇将郝玼、番（蕃）中皆畏、其国嬰児啼者、以玼怖之則止。武宗朝孩孺相脅、云薛尹来類也。資暇集

俗、嬰児を怖すに麻胡と曰ふ。隋の将軍・麻祜、性酷虐なり。稚童互に相恐嚇して「麻祜来」と曰ひ、「祜」を転じて「胡」と為す。憲宗朝の涇将・郝玼の如きは、蕃中皆畏れ、其の国の嬰児啼く者、玼を以て之を怖せば則ち止む。武宗朝の孩孺相脅すに、「薛尹来」と云ふの類なり。「資暇集」

右の史料にいう「薛尹来」とは『新唐書』巻一九七循吏・薛元賞伝に記事がある。

会昌中、徳裕当国、復拝京兆尹。都市多侠少年、以黛墨鑱膚、夸詭力、剽奪坊閭。元賞到府三日、収悪少、杖死三十餘輩、陳諸市、餘党懼、争以火滅其文。元賞長吏事、能推言時弊、件白之。禁屯怙勢擾府県、元賞数与争、不少縦、由是軍暴折戢、百姓頼安。

会昌中（八四一～八四六）、徳裕当国し、復《また》京兆尹を拝す。都市侠なる少年多く、黛墨を以て膚に鑱《きざ》み、詭力を夸《ほこ》り、坊閭を剽奪す。元賞府に到りて三日、悪少を収め、杖死せしめること三十餘輩、諸市に陳べるに、餘党懼れ、争ひて火を以て其の文《いれずみ》を滅す。元賞は吏事に長け、能く時弊を推言し、之を件白す。禁屯勢を怙み府県を擾《さわが》すに、元賞数しば与に争ひ、少しも縦《ゆる》さず、是れより軍暴《にはか》に折戢し、百姓頼み安んず。

会昌年間は武宗の年号であるから、「薛尹」とは薛元賞を指すものである。

「麻胡」の出典は『朝野僉載』にあるようである。『大業拾遺』が出典であれば、『大業拾遺』のほうが成立が早いから『事物起原』や『太平広記』は『大業拾遺』の記事を引用するはずである。ところが、『事物起原』と『太平広記』は『朝野僉載』を引用している。これは北宋初期に『大業拾遺』が存在せず、北宋中期に成立した偽書であるためと考えられる。

一一　『遯斎間覧』所引の『大業拾遺』

麻胡（236）

今人呼麻胡、以怖小児。其説有二。朝野僉載云、偽趙石勒虎以麻将軍秋為帥、秋胡人、暴戻好殺。国人畏之、市有児啼、母輒恐之曰、麻胡来、啼声即絶。至今以為故事。又大業拾遺云、煬帝将幸江都、令将軍麻胡濬汳、胡虐用其民、毎以木鵝為試、鵝流不迅、謂濬河不深、皆抵死。百姓惴慄、常呼其名、以恐小児。小児夜啼不止、呼麻胡来応時止。大業拾遺在僉載前、当以拾遺為是。或云胡本名祐、胡者為其多髭鬍也。（『説郛』巻二五所収「遯斎間覧」）

今人「麻胡」を称ひ、以て小児を怖れさす。其の説二有り。「朝野僉載」に云ふ、偽趙の石勒虎、麻将軍の秋を以て帥と為す。秋は胡人、暴戻にして殺を好み、国人之を畏る。市に児の啼くあれば、母輒ち之を恐して「麻胡来」と曰へば、啼声即ち絶つ。今に至り以て故事と為す。又「大業拾遺」に云ふ、煬帝将に江都に幸せんとし、将軍の麻胡をして汳《べん》（汴に同じ）を濬《さら》へしむ。胡其の民を虐用し、毎に木鵝を以て試と為し、鵝の流ること迅《はや》からざれば、河を濬《さら》ふこと深からざると謂《おも》ひ、皆死に抵る。百姓惴慄し、常に其の名を呼び、以て小児を恐す。小児夜啼きて止まず、「麻胡来り」と呼《い》へば時に応じて止む。「大業拾遺」は「僉載」の前に在り、当に「拾遺」を以て是と為すべし。或ひと云ふ、「胡の本名は祐、胡は其の髭髯多きがためなり」と。

『遯《とん》斎間覧』は『朝野僉載』より『大業拾遺』のほうが先に著作されたから、『大業拾遺』が出典であるという。宋の范正敏は『大業拾遺』を偽書と考えなかったようである。しかし、『大業拾遺』は北宋に成立した偽書であるから、この論は意味をなさない。詳細は本節の「まとめ」を参照のこと。

一二　『墨史』所引の『大業拾遺』

蛾緑螺（237）

大業拾遺記、宮人以蛾緑画眉。疑亦石墨之類、近世無復此物。（巻下）

「大業拾遺記」に、「宮人、蛾緑を以て眉を画く」と。疑ふに亦石墨の類にして、近世復《また》此の物無きなり。

一三　『仇池筆記』所引の『大業拾遺』

蛾緑螺（238）

大業拾遺、宮中以蛾緑画眉、亦石墨之類也。（巻上）

「大業拾遺」に、「宮中蛾緑を以て眉を画く」と。亦石墨の類なり。

一四　『佩觿』所引の『大業拾遺』

析字（239）

杳為十八日。大業拾遺云、隋煬帝南幸江都、杳娘侍側帝、作析字、令曰、杳娘十八日也。杳娘曰、羅字四維也。（巻上　『説郛』巻八五所収）

「杳」は「十八日」と為す。「大業拾遺」に云はく、隋の煬帝南のかた江都に幸し、杳娘は帝に侍側し、「析」字を作さしむ。令して曰はく、「〈杳〉は〈十八日〉なり」と。杳娘曰はく、「〈羅〉字は四維なり」と。

参考史料

（1）『類説』巻六所収の『南部烟花記』

煬帝嘗会飲、為［析］字、令取左右離合之意。謂杳嬢曰、我取杳字為十八日。時宮婢羅羅侍［立］、杳嬢分羅字為四維。帝謂蕭后曰、能拆（析）朕字乎。后曰移左画居右、豈非淵字乎。乃唐興之讖。

煬帝嘗て会飲し、析字を為し、左右離合の意を取らしむ。杳《よう》嬢に謂ひて曰はく、「我〈杳〉字を取りて〈十八日〉と為す」と。時に宮婢の羅羅侍立し、杳嬢は〈羅〉字を分ち〈四維〉と為す。帝は蕭后に謂ひて曰はく、「能く〈朕〉字を析《わけ》るや」と。后曰はく「左画を移し右に居らしめば、豈に〈淵〉字に非ざるや」と。乃ち唐興るの讖《しん》（しるし）なり。

（2）『隋遺録』巻下

帝於宮中嘗小会、為析字、令取左右離合之意。時杳嬢侍側帝、曰、我取杳字為十八日。杳嬢復解羅字為四維。帝顧蕭妃曰、爾能析朕字乎、不能、当酔一盃。妃徐曰、移左画居右、豈非淵字乎。時人望多帰唐公、帝聞之不懌、乃言、吾不知此事、豈為非聖人邪。於是姦蠹起於内、盗賊攻於外。

帝、宮中において嘗て小会し、析字を為し、左右離合の意を取らしむ。時に杳《よう》嬢帝に侍側し曰はく、「我〈杳〉字を取り〈十八日〉と為す」と。杳嬢復《また》〈羅〉字を解《わか》ち〈四維〉と為す。帝は蕭妃を顧みて曰はく、「爾能く〈朕〉字を析《わけ》るや、能はざれば、当に一盃に酔ふべき」と。妃徐《おもむろ》に曰はく、「左画を移動し右に居かば、豈に〈淵〉字に非ざらんや」と。時に人望多く唐公に帰し、帝之を聞きて懌ばず、乃ち言はく「吾、此の事を知らざれば、豈に聖人に非ざると為さんや」と。是において姦蠹《と》内より起り、盗賊外より攻む。

一五　まとめ

以上、諸書に引用される『大業拾遺』の記事を示した。『北戸録』にみえる「都念子」は「続談助」本『大業雑記』にみえるから、『北戸録』の「都念子」は『大業雑記』の逸文である。

問題となるのは、『野客叢書』と『遯《とん》斎間覧』が引く「麻胡」、『墨史』と『仇池筆記』が引く「蛾緑螺」、『佩觿』が引く「析字」である。このうち、「蛾緑螺」に関しては前節の「まとめ」において既に述べたから、ここでは新に「麻胡」と「析字」が問題となる

「麻胡」は今までにみた『大業雑記』の記事とは文章の内容や雰囲気が異なる。第四章第二節に示すように、「麻胡」は『隋遺録』巻上に所載する。『隋遺録』は『大業拾遺』という別名をもつから、『隋遺録』の別名である『大業拾遺』の記事を『野客叢書』と『遯《とん》斎間覧』は引用していると判断される。

『佩觿』が引く「析字」の記事は『大業雑記』にはない。参考史料に示したように、「析字」は『南部烟花記』や『隋遺録』にみえる記事であるから、『佩觿』が引く『大業拾遺』は、『南部烟花記』や『隋遺録』の別名である『大業拾遺』であると判断される。したがって、「麻胡」「蛾緑螺」「析字」は『南部烟花記』や『隋遺録』の記事であって、『大業雑記』の記事ではない。『大業拾遺』の逸文には『大業雑記』に属するものと、『南部烟花記』や『隋遺録』に属するものがあることに留意する必要がある。

第四節　『大業記』所引の逸文

一　はじめに

次に示す『資治通鑑考異』以下の書には『大業記』という書を引用する。その『大業記』の一部の記事は、杜宝の『大業雑記』『大業拾遺録』の記事と一致するところがあり、『大業記』は『大業雑記』『大業拾遺録』『大業拾遺記』『大業拾遺』の別名と推定される。

一方、出典を『大業記』とする書の記事には、『大業雑記』の記事ではないと考えられるものがある。『大業記』は『大業雑記』だけを指すものではなく、『南部烟花記』の別名である『大業記』を指す場合もあるようである。

二　『資治通鑑考異』所引の『大業記』

巡会稽（240）

大業記、帝欲南巡会稽。今従隋書。（巻九武徳元年三月の「隋煬帝欲都丹陽」の項）

「大業記」に、「帝南して会稽を巡らんと欲す」と。今「隋書」に従ふ。

『資治通鑑考異』は『大業雑記』を引用する場合は、「雑記」と明記するのに、ここでは『大業記』とする。これは「雑」字が脱落したものであり、『大業雑記』のことであろう。というのは、「巡会稽」の話は「続談助」本『大業雑記』（整理番号86）にあるからである。

三　『太平御覧』所引の『大業記』

1　白魚種子（241）

隋大業記曰、五月夏至前三五日、呉郡太湖中白魚、向湖側浅水、菰蒲之上産子、民得採之。隋時貢於洛。（巻六六地部三一「湖」）

隋の「大業記」に曰はく、五月夏至の前三五日（一五日）、呉郡の太湖中の白魚、湖側の浅水に向ひ、菰蒲の上に子を産み、民之を得採すと。隋の時、洛に貢す。

2　安公子（242）

大業記曰、安公子是隋煬帝将幸江都、宮中所撰。時楽工笛中吹此曲、其父疾瘵、於臥内聞、泫然流涕、問其子、何得此曲。対曰、宮中新翻也。謂其子曰、宮者君也、此曲雖在羽調、後有一宮声、往而不返。大駕東巡、必不廻耳、可託疾勿去、其精如此。（巻五六九楽部七「淫楽」）

「大業記」に曰はく、安公子は是れ隋の煬帝、将に江都に幸せんとし、宮中撰す所なり。時に楽工の笛中は此の曲を吹くに、其の父疾瘵し、臥内に於て聞き、泫然として流涕し、其の子に問ふ、「何んぞ此の曲を得」と。対へて曰はく、「宮中の新翻なり」と。其の子に謂ひて曰はく、「宮は君なり。此の曲、羽調に在りと雖も、後に一宮声有り、往きて返らず。大駕東巡し、必ず廻らず。疾に託し去ること勿るべし」と。其の精なること此《かく》の如し。

「白魚種子」が『大業雑記』の逸文であることは、他の文献（本書三四〇頁参照）から明らかであるから、同じ『大業記』に引く「安公子」も『大業雑記』の逸文としてよい。

四　『北戸録』所引の『大業記』

1　左行草（243）

左行草。使人無情。范陽常進。大業記、錯綵葼花、似左行草花、葉繊長而多、色正赤、甚美香也。（巻一紅蝙蝠）

左行草。人をして情なからしむ。范陽常に進む。「大業記」に、綵の葼《そう》花を錯《お》くに、左行草の花に似て、葉繊長くて多く、色は正赤、甚だ美香なり。

この記事は初見である。次に示す「胡牀・交牀」の記事が『大業雑記』の逸文であるから、「左行草」も『大業雑記』の逸文と判断される。

参考史料

（1）『酉陽雑俎』前集巻一九広動植之四「草篇」

左行草、使人無情。范陽長貢。

左行草、人をして情なからしむ。范陽長く貢す。

（2）『太平広記』巻四〇八草木三草「無情草」

左行草、使人無情。范陽長貢。出酉陽雑俎

左行草、人をして情なからしむ。范陽長く貢す。「酉陽雑俎」に出づ

2　胡牀・交牀（244）

按侯景簒位、着白鈔帽而尚青袍、或牙梳挿髻、牀上常設胡牀。大業記、帝、九月、自北塞還東都、賜文武官各有差。改胡牀為交牀、改胡瓜為白露黄瓜、改茄子為崑崙紫瓜也。（巻三五色藤筌蹄）

按ずるに、侯景位を簒《つ》ぎ、白鈔帽を着て青袍を尚《この》み、或いは牙梳もて髻に挿し、牀上は常に胡牀を設く。「大業記」に、帝、九月、北塞より東都に還り、文武官に賜ふに各《おの》おの差有り。胡牀を改め交牀と為し、胡瓜を改め白露黄瓜と為し、茄子を改め崑崙紫瓜と為すなり。

この記事は「続談助」本『大業雑記』の「胡牀・交牀」（整理番号77）と関連する。

3　仙人草（245）

又謝恵連目奇草曰仙人草。……（中略）……。大業記又説、仙人草如長楽。高三尺。丹葉碧花。花似鶏幘、而大者闊五六寸。（巻三無名花）

又謝恵連、奇草を目して仙人草と曰ふ。……（中略）……。「大業記」に又説ふ、「仙人草は長楽の如し、高さ三尺、丹葉・碧花なり。花は鶏幘に似て、大なるもの闊さ五、六寸なり」と。

この記事は初見である。「胡牀・交牀」の記事が『大業雑記』の逸文であるから、「仙人草」も『大業雑記』の逸文としなければならないだろう。

五　『海録砕事』所引の『大業記』

1　分盃（246）

煬帝分御盃、以賜秘［書］監諸葛頴。分盃之法、起自籌禅師、用薬物著帽簪、対賓客取以画酒、即中断。大業記（巻六飲食器用部宴会部門）

煬帝御盃を分ち、以て秘書監の諸葛頴に賜ふ。分盃の法、籌禅師より起り、薬物を用て帽簪に著け、賓客に対し取るに酒を画くを以てし、即ち中断す。「大業記」

2　胡牀・交牀（247）

改胡牀為交牀、胡瓜為白露黄瓜、改茄子為崑崙紫瓜。大業記（巻六飲食器用部・雑器用門）

胡牀を改め交牀と為し、胡瓜を白露黄瓜と為し、茄子を改め崑崙紫瓜と為す。「大業記」

この記事は「続談助」本『大業雑記』の「胡牀・交牀」（整理番号77）と関連する。

3　切玉（248）

大業記、宝剣出自昆吾渓、照人如照水、切玉如切泥。（巻一四百工医技部刀剣門）

「大業記」に、「宝剣出づるに昆吾渓よりし、人を照らすこと水を照らすが如く、切玉を切ること泥を切るが如し」と。

「切玉」の記事は『大業雑記』とどのように関連があるのか明らかではなく、他の文献が混入しているのではないかと疑われるが、「分盃」と「胡牀・交牀」が『大業雑記』の記事と認められるから、同じ『大業記』にある「切玉」は『大業雑記』の記事と判断される。

参考史料

『藝文類聚』巻六〇軍器部・剣「詩」。『初学記』巻二二武部・剣二「事対」。

梁呉筠詠宝剣詩曰、我有一宝剣、出自昆吾渓、照人如照水、切玉如切泥、鍔辺霜凜凜、匣上風凄凄、寄語張公子、何当来見携

梁の呉筠の宝剣を詠ふ詩に曰はく、「我、一宝剣を有つ、昆吾渓より出づ。人を照らすこと水を照らすが如く、玉を切ること泥を切るが如し。鍔辺の霜凜凜として、匣上の風凄凄たり。語を張公子に寄せ、何ぞ当に来り見て携へんや」と。

六　『事類賦』所引の『大業記』

1　龍舟（249）

大業記曰、煬帝幸江都、所乗龍舟、錦帆錦纜。（巻一〇宝貨部第二・錦の「帆掛龍艦」の註）

「大業記」に曰はく、「煬帝江都に幸し、乗る所の龍舟、錦帆錦纜なり」と。

この記事は「続談助」本『大業雑記』の「龍舟及楼船」（整理番号58）と関連する。

2　儀鸞殿（250）

大業記曰、洛陽儀鸞殿南有栗林。（巻二七果部二・栗の「託植儀鸞」の註）

「大業記」に曰はく、「洛陽の儀鸞殿の南、栗林有り」と。

この記事は「続談助」本『大業雑記』の「儀鸞殿」（整理番号39）と関連する。

七　『事物起原』所引の『大業記』

水飾（251）

流杯。東晳対晋武帝問曲水事曰、周公卜成洛邑、因流水以泛酒。故逸詩曰、羽觴随流。晋以来、三月三日、曲水流杯、即其始。隋大業記、煬帝大修水飾、以小舟行觴。及唐、豪貴作池亭、引水為之也。（巻一〇布帛雑事部）

流杯。束晳《そくせき》晋の武帝の曲水の事を問ふに対へて曰はく、「周公、卜して洛邑を成し、流水に因り以て酒を泛ぶ。故に「逸詩」に曰はく、〈羽觴随流す〉」と。晋より以来、三月三日、曲水の流杯、即ち其の始まるなり。隋の「大業記」に、煬帝大いに水飾を修め、小舟を以て行觴す。唐に及び、豪貴は池亭を作り、水を引きて之を為すなり。

八　『書小史』所引の『大業記』

飛白書（252）

後主、諱叔宝、字元秀、宣帝長子也。善行草書、陳室富有書画。隋文帝即位、以晋王広為元帥、平之、命元帥記室参軍裴矩高熲収其書画、得八百餘巻。於東京観文殿起二台、東曰妙楷蔵、［収］自古法書。西曰宝躅、収自古名画。隋煬皇帝、姓楊氏、諱広、高祖第二子也。少敏慧、好学善属文、好飛白書。大業記云、煬帝将幸江都、宮女半不随駕、争泣留帝言、遼東小国、不足煩大駕、願択将征之。攀車惜留、指血染鞅、帝意不回。因飛白題二十字、賜宮嬪曰、我夢江都、好征遼、亦偶然、但留顔色、在離別、只今年。二王書録曰、大業末、帝幸江都。秘府図書、多将従行、中道船没、大半淪棄。其間得存、所餘無幾。弑逆之後、並帰宇文化及、至聊城、為竇建徳所破、並皆亡失。（巻二）

後主、諱は叔宝、字は元秀、宣帝の長子なり。行草書を善くし、陳室富て書画有り。隋の文帝即位し、晋王・広を以て元帥と為し、之を平げ、元帥記室参軍の裴矩・高熲に命じて其の書画を収めしめ、八百餘巻を得る。東京の観文殿に二台を起て、東は妙楷蔵と曰ひ、古よりの法書を収む。西は宝躅と曰ひ、古よりの名画を収む。隋の煬皇帝、姓楊氏、諱は広、高祖の第二子なり。少くして敏慧、学を好み属文を善くし、飛白書を好む。「大業記」に云ふ、煬帝将に江都に幸せんとし、宮女の半ば駕に随はず、争ひ泣きて帝を留め言はく、「遼東の小国、大駕を煩はすに足らず。願はくば将を択び之を征せん」と。車に攀り惜留し、指血鞅《むながい》を染めるも、帝意回らず、因りて飛白もて二〇字を題し、宮嬪に賜ひて曰はく、「我夢みるに江都好し、遼を征するは亦偶然。但に留む顔色在り、離別は只に今年のみ」と。「二王書録」に曰はく、大業の末、帝江都に幸す。秘府の図書、多く将て従行するに、中道船没し、大半淪棄す。其の間存するを得、餘す所幾んどなし。弑逆の後、並びに宇文化及に帰し、聊城に至り竇建徳の破る所と為り、並びに皆亡失す。

右の『大業記』に引く「飛白書」は、『太平御覧』巻七四九工芸部「飛白書」に引く記事（本書四三六頁）と同文であるから、『大業雑記』の逸文としてよい。

九　『通鑑問疑』所引の『大業記』

弑文帝（253）

通暦及大業記称煬帝弑文帝。通鑑書曰、上崩中外頗有異論。

「通暦」及び「大業記」は煬帝、文帝を弑するを称ふ。「通鑑」に書いて曰はく、「上崩ずるに中外頗る異論有り」と。

『大業記』の内容は明らかではないが、『大業記』に煬帝が文帝を弑したことが記載されていたことが、『通鑑問疑』の記事から窺い知れる。

一〇　『記纂淵海』所引の『大業記』

析字（254）

隋煬帝、於宮中嘗小会為析字、顧蕭妃曰、爾能析朕字否。妃曰、移左画居右、豈非淵字乎。時人望多帰唐公、帝聞之不懌。乃言吾不能知此事、豈非聖人耶。於是姦蠹起於内、盗賊攻於外。隋大業記（巻六六物理部・朕兆「伝記」）

隋の煬帝、宮中に嘗て小会し析字を為し、蕭妃を顧みて曰はく、「爾能く〈朕〉字を析するや否や」と。妃曰はく、「左画を移して右に居らしめば、豈に〈淵〉字に非ざるや」と。時に人望多く唐公に帰し、帝之を聞きて懌《よろこ》ばず。乃ち言ふ「吾、此の事を知るあたはず、豈に聖人に非ざるや」と。是に於て姦蠹内より起り、盗賊外より攻む。隋の「大業記」

一一　まとめ

以上、諸書に引用される『大業記』の記事を示した。このうち、問題となるのは『記纂淵海』所引の「析字」の記事であり、他の記事は『大業雑記』や『大業拾遺録』『大業拾遺記』『大業拾遺』所引の記事に類似する記事があるから、『大業雑記』の逸文としてよい。

「析字」に関しては、前節の「まとめ」に述べた。『記纂淵海』所引の『大業記』に「析字」の記事があり、「析字」は本来『南部烟花記』や『隋遺録』の記事であるから、『南部烟花記』や『隋遺録』は『大業記』という別名があったことがわかる。「析字」は『大業雑記』の逸文ではない。

一二　第三章のまとめ

宋元および明代の諸書に引用される『大業雑記』の逸文を示した。『大業雑記』は『隋書』の闕を補う目的で唐初に著述された。『大業雑記』は『資治通鑑考異』に何度も引用されている点から考えて、荒唐無稽な書ではなく、優れた史書というべきであり、『隋書』の闕を補うという目的は充分に果しているといえよう。

『大業雑記』の特筆すべき箇所は、隋の東都洛陽の状況を詳細に述べている点である。この箇所は隋唐の洛陽を理解する上で基本的文献である『河南志』巻三「隋城闕古蹟」の基礎になっている。隋の東都は大業元年（六〇五）に建設され、また唐の東都となった。洛陽を発掘するとき唐洛陽城の遺跡は出現しても、その下にあって、破壊された隋の洛陽遺跡の出現を期待することはほとんど不可能である。このような状況において、『大業雑記』の隋の状況を詳細に述べた箇所は、現在失われて推定不可能な隋・東都の様子を知るうえで重要である。

『大業雑記』の逸文を考える上において問題となるのは、『大業雑記』が『大業拾遺録』『大業拾遺記』『大業拾遺』『大業記』と別名を有していることである。これらの書名は『南部烟花記』や『隋遺録』の別称でもある。それゆえ、第三章に示した『大業拾遺録』以下の書の記事の中には、『南部烟花記』や『隋遺録』の記事が混入している可能性が大である。

『南部烟花記』や『隋遺録』の記事ではないかと想定できる記事に次のものがある。

「儂」字（『能改斎漫録』所引の『大業拾遺記』）

「麻胡」（『野客叢書』と『遯斎間覧』所引の『大業拾遺』）

「蛾緑螺」（『古今合璧事類備要』等が引く『大業拾遺記』、『墨史』と『仇池筆記』所引の『大業拾遺』）

「析字」（『記纂淵海』所引の『大業記』）

これらの記事は『南部烟花記』や『隋遺録』の逸文であって、『大業雑記』の逸文ではないだろう。

『重較説郛』弖五九所引の『大業拾遺録』のうち、「都念子」は他の文献に『大業雑記』の逸文として引用するから、『大業雑記』の逸文と認められるが、他の記事、すなわち「需支」「玉薤」「弄潮」「曲阿泰」「合浦郡牛」「九飣牙盤」については、『大業雑記』の逸文でなく、また『南部烟花記』や『隋遺録』の記事とは認められない。他の文献から引用し、『大業拾遺録』の記事としたものであろう。

『大業雑記』の逸文は以上のように輪郭が明らかとなってきた。そうすると、『資治通鑑』巻一八〇大業元年（六〇五）五月の条にある、次の記事は出典が明らかとなる。

五月、築西苑。周二百里。其内為海。周十餘里。為蓬萊方丈瀛洲諸山。高出水百餘尺。台観殿閣、羅絡山上、向背如神。北有龍鱗渠、縈紆注海内。縁渠作十六院、門皆臨渠、毎院以四品夫人主之。堂殿楼観、窮極華麗。宮樹秋冬彫落、則翦綵為華葉、綴於枝条、色渝則易以新者、常如陽春。沼内亦翦綵為荷芰菱芡、乗輿遊幸、則去冰而布之。十六院競以殽羞精麗相高、求市恩寵。上好以月夜従宮女数千、騎遊西苑、作清夜遊曲、於馬上奏之。

五月、西苑を築く。周りは二〇〇里。其の内に海を為る。周り十餘里なり。蓬萊・方丈・瀛洲諸山を為る。高く水を出すこと百餘尺。台観殿閣、山上に羅絡し、向背は神の如し。北に龍鱗渠有り、縈《えい》紆して海内に注ぐ。渠に縁《そ》いて一六院を作り、門は皆臨渠に臨み、院毎に四品の夫人を以て之を主らしむ。堂殿楼観、華麗を窮極す。宮樹、秋冬に彫落せば、則ち綵を翦り華葉と為し、枝条に綴り、色渝《かは》れば則ち易へるに新しきものを以てし、常に陽春の如くす。沼内亦綵を翦り荷芰・菱芡を為り、乗輿遊幸せば、則ち氷を去りて之を布く。一六院競ひて殽羞《こうしゅう》精麗を以て相高ぶり、恩寵を求市す。上は好みて月夜を以て宮女数千を従へ騎して西苑に遊び、清夜遊の曲を作り、馬上に之を奏す。

この記事は「続談助」本『大業雑記』の「西苑」（整理番号42）以下の記事とほぼ一致し、『資治通鑑』が『大業雑記』の順序を変え、一部省略して採用していることは明瞭に看取されるであろう。

また、『資治通鑑考異』巻八大業元年八月の条に「龍舟高四十五尺」とあり、その考異に次のようにある。

略記云、高五丈。雑記言其制度尤詳。今従之。

「略記」に云ふ、「高さ五丈」と。「雑記」言ふ制度尤も詳し。今之に従ふ。

この『資治通鑑考異』の記事によって、『資治通鑑』巻一八〇大業元年八月の条に記載された次に示す、江都行幸の記事は、『大業雑記』の記事を基礎にして書かれていることが明らかとなる。

さらに、『資治通鑑』巻一八〇大業元年八月の条に、

八月壬寅、上行幸江都、発顕仁宮。王弘遣龍舟奉迎。乙巳、上御小朱舟、自漕渠出洛口、御龍舟。龍舟四重、高四十五尺、長二百丈。上重有正殿内殿東西朝堂。中二重有一百二十房、皆飾以金玉。下重内侍処之。皇后乗翔螭舟。制度差小、而装飾無異。別有浮景九艘、三重、皆水殿也。又有漾彩朱鳥蒼螭白虎玄武飛羽青鳧陵波五楼道場玄壇板艙黄篾等数千艘。後宮諸王公主百官僧尼道蕃客乗之、及載内外百司供奉之物。共用挽船士八萬餘人。其挽漾彩以上者九千餘人、謂之船脚、皆以錦綵為袍。又有平乗青龍艨艟艚艭八櫂艇舸等数千艘。並十二衛兵乗之、並載兵器帳幕、兵士自引、不給夫。舳艫相接二百餘里、照耀川陸。騎兵翊両岸而行、旌旗蔽野。所過州県、五百里内、皆令献食。多者一州至百轝、極水陸珍奇、後宮厭飫、将発之際、多棄埋之。

八月壬寅、上、江都に行幸し、顕仁宮を発す。王弘は龍舟を遣はして奉迎す。乙巳、上は小朱舟に御し、漕渠より洛口に出で、龍舟に御す。龍舟は四重、高さ四五尺、長二〇〇丈。上重には正殿・内殿・東西朝堂有り。中は二重にして一二〇房有り。皆飾るに金玉を以てす。下重は内侍之に処る。皇后は翔螭舟に乗る。制度差小にして、而も装飾異なるなし。別に浮景九艘有り、三重にして皆水殿なり。又漾彩・朱鳥・蒼螭・白虎・玄武・飛羽・青鳧・陵波・五楼・道場・玄壇・板艙・黄篾等数千艘有り。後宮・諸王・公主・百官・僧尼・道・蕃客之に乗り、及び内外百司の供奉の物を載す。共に挽船士八萬餘人を用ふ。其の漾彩以上を挽く者は九千餘人、之を船脚と謂ひ、皆錦綵を以て袍と為す。又平乗・青龍・艨艟・艚艐・八櫂艇舸等数千艘有り。並びに一二衛の兵之に乗り、並せて兵器・帳幕を載せ、兵士自ら引き、夫を給せず。舳艫相接すること二百餘里、川陸を照耀す。騎兵両岸を翊みて行き、旌旗野を蔽ふ。過ぐる所の州県、五百里の内、皆食を献ぜしむ。多き者は一州百轝に至り、水陸の珍奇を極め、後宮厭飫し、将に発せんとするの際、多く之を棄埋す。

とある記事は、「続談助」本『大業雑記』の「龍舟及楼船」（整理番号58）の省略文であることも看取されよう。

『資治通鑑』巻一八二大業一一年（六一五）正月の条に次のようにある記事は、「続談助」本『大業雑記』の「観文殿」（整理番号89）を出典とするものであろう。

春正月、増秘書省官百二十員、並以学士補之。帝好読書著述、自為揚州総管、置王府学士至百人、常令修撰、以至為帝、前後近二十載、修撰未嘗暫停。自経術文章兵農地理医卜釈道乃至蒱博鷹狗、皆為新書、無不精洽、共成三十一部萬七千餘巻。初、西京嘉則殿有書三十七萬巻。帝命秘書監柳顧言等詮次、除其複重猥雑、得正御本三萬七千餘巻、納於東都修文殿。又写五十副本、簡為三品、分置西京東都宮省官府。其正書皆装翦華浄、宝軸錦標。於観文殿前為書室十四間、窓戸牀褥厨幔、咸極珍麗。毎三間開方、戸垂錦幔、上有二飛仙。戸外地中施機発。帝幸書室、有宮人執香爐、前行踐機、則飛仙下、収幔而上、戸扉及廚扉皆自啓。帝出、則垂閉復故。

春正月、秘書省の官を一二〇員に増し、並びに学士を以て之を補す。帝、読書・著述を好み、揚州総管と為りしより、王府の学士を置くこと一〇〇人に至り、常に修撰せしむ。以て帝と為るに至り、前後二〇載に近く、修撰すること未だ嘗て暫くも停まらず。経術・文章・兵・農・地理・医・卜・釈・道より、乃ち蒱博・鷹狗に至るまで、皆新書を為り、精洽せざるは無く、共に三一部・萬七千餘巻を成す。初め、西京の嘉則殿に書三七萬巻有り。帝、秘書監の柳顧言らに命じて詮次せしめ、其の複重猥雑なるものを除き、正御本三萬七千餘巻を得、東都の修文殿に納む。又五〇の副本を写し、簡びて三品と為し、分ちて西京・東都の宮省・官府に置く。其の正書は皆装ふに華浄を翦り、宝軸錦標なり。観文殿の前において書室一四間を為り、窓戸・牀褥・廚幔は咸珍麗を極む。三間毎に開方し、戸は錦幔を垂れ、上に二飛仙有り。戸外の地中に機発を施す。帝、書室に幸すれば、宮人有りて香爐を執り、前行して機を踐めば、則ち飛仙下り、幔を収めて上り、戸扉及び廚扉は皆自ら啓く。帝出づれば、則ち垂閉して故に復す。

『資治通鑑』巻一八三大業一二年（六一六）三月の条に、次のようにある記事は、『大業雑記』に基づいて書かれた記事であり、『大業雑記』の逸文としてよいであろう。

三月上巳、帝与群臣飲於西苑水上。命学士杜宝撰水飾図経。采古水事七十二、使朝散大夫黃袞以木為之、間以妓航酒船。人物自動如生。鐘磬箏瑟。能成音曲。

三月上巳、帝、群臣と西苑水上に飲し、学士の杜宝に命じて「水飾図経」を撰せしむ。古の水事七二を采り、朝散大夫の黄袞をして木を以て之を為らしめ、間ふるに妓航・酒船を以てす。人物自ら動くこと生けるが如く、鐘磬箏瑟、能く音曲を成す。

その理由は、『太平広記』巻二二六「水飾図経」(『大業拾遺記』を出典とする)の節略文と考えられるからである。

一三　『大業雑記』記事の対応一覧表

今までに検討した結果を一覧表にして示すと次のようである。

逸文史料名	対応史料
1　東京営建	
2　通済渠	92
3　東都大城	
4　端門街(天津街)	
5　端門	
6　天津橋	
7　東都里坊	
8　建国門	
9　白虎門・先帝廟堂	
10　長夏門	
11　右掖門・龍天道場	
12　左掖門・左候衛府	
13　翻経道場	176
14　道術坊	
15　宣仁門街・朝集使邸	
16　則天門	
17　泰和門・右蔵・左蔵	
18　東城・含嘉城	
19　円壁城・曜儀城	
20　諸王宅	
21　西朝堂南街	
22　東朝堂南街	
23　東太陽門街	
24　紫微観	
25　乾陽殿	153, 154
26　大業殿	
27　文成殿	
28　左延福門	
29　武安殿	
30　明福門街	
31　内宮諸殿	
32　会昌門	
33　門下内省	
34　光政門	
35　内史内省	
36　道場・玄壇	
37　玄靖殿・修文殿	
38　仰観台	
39　儀鸞殿	109, 179, 250
40　宝城門・方諸門	
41　青城宮	
42　西苑	
43　西苑一六院	
44　龍鱗渠・逍遥亭	
45　西苑種蔬植果	

逸文史料名	対応史料
46　春遊之曲	
47　蓬萊山	
48　曲水殿	
49　清夜遊	
50　築宮城	
51　河南郡県廨	
52　大同市・通遠市	
53　豊都市	
54　亭子宮・華林園	
55　景華宮・含景殿	
56　甘泉宮	
57　江都宮造営	
58　龍舟及楼船	94，139，249
59　江都行幸	93
60　車駕至江都	
61　城皐関	
62　江都宮成象殿	
63　臨江宮	
64　東都漕渠	
65　部京戸	
66　長洲玉鏡	
67　汾陽宮	
68　不死之薬	
69　一二衛府	
70　崇徳殿	
71　車駕西巡	
72　観風行殿	
73　永済渠	96
74　工藝戸	
75　改州為郡	
76　天経宮・仙都宮	
77　胡牀・交牀	78，244，247
78　清冷泉	171，215
79　扶芳樹	119，136
80　五色飲	144
81　五香飲	143
82　四時飲	142，148
83　楊素造宅	140，186
84　隴川宮	
85　区宇図志	223，230，231
86　江南河	118，138，240
87　臨渝宮	
88　蔡王楊智積	213
89　観文殿	203

逸文史料名	対応史料
90　文帝崩御之日	
91　裴文安	
92　皇甫儀	2
93　江都行幸	59
94　龍舟	58，138，244
95　元徳太子薨	
96　永済渠	73
97　六合城	
98　建国門盗賊	
99　銭英・孟金叉	
100　宇文述特赦	
101　涿郡行幸	
102　宇文述復官	
103　懐州司功書佐	
104　衛文昇援東都	
105　衛文昇敗北	
106　骨儀	
107　王世充貪	128
108　宇文述為元帥	
109　孔雀為鸞	39，177
110　北巡	115
111　李密	
112　東都包囲	
113　討李密	
114　王世充大敗	
115　汾陽宮	110
116　呉郡離宮	
117　丹陽宮	
118　江南河	86，138
119　扶芳樹	79，137
120　菰菜裛	
121　白魚種子	131，155，241
122　鮸魚乾鱠	170，193，204
123　海蝦子	134，205
124　鮸魚含肚	133，206，214
125　鱸魚乾膾	
126　蜜蟹	136，173
127　鯉腴鮝	135，225
128　朱燮管崇作乱	107
129　陸揩	
130　徐孝顗	180
131　白魚種子	121，155，241
132　鮸魚乾膾	125，173
133　鮸魚含肚	124，204，214
134　海蝦子	123，205

逸文史料名	対応史料
135　鯉腴鮺	126, 224
136　蜜蟹	125, 168
137　扶芳樹	79, 119
138　江南河	86, 118
139　船脚	58, 94
140　沈香堂	83, 184
141　水飾図経	150, 202, 251
142　四時飲	82, 145
143　五色飲	81
144　五香飲	
145　芝草	149, 186, 211
146　五色飲	80
147　五香飲	
148　四時飲	82, 142
149　楼闕芝	144, 211
150　水飾図経	141, 202, 251
151　同穴鳥鼠	152
152　同穴鳥鼠	151
153　朱絲網絡	25, 154
154　朱絲網絡	25, 153
155　白魚種子	121, 131, 241
156　鐘車・鼓車	157
157　行漏車・鍾鼓車	156
158　幸博陵	
159　鈎陳	
160　劉子翼	
161　築西苑	
162　作輿服儀衛	
163　太子昭薨	
164　築長城	
165　営汾陽宮	
166　楊玄感趣潼関	
167　留仇国	
168　太原郡献禾	
169　楊恭仁	
170　鮸魚乾膾	122
171　清冷淵	78, 215
172　鱸魚乾膾	195, 207
173　蜜蟹	125, 136
174　桂蠹	197, 198
175　南方三郡	
176　翻経道場	13
177　汾陽宮	
178　都念子	188, 216, 234
179　儀鸞殿	39, 109

逸文史料名	対応史料
180　仲思棗	196, 226
181　百葉桃樹	
182　徐孝頴	130
183　胡牀・交牀	77, 244
184　籌禅師	226, 246
185　征林邑国	
186　楊素造宅	83, 140
187　楼闕芝	145, 149, 211
188　都念子	178, 216, 234
189　需支	★
190　玉薤	★
191　弄潮	★
192　曲阿	★
193　合浦郡牛	★
194　九釘牙盤	★
195　鱸魚乾膾	172, 207
196　仲思棗	180, 228
197　桂蠹	174, 198
198　桂蠹	174, 197
199　附子	
200　法喜法師	
201　耿詢	243
202　水飾図経	141, 150, 251
203　観文殿	89
204　海鮸乾膾	122, 132, 172
205　海蝦子	123, 134
206　鮸魚含肚	124, 133, 214
207　鱸魚乾膾	172, 195
208　蜜蟹	
209　蕭吉	
210　釣台石	
211　楼闕芝	145, 149, 187
212　蔡王楊智積	88
213　瑞鳥	
214　含肚	124, 133, 206
215　清冷淵	76, 172
216　都念子	178, 188, 234
217　「儂」字	★
218　蛾緑螺	★
219　蛾緑螺	★
220　蛾緑螺	★
221　蛾緑螺	★
222　文選楼	
223　区宇図志	85, 229, 230
224　飛白書	252

逸文史料名	対応史料
225　太湖鯉魚	135
226　分盃	184, 246
227　煬帝	231
228　仲思棗	180, 196
229　区宇図志	85, 223, 230
230　区宇図志	85, 223, 229
231　煬帝	228
232　文章総集	
233　耿詢	201
234　都念子	177, 187, 216
235　麻胡	★
236　麻胡	★
237　蛾緑螺	★
238　蛾緑螺	★
239　析字	★
240　巡会稽	86, 118, 138
241　白魚種子	121, 131
242　安公子	
243　左行草	
244　胡牀・交牀	77, 183, 247
245　仙人草	
246　分盃	184, 223
247　胡牀	77, 183, 244
248　切玉	
249　龍舟	58, 94, 139
250　儀鸞殿	39, 109, 177
251　水飾	141, 150, 202
252　飛白書	224
253　弑文帝	
254　析字	★

★印は『南部烟花記』と無関係な記事であろうことを示す。

第四章　『南部烟花記』と『隋遺録』の偽書説

顔師古（五八一～六四五）の撰述になる『南部烟花記』という煬帝に関する書がある。この所伝が事実であるなら、『南部烟花記』は七世紀初頭に成立した書であり、顔師古は『漢書』に註釈をつけた大学者であるから、『南部烟花記』の内容は推して知るべしであり、何の問題もない隋史に関する第一級の書ということになる。

しかし、『南部烟花記』を顔師古が撰したというのは、一〇世紀以降の宋代において付会された可能性が大であり、『南部烟花記』の信憑性に関しては検討を要する。『南部烟花記』は『南部烟花録』や『南部烟花伝』ともいい、南宋の曾慥が撰した『類説』巻六、南宋の朱勝非が撰した『紺珠集』巻五、元末明初に成った『重較説郛』弓六六に所収されている。この書はさらに『大業拾遺録』『大業拾遺記』『大業拾遺』『大業記』という別名がある。『大業雑記』も同じ別名を有していた関係で、両書の記事が混同され、『大業雑記』と『南部烟花記』の理解を混乱させる原因となっている。

また、顔師古の撰述になる『隋遺録』という書がある。『隋遺録』は『百川学海』庚集と『説郛』巻七八に所収される。『隋遺録』は『南部烟花記』と異名同書であるから、『南部烟花記』と同じ別名を有した。『重較説郛』弓一一〇に所収されている『大業拾遺記』（顔師古撰）は、『隋遺録』の記事と完全に一致する。『大業雑記』が『隋遺録』と同じ別名を有していた関係で、『南部烟花記』と同じ混同が『隋遺録』の場合にも生じている。『大業雑記』を理解する上で、『南部烟花記』と『隋遺録』の実体解明は是非とも必要となろう。

第一節　『南部烟花記』について

一　はじめに

『南部烟花記』は『旧唐書』経籍志、『新唐書』藝文志に著録されず、宋初に成った『太平御覧』や『太平広記』にも引用されない。宋初に『南部烟花記』が存在すれば、『太平御覧』に引用があってもよいし、たとえ奇怪な記事であっても『太平広記』に引用されるはずである。『南部烟花記』が唐代の書目に著録されず、『太平御覧』や『太平広記』にも引用されないことは、この書は宋初に存在しなかった可能性を窺わせるに充分である。

この書は南宋の晁公武の『郡斎読書志』巻二上史部・雑史類に、『南部烟花録』として初めて著録される。

南部烟花録一巻。

右、唐顔師古撰。載隋煬帝時宮中秘事。僧志徹得之瓦官［寺］閣筍筆中。一名大業拾遺記。

「南部烟花録」一巻。

右、唐の顔師古の撰なり。隋煬帝の時の宮中秘事を載す。僧の志徹、之を瓦官寺閣の筍筆中より得。一に「大業拾遺記」と名づく。

また『文献通考』巻一九五経籍二二雑史にも『南部烟花録』を著録するが、『文献通考』の説明は『郡斎読書志』の踏襲であり、新知見はない。この「南部烟花録一巻」は『南部烟花記』のことである。『紺珠集』が『南部烟花記』の著者を「煬帝」とし、『重較説郛』弓六六が著者を「唐の馮贄」とするのは論外である。

『南部烟花記』は『宋史』藝文志に著録されないが、『南部烟花記』は別名を有しているから、別名で著録されている可能性がある。『宋史』巻二〇三藝文志二伝記類に、顔師古の撰として「大業拾遺一巻」を著録する。顔師古が何通りもの雑史を著作するとは思えないから、この『大業拾遺』は『南部烟花記』のことと考えてよい。『南部烟花記』は『宋史』藝文志においては、『大業拾遺』の書名で著録されているのである。

南宋の鄭樵の『通志』巻六五藝文略三「雑史」に、次のように隋唐初の雑史を列挙する。

隋開業平陳記十二巻。裴矩撰。
隋平陳記一巻。称臣悦亡其姓。
大業拾遺一巻。唐杜宝撰。
大業略記三巻。唐趙毅撰。
大業拾遺録一巻。記煬帝幸江都。
大業雑記十巻。杜宝撰。
隋季革命記五巻。唐杜儒童撰。記大業之乱。
劉氏行年記十巻。唐劉仁軌撰。起大業十三年、尽武徳三年、紀河洛寇攘事。
朝野僉載二十巻。唐張鷟撰。記周隋以来事迹。
　右、隋。九部六十三巻。

右のうち、杜宝が撰したという『大業拾遺』一巻は、よくわからない書であるが、一〇巻本の『大業雑記』が一巻に簡略化され流布していたものであろうか。右の『大業拾遺録』一巻が『宋史』藝文志にいう『大業拾遺』と同じ書であり、『重較説郛』弓一一〇所収の『大業拾遺記』と同一書であろう。

慶暦元年（一〇四一）に、王堯臣等が撰した『崇文総目』巻二雑史類に『大業拾遺』が著録される。

大業拾遺十巻。杜宝撰。

〔銭〕繹按、読書志作大業雑記。通志略一巻。

銭繹按ずるに、「読書志」は「大業雑記」に作る。「通志略」は一巻とす。

大業略記三巻。趙毅撰。

大業拾遺一巻。顔師古撰。

〔銭〕繹按、通志略作拾遺録、不著撰人。読書志作南部烟花録、云一名大業拾遺記。

銭繹按ずるに、「通志略」は「拾遺録」に作り、撰人を著さず。「読書志」は「南部烟花録」に作り、一名「大業拾遺記」と云ふ。

右の『大業拾遺』一〇巻は、著者を杜宝とするから『大業雑記』を指し、『大業拾遺』一巻は「顔師古撰」とあり、銭繹の按語から考えて『南部烟花記』のことである。慶暦元年になった『崇文総目』に、『大業拾遺』が著録されるから、『大業拾遺』（『南部烟花記』『大業拾遺録』）は、一一世紀中葉には成立していたことになる。

二　『南部烟花記』の偽書説

『南部烟花記』に関して、『四庫全書総目』は偽書であるという（巻一四三子部小説家類存目一『大業拾遺記』の条）。

『南部烟花記』は『隋遺録』と異名同書であるから、『四庫全書総目』の見解に従えば、『隋遺録』も偽書であることになる。

大業拾遺記二巻。江蘇巡撫採進本。

一名南部烟花録。旧本題唐顔師古撰。末有跋語、称、会昌中、沙門志徹得之瓦棺（官）寺閣。乃隋書遺稿云云。王得臣麈史称、其極悪可疑。姚寛西渓叢語亦曰、南部烟花録、文極俚俗。又載陳後主詩云、夕陽如有意、偏傍小窓明。此乃唐人方域（方棫）詩、六朝語不如此。唐藝文志所載烟花録、記幸広陵事。此本已亡、故流俗偽作此書。云云。然則此亦偽本矣。今観下巻、記幸月観時与蕭后夜話、有儂家事一切、已託楊素了之語。是時、素死久矣。師古豈踈謬至此乎。其中載煬帝諸作及虞世南贈袁宝児作。明代輯六朝詩者、往往采掇、皆不考之過也。

「大業拾遺記」二巻。江蘇巡撫の採進本なり。

一に「南部烟花録」と名づく。旧本は「唐の顔師古撰」と題す。末に跋語有り、称ふ、「会昌中（八四一～八四六）、沙門の志徹、之を瓦官寺閣に得。乃ち『隋書』の遺稿、云云」と。王得臣（王明清）の「麈史」に称ふ、「其れ極悪にして疑ふべし」と。姚寛の「西渓叢語」に亦曰ふ、「『南部烟花録』、文極めて俚俗なり。又陳の後主の詩を載せて云ふ、〈夕陽意あるが如く、偏《ひとへ》に小窓に傍《よ》りて明《あかる》し〉と。此れは乃ち唐人《とうひと》の方棫《よく》の詩にして、六朝の語は此れに如かず。唐の「藝文志」に載す所の『烟花録』は、広陵に幸する事を記す。此の本已に亡はれ、故に流俗、此の書を偽作す。云云」と。然るに則ち此れ亦偽本なり。今、下巻を観るに、月観に幸する時、蕭后と夜話するを記し、「儂家の事一切已に楊素に託し了る」の語有り。是の時、素は死して久し。師古、豈に踈謬して此れに至らんや。其の中に煬帝の諸作及び虞世南の袁宝児に贈る作を載す。明代の六朝の詩を輯む者、往往にして采掇するは、皆不考の過《あやまち》なり。

『四庫全書総目』の編者が『南部烟花記』を偽書であるとする根拠は、南宋の王得臣（王明清）と姚寛の主張、加えて「儂家の事一切已に楊素に託了す」の語である。

王得臣（王明清）の『揮麈録』餘話巻一詞人踏襲に、（王朝清は「煙火録」に作る）

南部煙花録、夕陽如有意、偏傍小窓明。唐人方域（棫《よく》）詩、新唐書藝文志有方域（棫）詩一巻。煙花録、一名大業拾遺記、文詞極悪、可疑。而大業幸江都記自有十二巻、唐著作郎杜宝所纂、明清家有之。永平（承平）時、揚州印本也。

「南部煙花録」に、「夕陽、意あるが如く、偏《ひとへ》に小窓に傍《よ》り明《あかる》し」と。唐人《とうひと》の方棫《よく》の詩にして、「新唐書」藝文志に「方域詩一巻」有り。「煙花録」は一名「大業拾遺記」、文詞極めて悪く、疑ふべし。而して「大業幸江都記」自ら一二巻有り、唐の著作郎・杜宝の纂する所にして、明清の家之有り。承平の時の揚州の印本なり。

とあり、王得臣（王明清）は唐人・方棫《よく》の詩が陳の後主の詩として引用されていることを偽書の根拠としている。

また南宋の姚寛（一一〇五～一一六二）の『西渓叢語』巻下に、

南部烟花録、文極俚俗。又載陳後主詩云、夕陽如有意、偏傍小窓明。此乃唐人方域（方棫）詩、六朝詩語不如此。唐藝文志所載烟花録、記幸広陵事。此本已亡、故流俗偽作此書。

「南部烟花録」、文は極めて俚俗。又陳の後主の詩を載せて云ふ、「夕陽意あるが如く、偏に小窓に傍り明《あかる》し」と。此れ乃ち唐人《とうひと》の方棫《よく》の詩にして、六朝の語は此れに如《し》かず。唐の「藝文志」載す所の「烟花録」は、広陵に幸する事を記す、此の本已に亡はれ、故に流俗、此の書を偽作す。

と述べ、王明清と同じ理由によって、『南部烟花記』は偽書であるとする。

南宋初期の人である阮閲の撰した『詩話総亀』巻二博識門に、

南部烟花録、文理極俗。又載陳叔宝詩、云、夕陽如有意、偏傍小窓明。此乃唐人方棫詩、非叔宝作。兼六朝人大抵不如此。唐藝文誌（志）載、烟花録乃記広陵行幸事。此本已無、唐末人、偽作此書爾。詩史

「南部烟花録」、文理極めて俗なり。又陳叔宝の詩を載せ、云ふ、「夕陽、意あるが如く、偏に小窓に傍り明し」と。此れは乃ち唐人の方棫《よく》の詩にして、叔宝の作には非ず。兼ねて六朝の人は大抵此れに如かず。唐の藝文志に載す「烟花録」は乃ち広陵行幸の事を記す。此の本已に無く、唐末の人、此の書を偽作する。「詩史」

といい、王明清や姚寛と同じ理由によって『南部烟花記』は唐末の偽作とする。

王明清の『揮麈録』には『西渓叢語』を三箇所引用（巻四・後録巻五・後録巻一〇）するから、王明清は『西渓叢語』をみたのであり、王明清の説は『西渓叢語』に依っていると想定できる。

阮閲の見解に関しては、『詩話総亀』後集巻二五做法門に、

南部烟花録、夕陽如有意、偏傍小窓明。唐人方域詩。新唐書藝文志有方域（方棫）詩一巻。烟花録、一名大業拾遺記。文詞極悪可疑。而大業幸江都記、自有詩一巻。唐著作郎杜宝所纂、明清有之、永平時、揚州印本也。揮麈録

とあり、王明清の『揮麈録』を引用しているから、王明清の見解に依っていると想定できる。であれば、『南部烟花記』の偽書説は、姚寛の『西渓叢語』が発端であることになる。

王明清は「新唐書藝文志有方棫詩一巻」と述べるが、『新唐書』藝文志に『方棫詩』一巻は著録しない。「夕陽如有意、偏傍小窓明」の詩は『全唐詩』巻七七五方棫に「失題。一作陳叔宝詩」として、

午酔醒来晩。無人夢自驚。夕陽如有意。長傍小窓明。

の詩を所収する。この詩は北宋の人である楊彦齢の『楊公筆録』にも、陳の後主の作とし、『新編古今事文類聚』後

集巻二一肖貌部・律詩「午睡」にも、陳の後主の作として所載し、『漢魏六朝百三家集』巻一〇二の「陳後主」の項に「小窓詩」と題して所収する。今となっては、この詩の作者が誰であるか確定することは困難である。

また『隋遺録』に関して、明の胡応麟の『少室山房筆叢』正集巻一六には次のようにいう。

隋遺録、一名南部烟花録。文絶鄙俗。而称顔師古、殊可笑也。伝者蓋僅十二三云。

「隋遺録」、一に「南部烟花録」と名づく。文絶えて鄙俗なり。顔師古と称ふは、殊だ笑ふべきなり。伝はるものは蓋し僅かに一〇の二、三のみと云ふ。

胡応麟は『隋遺録』を「文絶えて鄙俗」という理由によって、『隋遺録』が顔師古の撰になるというのは「殊だ笑ふべき」俗説といっている。

以上のように、『南部烟花記』を偽書とする見解は南宋時代からあり、『四庫全書総目』も『南部烟花記』を偽書とするが、その根拠は「文理極俗」という主観的根拠と、「午酔醒来晩。無人夢自驚。夕陽如有意。長傍小窓明」の詩が唐人の方棫の作であり、また「儂家事一切、已託楊素了」が事実としてあり得ない、ということに依拠するものである。この詩は南朝・陳の後主の作品とする文献もあり、明確に方棫の作とする根拠は、現在においては存在しない。この詩が陳の後主の作品であれば、姚寛以下の偽書説は根拠を失うことになる。『南部烟花記』と『隋遺録』を偽書とする説は、非常に心許ない根拠に立脚した説といわざるを得ない。

しかし、『南部烟花記』が偽書であることを窺わせるに足る事実もある。それは『大業拾遺記』（『南部烟花録』『大業拾遺録』『大業拾遺記』『大業拾遺』『隋遺録』）の出現の経緯である。『大業拾遺記』は『重較説郛』弖一一〇に所収され、その末尾に次のような「後序」があり、『大業拾遺記』出現の経緯を伝える。

右、大業拾遺記者。上元県南朝故都、梁建瓦棺（官?）寺閣。閣南隅有双閣、閉之忘歳月。会昌中、詔析（斥）

浮図、因開之、得筍筆千餘頭。中蔵書一帙、雖皆随手靡書、而文字可紀者、乃隋書遺稿也。有生白藤紙数幅、題為南部烟花録。僧志徹得之、及焚釈氏群経、僧人惜其香軸、争取紙尾、析（折）去視軸、皆有魯郡文忠顔公名、題云、手写是録。即前之筍筆、可不挙而知也。志徹得録前事、及取隋書校之、多隠文、特有符会、而事頗簡脱、豈不以国初将相争、以王道輔政。顔公不欲華靡前迹、因而削乎。今堯風已還、得車斯駕。独惜斯文湮没、不得為詞人才子談柄。故編云大業拾遺記、本文缺落、凡十七八、悉而補之矣。

右、「大業拾遺記」なり。上元県（建康）は南朝の故都、梁は瓦官寺閣を建つ。閣の南隅に双閣有り。之を閉ざし、歳月を記すを忘る。会昌中（八四一～八四六）、詔して浮図を斥く。因りて之を開きて、筍筆千餘頭を得。中に書一帙を蔵すも、皆手に随ふ靡書と雖も、文字の紀すべきは、乃ち「隋書」の遺稿なり。生の白藤紙数幅有り、題して「南部烟花録」と為す。僧の志徹之を得、釈氏の群経を焚くに及んで、僧・人其の香軸を惜しみ、争ひて紙尾を取り、析去して軸を視るに、皆魯郡文忠顔公（顔真卿）の名有り。題して云ふ、「手づから写し是れを録す」と。即ち前の筍筆、挙げずして知るべきなり。志徹前事を録するを得、「隋書」を取りて之を校ぶるに及び、隠文多く、特に符会有りて事頗る簡脱せり。豈に国初の将相争ふに、王道を以て政を輔くるを以てせば、顔公前迹を華靡するを欲せず、因りて削らずや。今堯風より已還《このかた》、車斯《ここ》に駕を得ば、独り斯文の湮没して、詞人才子の談柄と為るを得ざるを惜しむ。故に編みて「大業拾遺記」と云ふ。本文缺落すること、凡そ一〇の七、八、悉く之を補う。

すなわち、『大業拾遺記』（『南部烟花記』『隋遺録』）は、会昌五年（八四五）の廃仏のとき、潤州上元県の瓦官寺から発見された書であるという。発見の経緯が実に奇妙であり、偽書と判定されても致し方ないところであるが、これが発見の真実を伝えるものかも知れず、この奇妙な発見の経緯をもって『大業拾遺記』を偽書とすることはできない。

『南部烟花記』（『大業拾遺』『大業拾遺録』『大業拾遺記』）は『崇文総目』に著録され、南宋初期の人である孔伝の『白孔六帖』巻一四筆硯「瓦棺笥筆」の註に、『大業拾遺記』の「後序」の節略文が引用されている。（註）

上元県瓦棺（官）寺閣南隅有双籠（楼）、閉之忘記歳月。会昌中、詔析（斥）浮図、因開有笥筆餘頭、蔵書秩中、有生日藤紙、題為南部烟花録。僧志澈得録、及焚沢（釈）氏郡（群）僧経、人惜其香軸、争取紙尾、折去視其軸、皆有魯郡顔公名、題云、手写是録。即前之笥筆、可挙而知也。大業拾遺後序。

『崇文総目』と『白孔六帖』によって、『南部烟花記』（『大業拾遺』『隋遺録』）が北宋には実在したことは明白である。しかし、両唐書の経籍志や藝文志に著録せず、『太平御覧』や『太平広記』に引用がないから、五代・宋初には成立していなかったと想定され、一一世紀以降に偽作された書であろう。

姚寛や王明清等がいう『南部烟花記』偽書説は根拠薄弱なものである。では、彼らのいう偽書説は根拠のないものであるかというと、やはり『南部烟花記』（『隋遺録』）は偽書であるといわざるを得ないと考える。姚寛や王明清等の偽書説は証明のしかたが不充分なのであり、明確な根拠を示せば、偽書説は成立可能である。

明確な根拠とは第二章と第三章において明らかにした『大業雑記』逸文の成果を活用することである。『南部烟花記』と『大業雑記』は別書であるから、『南部烟花記』に『大業雑記』の記事は存在するはずがないのである。『南部烟花記』に『大業雑記』と同じ記事が何条もあれば、『南部烟花記』（『南部烟花録』『大業拾遺録』『大業拾遺記』『大業拾遺』『隋遺録』）は、北宋中期に作成された偽書ということになろう。

（註）瓦官寺から発見された書に関して類似の話が『隋唐嘉話』巻下にある。参考のために以下に引用しておく。

王右軍告誓文、今之所伝、即其藁草、不具年月日朔。其真本云、維永和十年三月癸卯朔、九日辛亥。而書亦真小。開元初年、潤州江寧県瓦官寺修講堂、匠人於鵰吻内竹筒中得之、与一沙門。至八年、県丞李延業求得、上岐王、岐王以献帝、便留不出。或云後却借岐王。十二年王家失火、図書悉為煨燼、此書亦見焚云。

王右軍の告誓文、今の伝はる所は、即ち其の藁草にして、年月日朔を具せず。其の真本に云ふ、「維永和一〇年三月癸卯朔、九日辛亥」と。而して書は亦真小（真本）なり。開元の初年、潤州江寧県瓦官寺講堂を修め、匠人、鵰吻内の竹筒中に之を得、一沙門に与ふ。八年に至り、県丞の李延業求め得て、岐王に上り、岐王以て帝に献じ、便ち留めて出さず。或ひと云ふ「のち岐王に却借す」と。一二年、王家失火し、図書悉く煨《わい》燼と為り、此の書亦た焚かれると云ふ。

三　『南部烟花記』の出典が判明する記事

『南部烟花記』は『類説』巻六、『紺珠集』巻五、『重較説郛』弓六六に所収されている。このうちの『重較説郛』に所収されている『南部烟花記』は、他の二書に比較して最も記事の量が多いから、『類説』巻六と『紺珠集』巻五に所収する『南部烟花記』は節略であり。『重較説郛』所収本が『南部烟花記』の原形を伝えるものと考えられなくもない。以下には『重較説郛』弓六六所収の『南部烟花記』のうち、出典が判明する記事、また『南部烟花記』と類似する記事を所載する書を示す。これによって、『重較説郛』弓六六所収の『南部烟花記』は信頼に値しない書であることが歴然とするであろう。

1　桂宮

陳後主為張貴妃麗華、造桂宮于光昭殿後。作円門如月、障以水晶、後庭設素粉罘罳、庭中空洞、無他物、惟植一桂樹、樹下置薬杵臼、使麗華恒馴一白兎。麗華被素袿裳、梳凌雲髻、挿白通草蘇孕子、靸玉華飛頭履、時独歩于中、謂之月宮。帝毎入宴楽、呼麗華為張嫦娥。

陳の後主は張貴妃・麗華の為に、桂宮を光昭殿の後に造る。円門を作ること月の如く、障るに水晶を以てし、後庭に素粉の罘罳《ふし》を設け、庭中は空洞にして、他物なく、惟だ一桂樹を植ゑる。樹下に薬杵臼を置き、麗華をして恒に一白兎を馴しむ。麗華は素袿裳を被き、凌雲髻を梳《くしけづ》り、白通草蘇孕子を挿し、玉華飛頭の履を靸《くつは》き、時に中に独歩す、之を月宮と謂ふ。帝毎に入りて宴楽し、麗華を呼びて張嫦娥と為す。

この記事は元の龍輔の撰述に成る『女紅餘志』(『続説郛』弓四四所収)の「桂宮」に類似する。

陳後主為張貴妃麗華、造桂宮于光昭殿後。作円門如月、障以水晶、後庭設素粉罘罳、庭中空洞、無他物、惟植一桂樹、樹下置薬杵臼、使麗華恒馴一白兎。麗華被素袿裳、梳凌雲髻、挿白通草蘇孕子、靸玉華飛頭履、時独歩于中、謂之月宮。帝毎入宴楽、呼麗華為張嫦娥。

2　緑綺窓

隋文帝為蔡容華、作瀟湘緑綺窓、上飾黄金芙蓉花、琉璃網戸、文杏為梁、彫刻飛走、動値千金。

隋の文帝は蔡容華の為に瀟湘の緑綺窓を作る。上に黄金の芙蓉花を飾り、琉璃の網戸、文杏を梁と為し、彫刻は飛走し、動《やや》もすれば千金に値す。

この記事は元の龍輔の撰述に成る『女紅餘志』(『続説郛』弓四四所収)の「緑綺窓」と一致する。

隋文帝為蔡容華、作瀟湘緑綺窓。上飾黄金芙蓉花、琉璃網戸、文杏為梁、彫刻飛走、動値千金。

『南部烟花記』の成立は『女紅餘志』より早いから、「桂宮」と「緑綺窓」に関しては、『女紅餘志』が『南部烟花記』の記事を引用したと考えるのが妥当である。しかし、次の「帳中香」以下に述べる『南部烟花記』の実態から推測して、『女紅餘志』の記事を『重較説郛』の『南部烟花記』が採用している可能性も考えられなくもない。

3　帳中香

江南李主帳中香法、以鵞梨蒸、沈香用之。

江南の李主の帳中香法、鵞梨を以て蒸し、沈香を之に用ふ。

右の記事は他の類書に所収する『南部烟花記』にはない記事である。江南の李主とは、一〇世紀の南唐皇帝家の李氏をいう。『新編古今事文類聚』続集巻一二香茶部「造帳中香」には、右と同文を伝えて次のようにある。

江南李主帳中香法、以鵝梨蒸、沈香用之。洪駒父。

右の文中の細字「洪駒父」とは、北宋の洪芻（字は駒父）のことであり、右の記事は洪駒父が撰した『香譜』が出典であることを示している。その『香譜』巻下には、

江南李王帳中香法。

右件、用沈香一両、細剉、加以鵞梨十枚。研取汁於銀器内、盛却蒸三次、梨汁乾、即用之。

江南李王の帳中香法。

右の件、沈香一両を用て、細剉し、加ふるに鵞梨一〇枚を以てす。汁を銀器内に研取し、盛却し蒸すこと三次、梨汁乾けば、即ち之を用ふ。

とある。『新編古今事文類聚』は右の『香譜』の記事を改変して「江南李主帳中香法、以鵝梨蒸、沈香用之」としたものであり、それを『重較説郛』所収の『南部烟花記』が再引したのである。『新編古今事文類聚』の成立が宋末元初であり、『説郛』の成立が元末明初であるから、再引した時期は元時代ということになる。一〇世紀の南唐のこと

が、何故に七世紀初頭の顔師古の撰した『南部烟花記』にみえるのであろうか。まことに不思議なことである。「帳中香」の記事は、本来の『南部烟花記』の記事ではなく、後世に付加されたものであると結論せざるを得ない。

4　金螭屏風

呉主亮命工人潘芳、作金螭屏風鏤祥物一百三十種、種種有生気、遠視若真。一日与夫人戯触屏、墜其一鳳、頃之飛去。

呉主の亮、工人の潘芳に命じて、金螭屏風・鏤祥物一三〇種を作らしむるに、種種生気有り、遠視せば真の若し。一日、夫人と戯れ屏を触れ、其の一鳳を墜すに、頃之《しばらく》して飛去す。

右の記事は、五代の馬縞の『中華古今注』巻上「孫亮金螭屏風」と類似する。

孫亮呉主権之子也。作金螭屏風鏤作瑞応図一百二十種之祥物也。

「孫亮金螭屏風」の記事は、明の董斯張の撰した『広博物志』巻四四鳥獣一に、

呉主亮命工人潘芳、作金螭屏風鏤祥物一百三十種、種種有生気、一日与夫人戯触屏、墜其一鳳、頃之飛去。芳字林仲。記事珠

とあり、右の記事は唐の馮贄の『記事珠』にみえるというが、現行本の『記事珠』にない。「金螭屏風」は『中華古今注』が初出であって、『南部烟花記』に本来存在した記事ではないであろう。『南部烟花記』は煬帝に関する事績を述べたものであって、三国呉の孫亮のことが『南部烟花記』に記述されるのは不自然である。

5　響玉

臨池観竹既枯、后毎思其響、夜不能寝。帝為作薄玉龍数十枚、以縷線懸于簷外、夜中因風相撃、聴之与竹無異。民間効之。不敢用籠、以什駿代。

臨池観の竹既に枯れ、后毎に其の響を思ひて、夜寝る能はず。帝は為に薄玉の龍数十枚を作り、縷線を以て簷外に懸け、夜中風に因り相撃ち、之を聴くに竹と異なるなし。民間之に効ひ、敢へて籠を用ひず、什駿を以て代《か》ふ。

右の記事は『重較説郛』弓三一所収の陳芬の『芸窓私志』に、

元帝時、臨池観竹既枯、后毎思其響、夜不能寝。帝為作薄玉龍数十枚、以縷線懸于簷外、夜中因風相撃、聴之与竹無異。民間効之、不敢用龍、以什駿代。今之鉄馬、是其遺制。

とある記事と同文である。煬帝に関連する『南部烟花記』に、何故に漢の元帝に関する逸話があるのか疑問である。「響玉」は『南部烟花記』本来の記事ではなく、付会された記事である。

6　琵琶

陳後主孔貴嬪琵琶名懐風。

陳の後主、孔貴嬪の琵琶に懐風と名づく。

右の記事の同文は『女紅餘志』（『続説郛』弓四四）「琵琶」に、

陳後主孔貴嬪琵琶名懐風。

とあり、明の董斯張の撰した『広博物志』巻三五声楽三には、

孔貴嬪琵琶名懐風。女紅志。

とある。そして、それは『女紅志』から引用したものであるいう。『女紅志』は実体が不明な書であるが、『女紅餘志』

という書があり、それは元の龍輔の撰述に成るから、『女紅志』は元時代か元時代以前の書であることは疑いない。記事の類似性から考えて『女紅志』が原典であり、『重較説郛』所収の『南部烟花記』は、それの再引用であろう。この記事も煬帝に無関係な記事であるので、『重較説郛』所収の『南部烟花記』が偽作されるとき、無理に『南部烟花記』の記事としたものである。

7　宮燭

煬帝香宝、宮中燭心至跋、皆用異屑燃之、有異彩数里。

煬帝の香宝、宮中燭心は跋に至り、皆異屑を用て之を燃し、異彩有ること数里なり。

右と類似する記事は『女紅餘志』（『続説郛』弓四四）「燭」に、

桀愛琰琬、宮中燭心至跋、皆用異香宝屑燃之、有異彩数里。皆香湯伐之発、其跋値千金。

とあるから、この記事も『南部烟花記』の記事とするには疑わしい。『南部烟花記』を引用するのに、『女紅餘志』は「煬帝香宝」を「桀愛琰琬」と改変する必要があったのであろうか。また尾部に字句を付加する必要があったのであろうか。『女紅餘志』の記事を「重較説郛」所収の『南部烟花記』が引用したのではないかと疑うものである。

8　沈香履箱

陳宮人有沈香履箱金屈膝。

陳宮人に沈香履箱・金屈膝有り。

右と同様の記事は『三餘帖』（『重較説郛』弓三一所収）に、

陳宣華有沈香履箱金屈膝。

とある。『三餘帖』という書はよく判らない書であるが、この書が『重較説郛』に所収されていることは、『重較説郛』以前、すなわち元末明初より以前の書ということになる。「沈香履箱」の記事は「宣華」を「宮人」としただけであり、「沈香履箱」の記事は、本来より『南部烟花記』にある記事ではなく、『三餘帖』の記事に改変を加えて、『南部烟花記』の記事に仕立てたものである。

9　跋扈将軍

隋煬帝泛舟、忽陰風頗緊。歎曰、此風可謂跋扈将軍。

隋の煬帝舟を泛べるに、忽ちに陰風あり頗る緊なり。歎じて曰はく、「此の風、跋扈将軍と謂ふべし」と。

右の記事も他の類書に所収された『南部烟花記』にみえない記事であるが、煬帝に関連することをいっているのであるから『南部烟花記』に存在してもよい記事であって、疑問の餘地はないようにみえる。

ところが、この記事は北宋初期に成った『清異録』巻上天文「跋扈将軍」に、

隋煬帝泛舟、忽陰風頗緊。歎曰、此風可謂跋扈将軍。

とあるのである。これは本来『南部烟花記』に存在した記事を『清異録』が引用したと理解すれば問題はない。しかし、そのように理解できない点がある。それは次に示す「北苑妝」との関連においてである。

10　北苑妝

建陽、進茶油花子、大小形製各別、極可愛。宮嬪縷金于面、皆以淡妝、以此花餅施于鬢上、時号北苑妝。

建陽、茶油花子を進む、大小形製各《おの》おの別にして、極めて愛でるべし。宮嬪金を面に縷するに、皆淡妝を以てし、此の花餅を以て鬢上に施す、時に北苑妝と号す。

右の記事は『清異録』巻下「北苑妝」に同文がある。

江南晩季、建陽進茶油花子大小、形製各別、極可愛。宮嬪縷金於面、皆以淡妝、以此花餅施於額上、時号北苑妝。

この記事も『南部烟花記』が初出記事であり、『清異録』が再引用したとすれば理解できないこともない。しかし、それは強引に過ぎる。清の呉廷臣の撰した『十国春秋』巻一六南唐二「元宗本紀」保大四年（九四六）の条に、

二月壬戌朔、日有食之、命建州製的乳茶、号曰京挺臘茶之貢。毛先舒南唐拾遺記云、南唐時、建陽進茶油花子大小、形製各別、宮嬪縷金于面、皆淡粧、以此花餅施額上、時号北苑粧。

二月壬戌朔、日の之を食ふ有り、建州に命じて的乳茶を製らしめ、号して京挺臘茶の貢と曰ふ。毛先舒の「南唐拾遺記」に云ふ、「南唐の時、建陽茶油花子大小を進む、形製各《おの》おの別あり、宮嬪金を面に縷するに、皆淡粧にして、此の花餅を以て額上に施し、時に北苑粧と号す。

とあって、右の『清異録』の記事、すなわち『南部烟花記』の記事は毛先舒の『南唐拾遺記』が出典であるという。『南唐拾遺記』の記事は一〇世紀の南唐国に関するもので、明らかに『南部烟花記』に存在するはずのない記事である。この記事は『南部烟花記』の記事と強引に付会されたものである。

そうすれば、『重較説郛』所収の『南部烟花記』の編者は『清異録』を通覧しているのであり、「跋扈将軍」の記事は『清異録』に所載され、「北苑妝」も『清異録』にあるから、「跋扈将軍」は元々から『南部烟花記』にあった記事ではなく、『清異録』において初めて登場するものであり、煬帝に関連があるからという理由で『南部烟花記』の記事に仕立てられた可能性が大である。そのことは、図らずも「北苑妝」の記事を『南部烟花記』の記事としたことに

よって明らかとなるのである。その付会は北宋の『清異録』成立以後に生じたものである。

11　金剛舞・夜乂（义）歌

隋諸葛昂高瓚争為豪侈。昂屈瓚、串長八［尺］、赤餅濶丈餘、餤麄如柱、酒行、自作金剛舞、以送之。瓚復屈昂、以車行酒馬行肉碓斬鱠碾蒜韲《せい》、自唱夜叉歌、以送之。

隋の諸葛昂・高瓚争ひて豪侈を為す。昂の瓚に屈するや、串の長さ八尺、赤餅の濶さ丈餘、餤麄如柱、酒行、自ら金剛舞を作し、以て之を送る。瓚復昂に屈し、車行酒・馬行肉・碓斬鱠・碾蒜韲《せい》を以てし、自ら夜义歌を唱ひて、以て之を送る。

右の記事は唐の張鷟の『朝野僉載』所載の「金剛舞・夜叉歌」に、

隋諸葛昂高瓚争為豪侈、昂屈瓚、串長八尺、餅闊丈餘、餤麤如柱、酒行、自為金剛舞以送之。瓚復屈昂、以車行酒馬行肉、碓斬膾碾蒜韲《せい》、自唱夜叉歌、以送之。

隋の諸葛昂・高瓚争ひて豪侈を為し、昂の瓚に屈し、串の長さ八尺、餅の闊さ丈餘、餤麤如柱、酒行、自ら金剛舞を為し以て之を送る。瓚復昂に屈するに、車行酒・馬行肉・碓斬膾・碾蒜韲《せい》を以てし、自ら夜义歌を唱ひ、以て之を送る。

とあり、また唐の張鷟の『耳目記』に、より詳細な記事がある。「金剛舞・夜义歌」の記事も『南部烟花記』が原典であり、『朝野僉載』が引用した可能性がある。

しかし、潘自牧の撰した『記纂淵海』巻七八楽部「歌舞」伝記に、

隋諸葛昂高瓚争為豪侈、昂屈瓚、串長八尺、餅濶丈餘、餤麤如柱、酒行、自作金剛舞以送之。瓚復屈昂、以車行

酒馬行肉碓斬輪碾蒜虀、自唱夜叉歌、以送之。僉載

とある点からすれば、『朝野僉載』が『南部烟花記』より引用したとすることはできないだろう。『記纂淵海』は所謂『南部烟花記』の記事を「南部烟花記」「大業拾遺」と明記するのを通例としている。その『記纂淵海』において、「金剛舞・夜叉歌」の記事の出典を『朝野僉載』とする以上、それは『朝野僉載』を原典とする記事と判断される。

12　迷楼

迷楼、凡役夫数萬、経歳而成。楼閣高下、軒窓掩映、幽房曲室、玉欄朱楯、互相連属。帝大喜、顧左右曰、使真仙遊其中。亦当自迷也故云。

迷楼、凡そ役夫を役すること数萬、歳を経て成る。楼閣高下し、軒窓掩映し、幽房曲室、玉欄朱楯、互に相連属す。帝大いに喜び、左右を顧みて曰はく、「真仙をして其の中に遊ばしむも、亦当に自ら迷うべし」と。故に云ふ。

右の記事は小説唐末の小説『迷楼記』の一節に、

近侍高昌奏曰、臣有友項昇、浙人也。自言能構宮室。翌日詔而問之、昇曰、臣乞先進図本。後数日進図。帝覧大悦、即日詔有司、供具材木、凡役夫数萬、経歳而成。楼閣高下、軒窓掩映、幽房曲室、玉欄朱楯、互相連属、回環四合、曲屋自通。千門萬戸、上下金碧、金虬伏於棟下、玉獣蹲于戸傍、璧砌生光、瑣窓射日。工巧之極、自古無有也。費用金玉、帑庫為之一空。

近侍する高昌奏して曰はく、臣に友の項昇有り、浙の人なり。自ら言ふ「能く宮室を構ふ」と。翌日詔して之に問ふ。昇曰はく、「臣乞ふ先づ図本を進めん」と。後数日にして図を進む。帝覧て大いに悦び、即日有司に詔し

て、材木を供具せしむ。凡そ役夫数萬、歳を経て成る。楼閣高下し、軒窓掩映し、幽房曲室、玉欄朱楯、互に相連属し、回環四合し、曲屋自ら通ず。千門萬戸、上下金碧、金虬は棟下に伏し、玉獣は戸傍に蹲り、壁砌は光を生じ、瑣窓は日を射る。工巧の極、古より有ること無きなり。金玉を費用し、帑庫之が為に一空す。

とある記事と一致するから、「迷楼」の記事は『迷楼記』からの引用であることは明らかである。

13　烏銅屏

上官［時］自江外得替回、鋳烏銅屏数十面。磨以成鑑為屏、可環於寝所。帝御女繊毫、皆入於鑑中。以千金賜之。

上官時、江外より替を得て回り、烏銅屏数十面を鋳る。磨き以て鑑と成して屏と為し、寝所に環らすべし。帝は御女・繊毫、皆鑑中に入る。千金を以て之に賜ふ。

右の記事は小説『迷楼記』の一節に、

其年、上官時自江外得替回、鋳烏銅屏数十面。其高五尺而濶三尺、磨以成鑑為屏、可環於寝所。詣闕投進。帝以屏納迷楼、而御女於其中、繊毫皆入於鑑中。帝大喜曰、絵画得其象耳。此得人之真容也。勝絵図萬倍矣。又以千金賜上官時。

其の年、上官時は江外より替を得て回り、烏銅屏数十面を鋳る。其の高さ五尺にして濶さ三尺、磨き以て鑑と成して屏と為し、寝所に環らすべし。闕に詣り投進す。帝は屏を以て迷楼に納め、御女其の中に［入れ］、繊毫皆鑑中に入る。帝大いに喜び曰はく、「絵画は其の象を得るのみ。此れは人の真容を得るなり。絵図に勝ること萬倍なり」と。又千金を以て上官時に賜ふ。

とある記事の適録であり、『南部烟花記』の記事ではない。『類説』巻六所引の「河洛記」に、

銅鏡屏。煬帝喜奢侈。幸江都、王世充献銅鏡屏、帝甚喜、擢江都通守。

とある。『河洛記』の記事は信頼に値する。『河洛記』にあった王世充の「献銅鏡屏」を脚色して、『迷楼記』に採用したものであろう。

14　色如桃花

侯夫人、一日、自経於棟下。臂懸錦嚢、中有文、左右取以進帝。反覆傷感、撫其尸曰、此已死、顔色猶美、如桃花。

侯夫人、一日、自ら棟下に経《くび》る。臂に錦嚢を懸け、中に文あり、左右取り以て帝に進む。反覆して傷感し、其の尸を撫て曰はく、「此れ已に死すも、顔色猶ほ美しく、桃花の如し」と。

右の記事は小説『迷楼記』の一節に、次のようにある記事の説略文である。

宮女無数、不得進御者、亦極衆。後宮侯夫人有美色。一日、自経于棟下。臂懸錦嚢、中有文。左右取以進帝。乃詩也。自感三首云、……中略……。帝往視其尸曰、此已死顔色猶美如桃花。乃急召中使許廷輔曰、朕向遣汝択後宮女入迷楼。汝何故独棄此人也。乃令廷輔就獄、賜自尽、厚礼葬侯夫人。帝日誦詩酷好其文、乃令楽府歌之。

宮女無数、進御を得ざる者、亦極めて衆し。後宮の侯夫人美色有り。一日、自ら棟下に経《くび》る。臂に錦嚢を懸け、中に文有り。左右取りて以て帝に進む。乃ち詩なり。自感三首に云ふ、……中略……。帝往きて其の尸を視て曰はく、「此れ已に死すも顔色猶ほ美しきこと桃花の如し」と。乃ち中使の許廷輔を急召し曰はく、「朕向《さき》に汝をして後宮の女を択び迷楼に入らしむ。汝何故に独り此の人を棄てるや」と。乃ち廷輔をして獄に就かしめ、自尽を賜ひ、厚く礼して侯夫人を葬る。帝日に詩を誦し酷《はなは》だ其の文（自感三首）を好み、乃ち楽府をして之を歌はしむ。

15　堤柳

煬帝樹隄、詔民間、有柳一株、賞一縑。

煬帝樹隄するに、民間に詔し、柳一株有れば一縑を賞す。

右と同文の記事は小説『開河記』の一節にある。

> 於是呉越取民間女年十五六歳者五百人、謂之殿脚女、至於龍舟御楫、即毎船用綵纜十条、毎条用殿脚女十人嫩羊十口、令殿脚女与羊相間、而行牽之。時恐盛暑、翰林学士虞世基献計、請用垂柳、栽於汴渠両隄上。一則樹根四散、鞠護河隄。二乃牽舟之人獲其陰、三則牽舟之羊、食其葉。上大喜、詔民間、有柳一株賞一縑。百姓競献之。

> 是に於て呉越民間の女年一五、六歳なる者を五〇〇人取り、之を殿脚女と謂ひ、龍舟に至りて楫を御せしむ。即ち毎船綵纜一〇条を用ひ、毎条殿脚女一〇人・嫩羊一〇口を用ひ、殿脚女と羊と相間り、行くゆく之を牽かしむ。時に盛暑なるを恐れ、翰林学士虞世基計を献じ、垂柳を用て汴渠の両隄上に栽ゑることを請ふ。一は則ち樹根四散し、河隄を鞠護す。二は乃ち牽舟の人其の陰を獲。三は則ち牽舟の羊、其の葉を食ふ。上大いに喜び、民間に詔して、柳一株に賞一縑有り。百姓競ひて之を献ず。

『開河記』の記事が『南部烟花記』の記事とされたものである。『南部烟花記』の記事が『開河記』に転用されたと考える向きもあるかも知れないが、それは次の「錦帆」の記事も『開河記』から取って『南部烟花記』の記事にしていることから、『重較説郛』所収の『南部烟花記』の編者は『開河記』を見ているのであり、『開河記』の記事が原典であると判断される。「翰林学士」の官名は唐中期以降であるから、唐初に成ったとされる『南部烟花記』に「翰林学士」がみえるはずがない。唐末になった『開河記』が原典であることは「翰林学士」の使職名からも明白である。

16　錦帆

帝錦帆過処、香聞百里。

帝の錦帆過ぐる処、香り一〇〇里に聞ゆ。

右の記事は小説『開河記』の一節に

時舳艫相継、連接千里。自大梁至淮口、聯綿不絶。錦帆過処、香聞百里。既過雍丘、漸達寧陵界。水勢緊急、龍舟阻礙、牽舟之人費功転甚。

時に舳艫相継ぎ、連接すること千里。大梁より淮口に至り、聯綿として絶えず。錦帆の過ぐる処、香り一〇〇里に聞ゆ。既に雍丘を過ぎ、漸《やうや》く達寧陵の界に達す。水勢緊急にして、龍舟阻礙し、索舟の人功を費やすこと転《うた》た甚だし。

とあるものを原典としており、『南部烟花記』本来の記事ではない。

17　一六院

煬帝十六院、皆自製名、択宮中佳麗謹厚有容色美人、実之。

煬帝一六院、皆自ら名を製り、宮中佳麗謹厚にして容色ある美人を択び、之に実す。

右の記事は小説『海山記』の一節に、

詔定西苑十六院名、景明一迎暉二棲鸞三晨光四明霞五翠華六文安七積珍八影紋九儀鳳十仁智十一清修十二宝林十三和明十四綺陰十五降陽十六。皆帝自製名、院有二十人、皆択宮中佳麗謹厚、有容色美人実之。毎一院選帝常幸御者為之首、毎院有宦者、主出入易市。

詔して西苑一六院の名を定む。景明一・迎暉二・棲鸞三・晨光四・明霞五・翠華六・文安七・積珍八・影紋九・儀鳳一〇・仁智一一・清修一二・宝林一三・和明一四・綺陰一五・降陽一六なり。皆帝自ら名を製る、院に二〇人あり、皆宮中の佳麗謹厚にして容色有る美人を択びて之を実す。一院毎に帝の常に幸御する者を選び之が首と為す、院毎に宦者あり、出入易市を主る。

とある記事と類似する。右の『海山記』の記事に改変を加え、『南部烟花記』の記事としたものである。

18　湖上曲

帝既作龍鳳舸、因製湖上曲、望江南八闋、多令宮中美人歌唱之。

帝既に龍鳳舸を作り、因りて湖上曲を製り、江南の八闋を望み、多く宮中の美人をして之を歌唱せしむ。

右の記事は小説『海山記』の一節に、

又鑿五湖、毎湖四方十里、東曰翠光湖、南曰迎陽湖、西曰金光湖、北曰潔水湖、中曰広明湖。湖中積土石為山、構亭殿、屈曲環遶、澄碧皆窮極人間華麗。又鑿北海、周環四十里、中有三山、効蓬莱方丈瀛州、上皆台榭廻廊。水深数丈、開溝通五湖北海、尽通行龍鳳舸。帝多泛東湖、因製湖上曲望江南八闋、云、（曲詞は省略）。帝常遊湖上、多令宮中美人歌唱此曲。

又五湖を鑿つ、湖毎に四方一〇里にして、東は翠光湖と曰ひ、南は迎陽湖と曰ひ、西は金光湖と曰ひ、北は潔水湖と曰ひ、中は広明湖と曰ふ。湖中に土石を積み山と為し、亭殿を構え、屈曲して澄碧を環遶す。皆人間の華麗を窮極す。又北海を鑿ち、周環四〇里、中に三山あり、蓬莱・方丈・瀛州に効《なら》ふ。上は皆台榭廻廊。水深数丈にして、溝を開き五湖北海に通じ、尽く龍鳳舸を通行す。帝多く東湖に泛べ、因りて湖上曲「望江南八闋」を製り、云ふ、(曲詞は省略)。帝常に湖上に遊び、多く宮中の美人をして此の曲を歌唱せしむ。

と類似する記事がある。「十六院」の記事と同様に、右の『海山記』の記事に改変を加えたものであり、『南部烟花記』本来の記事ではあるまい。

19　夾道宿

帝多幸苑中、去来無時。侍御多夾道而宿、帝往往中夜即幸焉。

帝多く苑中に幸し、去来時なし。侍御多く夾道にて宿す。帝往往にして中夜に即ち幸《みゆき》す。

右の記事は前掲した小説『海山記』の一節に、

大業六年、後苑草本(木)鳥獣繁息茂盛、桃蹊李径、翠陰交合、金猿青鹿、動輒成群。自大内開為御道、直通西苑、夾道植長松高柳。帝多幸苑中、去来無時、侍御多夾道而宿。帝往往中夜即幸焉。

大業六年、後苑の草木鳥獣、繁息茂盛し、桃蹊李径、翠陰交合し、金猿青鹿、動《ややもす》れば輒ち群を成す。大内より開いて御道を為《つく》り、直ちに西苑に通じ、夾道には長松・高柳を植ゑる。帝多く苑中に幸し、去来時なし、侍御多く夾道にて宿す。帝往往にして中夜即ち幸す。

とある記事と類似する。右の『海山記』の記事に改変を加え、『南部烟花記』の記事としたものであろう。

20　繡裙

梁武帝造五色繡裙、加朱縄真珠為飾。隋煬帝作長裙十二披、名仙裙。

梁武帝、五色繡裙を造り、加ふるに朱縄・真珠を飾と為す。隋の煬帝、長裙一二披を作り、仙裙と名づく。

右の記事は梁の武帝のことを述べ、煬帝には関係のない記事である。『類説』巻三五「事始」五色裙には、

梁武帝造五色綉裙、加米縄珍珠為飾。隋煬帝作長裙十二破、名仙裙。

梁の武帝、五色の綉裙を造り、米縄珍珠を加へ飾りと為す。隋の煬帝長裙一二破を作り、仙裙と名づく。

とあり、右の記事は唐人・劉孝孫（劉将孫とも書く）の『事始』が出典である。『南部烟花記』が顔師古の撰述に成るものなら、『事始』の記事は『南部烟花記』に引用できない。この記事も『南部烟花記』に付会されたものであって、本来は『南部烟花記』と何の関係もない記事である。

以上によって、『重較説郛』弓六六所収の『南部烟花記』の記事は、全体の約七割が他書に類似する記事があり、また他書の記事の引用から構成されていることが明らかとなったであろう。出典の不明な他の記事も何処かに出典があり、『南部烟花記』編者の創作である可能性もある。『重較説郛』所収の『南部烟花記』は、元時代の書から記事を引用している可能性もあるから、南宋の姚寛や王明清がみた『南部烟花記』と『重較説郛』所収の『南部烟花記』は、同名であって内容が異なる書ということにもなる。これらを勘案すれば、『重較説郛』所収の『南部烟花記』は、著しく後人の造作が加えられた書であり、『南部烟花記』の原形を伝えた書ではないことは明らかである。

四　『南部烟花記』所引の『大業雑記』に関連する記事

右によって『南部烟花記』は問題の多い書であることは、明白となったであろう。『南部烟花記』が偽書であることを証明するために、『大業雑記』と関連ある『南部烟花記』の記事を示すことが最も肝要であろう。『南部烟花記』

は『類説』『重較説郛』『紺珠集』『錦繡萬花谷』『新編古今事文類聚』『雲仙雑記』『記纂淵海』『新編分門古今類事』『示児編』に引用されている。以下には、前章までに引用した『大業雑記』『大業拾遺録』『大業拾遺記』『大業拾遺』『大業記』に関連する記事のみを示す。

1　『類説』所収の『南部烟花記』

『類説』巻六所収の『南部烟花記』には、⑴析字、⑵司花女、⑶蛾緑螺、⑷女相如、⑸与宮女羅羅詩、⑹迷楼、⑺来夢児、⑻遇陳後主、⑼緑紋測海蠡盃、⑽舞玉樹、⑾春蘭秋菊、⑿小窓碧玉詞、⒀金齏玉膾、⒁閃電窓、⒂文章総集、⒃分盃法の記事を所収する。以下には、前章までに引用した記事に関連する字識（析字）、留儂、金虀玉膾、閃電窓、文章総集、分盃法を示す。

甲　字識（析字）

煬帝嘗会飲、為［析］字、令取左右離合之意。謂杳孃曰、我取杳字為十八日。時宮婢羅羅侍［立］、杳孃分羅字為四維。帝謂蕭后曰、能析朕字乎。后曰移左画居右、豈非淵字乎。乃唐興之讖。

煬帝嘗て会飲し、析字を為し、左右離合の意を取らしむ。杳孃《よう》に謂ひて曰はく、「我〈杳〉字を取りて〈十八日〉と為す」と。時に宮婢の羅羅侍立し、杳孃は〈羅〉字を分ち〈四維〉と為す。帝は蕭后に謂ひて曰はく、「能く〈朕〉字を析《わけ》るや」と。后曰はく「左画を移し右に居らしめば、豈に〈淵〉字に非ざるや」と。乃ち唐興るの讖《しん》（しるし）なり。

乙　留儂

帝与宮女羅羅詩曰、個人無耐是横波、黛染隆顱簇小蛾、幸好留儂伴儂睡、不留儂住意如何。

帝は宮女の羅羅に詩を与へて曰はく、「個人耐へる無きは是れ横波、黛隆顱を染め小蛾に簇《むらが》る、幸好《さいはひ》に儂を留め儂に伴ひて睡る、儂が住まるを留めざる意は如何」と。

丙　金韲玉膾

呉郡献松江鱸魚。煬帝曰、所謂金韲玉膾、東南佳味也。

呉郡松江鱸魚を献ず。煬帝曰はく、「所謂金韲《せい》玉膾、東南佳味なり」と。

「金韲玉膾」に関しては、『太平御覧』巻九三七鱗介部九「鱸魚」に「杜宝大業拾遺録曰」（三八一頁に引用）と、『事類賦』巻二九鱗介部「魚」の「爾其金韲《せい》玉膾」の註に「大業拾遺録曰」として記事があり（四〇二頁に引用）、『太平広記』巻二三四呉饌に、『大業拾遺記』を出典として記事がある（四一九頁に引用）。「金韲玉膾」の記事は、『南部烟花記』に出典があるとするよりは、『大業拾遺録』（『大業雑記』）の記事に由来すると考えるほうが妥当であろう。「金韲玉膾」の出典が『南部烟花記』と誤られたのは、『南部烟花記』の別名が『大業拾遺録』であったことに起因するものである。

丁　閃電窓

帝観書処窓戸、玲瓏相望、金牖玉観、輝映溢目、号閃電窓。

帝観書の処の窓戸、玲瓏相望み、金牖玉観、輝映溢目し、閃電窓と号す。

右の記事に関して、『雲仙雑記』巻一〇閃電窓にも、出典を『南部烟花記』として次のようにある。

帝観書処窓戸、玲瓏相望、金鋪玉観、輝映溢目、号為閃電窓。南部烟花記

この記事は『太平広記』巻二二六観文殿に、出典を『大業拾遺記』として所載する記事の一部にある（四一五頁の整理番号（203）を参照）。『大業拾遺記』は『大業雑記』の別名であるから、「閃電窓」の記事は本来『大業雑記』の記事であり、それが『南部烟花記』の記事となったのは、『大業拾遺記』が『南部烟花記』の別名でもあることによる。

戊　文章総集

帝命虞世南等四十人、選文章。自楚詞訖大業、共為一部五千巻、号文章総集。又択能書二千人、為御書生、分番抄書。

帝は虞世南等四〇人に命じ、文章を選せしむ。「楚詞」より大業に訖《およ》び、共せて一部五千巻を為り、「文章総集」と号す。又能書二千人を択び御書生と為し、番を分ち書を抄さしむ。

この記事は『記纂淵海』巻七五著述部「著書・伝記」所引の『大業拾遺』に、

帝命虞世南等四十人、選文章。自楚詞訖大業、共為一部五千巻、号文章総集。大業拾遺

とあり、『玉海』巻五四藝文・唐三類集録にも「文章総集」をいう。

隋虞世南等四十人選文章、自楚詞訖大業、為五千巻、号文章総集。

「文章総集」の記事は典拠が確実な書であり、『大業拾遺』は『大業雑記』の別名としての『大業拾遺』であろう。

己　分盃法

起自籌禅師。合諸薬共筒内挿帽、七日乃取、挿頭対客。飲以簪画酒中、飲一辺已尽、一辺尚満、謂之分盃法。

籌禅師より起る。諸薬を合はせ共筒内帽を挿し、七日にして乃ち挿頭を取り、客に対す。飲むに箸を以て酒中に画き、一辺を飲み已に尽せば、一辺尚満つ、之を分盃の法と謂ふ。

右の記事は『太平広記』巻七六籌禅師に、『大業拾遺』を出典としてとあり、『海録砕事』巻六分盃には『大業記』を出典としてとあるから、本来は『大業雑記』にあった記事であり、『大業拾遺』『大業記』という書名が『南部烟花記』の別名であったことから、右の記事が『南部烟花記』の一部に取り込まれたものであろう。

2　『重較説郛』所収の『南部烟花記』

『重較説郛』弓六六所収の『南部烟花記』には、『類説』所収の記事より多くの記事がある。このうち前章までに引用した記事に関連するのは以下の四条である。

甲　金虀玉膾

呉都（郡）献松江鱸魚、煬帝曰、所謂金虀《せい》玉膾、東南佳味也。

呉郡、松江鱸魚を献ず。煬帝曰はく、「所謂金虀《せい》玉膾、東南の佳味なり」と。

右の記事の問題点は『類説』所収の『南部烟花記』の「金虀玉膾」において述べた（五〇三頁）。

乙　閃電窓

帝観書処窓戸、玲瓏相望、金鋪玉観、輝映溢目、号為閃電窓。

帝、書を観る処の窓戸、玲瓏相望み、金牖玉観、輝映溢目し、閃電窓と号す。

右の記事の問題点は『類説』所載の『南部烟花記』の「閃電窓」において述べた（五〇三頁）。

丙　五方香床（「方五香牀」が正しい）

隋煬帝、観文殿前両廂為堂。各十二間、堂中毎［一］間十二宝厨、前設五方香床（方五香床）、綴貼金玉珠翠。毎駕至、則宮中（人）擎香爐、在輦前行。

隋の煬帝、観文殿前の両廂を堂と為す。各《おの》おの一二間、堂中一間毎に一二宝厨、前に五方香床を設け、金玉珠翠を綴貼す。駕の至る毎に、則ち宮人は香爐を擎げ、輦の前行に在り。

この記事は出典を示さず、『古今合璧事類備要』外集巻四一「香」、『錦繡萬花谷』後集巻三五「五方香牀」、『新編古今事文類聚』続集巻一二香茶部・古今事実「五方香牀」に同文がある。

この記事は『太平広記』巻二二六観文殿に、出典を『大業拾遺記』として引く文章の一部である。『太平広記』に引く『大業拾遺記』は『大業雑記』の別名であるから、「方五香床」は本来『大業雑記』にあった記事である。

丁　螺子黛（蛾緑螺）

煬帝宮中、争画長蛾。司宮吏日給螺子黛五斛。［黛］出波斯国。

煬帝の宮中、争ひて長蛾を画き、司宮の吏日日に螺子黛五斛を給す。黛は波斯国に出ず。

3　『紺珠集』所収の『南部烟花記』

『紺珠集』巻五所収の『南部烟花記』には、(1)司花女、(2)蛾緑螺、(3)璧月詞、(4)緑紋側海螽、(5)舞玉樹、(6)春蘭秋

菊、(7)小窓碧玉詞、(8)四宝帳、(9)来夢児、(10)女相如の記事がある。このうち、前章までに引用した記事に関連するのは「蛾緑螺」である。

鳳舸殿御（脚）女呉絳仙、善画長蛾、帝冷（憐）之。由是争為長蛾、司宮吏日供螺子黛五斛、号蛾緑螺。帝毎倚簾睨絳仙移時。顧内謁者云、古人言秀色若可餐、若絳仙者、可以療飢也。

鳳舸の殿脚女・呉絳仙、善く長蛾を画き、帝之を憐《めで》る。是れより争ひて長蛾を為し、司宮の吏日に螺子黛五斛を供し、蛾緑螺と号す。帝毎に簾に倚り絳仙を睨て移時し、内謁者を顧みて云はく、「古人言ふ〈秀色餐ふべきが若し〉と、絳仙の若きは、以て飢を療すべきなり」と。

4　『錦繡萬花谷』所引の『南部烟花記』

『錦繡萬花谷』所引の『南部烟花記』の記事は次の「蛾緑螺」の一条である。

隋鳳舸殿御（脚）女呉峰仙善画長蛾、宮中争為長蛾、宮吏日供螺子黛五斛、号蛾緑螺。南部烟花録（前集巻三二墨）

隋の鳳舸殿脚女・呉峰仙は善く長蛾を画き、宮中争ひて長蛾を為し、宮吏は日に螺子黛五斛を供し、蛾緑螺と号す。「南部烟花録」

5　『新編古今事文類聚』所引の『南部烟花記』

『新編古今事文類聚』所引の『南部烟花記』の記事は次の二条である。

甲　金虀玉膾

呉都（郡）献松江鱸魚。煬帝曰、所謂金虀玉膾、東南佳味也。南部煙《ママ》花記（後集巻三四鱗蟲部・魚・古今事実「金虀

玉膾」読集巻一六食物部・食物）

右の記事の問題点は『類説』所収の『南部烟花記』の「金虀玉膾」において述べた（五〇三頁）。

乙　析字

隋煬帝嘗会飲、為析字、令左右取離合之意、謂杳娘曰、我取杳字為十八日。宮婢羅羅侍立、杳娘分羅字、為四維。帝謂蕭后曰、能折（析）朕字乎。后曰、移左画居右、豈非淵字乎。乃唐興之讖。南部烟花記（別集巻六文章部・字義・古今事実「析朕字」）

隋の煬帝嘗て会飲し、析字を為し、左右をして取離合の意を取らしむ、杳娘に謂ひて曰はく、「我〈杳〉字を取り〈十八日〉と為す」と。宮婢の羅羅侍立し、杳娘は「羅」字を分け、「四維」と為す。帝は蕭后に謂ひて曰はく、「能く〈朕〉字を析つや」と。后曰はく、「左画を移し右に居けば、豈に〈淵〉字に非ざるや」と。乃ち唐興るの讖なり。「南部烟花記」

6　『雲仙雑記』所引の『南部烟花記』

『雲仙雑記』所引の『南部烟花記』の記事は次の「金虀玉膾」の一条である。

呉郡献松江鱸魚。煬帝曰、所謂金虀玉膾、東南佳味也。南部烟花記（巻六「金虀玉膾」）

右の記事の問題点は『類説』所収の『南部烟花記』の「金虀玉膾」において述べた（五〇三頁）。

7　『記纂淵海』所引の『南部烟花記』

『記纂淵海』所引の『南部烟花記』の記事は次の二条である。

甲　文章総集

唐張九齢嘗覧蘇廷碩文巻、謂同列曰、蘇生之俊贍無敵、真文陣雄師也。帝命虞世南等四十人、選文章。自楚詞訖大業、共為一部五千巻、号文章揔集。又択能書二千人、為御書生翻抄書。南部烟花記（巻七五著述部・評文下「伝記」）

唐の張九齢嘗て蘇廷碩（蘇珽の字）の文巻を覧て、同列に謂ひて曰はく、「蘇生の俊贍敵なし、真の文陣の雄師なり」と。帝、虞世南等四〇人に命じ、文章を選せしむ。「楚詞」より大業に訖り、共せて一部五千巻と為し、「文章揔集」と号す。又能書二千人を択び、御書生と為し書を翻抄せしむ。「南部烟花記」

右の『記纂淵海』の記事はすべて『南部烟花記』の記事とすることはできない。それは「張九齢云云」とあることによる。張九齢は八世紀中葉の人であって、『南部烟花記』の著者とされる顔師古より、一〇〇年以上のちの人である。したがって、張九齢の言葉を『南部烟花記』に引用できるはずがないのである。「唐張九齢嘗覧蘇廷碩文巻、云云」の記事は、『開元天宝遺事』の記事である。

張九齢常覧蘇頲文巻、謂同僚曰、蘇生之俊贍無敵、真文陣之雄帥也。（『開元天宝遺事』巻下天宝下「文陣雄帥」）

張九齢常て蘇頲の文巻を覧て、同僚に謂ひて曰はく、「蘇生の俊贍敵なし、真の文陣の雄帥なり」と。

では、「帝命虞世南等四十人選文章」以下の記事は『南部烟花記』の記事としてよいかというと、これにも疑問がある。右と同じ記事は『記纂淵海』巻七五著述部・著書「伝記」にあり、そこには出典を『大業拾遺』としている（本書四四五頁を参照）。加えて、「文章総集」の記事は『玉海』も引用している（出典不明）。『玉海』が引用するということは、「文章総集」の出典は『南部烟花記』というような得体の知れない書ではないことだけは確かである。『記纂淵海』巻七五著述部・評文下「伝記」において、「帝命虞世南等四十人選文章、云云」の記事の出典を『南部烟花記』

とするのは、『南部烟花記』が『大業拾遺』という書名を有していたためである。『記纂淵海』巻七五著述部・著書「伝記」においては出典を『大業拾遺』と正確に伝えたが、著述部・評文下「伝記」において、『南部烟花記』とするのは書名の読替が行われた結果である。すなわち、『大業拾遺』は『南部烟花記』と同じであるから、『大業拾遺』とするべきところを『南部烟花記』としてしまったのである。したがって、右の記事は『南部烟花記』本来の記事ではなく、『大業雑記』別名である『大業拾遺』の記事とするべきであろう。

『淵鑑類函』巻一九六文学部五文章一「文陣雄帥」の註に次のようにある。

南部烟花記曰、張九齢嘗覧蘇廷碩（蘇頲の字）文、謂同列曰、蘇生之俊贍無敵、真文陣雄帥也。

「南部烟花記」に曰はく、張九齢嘗て蘇廷碩の文を覧て、同列に謂ひて曰はく、「蘇生の俊贍は敵なし、真に文陣の雄帥なり」と。

唐初の人・顔師古の著作に唐中期の人である張九齢が登場することはない。『淵鑑類函』は明らかに誤りを犯している。右の記事は『記纂淵海』巻七五著述部・評文下「伝記」の最初の部分の記事のみを引用し、『南部烟花記』の記事としたものである。子細に検討すれば、「帝命虞世南等四十人選文章」以下が『南部烟花記』の記事である。『淵鑑類函』は『記纂淵海』にしたがって、記事全体が『南部烟花記』と誤解したのである。

それでは「帝命虞世南等四十人選文章、云云」以下が『南部烟花記』の記事かというと、これは『大業雑記』の別名である『大業拾遺』の記事であり、この『大業拾遺』を『南部烟花記』の別名と即断した結果、『南部烟花記』と註記されたのである。『大業雑記』と『南部烟花記』は同じ別名を有したため、両書の記事が混同されたのである。

乙　金韲玉膾

金虀玉膾、東南佳味。南郡（部）煙《ママ》花伝（巻八三襟懐部・食品「伝記」）

右の記事の問題点は『類説』所収の『南部烟花記』の「金虀玉膾」において述べた（五〇三頁）。

8　『新編分門古今類事』所引の『南部烟花記』

『新編分門古今類事』所引の『南部烟花記』の記事は次の「析字」の一条である。

隋煬帝嘗会飲宮中、為析字、令取左右離合之意。謂杳娘曰、我取杳字為十八日。時宮婢羅羅侍立、杳娘取羅字為四維。帝又謂蕭妃曰、爾能拆（析）朕字乎。蕭妃乃応声曰、能、但移左画居右辺、豈非淵字耶。後験之、乃唐公之諱也。出南部烟花記（巻一三讖兆門上「隋帝析字」）

隋の煬帝嘗て宮中に会飲し、析字を為し、左右をして取離合の意を取らしむ、杳娘に謂ひて曰はく、「我〈杳〉字を取り〈十八日〉と為す」と。時に宮婢の羅羅侍立し、杳娘は〈羅〉字を分け、〈四維〉と為す」と。帝は又蕭妃に謂ひて曰はく、「爾は能く〈朕〉字を析するや」と。蕭妃乃ち応声して曰はく、「但、左画を移し右辺に居けば、豈に〈淵〉字に非ざるや」と。乃ち唐公の諱なり。「南部烟花記」に出づ

9　『示児編』所引の『南部烟花記』

『示児編』所引の『南部烟花記』の記事は次の「析字」の一条である。

南部烟花記、煬帝会飲、為析字、令[左右取離合之意]。謂杳娘曰、我取杳字為十八日。（巻一七「杳娘又因析字而取重於隋煬帝」の註）

「南部烟花記」に、煬帝会飲し、析字を為し、左右をして離合の意を取らしむ。杳娘に謂ひて曰はく、「我〈杳〉

字を取り〈十八日〉と為す」と。

『南部烟花記』の記事には『大業雑記』の記事が混入している。両書は別書であるから、同じ記事が『南部烟花記』に存在するはずがない。『南部烟花記』は『大業雑記』の記事を取り込んで成った偽書と判断できる。

五　まとめ

顔師古の撰になるという『南部烟花記』は、その著者からして疑問のある書である。『南部烟花記』の記事は上記に示したものがすべてではない。本節は『大業雑記』の逸文に関連する『南部烟花記』の記事を示し、他書に類似する記事があるものを示したものである。

『南部烟花記』の記事において特徴的なのは、明確に『大業雑記』の記事と判明している記事が『南部烟花記』にもあることである。『南部烟花記』と『大業雑記』は別書であるから、同一記事が両書に存在するはずがない。にも拘わらず、同一記事が存在するのは『南部烟花記』が偽書であることを示すものである。『重較説郛』所収の『南部烟花記』は、宋代に偽作された『南部烟花記』の原形を伝えるものではないことは史料を例示した通りである。

『南部烟花記』は両唐書の書目に著録されず、また宋初に成った『太平御覧』や『太平広記』にも引用されないから、五代・宋初には成立していなかったと想定される。『南部烟花記』は『郡斎読書志』巻二史部・上雑史類に初めて著録され、慶暦元年（一〇四一）に成った『崇文総目』巻三雑史類に著録される『大業拾遺』は『南部烟花記』の別名であろうから、『南部烟花記』は一一世紀に成った書であろう。唐末・五代・宋初に存在が確認できない書に『大業雑記』の記事が引用されていることは、北宋中期に『南部烟花記』が偽作され、その一部に『大業雑記』の記事が採用されたと理解してよい。であれば、『南部烟花記』の『大業雑記』に関連しない他の記事は、北宋中期に顔師古に付会されて、偽作されたものと判断してよいであろう。

『南部烟花記』偽書説は南宋以来提示されているが、その説は「午酔醒来晩。無人夢自驚。夕陽如有意。長傍小窓明」の詩が唐人・方棫の作品であるということによっている。この詩が方棫の作品である確証はないから、従来の偽書説は一つの仮説であって確定したものではない。『南部烟花記』偽書説は『大業雑記』の記事が『南部烟花記』に存在することから説明するほうが説得力があると考える。

第二節　『隋遺録』について

一　はじめに

『宋史』巻二〇六藝文志五「小説類」には、顔師古の撰した『隋遺録』という書が著録される。

　顔師古。隋遺録一巻。

この書に関して、『遂初堂書目』には「漢。隋遺録」とあるが論外である。『隋遺録』は南宋の咸淳年間（一二六五～一二七四）に成った、左圭の『百川学海』庚集に上下二巻本として所収されている。明刊本の『百川学海』は南宋刊本の重刊であり、明初に成った『説郛』巻七八所収の『隋遺録』は『百川学海』本と基本的に一致するから、『説郛』

所収の『隋遺録』は咸淳本『百川学海』庚集から採ったものであることが判明する。

『重較説郛』弓一一〇に所収されている『大業拾遺記』の記事は、『隋遺録』と完全に一致し、『南部烟花記』の記事と一致する部分がある。宋代において『南部烟花記』は『大業拾遺記』『隋遺録』という別名を有していたのである。計有功が嘉定一七年（一二二四）に編纂した『唐詩紀事』巻四虞世南の条に引用する「司花女」には「顔師古隋朝遺事載、洛陽献合蒂迎輦花、煬帝令袁宝児持之、号司花女。……」とあり、『隋遺録』は『隋朝遺事』ともいわれていたようである。『宋史』藝文志が『大業拾遺』と『隋遺録』の両書を著録するのは、書名を異にしていたためであろう。『隋遺録』は上下二巻であり、『南部烟花記』『大業拾遺記』『大業拾遺』は一巻であり、巻数を異にする。これは、もと一巻であったものを『百川学海』が上下二巻に分巻したとしてよいであろう。

二　南宋の『南部烟花記』と『隋遺録』

『重較説郛』所収の『南部烟花記』は元時代に増補された書であり、南宋の姚寛や王明清がみた『南部烟花記』と『重較説郛』所収の『南部烟花記』は、同名であって内容が異なる書であることは明らかである。『南部烟花記』は『類説』巻六と『紺珠集』巻五に所収されている。『類説』は紹興六年（一一三六）に曾慥によって編纂され、『紺珠集』は紹興七年に朱非勝によって編纂された。

前節に示したように、『類説』巻六所収の『南部烟花記』は次の一六条の記事から構成される。

1　析字　2　司花女　3　蛾緑螺　4　女相如　5　与宮女羅羅詩　6　迷楼
7　来夢児　8　遇陳後主　9　緑紋測海蠡盃　10　舞玉樹　11　春蘭秋菊　12　小窓碧玉詩

13 金壷玉膾 14 閃電窓 15 文章総集 16 分盃法

『紺珠集』巻五所収の『南部烟花記』は次の一〇条の記事から構成される。

1 司花女 2 蛾緑螺 3 遇陳後主 4 緑紋測海蠡 5 舞玉樹
6 春蘭秋菊 7 小窓碧玉詩 8 四宝帳名 9 来夢児 10 女相如

両書を比較すると、『紺珠集』所収の『南部烟花記』が短い。両書は内容が一致する記事があるが、一致しない記事もある。これは『紺珠集』所収の『南部烟花記』が節略したためであろうと考えられる。南宋の姚寛や王明清がみた『南部烟花記』の「午酔醒来晩。無人夢自驚。夕陽如有意。長傍小窓明」の詩は「小窓碧玉詩」の記事中にあるから、姚寛や王明清がみた『南部烟花記』は『類説』や『紺珠集』所収の『南部烟花記』に類した書であったと想定できる。『類説』や『紺珠集』所収の『南部烟花記』は『隋遺録』と異名同書であるから、内容は『隋遺録』と一致するはずである。咸淳年間（一二六五〜一二七四）に成った『隋遺録』は次の二一条の記事から構成される。

1 飛白書 2 麻胡 3 行幸車 4 司花女 5 殿脚女 6 崆峒夫人
7 蛾緑螺 8 耀光綾 9 与宮婢羅羅詩 10 「儂」字 11 遇陳後主 12 小窓碧玉詩
13 幸月観 14 文選楼 15 四宝帳名 16 来夢児 17 蕭妃 18 女相如
19 析字 20 宣詔 21 後序

これを『類説』と『紺珠集』に所収される『南部烟花記』と比較すると、『隋遺録』は削除と付加があることが判明する。同一書でありながら、内容が一定せず、常に内容が変化するのは顔師古の撰述になる書としては不可解であり、この点において『隋遺録』は偽書と疑われる、いかがわしさがある。

三　『隋遺録』所引の『大業雑記』に関連する記事

1　飛白書

大業十二年、煬帝将幸江都、命越王侑（侗）留守東都。宮女半不随駕、争泣留帝言、遼東小国、不足以煩大駕、願択将征之。攀車留惜、指血染鞅。帝意不回。因戯飛白題二十字、賜守宮女云、我夢江都好、征遼亦偶然。但存（留）顔色在、離別只今年。（巻上）

大業一二年（六一六）、煬帝将に江都に幸せんとし、越王の侗に命じて東都を留守せしむ。宮女半ば駕に随はず、争ひ泣きて帝を留めて言ふ、「遼東の小国、以て大駕を煩はすに足らず、願はくば将を択び之を征て」と。車に攀り留惜し、指血鞅《むながい》を染めるも、帝の意は回らず。因りて戯に飛白二〇字を題し、守宮女に賜ひて云はく、「我夢みるに江都好し、遼を征するは亦偶然。但に存す（留む）顔色在り、離別は只に今年のみ」と。

右の記事は四三六頁において述べたように、『南部烟花記』や『隋遺録』の記事ではなく、本来は『大業雑記』の記事であった可能性が大である。『大業雑記』と『隋遺録』は別の書であり、同一の記事が両書にあるはずがない。『大業雑記』が出典である記事が、『隋遺録』にある事実は、『隋遺録』は偽作されていることを示す根拠となるものである。

2　麻胡

車駕既行、師徒百萬前駆。大橋未就、別命雲屯将軍麻叔謀、濬黄河入汴堤、使勝巨艦。叔謀旞命甚酷、以鉄脚木

鵞試彼浅深、鵞止、謂濬河之夫不忠、隊伍死水下。至今児啼、聞人言麻胡来、即止。其訛言畏人皆若是。（巻上）

車駕既に行き、師徒百萬前駆す。大橋未だ就らず、別に雲屯将軍の麻叔謀に命じ、黄河を濬《さら》へ汴堤に入り、巨艦に勝《の》らしむ。叔謀命を銜むこと甚だ酷にして、鉄脚・木鵞を以て彼の浅深を試し、鵞止まれば、濬河の夫の不忠を謂ひ、隊伍して水下に死せしむ。今に至り児の啼き、人の「麻胡来」と言ふを聞けば、即ち止む。其の訛言、人を畏れしむこと、皆是の若し。

第三章第三節「大業拾遺の逸文」の「野客叢書所引の大業拾遺」の項において述べたように（四四七頁参照）、「麻胡」は『朝野僉載』が出典である可能性が高く、それを『隋遺録』（『南部烟花記』『大業拾遺』）が取り込んだものであろう。この記事が『隋遺録』にあることによって、『隋遺録』は偽書である根拠になろう。

3　蛾緑螺

由是殿脚女争効為長蛾眉。司宮吏日給螺子黛五斛、号為蛾緑。螺子黛出波斯国、毎顆直十金（千金）。後徴賦不足、雑以銅黛給之、独絳仙得賜螺黛不絶。帝毎倚簾視絳仙、移時不去、顧内謁者云、古人言秀色若可飡。如絳仙、真可療飢矣。因吟持檝篇、賜之曰、旧曲歌桃葉、新粧艶落梅、将身倚軽檝、知是渡江来。詔殿脚女千輩唱之。（巻上）

是れより殿脚女争ひ効ひ長蛾眉を為し、司宮の吏は日に螺子黛五斛を給し、号して蛾緑と為す。螺子黛は波斯国より出づ。毎顆直千金なり。のち徴賦足らず、雑ふに銅黛を以て之に給すも、独り絳仙のみ賜を得て螺黛絶えず。帝毎に簾に倚り絳仙を視、時を移し去らず、内謁者を顧みて云はく、「古人言ふ〈秀色、飡なるが若し〉と。絳仙の如きは、真に飢を療すべし」と。因りて「持檝篇」を吟じて、之を賜ひて曰はく、「旧曲は桃葉を歌ひ、新しき粧は落梅を艶《つややか》にし、身を将て軽檝に傍り、是れ江を渡りて来るを知る」と。殿脚女千輩に詔し、之を唱はしむ。

4 「儂」字

帝自達広陵、宮中多効呉言、因有儂語也。（巻上）

帝広陵に達するより、宮中多く呉言を効ひ、因りて「儂」の語あるなり。

5 析字

帝於宮中嘗小会、為析字、令取左右離合之意。時杳娘侍側、帝曰、我取杳字為十八日。杳娘復解羅字為四維。帝顧蕭妃曰、爾能析朕字乎、不能、当酔一盃。妃徐曰、移左画居右、豈非淵字乎。時人望多帰唐公、帝聞之不懌。乃言、吾不知此事、豈為非聖人耶。於是姦蠹起於内、盗賊攻於外。（巻下）

帝、宮中において嘗て小会し、析字を為し、左右離合の意を取らしむ。時に杳《よう》娘侍側し、帝曰はく、「我〈杳〉字を取り〈十八日〉と為す」。杳娘復《また》〈羅〉字を解《わか》ち〈四維〉と為す。帝は蕭妃を顧みて曰はく、「爾能く〈朕〉字を析《わけ》るや、能はざれば、当に一盃に酔ふべき」と。妃徐《おもむろ》に曰はく、「左画を移し右に居かば、豈に〈淵〉字に非ざらんや」と。時に人望多く唐公に帰し、帝之を聞きて懌ばず。乃ち言はく「吾、此の事を知らざれば、豈に聖人に非ざると為さんや」と。是に於て姦蠹《と》内より起り、盗賊外より攻む。

以上、『大業雑記』の逸文と関連する『隋遺録』の記事をみると、『隋遺録』には『大業雑記』が出典である「飛白書」という記事があり、『朝野僉載』が出典である「麻胡」の記事がある。この事実によって、『隋遺録』は『南部烟花記』に削除と付加を行った書があることが判明し、『南部烟花記』と同様に後人によって改竄された書であり、顔師古の撰述になる書とは到底考えられない。

四　まとめ

本節は『大業雑記』の逸文と関連する『隋遺録』の記事を示した。『隋遺録』の記事を第一節の『南部烟花記』の記事と比較すると次のことがいえる。『南部烟花記』と『隋遺録』は同じ内容であり、書名が異なるだけであるから、その記事は『南部烟花記』と『隋遺録』は同じでなければならないはずである。ところが所載する記事が異なる。これは本来は同内容であったが、『南部烟花記』と『隋遺録』に書名が別れてより以来、両書におのおの付加と削除があったことを示すものであり、異名同書は最初の段階だけであったと想定できる。時間の流れとともに、体裁を変える書は信頼できない。

『隋遺録』の記事にも「飛白書」という『大業雑記』と同じ記事がある。『隋遺録』と『大業雑記』は著者が異なるから同じ記事があるはずない。「飛白書」の記事は『大業雑記』に本来あった記事である。その記事が『隋遺録』にあることは、『隋遺録』は『大業雑記』の記事を一部に採用し、構成される書ということになる。この点において、『隋遺録』という書は『南部烟花記』と同様、問題のある書ということになり、左圭が『百川学海』乙集に、真書として『隋遺録』を所収したのは大失敗である。

『大業雑記』の逸文と関連しないが、『隋遺録』巻上に「司花女」の記事がある。

長安貢御車女袁宝児、年十五。腰支繊堕、騃冶多態、帝寵愛之特厚。時洛陽進合蔕迎輦花、云、得之嵩山塢中、人不知名。採者異而貢之。会帝駕適至、因以迎輦名之。花外殷紫、内素膩菲芬粉、蘂心深紅、跗争両花。枝幹烘翠、類通草、無刺、葉円長薄。其香気穠芬馥、或惹襟袖、移日不散、嗅之令人多不睡。帝命宝児持之、号曰司花女。時詔虞世南草征遼指揮徳音勅、於帝側、宝児注視久之。帝謂世南曰、昔伝飛燕可掌上舞、朕常謂儒生飾於文字、豈人能若是乎。及今得宝児、方昭前事。然多憨態、今注目於卿、卿才人、可便嘲之。世南応詔、為絶句曰、

学画鵶黄半未成、垂肩嚲袖太憨生。縁憨却得君王惜、長把花枝傍輦行。上大悦。

長安、御車女の袁宝児を貢す、年一五なり。腰支繊堕にして、騃憨多態、帝之を寵愛すること特に厚し。時に洛陽、合蔕迎輦花を進め、云はく、「之を嵩山の塢中に得るに、人は名を知らず、採る者異とし之を貢すに、会たま帝駕適至し、因りて迎輦を以て之に名づく」と。花の外は殷紫、内は素膩菲芬の粉、蘂心は深紅、跗は両花を争《きそ》ひ、枝幹は烘翠にして、通草に類して刺なし、葉は円く長く薄し。其の香気は芬馥穠《さかん》にして、或いは襟袖に惹《ひ》けば、移日散ぜず、之を嗅げば人をして多く睡らしめず。帝は宝児をして之を持たしめ、号して司花女と曰ふ。時に虞世南に詔し、征遼指揮の徳音勅を草せしめるに、帝側に於て、宝児、注視すること之に久し。帝は世南に謂ひて曰はく、「昔より飛燕は掌上に舞ふこと可なりと伝ふも、朕常に儒生の文字を飾り、豈に人能く是の若からんやと謂《おも》ふ。今、宝児を得るに及んで、方に前事を昭《あきらか》にするなり。然れども憨態多し、今、卿に注目す、卿は才人、便ち之を嘲《からか》ふべし」と。世南は詔に応じ、絶句を為り曰はく、「鵶黄を画くを学んで半ば未だ成らず、垂肩の嚲袖太いに憨生、憨に縁り却て君王の惜を得、長く花枝を把り輦行に傍る」と。上、大いに悦ぶ。

「司花女」は『南部烟花記』にも記事があり、趙崇絢の『雞肋』の司花女と、『新編古今事文類聚』後集巻二八花卉部・梅花・古今文集「虫梅四絶」の註に、出典を『南部煙《ママ》花記』として引用がある。

○南部煙《ママ》花記。煬帝令袁宝児持花、号司花女。続僊伝、鶴林寺杜鵑花開、有紅裳女子、遊花下、謂殷七七曰、妾

久司此花、今為道者開之。（『雞肋』司花女）

「南部煙花記」に、「煬帝、袁宝児をして花を持たしめ、司花女と号す」と。「続僊伝」に、鶴林寺の杜鵑花開き、紅裳の女子あり、花下に遊び、殷七七に謂ひて曰はく、「妾久しく此の花を司り、今、道を為り之を開く」と。

○隋煬帝御女袁宝児、騃治多憨態。帝謂虞世基（世南之訛）試嘲之。世基（世南之訛）詩曰、縁憨却得君王意、常把花枝傍輦行。南部烟花記（『新編古今事文類聚』後集巻二八花卉部・梅花・古今文集「蠟梅四絶」）

隋の煬帝の御女・袁宝児、騃治にして憨態多し。帝は虞世南に謂ひて試に之を嘲《からか》はしむ。世南の詩に曰はく、「憨に縁り却て君王の意を得、常に花枝を把り輦行に傍る」と。「南部烟花記」

また、この記事は計有功が嘉定一七年（一二二四）に編纂した『唐詩紀事』巻四虞世南の条にも引用する。

顔師古隋朝遺事載、洛陽献合蔕迎輦花、煬帝令袁宝児持之、号司花女。時詔世南草征遼指揮徳音勅、於帝側、宝児注視久之。帝曰、昔伝飛燕可掌上舞、今得宝児、方昭前事。然多憨態、今注目於卿、卿才人、可便嘲之。世南為絶句曰、学画鵶黄半未成、垂肩嚲袖大憨生、縁憨却得君王惜、長把花枝傍輦行。

顔師古の「隋朝遺事」（『隋遺録』の別名）に載す、洛陽、合蔕迎輦花を献じ、煬帝は袁宝児をして之を持たしめ、司花女と号す。時に世南に詔し、征遼指揮の徳音勅を草せしめるに、宝児、帝側において、宝児注視すること之に久し。帝曰はく、「昔より飛燕は掌上に舞ふこと可なりと伝ふも、今、宝児を得て、方に前事を昭《あきらか》にすなり。然れども憨態多し、今、卿に注目す、卿は才人、便ち之を嘲《からか》ふべし」と。世南は絶句を為り曰はく、「鵶黄を画くを学んで半ば未だ成らず、垂肩の嚲袖太いに憨生、憨に縁り却て君王の惜を得、長く花枝を把り輦行に傍る」と。

『雞肋』と『新編古今事文類聚』後集の引用は、単なる引用であるから、偽書を引用したことを問題にしなくてよいが、『唐詩紀事』の場合は大いに問題がある。『唐詩紀事』は虞世南の絶句を紹介するために『隋朝遺事』（『隋遺録』）

を引用するのであるから、『唐詩紀事』の編者は『百川学海』と同様に『隋遺録』を偽書と考えていなかったのであり、南宋においては『隋遺録』や『南部烟花記』を偽書とせず、顔師古の著述と信じる人もいたのである。

第四章のまとめ

以上、『大業雑記』との関連において、『南部烟花記』と『隋遺録』の記事を検討した。『大業雑記』と同じ記事が『南部烟花記』（『隋遺録』）にはある。『大業雑記』と『南部烟花記』（『隋遺録』）は別書であるから、本来は同じ記事が両書に存在するはずがないのである。『南部烟花記』（『隋遺録』）は大いに問題のある書である。『南部烟花記』に関しては宋代より偽書説がある。『南部烟花記』と『隋遺録』は同一書であるから、『南部烟花記』が偽書であるなら『隋遺録』も偽書ということになろう。『南部烟花記』が偽書であると主張したのは、南宋初めの姚寛や王明清であり、また阮閲である。阮閲の偽書説は姚寛や王明清の説によっているのであろう。『四庫全書総目』も『南部烟花記』を偽書といい、また『隋遺録』に関して、明の胡応麟は偽書という。

『南部烟花記』と『隋遺録』を偽書とする根拠は、「其極悪可疑」や「文極俚俗」という、いわば主観的・情緒的理由であり、これだけでは偽書の根拠にはならない。また偽書の根拠を「又載陳後主詩云、夕陽如有意、偏傍小窓明。此乃唐人方域（方棫）詩、六朝語不如此」というが、唐代の方棫の詩が引用される箇所が一箇所であれば、単なる誤入であるかも知れず、『南部烟花記』の全体が偽書であることの決定的根拠にはならない。

『隋遺録』に関して、明の胡応麟は偽書とするが、「文絶鄙俗。而称顔師古、殊可笑也」というだけでは、偽書であることを証明したことにはならないし、萬人を納得させることはできないだろう。『四庫全書総目』が『南部烟花記』を偽書とする根拠は「今観下巻、記幸月観時与蕭后夜話、有儂家事一切已託楊素了之語、是時、素死久矣。師古豈踈謬至此乎。其中載煬帝諸作及虞世南贈袁宝児作。明代輯六朝詩者、往往采掇、皆不考之過也」というものである。しかし、これも偽書とする根拠としては弱い。

　では、『南部烟花記』と『隋遺録』の偽書説は妥当性を闕く不十分な仮説であろうか。両書はやはり偽書であると考える。その理由は、『南部烟花記』が隋代の書であり、唐初の顔師古の撰になる書でありながら、唐代の書目にみえず、北宋中期の書目に登場し、成立事情が不明確であることが、第一の理由としてあげることができる。第二には『大業雑記』と『南部烟花記』は別書であり、著者も異なるから、同じ時代を述べても、当然のこととして記事も異なるはずである。ところが、『南部烟花記』と『隋遺録』には『大業雑記』と同じ記事がある。これは『大業雑記』の記事を取り込んで『南部烟花記』と『隋遺録』の記事に仕立てた結果である。『南部烟花記』と『隋遺録』の『大業雑記』に関係しない記事も、他書からの引用であったり、偽書作者の造作である可能性が高いと考えるべきである。

後記

『大業雑記』を調査しようと思ったのは、隋代に関する新史料がないかと思ったことにある。隋代は『隋書』以外に有効な文献が現存しない。『隋書』以外に隋代史料はないものかと、いろいろ思いを巡らした。新史料があれば、先学が研究に利用しているはずであり、新出史料以外に隋代史料は存在する訳はないのであり、この新史料探訪の試みは無駄に終った。しかし、まったくの無駄ではなかった。隋の沙門・灌頂が天台山国清寺関係の文書を編纂した『国清百録』四巻は『大正新脩大蔵経』巻四六諸宗部三に所収されているが、この書は『永楽大典』巻一九七三七から巻一九七四〇にも所収されており、両書を校合すれば、よりよい『国清百録』となる見通しを得たことは収穫である。

『資治通鑑』の唐紀や五代紀の記事の信頼性は定評がある。加えて『資治通鑑』の大業年間の記事には、『隋書』にもない『資治通鑑』独自の記事がみえる。この独自の記事は何に基づくものであろうか。『資治通鑑考異』の大業年間のところをみると、『隋書』以外に、現在ではみることのできない文献を参照し、記事が構成されていることが判明し、『資治通鑑』隋紀（大業年間）が参照した文献の一に、杜宝の撰した『大業雑記』がある。

『大業雑記』は『説郛』巻五七、『重較説郛』弓一一〇、『指海』第三集、『粤雅堂叢書』第三編「続談助」、『十萬巻楼叢書』第三編「続談助」、『五朝小説』、『歴代小史』、『唐宋叢書』に所収されるが、信頼に値するかどうか、文献学的考察もなされていないのが現状である。『資治通鑑考異』の隋紀に「続談助」本『大業雑記』にある記事以外の記事が引用され、また『太平御覧』等には『大業拾遺録』等の書名で、『大業雑記』と同じ記事や異なる記事が引用されている。この事実によって、『大業雑記』の逸文は「続談助」本『大業雑記』以外にも逸文が存在することが予想される。そこで宋元時代の文献にみえる『大業雑記』に関連する記事を収集した次第である。明清時代の文献に言及しなかったのは、宋元時代の記事を再引用していることが多く、独自の記事がないからである。

『大業雑記』の編纂体裁は充分明らかではないが、編年体によって構成されていた可能性が大であり、記事の内容は煬帝の大業年間に限定するものではなく、唐初にも及んでいたようである。「続談助」本『大業雑記』の記事のうち、他書に引用された記事と符合する場合、他書に引用された記事のほうが長文である場合があるから、「続談助」本『大業雑記』は原『大業雑記』の全文を伝えるものではなく、節略文の輯本であるようである。

『大業雑記』は宋代では『大業拾遺録』『大業拾遺記』『大業拾遺』『大業記』という別書名を有する。これらの別名書から、「続談助」本『大業雑記』以外に多くの『大業雑記』逸文を収集することができたことは、『大業雑記』研究と隋史研究にとって大きな収穫である。

『大業雑記』の別名である『大業拾遺録』等の別名書に関しては、なお問題がある。出典を『大業拾遺録』『大業拾遺記』『大業拾遺』『大業記』とする記事は、すべて『大業雑記』の記事としてよいかということである。出典を『大業拾遺録』『大業拾遺記』『大業拾遺』『大業記』とする記事は、すべてが『大業雑記』の記事ではないのである。顔師古の撰になると伝える『南部烟花記』（『隋遺録』）が『大業雑記』と同じ別名を有するからである。『大業拾遺録』『大業拾遺記』『大業拾遺』『大業記』を出典とする記事には、『大業雑記』と『南部烟花記』（『隋遺録』）の記事が混在することに注意しなければならない。

『南部烟花記』（『隋遺録』）の記事には『大業雑記』とまったく同じ記事がある。『南部烟花記』（『隋遺録』）は顔師古の撰になり、『大業雑記』は杜宝の撰になる。両書はまったくの別書であるから、『南部烟花記』（『隋遺録』）に『大業雑記』の記事があるのは不可解なことである。この不可解なことが『南部烟花記』（『隋遺録』）には生じている。これは『南部烟花記』（『隋遺録』）が『大業雑記』の記事を取り込んでできた書であることを示している。

『大業雑記』の記事を引用して、顔師古が『南部烟花記』または『隋遺録』という書を著述するであろうか。『南部烟花記』（『隋遺録』）は両唐書の経籍志や藝文志に著録されず、北宋の『崇文総目』において、初めて登場する書であり、唐末・宋初には存在した形跡がない。また『南部烟花記』（『隋遺録』）にある『大業雑記』の記事以外の記事は信頼できないものである。これらの事情を勘案すれば、『南部烟花記』（『隋遺録』）は、宋代になって顔師古に付会して成立した偽書であると断定できる。

『南部烟花記』と『隋遺録』は北宋中期に成立した異名同書であるから、内容は同じであるはずである。ところが、『南部烟花記』（『隋遺録』）に引用された『大業雑記』と関連する記事をみるだけでも異なる。『隋遺録』は南宋の咸淳年間（一二六五～一二七四）に成った『百川学海』庚集に所収されて伝存してきた。『南部烟花記』は元末の『重較説郛』に所収され、現在に至ったものであり、『南部烟花記』の全文を伝えたものではない可能性もある。

両書の記事は一致する記事もあるが、異なる部分もある。これはどうしたことであろうか。北宋中期に『南部烟花記』が成立し、そののち『隋遺録』という別書名が生じた。この時点までは同一内容であったが、異名同書が派生した以降において、『南部烟花記』と『隋遺録』はおのおの独自の付加と削除があったため、異名同書であるべきなのに、異名異書となったと推定される。『百川学海』乙集に所収される『隋遺録』は咸淳年間ころの『隋遺録』の形を伝えるものである。

第一章の隋唐東都洛陽城内の河南県と洛陽県の境界等の問題に関しては、『大業雑記』の記事に註をつけるため、隋代の墓誌銘をみていて気が付いたものである。隋代の河南県と洛陽県の境界が判明すれば、唐代ではどうなっていたかを知るため範囲を唐代の東都に拡大した。また、東都城内の郷里制にも言及し、都城内にも郷と里が設置されたことを明らかにした。唐代の東都城内には、永昌県と来庭県が設置されたと文献は伝えるが、県治が置かれた坊は判明するが、県域の広がりを墓誌銘から推定した。

東都城内の河南県と洛陽県の境界は趙超氏や辛徳勇氏が、すでに論究されている。趙超氏の発表のほうが年次が早いから、東都城内の河南県と洛陽県の境界に関する新見解の功績は趙超氏にあるというべきであろう。辛徳勇氏の業績は趙超氏の見解を深化させたという意味において大いに意義がある。私の研究は二氏の驥尾に付す結果となったが、河南県と洛陽県に属する里坊を墓誌銘を網羅して示したという点、河南県と洛陽県に属する里坊を付け加えたという点、二氏とは異なることをも論究しているという点において、いささかの価値があると考える。

付録の「隋唐軍府索引」は随分と以前に初稿を作成していたが、「文史」三六に李方氏が「唐折衝府増考」を発表されたのを承けて、李方氏の成果を取り入れ再編成したものである。隋唐文献をみていると、まま軍府名を見受けることがある。その軍府は「唐折衝府考」等に著録されているかと検索するとき、索引がないため検索に時間がかかるのが現状である。この手間を省くため「隋唐軍府索引」を作成した。

この索引は各折衝府の設置期間には言及していない。また折衝府名を著録するすべての文献を示していない。折衝府の問題はどの文献にあるか、何年から何年まで、その折衝府が存在したかということも重要であるが、現段階では折衝府名を指摘し、何州に設置されたか、中央の何衛に所属していたかということを確定することが重要であろうと考えたからである。この索引を基礎により詳細な索引ができることを願うものである。

二〇〇五年一〇月　　　　中村　裕一　識

引用文献一覧

経部

（1）『程氏尚書禹貢論』二巻後論一巻　宋　程大昌撰　重刊通志堂経解所収

（2）『禹貢説断』四巻　宋　傅寅撰　武英殿聚珍版叢書経部所収

（3）『爾雅』三巻　晋　郭璞注　四部叢刊初編所収

（4）『爾雅翼』三二巻序一巻　宋　羅願撰　叢書集成初編所収

（5）『佩觿』五巻　後周　郭忠恕撰　重較説郛弓八五所収

史部

（6）『史記』一三〇巻　漢　司馬遷撰　中華書局排印標点本

（7）『漢書』一〇〇巻　漢　班固撰　中華書局排印標点本

（8）『後漢書』九〇巻続漢志三〇巻　劉宋　范曄撰　中華書局排印標点本

（9）『隋書』八五巻　唐　魏徴等撰　中華書局排印標点本

（10）『旧唐書』二〇〇巻　後晋　劉昫等撰　中華書局排印標点本

（11）『新唐書』二二五巻　宋　欧陽脩撰　中華書局排印標点本

（12）『宋史』四九六巻　元　脱脱等撰　中華書局排印標点本

（13）『資治通鑑』二九四巻　宋　司馬光撰　中華書局排印標点本

(14)『資治通鑑考異』三〇巻　宋　司馬光撰　四部叢刊初編所収

(15)『通鑑問疑』一巻　宋　劉義仲撰　学津討原第八集所収

(16)『通鑑地理通釈』一四巻　宋　王応麟撰　元刊玉海坿刻一三種所収

(17)『山海経』一八巻　晋　郭璞撰　袁珂校注　上海古籍出版社排印標点本　一九八〇

(18)『大事記続編』七七巻　明　王褘撰　四庫全書珍本五集史部編年類所収　台湾商務印書館

(19)『大唐創業起居注』三巻　唐　温大雅撰　藕香零拾所収。亦上海古籍出版社排印標点本　一九八三

(20)『隋唐嘉話』一巻　唐　劉餗撰　中華書局排印標点本　一九七四

(21)『大業雑記』不分巻　唐　杜宝撰　粤雅堂叢書第三編「続談助」所収

(22)『揮麈録』前集四巻後集一一巻三録三巻餘話二巻　宋　王明清撰　上海書店排印標点本　二〇〇一

(23)『続世説』一二巻　宋　孔平仲撰　叢書集成初編所収

(24)『侍児小名録』一巻　宋　王銍撰　重較説郛弓七七所収

(25)『十六国春秋』一六巻　北魏　崔鴻撰　叢書集成初編所収

(26)『南部烟花記』一巻　唐　顔師古撰　重較説郛弓六六所収

(27)『元和郡県図志』四〇巻　唐　李吉甫撰　中華書局排印標点本　一九八三

(28)『太平寰宇記』二〇〇巻　宋　楽史撰　景嘉慶八年南昌萬氏刊本　文海出版社　一九六三

(29)『輿地紀勝』二〇〇巻　宋　王象之撰　景咸豊五年粤雅堂刊本　文海出版社　一九六二

(30)『雍録』一〇巻　宋　程大昌撰　景明刊古今逸史本　宋元地方志叢書第一冊所収　中国地志研究会印行

(31)『元一統志』一〇巻　元　孛蘭肹等撰　趙萬里校輯　中華書局排印標点本　一九六六

(32)『大清一統志』五六〇巻　清嘉慶二五年勅撰　四部叢刊続編所収

(33)『呉郡図経続記』三巻校勘記一巻　宋　朱長文撰　叢書集成所収。亦江蘇古籍出版社排印標点本　一九八六

(34)『呉郡志』五〇巻　宋　范成大撰　景明刊本　宋元地方志叢書第一二四冊所収　中国地志研究会印行

(35)『嘉泰会稽志』二〇巻　宋　施宿等撰　嘉慶戊辰重鐫采鞠軒本景印　宋元地方志叢書第一〇冊所収

(36)『咸淳毘陵志』三〇巻　宋　史能之撰　嘉慶二五年武進趙氏南海刊本景印　宋元地方志叢書第六冊所収

(37)『至元嘉禾志』三二巻　元　徐碩撰　宋元地方志叢書第一二冊所収　中国地志研究会印行

(38)『河南志』四巻　元　闕名氏撰　清　徐松輯　藕香零拾所収。亦中華書局排印標点本（不分巻）一九九四

(39)『江南通志』二〇〇巻　清　尹継善等修　清　黄之雋等纂　四庫全書所収

(40)『姑蘇志』六〇巻　明　王鏊撰　四庫全書所収

(41)『陝西通志』一〇〇巻　清　沈青崖纂　四庫全書所収

(42)『嶺表録異』三巻　唐　劉恂撰　叢書集成所収

(43)『禁扁』五巻　元　王士點撰　四庫全書所収

(44)『大唐六典』三〇巻　陳仲夫点校本　中華書局　一九九二

(45)『通典』二〇〇巻　唐　杜佑撰　景宮内庁書陵部蔵宋刊本　汲古書院　一九八〇。亦中華書局排印標点本　一九八八

(46)『文献通考』三四八巻　元　馬端臨撰　図書集成局排印九通所収

(47)『通志』二〇〇巻考証三巻　宋　鄭樵撰　九通所収

(48)『唐会要』一〇〇巻　宋　王溥撰　中華書局排印標点本　一九五五

(49)『崇文総目』五巻補遺一巻　宋王堯臣等奉勅撰　叢書集成初編所収

(50)『昭徳先生郡斎読書志』四巻　宋　晁公武撰　四部叢刊三編所収

(51)『遂初堂書目』一巻　宋　尤袤撰　海仙館叢書所収

(52)『直斎書録解題』二二巻　宋　陳振孫撰　叢書集成初編所収

子部

(53)『貞観政要』一〇巻　唐　呉兢撰　景成化刊本　四部叢刊初編所収

(54)『資暇集』三巻　唐　李匡乂撰　覆顧氏文房本　叢書集成初編所収

(55)『中華古今注』三巻　後唐　馬縞撰　叢書集成初編所収

(56)『西渓叢語』二巻　宋　姚寛撰　中華書局点校本　一九九三

(57)『演繁露』一六巻続集六巻　宋　程大昌撰　学津討原第一三集

(58)『示児編』二三巻　宋　孫奕撰　覆知不足斎叢書本　叢書集成初編所収

(59)『北戸録』三巻　唐　段公路撰　覆十萬巻楼叢書本　叢書集成初編所収

(60)『経史証類大観本草』三一巻　宋　唐慎微撰　光緒宣統間武昌柯氏刊本景印　台北国立中国医薬研究所　一九七一

(61)『本草綱目』五二巻図三巻　明　李時珍撰　台北宏業書局排印標点本　一九七四

(62)『広川書跋』一〇巻　宋　董逌撰　津梁秘書所収

(63)『書小史』一〇巻　宋　陳思撰　四庫全書所収

(64)『墨史』三巻　元　陸友撰　叢書集成所収

(65)『歴代名画記』一〇巻　唐　張彦遠撰　学津討原第一一集所収

(66)『香譜』上下二巻　宋　洪芻撰　百川学海壬集所収

(67)『封氏聞見記』一〇巻　唐　封演撰　中華書局排印標点本　一九五八
(68)『東坡先生士林集』一巻　宋　蘇軾撰　百川学海戊集所収
(69)『楊公筆録』不分巻　宋　楊彦齢撰　四庫全書所収
(70)『能改斎漫録』一八巻　宋　呉曾撰　上海古籍出版社排印標点本　一九七九
(71)『避暑録話』二巻　宋　葉夢得撰　稗海第四套本
(72)『野客叢書』三〇巻　宋　王楙撰　覆稗海本　叢書集成初編所収
(73)『猗覚寮雑記』二巻　宋　朱翌撰　覆知不足斎叢書本　叢書集成初編所収
(74)『愛日斎叢抄』五巻　宋　葉□撰　景守山閣叢書本　叢書集成初編所収
(75)『類説』六〇巻　宋　曾慥撰　天啓六年岳鍾秀刊本影印　北京大学古籍珍本叢刊六二冊所収
(76)『紺珠集』一三巻　宋　闕名氏撰　明刊本景印　台湾商務印書館　一九七〇
(77)『藝文類聚』一〇〇巻　唐　欧陽詢撰　上海古籍出版社排印標点本　一九八五
(78)『初学記』三〇巻　唐　徐堅等撰　中華書局排印標点本　一九六二
(79)『白孔六帖』一〇〇巻　唐　白居易撰　宋　孔伝続　嘉靖壬午刊本景印　台湾新興書局　一九七六
(80)『太平御覧』千巻　宋　李昉等奉勅撰　宋刊本景印　中華書局　一九六三
(81)『清異録』六巻　宋　陶穀撰　説郛巻六一所収
(82)『事類賦』三〇巻　宋　呉淑撰　清刊本景印　江蘇広陵古籍刻印社　一九八九
(83)『冊府元亀』千巻　宋　王欽若等奉勅撰　明崇禎一五年黄国琦刊本景印　中華書局　一九六〇。
(84)『事物紀原』一〇巻　宋　高承撰　惜陰軒叢書第一三函所収

(85)『宋朝事実類苑』七八巻　宋　江少虞撰　上海古籍出版社排印標点本　一九八一
(86)『海録砕事』二二巻　宋　葉廷珪撰　四庫全書所収
(87)『錦繡萬花谷』前集四〇巻後集四〇巻続集四〇巻別集三〇巻　宋　闕名氏撰　嘉靖一五年刊本景印
(88)『新編古今事文類聚』前集六〇巻後集五〇巻続集二八巻別集三二巻新集三六巻外集一五巻　宋　祝穆撰　新集外集元富大用撰　元刊本景印　書目文献出版社　一九九一
(89)『玉海』二〇四巻　宋　王応麟撰　元後至元三年慶元路儒学刊本景印　華文書局　一九六四
(90)『記纂淵海』一〇〇巻　宋　潘自牧撰　萬暦七年刊本景印　台北新興書局　一九七二
(91)『古今合璧事類備要』前集六九巻後集八一巻続集五六巻別集九四巻外集六六巻　宋　謝維新撰　別集外集　宋　虞載撰　景嘉靖三五年三衢夏氏刊本　台北　新興書局　一九六九
(92)『通雅』五二巻　明　方以智撰　四庫全書所収
(93)『淵鑑類函』四五〇巻　清　康縉四九年御定　景康熙四九年刊本　台北新興書局　一九七八
(94)『永楽大典』残七三〇巻　明　解縉等奉勅輯　中華書局景印本　一九六〇
(95)『西京雑記』六巻　漢　劉歆撰　晋　葛洪録　増訂漢魏叢書所収
(96)『酉陽雑俎』前集二〇巻続集一〇巻　唐　段成式撰　景上海涵芬楼蔵明刊本　四部叢刊初編所収
(97)『開元天宝遺事』一巻　後周　王仁裕撰　覆南宋紹定戊子刊本　日本寛永一六年（一六三九）刊本
(98)『仇池筆記』一巻　宋　蘇軾撰　覆龍威秘書本　叢書集成初編所収
(99)『拾遺記』一〇巻　前秦　王嘉撰　梁蕭綺録　増訂漢魏叢書所収
(100)『隋遺録』上下巻　宋　左圭撰　百川学海乙集所収

(101)『朝野僉載』六巻　唐　張鷟撰　中華書局排印標点本　一九七九
(102)『雲仙雑記』一〇巻　唐　馮贄撰　景常熟瞿氏鉄琴銅剣楼蔵明刊本　四部叢刊続編所収
(103)『広博物志』五〇巻　明　薫斯張輯　四庫全書本
(104)『記事珠』不分巻　唐　馮贄撰　唐代叢書所収
(105)『迷楼記』不分巻　唐　韓偓撰　唐代叢書所収
(106)『開河記』不分巻　唐　韓偓撰　唐代叢書所収
(107)『海山記』一巻　唐　闕名氏撰　唐代叢書所収
(108)『太平広記』五〇〇巻　宋　李昉等奉勅撰　中華書局排印本　一九六一
(109)『遯斎閒覧』一巻　宋　范正敏撰　重較説郛弓二五所収
(110)『新編分門古今類事』二〇巻　宋　委心子撰　中華書局排印標点本　一九八七
(111)『何氏語林』二一〇巻　明　何良俊撰　四庫全書所収
(112)『仏祖統記』五四巻　宋　志磐撰　『大正新脩大蔵経』巻四九史伝部所収
(113)『神僧伝』九巻　闕名氏撰　『大正新脩大蔵経』巻五〇史伝部二所収
(114)『続高僧伝』四〇巻　唐　釈道宣撰　『大正新脩大蔵経』巻五〇史伝部所収
(115)『仏祖歴代通載』二二巻　元　釈念常撰　『大正新脩大蔵経』巻四九史伝部所収
(116)『国清百録』四巻　隋　沙門灌頂纂　『大正新脩大蔵経』巻四六諸宗部三所収。亦『永楽大典』本（巻一九七三七～巻一九七四〇）『国清百録』
(117)『釈氏稽古略』四巻　明　釈覚岸撰　『大正新脩大蔵経』巻四九史伝部所収

集部

(118)『文選』六〇巻　梁　昭明太子蕭統輯　四部叢刊初編所収
(119)『文館詞林』千巻　現残闕共三一巻　唐　許敬宗等奉勅撰　景弘仁本　汲古書院　一九六九
(120)『白氏文集』七一巻　唐　白居易撰　朱金城箋校　上海古籍出版社排印標点本　一九八八
(121)『呂和叔文集』一〇巻　唐　呂温撰　四部叢刊初編所収
(122)『李長吉文集』四巻　唐　李賀撰　続古逸叢書叢書所収
(123)『王荊文公詩』五〇巻補遺一巻　宋　王安石撰　宋　李壁箋注　大徳五年王常刻本影印　北京大学古籍珍本叢刊八七冊所収
(124)『唐詩紀事』八一巻　宋　計有功撰　四部叢刊初編所収
(125)『韻府群玉』二〇巻　宋　陰時夫陰中夫撰　四庫全書所収
(126)『増修詩話総亀』四八巻後集五〇巻　宋　阮閲輯　四部叢刊初編所収
(127)『少室山房筆叢』四八巻　明　胡応麟撰　萬暦刊本排印標点本　中華書局　一九五八

日本

(128)『日本国見在書目録』不分巻　藤原佐世撰　汲古書院排印本　一九八四

汲 古 叢 書

1	秦漢財政収入の研究	山田　勝芳著	本体 16505円
2	宋代税政史研究	島居　一康著	12621円
3	中国近代製糸業史の研究	曾田　三郎著	12621円
4	明清華北定期市の研究	山根　幸夫著	7282円
5	明清史論集	中山　八郎著	12621円
6	明朝専制支配の史的構造	檀上　　寛著	13592円
7	唐代両税法研究	船越　泰次著	12621円
8	中国小説史研究－水滸伝を中心として－	中鉢　雅量著	8252円
9	唐宋変革期農業社会史研究	大澤　正昭著	8500円
10	中国古代の家と集落	堀　　敏一著	14000円
11	元代江南政治社会史研究	植松　　正著	13000円
12	明代建文朝史の研究	川越　泰博著	13000円
13	司馬遷の研究	佐藤　武敏著	12000円
14	唐の北方問題と国際秩序	石見　清裕著	14000円
15	宋代兵制史の研究	小岩井弘光著	10000円
16	魏晋南北朝時代の民族問題	川本　芳昭著	14000円
17	秦漢税役体系の研究	重近　啓樹著	8000円
18	清代農業商業化の研究	田尻　　利著	9000円
19	明代異国情報の研究	川越　泰博著	5000円
20	明清江南市鎮社会史研究	川勝　　守著	15000円
21	漢魏晋史の研究	多田　狷介著	9000円
22	春秋戦国秦漢時代出土文字資料の研究	江村　治樹著	22000円
23	明王朝中央統治機構の研究	阪倉　篤秀著	7000円
24	漢帝国の成立と劉邦集団	李　　開元著	9000円
25	宋元仏教文化史研究	竺沙　雅章著	15000円
26	アヘン貿易論争－イギリスと中国－	新村　容子著	8500円
27	明末の流賊反乱と地域社会	吉尾　　寛著	10000円
28	宋代の皇帝権力と士大夫政治	王　　瑞来著	12000円
29	明代北辺防衛体制の研究	松本　隆晴著	6500円
30	中国工業合作運動史の研究	菊池　一隆著	15000円
31	漢代都市機構の研究	佐原　康夫著	13000円
32	中国近代江南の地主制研究	夏井　春喜著	20000円
33	中国古代の聚落と地方行政	池田　雄一著	15000円
34	周代国制の研究	松井　嘉徳著	9000円
35	清代財政史研究	山本　　進著	7000円

36	明代郷村の紛争と秩序	中島　楽章著	10000円
37	明清時代華南地域史研究	松田　吉郎著	15000円
38	明清官僚制の研究	和田　正広著	22000円
39	唐末五代変革期の政治と経済	堀　敏一著	12000円
40	唐史論攷－氏族制と均田制－	池田　温著	近刊
41	清末日中関係史の研究	菅野　正著	8000円
42	宋代中国の法制と社会	高橋　芳郎著	8000円
43	中華民国期農村土地行政史の研究	笹川　裕史著	8000円
44	五四運動在日本	小野　信爾著	8000円
45	清代徽州地域社会史研究	熊　遠報著	8500円
46	明治前期日中学術交流の研究	陳　捷著	16000円
47	明代軍政史研究	奥山　憲夫著	8000円
48	隋唐王言の研究	中村　裕一著	10000円
49	建国大学の研究	山根　幸夫著	8000円
50	魏晋南北朝官僚制研究	窪添　慶文著	14000円
51	「対支文化事業」の研究	阿部　洋著	22000円
52	華中農村経済と近代化	弁納　才一著	9000円
53	元代知識人と地域社会	森田　憲司著	9000円
54	王権の確立と授受	大原　良通著	8500円
55	北京遷都の研究	新宮　学著	12000円
56	唐令逸文の研究	中村　裕一著	17000円
57	近代中国の地方自治と明治日本	黄　東蘭著	11000円
58	徽州商人の研究	臼井佐知子著	10000円
59	清代中日学術交流の研究	王　宝平著	11000円
60	漢代儒教の史的研究	福井　重雅著	12000円
61	大業雑記の研究	中村　裕一著	14000円
62	中国古代国家と郡県社会	藤田　勝久著	12000円

（表示価格は2005年11月現在の本体価格）

著者紹介

中　村　　裕　一（なかむら　ひろいち）

1945年生まれ

武庫川女子大学文学部教授

博士（文学）

著　書

『唐代制勅研究』（汲古書院　1990）

『唐代官文書研究』（中文出版社　1990）

『唐代公文書研究』（汲古書院　1996）

『隋唐王言の研究』（汲古書院　2003）

『唐令逸文の研究』（汲古書院　2005）

汲古叢書61

大業雑記の研究

二〇〇五年一一月　発行

著　者　中村裕一

発行者　石坂叡志

整版印刷　富士リプロ

発行所　汲古書院

〒102-0072　東京都千代田区飯田橋二-五-四

電　話　〇三（三二六五）九七六四

FAX　〇三（三二二二）一八四五

ISBN4-7629-2560-8　C3322

STUDIES
IN
THE DA - YE ZA - JI
OF
SUI PERIOD
大業雑記之研究

By

Nakamura Hiroichi

中村　裕一

Kyuko Shoin

Tokyo

2005

《大业杂记之研究》要旨

隋朝从6世纪后半到7世纪初（581～618）统治了中国。尽管是期间不长的统治，但隋朝的中国统治正处于南北朝和唐朝的分歧点，在统一了长期分裂的中国，酝酿了唐朝的中国统治方面，是一个在中国历史上具有极其重要意义的王朝。

较之隋代历史在中国历史上占有的重要性，隋代历史研究处于史料方面被极其制约的条件之下。并不是说唐代历史有极其丰富的史料，但是较之唐代历史，隋代历史的史料极端罕见。除了成为隋代历史基本文献的《隋书》之外，没有别集或有关制度史的文献，敦煌・吐鲁番文献也不能过于期待。为此，有关隋代历史，现状就是只剩下从唐代文献类推来增强《隋书》记事的方法。关于作为推进该隋代历史研究的方法，有期待石刻史料的出现，并将此石刻史料作为研究史料有效利用的方法。另外，对现存的隋代文献予以细心的注意也是必要的。从这种观点，采纳隋代文献之一的《大业杂记》，以便阐明《大业杂记》确属一部宝贵的文献。本书由下列各章构成：

第一章 ＜隋唐东都城内的河南县和洛阳县＞由如下 2 节构成，从有关隋唐东都洛阳的墓志铭论及有关设置在东都洛阳城内的河南县和洛阳县的境界和城内乡里制的问题。

第1节　隋代东都城内的河南县和洛阳县

第2节　唐代东都城内的河南县和洛阳县

长安城内设置有长安县和万年县，以从位于皇城南面中央的朱雀门向南延伸的朱雀街分为左右，街西由长安县所管，街东由万年县所管，其所管明确。

由隋炀帝营造的东都洛阳城是一个新的都城。在以往的研究，有关设置在洛阳城内的河南县和洛阳县的境界没有被明确。本章意图利用隋唐的墓志铭来明确这一点。要点在于：洛水南侧也有洛阳县城，而河南县并不意味是洛水南侧的县，洛阳城内的行政为县乡里制，与一般行政组织相同。

第2章和第3章论及《大业杂记》，和与本书相关的文献。《大业杂记》为于唐初贞观10年（636）以后的贞观年间（636～649），由著作郎杜宝所撰述的书。在史料残存极为罕见的隋代历史中，虽然被限定为炀帝在位时期的大业年间（605～616）和唐初的时期，但作为传隋朝的史实，补充《隋书》之阙的文献，是一种极其关键的史书。以往《大业杂记》不大受到重视，没能有效应用于隋代历史的研究。另外，有关《大业杂记》的史料性价值，也没有基础的文献学性考察。本书意图搜集诸多文献中可看到的《大业杂记》的逸文，以便进一步能够容易阅览《大业杂记》。

对于《大业杂记》的史料性价值，阅览《资治通鉴考异》卷8隋纪上所引用的大业年间（605～616）的记事便一目了然。《资治通鉴》隋纪4以下有关大业年间的记述作为史料源

之一采用了《大业杂记》。《资治通鉴》被认为唐纪和五代纪部分为史料价值高的部分。阅览《资治通鉴考异》卷八隋纪上，即可明白《资治通鉴》隋纪 4 以下有关大业年间的记事是参照现在无法阅览的史料来构成的。《资治通鉴》中有关大业年间的记事，并不是《隋书》中记事的照抄，而应与《资治通鉴》的唐纪和五代纪部分一起，评价为可靠性高超的史料。

元代撰写的《河南志》中在＜隋城阙古迹＞和＜唐城阙古迹＞等处所引用的记事中可以看到唐的《南京新记》或《大唐六典》等书名，而这些书确实成为《河南志》中＜隋城阙古迹＞和＜唐城阙古迹＞等的史料源，而《河南志》中有关隋洛阳城皇城或宫城的记事与《大业杂记》中的记事一致，有类似的部分。应认识《大业杂记》也是《河南志》中＜隋城阙古迹＞部分的重要史料源。徐松为首的各隋唐都城研究者没有论及《大业杂记》所载有关皇城或宫城的记事是一不可思议的事情。

《大业杂记》的完本不现存。搜集了逸文的所收于＜续谈助＞等中而传至今日。现行本《大业杂记》为辑本，需要进行验证本辑本《大业杂记》是否值得信赖的作业。《资治通鉴考异》中也有《大业杂记》的逸文。又《大业杂记》在宋代拥有《大业拾遗录》、《大业拾遗记》、《大业拾遗》、《大业记》等书名，而逸文以这些书名被引用于各种书籍中。搜集这些逸文方能完成《大业杂记》的逸文搜集，并不是只有＜续谈助＞本《大业杂记》为《大业杂记》。本书搜集这些逸文，目标置于完成《大业杂记》逸文搜集，研究《大业杂记》记事的可靠性，以证明能够作为隋代历历史的史料得以利用。

第 2 章由下列 3 节构成：

第 1 节　《大业杂记》和《河南志》

第 2 节　关于《大业杂记》

第 3 节　《大业杂记》的逸文

第 1 节阐明＜续谈助＞本《大业杂记》的记事和《河南志》的记事类似。第 2 节将＜续谈助＞本《大业杂记》的记事分为 89 个项目，记述有关各项目的隋唐史料。第 3 节搜集了除＜续谈助＞本《大业杂记》以外各种书籍中可看到的有关《大业杂记》的记事。各种书籍指：《资治通鉴考异》、《重较说郛》、《吴郡图经续记》、《吴郡志》、《绀珠集》等。

第 3 章由下列 4 节构成：

第 1 节　《大业拾遗录》的逸文

第 2 节　《大业拾遗记》的逸文

第 3 节　《大业拾遗》的逸文

第 4 节　《大业记》的逸文

《大业杂记》有《大业拾遗录》、《大业拾遗记》、《大业拾遗》、《大业记》的别名。第 3 章搜集了以这些书名被引用的记事，将相互有关的记事列于一览并与第 2 章的记事做了比较。如果有与第 2 章的记事一致，或类似的记事，即可断定引用于《大业拾遗录》以下各书的记事为《大业杂记》的逸文。

《大业杂记》另外还存在一个问题。即有被传为唐初颜师古的著书《南部烟花记》或《隋遗录》，而该书作为别名还具有与《大业杂记》相同的《大业拾遗记》、《大业拾遗》、《大业记》

等书名。因为是同一书名，因此《大业杂记》、《南部烟花记》、《隋遗录》的记事被混同，造成对《大业杂记》的理解混乱的原因。本章研究《大业拾遗录》、《大业拾遗记》、《大业拾遗》、《大业记》的记事，论述哪一个记事属于《大业杂记》的记事，哪一个属于《南部烟花记》和《隋遗录》的记事。

第 4 章深入探讨《南部烟花记》、《隋遗录》，并对其实体加以明确。通过这种作业，《大业杂记》的实体将会得到进一步明确。有关《大业杂记》的《南部烟花记》和《隋遗录》，存在有一个大的问题。即《大业杂记》的记事在《南部烟花记》和《隋遗录》中存在。据传《南部烟花记》和《隋遗录》为颜师古的撰述，与《大业杂记》著者不同。如果著者不同，记事应该不同，不可能有相同记事在《大业杂记》和《南部烟花记》、《隋遗录》中存在。《南部烟花记》和《隋遗录》为成立不明确的书籍，由颜师古所撰述的说法也是有疑问的。至于在有这种情况的书中存在《大业杂记》的记事，可以认为《南部烟花记》和《隋遗录》有伪书的可能性。

关于《南部烟花记》和《隋遗录》，认为该书为伪书的论点从南宋时已被提出，《四库全书总目》也认为伪书，但成为其根据的论点也并不是能够令万人信服的。本书将从研究《大业杂记》的记事之观点论究认为《南部烟花记》和《隋遗录》为伪书的论点。

《隋遗录》所收于南宋左圭编纂的《百川学海》乙集中，并被引用于《唐诗纪事》中，因此除伪书的主张外，南宋期被评价为不是伪书。至于这《百川学海》和《唐诗纪事》的评价，是否妥当？《太平御览》和《太平广记》中没有《南部烟花记》和《隋遗录》的引用。这到底是怎么一回事儿？第 4 章阐明《南部烟花记》和《隋遗录》为在北宋中期左右成立的伪书。

第 4 章由如下 2 节构成，研究上述《南部烟花记》和《隋遗录》的伪书论点。

第 1 节　关于《南部烟花记》

第 2 节　关于《隋遗录》

随着隋唐的墓志铭被公开发表，墓志铭中可以发现到多数唐代的折冲府名称。＜附录＞的＜唐军府索引＞可用以简易了解该等折冲府名称有无著录在劳经原的＜唐折冲府考＞等中。因为＜唐折冲府考＞等没有具备索引，因此为解决调查劳经原等有无著录墓志铭中可以查到的折冲府名称花费时间的问题，编制了该联合索引。

索　引

あ行

安喜　128
安喜門　206
安公子　457
安衆郷　21,22
安衆里　14,15
安仁宮　290
毓材坊　205
毓財里　48,73,74
毓徳殿　253
毓徳坊　25,26,28
毓徳里　49
伊闕　119,120
維新郷　21
右掖門　143,144
右延福門　177
右金吾衛府　144
右候衛府　143,144
右蔵　94,158,159
烏賊擁剣　382
烏銅屏　495
烏梅飲　284
渾儀　446
永康門　157
永済渠　262～264,312
永昌県　28,29,67,68,70
永泰郷　73,78
永泰郷行修里　79
永泰門　95,169,172
永泰里　57,71
永通　128
営東京大監　106
永豊坊　42
永豊里　14
永楽院　98,194,195
円基　336
円基殿　335
延光院　98,194,195
苑城　139
塩倉　166
延福里　58,73,74
円壁城　78,161,185,186
円壁門　161,186
王城郷　73
応天門　170
鷹坊　180,181
温洛里　46

か行

禾　378
海蝦子　341,351,417,418
会稽　339,456
会昌門　169,178,179
懐仁里　14,15,17,61
会節坊　71
会節里　59
会通苑　189,190,191
海鯇乾膾　416
回流宮　231,292
廻流亭　211
瓜飲　284
柿の蔕　386
嘉慶里　14,15
瓦工監　114
加沙糖茶飲　284
茄子　277,389,458,460
嘉善里　15,44,55,68,69,73～75
嘉則殿　303,304,440
華渚堂　211
葛花飲　284
河南郡廨　10
河南県廨　11
河南県清化里　9
娥眉　430
華表　136
加蜜穀葉飲　284
加蜜沙糖飲　284
嘉猷里　60
嘉豫門　189
蛾緑螺　428～431,452,507,514,515,517
華林園　210
華林編略　236,238
乾膾　380
含嘉城　159～161,173

含嘉倉　160
含嘉倉城　62, 63, 160
含嘉門　159, 160
含暉亭　327
含景殿　210
含元殿　172
邗溝　123
含香院　98, 194, 195
甘松飲　390
甘松香飲　283
管涔山　239, 245
甘水渠　142
寛政坊　11, 26, 204
寛政里　36
甘泉宮　212, 213, 290, 294
甘泉渠　136, 137
勧善坊　40
含肚　426
感徳郷　21
観徳里　36
観風行殿　260
観風殿　261
観文殿　99, 303, 305, 415, 439〜441, 445
含涼殿　178
徽安　128
徽安門　127, 135
帰雁宮　231
帰鴈宮　292
凝暉院　98, 194, 195, 215, 231, 233
帰義里　35, 53, 63〜65
宜寿宮　290
宜人坊　135
帰仁里　60
義宗廟　30
旗亭里　79
帰徳里　41
凝碧池　192
九華宮　231
宮燭　490
九里宮　231, 292
九華宮　292
恭安坊　31
恭安里　14, 15, 40
薑飲　284
驍果　252
凝華宮　335
仰観台　182
教業里　47
饗玉　488
行幸車　515
夾道　500
凝碧亭　327
御河　125
魚膾　382
曲水池　200, 201
曲水殿　200
玉清　96
魚荏飲　284
禦冬門　189
儀鸞殿　97, 182〜184, 320, 387, 461
禁苑　191
金谷亭　192
金虀玉膾　381, 382, 503, 505, 507, 508, 511, 515
金銭　232
錦帆　498
金螭屏風　488
区宇図志　294〜297, 434, 442, 443
崆峒夫人　515
枸杞飲　284
郡　265, 275
勲格　330
桂飲　283
景運門　95, 96, 169, 180, 181
軽舸　217
景華宮　210〜212, 292, 294
桂宮　485
恵訓坊　146, 150
景行坊　33
景行坊積善里　82
景行里　52, 63
迎秋門　189
景仁坊　206
桂蠹　382, 403
恵日　96
結綺　336
結綺院　194
結綺殿　335
月陂　128
玄飲　283
懸鏡亭　232
顕義里　13, 15, 36
乾元殿　170, 173
乾元門　172
建国門　112, 121, 136, 142, 210, 314, 315
顕仁宮　213〜215, 223〜225, 290, 294

玄壇	147, 181, 223			五色飲	283, 355, 356
元徳太子	311	行書佐	267	鼓車	362
玄武	223	光政門	180	胡菻	277, 278, 389, 458～460
顕福門	95, 180	康俗里	41		
玄武航	220	鉤陳	365	湖上曲	499
玄武門	161, 186	黄道渠	130	国忌	301, 302, 423
建明門	170	黄道橋	130, 144	五方香床	506
乾陽殿	94, 95, 121, 171, 172, 174, 176	黄道渠橋	143	固本坊	139
		江都宮	158, 215, 228, 233, 290, 329	固本里	140
建陽門	264			胡麻	279
興安門	189	興徳宮	290	五楼	223
黄衣夫	220	甲弩坊	168	五楼船	220
黄飲	283	江都門	228	金剛舞	493
行雨台	213	江南河	297～299, 339, 353, 354	崐崙紫瓜	277
黄瓜	278			昆崙紫瓜	278
恒岳親祠	240	弘農宮	290	崑崙紫瓜	278, 389, 458, 460
弘教坊	33	光風堂	211		
興教門	93, 94, 157, 178, 179	光汾宮	231, 292	**さ行**	
弘教里	63～65	合璧	191	彩霞亭	327
江笙飲	283	合璧宮	215	左掖門	145
弘敬坊	33	合璧亭	327	左延福門	176
興敬里	43	黄蔑	222, 223	左金吾衛府	145
弘敬里	64, 65	黄篾舫	217, 220	舴艋舸	220
弘藝里	15	香茅飲	284	左候衛府	145
興藝里	47	交麻	279, 279	左行草	457, 458
幸月観	515	嵩陽観	247, 248	左蔵	94, 158, 159
香菱	278	広利坊	139	賛務	266
厚載	128	黄龍	218, 225	思惟樹	149, 150
厚載門	139	胡瓜	277, 278, 389, 458, 460	司花女	514
行参軍	267	刻漏	95	紫崗亭	327

司功書佐　317
四時飲　283, 355, 357
獅子園　204
紫芝宮　335
思順里　14, 42, 43
志静殿　182
字識　502
芝草　356, 394, 423
至相道場　147
時泰坊　206
芝田亭　211
紫微観　169, 170
紫微宮　174
紫微城　203
四方館　138
四宝帳名　515
椒房宮　335
射堂　97, 210
謝諷　282, 283
修義坊　45
修業里　39, 53
繡裙　500
集賢里　56
修行坊　37
重光門　94, 158, 159
修行里　38
重潤門　179
従善坊　28
従善里　15, 60, 71
一六院　493
修文殿　97, 181, 182, 305
集霊台　200
朱絲網絡　361
朱鳥　225
朱明宮　335
遵化里　41
春江亭　232
春草宮　231, 292
春蘭秋菊　515
春林殿　211
承華院　194, 195
蕭吉　420, 421
尚賢坊　146
閶闔門　97, 182, 183, 185, 186, 201
鍾車　362
小朱航　223
上春　128
上春門　151, 210
昭仁門　189
章善坊　70
章善門　178
章善門街　176
章善里　15, 57
翔螭舟　220, 223, 225
上東郷　48, 73, 74, 78
上東郷毓財坊　75, 76
上東郷毓財里　79, 82
上東郷嘉善里　75, 77, 79
上東郷帰仁里　77, 79
上東門　324
蕭妃　515
承福門　146, 160
承福里　77
乗碧宮　335
上陽宮　128, 290
逍遙亭　197
尚陽亭　327
小雷宮　231, 292
時邕里　49
上林苑　189, 190
松林宮　231, 292
上林坊　206
殖業郷　21
殖業坊　46
殖業里　50, 51
食経　282, 353
徐孝顒　346, 347, 389
女相如　514, 515
舒芳宮　335
子来郷　73, 74
子来郷延福里　82
子羅倉　165, 166
審教里　49
沈香　390
沈香飲　283, 390
沈香堂　284～286, 354, 393
沈香履箱　490
人参飲　284
仁寿宮　290, 294
神都苑　190
進徳里　35
仁風里　61
晋陽宮　290
隋遺録　482, 513
隋開業平陳記　477
隋季革命記　477
水杭　217
水精殿　233
水飾　461
水飾図経　104, 355, 358, 411, 413

瑞鳥　424
水殿　217, 218, 223
隋東都　87
翠微宮　335
翠微亭　327
綏福里　59, 71
翠阜亭　211
翠阜堂　211
隋平陳記　477
崇業郷　21
崇業郷嘉善里　76
崇業里　13, 39
崇高寺　149
崇仁坊　206
崇政郷　21, 22
崇政里　40, 62
崇徳殿　253, 254
崇文観　145
崇蘭堂　211
朱鳥　223
朱鳥航　220
青飲　283, 340
栖雲宮　211
西苑　189, 191, 201, 202, 212, 368
棲霞観　213
西華門　170, 176, 177
清夏門　189
清化里　9, 13, 14, 34, 77
政化里　204
西御園　204
成皐　128
成皐関　226, 227
西市　139
西戎使者　138
清暑院　98, 194, 195
西上閤　176
青城宮　187, 188, 294
成象殿　228, 233
清暑殿　213
静仁里　14
西銭坊　166
旌善坊　31
旌善里　39
正俗里　42
薺苨飲　283
西馬坊　96, 181
清風堂　211
青鳧　223
青鳧舸　220
成務殿　211
青龍　220, 223
清冷淵　381, 426
清冷泉　280
清冷池　281
青蓮峯　213
赤飲　283
赤艦　218, 225
析字　453, 464, 502, 508, 511, 514, 515
石首魚　349～351
積潤池　210
積翠亭　327
積徳坊　285
積徳里　46
石都念子　386
薛尹来　450
切玉　460
鮮雲堂　211
船脚　220, 354
宣教里　44
千金宮　335
宣詔　515
仙人草　459
宣仁門　151, 324
宣仁門街　81, 82
閃電窓　503, 505, 515
陝東道大行台　121
仙都宮　139, 275, 276
宣範坊　204
宣範里　10, 40
宣風里　36
宣平観　144
千歩磧渠　123
仙遊宮　290
艚艓　223
藻澗宮　219, 294
総仙宮　200, 294
蒼螭　223, 225
蒼螭航　220
艚艀　220
皁李飲　284
則天門　96, 157, 159, 161, 165, 169, 178, 186
蘇子飲　284
尊賢里　14, 56

た行

大業拾遺記　479, 483, 484
大業殿　174, 175
大業門　174
大業略記　477, 478

12 索 引 た行

太湖 348
太湖鯉魚 437
大守 265
大朱航 220
大順殿 211
大同市 130,205,206
大同坊 206
大斗抜谷 256,257
太微観 130
太微城 127
太陽門 162
大雷宮 231,292
泰和門 94,159
択善里 42
沢蘭飲 390
沢蘭香飲 283
檀香飲 283,390
端門街 91,111,128,130
丹陽宮 294
丹陽郡風俗 443
竹葉飲 283
茶飲 284
仲思棗 387,388,402,441
籌禅師 283,357,390
長安城 7
長夏 128
長蛾 507
朝霞宮 335
長夏門 142
長夏門大街 81,82
澄景亭 327
澄月亭 232
丁香飲 283,390
長洲玉鏡 105,236,237
朝集使 151,152,153,156
澂秋亭 211
長春院 98,194,195
長春宮 290,291
長城 369
鳥鼠 358,359
鳥鼠山 360
釣台石 422
帳中香 487
朝堂 165,166,167
長塘亭 211
朝陽宮 211
朝陽門 189
長楽宮 290
陳後主 515
通遠渠 234
通遠橋 91,206
通遠市 91,130,206,206
通遠里 47,48,73,74
通済渠 123～125
通済渠 280,381
通済坊 139
通守 266,275
通閏郷 21
通真 96
通津渠 124,126
通仙橋 136,137
通仙飛橋 213
通利坊 45,68～70
通利里 44,55
艇舸 223
亭子宮 210,292,294
定鼎 128
定鼎街 129
定鼎門 136
定鼎門街 135
隄柳 497
天街 90
殿脚 220,429
殿脚女 515
天経宮 139,140,275,276
天津街 90,91,129,204
天津橋 132,133
天津浮橋 131
天池祠 245
東夷使者 138
桃花 496
桃花飲 284
東華門 170,175,176
陶化里 44,54,67,81
道化里 41
東京 86,106,111,121
東京創建の詔書 109
同穴鳥鼠 358,360
陶光園 201
道光坊 34
道光里 34,77
道術坊 150
東城 62,63,127,146,206
道場 147,170,181,223
東上閤 175
道真観 200
道政里 35,77
東銭坊 166
東都 86,87,122
唐東都 87
東都苑 190,191
道徳坊 68

索　　引　た～は行　13

道徳里　42
東都土工監　117, 202, 233
東都土工副監　117, 203
倒捻子　386
都会郷　69, 73, 74, 78
都会郷嘉善里　75, 76, 79, 82
徳懋坊　12, 29, 205
徳懋里　48, 49
徳茂里　12, 204, 205
徳猷門　159, 160
杜済　349
都念子　385～387, 394, 427, 447
杜宝　355
都梁宮　293
度量権衡　265
敦化坊　41
敦行里　17, 39
敦厚里　52
敦信里　77, 78

な行

内甲庫　180
内史　266
南市　90, 207
南蛮使者　138
南部煙花録　480
南部烟花録　480, 481
撚子　427
儂　427, 428, 502, 515, 518

は行

貝多　146, 149
貝多樹葉　384
貝多葉　149
配防嶺南　154, 155
白飲　283
麦飲　284
白魚種子　340, 347, 362, 456
白草飲　284
麦門冬飲　284
白露黄瓜　458, 277, 389, 460
婆娑羅樹　116
跋扈将軍　491
八擢　223
八櫂舸　220
板艙　223
板舫　217
板榻　217, 220
飛羽　223
飛宇　336
飛宇殿　335
飛雲観　186
飛英院　98, 194, 195
東太陽門　159
飛香亭　211
飛華亭　211
飛白書　436, 462, 515, 516
飛芳亭　327
百尺磵　213
百塔寺　147
百福院　98, 194
百葉桃樹　389
白虎　223
白虎航　220
白虎門　139
百福院　195
琵琶　489
檳榔飲　284
武安殿　96, 176, 178
武安門　176
楓林宮　292
風和門　189
部京戸　234
富教里　58, 62
舞玉樹　515
福光殿　94
福善坊　31
福善里　43, 68, 69, 82
浮景　225
浮景舟　220, 223
武候衛府　248
浮綵宮　335
附子　405
皐潤宮　212, 213
扶芳飲　283
扶芳樹　282, 339, 353
芙蓉園　293
文華殿　211
文山宮　290
文章総集　445, 446, 504, 509, 515
文陣雄帥　510
文成殿　175, 176
文成門　175, 176
文選楼　432, 515
分盃　437, 459, 504, 515
汾陽宮　239～241, 243, 244, 246, 290, 327, 328, 369, 384, 405,
平乗　217, 220, 223

箆航	225	麻秋	448,449	煬帝	438,439,444
法雲	96	萬善院	98,194,195	楊智積	301,302,423
鳳皇宮	290	蜜蟹	342,352,382,420	膺福門	189
芳華苑	190～192	茗飲	284	翊津橋	146
法喜法師	406	明彩院	98,194,195	翼仙宮	335
豊財里	51	明徳院	98,194,195	餘慶郷	73,74,78,78
邙山	116,119,120,121,122, 128	明徳宮	215	餘慶郷通遠里	82
		明徳門	112	**ら行**	
芳洲亭	211	明福門	96,181		
望春門	189	明福門街	177	来庭県	28,30,71
宝城門	182,183,185,186,187	迷楼	494,514	来庭県永泰坊	82
		鮑魚	380	来庭県会節坊	82
方諸門	185,186,188	鮑魚乾鱠	341,348,379	来庭県綏福里	82
放生池	206	鮑魚含肚	341,349,418	来夢児	515
鳳泉宮	290	艨艟	217,220,223	羅郭城	92
豊都市	90,130,207,208, 209,323	木工監	114	酪飲	284
		や行		洛州総管	121
鳳楯	218,225			楽城里	44,45,56,67
北苑㚯	491	夜叉歌	493	洛汭府	206
北市	79,80	結綺院	98	洛浦亭	211
北市坊	79	遊義門	189	洛陽宮	122
北市里	52,80	遊藝里	285	洛陽県廨	12,205
北狄使者	138	楡柳園	204	洛陽県清化里	9
歩寿宮	290	耀儀院	98,194,195	洛陽城	7
翻経館	146	曜儀城	161,186	楽和郷	21,22
翻経道場	146,384	曜儀門	161,186	楽和里	14,15
ま行		楊恭仁	379	六合城	312,313
		瑶景宮	335	陸摺	346
麻飲	284	耀光綾	515	履順坊	45
麻胡	447～449,451,515, 516	漾彩	223,225	履順里	35,54,59,63
		漾彩舟	220	利仁里	45,46,60

立德里	63, 77	陵波	223	麗景堂	211
履道里	59	凌波舸	220	霊渓門	189
龍舟	461	淩波宮	210, 211	麗日亭	213
流英宮	335	閬風亭	213, 327	霊圃門	189
隆化里	14	緑綺窓	486	蓮房飲	284
流求国	375～378	臨寰橋	91, 206	籠煙門	189
留仇国	376	臨闌里	58	漏景	336
劉氏行年記	477	臨月亭	327	漏景殿	335
龍舟	217, 218, 220, 223～	臨江宮	215, 231, 233, 294	楼闕芝	357
	225, 297～299, 311, 339	臨朔宮	292, 294	楼船	217, 218, 222, 225
流珠堂	233	臨津関	255	隴川宮	287～289, 294
留春亭	211	臨德坊	80	弄潮	397, 398
劉子翼	366, 367	鄰德里	14, 80	楼煩郡	239
龍川宮	224, 294	臨汾殿	327	露華亭	211
龍天道場	143, 145	林邑国	390	鱸魚乾膾	342, 381, 402, 419
流風亭	211, 211	臨渝宮	290, 292, 294, 299, 300	**わ行**	
流芳院	98, 194, 195				

付録　隋唐軍府索引

隋唐に関する編纂文献・石刻史料・敦煌吐魯番文献を通覧するとき、隋唐軍府の名が散見する。隋唐の軍府は唐代の前半期史を考察するとき、極めて重要であって、隋唐に関する文献にみえた軍府名を蒐集することなく、そのまま看過してよいかどうか躊躇することが多い。隋唐の軍府に関しては、すでに労経原の『唐折衝府考』、羅振玉の『唐折衝府考補』、同じく羅振玉の『唐折衝府考補拾遺』、谷霽光の『唐折衝府考校補』があり、これらの研究は『二十五史補編』（開明書店）第6冊に所収されている。しかし、『二十五史補編』に所収された、これらの研究は索引がないため、隋唐文献に散見する軍府が、労経原氏以下の研究にすでに著録されているかどうか、調べるのにたいへん時間がかかり、途中で断念するというのが一般的状況でなかったろうか。

近年、『千唐誌斎蔵誌』（文物出版社）、『唐代墓誌銘彙編』（中央研究院歴史語言研究所）、『唐宋墓誌　遠東学院蔵拓片図録』（香港中文大学）、『石刻史料新編』（新文豊出版公司）、『北京図書館蔵中国歴代石刻匯編』（中華書局）、『吐魯番出土文書』（中華書局）、『隋唐五代墓誌銘匯編』（天津古籍出版社）等の唐代の文書史料や石刻史料が公刊され、隋唐の軍府名を散見する機会が多くなった。そこで労氏以下3氏の軍府名蒐集が完全かどうか検証する必要が生じ、『唐折衝府考』以下の検索を、途中で放り出すわけにはいかなくなった。そこで『千唐誌斎蔵誌』を初めとする近年の新史料にみえる軍府名が、労経原以下3氏の研究にすでに採用され、所在府州と所属衛府が判明しているかどうか、簡明ならしめるため、労氏以下の研究の索引を作成した。

本索引を作成したのは1987年であり、武庫川女子大学文学部「史学研究室報告」Ⅳ号に掲載した。そののち、李方氏は「文史」36に「唐折衝府増考」を発表され、多くの折衝府を増補された。本索引は李方氏の研究成果を取り入れた。本索引によって隋唐軍府の検索が簡単になれば幸いである。

唐代折衝府の総数は574府（『通典』巻29職官典・折衝府、『樊川文集』巻5「原十六衛」）、594府（『大唐六典』巻五兵部）、630府（『鄴侯家伝』）、633府（『唐会要』巻72府兵）、634府（『唐会要』巻70州県分望道）と伝える。労経原・羅振玉・谷霽光の3氏の研究に著録された唐代折衝府の数は約670府であり、文献に伝える数と一致しない。この疑問を明確に解決してくれるのは、福州泉山府である。『淳熙三山志』巻1叙州に、

> [開元]十九年、置泉山府。治平志、按察使席豫奏、泉等州、山洞僻遠、江海広深。於福州置上折衝府千二百人。
>
> 開元一九年、泉山府を置く。「治平志」に、按察使の席豫奏す、「泉等の州、山洞僻遠にして、江海広深なり。福州に上折衝府・千二百人を置く」と。

とあるように、福州泉山府は唐初から設置されていた折衝府ではなく、開元19年（731）に設置された軍府である。この例から推定すれば、唐代の軍府は唐初から固定されていたのではなく、時に応じて設置改廃されたことが看取できる。それゆに、唐代文献に伝える折衝府の数が一致しないのであり、上記の3氏の研究結果とも一致しないのである。

本索引を作成してみて、唐代の軍府は常に中央の同じ衛に所属するのではなく、所属の変更があることが判明し（李氏は折衝府の所属衛の変動はないと推定されているようである）、また唐代折衝府は隋代の軍府と関係が深いものが多いと判明したのも一つの成果であり、中でも最大の成果は、労氏以下の研究に隋唐軍府60餘りを増補したことである。唐代折衝府名の探索に限れば、本索引にみえた折衝府名に今後は、そう多くの折衝府名を加えることはないであろうと考えられ、設置された府州と所属衛を明らかにすることが課題として残される。「薩宝府」や「勲一府」等は折衝府ではないと判断し採録していない。

○本索引において使用する4桁の数字は『二十五史補編』（開明書店）第6冊の頁数を示し、上・中・下は頁の上段・中段・下段であることを示す。
○軍府名は画数検索の関係で旧漢字とする。
○「唐折衝府増考」以下の文献は、次のように省略して示す。
（1）「唐折衝府増考」→「増考」（頁は「文史」36冊の頁を示す）
（2）『漢魏南北朝墓誌集釈』→『墓誌集釈』
（3）『千唐誌斎蔵誌』→『千唐誌』
（4）『唐代墓誌銘彙編』→『唐代墓誌』
（5）『元和郡県図志』→『元和志』
（6）『芒洛冢墓遺文』→『冢墓遺文』

2画

二川	隋	左衛	「唐故陪戎副尉康君墓誌銘并序」（『千唐誌』273）
二川		→三川	
二江	益州		7624下，7659下
八諫	潞州	右領軍衛	7638中，7652中，7658中
九嵕	京兆府	右武衛	7628中，7645下，7655下

3画

三川	隋	左驍衛，左衛	7639上。「左驍衛」は『千唐誌』265による。
三川		右驍衛	「孫処約墓誌銘」（『唐代墓誌』8冊750）
三州	温州		7624中，7659下

三交	岐州	左玉鈐衛，右玉鈐衛	7609中，7646下，7647上，7656上
			「王建墓誌銘」（『千唐誌』437）と「趙公墓誌銘」（『唐代墓誌』13冊1270）は「右玉鈐衛」とする。
三度	秦州		7622中，7637上，7659上
三畤	京兆府武功県		『吐魯番出土書』6冊43頁。「武功県」は「増考」200頁により補足。
三渡	→三度		
三會	寧州		7610中，7647下，7656中
三鄉	隋		7639下
上林	澄州上林県		7654下，7660上
上陽	隋　陝州		「劉如璋及氏合葬墓誌」（『隋唐五代墓誌』10冊11頁）
上陽	陝州平陸県	左玉鈐衛　左領軍衛	7614上，7634中，7650上，7657中
上黨	潞州上党県		7636上，7652中
千秋	河南府	左金吾衛	7613上，7634上，7657上
大平	絳州　→太平		7616上，7657下
大同	鄜州	左武衛	7611上，7648上，7656中
大池			『吐魯番出土文書』6冊42，43頁
大州			「大雲寺弥勒重閣碑」（『山右石刻叢編』巻5）
大明	京兆府		7628上，7660上。「京兆府」は「張登山墓誌銘」（『陝西金石志』巻13）より補足。
大延	寧州		7610中，7647下，7656中
大亭	同州		7608中，7632上，7656上
大華	隋	左武衛	「増考」218頁
大候	隴州		7610上，7656上
大堆	隴州（一説邠州）		7609下，7647上，7656上
大梁	汴州		7634中，7657上
大陸	趙州昭慶県		7638下，7652下，7658下
大義	隰州	右武衛	7617上，7651下，7658上
			「右武衛」は『唐代墓誌』9冊824による。
大鄉	絳州		7616上，7657下
大陽	陝州		7615上，7650下
大黃	隋　瓜州		7637下，7639中
大黃	瓜州		7623下，7637下
大順		左驍衛	7626上，7638上，7660上
大斌	綏州大斌県		7612上，7656下

大寧	隋		7639下
山泉	岐州		7609中，7656上

4画

中川	河南府登封県		7649中，7657上
中□			7628中
丹川	沢州晋城県	右威衛	7619中，7636中，7658中
丹水	懐州	→懐水	7619下，7642上
			「改丹水為懐水勅」（『唐大詔令集』巻114雑録）
丹陽	丹州義川県		7611中，7656中
五交	鄜州		7611上，7648上，7656中
五柳	汾州		7618上，7658上
五泉	隋		7617中
五泉	太原府		7617中，7658上
五臺	代州五台県		7618下，7658中
介休	汾州介休県		7618上，7635下，7658上
仁里	坊州　芳州　左領軍衛		7611中，7656中
			『唐代墓誌』17冊1694は「芳州」とする。
仁俚		→仁里	
仁壽	晋州		7615下，7657下
仁德		→德仁	7657下
仁德	晋州		7616上，7657下
仁賢	涇州		7610上，7656中
元城	魏州元城県		7627中，7658中
元域	京兆府		「増考」200頁
公路	隋		7613中
公路	河南府鞏県洛口倉		7613中，7657上
公劉	邠州	左衛	7609下，7641中，7647上，7656上
六軍	河中府		7615中，7657下
六壁	汾州		7618上，7651下，7658上
太平	絳州太平県		7657下
太平		→大平	
太州	同州		7608中，7632上，7656上
太原	隋　太原府		「増考」210頁
太原	并州	右武衛	7635下，7642上，7651下，7658上

太清	京兆府		7607上，7644下，7655下
天山	西州	右玉鈐衛	旧版『吐魯番出土文書』7冊42頁，47頁，323頁
			「大谷文書」1038
			「妙法蓮華経」巻2奥書（『隋唐写経集』図版21）
天井	隋	右翊衛	7640上
天水	彭州	左武衛	7624下，7659下
天固	寧州	右領軍衛	7610中，7610下，6632下，7647下，7656中
天齋	京兆府三原県		7631中，7655下
			「三原県」は『唐代墓誌』8冊759より補足。
天藏	京兆府藍田県		7607下，7655下
引仁	→弘仁		
文谷	太原府文水県		7617下，7658上
文城	岐州		7609中，7632中，7646下，7656上
文義	幽州？		『房山雲居寺石経』図版13の碑側題記
方山	揚州六合県	右驍衛	7624上，7642中，7654中，7659中
日泉	京兆府		「増考」200頁
水衡	京兆府雲陽県		7607上，7646上，7655下
			「雲陽県」は『長安志』巻20雲陽県の条による。
王保	京兆府		7631下，7655下
王城	河南府河南県		7627上，7649下，7656下
王屋	河南府王屋県		7612下，7649上，7657上
王陽	河南府		7612中，7657上

5画

古亭	絳州		7614上，7616下，7635上，7657下
司禦	同州		7608下，7656上
右威	河中府		7615上，7657下
右師			7655上
四門	涇州	左武衛　左衛	7610上，7632下，7656中
			『臨県志』巻16「劉府君墓誌銘」では「隰州四門府」とする。
			「唐上都章敬寺悟空伝」（『宋高僧伝』巻3）は「左衛」とする。
左開	隋		「綿州昌隆令馬珍及夫人呉氏合葬墓誌銘」（『匋斎蔵石記』巻19）
布政	隋	左衛	7639下

布政	京兆府		「鮮干庭誨墓誌」(『唐長安城郊隋唐墓』所収)
平川	河中府		7615上，7657下
平昌	慈州呂香県		7617上，7658上
平香	京兆府		7607上。7645上「平郷府」では、「平香」は「平郷」の誤りとする。
平原	絳州夏県	右鷹揚衛	7616中，7635上，7651中，7657下
平陰	成州		7622中
平陽	河中府		7615下
平郷	隋		7655下
平郷	京兆府	右衛	7625下，7645上，7655下
平寧	晋州	右衛	7634下，7657下
平樂	渭州		7622中，7659上
弘仁		左金吾衛	7655上
弘江			7625下
弘濟		右威衛	7639上，7660上
斥候	隴州		7625中，7647中
正平	絳州正平県		7616上，7642上，7657下
永大	同州		7608下，7656上
永平	坊州		7611中，7656中。『吐魯番出土文書』7冊259頁に「□(永)平府衛士胡外生　貫坊□□(州中)部県安平郷神安里」とある。
永安	隋	右翊衛	「増考」209頁
永安	慶州		7611上，7615上，7656中
永安	蒲州		7634下，7655下
永昌	隋	右禦衛	7640上
永固	沢州	左右驍衛	7619中，7658中
永和	河中府		7614下，7657下
永建	隋　岐州		7639中
永恭			「唐□□尉墓誌銘」(『千唐誌』207)
永泰	吉州清江県		7654下，7659下
永清	慶州		7610下，7656中
永康	絳州(一説蒲州)		7616下，7657下 「一説蒲州」は「増考」209頁による。
永業	慶州		7610下，7633上，7656中
永嘉	隋		「唐故安君墓誌銘」(『冢墓遺文』3編所収)
永嘉	河南府	左驍衛，左武威衛(大足元年以降)	

			7612中，7633下，7641下，7648中，7657上
永寧	寧州	左武威衛	7610中，7633上，7656中
永樂	京兆府萬年県永楽坊		7631中，7646上，7655中
永興	河中府		7615上，7657下
玄眞	隋		7639上
玉京	商州		7609上，7656上
玉津	漢州		7624下，7659下
玉城	隰州		7617上，7658上
甘松	隋	右武衛	「増考」215頁
甘松	畳州常芬県城内		7659中
甘松	芳州城内		7623上，7653下
甘泉	京兆府雲陽県		7615上，7631中，7641上，7645上，7655下。7650下に「甘泉　河中府」とある。
甘泉	河中府（京兆府？）		7657下
甘峻	甘州張掖県		7637下，7654上，7659中
白松	隋	右武衛	7640上
白馬	太原府		7617下，7658上
白渠	京兆府高陵県	左衛	7628中，7638上，7645中，7655下
白澗	晋州または沢州		7616上，7619下，7651上，7652下，7657下，7658中
白潤	→白澗		7625下
白檀	檀州燕楽県		7621上，7653中，7658下
白樂	京兆府		「孟貞誌」（『唐代墓誌』16冊1538）
皮氏	絳州龍門県		7616中，7657下
石井	朔州		7636上，7658中
石池	絳州		7616下，7657下
石門	河中府解県		7615上，7650下，7657中
石門	隋		『隋書』巻71［杜］松贇伝
石亭	易州		7620中，7658下
石臺	京兆府		「張登山墓誌銘」（『陝西金石志』巻13）
石臺	隋　雍州		「増考」202頁
石橋	隋	右翊衛	7640上

6画

交川	松州交川県	右衛	7628上，7654下，7660上
交水	慶州合水県		7610下，7641中，7647下，7656中

交河	西州交河県		旧版『吐魯番出土文書』5冊142頁
交城	晋州		7651下，7657下
伊川	隋		「賈徳茂誌」(『唐代墓誌』5冊431)
伊川	洛州	右屯衛，左衛，左武威衛	7612下，7634上，7648下，7656上
伊陽	河南府伊陽県	左武衛	7612中，7633下，7657上
仲山	京兆府雲陽県		7607上，7655下
仵城	慈州仵城県		7616下，7658上
伏洛	綏州		7612上，7656下
伏龍	同州		7608中，7655下
光義	梁州南鄭県		7622上，7659上
光鄴	北斉		「尚登宝誌」(『唐代墓誌』4冊339)
先賢	隋　幽州		7639下
先賢	幽州		「佛説造立形像福扱経」(『房山雲居寺石経』図版21)
匡仁	京兆府		「唐故寧遠将軍…（中略）…尹府君誌」(『陝西金石志』巻12)
匡道	京兆府長安県金城坊	左領軍衛，右領軍衛	7606下，7644下，7655中
吉安	同州		7608下，7656上
吉安	慈州	右威衛	7635中
吉昌	慈州吉昌県	左威衛	7617上，7658上
合黎	甘州刪丹県		7627下，7654上，7659中
同川	慶州同川県左驍衛		7610下，7633上，7656中
同化	丹州		7611中，7656中
同軌	河南永寧県	金吾衛	7613上，7649上，7657上
同郷	絳州	→桐饗	「大唐故道王府典軍朱公墓誌銘并序」(『関中石刻文字新編』巻3)
同歸	宕州		7623上，7659中
因城	延州敷政県		7611下，7648上，7656下
夷陵	峡州夷陵県		7621下，7653中，7658下
安川	扶州		7625上，7660上
安川	隋	左屯衛	「増考」215頁
安化	隋	左衛	「寧夏固原唐史道徳墓清理簡報」(「文物」1985年11期)
安平	沢州高平県		7619中，7652中，7658中
安西	洮州臨潭県	右屯衛	7622下，7637中，7659上
安西都護府			「康摩伽墓誌銘」「唐留買墓誌銘」(ともに『冢墓遺文』続編巻中所収)。墓誌銘には「安西都護府果毅」とある。安西

			都護府自体に附属する折衝府の意味ではないかと考える。
			参考として示す。
安光	鄜州		7611上，7656中
安吉	鄜州		7611上，7656中
安戎	陝州	右衛	7614上，7634中，7657中
安邑	河中府安邑県		7615中，7657中
安昌	隋	左禦衛	7633上，7640上
安昌	鄜州		7611上，7633上，7656中
安城	陝州		7613下，7657中
安城	寿州		7624上，7659下
安信	晋州	右驍衛	7615下，7634下，7657下
安保	河中府		7615上，7657下
安義	易州		7620上，7636中，7653上，7658下
安善	原州		7610中，7632下，7656中
安業	京兆府		7607上，7655下
安臺	隋　坊州	左禦衛	7641中
安臺	坊州		7611中，7641中，7656中
安遠	同州		7608中，7615中，7632上，7646中，7651上，7656上
安德	隋	揚州江都県	7639中
安親	隋	左禦衛	「増考」218頁
安樂	沁州	左金吾衛	7618上，7635下，7658上
			「左金吾衛」は「増考」211頁より補足。
成皋		→成皐	
成紀	秦州成紀県		7622上，7637上，7659上
成皐	河南府汜水県		7612下，7657上
江平	揚州		7624上，7659中
江南	隋		「綿州昌隆令馬珍及夫人呉氏合葬墓誌銘」(『匋斎蔵石記』巻19)
全節	虢州閿郷県		7614上，7650上，7657中
竹馬	太原府城内		7617下，7635中，7658上
			「城内」は『元和志』巻13太原府の条による。
羊邑	晋州洪洞県	右驍衛	7634下，7651上，7657下
至成	房州		7637上，7653下，7659上
至誠	均州	→至成	7622上
至節		→志節	
行成	洮州		7653下，7655上

西河	絳州			7635中，7657下
西胡	太原府			7617下，7658上
邗江	揚州邗江県			7624上，7654中，7659中
				宋版『冊府元亀』巻358将帥部立功11牛進達の条

7画

利人		→利仁		
利仁	京兆府			7607上，7655下
呉澤	懐州修武県			7619下，7636中，7658中
呂平	幽州			7620中，7658下
孝敬	隰州			7617上，7658上
孝徳	京兆府蒲城県			7606下
				「蒲城県」は『長安志』巻19蒲城県により補足。
孝徳	同州			7655下，「増考」201頁
岐山	岐州			7609上，7646下，7656上
岐陽	岐州			7609上，7646下，7656上
延川	延州延川県			7611中，7656下
延光	絳州			7616中，7657下
延安	延州延長県		左武衛	7611下，7633中，7656中
延俊		→延儁？		7627上
延長		→延安		
延福	絳州			7616下，7657下
延壽	華州			7608上，7655下
延儁	沁州		右威衛	7651下，7658上
延衞	沁州	→延儁	左威衛	7635下
延双	沁州	→延儁		7618上
志節	隋			『大唐創業起居注』巻1大業13年5月甲子の条
志節	并州			7617中，7635中，7658上
扶松	芳州			7623上
扶松	疊州			7659中
杏林	鄜州			7611上，7648上，7656中
杏城	坊州中部県			7611中，7648上，7656中
杜城	隋			7625中
杜城	京兆府			7625中，7655下
杜陽	岐州		左衛	7627中，7641上，7647上，7656上

沁水	沢州沁水県	右驍衛	7619下，7636上，7652中，7658中
沙代			7628中
汾陰	河中府宝鼎県		7615上，7650下，7657下
汾陽	太原府陽県		7617中，7658上
秀容	忻州秀容県		7618, 7658上。「宋禎墓誌」(『考古』1986年 5 期)
良杜	幽州		7620下，7636下，7658下
良社	邠州		7609下，7632中，7656上
良將莊	京兆府	右武衛	7626下，7655下
良鄉	幽州良鄉県		7620下，7653中，7658下
谷城	隋		7639上
赤城	隋	左屯衛	7640上
邠州	邠州		7626上，7656上
郊邑	岐州		7609中，7646下，7656上
邑陽		左金吾衛	7638下，7660上

8 画

京兆	京兆府	左領軍衛	「宋莊誌」(『唐代墓誌』18冊1769)
京陵	汾州平遙県		7618上，7658上
具茨	河南府密県		7613上，7649上，7657上
函谷	河南	左金吾衛	7613上，7641下，7649上，7657上
效誠	同州		7608下，7656上
效穀	沙州敦煌県	左玉鈴衛	7623中，7637中，7654上，7659中
周城	京兆府武功県		7607中，7655下
周陽	絳州聞喜県	左金吾衛	7616下，7657下
			「左金吾衛」は「大唐故検安東副都護□□」(『関中石刻文字新編』巻4) による。
和川	和州	左武衛	7638上，7654中，7659下
和川	隋		7654中
和泉	寧州		7610中，7656中
和政	岷州和政県		7623上，7659中
固道	隋	左衛	「唐故隋金谷府鷹揚權公墓誌銘」(『千唐誌』210)
奉信	河中府	左領軍衛	7615上，7650下，7657下
			「左領軍衛」は「増考」209頁によって補足。
姑臧	涼州姑臧県		7623中，7637中，7659中
宜山	邠州		7609下，7656上

宜昌		右金吾衛	7626下
宜城	鄜州		7611中。7656中は丹州とする
宜陽	河南府福昌県	左右威衛	7612下，7657上
宜祿	邠州	左金吾衛	7609下，7656上。「左金吾衛」は「振威副尉成君墓誌銘」(『金石続編』巻８）による。
定功	右衛		7642中
定城	華州		7608上，7646上，7655下
定襄	忻州定襄県		7618下，7658上
居義			7638中，7660上
屈產	隰州石楼県		7617上，7658上
岳陽	晋州丘陽県		7615下，7657下
岸頭	西州	右領軍衛	7637下，『中国法制史考証』342頁から「右領軍衛」を補足。
底柱	陜州峡石県		7614上，7657中
征教	河南府		7612中
忠孝	陜州		7614上，7650上，7657中
承雲	河南府密県		7613中，7649中，7657上
昌化	石州離石県		7618中，7658上
昌平	隋	左屯衛	7639下
昌平	幽州		「宋禎墓誌」(『考古』1986年5期，亦『唐代墓誌』15冊1420)
昌寧	太原府		7617中，7658上
明光	京兆府	右衛	「唐故唐州別駕肖君墓誌銘」(『千唐誌』723)。「右衛」は「鮮于庭誨墓誌」(『唐長安城郊隋唐墓』所収　文物出版社)による。
明威	涼州姑臧県		7623中，7659中
東冶	代州		7618下，7658中
東河	同州		7632上，7656上
東河	→河東		
東原	寧州		7610中，7656中
東陽	夔州		7621下，7637上，7653中，7659上
東陽	隋	右禦衛	7637上
武安	涼州姑臧県	左右衛	7623中，7659中
武成	→武城		7623中「武安府」の註
武定	河南府		7612中，7657上
武昌			旧版『吐魯番出土文書』7冊334頁
武亭	京兆府武功県	左衛	7626中，7638上，7645中，7655下
武城	絳州	左衛，右衛	7616上，7625中，7635上，7651上，7657下

武威	益州		「唐安元寿夫婦墓発掘簡報」(『文物』1988年12期)
武略	霊州	右金吾衛	7612上，7633中，7656下
武陟	懐州		「増考」212頁
武陽	絳州		7616下，7657下
武燧	易州		7620中，7636中，7658下
武徳	懐州	右武威衛	7642中，7658中。「右武威衛」は『千唐誌』605よる。
河山	隋　襄城郡		「増考」208頁
河内	懐州河内県		7625下，7658中
河中			「高府君墓誌銘」(『十二硯斉金石眼過録』巻14)
河北	陝州平陸県	左鷹揚衛	7641下，7650上，7657中
河東	同州		7608中
河東	→東河？		
河間	霊州	右金吾衛	7612上，7648上，7656下
河潤	霊州	→河閏	
河陽	隋	右翊衛	「増考」218頁
羌部落	渾州		7611下
羌部落	延州金明県		7656下
育善			旧版『吐魯番出土文書』6冊43頁
肥郷	洺州肥郷県		7626上，7658下
祁山	祁州（岐山岐州）		「安思節誌」(『唐代墓誌』16冊1566)
邵吉	岐州		7609中，7632中，7646下，7656上
邵南	河南府王屋県		7612中，7648中，7657上
金山	隋　潤州金山県		『元和志』巻25潤州
金山	潤州	右領軍衛,左翊衛	7624上，7654中
金池	邠州	右玉鈐衛	7609下，7632中，7656上
金谷	隋		「唐故隋金谷府鷹揚権公墓誌銘」(『千唐誌』210)
金谷	河南府河南県	左玉鈐衛，左翊衛，左領軍衛	7612下，7634上，7648下，7656下。「権開善誌」(『唐代墓誌』3冊273)は「左翊衛」とし,「趙潔誌」(『唐代墓誌』18冊1712)と「王崇礼墓誌」(『隋唐五代墓誌』10冊36頁)は「左領軍衛」とする。
金花			7638下，7660上
金門	虢州		7614上，7634中，7650上，7657中
金吾		左衛？	7655上
金河	雲州		7619上，7658中
金明	延州金明県		7611下，7656中

金城	蘭州金城県	□鷹揚衛	7622下，7637上，7659上
金堤	蜀州	→金堰	「長府君夫人姚氏墓誌銘」（『陝西金石志』巻14）
金堰	蜀州	→金堤	7624下，7659下
金墉	河南府河南県		7634中，7656下
長川	秦州隴城県		7622中，7659上
長平	絳州		7616下，7642上，7657下
長沙	潭州長沙県		7624中，7654下，7659下
長利	隋	右武衛	「増考」215頁
長利	畳州		7623上，7659中
長松	丹州咸寧県	左領軍衛	7611中，7633上
長社	絳州		7616上
長春	同州	左領軍衛	7608下，7646中，7655下
長祚	絳州	右衛	7635中，7651中，7657下
長従	丹州		「右軍衛十将使孔公浮図功徳銘并序」（『沙州文録』），「周孔公浮図銘」（『隴右金石録』）
長渠	河中府		7615上，7657下
長道	鴻州	左玉鈐翊府	7607下，7655下
長樂	易州		7620中，7642中，7653上，7658下
長豐	京兆府？		7631下，7655下
青谷	儀州	→清谷	「張登山墓誌銘」（『陝西金石志』巻13）
青林	北斉　徐州		「大唐故陪戎副尉案君墓誌銘」（『千唐誌』143）
青原	蒲州		「増考」209頁
青原		→清原	
尚義	隋		7639上
尚德	朔州	左衛	7619上，7636上，7652上，7658中

9画

信童	太原府		7617中，7658上
信義		右武候衛	7626中
冠軍	隋		『旧唐書』巻59李襲志伝付載李襲誉伝
前庭	西州	右領軍衛	7637下。 『中国法制史考証』342頁によって「右領軍衛」を補足。
南陽	懐州		7619下，7652下，7658中
南鄉	同州		7608下，7656上
咸陽	京兆府		7631中，7655下

咸寧	幽州		7620下，7658下
垣城	絳州垣城県		7616上，7651中，7657下
城紀	→成紀		
城皐	→成皐		
威遠	益州	左衛	7624下，7659下
宣平	京兆府長安県延福坊		7606下，7655中
宣化	京兆府		7606下，7641上，7644下，7655下
宣化	同州		「増考」201頁
宣陽	懐州		7652下，7658中
宣義	華州		7608中，7655下
建安	鄜州		7654上，7659中
建節	隋		「増考」218頁
恒山	恒州真定県		7625下，7658下
恒王	京兆府		7632上，7655下
恒安	雲州雲中県		7625下，7652上，7658中
恒安	隋		7639中
思臣	坊州		7611中，7656中
政和	幽州		7620下，7658下
政教	河南府		7657上
柘河	幽州		7620下，7658下
柔遠		右豹韜衛	7627中
柏林	隋　洛州		7634上
柏林	河南府		7612中，7634上，7649中，7657上
洪仁	→弘仁		
洪池	涼州		7623中，7637中，7654上，7659中
洪泉	同州		7608下，7641上，7656上
洪塠	隋	右禦衛	「増考」218頁
洪源	幽州薊県		7620下，7658下。「薊県」は『房山雲居寺石経』21「仏説造立形像福報経」による。
洪義	金州		7622上，7659上
洵水	商州		7609上，7656上
津安	鄜州		「唐故右戎衛翊衛徐君墓誌銘并序」（『千唐誌』247）
泉山	福州		7624中，7659下
洞均		右武威衛	「王感誌」（『唐代墓誌』12冊1128）
洞渦	太原府		7617中，7658上
洛川	隋		「安府君夫人史氏合葬墓誌銘」（『千唐誌』410）

洛交	鄜州洛交県		7625下，7656中
洛安	鄜州		7611上，7633上，7648上，7656中
洛汭	隋		「金義墓誌銘」（『千唐誌』346）
洛汭	河南府鞏県	左威衛	7612中，7633下，7641下，7648中，7657上 「程周氏誌」（『唐代墓誌』6冊585）
洛邑	岐州		7609上，7632中，7646下，7656上
洛昌	鄜州		7611上，7656中
洛泉	河南府	左威衛	7612下，7633下，7657上
洛陰	隋		「洛陰修寺碑」（『山右石刻叢編』巻3）
皇中			「増考」217頁
相原	京兆府蒲城県		7606下，7631上，7644下，7655下 「蒲城県」は『長安志』巻18蒲城県の条による。
相原	隋	右禦衛	7640上
祜川		→祐川	「紇干承基墓誌銘」（『唐代墓誌』4冊398）
祐川		→祜川	
美政	隋	右禦衛	7640上
胡陵	邠州		7609下，7656上
胡壁	河中府		7614下，7657下
英臺	晋州		7615下，7657下
英樂	幽州		7627下，7636下，7658下
郊城		太子司禦率	7626中
首陽	河中府河東県		7614下，7657中
香林	和州	左威衛	7654中，7659下

10画

候神城		→神城	
原邑	河南府済源県		7613上，7649上，7657上
原城	河南府済源県		7613上，7641下，7649上，7657上
唐安	同州		7608中，7632上，7656上
唐谷	京兆府		「増考」200頁
唐隆	蜀州唐安県		7624下，7654下，7659下
唐興	彭州	右武衛	7624下，7654下，7659下
夏川	陝州		7614上，7657中
夏邑	河南府		7613上，7657上
夏集	成州	左武衛	「張無価告身」（『新疆出土文物』図版100）

夏臺	絳州夏県	左金吾衛	7614上, 7616下, 7635上, 7657中, 7657下。「左金吾衛」は「増考」200頁によって補足。
容山			7628下
弱水	西州	左豹韜衛	7628上 『中国法制史考証』342頁から「左豹韜衛」を補足。
修仁	華州	左威衛	7608上, 7655下
修武	鄜州		7611上, 7656中
修政	易州		7620上, 7658下
修善	隰州		7617上, 7658上
修徳	秦州		7622中, 7659上
效穀		→効穀	
晏城			7628中, 7653上
晉安	晋州		7616上, 7634下, 7657下
晉原	太原府		7617中, 7658上
晉陽	隋		「王君并夫人孫氏墓誌并序」(『千唐誌』101)
朔田	絳州	→新田	「臧府君墓誌銘」(『千唐誌』965) 7651上「新田」の註
朔陂	河中府河東県	→朔坡　左驍衛	7639上, 7650下, 7657中
朔坡		→朔陂　右驍衛	「段会誌」(『唐代墓誌』3冊239)
桂南	桂州	→淮南	「程知節碑」(『陝西金石志』巻8)
桑泉	蒲州臨晋県	左武候	7634下, 7650下, 7657中
桃林	陝州霊宝県		7614上, 7634中, 7650上, 7657中
桐鄉	絳州		7616中, 7635上, 7657下
栢林	隋　洛州	→柏林	「増考」207頁
海監			7627上
涇陽	隋		7639中
涇陽	涇州臨涇県		7610上, 7632下, 7647中, 7656中
浙谷	同州		7608下, 7656上
浮山		→神山	7651上「神山府」の註
涑川	絳州		7616上, 7651中, 7657下
泰城		→秦城	
浦陽	越州余姚県		7624中, 7642中, 7654下, 7659下
留谷	岐州		7609上, 7656上,
益昌	晋州		7615下, 7657下
眞化	隋　雍州		7644下

眞化	京兆府長安県延福坊		7606下, 7644下, 7655中
祐川	岷州	→祐川	7622下, 7653下, 7659中
神	晋州神山県	左衛	7615中, 7634下, 7651上, 7657下
神水	華州		7608上, 7655下
神仙		→神山	
神和	京兆府長安県		7628中, 7629上, 7645下, 7655中
神泉	絳州		7616中, 7657下
神城		左武威衛	7627中
神通		右武衛	「唐劉仁願紀功碑」(『海東金石苑』巻1)
神鼎	京兆府		7629上, 7655上
			「京兆府」は「増考」202頁より補足。
秦城	同州		7608中, 7646中, 7656上
純徳	涇州	右領軍衛	7610上, 7632下, 7656中
純徳	隋	右武衛	「張伏敬墓誌」(『墓誌集釈』図版454)
華池	同州		7608下, 7646中, 7656上
華夏	汾州		7618上, 7658上
華望	陝州芮城県	左衛	7613下, 7657中
郟城	汝州郟県		7613下, 7650上, 7657上
郟鄏	河南府河南県郟鄏郷	左威衛, 右威衛, 左屯衛, 右戎衛	
			7612下, 7634上, 7648下, 7656下
			「梁君墓誌銘」(『千唐誌』246)は「右威衛」,「増考」207頁所引の史料は「左屯衛」,「梁方誌」(『唐代墓誌』6冊659)は「右戎衛」,「杜才誌」(『唐代墓誌』10冊918)は「左威衛」とする。「河南県郟鄏郷」は「楽達誌」(『唐代墓誌』7冊695)による。
高平	沢州高平県	右驍衛	7636中, 7638中, 7652下, 7658中
高城	忻州	左豹韜衛	7618中, 7658上
高華	晋州		7616上, 7657下
高涼	絳州稷山県		7616中, 7657下
高望	寧州	右屯衛	7610中, 7647中, 7656中
高陽	晋州		7615下, 7657下

11画

停驂	幽州	左金吾衛	7620下, 7636下, 7658下
務徳	隋	右翊衛	7639中

圁谷	汴州雍丘県		7626中，7638上，7650中，7657中
崖州	蔡州		「増考」208頁
崇仁	懐州		7627下，7629上，7631中，7655下
崇先			7639上，7660上
崇信			7638下，7660上
崇訓	隋		7639下
崇業	隋		「張志相妻潘善利墓誌銘」（『墓誌集釈』図版496）
崇義	河中府		7615中，7657下
崇道	同州		7608下，7656上
崇樂	陜州		7613下，7616下，7650上，7651中，7657中
崇樂	絳州		7616下，7657下
崇樂	陳州		「増考」208頁
崇德	汾州		7618上
崇德		→崇儒	
崇節	京兆府始平県	右武衛	7645中，7655下
			『千唐誌』453によって「右武衛」を補足。
崇儒	汾州		7635下，7651下，7658上
崇儒		→崇德	
密雲	檀州密雲県	右屯衛	7621上，7636下，7658下
常吉	宕州	左領軍衛	7623上，7659中
			「左領軍衛」は斯担因514「大暦４年手実」から補足。
常興	華州		7608上，7655下
常樂			「増考」217頁
帶方	昌州		「増考」213頁
康城	河南府陽城県		7612中，7657上
從善	潞州	右衛	7636上，7638中，7658中，7657上
敏政	隋		7642中
曹陽	陜州陜県	左衛	7613下，7657中
望苑	岐州		7607下，7609中，7644下
望苑	京兆府長安城内		7655中
望陜	陜州		7614上，7657中
望雲	岐州		7632中，7656上
梁川	汝州		7613下，7634中，7657上
梁小	汝州	→梁川	「増考」207頁
淳義	隋	左禦衛	7640上，7642中
清水	秦州清水県		7622中，7637上，7659上

清水	隋	右禦衛	「増考」215頁
清化	幽州		7620下，7658下
清谷	儀州遼山県		7618中，7658上
清谷		→青谷	
清官		→清宮　左衛	7627上，7655下
清官		→清宮	
清定	太原府		7617下，7658上
清苑	隋	左屯衛	「増考」218頁
清胡	隋	→清湖	「鄧恢誌」(『唐代墓誌』 8 冊727)
清宮		→清官　左衛	7626中
清涼	代州		7618下，7652上
清湖	隋	右屯衛	7640上
清勝	汾州		7618上，7658上
清義	華州		7608上，7646上，7655下
清源	河中府安邑県		7614下，7657中
清源		→青原	
清徳	秦州		7622中，7659上
清寧	隋	左驍衛	「増考」218頁
涿城	幽州		7620中，7636下，7653上，7658下
翊善	懐州	左玉鈐衛	7626下，7636中，7658中
通化	丹州	左威衛	7633中，7656中
通天	丹州		7611中，7656中
通谷	河南府		7612下，7657上
通閏	河中府		7615上，7657下
通樂	京兆府		7607中，7631中，7655下
通遠	隋　許州		7639下。「許州」は「康達墓誌」(『冢墓遺文』 4 編巻 3 ）より補足。
通觀	隋	左武衛	7640上
通邑	同州		7608中，7656上
連園	鄜州		7654上，7659中
陰平	文州		7653下，7659上
陳倉	岐州		7609中
陶城	河中府河東県		7614下，7650中，7657中
陸壁		→六壁	
雪山	北斉		「王君墓誌銘」(『千唐誌』411)
鹿陵		右驍衛	7627中

12画

善化	京兆府蒲城県			7628中，7655下
善政	隋　同州			7639中
善信	京兆府			7607上，7655下
善順	石州			「増考」211頁
善訓			左金吾衛	7625下。「左金吾衛」は「張登山誌」(『陝西金石志』巻13)による。
善福	華州			7608下，7656上
堯臺	隋			「蓋府君墓誌銘」(『千唐誌』258)
嵐山	嵐州宜芳県			7618中，7652上，7658上
彭池	寧州彭原県		右衛	7610中，7656中
彭陽	原州		右衛	7610中，7647中，7656中 「右衛」は『千唐誌』789より補足。
敦化	延州			7611中，7656下
復化	太原府			7617中，7658上
復梁	河南府			7612中，7657上
景山	絳州聞喜県			7616下，7651中，7657下
景福	懐州		左領軍衛	7619下，7658中
普樂	華州			7608上，7646上，7655下
普濟	隋			7626上
普濟	京兆府			7626上，7655下
期城	汝州襄城県			7649下，7650上，7657上
渭川	渭州			7627上，7659上
渭川	隋		右翊衛	「増考」215頁
渭南	北周			「潘卿誌」(『唐代墓誌』2冊168)
渭南	京兆府			7645中，7655下
渭源	渭州渭源県		右威衛	7622中，7659上。「右威衛」は「郭毡醜告身」(旧版『吐魯番出土文書』6冊504頁)による。
湊川		→湊州		
湊州	鄭州	→湊川		7614中，7650中
游徼	幽州			7621上，7658下
湇城	隋　涇州			「増考」204頁
湨梁	河南府済源県	→溴梁	左衛	7649中，7657上

番禾	涼州天宝県		7623中，7659中，7659中
番禺	広州番禺県		7625上，7654下，7660上
絳川	絳州絳県	右武威衛	7616上，7635上，7651中，7657下
絳邑	絳州曲沃県		7616下，7657下
舜城	邠州		7609下，7632中，7656上
萬古	綏州		7612上，7648中，7656下
萬年	渭州鄠県	領軍衛	7609下，7622中，7653下，7659上
萬安	晋州	右驍衛　左驍衛	7615下，7657下
			『千唐誌』445は「左驍衛」とする。
萬泉	絳州萬泉県		7616中，7657下
萬春	霊州		7612上，7641中，7656下
萬貴			「張府君墓誌銘」（『千唐誌』727）
萬歳	陜州	左驍衛	7614上，7641下，7657中。
			「左驍衛」は「増考」208頁より補足。
萬福	華州		7608上，7655下
萬敵		領軍衛	7609下，7622中
象城	隋		7652下「大陸府」の註
貴安		左鷹揚衛　右鷹揚衛	7655上。「王建誌」（『唐代墓誌』13冊1270）は「右鷹揚衛」とする。
軹城	河南府済源県		7612中，7648下，7657上
軹城	懐州		「暢善威誌」（『唐代墓誌』17冊1658）
進徳	隋	左屯衛	「張府君墓誌銘」（『千唐誌』52）
鈞臺	河南府陽翟県	右金吾衛	7613中，7634上，7657上
開川	隴州		7609下，7647中，7656上
開方	北斉		「唐故董府薫墓誌銘并序」（『唐代墓誌』6冊592）
開方	虢州		7614中，7650中，7657中
開陽	太原府		7617中，7658上
開陽	隋		7617中
開福	幽州	右玉鈐衛，右領軍衛，右戎衛	7620下，7636下，7653中，7658下
開遠	汾州		7618上，7642上，7658上
陽樊	河南府済源県		7612中，7648中，7657上
隆化	隋		「董明墓誌銘」（『唐代墓誌』4冊384）
隆化			7638下，7660上
隆安	同州		7632中，7656上
隆政			7628下

雁門	代州雁門県		7652上，7658中
雁門		→鴈門	
雲中	雲州雲中県		7619上，7658中
雲泉			7625中
順化	夏州		7612上，7656下
馮翊	絳州	右領軍衛	7635中，7657下
			「右領軍衛」は「張登山墓誌銘」（『陝西金石志』巻13）より補足。
黄石	会州	左金吾衛	7633中，7656下
黄城	京兆府		7627中，7655下

13画

會川	扶州		7625上，7660上
塞門	延州延昌県		7611下，7656下
廉平	京兆府		「増考」201頁
廉	隋		7639下
廉讓	梁州		7637上，7659上
戡黎	潞州戡黎県		7619中，7636上，7652中中，7658中
新川	和州		7624上，7659下
新田	絳州曲沃県	右衛	7616上，7635上，7651上，7657下
新安	易州		7620中，7653上，7658下
新林	揚州	左金吾衛，左武衛	7624上，7637下，7654中，7659中。「左武衛」は「増考」214頁による。
新城	京兆府		7607上，7641上，7644下，7655下
業善	同州		7608下，7656上
淮南	桂州	→桂南	7638上，7660上
溫池	隋		「李謫誌」（『唐代墓誌』5冊482），「李智誌」（『唐代墓誌』6冊558）
溫泉	隋	右武候衛	「李君墓誌銘」（『千唐誌』569）
溫泉		右候衛	「楊孝弼誌」（『唐代墓誌』16冊1529）
溫城	河南府温県		7613上，7649上，7657上
溫陽	隋	右屯衛	7640上
溫陽	同州	左武衛	7638下，7646中，7656上
溫湯	京兆府蒲城県（奉先県）		7606下，7608中，7655下
			「蒲城県」は『長安志』巻18蒲城県の条より補足。

源汧	隴州	左金吾衛	7632下，7647中，7656上
溴梁	→湨梁		
絳州	→絳川	右武威衛	
			「王侁誌」（『唐代墓誌』14冊1341）
綏化	河中府虞郷県		7615中，7657中
綏南	広州		7625上，7638上，7660上
綏德	綏州綏徳県		7625中，7656下
綏德	隋	左武候衛	「麻府君妻墓誌」（『墓誌集釈』図版456）
義伏	岐州		「張登山墓誌銘」（『陝西金石志』巻13）
義安	安州		7624上，7654中，7659下
義合	綏州		7612上，7633中，7648上，7656下
義全	華州		7609上，7655下
義門	隋	左武衛	「増考」208頁
義津	華州下邽県		7608上，7655下
義陽	京兆府萬年県宣平坊	左威衛	
			7606中，7645上，7655中
義豐	京兆府		7631中，7655下
肅清	涇州	左衛	7610上，7656中
			「左衛」は「氾承儼告身」（伯3749背）から補足。
肅慎		右武候	「李譓行誌」（『唐代墓誌』10冊987）
葦川	鄜州三川県		7611上，7648上，7656中
董澤	絳州聞喜県		7616下，7657下
虞城	河中府河東県		7615上，7657中
賈胡	汾州霊石県		7618上，7658上
遂城	易州遂城県		7620上，7620中，7658下
道清	岐州		7609上，7656上
道渠		右領軍衛	7639上，7660上
雍北	岐州		7609上，7646下，7656上
雷貴	隋		「高嗣暨妻孟氏綦母氏墓誌」（『墓誌集釈』図版480）
零池	→靈池		
零原	絳州		7616下，7657下
鼎湖	虢州湖城県		7614上，7650中，7657中

14画

嘉川	利州嘉川県		7653下，7659上

嘉山	右衛			7638中，7660上
嘉禾	坊州			7633上，7656中
嘉善	汾州			7617下，7658上
嘉陽	邠州			7609中，7656上
墎下？	懐州			7620上，7652下
壽城	京兆府			7645中，7655中
壽貴	河中府			7614下，7657下
寧戎	延州			7611下，7633中，7656下
寧固	汾州			7618上，7658上
寧朔	夏州寧朔県			7612上，7633中，7656下
寧静	太原府			7617中，7658上
慈潤	隋	→慈閏		7639中。『唐代墓誌』２冊170は「慈閏」とする。
慈閏	隋	→慈潤		「増考」219頁
槐里	京兆府興平県			7607下，7655下
漢中	梁州			7628上，7659上
漢津	襄州			7622上，7653中，7659上
漳水				「奉誠尉墓誌銘」(『唐代墓誌』３冊248)
漳源	潞州			7658中
漳源	忻州	→障源		7618中，7635下，7652上
漁陽	薊州漁陽県		左驍衛	7621中，7658下
疑山			左武候衛	7638下，7660上
箕山	隋			7613中
聞義	京兆府			「増考」200頁
蓋松	絳州			7616中，7635上，7651中，7657下
蒲川		→蒲州		
蒲川	寧州		右衛衛	7610中，7656中
蒲州	寧州			「李汪墓誌銘」(『唐代墓誌』５冊463)
蒲州		→蒲川		
蒲邑	絳州			7616下，7651中，7657下
蒲昌	西州		右玉鈐衛	7637下
蜯川	邠州			7609下，7632中，7656上
輔通	京兆府			「増考」200頁
銀方	鄜州			7611上，7656中
銅鞮	潞州銅鞮県			7636上，7652中，7658中
閤川	隴州	→開川？		「仏頂尊勝陀羅尼経」(『関中石刻文字新編』巻２)
閤門	延州			7611下，7656下

障源		→漳源		「馮名誌」(『唐代墓誌』13冊1291)
鳳延		→鳳亭		
鳳亭	絳州		左右武衛	7616中，7657下
鳳泉	岐州			7609中，7656上
鳳神	京兆府			7607上，7655下
鳳鳴			右武衛	7628上
鳴沙	霊州鳴沙県			7612下，7656下

15画

媛泉	嬀州	左衛	左領軍衛	7653上，7658下
廣武	蘭州金城県			7622下，7637上，7659上
廣隆	蜀州			7624下
廣隆		→唐隆		
廣濟			太子左右衛率府	7625中
德仁	晋州			7651上
德行	易州			7620中，7658下
德閏		→德潤	右衛	7638中
德潤	幽州	→德閏		7658下。「高捧墓誌銘」(『唐代墓誌』5冊488)
德義	河中府			7614下，7657下
德聞	幽州	→德潤	右衛	7620中，7653上
慕善	河南府			7612中，7657上
魯山	汝州魯山県			7649下，7657上
魯陽	汝州魯山県		左武威衛	7613下，7634中，7649下,7657上。「左武威衛」は『唐代墓誌』14冊1378による。
樂上	幽州			7620下，7658下
樂安				「増考」217頁
樂遊	隋　京兆			7606中
樂蟠	慶州楽蟠県			7610下，7647下，7656中
樂□(樂遊)	京兆府萬年県靖安坊			7606中，7625中，7645下，7655中，7655下
潁源	河南府登封県			7612下，7648下，7657上
潤德	幽州	→德潤		7621上
潼水	河中府			7651上，7657下
潘水	潘州潘水県			7655上，7660上
潞川	潞州潞県		左衛	7627上，7638中，7652中，7658中

潞城	幽州	右驍衛	7620中，7658下
			「右驍衛」は『唐代墓誌』17冊1619より補足。
鄭邑	華州鄭県		7608中，7646上，7655下
鄧城	隋		7639下，7653下
鄧城	襄州鄧城県		7653下，7659上
鞏洛	河南府鞏県		7612中，7648中，7656下
鴈門	代州鴈門県	→雁門	7618下

16画

冀城	晋州	左驍衛	7615下，7657下
壇道	河中府		7615中
盧龍	平州	左驍衛	7621上，7658下
			「左驍衛」は「増考」213頁より補足。
積善	岐州　左金吾衛	右衛	7638下，7641上，7647上，7656上
積福		右衛	7628下
興化	邛州		7625上，7659下
興政	太原府		7617上，7658上
興城	隋		「増考」219頁
興國	京兆府		7607中，7655下
興教	涇州		7610上，7656中
興樂	河中府安邑県		7614下，7657中
興徳	同州	右驍衛	7608中，7646中，7655下
衞城	幽州	右武衛	7636中
衞尉			7626下
遼城	儀州遼山県		7618中，7635下，7652上，7658上
鄴城	隋		7639 中
鄴城	相州鄴城県		7653上，7658下
霍山	晋州？		7614下，7615中，7650中，7657下
靜城	霊州		7656下
靜智	并州		7642上，7651下，7658下
靜福		左衛	7626下，旧版『吐魯番出土文書』6冊127頁
靜難	寧州		7610中，7656中
頻陽	京兆府美原県	左清道率府	7631下，7645上，7655下
龍山	貴州		7625上，7660上
龍水	隋		7639中，7653上

龍水	易州		7620中，7653上，7658下
龍交	鄜州	左衛	7610下，7641中，7647下，7656中
龍泉	隋　弘化郡		7639中
龍泉		左屯衛	「李謹行誌」(『唐代墓誌』10冊987)
龍息	慶州		7610下，7656中
龍原	京兆府美原県		7627下，7646上，7655下
龍西	→龍栖	右武衛	7627上
龍城	儀州		7618中，7642上，7658上
龍亭	河中府		7614下，7657下
龍栖	京兆府	右武衛	7645上，7655下
龍勒	隋　沙州寿昌県城内		『元和志』巻40沙州寿昌県
龍勒	沙州龍勒県　右領軍衛		7623中，7637中，7654上，7659中
龍盤	隴州		7609下，7641中，7647上，7656上
龍興	汝州龍興県		7613下，7634中，7649下，7657下
龍騰	懐州		7620上

17画

勵行	京兆府		7607中，7655下
勵威	隋	勳侍	7639下
濟口	隋		7639上
濟北	同州		7608中，7632上，7646上，7655下
濟陰	隋	右驍衛	7640上
襄城	同州	左領軍衛	7608下，7656上
隰川	隰州隰川県	左衛	7617上，7651中，7658上
餞濟	河南府		7613上，7657上

18画

歸仁	河中府		7615上，7657下
歸昌	鳳州		7622上，7659上
歸政	京兆府		7638下，7660上
			「京兆府」は「増考」201頁より補足。
歸淳	河中府		7615上，7657下
歸德	益州		7624下，7659下
禮會	潞州	左武衛	7636上，7652中，7658中

臨汧	隴州		7609下，7656上
臨泗	隋　魯郡		7614中，7650中
臨汾	晋州臨汾県		7616上，7657下
臨洮	岷州溢楽県	右屯衛	7623上，7637中，7659中
臨高		右豹韜衛	7639上，7660上
臨涇	涇州		7626上，7656中
臨渠	薊州	右豹韜衛	7621中，7653中，7658下
			「右豹韜衛」は『唐代墓誌』14冊1373による。
臨源	渭州		7622中，7659上
臨璋	相州		7628上，7658下
臨濟	河南府		7626上，7649中，7657上
翼城	絳州翼城県		7616中，7657下
藍豐	隋	右驍衛	「増考」218頁
蟠交	慶州合水県		7610下，7647下，7656中
豐川	太原府	左領軍衛	7617下，7635中，7658上
豐安	京兆府	左驍衛	7632上，7655下
豐州		→豊川	
豐原	華州	右衛	7608上，7632上，7655下
豐浩		左衛	7627下
豐崇	京兆府		7607中，7655下
豐寧	晋州		7615下，7657下
豐潤	京兆府		「増考」200頁
豐瀾	京兆府		7631中，7655下
雙池	隰州		7651下，7658上
雙城	隋　襄城郡		「増考」208頁

19画

懷水	懐州	→丹水	7658中
			「改丹水為懐水勅」（『唐大詔令集』巻114雑録）
懷仁	懐州		7606下，7642上，7652下
懷仁	京兆府奉先県		7655下
懷信	隋		7631下
懷信	京兆府		7631下，7655下
懷音	洛州	右武衛	7612中，7633下，7641下，7648下
懷德	華州	左鷹揚衛	7608中，7646上，7655下

懷舊	隋　雍州	「張信誌」(『唐代墓誌』12冊1197)
懷舊	京兆府	7626上，7631下，7655下
羅川	寧州真寧県	7632下，7647下，7656中
羅文	華州鄭県	7608中，7655下
羅含	荊州江陵県	7621下，7653中，7658下
離石	石州離石県	7618中，7658上
麗山	京兆府　左玉鈐衛　→驪山	7638中
麗水	梁州	7622上，7659上
麗水	涼州昌松県城中　左領軍衛	7623中，7637中，7659中

20画

寶城	隋	7654中
寶城	安州	7654中，7659下
寶鼎	蒲州	7615上，7641下，7650下，7657中
寶圖	河南府河南県　右金吾衛	7613中，7649中，7649下，7656下
懸泉	沙州敦煌県	7623下，7659中
攘胡	太原府	7617下，7658上
瀵水	河中府虞郷県	7614下，7650中，7657中
瀵陽	同州	7608下，7646中，7656上
竇泉	京兆府　左衛	7607上，7631下，7655下
蘄川	蘄州	「蘇公墓誌銘」(『千唐誌』793)
轘轅	隋	「李君絢墓誌銘」(『唐代墓誌』2冊154)，「爼威墓誌」(『新中国出土墓誌』河南省1)
轘轅	河南府　右武候衛	7613中，7634上，7641下，7649中，7657上

21画

灌口	蜀州	7624下，7659下
灌鍾	京兆府咸陽県	7607下，7644下，7655下
酆川	→豊川	「唐故夫人何氏墓誌銘并序」(『洛冢墓遺文』続編巻中)
鶴臺	河南府	7613上，7649上，7656下

22画

歡樂	京兆府		「増考」200頁
驎寶	寧州		7610中，7656中

23画

巖邑	孟州	右衛	7612中，7633下，7649下，「増考」206頁
巖城	隋　相州		7642中
顯美	涼州	右武衛	7637中，7659中
顯國		左衛	7655上 『唐代墓誌』13冊1220によって「左衛」を補足。

24画

讓賢			7627中
靈扶	汾州		7618上，7658上
靈地		左衛	7626上
鹽川	塩州		7612上，7656下
鹽海	河中府		7615上，7657下

30画

驪山	京兆府	左玉鈴衛	7626下，7655下
驪山	→麗山		7626下

□平（陰平？）	交州		7653下
□少			7628下
□地			7628下
□泉			7628下
□通（神通？）		右武衛	7628下
□城	懐州		「増考」206頁
□黎（合黎）			旧版『吐魯番出土文書』7冊105頁
□農			「故王公墓誌銘并序」（『唐代墓誌』14冊1376）